KB050055

시작하는 개발자를 위한 코딩 부트캠프

풀스택 개발이 쉬워지는 다트&플러터

저자 이성원

YoungJin.com Y.
영진닷컴

풀스택 개발이 쉬워지는

다트&플러터

ISBN : 978-89-314-6797-0

독자님의 의견을 받습니다.

이 책을 구입한 독자님은 영진닷컴의 가장 중요한 비평가이자 조언가입니다. 저희 책의 장점과 문제점이 무엇인지, 어떤 책이 출판되기를 바라는지, 책을 더욱 알차게 꾸밀 수 있는 아이디어가 있으면 팩스나 이메일, 또는 우편으로 연락주시기 바랍니다. 의견을 주실 때에는 책 제목 및 독자님의 성함과 연락처(전화번호나 이메일)를 꼭 남겨 주시기 바랍니다. 독자님의 의견에 대해 바로 답변을 드리고, 또 독자님의 의견을 다음 책에 충분히 반영하도록 늘 노력하겠습니다.

이메일 : support@youngjin.com
주 소 : (우)08507 서울특별시 금천구 가산디지털1로 128 STX-V타워 4층 401호
등 록 : 2007. 4. 27. 제16-4189호

파본이나 잘못된 도서는 구입하신 곳에서 교환해 드립니다.

STAFF
저자 이성원 | **총괄** 김태경 | **진행** 현진영 | **디자인·편집** 김소연 | **영업** 박준용, 임용수, 김도현
마케팅 이승희, 김근주, 김민지, 김도연, 김진희, 이현아 | **제작** 황장협 | **인쇄** 예림인쇄

머리말

"친절한 입문, 시행착오 줄이기, 지속 가능하게 발전하기"

이 책을 읽는 독자에게 어떤 것을 줄 것인가에 대해서, 책을 처음 구상하는 시점부터 책의 작성을 마치는 시점까지 일관되게 고민한 3가지 방향입니다. 이 책으로 프로그래밍을 처음 시작하는 독자라면, 백지에서 시작하지만, 당당하게 제 역할을 할 수 있는 신입 프로그래머가 되는 길을 알려주고자 합니다. 이미 프로그래밍에 대한 경험이 있는 독자라면, Dart와 Flutter가 어떤 기술인지와, 알아야 할 대부분의 것들을 가능한 빠른 시간에 이해하고 경험할 수 있도록 하고자 합니다.

프로그래밍 언어는 쉬워지고 있지만, 프로그램을 개발하는 환경은 어려워지고 있습니다. 아이러니한 이야기지만, 새로운 언어들이 쉬운 문법을 제공하면서, 유치원생들도 프로그래밍을 할 수 있게 되었습니다. 하지만 친절하게 설명하는 책의 비중은 줄어들고 있습니다. 오픈소스 소프트웨어가 트렌드가 되면서, 프로그래밍 언어를 공부하기 위하여 설치하는 프로그램들은 사용하기가 점점 더 어려워지고 있습니다. 딱히 인터넷 검색을 해도 답을 구하기 어렵거나, 대부분 영어 사이트여서 초보자는 쉽게 좌절하게 됩니다.

이 책은 Dart와 Flutter로 풀스택 프로그래머가 되기를 희망하는 초보자들을 위해서 최대한 친절하고자 합니다. 웹 브라우저만 있으면, 당장 프로그래밍을 시작할 수 있는 환경에서, 점차 난이도를 올려가면서 프로페셔널한 개발 환경까지 올라갈 수 있도록 합니다. 그리고 핵심 내용을 직접 실습할 수 있는 예제를 챕터별로 제공하고 있습니다. 미리 보는 수행 결과를 제시하여, 챕터별로 어떤 내용을 배우는지에 대한 이해가 더 빠르고 정확할 수 있도록 했습니다. 아울러 예제와 결과에 대해서 최대한 자세하게 설명해서, 모르고 넘어가는 코드가 없도록 했습니다.

프로그래밍 언어를 하나 배우고 나면, 결국 이 말을 하게 됩니다. "이제 뭐하지?" 당장 만들고 싶은 프로그램이 있는 경우라면 문제가 안되겠지만, 대부분의 경우는 뭘 해야 할지 모릅니다. 하고 싶은 것이 있다고 하더라도, 어디서부터 어떻게 시작해야 할지 감을 잡기 어렵습니다. 예를 들어, 네이버나 구글 같은 웹 서버를 만들고 싶다고 하더라도, 웹이 무엇인지 모르겠고, 배운 언어로 서버를 만들려면 무엇을 해야 하는지 알기 어렵습니다. 결국 인터넷 검색을 하고, 시행착오를 하면서 깨달음의 경지에 오릅니다.

이 책은 풀스택 개발자가 되고자 하는 독자를 위하여, 최대한 시행착오를 줄일 수 있도록 합니다. Dart 언어와 Flutter 프레임워크를 배우는 기초 단계를 통과하면, 모바일 앱과 데스크톱 소프트웨어, 그리고 웹 서비스를 만드는 방법을 이야기합니다. 이런 기술을 좀 더 잘하기 위한, 서버 개발 방법, 네트워크 활용 방법, 네이티브 운영체제 기능 연결 방법, 임베디드 환경 활용 방법, 성능 향상 방법 등에 대해서 친절하게 설명합니다. 따라서, 든든한 나침반을 손에 쥔 상태에서, 더 궁금한 정보를 알아보기 위해서 인터넷이나 책을 찾아 볼 수 있도록 할 겁니다.

"학력 불문, 나이 불문, 성별 불문, 전공 불문" - 소프트웨어 개발자를 찾는 구인 원칙입니다. 이로 인한 오해로, 누구나 쉽게 개발자가 될 수 있다고 생각합니다. 하지만, 이 원칙에는 아주 무서운 기초 배경이 있으니, 바로 자기주도적으로 지속가능한 개발자인가의 여부입니다. 소프트웨어를 전공하지 않은 경우, 가장 많이 이야기 하는 애로 사항은, 새로운 정보를 끝도 없이 스스로 찾아서 계속 공부해야 한다는 점입니다. 가장 간단한 사례로, 프로그래밍 언어는 버전이 있습니다. 따라서 버전이 올라가면 새로운 기능이나 철학이 반영된 것이니, 이제 맞춰서 또 다시 공부를 해야 합니다. 한글에 버전이 없는 것과 차이가 있습니다.

이 책은 Dart 언어와 Flutter 프레임워크를 통해서 풀스택 개발자가 되고자 하는 분들에게 나침반 역할을 합니다. 나침반 역할 중에는 Dart와 Flutter를 포함해서, 수많은 공식 사이트의 자료를 어떻게 찾고, 무엇을 보고, 또한 새로운 정보가 나오면 어떻게 바로 알 수 있는지에 대한 방법을 알려줍니다. 낯설고 지루한 작업일 수 있습니다. 하지만 시간이 지나도 기술의 발전을 놓치지 않는 개발자가 되도록 합니다. 그리고 시간이 지날수록 더욱 깊이 있는 개발자가 되도록 합니다. 아울러 Dart와 Flutter를 사용만 하던 단계에서 언젠가 Dart와 Flutter를 직접 만드는 기여자가 되도록 길을 알려줍니다.

프로그래밍은 재미있는 작업입니다.

그래서 개발자들이 심심할 때 만드는 소프트웨어를 애완용(Pet) 프로젝트라고 합니다.

일생을 함께 할 수 있는 취미 중 하나로 Dart와 Flutter를 권해 봅니다.

이 책을 읽는 법

소스 코드

이 책의 챕터별 예제 프로그램의 소스 코드는 다음 사이트를 통해서 다운로드 가능합니다.

https://github.com/drsungwon/DART-FLUTTER-BOOK

독자에게 권하는 방법은, 책의 본문에서 설명하는 소스 코드를 직접 입력하고 실행하는 방법입니다. 이러한 이유로, 본문에서는 소스 코드를 줄 번호 단위로 설명하고, 빈 줄까지도 표시합니다. 실행 결과가 본문의 내용과 다른 경우, 다운로드한 소스 코드와 비교해서, 어느 부분이 잘못된 것인지 확인하는 용도로 활용하기 바랍니다.

챕터 구성

챕터를 시작하는 부분에서, 어떤 내용을 다루는지를 간략히 설명합니다. 그리고 미리 보는 수행 결과를 먼저 보여주고 설명합니다. 예제 프로그램의 수행 결과를 미리 확인함으로써, 해당 챕터를 통해서 알고자 하는 내용이 무엇인지 미리 감을 잡도록 합니다. 그 후 예제 프로그램의 소스 코드를 세세하게 설명하면서 프로그래밍 기술과 필요한 이론을 설명합니다. 마지막으로 챕터에서 다룬 핵심 내용을 되새기도록 합니다.

연습 문제

대부분의 챕터에서 연습 문제가 있습니다. 그리고 연습 문제는 챕터에서 배운 것을 복습하기, 소스 코드를 이해한 후 수정하기, 그리고 새롭게 소스 코드를 작성해 보기 형태로 되어 있습니다. 성급하게 다음 챕터로 넘어가지 말고, 배운 내용과 이를 활용하는 방법을 고민하는 시간으로 삼기 바랍니다. 연습 문제의 해답은 별도로 제공하지 않습니다.

목차

VOLUME.G

Flutter로 Web 서비스 개발

VOLUME.H

지속 가능한 개발자로 첫걸음 내딛기

VOLUME.I

알아 두면 요긴한 분야별 노하우

VOLUME.

A 시작에 앞서

CHAPTER. 1

Full Stack 프로그래머 지원자에게 Dart 언어를 권하는 이유

Full-Stack(풀스택) 개발을 꿈꾸는 독자들에게 Dart 언어를 권하는 이유를 설명드리겠습니다. '내가 이 언어를 배우는 게 맞는 일인가?'하고 고민하는 독자가 있다면, 이 챕터가 고민을 하는 처음이자 마지막이 되기를 바랍니다. 분명하게 말할 수 있는 점은 Dart 언어는 매력적인 최신 언어이면서도, 높은 생산성을 제공하는 훌륭한 도구가 될 것이라는 점입니다.

자세히 알아보기

프로그래머들이 사용하는 프로그래밍 언어는 몇 개나 될까요? 2019년 오픈소스 커뮤니티인 GitHub(깃허브)에서 오픈소스로 공개된 언어들을 살펴보았는데, 370여개의 언어가 사용되고 있었다고 합니다. 그렇다면 이들 중 왜 Dart 언어를 이 책에서 다루고자 할까요? 몇 가지 이유로 설명할 수 있습니다.

1. Full-Stack 프로그래머가 될 수 있는 언어

Dart는 유행하는 말로 Full-Stack 소프트웨어 개발이 가능합니다. 다시 말해서 모바일 앱, 서버 프로그램, 데스크탑 프로그램, 임베디드 프로그램의 개발이 가능한 언어입니다. 특히 Flutter라는 사용자 인터페이스 개발 소프트웨어를 사용하여, 다양한 운영체제에서 동작하는 프로그램을 한 번에 개발하는 것이 가능합니다. 즉, 한번 만든 프로그램이 안드로이드 스마트폰에서도 실행되고, iOS 스마트폰에서도 실행된다는 의미입니다. 이렇게 한번 만든 프로그램을 서로 다른 운영체제와 기계들 위에서 사용할 수 있도록 개발하는 방법을 Cross-Platform(크로스 플랫폼) 개발 방법이라고 합니다. 그리고 사용자 쪽에 가까운 애플리케이션(예를 들어 모바일 앱)을 Front-End(프론트엔드)라고 할 때, 정보를 가져오는 Front-end의 반대 방향에는 서버라고 불리는 대형 컴퓨터들이 있습니다. 이들을 통상 Back-End(백엔드)라고 부르는데, Dart는 이런 서버 프로그램의 개발도 가능합니다. 이외에도 MS Windows, macOS, Linux(리눅스)와 같은 데스크탑 컴퓨터의 프로그램 개발과 브라우저에서 수행하는 웹 서비스의 개발도 가능합니다. 특히 Dart 언어 이외의 다른 언어들은 활용 분야별로 서로 다른 소프트웨어 기술들을 사용하기 때문에, 알아야 하는 사항들이 많습니다. 그렇지만 Dart는 비교적 최근에 만들어진 기술이기에, 다양한 환경에서 실행되는 소프트웨어를 Flutter만 사용하면 만들 수 있도록 마련되어 있습니다.

Full-Stack 개발을 지원하는 언어가 Dart만 있는 것은 아닙니다. 현재 Full-Stack 개발에서 가장 각광받는 언어는 아마도 JavaScript일 겁니다. JavaScript는 소프트웨어를 전공하지 않은 학생들과 개발자들이 많이 사용하는 언어이기도 합니다. JavaScript 언어의 표준인 ES6(ECMAScript 6) 버전 이후에는, 자체 기능이 웬만한 프로그래밍 언어 수준에 육박하는 좋은 언어가 되었습니다. 성능 면에서도 계속해서 개선이 이루어지는 언어입니다. 서버 프로그램 개발 시에도 서버 개발 프레임워크인 Node.js를 사용하면, 꽤나 우수한 수준의 성능을 보여줍니다. 하지만 활용 분야별로 파편화된(fragmented, 여러 가지로 혼돈스럽게 찢어진 상황을 의미) 프레임워크들이 너무 많아서, 이들에 대한 학습이 많이 필요합니다. 그리고 스크립트 언어라는 기술에서 시작한 한계로 인해, 개발하는 프로그램의 오류를 찾아서 수정하는 디버그(debug) 작업에 어려움이 많다는 단점들도 있습니다. JavaScript가 구축한 영역을 당장 Dart와 Flutter가 대체하기는 어려울 겁니다. 하지만 상대적으로 적은 양의 자료와 커뮤니티 등을 고려하면, Dart는 이제 성장하고 있는 입장이기에 앞으로의 미래가 더 기대된다고 볼 수 있습니다.

Dart 언어를 사용해서 Full-Stack 개발을 하는 경우의 장점을 조금 더 기술적으로 접근해 보고자 합니다. 그림 1은 많이 사용되는 프로그래밍 언어들을 Full-Stack 개발이라는 관점에서 정리한 것입니다. 모바일 앱, 서버 프로그램, 데스크탑 프로그램 그리고 웹 환경의 프로그램을 개발할 때에 대한 비교를 하였습니다. 그림을 보며 주요 프로그래밍 언어의 역사와 이들의 특징에 대해서 알아보도록 하겠습니다.

UI/UX		Mobile Application (Front-End)	Server Application (HTTP based Back-End)	Desktop (with GUI)	Web
	2014	Swift with Cocoa (IOS)	Swift (MacOS, Linux)	Swift with Cocoa (MacOS)	
Xd Adobe XD	2011 (In beta)	Dart with Flutter (IOS, Android)	Dart (MacOS, Windows, Linux)	Dart with Flutter (MacOS)	Dart with Flutter
	2009	Go with gomobile (IOS, Android)	Go (MacOS, Windows, Linux)	Go with {plugins} ({Case by Case})	
	2000	C# with Unity/Xamarin (IOS, Android)	C# with .Net (Windows)	C# with Unity/Xamarin/Net (MacOS, Windows)	
Sketch	1995	Javascript with jQuery/React/Cordova/Ionic (IOS, Android)	Javascript with Node.js (MacOS, Windows, Linux)	Javascript with Electron (MacOS, Windows, Linux)	Javascript with jQuery/React/Vue.js
	1995	Java with Android SDK (Android)	Java (MacOS, Windows, Linux)	Java with Swing (MacOS, Windows, Linux)	
ZEPLIN	1991	Python with kivy (IOS, Android)	Python (MacOS, Windows, Linux)	Python with Tk/PyQt (MacOS, Windows, Linux)	
in InVision	1984	Objective-C with Cocoa (IOS)	Objective-C (MacOS, Linux)	Objective-C with Cocoa (MacOS)	
	1983	C++ with MS CrossPlatform (IOS, Android)	C++ with {3rd-party libraries} (MacOS, Windows, Linux)	C++ with Cocoa/MFC/QT/GTK (MacOS, Windows, Linux)	

[그림 1] 주요 프로그래밍 언어별 Full-Stack 개발 환경 비교

1970년대 C 언어가 UNIX 운영체제를 개발하기 위하여 만들어진 후, 이미 만든 프로그램을 꾸준하게 재사용하기 위한 객체지향 프로그래밍의 입지가 활발하게 확대됩니다. 이러한 배경에서 C++ 언어가 1983년 출시되었습니다. C++는 서버와 데스크탑 프로그램의 개발은 용이하지만, 그래픽 등 사용자와 상호작용하는 프로그램의 개발은 지원이 미약하기에 제3자가 만든 소프트웨어를 의미하는 3rd-party 소프트웨어를 사용해야 합니다. 이러한 이유로 C++를 사용한 모바일 앱 개발은 활성화되지 않은 편입니다.

1984년 출시된 Objective-C의 경우, iOS 기반 아이폰과 macOS 기반 컴퓨터에서 동작하는 소프트웨어 개발에 최적화되어 있습니다. 하지만 안드로이드나 MS Windows와 같은 다른 운영체제에서 동작하는 소프트웨어의 개발은 용이하지 않습니다. 특히 서버 시장에서는 macOS를 사용하는 서버 제품이 단종되어 최근에는 사용 사례를 찾아보기 어렵습니다.

1991년 발표 후 최근 가장 인기있는 프로그래밍 언어인 Python은 서버와 데스크탑 영역에서 매우 활발하게 사용되는 언어입니다. 하지만 GUI(그래픽 기반의 사용자 인터페이스, Graphic User Interface)를 제공하려면 별도의 소프트웨어들을 사용해야 합니다. 그리고 모바일 앱 개발이 사실상 어렵

습니다. Kivy와 같은 실험적인 시도가 있지만, 활성화되지는 않았습니다.

1995년 SUN 사에 의해서 출시된 Java는 서버 프로그램 개발과 안드로이드 운영체제 기반의 앱 개발 분야에서 큰 인기를 누렸고, 아직도 다양한 분야에서 많은 개발자들이 사용하고 있습니다. 안드로이드 앱을 개발하는 언어가 Kotlin과 Dart 등으로 다양해지면서 인기가 예전보다는 낮아졌지만, 여전히 안드로이드 앱 개발자들 사이에서는 인기가 높은 편입니다.

2000년 마이크로소프트에 의해서 출시된 C#은 Windows Server 운영체제를 사용하는 기업 환경에서 주로 사용되었습니다. 통상 .Net 프레임워크로 불리는 개발 환경입니다. 그러나 제한된 기업 환경에서만 사용되는 경우가 많아 대중적으로는 큰 인기를 누리지 못했습니다. 하지만 C#이 급성장을 하게 되는 계기가 발생했으니, 바로 Unity 게임 엔진입니다. 게임 엔진 분야의 양대 산맥인 Unity와 Unreal 중 Unity가 C#을 개발 언어로 선택하면서, Unity 기반으로 게임 Front-end를 개발하는 개발자들 사이에서 압도적인 지지를 받고 있습니다. 여기에 마이크로소프트가 C# 기반의 cross-platform 프레임워크인 Xamarin을 인수하여 모바일 앱과 데스크탑 개발로도 인기가 확대되었습니다.

2009년 Google이 출시한 Go 언어는 서버 프로그램 개발을 주 목적으로 만들어졌습니다. C 언어보다 문법이 간단하면서도 C 언어 수준의 성능을 제공하며, 네트워크 기능은 C 언어보다 높은 성능을 보인다고 평가받고 있습니다. 하지만 모바일 앱 개발은 아직 공식적으로 지원하지 않고 있습니다. Gomobile이라는 프로젝트에서 Go 언어 기반의 모바일 앱 개발을 지원하고자 노력하고 있으나, 대중적으로 사용하기에는 시간이 많이 걸릴 것으로 보입니다.

상대적으로 인지도가 있는 메이저급 언어 중에서 가장 최근에 출시된 언어인 Swift는 2014년 Apple에 의해서 만들어진 이후 오픈소스로 공개되었습니다. 오픈소스 소프트웨어는 누구나 프로그램의 소스 코드를 보면서 공부할 수 있고, 필요하면 사용할 수 있으며, 추가 기능 등을 만들었다면 다른 사람이 쓰도록 공개할 수 있는 소프트웨어를 의미합니다. Swift는 애플의 운영체제인 iOS와 macOS 이외의 환경에서도 사용할 수 있지만 아직까지 활성화된 상황은 아닙니다. 특히 macOS를 제외하면 편하게 사용할 만한 프로그램 개발 환경이 부족하다는 평가를 받고 있습니다.

이렇듯 지금까지 살펴본 프로그래밍 언어들은 제한된 환경(스마트폰, 데스크탑, 서버)에서만 프로그램을 개발할 수 있거나, 모바일 앱을 개발할 수 없거나, 그래픽 기반의 사용자 인터페이스를 프로그래밍 언어 차원에서는 공식적으로 지원하지 않기에 제3자가 만든 소프트웨어들을 추가로 사용해야 하는 등의 애로 사항을 갖고 있습니다. 그리고 지금 살펴본 대부분의 언어가 웹 지원이 없다는 단점을 가지고 있습니다.

그런데 그림 1에서 나온 언어 중 설명하지 않은 언어가 하나 있습니다. 바로 JavaScript입니다.

1995년 출시된 JavaScript는 모바일 앱, 데스크탑, 서버 및 웹을 모두 지원할 수 있습니다. 그리고 운영체제도 안드로이드, iOS, Windows, macOS, Linux 등 대부분의 환경을 지원합니다. 여기서 Dart 언어와 비교를 해 봅시다. Dart 언어도 JavaScript와 동일하게 모바일 앱, 데스크탑, 서버 및 웹을 모두 지원합니다. 그리고 운영체제도 안드로이드, iOS, MS Windows, macOS, Linux 등 대부분의 환경을 지원합니다.

그렇다면 차이점이 무엇일까요? JavaScript의 불편함은 파편화된 환경입니다. 즉, 그림 1에서 JavaScript라는 이름 밑에 있는 작은 글씨의 기술들을 추가로 사용해야만 원활한 개발이 가능합니다. 예를 들어 모바일 앱을 개발하려면 jQuery, React, Cordova, Ionic 중 하나를 사용해야 합니다. 서버를 만든다면 다시 Node.js를 사용해야 합니다. 데스크탑이라면 또 다시 Electron 등을 사용해야 합니다. 전문적인 웹 서비스를 만들고 싶다면 Vue.js나 jQuery, React 같은 소프트웨어를 사용해야 합니다. 이런 식으로 JavaScript는 프로그램을 실행하는 환경에 따라서 서로 다른 기술(소프트웨어)을 추가로 사용해야 합니다. 학습 시간도 길어지지만, 하나의 환경을 위해서 만든 프로그램이나 서비스를 다른 환경에 맞게 적용하는 것은 녹록치 않습니다. 최악의 경우 프로그램 자체를 다시 개발해야 할 수도 있습니다.

그렇다면 Dart는 어떨까요? Dart의 장점은 모바일 앱, 서버, 데스크탑, 웹을 위한 개발 기술이 Flutter로 통일되어 있다는 점입니다. 사실 이 장점은 Dart 언어가 2011년 출시되었기에 1995년 출시한 JavaScript보다 16년이라는 시간이 지난 후에 만들어진 기술이라는 이유가 가장 클 겁니다. Dart는 2011년 기준으로 이미 16년간 지속해 온 스마트폰의 성장과 JavaScript와 같은 cross-platform 언어의 확산 및 파편화 과정을 지켜본 후, 이 모든 문제의 해결책으로 만들어진 언어입니다. 따라서 현재 Full-Stack 개발을 처음 시작하는 개발자라면, Dart 언어와 Flutter만 사용해도 cross-platform이 가능하다는 점은 매우 큰 매력이라고 봅니다. 또 하나 잠시 후 설명하겠지만, Adobe XD 프로그램으로 디자이너가 디자인한 그래픽 이미지와 위젯을 개발자가 직접 Dart/Flutter 코드 안으로 불러들일 수 있다는 장점도 있습니다. Adobe XD로 만든 전문화된 디자인 결과물을 개발자가 직접 Dart/Flutter로 만든 소프트웨어의 코드에 포함할 수 있어 최종적으로 만들어지는 소프트웨어의 질을 높일 수 있습니다.

이런 점들을 고려하면 Dart는 분명 Full-Stack 개발을 희망하는 프로그래머들에게 1순위로 권하고 싶은 언어임에 틀림없습니다.

2. 구글이 만든 언어

방금 전에 말했듯 구글은 Dart를 2011년에 공개했습니다. 하지만 최근 몇 년 전까지 Dart를 아는 사람은 많지 않았습니다. Dart를 다룬 해외/국내 서적과 인터넷의 정보도 상대적으로 적은 편이였습니다. 사실 구글이 만들었다는 이유만으로 언어를 배우는 일은 사실 큰 의미는 없는 일입니다. 특히 2018년 초반에는 '배울 필요가 없는 언어' 순위에서 Dart가 최상위권에 선정되었던 불명예스러운 기록마저 있습니다. 그런데 이렇게 인기 없던 Dart에 놀라운 변화가 발생하여 2019년에 실시한 개발자 대상 조사에서는 2018년 대비 무려 500% 이상으로 관심도가 증가합니다. 같은 시간 Python이 150% 정도 증가한 것을 감안하면 엄청난 증가율입니다. 이유는 앞서 언급한 Flutter의 출현입니다. 2017년 Flutter의 알파 버전이 나온 후, 대부분은 '믿고 쓸 만한 건가 아닌가' 의심하는 분위기였습니다. 그러나 2018년 12월 4일, 구글이 Flutter의 안정된 버전인 1.0을 공개하면서 급반전에 성공합니다. 이후 안드로이드와 iOS에 동일한 애플리케이션을 개발해야 하는 회사들의 성공 사례가 이어지면서, 구글이 이 기술을 계속 가져갈 것이라는 기대감과 이제 제대로 써 볼만 하다는 신뢰감이 확산됩니다.

3. Adobe가 큰 관심을 갖는 언어

모바일 앱을 개발할 때 매우 중요한 분야가 UI/UX 분야입니다. 통상 앱이나 웹 서비스는 사용자가 접하는 UI/UX를 먼저 설계합니다. 그리고 이런 설계는 전문 디자이너들이 작업을 하는 경우가 대부분입니다. 이렇게 정리한 UI/UX를 개발자가 프로그램에서 구현해야 하는데, 문제는 둘을 이어주는 기술이 많이 불편합니다. UI/UX 디자이너들은 사용자가 접하는 화면을 채울 그림/메뉴들과 상호 작용을 만들어 냅니다. 이때 작업한 그림, 아이콘, 폰트, 내용, 메뉴 체계, 프로토타입 등을 프로그램 개발자가 효과적으로 재활용한다면, 개발 결과물과 당초의 디자인 간의 차이도 줄고 개발도 용이해집니다. 이런 분야에 많이 활용되는 도구들은 그림 1의 왼쪽에 쓰인 Sketch, Zeplin, InVision 등입니다. 세 개의 소프트웨어를 써야 하는 번거로움도 문제지만, 디자이너의 결과물을 개발자가 전달받아 그대로 사용하기도 어렵습니다. 이렇게 어려움을 겪던 와중에 Adobe는 Adobe XD라는 모바일 앱 분야의 UI/UX를 디자인하는 도구를 내놓습니다. 출시 이후 Dart와 XD 모두 사용자가 느는 것을 보고, Adobe와 구글은 모바일 앱 개발 분야에서 함께 협력하기로 하였습니다. 그리고 구체적인 결실을 내놓게 되었으니, Adobe XD의 디자인 결과물을 Dart/Flutter 프로그램 코드로 변환해 주는 기술을 함께 만들어 오픈소스로 공개한 것입니다. 이런 이유로, 잘만 된다면 UI/UX 디자인 영역부터 모바일/데스크탑/서버/웹 프로그램의 개발을 관통하는 하나의 개발 체계를 제공하는 언어로서 Dart가 자리 매김할 가능성도 있습니다.

4. 비교적 최근에 만들어진 언어

90년대 중반까지 FORTRAN, COBOL, BASIC, PASCAL 등 특정 목적에 맞는 언어들이 사용되었습니다. 즉 과학 계산에는 FORTRAN, 회계 계산에는 COBOL을 사용하는 식입니다. 그러다가 C 언어가 인기를 얻으면서 모든 분야를 통일하는 듯했습니다. 이후 C++이 나와서 큰 인기를 얻었지만 웹 기술 등에 대응이 어려웠고, 언어 자체의 난이도도 높았기에 프로그래밍 언어의 세계는 다시 춘추전국시대로 들어갑니다. 이후 프로그래밍 언어는 다시 특정 목적에 맞도록 설계되어 프로그램을 개발해야 하는 목표 분야가 정해지면 이 용도에 부합하는 특정 언어를 사용하는 분위기로 다시 돌아가게 되었습니다. 이런 입장에서, 운영체제를 다루는 분야에서는 C, C++, Assembly만을 사용해야 하지만, 그 외의 분야라면(거의 모든 분야를 다루는) 범용 언어로서 Dart를 권해 볼만 합니다. 특히 언어적으로 C/C++과 유사하면서도 Python 언어와 유사한 부분도 섞여 있는 등 나름 가장 최신의 언어에 속하기에 기존 언어들의 장단점을 잘 모아 놓은 언어입니다. 애플도 Swift를 오픈소스로 헌정했지만, 애플 컴퓨터에서만 동작하는 개발 도구들을 제외하면 이렇다 할 개발 프로그램이 없습니다. 하지만 Dart는 프로그램 개발을 편하게 하는 개발 도구들을 빠르게 늘리고 있습니다. 예를 들어, 안드로이드 전용 개발 환경인 Android Studio와 애플의 공식 개발 환경인 Xcode에서도 Dart 개발을 지원합니다. 앞으로도 보다 편리하면서도 깊이 있는 프로그램 개발이 가능하도록 진화할 것으로 예상합니다.

5. 기타 이유들

앞에서는 정성적인 이유들을 나열하였습니다. 물론 프로그래밍 언어를 선택하는 경우에는 이런 정성적인 부분도 있지만, 정량적인 부분도 고려해야 합니다. 정량적인 것은 숫자로 표현할 수 있는 것으로, 만들어진 프로그램의 크기, 동작하는 기능의 수행 시간, 실행될 때 차지하는 컴퓨터 메모리 크기 등입니다. 이러한 정량적인 부분에도 Dart와 Flutter는 강점이 있습니다. 특히 이 책의 후반부에서 등장하는 개발 중인 스마트폰 프로그램의 소스 코드 수정 시 스마트폰에 바로 반영되는 기능은 개발자들 사이에서 큰 찬사를 받고 있습니다. 이런 부분은 관련 내용이 나올 때마다 천천히 설명하겠습니다.

핵심 요약

Full-Stack 프로그램 개발을 목표로 한다면, Dart 언어는 목적에 가장 잘 부합하는 언어입니다. 이제 막 성장하는 입장임에도 기존의 아성을 구축한 JavaScript 대비 많은 장점을 가지고 있습니다. 그리고 Dart 언어를 제외한 다른 프로그래밍 언어들은 실행 환경에 따라 서로 다른 기술을 사용해야 하는 번거로움이 있지만, Dart 언어는 표준화된 Flutter를 사용해서 모든 환경(모바일 앱, 데스크탑, 웹 등)에서 일관되게 개발을 할 수 있습니다. 또한 Adobe XD와 같은 전문 디자인 도구와 통합이 용이하기에, 디자이너가 꿈꾸는 UI/UX를 보다 빠르고 정확하게 프로그램 코드에 반영할 수 있는 방법을 제공합니다.

CHAPTER. 2

앞으로 자주 방문하게 될 웹 사이트 소개

Dart와 Flutter에 대해서 본격적으로 알아보기 전에, Dart와 Flutter에 대한 정보를 얻을 수 있는 웹 사이트들을 먼저 소개하겠습니다. 이제 걸음마를 시작하는 단계인데 봐도 잘 모를 것 같은 웹 사이트들을 소개하는 이유를 한 가지만 언급하겠습니다. 개발자의 길을 시작하는 처음부터 정확한 공식 자료를 이해하는 습관을 갖게 하기 위함입니다. 앞으로 모르거나 궁금한 내용이 생기면, Dart와 Flutter를 직접 만든 사람들과 가장 많이 사용하는 사람들의 정보를 보는 게 가장 빠르고 정확한 길입니다. 물론 영어로 된 자료를, 그것도 초보자 배려 없이 바로 깊이 있는 기술을 설명하는 자료를 읽는 것이 처음부터 쉽지는 않을 겁니다. 하지만 습관을 들여야 하는 이유가 있습니다. 기초 단계에서는 분명 인터넷의 블로그들, 특히 국내 개발자 분들이 한글로 만든 자료들이 도움이 되겠지만 시간이 지나서 깊이 있는 개발을 하게 되면 마땅한 한글 자료를 찾기가 어려워집니다. 이를 대비하여 미리 공식 사이트들에 익숙해지면 큰 도움이 됩니다. 특히 요즘은 공식 사이트에서 언어에 대한 내용 이외에도 개발 도구, 커뮤니티, 영상 자료 등 많은 정보가 제공되고 있습니다. 이번 챕터에서 소개하는 사이트들을 쉬는 시간마다 종종 들어가서 구경해 보고, 모르는 것이 있을 때 일단 이곳에서 먼저 찾아보는 버릇을 가지면 어느새 늘어가는 실력을 느낄 수 있습니다.

자세히 알아보기

이 책을 읽으면서 가장 자주 언급하고 방문하는 사이트를 먼저 소개하고 책의 후반부에서 언급할 사이트를 그 뒤에 소개하도록 하겠습니다.

1. Dart 공식 사이트 https://dart.dev/

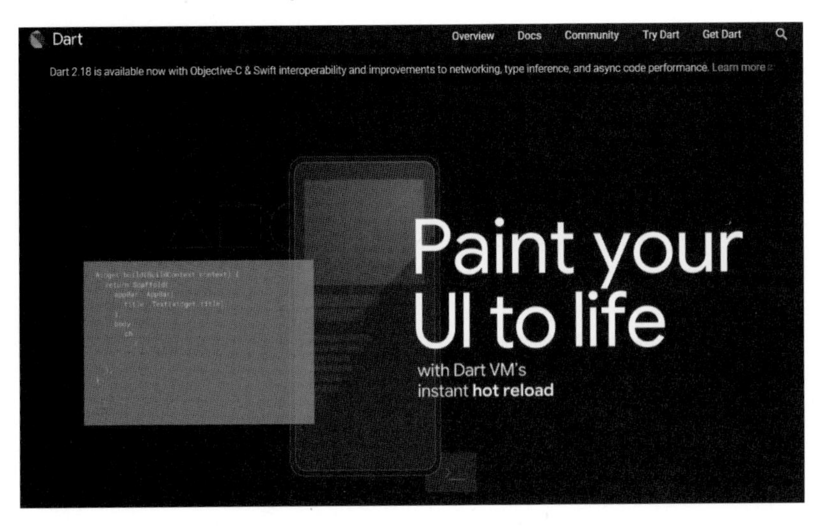

Dart 언어의 공식 사이트입니다. 이 사이트에서는 Dart 언어의 개요, 샘플 프로그램, 튜토리얼, 표준 확장 기능(라이브러리/패키지)의 설명, 개발 도구, 기술 자료, 블로그, 웹 기반 프로그램 실행 환경 (DartPad), 개발 환경 설치 프로그램, 커뮤니티 등의 정보를 제공합니다. 이 책에서 Dart 언어의 문법, 확장 기능(라이브러리/패키지), 개발 환경 설치를 설명할 때 자주 참조할 예정입니다.

2. Flutter 공식 사이트 https://flutter.dev/

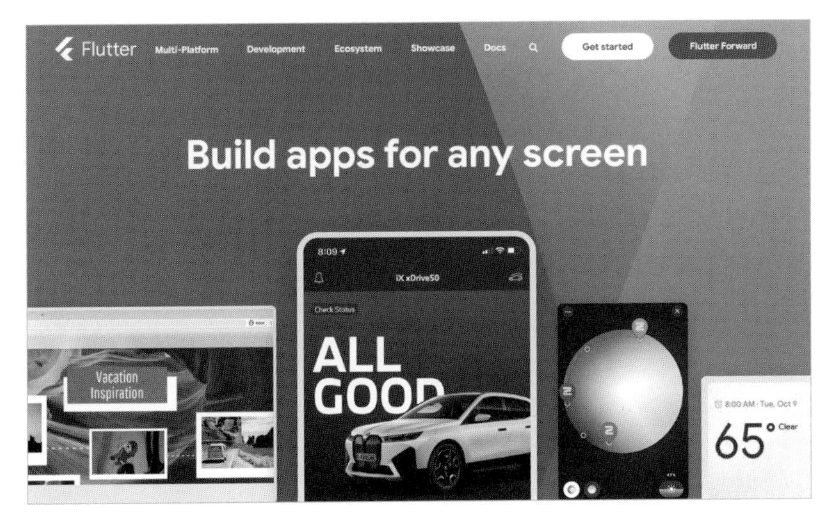

Flutter는 Dart 언어로 스마트폰/태블릿 컴퓨터, 데스크톱, 웹 서비스 등의 프로그램을 만들 때 사용하는 프로그램입니다. 이 사이트는 Flutter의 공식 사이트로서 Flutter의 소개, 기술 설명, 개발 환경 설치 프로그램, 커뮤니티 및 이벤트 등의 정보를 제공합니다. 이 책에서는 스마트폰과 데스크톱을 위한 그래픽 기반의 프로그램을 개발하는 내용을 다룰 때 자주 참조할 예정입니다.

3. DartPad https://dartpad.dev/

이 책에서 가장 먼저 활용할 사이트입니다. 처음 프로그래밍을 배우는 입장에서는 '개발 환경'이라는 단어 자체가 낯설 겁니다. 또한 대부분의 초보 개발자들은 각종 상용 프로그램을 설치해 본 경험을 기준 삼아 프로그램의 설치라는 것은 몇 번의 마우스 클릭으로 해결된다고 생각합니다. 하지만 프로그램을 개발하기 위한 도구가 되는 프로그램들, 다시 말해 개발 환경은 그렇게 쉽게 설치해서 사용할 수 있는 경우가 많지 않습니다. 따라서 프로그래밍을 시작도 하기 전에 개발에 필요한 소프트웨어들을 설치하다가 포기하는 경우도 있습니다. 이러한 초보자들의 어려움을 감안해서, 이 책에서는 Dart와 Flutter 프로그래밍을 최초로 시작할 때 아예 본인의 컴퓨터에 어떠한 프로그램도 설치하지 않는 가장 단순한 환경을 사용합니다. 바로 DartPad 사이트에 접속하는 것입니다. 웹 브라우저로 사이트에 접속하는 즉시 Dart와 Flutter 프로그래밍을 시작할 수 있습니다.

4. Microsoft Visual Studio Code https://code.visualstudio.com/

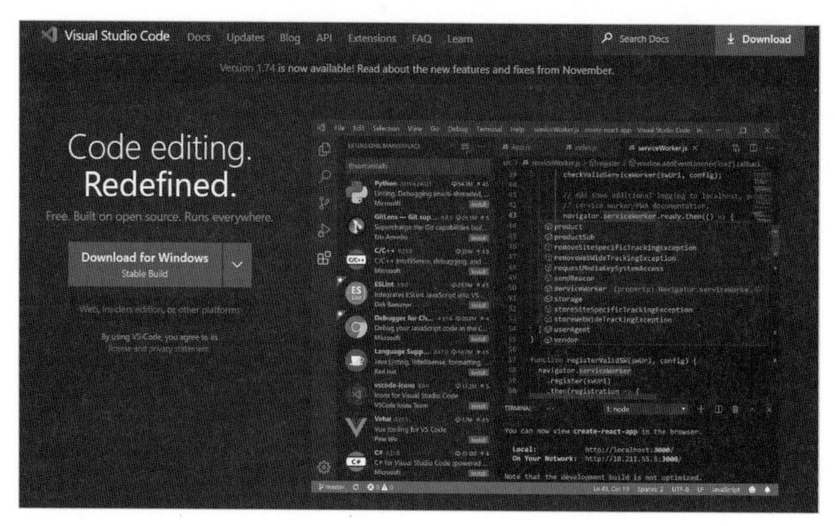

이 책에서는 독자가 프로그래밍을 조금씩 알아가는 과정에 맞춰 프로그래밍을 위한 전문적인 프로그램들도 설치하고 활용하도록 유도해 나갈 예정입니다. 이를 위해서 선택한 프로그램이 바로 마이크로소프트에서 개발하여 오픈소스로 공개한 Visual Studio Code 프로그램입니다. 이 프로그램은 Dart와 Flutter 언어로 프로그램을 만드는 에디터 기능과 함께 개발한 프로그램을 실행하고 문제가 있는 부분을 수정할 수 있는 통합 개발 환경(Integrated Development Environment: IDE) 및 디버거(Debugger) 기능을 제공합니다. 더 나아가 개발한 프로그램을 스마트폰/태블릿 컴퓨터에 설치하고 실행하는 작업을 수행할 수 있도록 합니다. 독자가 처음 프로그래밍을 시작하는 시점에서는 웹 기반의 쉬운 개발 환경인 DartPad를 사용하고, 진도가 나가면서 프로그래밍의 수준이 깊어지면 Visual Studio Code(이하 VS Code)를 사용하겠습니다.

5. Dart Code https://dartcode.org/

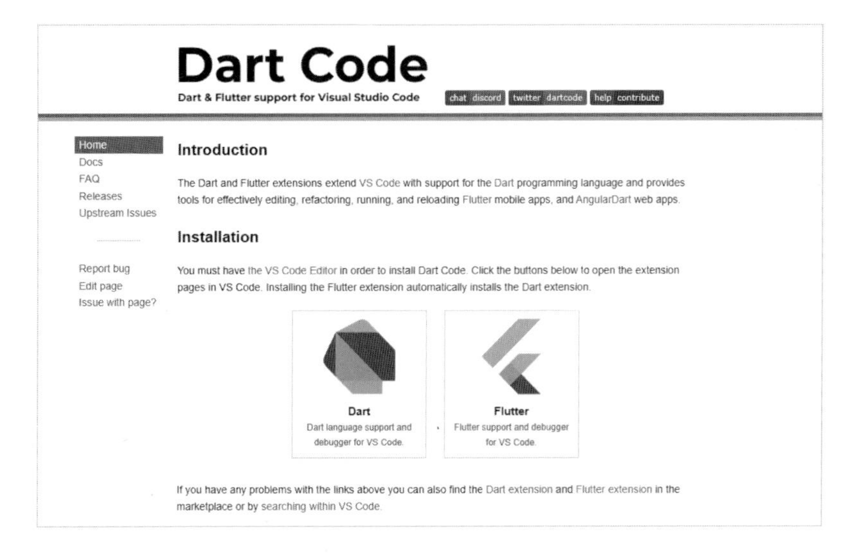

VS Code는 Dart와 Flutter 이외에도 다양한 프로그래밍 언어들로 프로그램을 만들 때 사용하는 개발 도구(프로그램)입니다. VS Code에서 Dart와 Flutter를 직접 지원하는 것은 아니며, Dart Code라고 불리는 프로그램을 VS Code의 확장 기능으로 추가하여 사용합니다. 이 웹사이트는 Dart Code 프로그램을 개발한 곳에서 직접 운영하는 공식 사이트로서, VS Code에 포함된 Dart Code에서 제공하는 기능 설명 및 이슈 등을 다루고 있습니다.

6. pub.dev https://pub.dev/

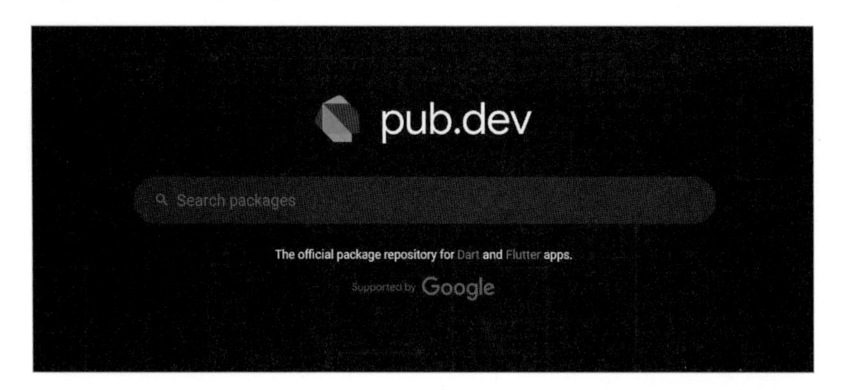

프로그램을 개발하는 과정은 프로그래밍 언어가 제공하는 표준 기능을 사용하고, 남이 만든 기능을 추가한 후, 그래도 비어 있는 부분이 있으면 내가 만든 프로그램의 기능으로 빈 공간을 채우는 작업입니다. 여기서 남이 만든 프로그램을 얻는 방법은 일반적으로 GitHub와 같은 오픈소스 소프트웨어들을 공유하는 사이트를 통해서 이루어집니다. 여러 오픈소스 공유 사이트가 있지만, GitHub는 오픈소스 소프트웨어의 성지와 같은 곳입니다. 하지만 Dart와 Flutter로 프로그램을 개발하는 경우는 Dart와 Flutter를 위한 전용의 프로그램 공유 사이트가 있습니다. 바로 pub.dev입니다. 책의 내용을 벗어나서 어느 순간 본인이 만들고 싶은 소프트웨어의 개발을 바로 시작하게 된다면, 이 사이트에서 필요한 코드를 찾아보고 사용해 보는 경험을 하기 바랍니다.

7. Flutter 공식 유튜브 https://www.youtube.com/flutterdev

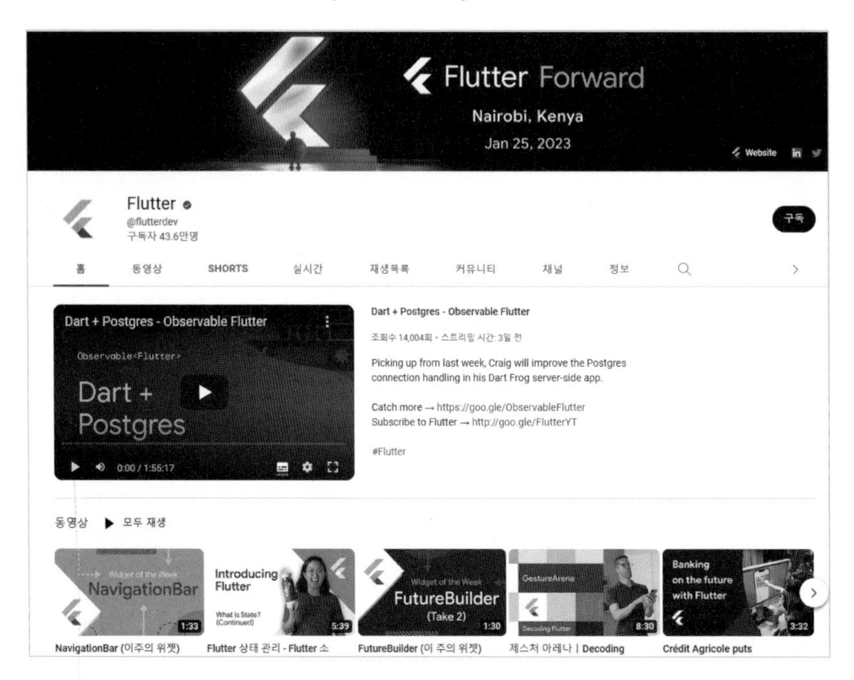

Flutter는 특이하게도 유튜브를 통한 기술 설명을 적극적으로 하고 있습니다. 특히 Flutter 안에 포함된 기능(위젯)을 매주 하나씩 소개하는 콘텐츠도 있습니다. 이러한 내용들을 틈틈이 시청해 두면, 나중에 기억을 더듬어서 유용하게 활용할 수 있습니다. 의외로 매우 많은 콘텐츠를 제공하는데, 초보자를 위한 영상, 매년 열리는 Google I/O 등의 개발자 행사에서 소개된 Flutter 관련 기술의 영상 등을 볼 수 있습니다. 이 책의 초반부에서는 도움이 되지 않겠지만, Dart 언어를 지나 Flutter를 배우는 시점에는 구경 삼아 들어가서 살펴보기를 권합니다.

8. 구글 개발자 공식 유튜브 https://www.youtube.com/googlecode

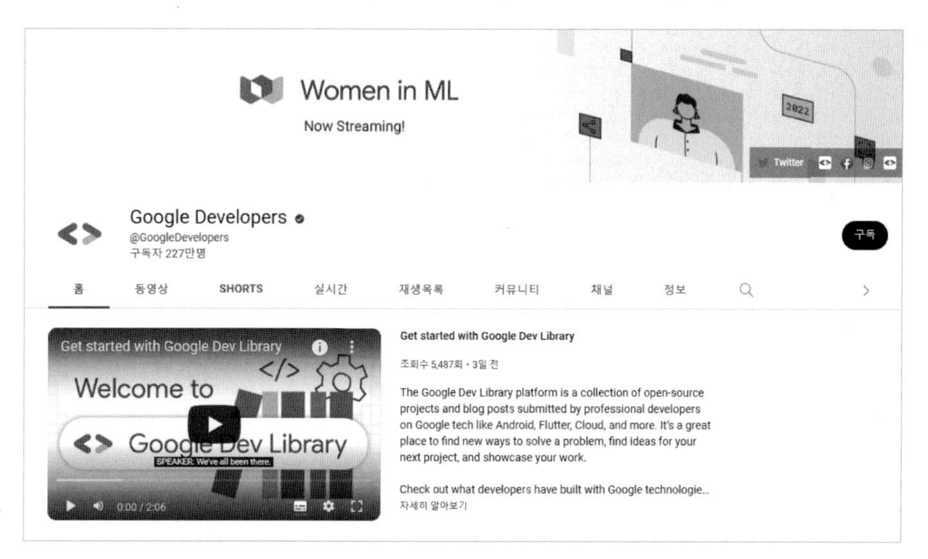

이 곳은 Google 관련 기술을 다루는 개발자들을 위한 유튜브 채널입니다. 말 그대로 구글에 관련한 모든 기술을 다룹니다. Dart와 Flutter는 그 중 하나라고 보면 됩니다. Dart 혹은 Flutter에 대한 내용을 보고 싶다면 키워드 검색을 통해서 찾아봐야 합니다. 특히 구글이 매년 주관하는 행사들의 콘텐츠가 꾸준하게 업로드되므로, 관심 있는 행사가 열리는 시점에 관심 갖는 주제의 영상을 검색하면 좋습니다. 기술의 변화를 따라가며 끊임없이 공부해야 하는 소프트웨어 개발자의 입장에서 큰 도움이 될 겁니다. 이 사이트는 이 책의 중반부를 넘어서 후반부로 진입하는 시점부터 독자가 관심을 가지고 있는 분야 중심으로 참조하기를 권합니다.

9. Dart 공식 GitHub https://github.com/dart-lang

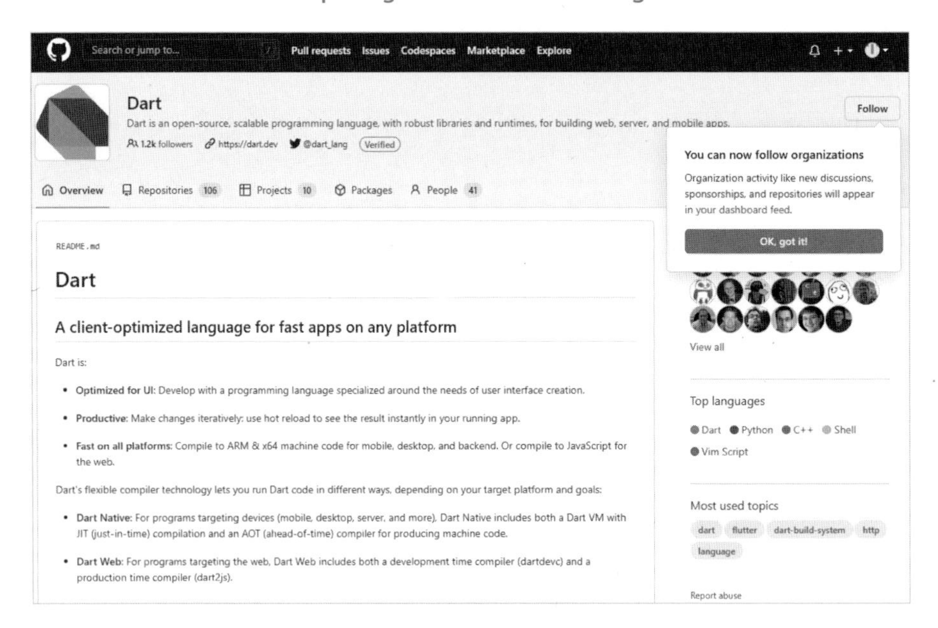

Dart 언어는 개발자인 사람이 이해할 수 있는 글자들로 만들어져 있습니다. 그렇기에 Dart 언어로 만든 프로그램을 컴퓨터가 이해할 수 있는 형태로 바꿔서 컴퓨터에게 일을 시키는 프로그램이 필요합니다. Dart 공식 사이트에 가면 Dart 문법에 맞춰서 사람이 작성한 코드를 컴퓨터가 이해하고 실행할 수 있도록 만드는 프로그램을 함께 배포합니다. 이 사이트는 바로 Dart 언어로 쓰여진 프로그램을 읽고 컴퓨터에서 실행하도록 하는 프로그램의 모든 자료가 공개된 사이트입니다. 이 책을 다 읽고 나서 Dart와 Flutter 기술 자체에 흥미가 생겨 Dart와 Flutter의 오류를 수정하거나 개선하는 작업에 관심이 있는 경우, 이 사이트를 방문하면 도움이 됩니다. 또한 종종 내가 Dart 언어로 만든 프로그램은 제대로 만들어졌지만, 이를 읽고 실행하는 프로그램에 문제가 있어서 제대로 실행이 안 되는 경우가 있습니다. 개발자 입장에서는 많이 억울한 경우지만 결국 Dart 언어로 쓰여진 프로그램을 읽고 실행하는 프로그램을 개발한 개발자도 사람이기에 충분히 발생 가능한 일입니다. 이런 문제가 발생한 경우 Dart 공식 GitHub 사이트를 방문하면 어떤 문제들이 보고되었는지, 혹시 해결하거나 우회할 방법이 있다면 어떤 것이 있는지 찾아볼 수 있습니다. 이 책의 후반부에 다다른 독자 중에 프로그램을 개발하면서 Dart 언어를 번역하고 컴퓨터에게 일을 시키는 프로그램에서 발생하는 원천적인 문제를 겪고 있는 독자라면, 이 사이트의 방문을 권합니다.

10. Flutter 공식 GitHub https://github.com/flutter

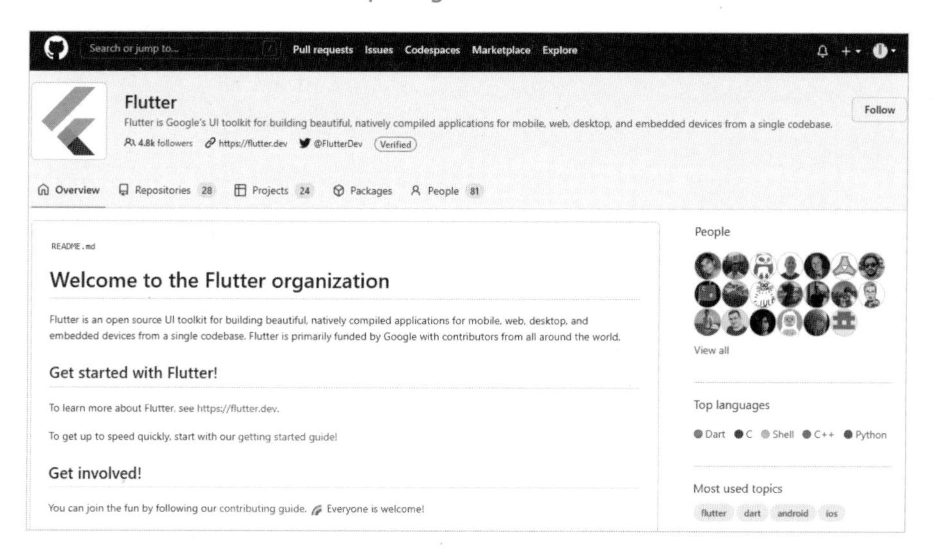

Dart 공식 GitHub 사이트와 같이, Flutter 프로그램의 모든 자료도 이 사이트를 통해서 공개되어 있습니다. 이 책의 후반부에 이른 독자 중 Flutter를 어떻게 만들었는지에 대해서 관심이 있는 독자라면, 이 사이트를 방문하기 바랍니다.

11. Adobe XD https://www.adobe.com/kr/products/xd.html

Adobe XD는 Adobe 사가 스마트폰/태블릿 컴퓨터를 주 타깃으로 하는 디자이너를 대상으로 만든 소프트웨어입니다. 디자이너가 직접 화면을 설계하고, 실제로 스마트폰 등의 장치에서 실행되는 것처럼 만들 수 있습니다. 스마트폰 화면을 터치하면, 이에 맞춰서 동작하는 것처럼 보여주는 프로토타이핑(prototyping), 목업(mockup), 혹은 데모(demonstration)를 할 수 있도록 하는 프로그램입니다. 통상 이렇게 만들어진 디자인 요소들인 그림, 아이콘 등은 개발자에게 전달되어 개발자가 재사용하거나, 재사용이 불가한 경우는 개발자가 직접 개발해야 합니다. 또한 디자이너와 개발자, 디자이너와 디자이너, 디자이너와 사용자 간에 서로 토론을 하면서 의견 교환 속에 개선하는 과정을 거치기도 합니다. Adobe XD는 이런 전반적인 과정을 도와주는 매우 인기 있는 프로그램 중 하나입니다. 가격 정책에 따라서 개인 개발자 혹은 학습자는 무료로 사용할 수 있으니 디자인에 관심이 있는 개발자 혹은 1인 개발자라면 꼭 사용해 보기를 권합니다. 본인이 만든 디자인을 실제 스마트폰/태블릿 컴퓨터에서도 실행해 볼 수 있습니다.

12. XD to Flutter https://github.com/AdobeXD/xd-to-flutter-plugin

Adobe와 구글이 함께 만들고 개선하는 오픈소스 플러그인입니다. Adobe XD로 만든 디자인을 Dart와 Flutter로 작성된 프로그램으로 변환해 줍니다. 이 플러그인을 사용하면 디자이너가 추구한 외관을 최대한 Flutter에서 재사용할 수 있어 개발의 시간을 줄이면서도 결과물의 수준을 높여 줍니다.

13. Figma 공식 사이트 https://www.figma.com/

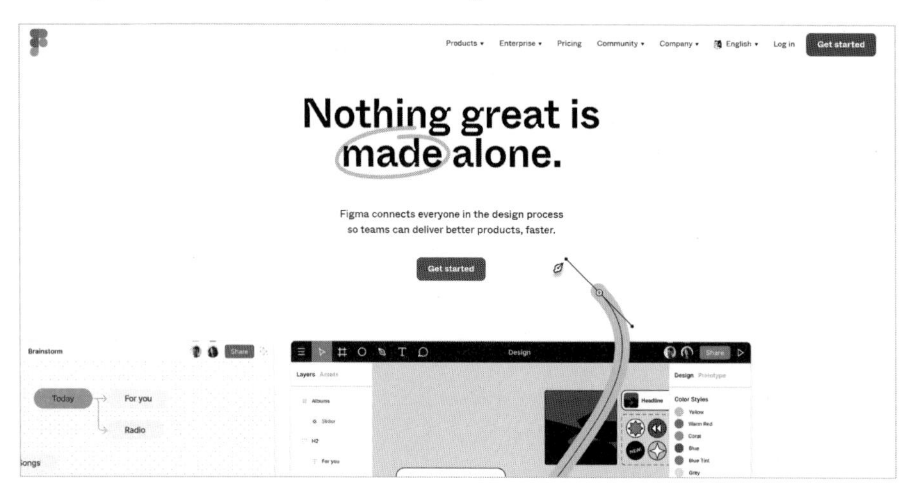

Adobe XD와 같은 목적의 프로그램입니다. Adobe XD가 상용 프로그램이라면 Figma는 오픈소스 소프트웨어이며 무료로 사용이 가능합니다. 기능 차이는 있지만 개발자에 따라 Adobe XD보다 Figma를 선호하는 개발자들도 많이 있습니다. 앞서 Adobe XD 결과물을 Flutter로 변환하는 플러그인이 있었듯이 Figma의 결과물도 Flutter로 변환하는 플러그인이 존재합니다.

14. Medium https://medium.com/

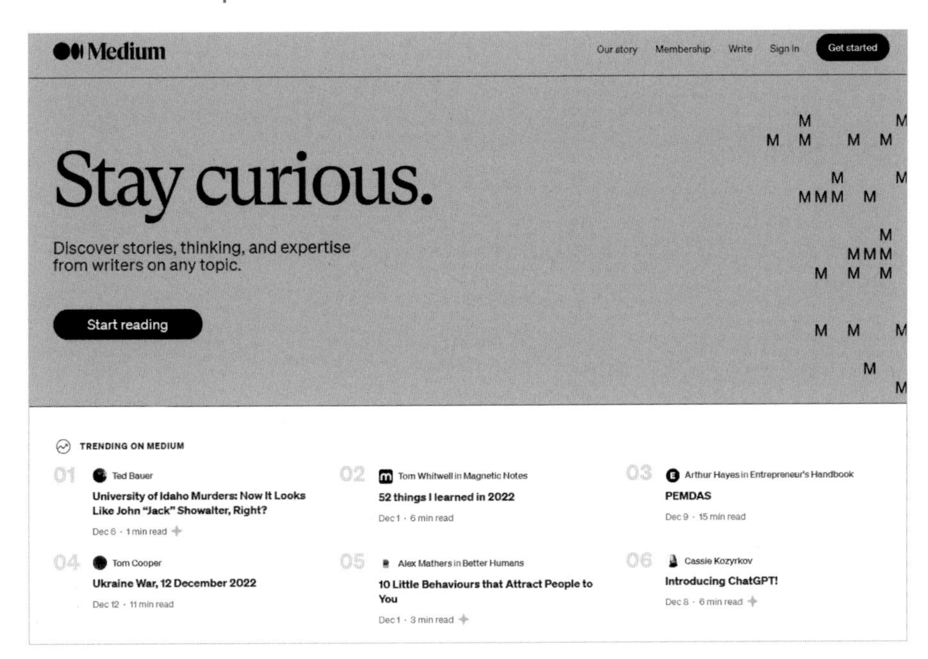

이 곳은 가입(subscribe) 기반의 유료 언론 사이트입니다. 그런데 흥미로운 것은 Dart와 Flutter의 공식 발표(릴리즈)가 있을 때마다, 공식 발표의 주요 설명을 하는 글이 이 사이트를 통해서 공개된다는 점입니다. 또한 Dart와 Flutter에 대한 기술적인 기고문뿐만 아니라, 소프트웨어 산업에서의 Dart와 Flutter 관련 기사도 종종 볼 수 있습니다. 좋은 글이 많으니 유료로 가입해도 좋고, 무료로도 제한된 갯수의 기사를 볼 수 있습니다. 이메일을 등록하면 주기적으로 관심 있는 기사를 본인의 이메일로 보내주는 기능도 있으니 이 책을 마무리하고 본격적인 개발자의 길로 나아가려 할 때, 평생 공부를 해야 하는 입장에서 큰 도움이 될 겁니다. 특히 Dart와 Flutter도 시간이 지나면서 계속 발전하므로 계속 개선된 내용을 이해하고 추가로 공부하는 자세가 필요한데, 이 사이트가 도움을 줍니다.

핵심 요약

교과서를 보다가 참고서나 사전을 찾아보듯이, 이 책을 보면서 추가적인 내용을 살펴볼 웹 사이트들을 미리 살펴보았습니다. 대부분 공식 사이트들입니다. 우리가 살펴볼 기술들을 직접 만든 개발자들이 운영하는 사이트들이므로 가장 정확하고 빠른 정보를 제공한다고 보면 됩니다. 프로그래머가 힘들다고 하는 이유 중 가장 자주 등장하는 이유는 끊임없는 자기 계발입니다. 특히 Dart와 Flutter도 시간이 지나면서 끊임없이 진화하기에 새로운 기능을 계속 학습해야 합니다. 그러니 앞으로 공식 사이트를 방문하는 것에 두려움을 갖지 않기 바랍니다. 책에서도 필요한 정보가 있을 때마다 이들 사이트를 방문하여 어떻게 필요한 정보를 찾을 수 있는지 세세하게 설명할 예정입니다.

VOLUME.

B

Dart 언어 기초 이해

CHAPTER. 1

DartPad를 이용하여 개발 환경 구축하기

Dart 언어의 기초 문법을 학습하기 위해서는 각 챕터에서 제시한 예제 프로그램인 소스 코드를 직접 손으로 입력하고, 소스 코드를 실행한 결과를 직접 눈으로 확인해야 합니다. 책에서 제공하는 소스 코드는 독자가 직접 타이핑하면서 오탈자를 만들지 않는다면, 문제없이 실행됩니다. 우리가 준비해야 할 것은 바로 소스 코드를 입력하고 실행하면서 결과를 확인하는 개발 환경입니다. 이 책에서 다루는 내용은 광범위한 편으로, Client부터 Server까지 다양한 분야를 다룹니다. 하지만 이와 반대로 독자는 프로 개발자를 목표로 하는 초보자입니다. 따라서 이 책에서는 하나의 개발 환경을 고정적으로 사용하지 않고 진도에 맞춰서 적합한 개발 환경을 사용해 나갈 예정입니다.

자세히 알아보기

이 책의 목표는 프로그래밍을 처음 시작하는 초보자를 풀스택 개발자로 만드는 것입니다. 따라서 처음 만나게 되는 개발 환경은 간단하지만 Dart 언어를 처음 배우는데 필요한 모든 기능을 제공하는 환경으로 준비하였습니다. 설치 과정은 없으며, 사용은 매우 간단합니다. 웹 브라우저를 열고, 접속할 주소 창에 https://dartpad.dev/를 입력한 후 접속하면 됩니다.

NOTE

DartPad는 Dart 언어의 개발에 공식적으로 참여한 개발자들이 만들었습니다. 그리고 누구든지 쓸 수 있도록 무료로 제공하는 사이트입니다. 소스 코드까지 모두 공개한 오픈소스 소프트웨어이며, 공식 웹 사이트는 https://github.com/dart-lang/dart-pad입니다. 실제 전체 소스 코드의 70% 이상이 Dart로 개발되어 있다고 합니다.

그러면 [그림 1]과 같은 화면이 펼쳐집니다.

[그림 1] DartPad 메인 화면(웹 사이트 주소: https://dartpad.dev/)

여기서 화면 위의 'solar-branch-36819'은 접속하는 사용자와 시점에 따라 달라지는 문장이므로 무시하면 됩니다. 그리고 화면 아래의 'Flutter 3.7.11 Dart SDK 2.19.6'은 각각 Flutter와 Dart의 버전입니다. 이 숫자는 시간이 지나면서 [그림 1]보다 항상 큰 숫자로 바뀔 것이므로, 마찬가지로 동일하지 않다고 신경 쓰지 않아도 됩니다.

화면에서 당분간 우리가 사용할 부분은 두 군데입니다.

[그림 2] DartPad 주요 영역에 대한 설명

첫째로 책에서 제공하는 예제 프로그램 소스 코드를 입력할 부분이 [그림 2]의 (A) 부분입니다. (A) 부분에 미리 채워져 있는 소스 코드를 지우고 책의 각 챕터별로 제시하는 소스 코드를 타이핑하면 됩니다. 독자가 프로그램의 소스 코드를 타이핑하면 왼쪽의 줄 번호는 자동으로 생깁니다. 이 줄 번호는 프로그램의 실행과 아무 상관없습니다. 기초 문법을 설명하는 Volume B에서는 가능하면 소스 코드를 똑같이 옮긴다는 생각으로 반드시 직접 타이핑하기 바랍니다.

둘째로 타이핑을 마친 소스 코드를 실행하는 작업이 필요합니다. 타이핑한 소스 코드를 실행하는 방법은 간단합니다. (A) 영역의 오른쪽 위에 있는 "Run" 버튼을 클릭하기만 하면 됩니다.

셋째로 소스 코드의 실행 결과를 확인하는 작업이 필요합니다. 실행 결과는 [그림 2]의 (B) 영역에 나타납니다. 아무런 문제가 없다면, (B)에 나타나는 결과는 책의 챕터별로 제공하는 '미리 보는 수행 결과' 내용과 같을 겁니다. 만약 다른 결과의 내용이 나온다면, 타이핑한 소스 코드에 문제가 있다는 의미입니다. 당장은 아주 기초적인 부분을 배워 나가는 중이니 소스 코드와 다른 내용이 어디일지 비교해 보면서 소스 코드와 다르게 타이핑한 부분을 동일하게 타이핑하는 데에 초점을 두기 바랍니다.

간단하게 사용 방법을 경험해 보고자 (A) 영역에 자동으로 채워진 내용을 모두 지우고, 다음의 코드를 타이핑합니다. 줄 번호는 앞서 언급한대로 프로그램과 상관없으며 DartPad에서 자동으로 표시할 뿐입니다. 번호를 제외한 내용을 타이핑하면 됩니다.

```
1  void main (){
2    print('Hello, World!');
3  }
```

타이핑을 마쳤으면, 다음으로 "Run" 버튼을 한번 클릭합니다. 실행이 되는 동안 파랑색 Run 버튼은 회색으로 바뀝니다. 그리고 실행이 종료되면 다시 파랑색으로 바뀝니다.

(A) 영역의 프로그램 실행 결과로 (B) 영역에 다음의 글자가 표시됩니다.

```
Hello, World!
```

만약 위의 글자가 표시되지 않았다면, 소스 코드 입력에서 실수가 있지 않나 확인해 봅니다. 소스 코드 입력 내용과 실행 결과가 [그림 3]에 나타나 있으니 참조하기 바랍니다.

[그림 3] DartPad 실행 결과

에러가 발생하는 것을 두려워할 필요는 없습니다. 예를 들어, (A) 영역에 타이핑한 소스 코드의 2번 줄의 마지막에 있는 ';' 기호를 삭제해 봅니다. 그러면 [그림 4]의 오른쪽 아래와 같이 'error' 라는 문구와 'line 2'라는 에러의 위치가 나타납니다. (A) 영역의 소스 코드 2번 줄이라는 의미입니다. 그리고 자세한 에러의 의미인 "Expected to find ';'."가 있습니다. 이것은 ';' 문자가 누락되어 있다는 의미입니다. 초보자의 경우 에러를 두려워할 수 있습니다. 그러나 프로그램 개발에서 에러는 필수적으로 발생합니다. 에러의 발생 자체를 두려워하지 말고, 어디서 어떤 에러가 난 것인지 잘 보고 이해한 후 하나씩 고치다 보면, 자연스럽게 늘어가는 본인의 실력을 느낄 수 있습니다.

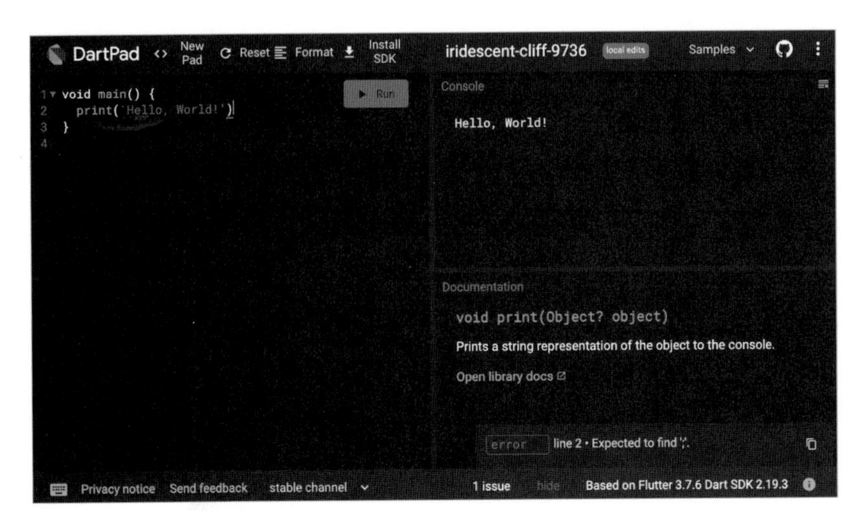

[그림 4] DartPad 실행 시 에러 메시지 화면 예제

DartPad는 Dart 언어 공식 사이트인 https://dart.dev/ 최초 접속 화면에서도 동일하게 지원하고 있습니다. [그림 5]를 보면 Dart 공식 사이트에 접속하자마자 화면 아래쪽에서 DartPad를 제공하는 모습이 보입니다. Dart 언어를 보다 쉽게 공부하였으면 좋겠다는 Dart 언어 개발자들의 마음을 보여주는 것이라고 이해하면 됩니다.

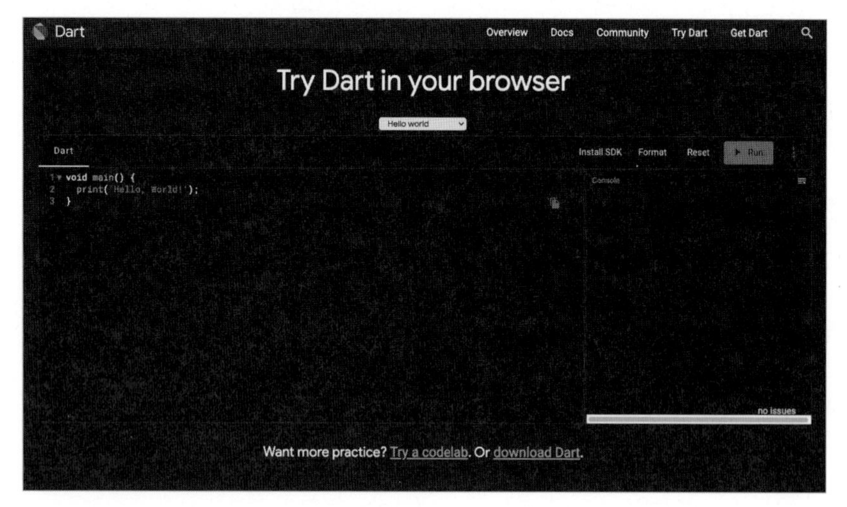

[그림 5] Dart 공식 사이트에서의 DartPad 지원 화면

핵심 요약

별도의 설치 없이 웹 브라우저만 있으면 당장 Dart 언어를 타이핑하고 실행할 수 있는 DartPad는 매우 매력적인 개발 환경입니다. DartPad는 웹 브라우저로 접속하여, 컴퓨터에 별도로 설치하는 것도 없고 보기에도 단순해 보이지만 의외로 많은 기능을 제공합니다. 스마트폰에서 실행할 프로그램의 개발도 가능합니다. 책의 진도를 나아가면서 DartPad의 전체적인 기능과 활용법을 천천히, 자세하게 알아볼 계획입니다.

CHAPTER. 2

Hello World 프로그램 개발하기

화면에 "Hello, World!" 문장을 출력하는 간단한 프로그램을 만들고 실행합니다. 프로그래밍 언어를 배울 때 거의 대부분의 프로그래밍 언어에서 최초로 만들어 보는 프로그램입니다. Hello World 프로그램을 만들어 보며 Dart 언어로 만드는 프로그램의 가장 기본적인 내용을 이해합니다.

미리 보는 수행 결과

이 책의 구성은 챕터에서 제시하는 예제 프로그램의 소스 코드를 실행한 결과를 먼저 보여준 후, 그 결과를 만드는 프로그램의 소스 코드를 설명하는 형태입니다. 당분간은 DartPad를 사용하여 개발하겠습니다. 앞의 챕터에서 확인한 DartPad의 (A) 영역에 프로그램 소스 코드를 타이핑합니다. 그리고 'Run' 버튼을 통해서 실행한 결과를 DartPad의 (B) 영역에서 확인하는데, 이때 미리 보는 수행 결과와 동일한 것인지 확인하면 됩니다.

이번 챕터에서 실행하는 프로그램의 수행 결과는 매우 간단합니다. 화면에 "Hello, World!"라는 문장을 한 줄 출력합니다. 이미 앞의 챕터에서 DartPad를 설명하면서 타이핑하고 실행한 바로 그 프로그램입니다. 이번 챕터의 소스 코드를 DartPad에서 실행한 결과 화면은 [그림 1]과 같습니다.

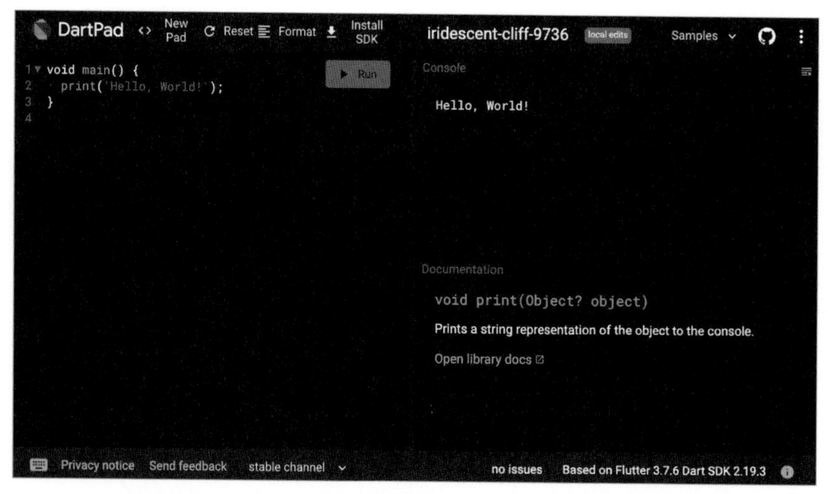

[그림 1] DartPad에서의 "Hello, World!" 실행 결과

컴퓨터 프로그램의 목적은 '사람이 해야 하는 일을 컴퓨터가 대신하여 수행하는 것'입니다. 여기서 '일'이란, 주어진 입력을 사용하여 미리 정해진 작업을 수행한 후, 예측되는 결과를 만드는 과정을 의미합니다. 대부분의 경우, 프로그램을 통해서 해결하는 작업은 대규모의 데이터를 다루는 경우이거나 시간이 오래 걸리거나, 아니면 매우 반복적인 일입니다.

Hello World 프로그램에 주어진 입력은 없습니다. 미리 정해진 작업은 컴퓨터 화면에 "Hello, World!" 문장을 한 줄 출력하는 것이며, 화면에 해당 문장이 잘 표시되는 것을 확인할 수 있습니다.

소스 코드 설명

Hello World 프로그램은 세 줄로 만들어져 있습니다. 간단하지만 Dart 언어로 만드는 프로그램이 갖춰야 하는 모든 사항을 포함하고 있습니다. 그러면 각 줄에 대해서 알아보겠습니다.

```
1  void main() {
```

1 main이라는 단어가 있습니다. main 뒤에는 '( )' 모양으로, 소괄호가 열리고 닫힙니다. 이렇게 생긴 main은 main 함수라고 부릅니다. 모든 Dart 프로그램은 반드시 하나의 main 함수를 포함하고 있어야 합니다. Dart 프로그램에서 main 함수는 가장 먼저 실행이 되는 작업으로서, 프로그램의 입구라고 생각하면 됩니다.

main과 같은 함수들에서 소괄호는 함수가 작업을 하기 위해서 필요한 데이터(혹은 값)를 입력 받는 목적으로 활용됩니다. 소스 코드에서 소괄호를 열자마자 닫았다는 것은, main 함수가 입력 받을 데이터가 없다는 의미입니다.

main 함수의 앞에는 void라는 단어가 있습니다. 이에 관해서는 추후 함수에 대해서 상세하게 배우면서 설명하도록 하겠습니다. 궁금한 사람을 위해서 미리 간단히 설명하면 void는 많은 프로그래밍 언어에서 '없다'라는 의미로 사용합니다. 이 단어가 함수의 이름 앞에 쓰이면, 이 함수는 작업을 마친 후에 다른 어딘가로 전달할 데이터(혹은 값)가 없다는 의미입니다.

main 함수는 Dart 언어로 만든 프로그램에서 입구이면서 출구가 됩니다. 모든 Dart 언어로 만든 프로그램들은 실행과 함께 main 함수로 진입합니다. 이 챕터의 예제 프로그램도 main 함수의 진입 후, 화면에 "Hello, World!" 문장을 출력합니다. 그 뒤 더 이상 할 일이 없으니 main 함수를 나가게 되는데, main 함수를 나가는 행위, 즉 main 함수를 종료하는 행위는 프로그램을 끝낸다는 의미입니다.

NOTE

> main 함수가 만드는 결과 값은 운영체제에게 전달되어 프로그램이 정상적으로 수행된 건지 비정상적으로 수행된 건지 등을 알려주는 목적으로 사용됩니다. 그리고 함수는 작업한 결과를 함수를 실행한 쪽에게 전달해야 하는데, main 함수는 운영체제에 의해서 실행되는 것이 일반적이기에, 이 프로그램이 종료되면서 운영체제에게 돌려줄 값은 없다는 의미로 1의 void를 이해하면 됩니다.

1 마지막에 중괄호인 '{'가 열리면서 문장이 끝나는 데 이는 main 함수에서 수행할 내용들의 시작을 알립니다. 대부분의 프로그래밍 언어에서는 괄호가 열리면, 반드시 닫히는 부분이 있습니다. 이 소스 코드도 3에서 중괄호가 '}'로 닫힙니다.

Dart 프로그램에서 함수에게 전달하는 입력 값은 소괄호를 통해서 전달하며, 함수에서 수행할 작업은 중괄호를 사용하여 작성합니다. 이렇게 Dart 언어에서는 목적에 맞춰서 정해진 괄호 모양을 사용합니다.

```
2   print('Hello, World!');
```

2 "Hello, World!" 문장을 화면에 출력합니다. "화면에 무언가를 출력"하라는 일을 컴퓨터에게 시키는 경우, Dart 언어는 print라는 문법을 사용합니다. 그리고 앞서 1에서 설명했듯이, print를 통해서 무언가를 출력하는 경우 출력할 내용은 print 문장 뒤의 소괄호 안에 적어 주어야 합니다. print도 이름 뒤에 소괄호를 사용하는 형태의 함수이므로 함수 입장에서의 입력 값을 소괄호 안에 적어주는 것입니다. 소괄호 안에는 'Hello, World!' 문장이 있습니다. 출력 결과를 보면 작은 따옴표 없이 따옴표 안의 내용만 출력되었는데 작은 따옴표의 목적이 화면에 출력되기 위함이 아니라 Dart 언어에게 "print를 통해서 화면에 출력할 내용은 문장(글자들의 집합체)이다"라는 의미를 알려주기 위한 용도이기 때문입니다. 따라서 Dart 언어는 따옴표 안의 내용이 글자들의 집합이라는 것을 이해한 후, 따옴표 안의 내용만 화면에 출력하였습니다.

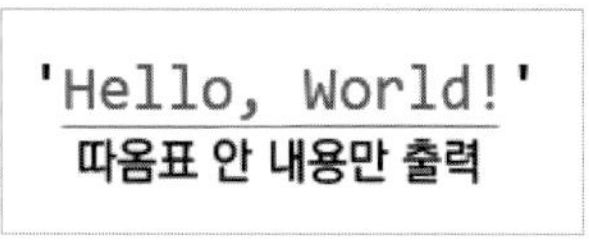

'Hello, World!'
따옴표 안 내용만 출력

[그림 2] 작은 따옴표의 목적

만약 화면에 인용 구문을 표시하는 따옴표 기호까지 함께 출력하기를 원한다면, 2를 다음과 같이 바꿔서 실행하면 됩니다. 작은 따옴표(' ') 안의 문장을 큰 따옴표(" ")로 한번 더 묶어주는 겁니다.

```
print('"Hello, World!"');
```

소스 코드를 실행하면 Hello, World! 문장이 큰 따옴표로 묶인 채로 화면에 출력됩니다. 작은 따옴표 안의 큰 따옴표는 일반적인 글자로 인식되어 화면에 출력되었습니다.

```
"Hello, World!"
```

2 마지막은 세미콜론(;)으로 끝납니다. 세미콜론은 Dart 언어에서 하나의 의미 있는 일이 끝났다는 것을 나타내는 문법입니다. 이 줄의 목적인 print를 통한 화면 출력을 제대로 작성했다는 의미로 세미콜론을 포함하였습니다.

이번 소스 코드는 main 함수 안에 한 줄만 있지만, 앞으로 여러 줄로 만들어진 main 함수를 보게 됩니다. 그리고 의미 있는 한 줄 한 줄이 끝날 때마다 각 줄의 끝에는 세미콜론이 붙을 것입니다.

```
3 }
```

3 앞서 1에서 열린 중괄호를 닫음으로써, 중괄호에 포함된 2가 main 함수에서 수행할 작업의 전부라는 것을 나타냅니다.

핵심 요약

"Hello, World!" 문장을 화면에 출력하는 3줄 분량의 단순한 프로그램을 살펴보며 Dart 프로그램이 가져야 하는 입구인 main 함수를 배웠습니다. 그리고 함수에 입력 값을 주기 위한 용도인 소괄호, 함수에서 수행할 작업을 정의하기 위한 중괄호의 의미를 배웠습니다. 마지막으로 실제로 Dart 언어가 화면에 출력을 하는 문법인 print를 배웠습니다.

▶▶ 연습 문제

1. 핵심 내용 복습하기

❶ main 함수의 이름을 일부러 틀리게 쓴 후, 어떤 에러가 발생하는지 확인합니다.

❷ 중괄호 혹은 소괄호를 닫는 부분을 삭제한 후, 어떤 에러가 발생하는지 확인합니다.

2. 예제 코드 수정하기

❶ 소스 코드의 "Hello, World!" 문자열 대신, 본인이 출력하고 싶은 문자열로 변경하여 실행하고 실행 결과를 확인합니다.

❷ 소스 코드의 "Hello, World!" 문자열의 큰 따옴표를 작은 따옴표로 변경한 후, 실행 결과를 확인합니다.

3. 추가 기능 작성하기

❶ 소스 코드의 2번 줄 다음에 또 다른 문자열을 출력하는 print 문장을 추가한 후 실행 결과를 확인합니다.

❷ 소스 코드의 2번 줄 다음에 숫자 1을 출력하는 print(1); 문장을 추가한 후 실행 결과를 확인합니다.

CHAPTER. 3

기초적인 숫자와 문자 다루기

컴퓨터 프로그램에서는 기본적으로 숫자와 문자를 다룹니다. 이번 챕터에서는 Dart 언어가 어떻게 숫자와 문자를 다루는지 알아봅니다. 보다 구체적으로 설명하면, Dart 언어에서 숫자는 정수(integer)와 실수(double)로 나뉩니다. 그리고 이러한 숫자 중 값이 계속 변경 가능한 변수(variable)와 한 번 값이 정해지면 바뀔 수 없는 상수(constant)가 있습니다. 글자들을 저장하는 문자열(string)도 값이 정해지면 바뀌지 않는 상수와 값을 바꿀 수 있는 변수가 있습니다.

미리 보는 수행 결과

DartPad에서 챕터의 소스 코드를 타이핑하고 실행한 결과의 화면은 [그림 1]과 같습니다.

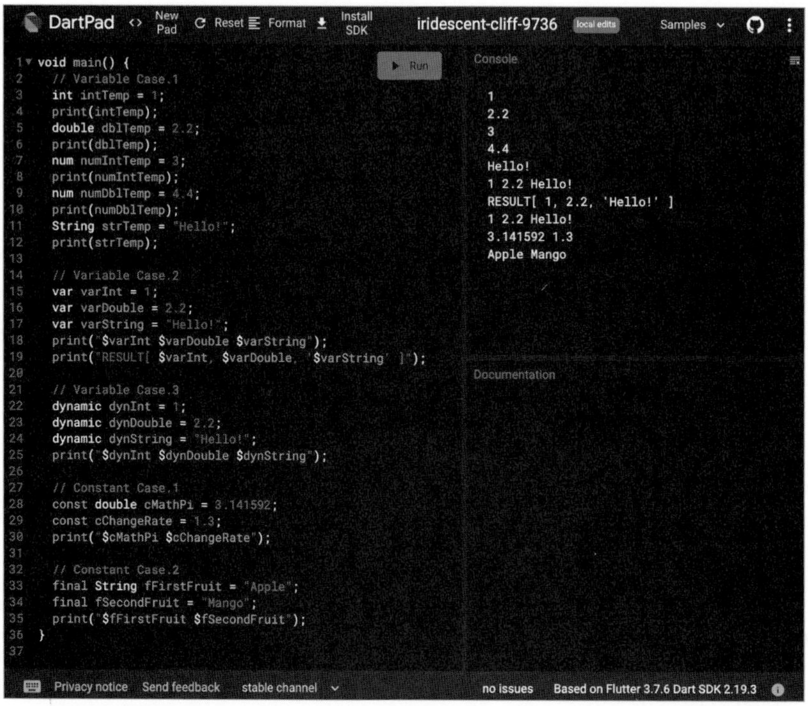

DartPad
New Pad
Reset
Format
Install SDK
iridescent-cliff-9736
local edits
Samples
Run
void main() {
// Variable Case.1
int intTemp = 1;
print(intTemp);
double dblTemp = 2.2;
print(dblTemp);
num numIntTemp = 3;
print(numIntTemp);
num numDblTemp = 4.4;
print(numDblTemp);
String strTemp = "Hello!";
print(strTemp);
// Variable Case.2
var varInt = 1;
var varDouble = 2.2;
var varString = "Hello!";
print("$varInt $varDouble $varString");
print("RESULT[$varInt, $varDouble, '$varString']");
// Variable Case.3
dynamic dynInt = 1;
dynamic dynDouble = 2.2;
dynamic dynString = "Hello!";
print("$dynInt $dynDouble $dynString");
// Constant Case.1
const double cMathPi = 3.141592;
const cChangeRate = 1.3;
print("$cMathPi $cChangeRate");
// Constant Case.2
final String fFirstFruit = "Apple";
final fSecondFruit = "Mango";
print("$fFirstFruit $fSecondFruit");
}
Console
1
2.2
3
4.4
Hello!
1 2.2 Hello!
RESULT[1, 2.2, 'Hello!']
1 2.2 Hello!
3.141592 1.3
Apple Mango
Documentation
Privacy notice
Send feedback
stable channel
no issues
Based on Flutter 3.7.6 Dart SDK 2.19.3

[그림 1] DartPad 실행 결과

수행 결과를 좀 더 자세히 설명하겠습니다. 설명을 보다 편하게 하기 위해서, 각 줄의 시작 부분에 줄 번호를 표시하였습니다. 이는 프로그램의 수행 결과와 무관합니다.

```
1  1
2  2.2
3  3
4  4.4
5  Hello!
```

1 정수 1을 출력했습니다.

2 실수 2.2를 출력했습니다.

3 정수 3을 출력했습니다.

4 실수 4.4를 출력했습니다.

5 문자열 'Hello!'를 출력하였습니다.

```
6  1 2.2 Hello!
7  RESULT[ 1, 2.2, 'Hello!' ]
8  1 2.2 Hello!
```

6 정수 1, 실수 2.2, 그리고 문자열 'Hello!'를 한 줄에 출력했습니다.

7 6의 내용에 추가 정보를 포함합니다. 먼저, 정수/실수/문자열 사이에 쉼표(,)를 넣어서 각 값들을 구분하였습니다. 그리고 보다 명확히 의미를 나타내기 위해서 출력 내용의 앞에는 출력을 의미하는 'RESULT['를 추가하고, 출력의 끝에는 ']' 기호를 추가하였습니다. 6에서는 단순하게 숫자와 문자열만 출력했다면, 7에서는 사람에게 보다 명확하게 의미를 전달하기 위한 추가 정보를 포함하였습니다.

8 6과 동일한 내용을 출력하였습니다.

```
9   3.141592 1.3
10  Apple Mango
```

9 실수인 3.141592와 1.3을 출력하였습니다.

10 두 개의 단어인 'Apple'과 'Mango'를 출력하였습니다.

소스 코드 설명

컴퓨터 프로그램은 일반적으로 사람을 대신해서, 주어진 입력 데이터를 사용하여 정해진 작업을 수행한 후, 출력 데이터로 변환하는 것이 일반적입니다. 여기서 데이터는 보통 사람에게 의미가 있는 숫자 혹은 문자 형태입니다. 이들은 작동 중에 변할 수도 있고, 변하지 않고 유지될 수도 있습니다. 작업 중에 값이 바뀔 수 있다면 변수(variable)라고 부르게 됩니다. 그렇지 않고 작업 중에 값이 바뀌지 않은 채 유지된다면 상수(constant)라고 부르게 됩니다. 이번 챕터에서 알아볼 Dart 언어가 제공하는 대표적인 변수와 상수 타입은 [표 1]과 같습니다.

문법	의미	주요 특징
int	정수	-9,007,199,254,740,992 ~ 9,007,199,254,740,992
double	실수	최대 1.7976931348623157e+308
num	숫자	정수 혹은 실수
String	문자열	글자, 단어 혹은 문장
var	변수	정수, 실수, 문자열 등을 저장하며, 값의 변경 가능 (한번 값을 저장하고 나면, 같은 타입의 값을 저장해야 함)
dynamic	변수	정수, 실수, 문자열 등을 저장하며, 값의 변경 가능 (저장하는 값의 타입에 제한 없음)
constant	상수	처음 만드는 시점에 값을 설정하며, 값의 변경 불가능

[표 1] Dart 언어의 대표적인 변수와 상수 타입

Dart 언어에서 변수를 나타내는 방법은 크게 3가지입니다. 각각의 유형에 대한 예시를 소스 코드에서는 Variable Case.1, Variable Case.2, Variable Case.3로 나누어서 표현하였습니다.

1. 데이터 타입을 지정하는 방법

1 이미 우리가 학습한 main 함수가 시작합니다.

```
1  void main() {
2    // Variable Case.1
```

2 '//'로 시작하는 문장이 있습니다. '//'로 시작하는 문장은 Dart 언어가 컴퓨터에게 명령할 작업이 아닙니다. '//'로 시작하는 줄은 프로그램을 개발하는 개발자가 소스 코드를 사람에게 설명하기 위한 용도입니다. 이를 주석(comment)이라고 합니다. 프로그램을 개발하는 프로그래머가 미래의 본인이 코드를 보았을 때에 어떤 내용인지 이해가 될 수 있도록 설명하거나, 다른 개발자에게 코드의 의미를 명확하게 전달하기 위한 용도로 사용합니다. 즉, **2**에 "// Variable Case.1"이라고 적음으로써, "코드의 해당 부분은 변수를 나타내는 Case 중 첫 번째"라는 의미를 명확하게 알려 줍니다. 같은 방식으로, **14**, **21**, **27**, **32**도 각각 변수와 상수를 나타내는 다른 방법을 보여준다는 주석을 달았습니다.

```
3  int intTemp = 1;
```

3 Dart 언어가 정수 값을 다루는 문법이 나타나 있습니다. 정수는 영어로 integer이며, Dart 언어에서는 정수를 표현하기 위하여 int라는 문법을 사용합니다. int intTemp는 "intTemp라는 이름의 정수를 변수 형태로 만들어라"라는 의미입니다. 그 뒤 '= 1'을 적어 intTemp 변수에 정수 1을 저장합니다. 변수에 저장된 값을 어떻게 사용하는지는 추후에 자세하게 다룹니다. intTemp같은 변수의 이름은 프로그램을 개발하는 개발자가 임의로 정하면 됩니다. 일반적으로 알파벳과 숫자, 그리고 기호인 '_'를 조합해서 만듭니다. 그리고 반드시 알파벳으로 시작합니다. Dart 언어에서 변수 이름을 정하는 방법은 좀 더 복잡하지만 기본적으로 앞서 설명한 규칙을 준수한다면 큰 문제는 없습니다. 변수의 이름은 가능하면 사람이 읽었을 때 의미가 이해될 수 있도록 하는 것이 좋습니다. 그렇게 하다 보면 조금 길어질 수 있지만, 프로그램의 오류를 줄이는 입장에서 자세한 이름으로 정하는 것을 권장합니다. 그리고 의미 있는 한 문장이 끝났으니, **3**의 끝은 세미콜론(;)을 사용하여 의미 있는 Dart 프로그램 한 줄이 완성되었음을 표현합니다.

```
4  print(intTemp);
```

4 이전 챕터에서 설명한 print 함수가 다시 등장했습니다. 다만 이번에는 print 소괄호 안에 intTemp 변수가 위치하고 있습니다. **3**에서 intTemp에 저장한 값인 정수 1을 화면에 출력하라는 의미입니다.

```
5  double dblTemp = 2.2;
```

5 **3**과 유사한 문장입니다. 다만 정수가 아닌 실수를 사용합니다. 앞서 3번 줄과 유사하게 double dblTemp와 같이 작성하여, 실수를 저장할 dblTemp라는 이름의 변수를 만듭니다.

NOTE

> 실수는 대부분의 프로그래밍 언어에서 double 혹은 float라고 부릅니다. Dart 언어는 double이라고 부릅니다.

참고로 dblTemp도 intTemp처럼 임의로 정한 이름입니다. 그리고 3과 유사하게 "= 2.2"를 작성해서, 실수 2.2를 dblTemp에 저장합니다. 마지막으로 줄의 오른쪽 끝에 세미콜론을 사용해서, 의미 있는 문장의 끝을 표현합니다. 이것으로 세미콜론의 목적은 충분히 설명하였기에 앞으로는 세미콜론에 대한 추가적인 설명을 하지 않겠습니다.

```
6  print(dblTemp);
```

6 4와 동일하게 dblTemp 변수에 저장된 실수 값을 화면에 출력합니다. 6이 실행되면, 5에서 저장한 실수 2.2가 출력됩니다.

```
7  num numIntTemp = 3;
8  print(numIntTemp);
```

7 정수를 나타내는 int 혹은 실수를 나타내는 double이 있어야 하는 자리에, 'num'이라고 쓰여 있습니다. 이것은 숫자를 의미하는 영어 단어인 number를 줄여서 부르는 것인데, "정수 혹은 실수를 저장할 수 있음"이라는 의미입니다. 앞서 나온 intTemp는 반드시 정수만 저장해야 했고, dblTemp는 반드시 실수만 저장해야 했습니다. 하지만 numIntTemp는 정수 혹은 실수 중 어떤 형태의 숫자라도 저장을 할 수 있으므로 정수인 3을 저장합니다. 그리고 8에서 print를 실행하면 정수 3이 화면에 출력되는 것을 확인할 수 있습니다.

```
9  num numDblTemp = 4.4;
10 print(numDblTemp);
```

9 7에서 등장한 num이 정수 혹은 실수 모두를 저장할 수 있다는 점을 확인하기 위해서, num을 사용해서 실수 4.4를 저장하는 numDblTemp를 만듭니다.

10 마찬가지로 화면에 실수 4.4가 출력됩니다.

개발자는 정수 혹은 실수를 다루고자 할 때 int나 double 문법을 사용할지, 아니면 num 문법을 사용할지를 프로그램의 목적에 맞춰서 판단하고 둘 중에 한 가지 방법을 선택하면 됩니다. 일반적으로 Dart 언어는 미리 데이터의 타입을 정하는 것을 선호합니다. 따라서 특별한 이유가 없다면 int 혹은 double 문법을 사용하기를 권장합니다. 즉, 다루고자 하는 데이터의 형태를 사전에 확정하는 것을 권장합니다. 하지만 반드시 지켜야 하는 사항은 아니며 프로그램의 목적과 구현 기술에 따라서 선택하면 됩니다.

```
11  String strTemp = "Hello!";
12  print(strTemp);
13
```

11 문자열을 저장하기 위한 Dart 언어의 문법인 String을 사용하여 strTemp라는 이름의 문자열 변수를 만듭니다. strTemp에는 "Hello!"라는 문자열이 저장되었으며, 12에서 "Hello!"가 출력됩니다. 13은 아무것도 입력하지 않은 공란입니다. 이 책은 소스 코드를 독자 스스로 타이핑하기를 권장하기에, 배포한 예제 소스 코드와 동일한 코드를 만들 수 있도록 공란도 본문에 포함합니다.

정수/실수/문자열 변수를 만드는 Dart 언어의 문법은 각각 int/double/String인 것을 확인하였습니다. 그리고 정수 혹은 실수를 저장할 수 있는 변수는 num으로 만들 수 있음을 확인했습니다.

2. 데이터 타입을 지정하지 않는 방법(var 문법)

다음으로 Dart 언어에서 변수를 다루는 두 번째 방법을 설명합니다. 첫 번째 방법 대비 개발자 입장에서는 쉽게 느껴질 수 있는 방법입니다. 첫 번째 방법은 저장할 데이터의 형태를 미리 알고, 이에 맞춰서 int/double/String 혹은 num 중에서 하나를 선택하여 사용하는 방법입니다. 두 번째 방법은 모든 경우에 대해서 var라고 부르는 오직 하나의 문법을 사용하여 변수를 만드는 방법입니다.

```
14  //Variable Case.2
15  var varInt = 1;
16  var varDouble = 2.2;
17  var varString = "Hello!";
```

15~17 varInt, varDouble, varString이라는 이름의 3개의 변수를 만들었습니다. 이름에서 예측 가능하듯이 각각 정수, 실수, 문자열을 저장할 목적이며 실제로 각각의 변수에 정수 1, 실수 2.2, 그리고 문자열 "Hello!"를 저장하였습니다. 그렇지만 모든 변수 이름 앞에 동일한 문법인 var를 사용하였습니다. var라는 이름에 어떤 의미가 있기에 전부 저장할 수 있을까요? var는 변수를 의미하는 영어 단어인 variable을 줄인 표현입니다. 15의 의미는 "변수 varInt를 만들고, 정수 1을 저장하라"는 의미입니다. 변수를 만들라고 할 뿐, 첫 번째 방법처럼 변수가 다룰 데이터의 형태에 대해서는 개발자가 지정하지 않았습니다. var를 사용하면 Dart 언어에서 오른쪽 값을 보고 만들 변수의 형태를 결정하게 됩니다.

결론적으로 이 두 번째 방법도 개발자가 직접 해야 하는 일을 컴퓨터에게 부담시킨 것이라고 생각하면 됩니다. var 문법을 사용하는 경우, 개발자는 변수가 다룰 데이터의 형태를 지정하지 않아서 편하지만 결국 프로그램이 제대로 동작을 하기 위해서는 변수가 다룰 데이터의 형태가 정확하게 정해져야 합니다. 따라서, 개발자는 편하게 var 문법만을 사용하지만, Dart 언어는 각각의 변수가 저장하는 값인 정수 1, 실수 2.2, 그리고 문자열 "Hello!"를 보고 왼쪽에서 만들어지는 varInt는 정수형 변수로, varDouble은 실수형 변수로, varString은 문자열 변수로 만들게 됩니다.

NOTE

소프트웨어 개발자들 사이에서 자주 회자되는 문장이 있는데, "프로그래밍에 마법(Magic)은 없다"라는 이야기입니다. 결국 개발자가 편해지면 컴퓨터가 일을 더하게 되고, 개발자가 더 세세하게 정하면 컴퓨터는 일을 덜 하게 됩니다. 컴퓨터가 일을 덜 하는 게 무슨 의미가 있을까 싶은 독자가 있을 수 있습니다. 컴퓨터가 일을 덜 한다는 의미는 정해진 시간 혹은 장비의 성능에서 더 빨리 혹은 더 많은 문제를 해결할 수 있다는 의미를 가집니다.

기술적으로 첫 번째 방법과 두 번째 방법의 장단점은 분명하게 존재합니다. 하지만 이 정도까지 따져야 할 프로그램을 개발하는 경우는 이 책의 범위를 넘어서는 일이기에 더 이상 깊게 다루지 않겠습니다.

일반적인 경우 var 문법을 사용하는 두 번째 방법이 Dart 언어를 다루는 책이나 예제에서 가장 많이 접하는 방법으로 생각됩니다. 따라서 앞으로 프로그램을 개발할 때, 가능한 var 문법을 사용하여 변수를 만드는 방법도 많은 개발자들이 사용하는 대중적인 방법으로서 권장하겠습니다.

```
18  print("$varInt $varDouble $varString");
19  print("RESULT[ $varInt, $varDouble, '$varString' ]");
20
```

18 print 문법을 조금 다른 형태로 사용하고 있습니다. 지금까지는 하나의 값만을 출력하는 용도로 print를 사용했지만 여기서는 여러 변수 값들을 한 줄에 출력합니다. 이를 위해서 print 함수에 여러 단어를 따옴표로 묶어 입력하였습니다. 그런데 '$'로 시작하는 단어들을 살펴보니, 앞서 만든 변수들의 이름입니다. print에서 문자열을 출력하도록 작성할 때 그 문자열 안에서 '$' 기호로 시작하는 변수의 이름을 포함하면 해당 변수가 저장하는 값을 변수 이름의 위치에 출력하라는 의미가 되기 때문입니다. 이렇게 해서 print 함수 실행 한 번에 3개의 변수 값을 출력하였습니다.

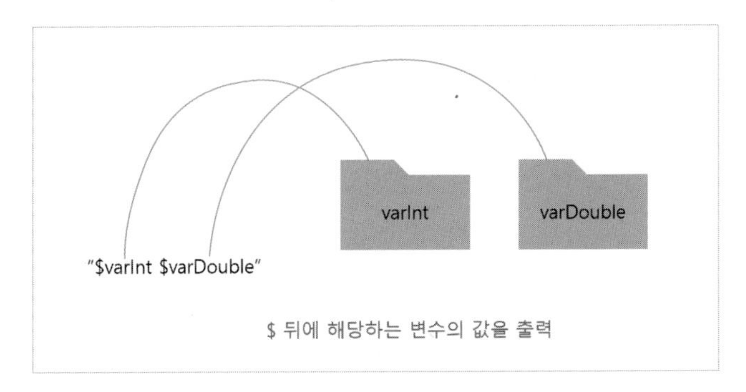

[그림 2] $의 의미

19 print 문법을 좀 더 확장하여 사용했습니다. 즉, 출력 내용이 사람에게 좀 더 의미 있게 보이도록 각 변수들의 값 사이에 쉼표(,)를 두어서 출력했습니다. 그리고 print 함수로 출력하는 값을 "RESULT["와 "]" 안에 묶어서 화면에 출력하였습니다. 이렇게 함으로써, 화면에 출력된 내용을 사람이 보다 쉽게 이해할 수 있도록 개선하였습니다.

3. 데이터 타입을 지정하지 않는 방법(dynamic 문법)

Dart 언어에서 변수를 다루는 마지막 방법은 dynamic 문법입니다.

```
21  //Variable Case.3
22  dynamic dynInt = 1;
23  dynamic dynDouble = 2.2;
24  dynamic dynString = "Hello!";
25  print("$dynInt $dynDouble $dynString");
26
```

한글로 "동적"이라고 표현되는 dynamic 방법은 보기에는 var 문법과 유사합니다.

22~**24** var가 있어야 하는 자리에 dynamic을 사용하고 있습니다. 그 외에는 동일하게 작성되어 있으며, **25**도 앞서 작성한 **18**과 동일합니다.

이 둘의 차이점을 알아보기 위해서, 소스 코드에 간단한 수정을 해 보겠습니다. **22** 밑에 아래처럼 한 줄을 추가합니다.

```
dynamic dynInt = 1; // Line 22
dynInt = 3.3 // New Line
dynamic dynDouble = 2.2; // Line 23
```

이 상태에서 소스 코드를 실행하면, print는 다음과 같이 화면에 출력을 합니다.

```
3.3, 2.2, Hello!
```

원래 정수 1을 저장했던 dynInt에 별다른 문제 없이, 실수 3.3을 저장할 수 있었습니다. 다음으로, 15 아래에 다음처럼 한 줄을 추가합니다.

```
var varInt = 1; // Line 15
varInt = 3.3 // New Line
var varDouble = 2.2; // Line 16
```

그리고 소스 코드를 실행하면, 출력 화면에 붉은 색으로 여러 문장이 쓰여집니다. 그리고 Error라는 단어로 시작하는 것에서 알 수 있듯이 제대로 실행이 되지 않습니다. 여러 줄이 있지만 핵심이 되는 줄은 아래의 줄입니다.

```
Error: A value of type 'double' can't be assigned to a variable of type 'int'.
```

문장 그대로 해석하면 "정수를 저장하도록 만든 변수에 실수를 저장하고자 해서 에러가 났다"라는 의미이며, 친절하게도 새롭게 추가한 문장이 에러를 유발하고 있다고 알려주고 있습니다.

세 번째 방법인 dynamic 문법은 에러 없이 동작을 했는데, 두 번째 방법인 var 문법에서는 왜 에러가 났을까요?

에러가 난 이유는 명확합니다. 에러 문장에서 알려주듯이, 변수가 처음 만들어지는 시점에서 정수를 저장하기로 했다면 이후로도 이 변수에는 정수를 저장하라는 것이 Dart 언어가 권장하는 var 문법의 철학입니다. 이런 방식의 철학을 static하다고 합니다. 사람 입장에서는 다소 불편할 수 있지만, 프로그램의 입장에서 안정적으로 정확하게 동작할 수 있는가를 따져본다면 이득이 큰 방식입니다. Dart 언어는 사람이 다소 불편해지더라도 프로그램이 안정적으로 동작하는 것을 더 중시했다고 보면 됩니다.

그렇다고 세 번째 방법이 동작을 안 하는 것은 아닙니다. Dart 언어의 기본 철학이 그러하다고 해서 철학과 다른 방식을 아예 언어에서 지원하지 않는 것은 아닙니다. 세 번째 방법처럼 처음에 정수를 저장하는 목적으로 만든 변수지만, 상황에 따라서는 실수나 문자열도 저장할 수 있도록 하는 것을 선호하는 언어는 dynamic하다고 합니다. 따라서 Dart 언어는 문법 자체의 이름을 dynamic이라고 정했습니다. 이 방법도 Dart 언어로 프로그램을 만드는 경우에 매우 유용하게 사용하는 문법입니다. 특별한 이유가 없다면 static 방식의 var 문법을 사용하되, dynamic 방식으로 프로그램을 개발해야 하는 이유가 있거나, 장점이 더 크다면 dynamic 문법으로 변수를 만들면 됩니다.

이 책에서는 변수를 만드는 경우, 기본적으로 두 번째 방식인 var를 사용합니다. 특별한 이유가 있는 경우에 좀 더 깐깐하게 데이터 유형을 정하는 첫 번째 방법을 쓰거나, 유연한 방법인 세 번째 방법을 사용하는 것도 볼 수 있을 겁니다.

4. const 문법을 이용한 상수 정의하기

Dart 언어에서 상수를 나타내는 방법은 크게 2가지 유형으로 나눌 수 있습니다. 각각의 유형에 대한 예시를 소스 코드에서는 Constant Case.1, Constant Case.2로 나누어서 표현하였습니다.

프로그램을 개발하다 보면, 주로 변수를 많이 쓰게 되지만 사용하는 분야에 따라서 상수를 쓰기도 합니다. 가장 일반적인 사례는 수학 계산에서 흔히 '파이 값' 이라고 부르는 원주율을 나타내는 상수인 '3.141592…' 입니다. 이렇게 상수를 표현하기 위해서 Dart 언어는 const 문법을 사용합니다.

```
27  //Constant Case.1
28  const double cMathPi = 3.141592;
29  const cChangeRate = 1.3;
30  print("$cMathPi $cChangeRate");
31
```

28 double 문법을 사용해서 실수를 저장하는 cMathPi를 만듭니다. 맨 처음 시작을 const로 선언함으로써, cMathPi는 저장하는 값이 실수이며 상수 형태로서, 값이 바뀌지 않는다고 정의합니다. 그리고 실수 값인 3.141592를 cMathPi에 저장합니다.

29 윗줄과 비슷하게 상수 cChangeRate를 만들고 실수 1.3을 저장하지만, 실수임을 알려주는 double 문장을 사용하지 않았습니다. cChangeRate에 저장하는 1.3을 보고 저장하는 값이 실수라는 것을 컴퓨터에서 충분히 유추할 수 있기 때문에, 인간이 직접 double이라고 쓰지 않아도 컴퓨터가 대신 타입을 정의해 주는 편의를 봐준 셈입니다.

30 마지막으로 print 문장을 실행하여 두 상수에 저장된 값을 확인합니다.

상수는 저장된 값을 바꾸면 안 된다고 했는데, 정말 바꾸면 안 되는지 확인해 봅시다. **28** 밑에 아래와 같이 한 줄을 추가해 보도록 하겠습니다.

```
const double cMathPi = 3.141592; // Line 28
cMathPi = 2.2; // New Line
const cChangeRate = 1.3; // Line 29
```

이 상태에서 소스 코드를 실행하면 에러가 발생합니다. 에러 설명 중 핵심 문장은 다음의 내용입니다.

```
Error: Can't assign to the const variable 'cMathPi'.
  cMathPi = 2.2;
```

즉, "상수인 cMathPi에 새로운 값을 저장할 수 없다"는 메시지와 함께 방금 추가한 줄이 문제임을 알려주고 있습니다. 이렇게 개발자가 직접 상수 값을 변경할 수 없다는 것을 경험할 수 있습니다.

5. final 문법을 이용한 상수 정의하기

Dart 언어에서 상수를 만드는 두 번째 문법은 final입니다.

```
32 //Constant Case.2
33 final String fFirstFruit = "Apple";
34 final fSecondFruit = "Mango";
35 print("$fFirstFruit $fSecondFruit");
36 }
37
```

33~34 앞서 첫 번째 방법의 const 문장의 자리에 final을 사용하였습니다. 그 외의 내용은 실수 대신 문자열로 변경했을 뿐 거의 같은 형태입니다. final 문법도 상수를 만드는 것인지 확인하고 싶다면, 앞서 상수를 만드는 첫 번째 방법과 유사하게 33 아래에 다음과 같이 한 줄을 추가해 봅니다.

```
final String = fFirstFruit = "Apple"; // Line 33
fFirstFruit = "Banana"; // New Line
final fSecondFruit = "Mango"; // Line 34
```

이 상태에서 소스 코드를 실행하면, 앞서 발생한 것과 유사한 에러가 발생합니다. 에러를 설명하는 내용에서 핵심 부분은 다음의 내용입니다.

```
Error: Can't assign to the final variable 'fFirstFruit'.
  fFirstFruit = "Banana";
```

에러문을 읽고 나면 분명 final도 const처럼 상수를 만든다는 사실을 알 수 있습니다. 그렇다면 final과 const 문법은 어떤 차이가 있길래 상수를 만드는데 두 가지 방법을 제공하고 있을까요? 프로그램을 개발하는 입장에서 분명하게 차이점이 존재하기는 합니다. 이를 확인하기 위해서 소스 코드의 final 사용 부분을 아래와 같이 수정해 보겠습니다.

```
final String fFirstFruit; // Line 33
fFirstFruit = "Banana"; // New Line
final fSecondFruit = "Mango"; // Line 34
```

이 상태에서 소스 코드를 실행하면 에러도 발생하지 않고 수정하기 전과 동일한 결과를 화면에 출력합니다. 왜 에러가 나지 않은 걸까요? 수정한 **33**에서 보이듯이, 상수를 저장할 fFirstFruit를 만들기는 했지만 어떠한 값도 저장하고 있지 않습니다. 그리고 다음 줄에서 "Banana"라는 값을 저장하였습니다. 그런데 문제가 없습니다. final 문법을 통해서 만든 상수는, 초기에 어떠한 값도 가지지 않는 상태로 만들어지고 나서 나중에 상수에 값을 저장할 수 있기 때문입니다. 하지만 수정한 다음에 또 다시 fFirstFruit에 저장한 값을 바꾸려 한다면, 앞서 상수의 값을 바꾸려 했던 경우와 같이 상수의 값은 바꿀 수 없다고 에러가 납니다.

이번에는 const를 사용한 **28**에 다음과 같이 비슷한 수정을 합니다.

```
const double cMathPi; // Line 28
cMathPi = 3.141592; // New Line
const cChangeRate = 1.3; // Line 29
```

앞의 final 문법을 사용한 경우와 달리 실행해 보면, 에러가 발생합니다. 그리고 에러 내용을 알려주는 설명에서 다음의 문장을 찾을 수 있습니다.

```
Error: The const variable 'cMathPi' must be initialized.
  const double cMathPi;
```

즉, cMathPi는 상수로서 만들어지는 시점에 반드시 특정한 값으로 설정되어야 한다는 것입니다. 이 챕터의 소스 코드에서 모든 변수와 상수는 처음 만들어지는 시점에 '=' 문법을 사용해서, 값을 주었습니다. 이런 과정을 초기화(initialization)라고 합니다. 상수를 만들 때 const 문법을 사용하는 경우에는 반드시 상수가 만들어지는 시점에서 상수가 저장할 값으로 초기화해야 합니다. 그렇지 않으면 에러가 발생합니다.

이 차이점이 개발자가 느낄 수 있는, 가장 본질적인 final과 const의 차이점이라고 보면 됩니다. 그러면 언제 final을 사용하고, 또 언제 const를 사용하는지에 대해서 궁금할 수 있습니다. 일반적으로 프로그램의 시작 시점에서 상수에 저장할 값을 알 수 있다면 const를 사용하고, 프로그램이 시작된 후 계산에 의해서 상수 값을 만들어야 한다면 final을 사용합니다.

핵심 요약

프로그램의 실행 중에 저장한 값이 달라질 수 있는 변수를 만드는 세 가지 방법에 대해서 배웠습니다. Dart 언어는 변수에 저장할 데이터의 유형(정수, 실수, 문자열 등)이 사전에 명확하게 정의되는 것을 권장하며, 가능하면 저장하는 데이터의 유형이 바뀌지 않는 것을 선호한다는 것도 배웠습니다. 하지만 선호할 뿐 그 외의 방식을 금지하는 것은 아니라는 것도 배웠습니다. 다음으로, 프로그램이 동작하면서 저장한 값이 고정되어 바뀌지 않는 상수를 만드는 두 가지 방법에 대해서 배웠습니다. 부수적이지만 컴퓨터에게 일을 시키는 용도가 아닌 소스 코드를 읽을 사람에게 프로그램에 대한 설명을 알려주기 위하여 "//" 기호를 사용한 문장을 삽입하는 주석(comment)이라는 기능에 대해서도 알아보았습니다.

▶▶ 연습 문제

1. 핵심 내용 복습하기

❶ 변수를 만드는 3가지 방법의 문법과 각각의 특징을 설명합니다.

❷ 상수를 만드는 2가지 방법의 문법과 각각의 특징을 설명합니다.

2. 예제 코드 수정하기

❶ 소스 코드의 변수와 상수에 저장하는 값을 바꾸어 봅니다.

❷ 소스 코드의 변수와 상수의 이름을 바꾸고, 저장하는 값도 임의로 작성해 봅니다.

3. 추가 기능 작성하기

❶ 구구단과 같이 "A×B=C"의 내용이 화면에 출력될 수 있도록 변수 A/B/C를 만들어서, 적당한 숫자를 저장하고 출력합니다. 화면 출력 시, 곱하기(×)와 등호(=) 기호를 포함하여 사람이 읽기 편하도록 출력합니다. 이때 곱하기와 등호 기호는 print 함수의 입력 값인 소괄호 안의 문자열로 포함되도록 작성합니다.

❷ ❶의 구구단 문제에서, 곱하기와 등호 기호를 상수에 저장하되, 동일한 결과가 화면에 출력되도록 작성합니다.

CHAPTER. 4

숫자 자세히 다루기

컴퓨터 프로그램의 가장 기본적인 목적은 대량의 숫자 계산을 인간보다 빠르고 반복적으로 하는 것입니다. 가장 기초적인 작업인 숫자의 계산을 Dart 언어에서 어떻게 처리하는지 알아봅니다. 이를 위해서 Dart 언어에서 사칙연산이 처리되는 방식에 대해서 알아본 후, Dart 언어에서 제공하는 특이한 연산자들을 알아봅니다.

미리 보는 수행 결과

이번 챕터에서는 숫자 처리 시 가장 기본이 되는 사칙연산을 어떻게 Dart 언어에서 프로그래밍하는지를 이해하고 수학과 Dart 언어의 유사점 및 차이점을 알게 됩니다.

예제의 소스 코드를 실행하면, 아래와 같은 결과를 볼 수 있습니다.

```
1  [1] 5 1 6 1.5 1 1
2  [2] 5 1 6 1.5 1 1
3  [3] 5 4
4  [4] 3 4
5  [5] 4
6  [6] 2
7  [7] 6
8  [8] 3
9  [9] 1
```

이전 챕터에서 수행 결과와 소스 코드를 설명했을 때와 같이 모든 줄의 맨 처음에 있는 숫자는 프로그램에서 만든 결과가 아니며, 줄을 구분하기 위한 용도의 줄 번호입니다. 그리고 결과들을 구분하기 편하도록 각 줄의 시작 부분에 '[숫자]'를 표시했습니다. 오른쪽에는 정수들 혹은 실수들의 값을 표시했습니다.

수행 결과가 정수와 실수들의 사칙연산 결과이기에, 실행 결과의 숫자들에 대한 설명은 소스 코드를 보면서 설명하도록 하겠습니다.

소스 코드 설명

더하기/빼기/곱하기/나누기의 사칙연산은 다들 알고 있을 테니 이 챕터에서는 수학의 사칙연산과 Dart 언어의 사칙연산 간에 같은 점은 간단히 확인하고, 다른 점에 대해서 조금 더 세세하게 알아가고자 합니다.

사람이 수학에서 수행하는 사칙연산은 기본적으로 Dart 언어 안에서도 동일한 의미로 지원됩니다. 다만 미묘한 차이점이 존재하는데, 이 부분을 제대로 이해하는 것이 중요합니다.

첫째로 컴퓨터에서 다룰 수 있는 숫자의 크기는 유한하다는 점입니다. 수학에서 다루는 정수나 실수는 끝이 없는 무한대의 값입니다. 가장 큰 정수나 가장 작은 정수를 수학의 문제에서 다룬다면, 무한대의 세계로 들어가겠지요. 하지만 컴퓨터는 유한한 정보를 다루는 제한된 기계이기 때문에 다룰 수 있는 숫자의 최댓값과 최솟값이 정해져 있습니다. Dart 언어의 경우, 정수의 크기는 두 가지 경우에 다르게 적용됩니다. 먼저 웹 서비스를 개발하는 경우, Dart 언어의 정수는 $-2^{53} \sim 2^{53}-1$ 사이의 유한한 값을 가질 수 있습니다. 웹 서비스가 아닌 컴퓨터에서 바로 수행하는 Native 방식이라 불리는 프로그램을 개발한다면 $-2^{63} \sim 2^{63}-1$ 사이의 유한한 값을 가질 수 있습니다. 당연한 이야기지만 보다 크거나 작은 숫자를 다루는 것도 물론 가능합니다. 이 경우, Dart 언어의 능력을 넘어서는 일이기에 프로그램을 개발하는 개발자에게 직접 만들어 쓸 수 있을 정도의 전문적인 수학 프로그래밍 기술이 필요합니다.

둘째로 수학에서의 사칙연산 기호인 "+, −, ×, ÷"를 키보드로 표현하는 데에는 애로사항이 있다는 점입니다. 키보드를 보면 더하기와 빼기에 해당하는 기호는 바로 찾을 수 있습니다. 하지만 곱하기와 나누기에 해당하는 기호는 키보드에서 찾을 수 없습니다. 먼저, 곱하기 기호는 알파벳의 엑스(X, x)와 유사합니다. 따라서 혼동을 방지하기 위하여 곱하기 기호는 키보드에 포함되지 않습니다. 나누기 기호도 키보드에 표시되어 있지 않습니다. 이러한 이유로, 곱하기 기호는 '*' 기호로 대체되었습니다. 나누기 기호는 좀 더 복잡합니다. 수학에서는 '÷' 기호 하나를 사용하지만, Dart 언어에서는 "/, ~/, %"의 총 3가지 나누기 기호가 있습니다.

셋째로 Dart 언어는 수학에 없는 사칙연산 기호들을 제공하고 있습니다. 이들은 "++, --, +=, -=, *="와 같은 형태입니다. 의미적으로는 사칙연산입니다. 단지 프로그래머가 타이핑해야 하는 소스 코드의 내용을 줄여서, 발생 가능한 에러를 줄이기 위해 만들어졌습니다. 즉, 프로그램을 개발하는 측면에서의 장점을 살리고자 만들어진 연산자들입니다.

지금까지 설명한 Dart 언어의 대표적인 연산자들을 [표 1]에 정리하였습니다.

연산자	의미	기능
+	더하기	두 값을 더함
-	빼기	왼쪽 값에서 오른쪽 값을 뺌
*	곱하기	두 값을 곱함
/	나누기(division)	왼쪽 값을 오른쪽 값으로 나눔
~/	나누기(division)	왼쪽 값을 오른쪽 값으로 나눈 몫을 정수로 계산
%	나누기(modulus)	왼쪽 값을 오른쪽 값으로 나눈 나머지를 계산
++	더하기	연산자가 적용된 값을 1만큼 증가
--	빼기	연산자가 적용된 값을 1만큼 감소
+=	더하기	연산자 왼쪽의 값에 연산자 오른쪽의 값을 더함
-=	빼기	연산자 왼쪽의 값에서 연산자 오른쪽의 값을 뺌
*=	곱하기	연산자 왼쪽의 값에 연산자 오른쪽의 값을 곱함
/=	나누기	연산자 왼쪽의 값을 연산자 오른쪽의 값으로 나눔

[표 1] Dart 언어의 대표적인 연산자

이런 차이점을 경험할 수 있도록 소스 코드를 만들었습니다. 앞서 언급한 차이점을 생각하면서 소스 코드와 수행 결과를 이해해 보기 바랍니다.

```
1 void main() {
2   num number1, number2;
3   num tmp1, tmp2, tmp3, tmp4, tmp5, tmp6;
4
```

1 소스 코드의 main 함수를 시작하였습니다.

2 사칙연산의 대상이 될 두 개의 숫자를 num 문법을 사용하여 만들었습니다. num 문법을 사용하는 이유는, 일반적인 수학 문제와 마찬가지로 정수와 실수가 함께 사용되는 문제를 예제로 만들어 보려 하기 때문입니다. 그리고 num 다음에 number1과 number2를 쉼표로 구분하여 나열하였습니

다. 이는 number1과 number2가 동일하게 num 타입으로 만들어지는 것을 표현한 것입니다. num이 아닌 int/double/String 등의 타입에도 동일하게 사용할 수 있는 방법입니다. 같은 타입의 변수 여러 개를 한 줄에서 만들고 싶을 때 사용합니다. 그리고 이전 예제들과 다르게 초기화 값을 주지 않았습니다. 이 경우 number1과 number2에는 무의미한 값들이 들어가게 되므로 반드시 다음의 줄에서 의미가 있는 값을 저장하는 과정을 거쳐야 합니다.

3 사칙연산의 결과를 보여주기 위한 과정에서 사용할 임시 변수들을 num 문법으로 만들었습니다.

```
5  number1 = 3;
6  number2 = 2;
7
```

5~6 앞서 만든 두 변수인 number1과 number2에 각각 3과 2의 정수 값을 저장합니다.

미리보는 수행 결과 ❶

```
8  tmp1 = number1 + number2;
9  tmp2 = number1 - number2;
10 tmp3 = number1 * number2;
11 tmp4 = number1 / number2;
12 tmp5 = number1 ~/ number2;
13 tmp6 = number1 % number2;
14
15 print('[1] $tmp1 $tmp2 $tmp3 $tmp4 $tmp5 $tmp6');
16
```

number1과 number2에 사칙연산을 수행하고 결과를 확인해 봅니다.

8 더하기는 수학과 동일합니다. "+" 기호를 사용하여, number1과 number2의 값을 더한 후 tmp1에 저장하였습니다. tmp1의 출력 결과를 확인하면, 정수 5입니다. 정수 3과 정수 2를 더한 값이 예상대로 출력된 것을 확인 가능합니다.

9 빼기도 수학과 동일합니다. "–" 기호를 사용하여 number1의 값에서 number2의 값을 뺀 후 tmp2에 저장하였습니다. tmp2의 출력 결과를 확인하면, 정수 1입니다. 정수 3에서 정수 2를 뺀 값이 예상대로 출력되었습니다.

10 곱하기는 원래 수학에서 곱하기를 의미하는 기호인 "×" 대신 "*" 기호를 사용한 것을 제외하면 수학과 동일합니다. "*" 기호를 곱하기로 사용하여 number1과 number2의 값을 곱한 후 tmp3에 저장하였습니다. tmp3의 출력 결과를 확인하면, 정수 6입니다. 정수 3과 정수 2를 곱한 값이 예상대로 출력되었습니다.

나누기는 일단 수학과는 기호가 다릅니다. 그리고 Dart 언어의 나누기 기호는 1개가 아닌 3개입니다. 가장 먼저, 수학과 동일한 의미의 나누기 기호를 찾는다면, "/" 입니다. 이 나누기 연산자를 사용한 나누기가 **11**에 나타나 있습니다. tmp4의 값을 확인하면, 실수 1.5입니다. 정수 3을 정수 2로 나누었을 때, 수학에서 도출되는 결과와 동일한 결과입니다.

나누기 연산자 중 설명하지 않은 두 가지는 "~/"과 "%"입니다. 이 둘을 이해하기 전에, Dart 언어에서는 서로 다른 타입의 변수들 간에 값을 주고받는 것을 선호하지 않는다는 철학을 다시 한번 강조해 봅니다. 따라서 정수를 다른 정수로 나누면, 결과도 정수가 나오도록 하는 것이 Dart 언어의 입장에서는 가장 자연스러운 동작입니다. Dart의 철학에 맞게 number1에 저장한 정수 3을 number2에 저장한 정수 2로 나누고, 결과를 정수로만 나타내고자 한다면 우리는 두 개의 정수가 필요합니다. 즉, 몫에 해당하는 값을 저장할 정수와 나머지에 해당하는 값을 저장할 정수입니다. 하지만 컴퓨터 프로그래밍에서는 연산자 하나가 오로지 하나의 결과만을 만들 수 있기에, 우리는 몫을 계산하는 연산자와 나머지를 계산하는 연산자가 별도로 필요합니다. 여기서 몫을 계산하는 연산자는 "~/"이며, 나머지를 계산하는 연산자가 "%"입니다.

12 정수 3을 정수 2로 나누면서 몫의 값을 tmp5에 저장합니다. 출력 결과를 보면 몫에 해당하는 정수 값인 1이 출력되었습니다.

13 정수 3을 정수 2로 나누면서 나머지의 값을 tmp6에 저장합니다. 출력 결과를 보면 나머지에 해당하는 정수 값인 1이 출력되었습니다.

미리 보는 수행 결과 ❷

```
17  number1 = 3.0;
18  number2 = 2;
19
20  tmp1 = number1 + number2;
21  tmp2 = number1 - number2;
22  tmp3 = number1 * number2;
23  tmp4 = number1 / number2;
24  tmp5 = number1 ~/ number2;
25  tmp6 = number1 % number2;
26
27  print('[2] $tmp1 $tmp2 $tmp3 $tmp4 $tmp5 $tmp6');
28
```

Dart 언어의 num 타입은 정수와 실수를 모두 다룰 수 있다고 했습니다. 따라서, number1과 number2에 저장하는 숫자의 타입을 서로 다르게 할 수 있습니다. 이렇게 서로 다른 타입의 숫자들로 사칙연산을 하면 어떻게 동작하는지 확인해 봅니다.

17 number1에 저장하는 값을 실수 3.0으로 바꾸었습니다. **18**~**27**은 앞의 **6**~**15**와 동일합니다.

15와 **27**의 수행 결과가 동일합니다. 소스 코드에는 나타나지 않았지만, number2도 number1과 동일하게 실수인 2.0으로 바꾸더라도 수행 결과는 동일합니다.

그럼 다음으로 넘어가서 다른 연산자 이야기를 해 보겠습니다. Dart 언어에는 수학에 없는 "++" 연산자가 있습니다. 모양이 이상하지만, 특별히 어려운 연산자는 아닙니다. 다음의 세 줄은 동일한 결과를 만듭니다.

```
a = a + 1
++a
a++
```

첫째 줄은 다섯 글자, 둘째 줄과 셋째 줄은 세 글자이지만 의미는 동일합니다. 왜 이런 연산자를 만든 걸까요? 프로그래밍을 할 때는 글자가 늘어나면 늘어날수록 오타 등으로 인한 에러의 확률이 증가합니다. 따라서 에러를 줄이기 위한 측면에서 a++ 혹은 ++a 표현이 보다 바람직하다고 할 수 있습니다.

주의할 점은 이 "++" 연산자와 다른 연산자가 한 줄에서 같이 사용되는 경우에는 미묘한 주의가 필요하다는 점입니다. 아래에서 자세히 설명하겠습니다.

미리 보는 수행 결과 ❸

```
29  number1 = 3;
30  number2 = 3;
31
32  num number3, number4;
33
34  number3 = ++number1 + 1;
35  number4 = number2++ + 1;
36
37  print('[3] $number3 $number4');
38
```

29~30 number1과 number2를 동일한 값인 정수 3으로 설정했습니다. 그리고 "++" 연산자의 위치에 따른 차이점을 알기 위하여 임시 변수 number3와 number4를 32에서 정의하였습니다.

34~35 "++" 연산자가 number1의 경우는 앞에, number2의 경우는 뒤에 위치한 것만 다릅니다. 이렇게 "++" 연산자가 "+"와 같은 다른 연산자와 한 줄에서 같이 쓰이는 경우는, "++" 연산자가 변수 이름 앞에 있는지 뒤에 있는지에 따라 다르게 동작합니다.

"++" 연산자가 number1 변수 앞에 있는 34는 다음의 두 줄을 한 줄에 축약해서 실행하는 것과 동일합니다.

```
number1 = number1 + 1
number3 = number1 + 1
// number3 = ++number1 + 1;과 동일
```

"++" 연산자가 number2 변수 뒤에 있는 35는 다음의 두 줄을 한 줄에 축약해서 실행하는 것과 동일합니다.

```
number4 = number2 + 1
number2 = number2 + 1
// number4 = number2++ + 1;과 동일
```

결론적으로 "++" 연산자가 다른 연산자와 같은 줄에 있는 경우, "++" 연산자가 변수 이름 앞에 있다면 다른 연산자보다 먼저 "++" 연산자를 실행합니다.

34 number1의 값(3)에 "++" 연산자를 먼저 수행하여 number1은 1만큼 증가한 4가 됩니다. 그 후 number1에 1을 더해서 number3에 저장하여 **37**에서 number3는 5를 출력합니다.

35 number2의 값(3)에 "+ 1" 부분을 먼저 연산하여 number4에 정수 4를 저장합니다. 그 다음에 number2의 값을 "++" 연산자로 1만큼 증가시킵니다. 이로 인하여 **37**에서 number4는 정수 4를 출력합니다.

미리 보는 수행 결과 ❹

```
39  number1 = 3;
40  number2 = 3;
41
42  number3 = --number1 + 1;
43  number4 = number2-- + 1;
44
45  print('[4] $number3 $number4');
46
```

"++" 연산자와 유사하게 "--" 연산자도 있습니다. 더하기가 아닌 빼기일 뿐, 다른 연산자와 함께 연산 우선순위는 "++" 연산자와 동일합니다. "++" 연산자의 예시에 상응하는 소스 코드가 "--" 연산자에 맞추어 작성되어 있습니다. **39**부터 **45**까지 한 줄 한 줄 의미를 파악하고 읽으면서, 미리 결과를 예상해 보기 바랍니다.

미리 보는 수행 결과 ❺

```
47  number1 = 3;
48  number1 += 1;
49  print('[5] $number1');
50
```

수학에는 없는 Dart 언어의 또 다른 사칙연산자는 "+="입니다.

47 number1을 정수 3으로 설정했습니다.

48 "+=" 연산자를 사용하였습니다. 다음 줄과 정확하게 같은 의미입니다.

```
number1 = number1 + 1
```

49 화면에 정수 3에 1을 더한 결과로 정수 4가 출력됩니다.

"+=" 연산자와 같은 형태로 "-=", "*=", "~/=", "%=" 등의 연산자도 있습니다. "+=" 연산자와 같은 개념을 적용하고 있다고 보면 됩니다. 이들 연산자의 예제는 **51**~**65**에 작성되어 있습니다.

NOTE

'+='과 같은 형태의 연산자를 전문 용어로 augmented assignment라고 합니다. Dart 언어가 아닌 다른 프로그래밍 언어에서도 흔하게 볼 수 있는 연산자입니다.

미리 보는 수행 결과 ❻~❾

```
51  number1 = 3;
52  number1 -= 1;
53  print('[6] $number1');
54
55  number1 = 3;
56  number1 *= 2;
57  print('[7] $number1');
58
59  number1 = 6;
60  number1 ~/= 2;
61  print('[8] $number1');
62
63  number1 = 7;
64  number1 %= 2;
65  print('[9] $number1');
66  }
67
```

소스 코드에서 사용한 연산자는 다음과 같습니다.

```
number1 = number1 - 1
number1 = number1 * 2
number1 = number1 ~/ 2
number1 = number1 % 2
```

이렇게 특이한 연산자를 사용해서 얻을 수 있는 장점이 있을까 생각할 수도 있지만, 분명히 단점보다는 장점이 있는 문법이라고 할 수 있습니다. 독자 여러분도 프로그램을 개발할 때, Dart 언어가 제공하는 새로운 연산자들을 우선적으로 활용해 보기를 권장합니다.

핵심 요약

Dart 언어가 수학의 사칙연산을 수행할 수 있음을 알아보았습니다. 다만 키보드의 제약 등으로 수학에는 없는 새로운 기호와 연산자들이 사용되는 것을 확인하였습니다. 특히 나누기는 세 가지 타입의 연산자가 제공됩니다. 또한 사칙연산을 표현하지만 특이하게 생긴 연산자들이 있고, 타이핑에서 발생 가능한 오류 등을 줄이는 용도로 장점을 제공하고 있다는 것도 배웠습니다. 자칫 낯설다는 이유로 사용하지 않을 수도 있습니다. 하지만 대부분의 개발자들이 긍정적으로 사용한다는 것은 나름 장점이 있다는 의미이니 가능하다면 Dart 언어가 제공하는 수학에 없는 연산자들도 자주 사용하기를 권합니다.

▶▶ 연습 문제

1. 핵심 내용 복습하기

❶ 더하기/빼기/곱하기 연산자는 어떤 기호를 사용하는지 설명합니다.

❷ 나누기 연산자는 어떤 기호들을 사용하는지, 그리고 어떤 의미인지를 설명합니다.

❸ 수학에는 없는 ++, -- 등의 연산자의 의미와 다른 연산자와 같은 줄에서 사용하는 경우에 주의해야 하는 점을 설명합니다.

❹ 수학에는 없는 +=, -= 등의 연산자의 의미를 설명합니다.

2. 예제 코드 수정하기

❶ 소스 코드에 없는 변수를 만들어서 이미 작성된 사칙연산 속에 포함시켜 봅니다.

❷ 같은 줄에서 서로 다른 사칙연산을 3개 이상 수행하는 줄을 만들어 봅니다.

3. 추가 기능 작성하기

❶ 구구단을 수행하는 프로그램을 작성합니다. 번거롭겠지만 1단부터 9단을 모두 작성합니다.

❷ 본인이 알고 있는 수학 공식을 계산하는 프로그램을 작성합니다.

CHAPTER. 5
문자 자세히 다루기

문자열은 글자들과 문장을 다루는 Dart 언어의 데이터 유형입니다. 최초의 컴퓨터가 주로 숫자의 계산이 목표였다면, 이후로는 회사 업무가 컴퓨터의 주된 용도가 되면서, 숫자와 함께 문자열이 가장 기본적인 데이터 유형으로 자리 잡게 되었습니다. 이번 챕터에서는 문자열을 가공하여 프로그래머가 원하는 형태로 저장하고 출력하는 방법을 다룹니다. 그리고 앞의 챕터들에서 다룬 숫자들을 문자열로 변환하는 방법을 다룹니다.

미리 보는 수행 결과

수행 결과는 다섯 개의 영역으로 나눌 수 있습니다.

```
1 [1]
2 Single Quotes
3 Double Quotes
4 "Double Quotes" in Single Quotes
5 'Single Quotes' in Double Quotes
6 'Escape Delimiter' in Single Quotes
```

첫째로 1 ~ 6 은 큰 따옴표와 작은 따옴표가 근본적으로 차이가 없다는 것을 보여주는 예제입니다. 그리고 문자열을 출력하는 경우, 문자열 안에서 작은 따옴표와 큰 따옴표를 화면에 출력하려면 어떻게 해야 하는지 보여 줍니다.

```
7   [2]
8   Single Quotes
9   Double Quotes
10  "Double Quotes" in Single Quotes
11  'Single Quotes' in Double Quotes
12  'Escape Delimiter' in Single Quotes
13
```

둘째로 7~12의 화면 출력 결과는 7이 1과 다르게 숫자 2를 출력한 것을 제외하면, 다른 부분은 모두 동일합니다. 하지만 화면에 출력한 내용을 만드는 과정은 전혀 다릅니다. 첫째 방식에서는 화면에 출력한 각각의 줄을 서로 독립된 문자열로서 다루었습니다. 여기서는 비록 여러 줄로 보이지만, 실제로 소스 코드 안에서는 하나의 문자열 변수로 처리되며, 이 하나의 문자열 변수가 저장한 값을 출력하였습니다. 이렇게 하기 위해서 문자열에 더하기 기호를 사용하여 여러 문장을 하나의 문장으로 합치는 것이 가능함을 보여드리겠습니다. 문자열을 더한다는 것이 낯설 수 있습니다. 하지만 컴퓨터 프로그램에서는 매우 자연스러운 작업입니다.

```
14  My name is Apple.
15  My name is Apple.
16  Dart is lovely.
17
```

셋째로 14~16은 겉으로 보기에는 서로 다른 세 줄로 보입니다. 그러나 소스 코드 안에서는 14를 출력하는 코드가 있고, 15와 16을 한 번에 출력하는 코드가 있습니다. 이때 15와 16의 출력을 위해서, 여러 줄로 이루어진 하나의 문장을 어떻게 다루는지 소스 코드에서 보여줄 것입니다.

```
18  My name is Mango.
19  My name is Mango.
20  Flutter is lovely.
21
```

넷째로 18~21은 앞서 세 번째 방식과 거의 같은 내용을 출력하고 있습니다. 차이점은 "Apple"이 "Mango"로 바뀌고, "Dart"가 "Flutter"로 바뀐 정도입니다. 이 부분은 큰 따옴표와 작은 따옴표에 차이가 없음을 소스 코드를 통해서 다시 한번 보여주기 위한 용도로 만들어졌습니다.

```
22  1 3.14
```

마지막으로 22에는 정수 1과 실수 3.14가 화면에 출력되어 있습니다. 숫자를 화면에 출력할 때, Dart 언어는 몇 가지 도움이 되는 기능을 제공합니다. 하나는 숫자인 정수와 실수가 문자열로 변환되도록 하는 기능입니다. 문자열 속에 숫자를 출력해야 하는 경우에 사용하면 편리하게 작업할 수 있습니다. 둘째는 실수를 다룰 때, 소수점 이하의 자릿수 중 특정 자릿수까지만 화면에 출력하도록 할 수 있습니다. 22의 3.14는 소수점 이하 두 번째 자리까지 출력되어 있지만, 소스 코드를 확인하면 원래 3.141592의 값을 저장하고 있습니다.

소스 코드 설명

프로그램의 결과가 동일하게 보인다고 해서, 중간의 과정마저 모두 같은 것은 아닙니다. 앞서 미리 보는 수행 결과의 1~6과 7~12는 같은 내용이지만 전혀 다른 방법으로 만들어져 있습니다.

일단 1에서 main 함수를 시작합니다.

미리 보는 수행 결과 ❶~❻

```
1  void main() {
2    var str1 = 'Single Quotes';
3    var str2 = "Double Quotes";
4    var str3 = '"Double Quotes" in Single Quotes';
5    var str4 = "'Single Quotes' in Double Quotes";
6    var str5 = '\'Escape Delimiter\' in Single Quotes';
7    print("[1]\n$str1 \n$str2 \n$str3 \n$str4 \n$str5");
8
```

첫째 방법은 수행 결과의 각 줄을 서로 다른 문자열로 출력하는 것입니다. 가장 간단한 방법인 이 방법을 위해서 2부터 6까지 총 5개의 문자열 변수인 str1, str2, str3, str4, str5를 만들었습니다.

2 가장 기초적인 형태입니다. 문자열 데이터임을 의미하는 작은 따옴표를 사용하여 묶은 문자열을 str1에 저장합니다.

3 2와 유사하지만 작은 따옴표 대신 큰 따옴표로 문자열을 만들어서 str2에 저장합니다. 이때 문자열을 작은 따옴표로 묶는 것과 큰 따옴표로 묶는 것은 출력 결과 기준으로 다르지 않다는 것을 알 수 있습니다.

4 화면에 출력하는 문자열 안에 큰 따옴표가 포함되어 표현되기를 희망하는 경우에 사용하는 방법입니다. Dart 언어에서 작은 따옴표로 묶은 문자열 안의 큰 따옴표는 문자열의 일부로 취급하여 화면에 그대로 출력합니다.

5 출력 결과에 작은 따옴표가 포함되기 바란다면 이렇게 하면 됩니다. 큰 따옴표로 묶은 문자열 안에 작은 따옴표가 있다면, Dart 언어는 작은 따옴표를 문자열의 일부로 취급해서 화면에 그대로 출력합니다. 반대로 화면(혹은 결과로 작성할 문자열 등)에 큰 따옴표를 포함하는 문자열을 출력하려면 문자열 전체를 작은 따옴표로 묶으면 됩니다.

하지만 작은 따옴표로 묶은 문자열 안에서도 작은 따옴표를 결과에 포함해야 할 때가 있을 수 있고, 반대로 큰 따옴표로 묶은 문자열 안에서도 큰 따옴표를 결과에 포함해야 할 필요가 있을 수 있습니다. 문자열을 어떤 따옴표로 묶든지 상관없이 문자열 안에서 마음대로 작은 따옴표와 큰 따옴표를 출력하고 싶거나 그렇게 해야 할 필요가 있을 수 있습니다. 이런 경우에 사용하는 방법이 소위 escape(이스케이프) 문자를 사용하는 방법입니다.

6 결과인 미리 보는 수행 결과 **6**을 보면, "Escape Delimiter" 문자열이 작은 따옴표로 묶인 채로 화면에 출력되었습니다. 그런데 소스 코드를 보면 str5 문자열 전체가 작은 따옴표로 묶여 있습니다. 그런데도 작은 따옴표 안에서 다시 작은 따옴표로 묶은 "Escape Delimiter" 문자열이 문제없이 출력되었습니다. 이렇게 문자열이 어떤 따옴표로 묶여 있는지와 상관없이 원하는 따옴표를 넣고 싶다면, 문자열 안에서 화면에 출력하고 싶은 따옴표 앞에 "\" 기호를 삽입하면 됩니다. Dart 언어에게 이 기호 뒤에 위치한 글자는 문자열을 묶는 따옴표가 아니고 화면(혹은 문자열 결과 안에 포함하는)에 출력하기 위한 용도의 따옴표이니 화면에 그대로 출력하라고 알려주는 셈입니다.

NOTE

키보드 자판에 따라서 "\" 기호가 없는 경우가 있습니다. 이런 경우에는 원화(₩) 기호를 사용하면 같은 의미로 처리합니다.

7 이런 escape 방식으로 화면에 출력하는 예제가 다시 등장합니다. print 문장이 출력하는 내용이 큰 따옴표로 묶여 있습니다. 이 중에 우리가 처음 접하는 내용이 있습니다. 바로 "\n" 기호입니다. 'n'의 앞에 escape 방식을 의미하는 "\" 기호가 있으니, 뭔가 특이한 작업을 하겠구나 하는 생각이 들 겁니다. 이 경우에는 "\n" 기호가 줄 바꿈을 의미합니다. 따라서 한 줄로 되어 있지만, 수행 결과를 보면 str1~str5의 다섯 개 문자열이 각각 별도의 한 줄로 처리되어, 총 다섯 줄에 걸쳐서 출력되었습니다.

계속해서 다음 코드를 보겠습니다. 7 의 print 문장에서 화면에 출력한 내용과 동일한 내용을 출력하지만, 프로그램 안에서는 전혀 다른 방법으로 접근한 코드를 소개하겠습니다.

미리 보는 수행 결과 ❼~⓭

```
9  str1 += '\n';
10 str2 += '\n';
11 str3 += '\n';
12 str4 += '\n';
13 str5 += '\n';
14 var str6 = "[2]\n" + str1 + str2 + str3 + str4 + str5;
15 print(str6);
16
```

9 앞서 정의한 str1 문자열에 "+=" 연산자를 사용하였습니다. '문자열에 더하기를 한다고?' 의아하게 생각할 수 있습니다. 현실 세계에서는 문자열을 더하지는 않습니다. 하지만 컴퓨터 프로그래밍 언어 속에서는 문자열도 더할 수 있습니다. 따라서 이 줄의 의미는, 2 에서 정의한 str1 문자열 끝에 줄 바꾸기를 의미하는 "\n"을 추가하라는 의미입니다. str1을 출력하는 것만으로, 2번 줄에서 정의한 'Single Quotes' 문자열과 함께 줄 바꾸는 작업까지 한 번에 하게 됩니다. 유사하게 10~13은 3~6 에서 정의한 각각의 문자열 뒤에 줄 바꿈 기호를 삽입합니다.

14 이렇게 만들어진 5개의 문장을 모두 더해서(합쳐서) str6 변수에 저장하였습니다.

15 str6만 출력했음에도 str6에 저장한 모든 문자열의 내용을 더해서 넣었기에 5개의 문자열을 각각 따로 출력한 7 의 결과와 동일한 결과가 화면에 출력되었습니다.

이렇게 해서 미리 보는 수행 결과의 7 부터 13 이 출력되었습니다.

이렇듯 프로그래머의 접근 방식에 따라서, 같은 결과이더라도 코드는 전혀 다를 수 있습니다. 또한 Dart 언어와 같은 프로그래밍 언어에서는 [표 1]과 같이 문자열을 더하는 작업도 가능하며, 실제 매우 많이 사용되고 있습니다.

연산자	의미	기능
+	더하기	두 문자열을 순서대로 합침
+=	더하기	연산자 왼쪽의 문자열에 연산자 오른쪽의 문자열을 합침

[표 1] Dart 언어의 대표적인 String 연산자

프로그램을 개발하다 보면 하나의 문장(혹은 문자열)에 들어갈 내용을 여러 줄에 걸쳐서 타이핑하는 경우가 있습니다. 대부분은 DartPad의 소스 코드 입력 화면과 같이 창의 폭에 제한이 있어서 긴 문장의 내용을 한 줄에 표현하면 한눈에 보이지 않는 경우입니다. 이럴 경우 요긴하게 사용할 수 있는 방법이 있습니다.

미리 보는 수행 결과 ⑭

```
17  var longStr1= 'My '
18     'name '
19     'is '
20     'Apple.'
21  print(longStr1);
22
```

17 longStr1이라는 이름의 변수가 선언되어 있습니다. 그리고 'My' 문자열을 저장하도록 되어 있습니다. 그런데 이전 줄들과 달리 줄 끝에 세미콜론이 없습니다. 즉 Dart 프로그램에서 의미 있는 한 줄이 끝나지 않았다고 볼 수 있습니다. 이런 경우, **17**에서 끝나지 않았으니 다음 줄로 이어지게 됩니다.

18 따옴표로 묶은 문자열이 다시 나타납니다.

19 그런데 이번 줄도 세미콜론으로 끝나지 않으니, 또 다시 이어집니다.

20 여기까지 와서야 세미콜론이 나타납니다.

17부터 **20**까지를 한 줄로 쓰면 아래와 같은 의미입니다.

```
var longStr1 = 'My ' + 'name ' + 'is ' + 'Apple.';
```

앞으로 하나의 문자열에 넣어야 하는 내용이 너무 많아서 소스 코드를 타이핑하는 화면을 벗어나는 경우에는, 무리하게 한 줄에 작성하기 위해서 노력하지 말고, 여러 줄에 걸쳐서 입력하는 것을 권장합니다.

미리 보는 수행 결과 ⑮~⑯

```
23  var longStr2= '''
24  My name is Apple.
25  Dart is lovely.
26    ''';
27  print(longStr2);
28
```

23에서 선언한 longStr2도 앞서 longStr1처럼 한 줄로 끝나지 않습니다. 그리고 세미콜론은 26에 있습니다. 이러한 이유로 longStr1과 유사해 보일 수 있지만 차이점이 몇 가지 있습니다. 먼저 23과 26에서 작은 따옴표 세 개를 연이어서 쓰는 점이 다릅니다. 그리고 이들 사이의 문장에는 앞서 longStr1에서 사용한 따옴표가 나타나지 않습니다.

이 방식은 작은 따옴표 세 개를 연이어 사용한 시작 부분과 끝 부분 사이의 모든 문장이 longStr2에 포함된다는 의미입니다. 미리 보는 수행 결과의 15, 16을 보면 연속된 따옴표 사이의 모든 문장이 화면에 출력되었습니다. 특히 따옴표 사이에 포함한 문장을 시작할 때는 소스 코드를 타이핑할 수 있는 영역의 왼쪽 끝에서 시작합니다. 시험 삼아 24의 "My name is Apple."에서 "M" 앞에 빈 칸을 하나 만들어서 실행해 보세요. 결과 출력 화면의 " My name is Apple."처럼 빈 칸이 포함되어 출력됩니다. 세 개의 연속된 따옴표 사이의 모든 글자는 빈 칸을 포함해서 저장하기 때문입니다.

이 방법을 사용하면 한 줄 이상의 많은 내용을 포함하는 문자열을 만들 때 따옴표를 어떻게 배치할지 등을 고민하지 않아도 되므로 비교적 쉽고 편하게 작업을 할 수 있습니다.

미리 보는 수행 결과 ⑱

```
29  var longStr3 = "My "
30    "name "
31    "is "
32    "Mango.";
33  print(longStr3);
34
```

29~33 앞서 나왔던 longStr1과 동일한 형태입니다. 차이점은 작은 따옴표 대신 큰 따옴표를 쓴 것입니다.

미리 보는 수행 결과 ⑲~⑳

```
35  var longStr4 = """
36    My name is Mango.
37    Flutter is lovely.
38    """;
39  print(longStr4);
40
```

35~39 앞서 나왔던 longStr2과 동일한 형태입니다. 차이점은 작은 따옴표를 연속으로 3개 사용한 것과 다르게 큰 따옴표를 연속으로 3개 사용하는 것입니다.

컴퓨터 프로그램이 기본적으로 다루는 데이터 유형이 정수/실수/문자열인 만큼 문자열과 숫자를 함께 묶어서 출력하는 경우는 매우 흔합니다. 특히 문자열로 입력 받은 숫자를 정수/실수로 변환하거나, 반대로 정수/실수를 문자열로 변환해서 다른 문자열과 함께 출력하는 기술은 필수적으로 알고 있어야 하는 프로그래밍 기술입니다.

여기서는 정수/실수를 문자열로 변환하는 방법을 알아봅니다.

```
41    var varInt = 1;
42    const double cMathPi = 3.141592;
43    String tempStr1, tempStr2;
44    tempStr1 = varInt.toString();
45    tempStr2 = cMathPi.toStringAsFixed(2);
46    print("$tempStr1 $tempStr2");
47  }
48
```

방법은 간단합니다. 먼저 정수와 실수 변수를 41과 42에서 각각 varInt와 cMathPi로 정의합니다. 이때 varInt는 정수로, cMathPi는 상수로 정의하였습니다. 그리고 각각 정수 1과 실수 3.141592를 저장하였습니다. 그리고 이들을 문자열로 변환하였을 때, 변환된 문자열을 저장하기 위해서 43에서 tempStr1과 tempStr2 변수를 만들었습니다.

44 정수형 변수(혹은 상수)에 저장한 값을 문자열로 변환하는 방법이 나타나 있습니다. 간단하게 변수 이름의 끝에 ".toString( )" 문장을 추가하면 됩니다. 이렇게 하면 미리 보는 수행 결과에서 볼 수 있듯이, 정수 1을 문자열로 변환한 값을 저장한 tempStr1을 통해서 '1'이 화면에 출력됩니다.

45 실수형 상수(혹은 변수)에 저장한 값을 문자열로 변환하는 방법이 나타나 있습니다. 여기서도 간단하게 실수를 저장하는 상수의 이름 끝에 ".toStringAsFixed(N)"을 추가하고, N에 변환하고 싶은 숫자를 넣으면 됩니다. 소스 코드에서는 2를 넣었습니다. N에는 문자열로 변환하고 싶은 실수의 소수점 이하 자릿수를 정해주면 됩니다. 소스코드에서 2를 대입하였으므로 원래 cMathPi가 저장하고 있는 3.141592 중 소수점 이하 두 번째 자리인 3.14까지만 문자열로 변환됩니다. 수행 결과를 보면 변환된 문자열을 저장하고 있는 tempStr2의 값인 3.14가 출력되었습니다. 이 두 가지 방법으로 쉽게 정수와 실수를 문자열과 섞어서 처리하거나 화면에 출력할 수 있습니다.

문자열과 숫자 간에 변환을 할 때, 변수 혹은 상수 이름에 점(.)을 찍고 문장을 추가하는 것이 어떤 의미인지는 추후 클래스(class)를 배우면서 알게 됩니다. 지금은 Dart 언어를 활용하여 할 수 있는 가장 기초적인 일들을 학습하는 데에 목적을 두고 있으니 앞의 두 가지 사용법만 이해해 두면 되겠습니다.

핵심 요약

String 유형의 변수에 문자열을 저장하는 것에서 더 나아가 따옴표나 줄 바꿈 같은 특수 기호를 문자열에 포함하는 방법을 알아보았습니다. 그리고 문자열 유형에도 더하기 기호를 사용하는 방법을 배웠습니다. 이를 통해서 두 개 이상의 문자열을 하나로 합칠 수 있게 되었습니다. 또 문자열에 포함되는 문장이 긴 경우 소스 코드에서 여러 줄에 걸쳐서 편하게 작성하는 방법도 알아보았습니다. 마지막으로 정수와 실수를 문자열과 섞어서 다루기 위한 방법도 알아보았습니다. 이를 통해서 정수나 실수를 문자열에 포함할 수 있고, 사용자가 보기 편하도록 출력할 수 있습니다. 실수의 경우는 원하는 소수점 자리까지 잘라서 문자열로 저장 가능하다는 것도 확인하였습니다. 이제 독자는 정수, 실수와 문자열을 활용할 수 있는 가장 기본적이지만 핵심적인 지식을 갖추었습니다.

▶▶ 연습 문제

1. 핵심 내용 복습하기

❶ 문자열에 더하기를 한다는 것이 어떤 의미인지 확인합니다.

❷ 현실 세계에는 없는 'escape' 문자(혹은 기호)라는 것이 어떤 의미인지 확인합니다.

❸ 화면에 여러 줄로 출력해야 하는 문장이 있는 경우 어떤 방법들을 사용할 수 있는지, 방법들을 나열하고, 각각의 장단점을 설명합니다.

❹ 정수와 실수를 문자열로 변환하는 방법의 이름과 사용법을 확인합니다.

2. 예제 코드 수정하기

❶ 화면을 넘어가고 복수의 줄로 이루어진 긴 문장을 실제로 프로그램 안에 포함시켜서 학습한 방법의 장점을 직접 경험합니다.

❷ 영어로 작성한 문자열의 내용을 한글로 변경해서 실행합니다.

3. 추가 기능 작성하기

❶ 이전 챕터에서 작성한 구구단 프로그램의 결과를 하나의 문자열에 계속 누적해서 추가하는 방식으로 수정합니다. 그리고 해당 문자열을 사용해서 한 번에 화면에 출력하도록 합니다.

❷ 이전 챕터에서 작성한 수학 공식 프로그램을 어떤 수학 공식인지 충분히 설명하는 문장을 출력하도록 수정합니다. 그리고 임의의 값들을 예제로 사용해서 공식을 실행한 결과 값과 결과의 의미를 설명하는 문장을 사용 설명서로서 출력하도록 수정합니다.

CHAPTER.6

조건문으로 작업하기

처음 프로그래밍을 시작하는 독자에게는 다소 생소할 수 있는 챕터가 될 수 있습니다. 이제 논리 연산 혹은 조건문이라는 문법을 배우게 됩니다. 조건문이라는 단어가 좀 더 이해하기 쉬울 수 있습니다. 조건문 conditional statement은 만약 조건에 맞는다면 A 작업을 하고, 그렇지 않으면 다른 작업인 B 작업을 한다는 개념입니다. 어떤 조건에 맞는지 혹은 맞지 않는지에 따라 프로그램이 각각의 경우에 적합한 작업을 하기에 조건문이라고 부릅니다. 논리 연산이라고도 부르는 이유가 있습니다. "만약 X라면"을 다르게 표현하면 "만약 X 조건이 맞거나 틀리면" 이라고 표현할 수 있는데, 여기서 맞는다와 틀리다를 영어로 표현하면 true와 false입니다. 이런 true나 false를 다루는 값과 연산을 컴퓨터 프로그래밍에서는 논리 값과 논리 연산이라고 부르기 때문입니다. 쉽게 이야기하면 논리적으로 맞거나 틀린지에 따라서 프로그램의 흐름을 다르게 진행하는 기술입니다.

미리 보는 수행 결과

이번 챕터에서 소스 코드를 수행해서 확인할 내용은 총 19가지로 정했습니다. 보기에 편하고 헷갈리지 않도록 하기 위하여 각각의 결과에 [1]에서 [19]까지 번호를 부여했습니다. print 문장의 번호와 미리 보는 수행 결과의 번호를 매칭하면서 보면 이해가 편할 것입니다.

```
1  [ 1] 1 == 1 : true
```

1 낯선 표현이 있을 겁니다. 바로 "==" 기호입니다. 원래 수학에서는 왼쪽과 오른쪽이 같은지를 비교할 때 등호("=")를 사용합니다. 그런데 프로그래밍 언어에서는 왼쪽의 변수에 오른쪽의 값을 저장하기 위한 목적으로 등호를 사용합니다. 예를 들면 'a = 1'과 같이 사용합니다. 같은 등호 기호가 상황에 따라서 다르게 동작한다고 보면 됩니다. 즉, 동일한 지를 비교하는 목적으로 사용되기도 하

고, 혹은 오른쪽의 값을 왼쪽으로 전달하는 용도로도 사용됩니다. 하지만 Dart 언어에서는 하나의 기호는 반드시 하나의 의미로 사용해야 합니다. 컴퓨터는 사람보다 똑똑하지 않습니다. 같은 기호를 두 개 이상의 의미로 사용하면, 컴퓨터는 어떤 의미인지 알 수 없는 상태에 빠집니다. 따라서 Dart 언어에서 "=" 기호는 오로지 오른쪽의 값을 왼쪽으로 전달하는 할당(assignment) 용도로만 사용합니다. 이렇게 되면 원래 수학에서 "=" 기호의 기능을 수행하는 새로운 기호(연산자)가 필요합니다. Dart 언어의 연산자인 "=="가 바로 이렇게 왼쪽과 오른쪽의 값이 같은지를 판단하는 연산자입니다. 수행 결과에서 1과 1은 같습니다. 따라서 결과는 true(논리적인 의미가 '맞음' 혹은 '참')가 됩니다.

```
2  [ 2] 1 == 2 : false
```

2 1과 2가 같은지를 판단합니다. 정수 1과 2는 다르기에 당연히 결과는 false(논리적인 의미가 '틀림' 혹은 '거짓')가 됩니다.

```
3  [ 3] 1 != 1 : false
```

3 다시 한번 낯선 연산자(기호)가 나타났습니다. 바로 "!="입니다. 이 연산자는 수학의 "≠" 연산자를 Dart 언어에서 표현한 것입니다. 이 기호는 같지 않다는 의미를 표현합니다. 왜 이런 형태로 표현할까요? 컴퓨터 키보드에 표현할 수 있는 글자의 갯수에 제한이 있기에, 수학의 기호를 키보드에 나타낼 수 없었기 때문입니다. 따라서 수학의 기호에 대응하기 위하여 현재 키보드에 존재하는 기호들을 조합해서 만들 수 있는 연산자를 새롭게 정해야 했고, "!="라는 다소 낯선 기호를 수학의 "≠"에 해당하는 의미로 사용하게 되었습니다. 의미는 정확하게 동일합니다. 따라서, "1 != 1"은 1과 1은 같지 않다고 표현한 겁니다. 당연히 1과 1은 같으므로 이 구문은 진실이 아닙니다. 따라서 결과가 false로 출력되었습니다.

```
4  [ 4] 1 != 2 : true
```

4 "!=" 연산자를 다시 한번 활용했습니다. 확인하고자 하는 조건은 "1 != 2"입니다. 당연히 1과 2는 다르니 같지 않다고 표현한 이 문장은 맞는 문장으로 결과 값으로 true가 출력되었습니다.

```
5  [ 5] 1 >= 1 : true
```

5 또 다시 낯선 연산자 ">="가 나왔습니다. 이 연산자도 키보드의 키 개수 제한으로 생긴 연산자입니다. 조금 이상하게 생겼지만, 그나마 두 글자를 위/아래로 합치면 "≥" 기호라는 것을 유추할 수 있습니다. 왼쪽의 값이 오른쪽의 값보다 크거나 같다는 표현입니다. 주어진 수행 결과에서 왼쪽의 1은 오른쪽의 1보다 크지는 않지만 같은 값이므로 이 문장은 true가 됩니다.

```
6  [ 6] 1 <= 1 : true
```

6 **5**와 반대로 수학의 "≤" 기호, 즉 왼쪽의 값이 오른쪽의 값보다 작거나 같은 의미의 기호를 대체하는 "<=" 연산자를 볼 수 있습니다. 수행 결과에서 왼쪽의 1은 오른쪽의 1보다 작지는 않지만 같은 값이기에 해당 문장은 true가 됩니다.

```
7  [ 7] 1 >  1 : false
```

7 수학의 기호와 동일하게 ">" 기호를 사용하고 있습니다. 왼쪽의 값이 오른쪽의 값보다 크다는 의미입니다. 왼쪽의 1은 오른쪽의 1보다 크지 않으니 false가 됩니다.

```
8  [ 8] 1 <  1 : false
```

8 수학의 기호와 동일하게 "<" 기호를 사용하고 있습니다. 왼쪽의 값이 오른쪽의 값보다 작다는 의미입니다. 왼쪽의 1은 오른쪽의 1보다 작지 않으니 false가 됩니다.

9~**12** 앞선 **5**~**8**까지의 내용과 유사하게, 비교하는 값을 1과 2로 바꿔서 수행했습니다.

```
9   [ 9] 1 >= 2 : false
10  [10] 1 <= 2 : true
11  [11] 1 >  2 : false
12  [12] 1 <  2 : true
```

9 1은 2보다 크거나 같지 않으니 false입니다.

10 1은 2보다 작으니 true입니다.

11 1은 2보다 크지 않으니 false입니다.

12 1은 2보다 작으니 true가 됩니다.

```
13 [13] (1 == 1) OR (1 == 2) : true
```

13 영어 단어로 OR가 등장했습니다. 원래 영어 단어의 의미 그대로 여러 가지 조건 중에서 하나만 맞으면 맞는다(true)고 판단하는 연산자입니다. 따라서 OR 앞의 조건 혹은 뒤의 조건 중 하나만 true이면 결과는 true가 됩니다. 첫째 조건은 '1은 1과 같다'이고, 둘째 조건은 '1과 2는 같다'입니다. 후자는 틀리지만 전자는 맞기에 최종 결과는 true가 됩니다.

```
14 [14] (1 == 1) AND (1 == 2) : false
```

14 영어 단어로 AND가 등장했습니다. 원래 영어 단어의 의미 그대로 여러 가지 조건들이 모두 맞는 경우에만 맞는다고 판단하는 연산자입니다. 수행 결과에서 두 가지 조건이 모두 맞아야 하는데, 조건은 **13**과 동일하게 첫째는 '1은 1과 같다'이고, 둘째는 '1과 2는 같다'입니다. 후자가 틀리기에 모든 조건이 맞아야 하는 AND는 false가 됩니다.

```
15 [15] NOT (1 == 1) : false
```

15 영어 단어로 NOT이 등장했습니다. NOT은 뒤에 나타나는 조건이 true이면 false로 바꾸고, false이면 true로 바꾸는 연산자입니다. 주어진 수행 결과에서는 NOT을 적용할 대상이 (1 == 1)입니다. 왼쪽의 1과 오른쪽의 1은 모두 같은 1이기에, 괄호 안의 이 문장은 true입니다. 따라서 NOT을 true에 적용하게 되므로, 최종 결과는 false가 됩니다.

```
16 [16] (a) number1[1] equal to number2[1].
17 [17] (a) switch is OFF.
18 [18] (a) switch is OFF.
19 [19] program terminated in normal.
```

16~**19** 영어 문장이 하나씩 쓰여 있습니다. 이 문장들은 소스 코드 없이 보는 것은 의미가 없기에, 소스 코드를 설명하면서 수행 결과를 함께 설명하도록 하겠습니다.

소스 코드 설명

앞서 미리 보는 수행 결과에서 본 것처럼 이번 챕터의 소스 코드는 코드 길이 대비 매우 다양한 내용을 담고 있습니다. 그러므로 조금 더 신중하고 침착하게 읽고 이해할 수 있도록 합니다.

```
1  void main() {
2    var number1 = 1;
3    var number2 = 1;
4    var number3 = 2;
5
```

1 main 함수를 시작합니다.

2 ~ 4 3개의 정수 변수를 만들고 각각 1/1/2의 값을 저장합니다.

1. 비교 연산자 이해하기

Dart 언어가 제공하는 대표적인 비교 연산자들은 [표 1]과 같으며, 수학의 기호를 Dart 언어에서 그대로 표현했다고 보면 됩니다.

연산자	수학기호	의미
==	=	두 값이 같으면 true, 다르면 false를 계산함
!=	≠	두 값이 다르면 true, 같으면 false를 계산함
>=	≥	왼쪽 값이 오른쪽 값보다 크거나 같으면 true, 반대면 false를 계산함
<=	≤	왼쪽 값이 오른쪽 값보다 작거나 같으면 true, 반대면 false를 계산함
>	>	왼쪽 값이 오른쪽 값보다 크면 true, 반대면 false를 계산함
<	<	왼쪽 값이 오른쪽 값보다 작으면 true, 반대면 false를 계산함
&&	AND	두 값이 모두 true이면 true, 아니면 false를 계산함
||	OR	두 값 중 하나 이상이 true이면 true, 아니면 false를 계산함

[표 1] Dart 언어의 대표적인 비교 연산자

6 ~ 17의 실행 결과는 각각 미리 보는 수행 결과의 1 ~ 12에서 확인할 수 있습니다. print 문장에서 출력하는 문자열의 시작 부분에 구분할 수 있는 숫자를 표시하였으니 헷갈리지 않고 소스 코드와 수행 결과를 매칭해서 볼 수 있을 겁니다.

미리 보는 수행 결과 ❶~⓬

```
6    print("[ 1] $number1 == $number2 : ${number1 == number2}");
7    print("[ 2] $number1 == $number3 : ${number1 == number3}");
8    print("[ 3] $number1 != $number2 : ${number1 != number2}");
9    print("[ 4] $number1 != $number3 : ${number1 == number3}");
```

```
10    print("[ 5] $number1 >= $number2 : ${number1 >= number2}");
11    print("[ 6] $number1 <= $number2 : ${number1 <= number2}");
12    print("[ 7] $number1 >  $number2 : ${number1 >  number2}");
13    print("[ 8] $number1 <  $number2 : ${number1 <  number2}");
14    print("[ 9] $number1 >= $number3 : ${number1 >= number3}");
15    print("[10] $number1 <= $number3 : ${number1 <= number3}");
16    print("[11] $number1 >  $number3 : ${number1 >  number3}");
17    print("[12] $number1 <  $number3 : ${number1 <  number3}");
18
```

6 "==" 연산자를 보여주기 위한 목적의 코드입니다. 하지만 새로운 문법을 하나 더 사용했습니다. 바로 "$"입니다. print 구문 마지막의 "${number1 == number2}" 문장처럼 이전에는 $ 기호 뒤에 중괄호({ })를 사용한 적은 없었습니다. 같은 줄의 "$number1"이 number1 변수(혹은 상수)가 가지고 있는 값을 출력하라는 의미라면, "${number1 == number2}"는 중괄호({ })로 묶은 내용을 수행한 후 결과를 해당 위치에 출력하라는 의미입니다. 주어진 소스 코드에서 number1과 number2는 같은 값인 정수 1로 설정되어 있으므로 중괄호 안의 내용은 true가 됩니다. 그리고 이 결과가 print 구문을 거쳐 "true"로 출력됩니다. 이렇게 print 구문 안에서 "${ }"을 사용하여 변수나 상수가 아닌 Dart 코드의 결과를 출력할 수 있습니다.

NOTE

Dart 언어는 논리적으로 맞는 조건에는 영어 단어 'true'를 사용하고, 틀린 조건에는 'false'를 사용합니다.

앞서 미리 보는 수행 결과에서 상세하게 설명한 내용대로 소스 코드의 6~17은 number1, number2, 그리고 number3가 각각 1/1/2인 경우에 대한 논리 연산을 수행한 결과를 출력합니다.

미리 보는 수행 결과 ⑬~⑮

```
19    var flag1 = ((number1 == number2) || (number1 == number3));
20    bool flag2 = ((number1 == number2) && (number1 == number3));
21
22    print("[13] ($number1 == $number2) OR  ($number1 == number3) : $flag1");
23    print("[14] ($number1 == $number2) AND ($number1 == number3) : $flag2");
24    print("[15] NOT ($number1 ==  $number2) : ${!(number1 == number2)}");
25
```

19 미리 보는 수행 결과에서 영어 단어 "OR"로 표현했던 Dart 언어의 연산자가 등장했습니다. 바로 "||"입니다. 아마도 프로그래밍이 처음인 독자라면 이런 글자가 키보드에 있었는가 생각될 만큼 생소한 글자일 겁니다. "OR" 작업을 수행하는 Dart 언어의 연산자는 키보드의 "|" 글자를 2개 연속으로 타이핑하여 표현합니다.

NOTE

"|" 글자는 키보드에서 [Shift]를 누른 상태로 "\" 혹은 "₩" 단추를 누르면 입력할 수 있습니다.

19 알아야 하는 새로운 사실이 있습니다. flag1 변수에 true 값이 저장된다는 점입니다. 실제로 flag1의 값으로 true가 화면에 출력되었습니다. 지금까지 배운 변수(혹은 상수)는 정수, 실수 그리고 문자열을 저장했는데, 이제 Dart 언어의 네 번째 타입인 새로운 데이터 유형이 등장한 것입니다. 논리 연산의 결과인 true 혹은 false를 저장하는 데이터 유형은 Dart 언어에서 boolean 타입이라고 합니다. 그렇다면 boolean 타입도 변수를 만들 때 var 문법을 사용하지 않고, int / double / String처럼 명확하게 데이터 유형을 적는 방법이 있겠지요? 바로 **20**에서 flag2의 타입으로 정의한 bool입니다. boolean을 줄여서 bool이라고 부르는데, int / double / String처럼 데이터 유형을 적는 위치에 bool이 있으면 bool 타입으로 정의한 변수(혹은 상수)는 true 혹은 false의 값을 저장하는 변수(혹은 상수)가 됩니다.

20 새로운 연산자가 또 하나 숨어 있습니다. 바로 미리 보는 수행 결과에서 AND로 표현한 연산자의 실체인 "&&" 입니다. AND 연산자는 미리 보는 수행 결과에서 충분히 설명하였듯이, 주어진 조건이 모두 true인 경우에 true 값을 만듭니다.

23 bool 데이터 유형인 flag가 출력된 결과입니다. false가 출력되었습니다.

24 마지막으로 NOT 연산자가 등장합니다. 바로 "!" 기호입니다. "!(number1 == number2)"와 같이 number1 과 number2 값을 비교한 결과를 반대로 뒤집는 역할을 합니다.

19~**24**의 코드를 통해서 Dart 언어가 지원하는 boolean 데이터 타입과 논리 연산자들을 대부분 알아보았습니다.

이제 다음 단계인 조건문으로 주제를 옮기도록 하겠습니다. 조건문을 이해하기 위해서는 지금까지 설명한 boolean 데이터 유형 이해가 필수적이니, boolean의 개념이 헷갈리면 다시 한번 읽고 넘어가기 바랍니다.

2. if-else 조건문 이해하기

이번에 배울 새로운 문법은 if, else if 그리고 else로 표현되는 조건문입니다. 이 조건문은 [그림 1]과 같은 형태로 사용합니다.

```
if (조건문A) {
  작업1
} else if (조건문B) {
  작업2
} else {
  작업3
}
```

[그림 1] if-else 조건문 구조도

영어의 if가 갖는 의미처럼, Dart의 if도 만약 ○○○ 라면의 의미입니다. 따라서 위의 형태는 다음과 같은 문장으로 표현할 수 있습니다.

"만약 조건문 A가 true라면 작업 1을 수행. 그리고 else if와 else 구문은 무시. 만약 조건문 A가 false라면 else if 구문으로 이동. else if 구문으로 이동했고 조건문 B가 true라면 작업 2를 수행. 그리고 else 구문은 무시. 만약 조건문 B가 false라면 else로 이동함. 그 후 별도의 조건 검사 없이 작업 3을 수행."

미리 보는 수행 결과 ⑯

```
26    if (number1 == number2) {
27      print("[16] (a) number1[$number1] equal to number2[$number2].");
28    } else if (number1 == number3) {
29      print("[16] (b) number1[$number1] equal to number3[$number3].");
30    } else {
31      print("[16] (c) number1[$number1] not equal to number2[$number2] and
      number3[$number3].");
32    }
33
```

26~32 [그림 1]을 소스 코드로 보여 주고 있습니다.

26 조건문 A에 해당하는 조건입니다. number1과 number2가 같은 값인지 비교합니다.

27 두 값이 같다면 출력합니다. 그리고 프로그램의 흐름은 **33**으로 이동합니다. 소스 코드에서는 한 줄만 처리하도록 하였지만, 당연히 여러 줄로 이루어진 작업을 수행하는 것도 가능합니다.

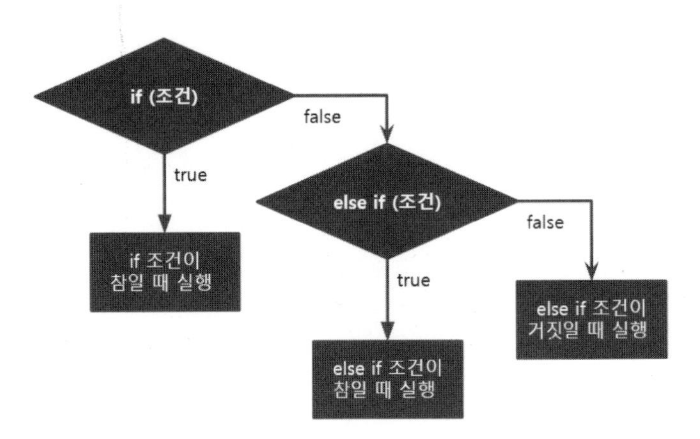

[그림 2] if-else 조건문 구조도 2

28 조건문 A인 number1과 number2가 다른 값이라면, "number1 == number2"가 false가 되므로 else if 구문으로 이동해서 조건문 B에 해당하는 number1과 number3의 값을 비교합니다.

29 두 값이 같다면 조건문 B가 true가 되므로 print 구문에서 "[16] (b) …"로 명시한 문장을 출력합니다. 그리고 프로그램의 흐름은 **33**으로 이동합니다.

30 두 값이 서로 다르다면 조건문 B가 false가 되므로 마지막 else 구문으로 이동하게 됩니다.

31 별도의 조건 검사가 없이 print 구문에서 "[16] (c) …"로 명시한 문장을 출력합니다. 그리고 프로그램의 흐름은 **33**으로 이동합니다.

이전 예제에서는 else if를 한 번만 사용했지만, [그림 3]과 같이 else if를 여러 번 사용하는 것도 가능합니다.

```
if (조건문A) {
  작업1
} else if (조건문B) {
  작업2
} else if (조건문C) {
  작업3
} else {
  작업4
}
```

[그림 3] if-else 조건문 구조도 (복수 else if 조건)

예제로 제시한 소스 코드 기준으로 실행한다면, 조건문 A를 실행하는 경우에는 number1과 number2에 저장한 값이 각각 2와 3에 의해서, 동일한 값인 1이 됩니다. 따라서 주어진 조건에 의해 "[16] (a) …"의 문장을 출력합니다.

3. switch 조건문 이해하기

이번에 배울 내용은 if 조건문처럼 프로그램의 흐름을 특정 조건에 맞춰서 바꿀 수 있는 또 다른 방법인 switch 문법입니다.

```
34  var switchStatus = 'OFF';
35
```

34 switch 문법에서는 조건을 결정할 변수가 하나 필요하므로 switchStatus라는 이름의 변수를 var 문법으로 만든 후, 문자열 "OFF"를 저장합니다.

switch 문법은 [그림 4]와 같은 형태입니다.

```
switch(조건문) {
  case 조건A:
    작업1
    break;
  case 조건B:
  case 조건C:
    작업2
    break;
  default:
    작업3
    break;
}
```

[그림 4] switch 조건문 구조도

구조가 낯설고 복잡해 보일지 모릅니다. 프로그래밍 언어가 아니라면 현실 세계에서는 결코 볼 수 없는 구조이니, 당연히 프로그래밍을 처음 접하는 사람이라면 익숙하지 않은 구조에 당황할지 모릅니다. 하지만 동작 원리는 그렇게 어렵지 않습니다. switch 구문을 간단하게 설명하면, "조건문이 나타내는 의미가 조건 A라면 작업 1을 수행. 조건문이 조건 B 혹은 조건 C 중 하나에 부합한다면 작업 2를 수행. 조건문이 조건 A/B/C 중 어느 하나에도 부합하지 않으면 작업 3을 수행"입니다. 여기서도 당연히 여러 줄의 작업이 가능합니다. break는 프로그램의 흐름을 중단하는 목적으로 사용합니다. 위의 형태를 기준으로 설명하면, 조건문이 조건 A에 부합하면 작업 1을 수행하고 switch 문법을 멈추는 것으로 이해하면 됩니다. default 문법은 switch 문법의 case로 명시한 조건들에 부합하지 않는 경우의 작업을 정의하기 위한 용도입니다. 따라서 case 문장과 다르게 별도의 조건을 기술하지 않습니다.

NOTE

> default 문장은 통상 switch 구조의 마지막에 나타나는데, default 문장 이후로는 별도의 case가 없는 경우 default에 속한 break는 작성하지 않아도 됩니다.

서로 다른 case 조건들이지만, 조건에 맞는 경우 수행하는 작업이 동일하다면, 위의 구조에서 case 조건 B/조건 C처럼 작성하면 됩니다. 다만, "case 조건B:"와 "case 조건C:" 사이에는 코드를 작성하면 안 되고, 위의 예시처럼 반드시 비워 둬야 합니다.

switch 문법이 어떻게 동작하는지 이해를 했으니, 다시 소스 코드를 이해하도록 합니다.

34 조건문으로 활용하기 위한 용도로 switchStatus 변수를 만들었으며, 이 변수가 가지는 값이 조건 A/B/C에 부합하는지에 따라서 프로그램의 흐름이 바뀌게 됩니다. 일단은 문자열 "OFF"로 초기화하였습니다.

미리 보는 수행 결과 ⑰

```
36      switch (switchStatus) {
37        case 'OFF':
38          print("[17] (a) switch is OFF.");
39          break;
40        case 'ON':
41          print("[17] (b) switch is ON.");
42          break;
43        default:
44          print("[17] (c) switch status is not correct.");
45          break;
46      }
47
```

36 switch(조건문) 문장의 시작을 알리는 '{' 괄호로 시작합니다. 앞서 정의한 switchStatus 변수가 조건문 위치에 있습니다. 소스 코드의 switch 안에는 총 3개의 case 조건이 있습니다. 첫째는 switch-Status가 문자열 "OFF"인 경우입니다. 둘째는 switchStatus가 문자열 "ON"인 경우입니다. 마지막으로는 앞서 첫째/둘째에 해당하지 않는 경우에 도달하는 default 문장입니다. 그리고 각각의 조건에

맞는 경우에 수행하는 작업들이 38, 41, 44에 나타나 있습니다. 각각의 case에 맞는 경우에 수행한 작업이 종료되는 시점에는, 더 이상 작업하지 않고 switch 구문을 종료하라는 의미에서 break 구문을 사용했습니다.

소스 코드 그대로 프로그램을 실행하면, "[17] (a) …"가 출력됩니다.

이번에는 앞서 설명한 switch 문법의 형태 중에서, 조건 B와 조건 C 중 하나라도 맞는다면 동일한 작업을 수행하는 형태를 알아보겠습니다.

미리 보는 수행 결과 ⑱

```
48    switch (switchStatus) {
49      case 'off':
50      case 'OFF':
51        print("[18] (a) switch is OFF.");
52        break;
53      case 'on':
54      case 'ON':
55        print("[18] (b) switch is ON.");
56        break;
57      default:
58        print("[18] (c) switch status is not correct.");
59        break;
60    }
61
```

48~60 앞서 노래한 36~46의 코드에 두 줄이 추가되어 있는데, 49와 53입니다. 대소문자를 구분하지 않고 작업을 하도록 수정했음을 알 수 있습니다. 36~46의 코드는 소문자인 문자열 "off" 혹은 "on"의 값을 가지는 switchStatus가 주어지면, 44를 실행합니다. 프로그래밍 언어는 기본적으로 대소문자를 구분하기 때문입니다.

하지만 수정한 프로그램에서는 대소문자를 구분하지 않도록 하였습니다. 따라서 switchStatus가 소문자 "off"를 값으로 가진 경우, 대문자 "OFF"를 값으로 가진 경우와 동일하게 51의 내용을 실행합니다. 마찬가지로 switchStatus가 소문자 "on"을 가지면 대문자 "ON"을 가지는 경우와 동일하게 55의 내용을 수행합니다.

4. assert 조건문 이해하기

조건에 맞춰서 프로그램의 흐름을 바꾸는 마지막 문법은 assert입니다. 앞서 설명한 if 조건문과 switch 조건문이 정상적인 상태에서 프로그램의 흐름을 조정하는 것이라면, assert는 프로그램이 오류 상태여서 수행을 중단해야 하는지를 판단하는 경우에 주로 사용합니다.

미리 보는 수행 결과 ⑲

```
62      var programTermination = 'NORMAL';
63
64      assert(programTermination == 'NORMAL');
65      print("[19] program terminated in normal.");
66  }
67
```

62 programTermination 변수를 만들고 'NORMAL' 값으로 설정하였습니다. 그리고 이 프로그램은 programTermination 변수가 'NORMAL'인 경우에만 정상적으로 수행한다고 가정합니다.

64 assert 문법을 사용했습니다. assert 뒤의 소괄호 안을 보면 조건문 "programTermination == 'NORMAL'"이 포함되어 있습니다. programTermination 변수는 'NORMAL' 값을 가지고 있기 때문에, "programTermination == 'NORMAL'"는 true가 됩니다. 따라서 assert(true)로 해석됩니다. 이 경우 아무런 일도 하지 않고 다음 줄로 넘어갑니다.

65 이로 인하여 소스 코드를 실행하면 수행 결과에 "[19] program terminated in normal."이 출력됩니다.

그렇다면 64를 assert(false)로 바꾸면 어떻게 될까요? 62의 programTermination을 'ERROR'로 변경하고 프로그램을 실행해 봅니다. 그러면 실행 결과에는 "[19] …"이 출력되지 않습니다. 대신 "Uncaught Error: Assertion failed"가 출력됩니다. Assertion 작업이 실패했으나, 이를 프로그램에서 제대로 처리하지 않고 있다는 의미입니다. 따라서 assert(false) 시점에서 프로그램이 비정상적으로 중단됩니다.

assert는 프로그램에서 예상하지 못한 상황을 만나는 경우에 대한 처리를 프로그래밍 하는 문법입니다. 이런 상황에서 어떻게 프로그램을 작성해야 하는 지는 책의 후반부에서 다룰 예정입니다. 지금은 조건문에 assert라는 문법이 있다는 것과 조건에 따라 프로그램을 비정상적으로 중단할 수도 있다는 것을 기억하기 바랍니다.

66 소스 코드의 마지막 부분으로서, main 함수의 작업을 닫아 줍니다.

핵심 요약

프로그램의 흐름을 조건에 맞춰서 조정하는 4가지 방법을 알아보았습니다. 첫째로 true와 false 값을 다루는 논리 연산자와 논리 값을 저장하는 bool 데이터 타입을 알아보았습니다. 둘째로 프로그램의 흐름을 논리 값에 따라서 조정하는 if, else if 및 else에 관해서 다뤘습니다. 셋째로 다양한 조건들 중에서, 맞는 조건에 대해서 미리 정해진 작업을 수행하는, 다소 특이한 형태의 switch 문법을 다뤘습니다. 그리고 마지막으로 프로그램이 정상적이지 않은 경우를 판단해서 프로그램을 중단하거나 이에 대한 처리를 하도록 도와주는 assert 구문을 알아보았습니다.

▶▶ 연습 문제

1. 핵심 내용 복습하기

❶ 논리 연산자는 어떤 것들이 있으며 각각의 의미는 무엇인지 확인합니다.

❷ bool 타입이 true 혹은 false 값을 가지는 이유를 무엇인지 확인합니다.

❸ if 문법을 사용하는 프로그램의 구조를 확인합니다.

❹ switch 문법을 사용하는 프로그램의 구조를 확인합니다.

2. 예제 코드 수정하기

❶ 소스 코드 3번 줄의 number2를 2로 바꾸고, 4번 줄의 number3을 1로 바꿉니다. 수정한 프로그램을 실행해서 결과를 확인합니다.

❷ 소스 코드 2번 줄의 number2를 2로 바꾸고, 3번 줄의 number3를 1로 바꿉니다. 수정한 프로그램을 실행해서 결과를 확인합니다.

❸ 소스 코드 34번 줄의 switchStatus가 문자열 "ON"을 저장하도록 수정합니다. 수정한 프로그램을 실행해서 결과를 확인합니다.

❹ 소스 코드 34번 줄의 switchStatus가 문자열 "NONE"을 저장하도록 수정한 후, 45번 줄을 삭제합니다. 수정한 프로그램을 실행해서 결과를 확인합니다.

3. 추가 기능 작성하기

❶ 이전에 작성한 구구단 프로그램을 수정해 봅니다. 먼저 변수를 하나 만들어서 '단'에 해당하는 숫자인 1~9를 저장하도록 합니다. 그리고 switch 구문 안에는 case의 조건문으로 이 숫자가 매칭되도록 합니다. 예를 들어 switch(1)이면, case 구문 중 1단에 해당하는 계산 결과를 화면에 출력하도록 합니다.

❷ 수정한 구구단 프로그램에서 1~9가 아닌 다른 숫자가 들어가 switch 코드에 도달하면 화면에 정수 1~9의 숫자만 사용하라는 경고문을 출력하도록 default 문법을 사용하여 개선합니다.

CHAPTER. 7

반복문으로 작업하기

최초에 컴퓨터가 만들어진 이유는 사람이 처리하기 어렵거나 시간이 너무 많이 소요되는 대규모의 데이터를 처리하는 작업과 반복적인 작업을 컴퓨터에게 수행하도록 하기 위함이라고 했습니다. 이번 챕터에서는 '반복'을 어떻게 Dart 언어에서 지원하는지 알아봅니다.

미리 보는 수행 결과

Dart 언어에서 반복 작업을 수행하는 방법을 6가지 경우로 나눠서 알아보려고 합니다. 각각의 경우에 대한 결과를 보다 쉽게 구분할 수 있도록 각 시작 부분에 [1]부터 [6]까지 숫자를 부여하였습니다.

```
1  [1] 'for' statement.
2
3  1 x 1 = 1
4  1 x 2 = 2
5  1 x 3 = 3
6
7  [2] 'while' statement.
8
9  1 x 1 = 1
10 1 x 2 = 2
11 1 x 3 = 3
12
13 [3] 'do-while' statement.
14
15 1 x 1 = 1
```

```
16  1 x 2 = 2
17  1 x 3 = 3
18
```

1~**17** 구구단에서 1단을 "1×1" 부터 "1×3"까지 계산해서 보여주고 있습니다. 같은 결과를 출력하고 있지만, 각각 Dart 언어가 제공하는 반복문 문법인 for, while 및 do-while을 사용하여 만든 결과입니다.

```
19  [4] nested loop statement.
20
21  1 x 1 = 1
22  1 x 2 = 2
23  1 x 3 = 3
24  2 x 1 = 2
25  2 x 2 = 4
26  2 x 3 = 6
27  3 x 1 = 3
28  3 x 2 = 6
29  3 x 3 = 9
30
```

19~**29** 구구단의 1단부터 3단을 "×3"까지 계산합니다. 이런 결과를 만들고자 할 때, Dart 언어의 3가지 반복문 문법을 여러 번 사용하면 편하게 개발할 수 있습니다. 반복문 속에 다시 반복문을 적용하는 중첩된 반복문이라고 하는 방법입니다. 잠시 후 소스 코드를 보면서 어떤 구조이며 어떻게 동작하는지 설명하겠습니다.

```
31  [5] nested conditional statement.
32
33  1 x 1 = 1
34  1 x 2 = 2
35  1 x 3 = 3
36
```

31~**36** 앞서 [1]에서 [3]까지의 결과와 동일하지만 내부적으로 if와 같은 조건문을 사용하여 만든 결과입니다. 단순하게 반복문 안에서 조건문을 사용하는 것을 보여주기 위한 용도로 만든 결과이며 소스 코드를 보면서 보다 자세히 설명하도록 하겠습니다.

```
37  [6] 'continue' and 'break' statement.
38
39  [6.3] calculate - 1
40  1 x 1 = 1
41  1 x 2 = 2
42  1 x 3 = 3
43  [6.2] continue - 2
44  [6.2] continue - 3
45  [6.3] continue - 4
46  [6.1] break - 5
```

37~46 앞서 [1]에서 [3]까지의 결과와 동일합니다. 다만 소스 코드를 보면 [1]에서 [3]까지의 결과를 만드는 코드와는 많이 다르게 만들어져 있는데, 이는 반복문의 흐름을 조정하는 문법인 break와 continue를 보여주기 위한 용도입니다.

소스 코드 설명

Dart 언어에서 반복문을 만드는 문법은 for, while, do-while, break, continue입니다. 이들에 대해서 알 수 있도록 소스 코드가 만들어져 있습니다. 그리고 반복문 안에 반복문이 있거나, 반복문 안에 조건문을 적용이 가능하다는 것을 소스 코드에서 볼 수 있습니다.

NOTE

Dart 언어는 반복적인 작업을 지원하는 문법을 3가지 제공하지만, 어느 방법을 사용하든 동일한 결과를 만들 수 있습니다. 다만, 각각 장단점이 있으니 본인의 취향과 목적에 맞춰서 선택하면 됩니다.

1. for 반복문 이해하기

Dart 언어의 첫 번째 반복문 문법은 for 구문입니다. for 구문은 [그림 1]의 형태를 갖습니다.

```
for ( (1)초기화 영역; (2)반복 조건 확인 영역; (3)업데이트 영역 ) {
  (4)작업
}
```

[그림 1] for 반복문 구조도

일상에서는 볼 수 없는 낯선 형태일 겁니다. 하지만 찬찬히 살펴보면 어려운 형태는 아닙니다. ❶ → ❷ → ❹ → ❸ → ❷ → ❹ → ❸ → ❷ → ❹ … 순서로 반복하는 구조일 뿐입니다. 네 가지 영역에 대해서 하나씩 알아보겠습니다.

❶초기화 영역은 for 구문이 시작하면서 맨 처음 한번 실행됩니다. 우선 초기화를 하는 이유를 이해해야 합니다. 대부분의 반복문에서는 어떤 조건이 맞는 동안만 반복을 합니다. 예를 들어 같은 작업을 N번 반복해서 수행할 때에는 작업이 몇 번 반복되고 있는지 작업의 횟수를 세기 위해 변수를 하나 만들어 반복할 때 마다 값을 증가시키는 작업을 하는 것이 일반적입니다. 이렇게 조건에 부합하는 지를 확인하기 위한 변수가 반복 작업을 시작하는 최초 시점에서 가져야 하는 값을 설정하는 부분이 초기화 영역입니다.

❷반복 조건 확인 영역은 앞서 초기화 영역에서 설명한 것처럼 계속 반복을 해도 되는지를 판단하는 영역입니다. 작업의 반복 횟수를 변수에 적어서 세면서, 해당 변수의 값이 N을 넘어서는 지를 확인하는 겁니다. 반복 수행 조건에 맞지 않으면, for 구문의 중괄호 안으로의 진입은 멈추고 for 구문 다음의 작업으로 이동하게 됩니다.

for 구문을 처음 시작할 때, 먼저 ❶초기화 영역을 수행하고, 다음으로 ❷반복 조건을 만족하면 ❹작업에 정의한 일들을 실행하게 됩니다.

❹작업을 마쳤다면, ❸업데이트 영역에 정의한 작업이 실행됩니다. 가장 일반적인 작업은 반복 횟수를 세는 변수의 값을 1만큼 증가시키는 작업입니다.

이후 반복을 계속할지 판단하고자, ❷반복 조건 확인 영역을 수행합니다. 반복 조건에 부합하여 반복을 계속한다면, 다시 ❹작업 → ❸업데이트 영역 → ❷반복 조건 확인 영역 절차를 수행하게 됩니다. 반복 조건에 더 이상 부합하지 않으면 for 구문을 중단하고 그 다음 작업을 하게 됩니다. 정해진 횟수만큼 반복을 마쳤다고 보면 됩니다.

이제 소스 코드를 보면서 for 구문에 대해서 구체적으로 설명합니다.

```
1  void main() {
2    print("[1] 'for' statement.\n");
3    var number = 1;
4    var count = 1;
5    for (count = 1; count <= 3; count++) {
6      print("$number x $count = ${number * count}");
7  }
8
```

1 main 함수를 시작합니다.

2 for 구문에 대한 예제를 시작하겠다는 메시지를 화면에 출력합니다.

3 이 프로그램의 목적인 구구단의 '단'에 해당하는 정수를 표현하고자 number 변수를 만들었습니다. 그리고 1단을 계산하기 위한 용도로 정수 1의 값을 저장하였습니다.

4 for 구문에 의한 반복 횟수를 세기 위한 용도의 count 변수를 만들었습니다. 그리고 정수 1의 값을 저장하였습니다. 하지만 이 작업은 임시 작업으로, ❶초기화 영역에서 이 카운터 변수 값을 다시 초기화 할 것입니다. 따라서 1로 설정하는 작업은 의미가 없습니다.

5 본격적인 for 구문을 시작합니다. ❶초기화 영역에 해당하는 코드인 "count = 1"입니다. 반복 횟수를 셀 변수 count를 1로 초기화 합니다. 그리고 이 초기화 영역은 다시 실행되지 않습니다.

❷반복 조건 확인 영역인 "count <= 3"입니다. count 값이 3보다 작거나 같다면 ❹작업에 해당하는 코드를 반복해서 실행하겠다는 의미입니다.

6 ❹작업에 해당하는 코드입니다. 단순하게 number 값과 count 값을 곱한 결과를 출력합니다. 간단한 구구단이라고 보면 됩니다. number가 1이면 1단이라는 의미이며, for 구문이 반복하면서 count의 값이 1씩 증가해 "1×1, 1×2, 1×3"을 계산해서 화면에 출력합니다.

그러면 어떤 순서로 실행되는지 알아봅시다. 맨 처음 number가 1이고, count가 1이므로 결과는 "1×1=1"이 됩니다. 그 후 ❸업데이트 영역을 실행합니다. 해당 구문이 count++이니, ❸업데이트 영역을 마쳤을 때는 count가 2로 증가합니다. 이후 for 구문의 ❷반복 조건 확인 영역으로 이동합니다. 이 시점에서 count는 2이고 2는 3보다 작으니 다시 ❹작업인 **6**을 수행하여 "1×2 =2"를 화면에 출력하게 됩니다. 출력 후 다시 ❸업데이트 영역으로 이동하여 count는 1만큼 증가하여 3이 됩니다. ❷반복 조건 확인 영역의 조건을 충족하므로, 또 다시 ❹작업을 수행하여 "1×3=3"을 화면에 출력합니다. 그 후 ❸업데이트 영역을 수행하면 count는 이제 4가 되는데, 조건인 "count <= 3"에 부합하지 않으므로, 반복은 중단되고 **8**번 줄로 이동하게 됩니다.

구구단 프로그램을 만들고 싶은 만큼, 1×1에서 1×9까지 출력을 하고 싶다면 어떻게 해야 할까요? **5**의 ❷반복 조건 확인 영역을 기존의 "count <= 3"에서 "count <= 9"로 변경하면 됩니다. 그리고 1단이 아닌 5단을 출력해 보고 싶으면 어떻게 하면 될까요? **2**의 number 값을 1이 아닌 5로 설정하고 실행하면 됩니다.

2. while 반복문 이해하기

Dart 언어가 제공하는 두 번째 반복문 문법은 while 구문입니다. while 구문은 [그림 2]의 형태를 갖습니다.

```
// 필요시, 초기화 영역
while ( (a)반복 조건 확인 영역 ) {
  (b)작업
  // 필요시, 업데이트 영역
}
```

[그림 2] while 반복문 구조도

앞서 for 문법은 ❶초기화 영역, ❷반복 조건 확인 영역, ❸업데이트 영역의 세 가지 영역을 문법 안에서 지정하도록 했습니다. 하지만, while 문법은 이 중 한 가지인 ⓐ반복 조건 확인 영역만 지정하면 됩니다. while 구문은 조건이 맞으면 반복한다는 단순한 의미에 충실하게 만들어졌습니다.

그렇다면 반복문을 만들기 위해서는 이 정도 작업으로 충분할까요? 문제마다 다르다고 할 수 있습니다.

앞서 소개한 구구단의 예를 든다면, 이 문법에서 필수로 지정한 "반복 조건 확인 영역" 만으로는 충분하지 않습니다. 따라서 실제 반복을 위한 초기화 작업이나 업데이트 작업이 필요할 수 있으며, [그림 2] 주석에서 언급한 것처럼 while 구문 전에 미리 초기화 작업을 하고, while 구문 내 반복하는 작업 안에서 업데이트 작업을 정의해야 할 필요가 있습니다. 이런 식으로 while 구문을 사용하는 경우에는 for 구문을 사용하는 경우보다 주의를 더 기울여야 합니다.

NOTE

while 구문은 for 구문과 비교해서 문법은 간단하지만 초기화와 업데이트 등 반복에 필요한 추가적인 작업은 개발자가 주의를 기울여서 프로그램의 어딘가에 작성해야 합니다.

```
9     print("\n[2] 'while' statement.\n");
10    number = 1;
11    count = 1;
12    while (count <= 3) {
13      print("$number x $count = ${number * count}");
14      count++;
15  }
16
```

12 "count <=3"의 조건이 맞는 경우 반복을 수행하는 while 문이 있습니다.

13 while 구문에서 반복할 ⓑ작업이 됩니다. 여기서 ⓑ작업은 for 구문 예제의 6 과 동일합니다. while 구문의 ⓐ반복 조건 확인 영역도 for 구문 예제의 반복 조건 확인 영역과 동일합니다. 다만, for 구문의 초기화와 같은 문장이 while 구문의 위인 11 에 나타나 있습니다. while 구문 전에 필요한 초기화 작업을 수행한 겁니다.

14 for 구문의 업데이트 영역을 while 구문이 반복하는 작업 안에 작성하였습니다.

for 구문을 사용하든 while 구문을 사용하든 같은 결과를 만들 수 있다는 것과 어느 구문을 사용하든 작성해야 하는 코드는 거의 유사하다는 것을 확인하였습니다.

3. do-while 반복문 이해하기

Dart 언어의 세 번째 반복문 문법은 do-while 구문입니다. while 문법과 do-while 문법은 매우 유사하지만 한 가지 차이점을 갖습니다.

```
17    print("\n[3] 'do-while' statement.\n");
18    number = 1;
19    count = 1;
20    do {
21      print("$number x $count = ${number * count}");
22      count++;
23  } while (count <= 3);
24
```

먼저 9 ~ 15 의 while 구문 코드와 17 ~ 23 의 do-while 구문 코드를 비교하면 두 줄이 다릅니다. 차이점을 [그림 3]과 [그림 4]와 같이 요약할 수 있습니다.

```
while( 반복 조건 확인 영역 ) {
  작업
}
```

[그림 3] while 반복문 구조도

while 구문은 반복할 작업을 수행하기 전에 조건 검사를 합니다. 따라서 조건에 부합하지 않으면, 작업을 한 번도 수행하지 않을 수 있습니다.

```
do {
  작업
} while( 반복 조건 확인 영역 );
```

[그림 4] do – while 반복문 구조도

do–while은 조건 검사가 반복하는 작업 후에 위치하고 있습니다. 따라서 반복할 작업이 반드시 한 번은 수행이 된다는 특징을 갖습니다. 이 부분을 제외하면 다른 사항은 대부분 while 구문과 동일하다고 보면 됩니다.

NOTE

> while 구문과 for 구문은 조건에 따라서 반복 작업이 한번도 실행되지 않을 수 있습니다. 하지만 do–while 구문은 반복 작업이 최소한 한번은 수행되는 차이점이 있습니다.

일반적으로 중첩된 반복문(nested loop)이라고 불리는 기법을 배우겠습니다. 특별히 새로운 문법을 사용해야 하는 것은 아닙니다. 반복문 안에 반복문을 작성할 뿐입니다. 중첩된 반복문의 예제 코드는 다음과 같습니다.

```
25    print("\n[4] nested loop statement.\n");
26    for (count = number = 1; number <= 3; number++) {
27      while (count <= 3) {
28        print("$number x $count = ${number * count}");
29        count++;
30      }
31      count = 1;
32    }
33
```

구구단을 계산할 경우, 26의 for 반복문이 1단부터 3단까지를 계산하도록 number를 순차적으로 1씩 증가시킵니다. 그리고 주어지는 '단'인 number를 사용해서, 안쪽의 while 반복문이 각 단의 ×1부터 ×3까지의 값을 계산합니다.

따라서 구구단을 1단에서 9단까지 완성하고 싶다면, number와 count가 9까지 갈 수 있도록 소스 코드를 수정하면 됩니다. 26의 조건 검사인 number <= 3를 number <= 9로 조정하여 1단부터 3단만 계산하던 것을 1단부터 9단까지 계산하도록 할 수 있고, 27의 count <= 3를 count <= 9로 수정해서, 계산을 곱하기 3까지 하던 각 단의 계산을 곱하기 9까지 하도록 할 수 있습니다.

```
34    print("\n[5] nested conditional statement.\n");
35    for (count = number = 1; number <= 3; number++) {
36      if ((number % 9) == 1) {
37        while (count <= 3) {
38          print("$number x $count = ${number * count}");
39          count++;
40        }
41        count = 1;
42      }
43    }
44
```

위 예제는 반복문 안에 조건문을 넣을 수 있음을 보여줍니다. 앞서 소개한 프로그램에 한 줄을 추가하였는데, 36입니다. "만약 number를 9로 나눈 나머지가 정수 1이라면"의 의미입니다.

35 1단부터 3단까지의 구구단을 계산할 때와 같이 세 번 반복하지만, 36에서 number를 9로 나눈 나머지가 1인 경우에만 while 반복문을 수행하기에 오로지 1단만 출력이 됩니다.

4. continue와 break 문법 이해하기

반복문에서 마지막으로 알아야 하는 새로운 문법은 continue와 break입니다. 이 문법들을 설명하기 위해서, 앞서 for 구문의 형태를 설명했던 내용을 다시 한 번 [그림 5]와 같이 표현하였습니다. 그리고 continue와 break를 반복문 안에 등장시켰습니다.

```
for ( (1)초기화 영역; (2)반복 조건 확인 영역; (3)업데이트 영역 ) {
  ...
  (4)continue; 혹은 (4)break;
  ...
}
(5)다음 작업
```

[그림 5] continue와 break 문법 구조도

규칙은 단순합니다. 반복문 안에서 continue가 실행되면, 반복문의 흐름이 ❸업데이트 영역으로 이동합니다. 그리고는 일반적인 반복문의 흐름에 따라서 ❷반복 조건 확인 영역 검사를 실행해서 반복 여부를 판단하는 작업을 이어 갑니다.

반복문 안에서 break가 실행되면, 프로그램의 흐름을 바로 반복문에서 나오게 한 후, ❺다음 작업으로 이동합니다. break의 멈춘다 혹은 파괴한다는 의미처럼 반복문을 깨고 나가는 문법이라고 보면 됩니다.

```
45    print("\n[6] 'continue' and 'break' statement.\n");
46    for (count = number = 1; number <= 9; number++) {
47      if (number > 4) {
48        print("[6.1] break - $number");
49        break;
50      } else if ((number % 9) != 1) {
51        print("[6.2] continue - $number");
52        continue;
53      } else {
54        print("[6.3] calculate - $number");
55        while (count <= 3) {
56          print("$number x $count = ${number * count}");
57          count++;
58        }
59        count = 1;
60      }
61    }
62  }
63
```

continue와 break 문법을 적용한 예제입니다. 25~32의 nested loop 예제에 break와 continue를 적용한 형태라고 할 수 있습니다.

46 이전 예제에서는 단 수를 3단까지 계산하도록 했지만, number <= 9에서 볼 수 있듯이 9단까지 늘리는 것으로 수정했습니다. 이외에는 break와 continue로 인한 변화들입니다.

47 if 조건문이 있는데, number가 4보다 크면 49로 이동해 break가 실행됩니다. 만약 단수가 4보다 커지면 반복문을 벗어나 62로 이동합니다. 62는 main 함수를 닫는 구문이므로, 결국 프로그램을 종료한다는 의미입니다.

50 else if 조건문이 있는데, (number % 9) != 1의 조건을 만족하면 continue가 실행됩니다. 따라서 실질적인 구구단 계산은 없습니다. 조건이 의미하는 바는 명확합니다. 단수를 9로 나누었을 때 나머지가 1이 아니면 그냥 반복문을 반복할 뿐, 구구단 계산을 하고 화면에 출력하는 작업은 없습니다. 이렇게 continue를 통해서 1단만 계산하게 하고, 4단 이상을 계산하려고 하면 break를 사용해서 프로그램을 멈추게 하는 겁니다. 이로 인하여 반복문 안에서 실질적인 구구단 계산을 하는 55에 도달하기 위해서는 오직 1단 계산이어야 합니다. 실제로 수행 결과를 보면 오로지 1단만 계산되는 것을 볼 수 있습니다.

핵심 요약

Dart 언어는 반복적인 작업을 위해서 for, while, do-while의 세 가지 문법을 제공합니다. 일부 문법 적인 차이는 있지만, 어떤 방법을 사용하더라도 동일하게 결과를 만들 수 있습니다. 반복문 안에 반복문을 두는 것도 가능하며, 반복문 안에 조건문을 두어서 조건에 맞는 경우에만 반복 작업을 수행하는 것도 가능합니다. 그리고 반복문의 흐름을 제어하기 위해서 break와 continue 문법이 있다는 점도 알아보았습니다.

▶▶ 연습 문제

1. 핵심 내용 복습하기

❶ 반복문을 작성하는 세 가지 문법을 나열하고, 각각의 차이점을 설명합니다.

❷ 반복 중인 작업을 중단하는 문법에 대해서 설명합니다.

2. 예제 코드 수정하기

❶ 소스 코드의 5번 줄을 수정해서 1×1에서 1×9의 결과를 계산하도록 합니다.

❷ 소스 코드의 5번 줄을 수정해서 구구단의 5단을 계산하도록 합니다.

❸ 소스 코드의 25번 줄부터 32번 줄 사이의 내용을 수정해서 구구단의 1단부터 9단을 곱하기 1부터 곱하기 9까지 모두 계산하도록 합니다.

❹ 소스 코드의 45번 줄부터 61번 줄 사이의 내용을 수정해서 구구단 중 짝수에 해당하는 단만 출력하도록 합니다.

3. 추가 기능 작성하기

❶ 반복문과 조건문을 사용해서 "3글자×3글자"의 형태로, X 모양의 글자를 크게 출력하도록 만들어 봅니다. 총 9개의 글자에서 X 글자에 해당하는 글자는 'X'로 하고, 그 외의 글자(빈 칸)는 'O'으로 표시해 봅니다.

❷ 앞서 예제를 확장해서, "5글자×5글자"의 형태로, X 모양의 글자를 더 크게 출력하도록 만들어 봅니다. 총 25개의 글자에서 X 글자에 해당하는 글자는 'X'로 하고, 그 외의 글자(빈칸)는 'O'로 표시해 봅니다.

CHAPTER. 8

함수를 이용하여 반복 작업하기

같은 작업을 반복적으로 수행하는 경우, 앞서 알아본 반복문과 함께 사용하는 문법으로 함수(function)가 있습니다. 이름 그대로 수학의 함수와 매우 흡사한 의미입니다. 사용 빈도가 높은 작업(혹은 코드)들은, 지금 내가 만드는 프로그램에서 반복 사용될 겁니다. 그리고 내가 나중에 다른 프로그램을 개발할 때도 다시 사용할 가능성이 높습니다. 혹은 다른 개발자들이 내가 만든 함수가 풀고 있는 문제와 동일한 문제를 해결하고자 할 때도 내가 만든 함수를 사용하여 문제를 해결할 수 있습니다. 반대로 다른 사람이 만든 함수를 내가 만든 프로그램에서도 사용할 수 있습니다. 이렇게 함수는 한 번 잘 만든 코드를 반복적으로 사용하는 '재사용(reuse)'이라는 철학에 가장 기본이 되는 문법입니다. 이번 챕터에서는, Dart 언어에서 함수를 개발하는 방법들을 알아보겠습니다.

미리 보는 수행 결과

```
F( X ) = 2 × X

Y = F( X )
```

수학에서의 함수는 입력을 주었을때 결과를 도출합니다. 자주 사용하는 함수(혹은 공식)의 경우는 고유한 이름을 붙이기도 합니다. 예를 들어 함수 F가 있다고 합시다. F에 입력 값인 X를 주면 함수 F의 계산 결과는 X에 2를 곱한 값입니다. 따라서 Y = F(X)라고 표기하면 함수 F에 입력 값을 X로 주고 결과를 Y에 저장한다는 의미가 됩니다. X가 2라면, Y는 4가 되는 것이지요.

Dart 언어의 함수도 이와 다르지 않습니다.

```
1  getMax(3,2) ==> 3
```

1 함수 getMax()에게 입력 값으로 3과 2를 주고, 결과 3을 출력했습니다. 함수의 이름에서 유추할 수 있듯이 입력 값 중에서 큰 값을 반환하므로 3과 2 중에서는 3이 선택되었습니다.

```
2  getSum(3,2) ==> 5
```

2 두 개의 입력 값을 더하는 getSum() 함수의 결과입니다. 입력 값 3과 2를 더한 5를 출력하였습니다.

```
3  getMaxNamed(argv1: 3, argv2: 2) ==> 3
```

3 함수 getMaxNamed()에게 입력 값으로 3과 2를 주고, 둘 중 큰 값을 결과 값으로 반환합니다. **1**의 내용과 유사합니다. 하지만 Dart 언어에서 함수에 입력 값을 전달하는 다른 방법을 보여주고 있습니다. Dart 언어에는 함수가 필요로 하는 입력 파라미터에 이름을 부여한 후, 함수를 호출하는 시점에 입력 파라미터의 이름을 적고 대입할 값을 콜론(:)으로 할당하는 문법이 있는데 바로 이 문법을 사용한 것입니다. getMaxNamed() 함수의 agrv1이라는 입력 파라미터에는 3을, argv2라는 입력 파라미터에는 2를 대입하였습니다.

```
F( X, Y ) = 2 x X + Y
```

좀 더 구체적으로 알아봅니다. 위의 함수 F()를 보면, 입력 값으로 X와 Y를 받을 수 있습니다.

```
F( 1, 2 ) = 2 x 1 + 2 = 4
```

함수에 입력 값을 주어서 공식에 따라 계산을 하도록 하려면, 위와 같이 입력 값을 받을 파라미터의 순서대로 작성하여 X는 1을, Y는 2를 갖도록 할 수 있습니다. 이 방법이 첫 번째 방법인 함수에게 입력 값을 주는 방법입니다.

```
F( X : 1, Y : 2 ) = 2 x 1 + 2 = 4
```

두 번째는 위와 같이 함수 F()의 입력 파라미터 X에는 1, 또 다른 입력 파라미터인 Y에는 2를 할당한다고 작성하는 방법입니다. 함수에서 전달받아야 하는 입력 파라미터의 이름을 함수를 호출하는 시점에서 명시하고 입력 파라미터에게 줄 값을 콜론 기호를 사용해서 할당합니다.

```
F( Y : 2, X : 1 ) = 2 x 1 + 2 = 4
```

이 방법은 입력 값을 작성하기 위한 코드가 늘어나는 단점이 있지만, 개발자가 자유롭게 입력 값의 순서를 바꿀 수 있다는 장점도 있습니다. 즉, 위와 같이 입력 값의 순서가 바뀌어도 문제가 없습니다. 명확하게 값을 전달할 입력 파라미터의 이름을 적었으므로, 순서는 의미가 없는 것입니다.

이렇게 입력 파라미터의 순서와 상관없이 입력 파라미터의 이름을 사용하는 방법을 Dart 언어에서 Named Parameter로 부릅니다. 입력 파라미터의 이름을 사용한다는 의미입니다.

```
4  getMaxDefault(3) ==> 3
```

4 getMax() 함수를 일부 수정한 getMaxDefault() 함수를 수행한 결과입니다. 동작은 동일하지만 함수의 입력 값을 하나만 전달해도, 함수가 내부적으로 가지고 있는 값과 전달받은 입력 값 중에서 큰 값을 결과로 반환한다는 의미를 가진 이름입니다. 호출하는 쪽에서 함수의 입력 파라미터를 모두 전달하지 않는 경우에 사용하며, 개발자가 전달받지 못한 입력 파라미터를 함수 내부에 준비한 초깃값으로 설정합니다. 지금은 숫자 3을 입력 값으로 받았는데, 결과가 3이니 비교 대상이 되는 초깃값은 3보다 작다는 것을 유추할 수 있습니다.

```
5  getMaxNamedDefault(argv1: 3) ==> 3
```

5 getMaxNamed() 함수에 default 값을 주는 기능을 추가한 getMaxNamedDefault()입니다. 입력 파라미터 argv1의 입력 값은 3으로 주었지만, agrv2는 함수 호출 시에 입력 값을 전달하지 않았습니다. 이 경우, 함수 내부적으로 초깃값을 설정합니다. 결과가 3이므로 초깃값이 3보다 작은 것을 유추할 수 있습니다.

소스 코드 설명

미리 보는 수행 결과에서 설명한 총 5개의 함수에 관해서 각각 별도로 설명합니다. 그리고 5개의 함수들을 호출하는 입장인 main 함수를 마지막에 설명하겠습니다.

```
// Type.1 Normal Function
int getMax(var argv1, var argv2) {
  if (argv1 >= argv2) {
    return argv1;
  } else {
    return argv2;
  }
}

```

2 getMax() 함수는 가장 일반적인 함수의 형태입니다. main 함수와 마찬가지로 getMax는 함수 이름이며 이름 뒤에 소괄호 기호인 '('를 사용해서 입력 파라미터를 정의할 구간을 열고 ')'를 사용해서 닫습니다. 이렇게 소괄호 안에서 입력 파라미터를 지정합니다. 현재 두 개의 입력 파라미터가 지정되었습니다. 첫 번째 입력 파라미터는 이름이 argv1이고, 두 번째 입력 파라미터는 argv2입니다. 입력 파라미터는 함수를 호출하는 쪽에서 전달하는 값을 저장해야 하기에 일반적으로 변수 타입입니다. 소스 코드의 2개의 입력 파라미터도 모두 var 타입입니다. 함수가 입력 파라미터를 사용해서 계산 결과를 만들면, 함수를 호출한 쪽으로 결과를 전달합니다. 이를 위해서, 맨 앞에 위치한 int와 같이 함수의 이름 앞에 계산 결과의 타입을 적어 주어야 합니다. 2의 소스 코드를 해석해 보면 "이름이 getMax()인 함수가 입력으로 두 개의 값을 전달받아야 한다. 이들은 각각 argv1과 argv2로 이름 지어져 있다. 그리고 getMax() 함수의 결과는 정수 값의 타입으로 만들어진다"는 의미인 것을 알 수 있습니다.

함수가 수행하는 작업은 중괄호({ })로 표시한 구간에 작성합니다. 따라서 getMax() 함수가 수행할 작업은 중괄호로 묶인 3~7에 있습니다. 현재 간단한 조건문으로 작성되어 있습니다. 3에서 argv1이 argv2보다 크거나 같으면, 4의 argv1이 결과가 됩니다. 그렇지 않으면 5로 이동한 후 6에서 argv2가 결과가 됩니다. 이때 4와 6에는 새로운 문법인 return이 있습니다. return 문법은 함수의 계산 결과를 함수를 호출한 쪽으로 전달하는 목적으로 사용합니다. 즉, return 구문 뒤의 값을 함수를 호출한 곳으로 전달한다(혹은 돌려준다)는 의미입니다. 따라서 4에서는 함수를 호출한 곳으로 argv1의 값을 전달하고 6에서는 argv2의 값을 전달합니다.

Dart 언어의 일반적인 함수 형태를 [그림 1]과 같이 정리하였습니다.

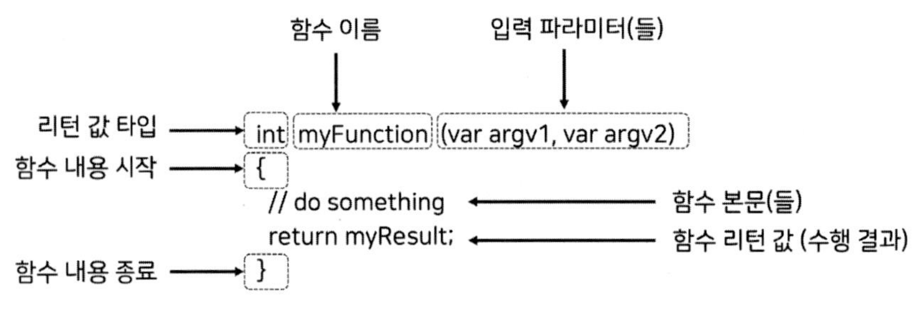

[그림 1] Dart 언어의 일반적인 함수 구조도

참고로 함수는 실행하는 곳에서 "호출한다(call, invoke)"고 하며, 함수가 결과를 만들면 호출한 쪽으로 값을 "돌려준다(return)"고 표현합니다.

```
10  // Type.2 Shorthand Syntax Function
11  int getSum(var argv1, var argv2) => argv1 + argv2;
12
```

11 getSum() 함수의 형태는 이전의 getMax()와는 다르게 생겼습니다. 이런 형태는 Dart 언어에서 'Shorthand Syntax' 라고 부르는 방식의 함수입니다. 한 줄 정도의 간단한 작업을 수행하는 함수는 굳이 getMax()와 같이 중괄호를 사용해서 길게 작성하지 않고, 수행할 간단한 일을 "=>" 기호 뒤에 작성합니다. getSum() 함수는 간단하게 입력 파라미터 argv1과 argv2를 더한 값을 계산하는 것을 볼 수 있습니다. 이 경우 return 구문도 사용하지 않습니다. 그리고 "=>" 기호 뒤의 문장은 세미콜론으로 종료합니다.

```
13  // Type.3 Named Parameters
14  int getMaxNamed({var argv1, var argv2}) {
15    if (argv1 >= argv2) {
16      return argv1;
17    } else {
18      return argv2;
19    }
20  }
21
```

14 getMaxNamed() 함수의 내부 작업은 앞에서 설명한 getMax() 함수의 내부 작업과 동일합니다. 차이점은 입력 파라미터를 중괄호로 묶어주고 있는 부분입니다. 이렇게 함수의 입력 파라미터를 중괄호로 묶으면, 'Named Parameter'로 사용하겠다는 의미입니다. 즉, 미리 보는 수행 결과의 **3** 처

럼 함수를 호출하는 곳에서 입력 파라미터로 전달할 값 앞에 입력 파라미터의 이름을 지정해서 사용하겠다는 의미입니다. 이 경우 입력 파라미터의 이름을 직접 사용하므로 함수를 호출하는 쪽에서는 입력 값의 순서가 의미 없습니다. 따라서 입력 받는 값과 계산하는 결과는 동일하지만 함수를 호출하는 방법에서 차이가 있습니다. getMax() 함수처럼 입력 파라미터의 순서에 맞춰서 함수를 호출할지, 아니면 getMaxNamed() 함수처럼 입력 파라미터의 이름을 사용해서 함수를 호출할지는 개발자가 결정합니다. 일반적으로는 미리 보는 수행 결과처럼 Default 값을 사용하여 입력 파라미터 일부를 호출 시에 지정하지 않아도 되는 함수를 사용한다면 Named Parameter를 사용하는 경우가 많습니다. 그리고 일단 입력 받을 파라미터가 많으면 파라미터를 순서대로 적기도 불편합니다. 게다가 값을 주지 않아도 되는 파라미터가 섞여 있으면 함수를 호출하는 개발자가 입력 파라미터의 위치를 헷갈려 엉뚱한 값을 입력 파라미터로 줄 수도 있습니다. 그러므로 파라미터의 갯수가 많고 일부는 default 값으로 함수가 알아서 직접 채우는 경우에는 Named Parameter를 사용하는 것이 오류를 줄이는 좋은 방법입니다.

```
22 // Type.4 Optional and Default Parameters in Normal Function
23 int getMaxDefault(var argv1, [var argv2 = 1]) {
24   if (argv1 >= argv2) {
25     return argv1;
26   } else {
27     return argv2;
28   }
29 }
30
```

23 getMaxDefault() 함수는 Default 값을 사용하는 경우의 문법을 보여줍니다. 개발자가 입력 파라미터를 주지 않으면 함수에서 미리 정한 초깃값으로 설정한다는 표현인 대괄호([ ])를 사용했습니다. 함수 내부는 getMax() 및 getMaxNamed()와 동일합니다. 따라서 두 개의 입력 파라미터인 argv1과 argv2의 값을 호출하는 쪽에서 받아서 계산합니다. 하지만 미리 보는 수행 결과 **4**를 보면 입력 파라미터에 숫자 3만 주었습니다. 이제 입력 받아야 하는 두 값 중 하나만 입력 값을 받은 경우의 동작을 알아봅시다.

23 첫 번째 입력 파라미터인 argv1은 앞서 설명한 getMax()와 getSum()의 입력 파라미터의 형태와 동일합니다. 따라서, 호출하는 쪽에서 반드시 값을 주어야 하는 방식입니다. 미리 보는 수행 결과에서 입력 파라미터를 숫자 3만 주는 형태로 getMaxDefault() 함수를 호출했었는데, 숫자 3이 argv1에 저장되는 것입니다. **23**의 두 번째 입력 파라미터인 argv2는 대괄호([ ])로 감싸여 있고, 1을 초깃값으로 설정

할 수 있도록 "= 1"이 적혀 있습니다. 함수의 입력 파라미터를 감싼 대괄호의 의미는 "해당 입력 파라미터의 값은 함수를 호출하는 쪽에서 반드시 정하지 않아도 된다"입니다. 하지만 함수에서 계산을 하기 위해서는 argv2의 값도 필요한데, 어떻게 된 걸까요? 대괄호 안에 "argv2 = 1"로 작성한 부분이 이 문제를 해결해 줍니다. 입력 파라미터를 대괄호로 묶은 상태에서 입력 파라미터에 값을 할당하면 "만약 함수 호출 시에 argv2에 해당하는 값을 전달받지 못하면 argv2는 1로 설정한다" 혹은 "argv2 파라미터의 default 값은 1이다"라는 의미가 되기 때문입니다. 따라서 argv2의 값을 함수 호출 시에 지정하지 않으면, getMaxDefault() 함수에서 argv2의 값을 1로 설정하고 함수 내부의 작업을 수행합니다. 예제에서는 함수 호출 시에 전달받은 argv1의 값인 3과 함수가 자동으로 설정한 argv2의 값인 1을 비교하여 더 큰 값인 3을 돌려줍니다.

Default 값을 Named Parameter 방식의 함수에도 적용할 수 있습니다.

```
31 // Type.5 Optional and Default Parameters in Named Parameters
32 int getMaxNamedDefault({var argv1, var argv2 = 1}) {
33   // [WARN] Protected code for local variables check
34   // print(tmp1, tmp2, tmp3
35
36   if (argv1 >= argv2) {
37     return argv1;
38   } else {
39     return argv2;
40   }
41 }
42
```

32 앞서 소개한 getMaxNamed() 함수의 두 번째 입력 파라미터인 argv2를 default 방식으로 바꾼 getMaxNamedDefault() 함수를 정의하고 있습니다. 두 번째 파라미터인 argv2를 대괄호로 묶지는 않았지만, argv2에 "= 1"을 명시하여 만약 argv2가 함수 호출 시에 주어지지 않으면 숫자 1을 초깃값으로 설정합니다. 여기서 argv2를 대괄호로 묶지 않은 이유는 Named Parameter를 표시하기 위하여 이미 중괄호를 사용하고 있기에 대괄호를 추가하는 대신 "= 1"처럼 간단히 초깃값을 부여하기로 정했기 때문입니다.

지금까지 5개의 함수에 대해서 알아보았는데, 이렇게 만들어진 함수는 누군가가 입력 파라미터에 값을 주면서 호출해야 합니다. 예제 코드에서 이 5개의 함수는 main 함수를 통해서 호출됩니다.

```
43  void main() {
44    var tmp1 = 3;
45    var tmp2 = 2;
46    var tmp3 = 0;
47
```

43 main 함수를 시작합니다.

44 앞서 정의한 5개의 함수를 호출할 때 입력 파라미터로 전달할 값을 저장하기 위한 용도로 변수 tmp1를 정의하고 3으로 초기화했습니다.

45 **44**와 같은 용도로 변수 tmp2를 정의하고 2로 초기화했습니다.

46 함수들의 수행 결과를 저장하는 용도로 변수 tmp3를 정의하고 0으로 초기화했습니다.

미리 보는 수행 결과 ❶

```
48  tmp3 = getMax(tmp1, tmp2);
49  print("getMax(3,2) ==> $tmp3");
50
```

48 getMax() 함수를 호출하고 결과를 전달받았습니다. 앞서 함수 F()가 있을 때, 입력 값으로 X를 주고 결과를 받아 Y에 저장하는 것을 수학에서 Y = F(X)라고 표시한다고 설명했습니다. Dart 언어에서도 마찬가지로 함수 getMax()에 입력 파라미터로 tmp1과 tmp2를 주어서 계산하였습니다. 그리고 getMax()에서 return 문법으로 전달한(돌려준) 계산 결과를 tmp3에 저장하였습니다.

49 결과 값인 tmp3를 출력했습니다.

미리 보는 수행 결과 ❷

```
51  tmp3 = getSum(tmp1, tmp2);
52  print("getSum(3,2) ==> $tmp3");
53
```

51 getSum() 함수를 호출하고 결과를 전달받았습니다.

52 결과가 저장된 tmp3를 출력합니다.

미리 보는 수행 결과 ❸

```
54  tmp3 = getMaxNamed(argv1: tmp1, argv2: tmp2);
55  print("getMaxNamed(argv1: 3, argv2: 2) ==> $tmp3");
56
```

54 getMaxNamed() 함수를 호출하고 결과를 전달받았습니다. 이때 입력 파라미터 argv1은 tmp1의 값으로 설정하고 입력 파라미터 argv2는 tmp2의 값으로 설정하였습니다.

55 결과가 저장된 tmp3를 출력합니다.

미리 보는 수행 결과 ❹

```
57  tmp3 = getMaxDefault(tmp1);
58  print("getMaxDefault(3) ==> $tmp3");
59
```

57 getMaxDefault() 함수를 호출하고 결과를 전달받았습니다. 입력 파라미터 argv2는 default 값을 사용할 예정이기에, 입력 파라미터 argv1에 전달할 tmp1의 값만 설정하였습니다.

58 결과가 저장된 tmp3를 출력합니다.

미리 보는 수행 결과 ❺

```
60  tmp3 = getMaxNamedDefault(argv1: tmp1);
61  print("getMaxNamedDefault(argv1: 3) ==> $tmp3");
62
```

60 getMaxNamedDefault() 함수를 호출하고 결과를 전달받았습니다. 57과 마찬가지로 입력 파라미터 argv2는 default 값을 사용할 예정이기에 입력 파라미터 argv1에 전달할 tmp1의 값만 설정하였습니다.

61 결과가 저장된 tmp3를 출력합니다.

NOTE

함수를 가장 기본적인 "코드의 재사용(re-use) 방법"이라고 합니다. 즉, 함수는 반복적으로 수행해야 하는 특정 작업들을 하나로 묶어서 만드는데, 이렇게 묶인 작업을 하나의 함수로 처리하므로 반복되는 기능을 위해서 매번 코드를 새롭게 작성하는 일을 줄여줍니다. 또한 함수의 코드를 다른 사람과 공유함으로써 누군가가 만든 좋은 함수를 많은 사람들이 함께 사용할 수 있습니다. 개발자는 프로그램의 모든 코드를 직접 만들기보다는 이렇게 다른 사람들이 만든 함수들을 활용해서 개발합니다. 함수의 사용은 어렵지 않습니다. 누군가가 만든 함수의 입력 파라미터가 무엇이고, 함수의 수행 결과 값은 무엇인지만 익히면 편하게 프로그램을 개발할 수 있습니다. 함수를 쉽게 공유하기 위해서 함수는 일반적으로 별도의 파일로 만듭니다. 누군가 특정 함수를 쓰고 싶다면 함수의 코드가 적힌 파일을 구해서 사용하면 됩니다. 이 부분은 책의 다른 부분에서 다룰 예정입니다.

함수의 호출은 main 함수가 아니더라도 가능합니다. 함수를 제대로 사용하기 위해서는 함수와 변수의 관계에 대해서 조금 더 이해할 필요가 있습니다. 이전 챕터에서는 main 함수만 있었으나, 이제 다양한 함수들이 만들어질 수 있다는 것을 알았습니다. 그리고 변수는 함수 안에서 만들어서 사용하거나 입력 파라미터로 정의해서 사용하였습니다. 변수와 함수를 서로 원활히 활용하기 위해 변수가 함수의 어느 곳에 포함되었는지에 따라 지켜야 할 규칙이 있습니다. 지금부터는 규칙을 확인하기 위해 프로그램에 일부러 오류를 만들 겁니다.

```
63    // [WARN] Protected code for local variables check
64    // print(argv1, argv2);
65  }
66
```

63~65 main 함수의 마지막 부분입니다. 지금은 문제가 없습니다. 63과 64는 주석이기에 실행되지 않고, 65는 43에서 시작한 main 함수를 닫는 정상적인 코드입니다. 64의 주석 처리 기호를 지우고 실행해 봅니다. 즉, 다음과 같이 코드를 수정합니다.

```
64  print(argv1, argv2);
```

주석 처리를 제거하고 나면 프로그램을 실행하지 않더라도 이미 [그림 2]와 같이 DartPad의 오른쪽 아래 부분에 다음과 같이 에러 화면이 여러 가지 나타납니다.

[그림 2] DartPad에서 에러를 발생시킨 화면

에러 메시지에서 핵심이 되는 사항은 다음의 두 가지 문구라고 보면 됩니다.

```
Error: Undefined name 'argv1'.
Error: Undefined name 'argv2'.
```

main 함수 안에서 argv1과 argv2를 찾을 수 없다는 메시지가 출력되었습니다. argv1과 argv2는 매번 함수를 만들 때마다 등장했는데 왜 찾을 수 없다는 걸까요? Dart 언어에서 변수는 소유자와 수명이 있기 때문입니다. 변수의 수명은 변수가 만들어지는 부분에서 시작하고 변수가 만들어진 부분이 사라지게 되면 변수도 사라지게 됩니다. 여기서 변수가 만들어지는 부분은 함수의 시작이며, 변수의 소유자는 바로 변수가 속한 함수입니다. 즉, **2**의 argv1과 argv2 변수는 getMax() 함수의 입력 파라미터로 사용하는 변수로서, getMax() 함수가 호출되어 프로그램의 흐름이 **2**로 진입하는 순간에 만들어집니다. 따라서 그 전에는 getMax() 함수의 argv1과 argv2가 존재하지 않는다고 봐야 합니다. 그리고 argv1와 argv2는 getMax() 함수가 시작되면서 만들어졌으니 반대로 getMax() 함수가 종료되면 사라집니다. 간단히 이야기하면 "함수 안에서 만들어진 변수는 함수 안에서만 존재하고 함수가 종료되면 사라진다"입니다. 우리가 만든 모든 함수들이 argv1와 argv2라는 이름의 변수들을 갖고 있지만 사실 동명이인의 변수들로 모두 다른 변수들이며 자신이 포함된 함수 안에서만 의미가 있고 모두 본인이 속한 함수가 소유자로 다른 함수의 변수에 접근할 권한은 없습니다. main 함수 안의 **64**에서 argv1과 argv2를 출력하고자 시도하면, argv1과 argv2는 main 함수 안에는 없는 변수이고 main 함수가 다른 함수 안의 argv1과 argv2에 접근하는 것도 불가능하기에 argv1과 argv2 이름을 갖는 변수가 main 함수 안에 없는데, 왜 이들의 값을 출력 하라는 것인지 Dart 언어는 알 수가 없어 에러가 발생합니다.

마찬가지로 **34**의 주석 처리된 구문도 주석 처리를 제거해 봅니다. 그러면 [그림 1]과 유사하게 다음의 에러 문구가 포함된 내용이 출력됩니다.

```
Error: Undefined name 'tmp1'.
Error: Undefined name 'tmp2'.
Error: Undefined name 'tmp3'.
```

앞서 설명한 내용과 같은 맥락으로 다른 함수 안의 값은 접근이 불가능함을 다시 한번 보여주고 있습니다. 이번에는 main 함수가 아닌 함수가 main 함수 안의 tmp1/tmp2/tmp3에 접근하는 것이 불가능함을 보여줍니다. 분명히 main 함수가 실행되었고 main 함수 안에서 tmp1, tmp2, tmp3를 만들었습니다. 그리고 getMaxNamedDefault() 함수를 호출했습니다. 이 경우 tmp1/tmp2/tmp3는 main 함수가 소유자이기에 getMaxNamedDefault() 함수는 main 함수 안의 변수에는 접근할 수 있는 권한이 없습니다. 이 이유로 에러가 발생한 것입니다.

왜 이런 규칙이 있을까요? 함수의 용도를 설명하면서 함수는 내가 만들어서 미래에도 두고두고 사용하고 남에게 전달할 수도 있다고 했습니다. 만약 변수들의 이름이 동일하고 함수 내부의 변수를 다른 함수에서 접근할 수 있다면 프로그램이 제대로 동작하지 못할 겁니다. 같은 이름의 변수들이 여기저기 있고 모든 함수들이 모든 변수들을 접근할 수 있다면 Dart 언어 입장에서는 어떤 변수를 사용하려는 것인지 알 수가 없습니다. 변수의 이름을 최대한 다르게 주려 해도 사람들의 상상력에 한계가 있으니 함수 내부의 변수들이 같은 이름으로 만들어지는 경우는 반드시 발생할 것입니다. 프로그램의 크기가 커지고 같이 개발하는 개발자의 인원이 점점 많아지면 같은 이름으로 만들어지는 변수들은 점점 더 많아질 것이라는 추측은 충분히 상상 가능합니다.

이런 문제를 방지하기 위해 특정 함수 내부의 변수들을 함수 밖의 다른 함수에서 접근하는 것은 Dart 언어를 포함한 대부분의 프로그래밍 언어에서 금지하고 있습니다. 이런 규칙으로 인하여 함수 안에서 만드는 변수들은 지역 변수(local variable)라고 부릅니다. 지역(local)은 특정 함수 내부에서만 의미가 있다는 표현입니다. 초보자의 경우는 헷갈리기 쉬운 내용이니 꼭 명심해서 함수 개발과 사용 시 에러가 없도록 하기 바랍니다.

NOTE

지역 변수에 반대되는 개념은 전역 변수(global variable)입니다. 함수에 속하지 않고 소스 코드 전체에서 사용 가능한 변수입니다. 대부분의 프로그램 개발에서 전역 변수의 사용은 권장하지 않습니다.

핵심 요약

함수는 재사용이라는 철학적인 목적을 실현하기 위한 프로그래밍 언어의 문법입니다. 자주 사용하는 작업을 묶고, 이름을 붙인 후 이 이름을 반복적으로 사용하기 시작한 것이 함수의 시작입니다. 함수는 모든 개발자가 동일한 기능을 매번 각자가 따로 만들지 않아도 편하게 남이 만든 코드를 사용할 수 있도록 합니다. 이렇게 함으로써 프로그램을 개발하는데 필요한 개발 기간도 단축됩니다. 아울러 함께 사용하는 함수의 코드를 여러 사람이 함께 개선하면서 자연스럽게 안정성이 보장되고 성능이 좋아지게 됩니다.

함수는 함수의 이름과 입력 파라미터 및 출력 파라미터에 대한 정보를 정하는 한 줄로 시작합니다. 여기에 해당 함수가 실질적으로 수행할 작업을 나타내는 여러 줄이 이어집니다. 함수의 입력 파라미터가 많고, 일부 파라미터에 대해서는 함수를 호출하는 쪽에서 값을 정의하지 않을 수 있는데, 이런 경우에 헷갈리지 않도록 하기 위한 Named Parameter와 Default 값 등의 문법이 추가로 제공되고 있습니다.

앞으로 프로그램을 개발하면서 나중에도 비슷한 문제를 해결할 확률이 높으니 이번 기회에 함수로 잘 만들어서 보관한 후 계속 재사용하겠다는 생각과 시도를 자주 해 보기 바랍니다.

▶▶ 연습 문제

1. 핵심 내용 복습하기

❶ 함수를 만드는 규칙 중에는 한 줄의 문장으로 쓸 수 있는 매우 명확하고 단순한 작업을 하나의 함수로 만든다는 이야기가 있습니다. 함수에 대해서 알아본 것을 기반으로 그 이유를 생각해 봅니다.

❷ 하나의 프로그램을 여러 개발자가 나눠서 개발하는 경우에는 각자 만들 함수들의 이름과 입력/출력 파라미터의 순서와 유형을 정의한 후 각자 흩어져서 개발을 합니다. 실제 함수 안에 대한 내용은 별도로 이야기하지 않는 것이 일반적입니다. 함수에 대해서 알아본 것을 기반으로 그 이유를 생각해 봅니다.

2. 예제 코드 수정하기

❶ getMaxDefault() 함수에서 argv2가 아닌 argv1이 default 값을 갖는 형태로 동작하도록 수정합니다.

❷ getSum() 함수를 Named Parameter가 되도록 수정합니다. 추가로 argv1과 argv2 모두 default 값을 갖는 형태로 수정합니다.

3. 추가 기능 작성하기

❶ main 함수가 아닌 다른 함수에서 예제 코드의 5개 함수들을 호출하도록 프로그램을 변경합니다. 이를 위해서 executeFunctions() 함수를 새롭게 만듭니다. 그리고 main 함수에서 5개의 함수를 호출하는 코드를 변경해서 executeFunctions() 함수가 5개의 함수를 호출하도록 작성합니다. 최종적으로 main 함수가 executeFunctions() 함수를 호출하도록 한 후 동작을 확인합니다.

❷ getSum() 함수 외에 빼기, 곱하기, 나누기를 수행하는 함수들을 만듭니다. 만든 함수들은 main 함수에서 호출해서 동작을 확인합니다.

CHAPTER. 9

Class를 이용하여 객체지향 프로그래밍 이해하기

반복적인 작업을 수행하기 위한 반복문과 함수에 대해서 알아보았습니다. 이번에는 연관성이 있는 함수들과 데이터들을 모두 묶어서 더욱 더 편하게 사용하도록 만드는 문법인 클래스(class)에 대해서 알아봅니다. 클래스라는 이름이 처음 등장했을 뿐 이미 독자들은 클래스를 무심결에 자주 사용하고 있습니다.

미리 보는 수행 결과

수행 결과는 [1]에서 [5]까지 다섯 개의 구간으로 나뉘어져 있습니다. 이들은 모두 이전 챕터에서 배운 int, double, String, bool과 조건문에서 배운 데이터 유형들을 실행한 결과들입니다. 바로 이 데이터 유형들이 "연관된 데이터들과 함수들을 함께 묶은 클래스"의 대표적인 예제들입니다.

```
1 [1] Integer Class
2 [1-1] 3
3 [1-2] 3
4 [1-3] 3
5 [1-4] 2
6 [1-5] 2
7 [1-6] 2
```

1~7 정수를 다루는 int 클래스를 사용한 예제들입니다. 정수 3과 2를 출력하고 있습니다.

```
8  [2] Double Class
9  [2-1] 3.8
10 [2-2] 3.8
11 [2-3] 3
12 [2-4] 4
13 [2-5] 1.8
14 [2-6] 1.8
15 [2-7] 1
16 [2-8] 2
```

8 ~ 16 실수를 다루는 double 클래스를 사용한 예제들입니다. 실수인 3.8과 1.8을 출력하는 부분이 있고 정수 3/4/1/2를 출력하는 부분이 있습니다.

```
17 [3] String Class
18 [3-1] hello, dart!
19 [3-2] HELLO, DART!
20 [3-3] 12
21 [3-4] Hello
22 [3-5] !
```

17 ~ 22 문자열을 다루는 String 클래스를 사용한 예제입니다.

18 과 19 는 같은 문장을 각각 소문자와 대문자로 출력한 경우를 보여줍니다.

20 은 정수 12가 출력되어 있습니다.

21 과 22 에는 각각 Hello 단어와 느낌표 기호가 출력되어 있습니다.

```
23 [4] Boolean Class
24 [4-1] true
```

23 ~ 24 true와 false를 다루는 bool 클래스를 사용한 예제입니다.

24 true 값을 출력한 결과를 보여 줍니다.

```
25 [5] Class Type Operators
26 [5-1] true
```

```
27 [5-2] true
28 [5-3] true
29 [5-4] true
30 [5-5] false
31 [5-6] false
32 [5-7] false
33 [5-8] false
34 [5-9] true
35 [5-10] false
36 [5-11] false
37 [5-12] true
```

25~37 다양한 조건문에 대한 결과입니다.

이번 챕터의 수행 결과는 소스 코드를 함께 확인해야만 제대로 이해가 됩니다. 따라서 소스 코드 설명을 하면서 수행 결과의 세부 내용을 알아보도록 하겠습니다. 수행 결과의 이해를 돕기 위해서, 수행 결과 앞에 숫자를 표시했으니 소스 코드의 print 구문에서 해당 숫자를 참조하면서 읽도록 합니다.

소스 코드 설명

클래스에 대한 본격적인 설명을 하기 전에, 소스 코드의 1~3에 프로그램의 출력을 일정한 형태로 유지하기 위한 함수 하나를 만들어 두었습니다.

```
1 void printMessage(var header, var message) {
2   print("[$header] $message");
3 }
4
```

함수의 이름은 printMessage()이며 첫 번째 입력 파라미터는 출력할 내용을 구분하는 문장에 해당하는 header 부분입니다. 이 부분이 미리 보는 수행 결과에서 각 줄의 시작 부분에 '구분 번호 - 세부 번호'를 출력하는 부분입니다. 두 번째 입력 파라미터인 message는 클래스에 관해서 알아가기 위한 예제 코드들의 출력 결과를 나타냅니다. 이 함수는 화면에 메시지를 출력하는 것으로 완료되므로 함수를 호출한 쪽으로 리턴할 값은 없습니다. 따라서 함수 이름 앞에 정의한 출력 값의 타입은 void입니다.

이제 main 함수 안의 총 다섯 구간으로 나뉘어진 코드들을 살펴보겠습니다. 이를 통해서 이미 익숙한 int, double, String, bool이 클래스라는 것을 이해하고, 이 클래스들이 제공하는 기능(함수)들을 알아보겠습니다.

이번 챕터의 소스 코드에서 다루는 클래스와 클래스의 함수(메서드)들을 미리 [표 1]과 같이 정리해 두었으니 참조하면서 소스 코드를 이해하도록 합니다.

클래스	메서드	의미
int	abs	절대 값을 계산함
int	gcd	최대 공약수를 계산함
int	toString	문자열로 변환함
double	abs	절대 값을 계산함
double	toString	문자열로 변환함
double	floor	소수점 이하를 버리고 가까운 정수를 계산함
double	round	가까운 정수를 계산함
String	toLowerCase	소문자로 변환함
String	toUpperCase	대문자로 변환함
String	length	길이를 계산함
String	substring	문자열의 일부를 추출해서 새로운 문자열을 생성함
String	[ ]	문자열의 특정 글자를 지칭함
bool	toString	문자열로 변환함
bool	is	왼쪽의 변수/상수가 오른쪽의 타입인지 검사함
bool	is!	왼쪽의 변수/상수가 오른쪽의 타입이 아닌지 검사함

[표 1] 소스 코드에서 다루는 클래스들과 클래스의 함수(메서드)들

1. int 클래스 이해하기

5 main 함수를 시작하였습니다.

6 int 클래스 예제를 보여주겠다는 메시지를 출력하였습니다.

미리 보는 수행 결과 ❶~❼

```
5  void main() {
6    print("[1] Integer Class");
7    int iInteger = 3;
8    printMessage("1-1", iInteger.abs());
9    printMessage("1-2", iInteger.gcd(6));
10   printMessage("1-3", iInteger.toString());
11   printMessage("1-4", 2.abs());
12   printMessage("1-5", 2.gcd(6));
13   printMessage("1-6", 2.toString());
14   // Reference: https://api.dart.dev/stable/dart-core/int-class.html
15
```

7 int 타입의 변수 iInteger를 만든 후 초기화 값으로 3을 주었습니다. int 타입이라고 했지만 정확하게 이야기하면 int 클래스 기반으로 iInteger 객체(object)를 만들었다고 합니다. 클래스는 일종의 설계도이며, 객체는 설계도에서 찍어낸 실제 물건이라고 보면 됩니다. 따라서 정수 클래스인 int 기반으로 정수 객체 iInteger가 만들어지면 실제로 정수로 처리할 데이터들을 iInteger 객체에 저장하게 됩니다. 소스 코드 기준으로 다시 한 번 자세히 설명하면, iInteger 객체를 만들고 정수 3으로 초기화하였습니다. 이렇게 하여 iInteger 객체는 내부에 정수 3이라는 데이터를 가지게 되고, 객체의 설계도인 int 클래스에서 만들어진 기능(함수)들을 정수 3에 적용할 수 있게 됩니다.

그렇다면 이제 int 클래스의 설계도에서 어떤 기능들을 제공하는지 알아봅니다.

8 iInteger.abs()가 있습니다. 클래스에서 만들어진 객체 안의 데이터들과 함수들을 사용하는 문법이 바로 점(.)입니다. 객체가 포함하고 있는 클래스의 기능들, 다시 말해 함수들은 객체의 이름 끝에 점(.)을 찍은 후 이 객체의 클래스가 제공하는 함수 이름을 작성하는 방식을 사용해서 호출합니다. 여기서는 abs() 함수를 호출하였습니다. abs()는 정수 클래스의 함수로서, 절대값을 의미하는 absolute를 줄여 이름 붙인 함수입니다. 이름 그대로 해석하면, iInteger 객체가 가지고 있는 데이터의 절대값을 계산한 결과를 알려 달라는 의미입니다. **7**에서 iInteger 객체의 데이터로 3을 저장하였으므로 abs() 함수의 입력 파라미터를 별도로 줄 필요는 없습니다. 대부분의 클래스 함수들은 이미 객체에 저장한 값이 있다면, 저장한 값에 함수를 적용하기 때문입니다. 따라서 미리 보는 수행 결과의 **2**처럼 내부에 저장한 정수 3의 절댓값인 3이 출력됩니다.

9 iInteger 객체의 함수인 gcd()를 호출합니다. 이번에는 입력 파라미터가 6으로 되어있습니다. gcd()는 최대공약수(great common divisor)의 약어입니다. 말 그대로 수학에서 두 숫자의 약수 중 최댓값인 숫자를 계산합니다. 여기서 두 숫자 중 하나는 gcd() 함수의 입력 파라미터인 6이고, 하나는 이미 iInteger 객체에 저장한 3입니다. 따라서 미리 보는 수행 결과의 **3** 에서 3이 출력됩니다.

10은 iInteger 객체의 함수인 toString()을 호출합니다. 이름에서 유추할 수 있듯 iInteger 객체가 가진 값인 정수 3을 문자열로 변환합니다. 미리 보는 수행 결과의 **4** 에서 3이 출력된 이유입니다. 그리고 **8**과 **9**의 수행 결과는 정수 3이지만 **10**의 수행 결과는 문자열 3인 것도 알 수 있습니다.

11~**13** 특이하게 숫자 2에 점을 찍고 함수를 호출하였습니다. 언뜻 보기엔 실행될지 의문이지만 문제 없는 이유가 있습니다. 숫자 2도 정수이며, Dart 언어에서는 int 클래스의 객체로 취급하기 때문입니다. 언뜻 보기엔 숫자 하나이지만, 실제 프로그램 안에서는 정수 2를 데이터로 갖는 객체이며 이전의 iInteger 객체처럼 int 클래스 안에 있는 다양한 함수들을 사용할 수 있습니다. 이러한 이유로 iInteger 객체에 대해서 점을 찍어 함수를 호출한 것과 동일하게 정수 2에 점을 찍고 함수를 호출했고, 결과는 똑같이 숫자 2가 출력되었습니다.

NOTE

> Dart 언어에서 단순하게 숫자와 글자로 보이는 정수(int), 실수(double), 문자열(String) 등은 모두 클래스의 객체들입니다.

이쯤 되면 int 클래스에서 제공하는 함수들은 어떤 것들이 있는지 궁금합니다. Dart 언어가 제공하는 int 클래스에 관해서 좀 더 깊게 알고 싶다면 어떻게 해야 할까요? 소스 코드의 **14**에 적어 놓은 웹 사이트를 방문하면 됩니다. 이 웹 사이트는 Dart 언어의 공식 사이트로서, 적어 놓은 주소로 가면, Dart 언어의 int 클래스에 관한 공식 설명이 [그림 1]과 같이 상세하게 제공됩니다. 화면 가운데에서 int 클래스의 공식 명칭인 int class와 이에 대한 설명이 있습니다. 화면의 왼쪽에는 Dart 언어가 제공하는 또 다른 다양한 클래스들이 나타나 있습니다. 자세히 보면 bool도 있고 double도 보입니다. 그리고 오른쪽에는 int 클래스 안에서 지원되는 데이터(PROPERTIES)들과 함수들(METHODS)들이 나열되어 있습니다.

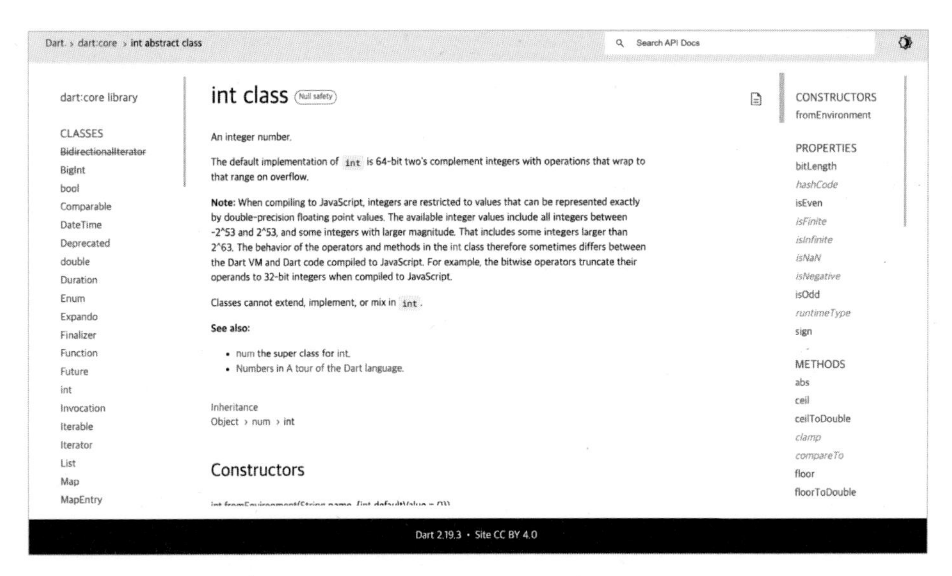

[그림 1] Dart 언어의 int 클래스 공식 설명(출처: http://api.dart.dev/)

이제부터 명칭을 구분하고자 합니다. 우리는 소스 코드를 설명하면서 클래스에서 제공하는 함수라고 했지만, 실제 클래스 내부에 있는 함수는 메서드(method)라고 부릅니다. 이제부터 함수라고 하면 클래스에 속하지 않은 함수를 언급한다고 보면 됩니다. 그리고 메서드라고 하면 클래스에 속한 함수를 언급한다고 이해하면 됩니다.

앞으로 Dart 언어에서 표준으로 제공하는 클래스들이 나오면, 해당 클래스에 대한 공식 설명 사이트를 방문하기를 권합니다. 그리고 어떤 데이터와 메서드들이 있는지 대략적으로 살펴보세요. 대충 어떤 클래스들이 있고, 어떤 데이터와 기능을 제공하는지에 대한 감을 갖기 위한 목적입니다. 이후로는 실제로 프로그래밍을 하면서 필요한 클래스의 공식 사이트를 방문하여 필요한 기능을 찾아서 읽고 활용하면 됩니다.

2. double 클래스 이해하기

이번에는 double 클래스에 대해서 알아봅니다.

미리 보는 수행 결과 ❽~⓰

```
16    print("[2] Double Class");
17    double dDouble = 3.8;
18    printMessage("2-1", dDouble.abs());
19    printMessage("2-2", dDouble.toString());
20    printMessage("2-3", dDouble.floor());
```

```
21      printMessage("2-4", dDouble.round());
22      printMessage("2-5", 1.8.abs());
23      printMessage("2-6", 1.8.toString());
24      printMessage("2-7", 1.8.floor());
25      printMessage("2-8", 1.8.round());
26      // Reference: https://api.dart.dev/stable/dart-core/double-class.html
27
```

16 double 클래스의 예제를 보여주겠다는 의미의 출력을 하였습니다.

17 double 클래스 타입으로 dDouble 객체를 만들고 3.8의 값을 저장했습니다.

18 int 클래스와 마찬가지로 실수 객체에서도 abs() 메서드가 있음을 보여 줍니다. 미리 보는 수행 결과의 **9** 에서 보듯이, 실수 3.8의 절대값이 출력됩니다.

19 abs() 메서드 외에 toString() 메서드도 double 클래스에서 제공하고 있다는 것을 보여줍니다. 이번에는 3.8의 문자열로 출력됩니다.

20~**21** 실수인 경우에만 사용 가능한 메서드들을 보여줍니다.

20 floor() 메서드는 소수점 이하를 버리고, 가장 가까운 정수를 계산합니다. 따라서 저장하고 있는 3.8에서 0.8을 버린 후, 3.0을 정수로 변환하여 미리 보는 수행 결과의 **11**과 같이 3을 출력합니다.

21 round() 메서드는 가장 가까운 정수를 찾습니다. 3.8에서 가장 가까운 정수는 4이므로, 미리 보는 수행 결과의 **12**에서 4가 출력된 것을 확인할 수 있습니다.

22~**25** int 클래스와 마찬가지로 실수 1.8에 점을 찍고 메서드들을 호출하였습니다. 정수와 마찬가지로 실수도 Dart 언어에서는 객체로 처리하기에, 숫자 1.8에도 실수 클래스에 포함된 메서드들이 적용되는 것을 미리 보는 수행 결과에서 확인할 수 있습니다.

26 double 클래스에 대한 공식 사이트의 웹 사이트 주소를 적었습니다. 해당 사이트를 방문하여 double 클래스 안에는 어떤 값들과 메서드들이 있는지 한번 읽어 보기를 권합니다.

3. String 클래스 이해하기

문자열을 다루는 String 클래스에 대한 예제가 28~35에 나타나 있습니다. 앞서 숫자를 다루는 int 클래스 및 double 클래스와 달리 String 클래스는 문자를 다루는 기능에 특화된 메서드들을 제공합니다.

미리 보는 수행 결과 ⑰~㉒

```
28    print("[3] String Class");
29    String sString = "Hello, Dart!";
30    printMessage("3-1", sString.toLowerCase());
31    printMessage("3-2", sString.toUpperCase());
32    printMessage("3-3", sString.length);
33    printMessage("3-4", sString.substring(0, 5));
34    printMessage("3-5", sString[11]);
35    // Reference: https://api.dart.dev/stable/dart-core/String-class.html
36
```

29 String 클래스 기반으로 sString 객체를 만들어 "Hello, Dart!" 문자열을 저장했습니다.

30 String 클래스의 toLowerCase() 메서드를 호출했습니다. 이 메서드는 이름에서 유추할 수 있듯이 객체에 저장된 문자열의 모든 글자를 소문자로 변환한 결과를 계산하라는 의미입니다. 따라서 대문자가 모두 소문자로 변환되어 출력되었습니다.

31 반대로 toUpperCase() 메서드는 모든 글자를 대문자로 계산하라는 의미입니다. 미리 보는 수행 결과의 19에서 모든 소문자가 대문자로 변환되어 출력된 것을 볼 수 있습니다.

32 length는 괄호 표시가 없습니다. 함수가 아니라 앞서 언급했던 프로퍼티입니다. 이는 값(데이터)을 나타낸다고 보면 됩니다. 이름에서 알 수 있듯이 객체에 저장된 문자열의 글자수 입니다. "Hello, Dart!" 문자열은 총 12글자이기에, 12가 출력됩니다.

33 subString()이 있습니다. subString(s, e)는 객체에 저장된 문자열에서 s 번째 글자부터 e 번째 글자 바로 앞까지의 글자를 잘라서 새로운 문자열을 만들라는 의미입니다. subString(0,5)라고 작성했으니, 계산 결과는 0번째 글자인 'H'부터, 다섯 번째 글자인 ','의 바로 앞 글자인 'o'까지입니다. 이렇게 "Hello"를 잘라서 새로운 문자열로 만들어 출력합니다.

NOTE

> 주의할 사항이 있습니다. 사람은 개수를 셀 때 1부터 세지만, Dart 언어를 포함한 대부분의 컴퓨터 프로그래밍 언어는 0부터 센다는 점입니다. 즉, 여러 글자 중 첫 번째 글자를 셀 때 사람은 첫 번째라고 부르지만, Dart 언어에서는 0번째라고 부릅니다.

34 String 객체의 이름 뒤에 대괄호를 사용하고 있습니다. 이를 인덱스(index)라고 부르는데, 객체에 저장한 문자열에서 특정 위치의 글자를 가리키는 용도가 됩니다. 인덱스를 11로 했으니, 글자를 0부터 세어 느낌표 기호인 '!'가 열한 번째 인덱스에 해당하는 글자입니다.

35 Dart 언어는 String 클래스에 대해서 많은 기능을 제공하고 있습니다. 주석의 웹 사이트에서 자세한 설명을 읽을 수 있습니다.

4. bool 클래스 이해하기

true/false를 다루는 boolean 타입도 클래스입니다.

미리 보는 수행 결과 ㉓~㉔

```
37     print("[4] Boolean Class");
38     bool bBoolean = true;
39     printMessage("4-1", bBoolean.toString());
40     // Reference: https://api.dart.dev/stable/dart-core/String-class.html
41
```

38 bool 클래스의 객체 bBoolean을 만듭니다. 그리고 true로 초기화합니다.

39 bool 클래스도 앞서 등장한 클래스들처럼 toString() 메서드를 지원합니다. 문자열로 true 값이 출력됩니다.

40 bool 클래스를 설명하는 공식 사이트 주소입니다.

다음의 내용으로 넘어가기 전에 Dart 언어의 새로운 연산자를 하나 익히겠습니다. 객체가 어떤 클래스 타입인지 알기 위한 연산자로 is/is!가 있습니다. is는 객체가 주어진 클래스 타입이면 true이며, is!는 객체가 주어진 클래스 타입이 아닌 경우 true입니다. 예를 들어 **38**에서 만든 bBoolean이 bool 클래스의 객체인지 확인하는 문장은 다음과 같습니다.

```
bBoolean is bool
```

만약 bBoolean이 bool 클래스 타입의 객체라면 이 문장은 true가 되며 그렇지 않다면 false의 값으로 계산됩니다.

미리 보는 수행 결과 ㉕~㊲

```
42      print("[5] Class Type Operators");
43      printMessage("5-1", iInteger is int);
44      printMessage("5-2", dDouble is double);
45      printMessage("5-3", sString is String);
46      printMessage("5-4", bBoolean is bool);
47      printMessage("5-5", iInteger is! int);
48      printMessage("5-6", dDouble is! double);
49      printMessage("5-7", sString is! String);
50      printMessage("5-8", bBoolean is! bool);
51      var tmpS = "String";
52      printMessage("5-9", tmpS is String);
53      num tmpI = 1.1;
54      printMessage("5-10", tmpI is String);
55      printMessage("5-11", tmpI is int);
56      printMessage("5-12", tmpI is double);
57    }
58
```

43 int 클래스의 객체인 iInteger가 int 클래스의 객체인지 확인합니다. 당연히 true가 출력됩니다. 그 뒤에도 int, double, String, bool 클래스 객체에 대한 is/is! 연산자가 **44**부터 **50**까지 있습니다. 지금까지 공부했던 내용을 토대로 true/false 값을 유추한 후, 미리 보는 수행 결과에서 맞게 생각했는지지 확인해 봅니다.

51 데이터의 타입을 Dart 언어에서 정하도록 위임하는 문법인 var를 사용하여 tmpS 객체를 만든 후 문자열로 초기화했습니다. tmpS 객체를 var 타입으로 만들었지만, 초기화 값으로 문자열을 저장하였기에 Dart 언어는 tmpS 객체의 타입을 String 클래스 타입으로 정하게 됩니다. **52** String 클래스의 객체인지 여부를 is 연산자로 확인하면, 미리 보는 수행 결과의 **34**와 같이 true가 출력됩니다.

유사하게 int와 double을 모두 저장할 수 있는 num 클래스 타입을 확인해 보겠습니다.

53 실수 1.1을 넣어서 double 클래스의 객체를 저장하도록 하였습니다.

54~**56** is 연산자로 클래스의 타입을 검사해 보면, double 검사 시 true, 다른 클래스 타입 검사 시에는 false를 출력합니다.

핵심 요약

Dart 언어에서는 대부분의 데이터 타입이 클래스로부터 만들어진 객체입니다. 클래스는 일종의 설계도로 클래스를 사용해서 데이터를 실제로 저장하는 객체를 만듭니다. 따라서 클래스로부터 만들어진 객체는 실질적인 데이터(들)를 저장하고 있으며, 이 데이터에 적용할 함수들(메서드, 연산자, 생성자 등)을 호출할 수 있습니다. 이번 챕터에서는 익숙하게 사용한 int, double, String, bool이 실제로는 클래스 타입이며 우리가 만든 변수와 상수들이 클래스를 사용해서 만든 객체들이라는 것을 알아보았습니다. Dart 언어는 프로그래밍에서 자주 사용하는 데이터와 함수들을 수많은 표준 클래스들로 미리 만들어서 제공합니다. 그리고 생각보다 많은 기능들과 데이터들이 클래스 안에서 지원되기에 필요할 때마다 공식 사이트를 방문하여 필요한 부분을 찾아보고 적용해 보는 과정은 매우 중요합니다. 추후 우리는 직접 클래스를 만들면서 클래스에 대해서 보다 자세하게 알아볼 예정입니다.

▶▶ 연습 문제

1. 핵심 내용 복습하기

❶ 공식 사이트 내 int, double, String, bool 클래스 페이지를 방문하여, 소스 코드에서 사용한 메서드들의 설명을 읽고 이해합니다.

❷ 공식 사이트 내 int, double, String, bool 클래스 페이지를 방문하여, 소스 코드에서 사용하지 않은 메서드들은 어떤 것들이 있는지 함수의 이름과 기능 중심으로 살펴봅니다.

2. 예제 코드 수정하기

❶ 소스 코드의 7/17/29/38번 줄의 초기화 값을 변경한 후 결과를 확인합니다.

❷ 소스 코드 43번 줄부터 56번 줄의 is를 is!로, is!를 is로 변경한 후 결과를 확인합니다.

3. 추가 기능 작성하기

❶ 공식 사이트 내 int 클래스 페이지에서 bitLength 프로퍼티에 대한 설명을 읽은 후 소스 코드에서 호출하여 결과를 확인합니다.

❷ 공식 사이트 내 String 클래스 페이지에서 replaceAll() 메서드에 대한 설명을 읽은 후 소스 코드에서 호출하여 결과를 확인합니다.

CHAPTER. 10

List를 이용하여 복수 데이터 처리하기

지금까지 등장했던 데이터 타입들은 하나의 값을 저장하는 형태였습니다. int 클래스 객체의 정수 3과 같이 하나의 값을 저장하는 형태였습니다. 이렇게 단순한 구조로도 충분한 프로그램이 있겠지만, 대부분의 경우에는 프로그램에서 대량의 데이터를 다룹니다. 앞으로의 개발을 위해서 이제 복수의 값을 저장하는 데이터 타입에 대해서 알아봅니다. 이런 용도를 위해서 Dart 언어는 여러 타입의 클래스들을 제공하고 있습니다. 가장 먼저 다룰 클래스는 List(리스트)입니다. List 클래스는 복수의 값을 저장할 수 있으며, 개발자가 지정한 순서대로 일렬로 저장하는 데이터 타입입니다. 저장되는 복수의 값은 동일한 데이터 타입일 수 있으며, 반대로 서로 다른 데이터 타입을 함께 섞어서 저장할 수도 있습니다. 전자라면 정수만 저장하는 List를 만들 수 있고, 후자라면 정수/실수/문자열 등이 섞인 List를 만들 수도 있습니다.

미리 보는 수행 결과

List도 클래스이기에, 이미 많은 데이터들과 기능들을 개발자에게 제공하고 있습니다. 따라서 이번 챕터의 소스 코드는 List 클래스가 제공하는 데이터들과 기능들을 이해하고 활용하는 방향으로 만들어져 있습니다. 비교적 다루는 내용이 많기에 소스 코드와 매칭해서 이해하는데 도움을 주고자 수행 결과 앞자리에 숫자를 넣어서 각각의 결과를 구분하였습니다.

```
1  [01] iList is [1, 2, 3, 4, 5]
2  [02] Length of iList is 5
3  [03] First element of iList is 1
4  [04] Last element of iList is 5
5  [05] Index of 3 in iList is 2
```

1 iList 라는 이름으로 List 클래스의 객체를 만든 후, 내부에 저장한 1부터 5까지의 숫자 5개를 보여줍니다. Dart 언어에서 List는 대괄호([ ])로 묶어서 표현합니다.

2 List 클래스의 데이터 중에서 List에 저장된 정보의 개수, 즉 List의 길이를 저장하고 있는 데이터를 확인한 결과입니다. 앞서 iList에 5개의 숫자가 저장되어 있기에, 길이가 5입니다.

3 List 클래스에 저장된 데이터 중 첫 번째 숫자의 값을 확인했습니다. iList의 첫 번째 숫자, 즉 첫 번째 element는 1입니다.

4 List 클래스에 저장된 데이터 중 마지막 숫자의 값을 확인했습니다. iList의 마지막 숫자, 즉 마지막 element는 5입니다.

5 iList의 element 중 3이 몇 번째 element인지 확인한 결과입니다. 앞서 클래스를 설명한 챕터에서 언급했듯이 Dart 언어는 순서를 셀 때 0부터 셉니다. 따라서 iList 중 숫자 3은 앞에서 세 번째에 위치한 element이지만, 숫자로 인덱스를 표현할 때는 두 번째가 됩니다. 따라서 3의 인덱스로 숫자 2가 출력되었습니다.

```
6  [06] iList after insert(2, 99) is [1, 2, 99, 3, 4, 5]
7  [07] iList after add(6) is [1, 2, 99, 3, 4, 5, 6]
8  [08] iList after addAll([7,8,9]) is [1, 2, 99, 3, 4, 5, 6, 7, 8, 9]
9  [09] iList after sort() is [1, 2, 3, 4, 5, 6, 7, 8, 9, 99]
10 [10] iList after clear() is []
```

List 클래스가 지원하는 기능을 조금 더 알아보기 위해서 iList 객체를 다시 사용합니다.

6 List 클래스가 제공하는 insert() 메서드를 적용한 결과를 출력했습니다. insert() 메서드는 두 개의 입력 파라미터를 받는데, 첫 번째 파라미터인 2는 두 번째 element라는 위치를 나타냅니다. 두 번째 파라미터인 99는 첫 번째 파라미터가 의미하는 두 번째 element 위치의 자리에 추가로 삽입할 값입니다. 따라서 insert(2, 99)의 의미는 iList 객체가 관리하는 값의 두 번째 element인 숫자 3의 자리에 99를 새롭게 삽입한다는 뜻입니다. 출력된 결과를 보면, 숫자 3의 값이 한 칸 뒤로 가면서 입력 파라미터로 받은 99가 원래 3의 값이 위치했던 두 번째 element 자리에 위치하게 되었습니다.

7 List 클래스가 제공하는 add() 메서드를 적용한 결과를 출력했습니다. add() 메서드는 List 클래스 객체가 관리하는 값들의 마지막 위치에 add() 메서드의 입력 파라미터로 주어지는 값을 추가합니다. 따라서 원래 마지막 element인 5 뒤에 추가로 6이 삽입되었습니다.

8 List 클래스가 제공하는 addAll() 메서드를 적용한 결과를 출력했습니다. **7**의 경우와 다르게 addAll() 메서드는 List를 입력 파라미터로 받습니다. 그리고 입력 파라미터로 받은 List에 속한 element들을 List 클래스 객체가 관리하는 값들의 마지막 부분에 모두 추가합니다. 따라서 입력 파라미터로 받은 리스트인 [7, 8, 9]에 속한 3개 element인 숫자 7/8/9를 iList의 마지막 element인 6 뒤에 모두 삽입했습니다.

9 List 클래스가 제공하는 sort() 메서드를 적용한 결과를 출력했습니다. 메서드의 이름에서 알 수 있듯이 객체 안에 저장하고 있는 element를 순서대로 정렬합니다. 오름차순 정렬하였기에 작은 수에서 시작해서 큰 수가 뒤에 나타나도록 위치가 조정되었습니다.

10 List 클래스가 제공하는 clear() 메서드를 적용하면 List에서 관리하는 모든 element가 지워집니다. 따라서 clear() 메서드 실행 후 iList의 내용을 출력하면 element가 하나도 없습니다.

```
11  [11] mixedList is [1, 2.2, Three]
12  [12] mixedList[0] is int: true
13  [13] mixedList[1] is double: true
14  [14] mixedList[2] is String: true
```

iList 객체는 정수 타입의 element들을 관리했습니다.

11 mixedList는 정수 1, 실수 2.2 그리고 문자열 Three를 저장하고 있습니다. Dart 언어의 List 클래스는 서로 다른 타입의 데이터를 하나의 List 클래스 객체 안에 저장할 수 있기에 가능한 작업입니다.

12~**14** 각각의 element가 어떤 타입인지 확인했습니다. 결과를 보면 mixedList의 각 element가 여전히 정수, 실수, 문자열 타입을 유지하고 있습니다.

```
15  [15] 'for' loop with "mixedList[index]"
16  [=>] mixedList[0] is 1
17  [=>] mixedList[1] is 2.2
18  [=>] mixedList[2] is Three
```

15~**18** 반복문을 사용해서 List가 관리하는 각각의 element에 접근하는 첫 번째 방법을 보여주고 있습니다. 바로 List의 이름에 대괄호를 추가하고, 대괄호 안에 인덱스 번호를 쓰는 방법입니다. mixedList의 0 번째 element는 mixedList[0]으로 표현했고, 결과는 1입니다. 마찬가지 방법으로 2.2는 mixedList[1]이고, mixedList[2]는 세 번째 element인 Three가 됩니다.

```
19  [16] 'for' loop with "item in mixedList"
20  [=>] mixedList[0] is 1
21  [=>] mixedList[1] is 2.2
22  [=>] mixedList[2] is Three
```

19~22 반복문에서 List가 관리하는 각각의 element에 접근하는 두 번째 방법을 사용한 결과입니다. 새로운 문법인 "item in List" 형태의 "in" 문법입니다. 이 부분은 소스 코드 설명에서 자세하게 다루겠습니다.

```
23  [17] intList is List<int>: true
24  [18] iList is List<int>: false
25  [19] mixedList is List<int>: false
26  [20] mixedList is List<dynamic>: true
27  [21] iList is List<dynamic>: true
```

23~27 List가 하나의 동일한 데이터 타입만 저장하도록 하거나, 서로 다른 데이터 타입을 함께 저장하는 방법을 다룹니다. 23처럼, List〈int〉로 작성하면, 오로지 int 타입의 element만을 저장한다는 의미입니다. 이 문장을 문법적으로 보면 int 클래스만을 관리하는 List를 만든다는 의미입니다. 26과 27처럼 List〈dynamic〉로 작성하면, element가 dynamic 타입인 List를 만든다는 의미입니다. 앞서 dynamic 타입은 정수/실수/문자열 등 어떠한 타입도 저장 가능했던 것을 기억한다면 List〈dynamic〉 형태의 List는 다양한 타입의 데이터를 하나의 List 안에서 다룰 수 있다는 것을 알 수 있습니다.

소스 코드 설명

List 클래스의 사용법도 앞서 int, double, String, bool 등과 유사합니다. List가 무엇인지 이해하고, List 클래스에서 지원하는 메서드들과 프로퍼티 중 필요한 것을 선택해서 활용하면 됩니다.

```
1  void main() {
2    List iList = [1, 2, 3, 4, 5];
3
```

1 main 함수를 시작합니다.

2 List 클래스를 설명하기 위해서 iList라는 이름의 List 객체를 만들었습니다. 클래스 이름인 List 클래스 이름 다음에 프로그램에서 만들 List 객체의 이름인 iList를 적는 것은 앞서 배운 데이터 유형들과 같은 방법입니다. 그리고 미리 보는 수행 결과의 **1**에서 설명한 것처럼 List를 초기화합니다. 대괄호 안에 저장을 원하는 값들을 일렬로 나열하되 각각을 쉼표(,)로 나누어서 적어주면 됩니다. 현재 1에서 5까지의 정수를 iList 객체에 저장하였습니다.

List의 기능을 본격적으로 알아가기 전에 이번 챕터에서 다루는 리스트의 기능들을 [표 1]과 같이 정리하였습니다.

기능	의미
length	리스트에 속한 항목의 개수를 계산
first	리스트에 속한 첫번째 항목을 확인
last	리스트에 속한 마지막 항목을 확인
indexOf	리스트에 속한 특정 위치의 항목을 확인
insert	리스트의 특정 위치에 새로운 항목을 추가
add	리스트의 끝에 새로운 항목을 추가
addAll	리스트의 끝에 (전달받은 리스트의) 모든 항목을 추가
sort	리스트의 항목을 순서대로 정렬
clear	리스트의 모든 항목을 삭제

[표 1] 소스 코드에서 다루는 List의 기능들

iList 객체 안에 어떤 값이 저장되어 있는지를 보려면 앞서 배운 데이터 타입과 동일한 방법을 사용합니다. **4**와 같이, print 구문에 $ 연산자와 List 객체의 이름을 함께 써주면 됩니다. 미리 보는 수행 결과에서 나타나듯이 대괄호와 그 안의 다섯 정수들을 볼 수 있습니다.

미리 보는 수행 결과 ❶~❺

```
4    print("[01] iList is $iList");
5    print("[02] Length of iList is ${iList.length}");
6    print("[03] First element of iList is ${iList.first}");
7    print("[04] Last element of iList is ${iList.last}");
8    print("[05] Index of 3 in iList is ${iList.indexOf(3)}");
9
```

5 List 객체가 지원하는 프로퍼티인 length를 사용하고 있습니다. 클래스 설명에서 짧게 언급했듯이 프로퍼티는 객체에 관련된 데이터라고 생각하면 됩니다. 따라서 함수 형태를 갖지 않기에 입력 파라미터를 전달하는 소괄호가 없습니다. 일반 변수/상수처럼 이름 만으로 값을 표현합니다. List 클래스의 length 프로퍼티는 List 객체에 저장된 element의 개수를 알려줍니다. 2 에서 iList에 5개의 정수를 저장했으므로 숫자 5가 화면에 출력되었습니다.

6 ~ 7 List 객체에 저장된 여러 값들 중, 첫 번째 위치와 마지막 위치에 저장된 값을 출력하는 프로퍼티인 first와 last를 사용하여 2 에서 초기화했던 iList의 첫 번째 element인 1과 마지막 element인 5가 화면에 출력되었습니다.

8 List 클래스의 메서드인 indexOf()를 사용하였습니다. 이 메서드는 여러 element가 저장된 List 객체에서 입력 파라미터에 해당하는 값이 저장된 위치를 계산합니다. 소스 코드에서는 이 값을 숫자 3으로 설정하여 실행했습니다. iList에서 3은 세 번째, 숫자 인덱스로 계산하면 (처음인 0번째에서 시작하여)두 번째 인덱스 위치에 있으므로, element인 3의 인덱스 값인 숫자 2가 출력되었습니다.

지금까지 설명한 프로퍼티와 메서드들이 List 객체의 현재 상태 정보를 얻기 위한 목적이라면, List 객체가 관리하고 있는 element들, 즉 List 객체의 내부 데이터를 수정하는 메서드들도 다수 있습니다.

미리 보는 수행 결과 ❻

```
10    iList.insert(2, 99);
11    print("[06] iList after insert(2, 99) is $iList");
12
```

10 insert() 메서드는 두 개의 입력 파라미터를 받아서 동작합니다. 첫 번째 입력 파라미터는 List 객체가 관리하는 element의 위치이며, 두 번째 입력 파라미터는 해당 위치에 저장하고 싶은 값입니다. 소스 코드에서는 2번 인덱스의 위치를 언급했습니다. 2 에서 초기화 한 iList의 값 기준으로 2번 인덱스 위치에는 숫자 3이 저장되어 있습니다. 따라서 3이 위치한 자리에 99를 삽입하는 작업이 이루어집니다. 이렇게 insert() 메서드는 현재 관리중인 List 객체의 특정 위치에 값을 삽입하는 작업을 하며 삽입된 위치의 값을 포함한 기존 값들은 위치가 하나씩 늘어나게 됩니다. 따라서 원래 두 번째에 위치에 있었던 3은 세 번째 위치로 밀려나게 됩니다.

미리 보는 수행 결과 ❼

```
13      iList.add(6);
14      print("[07] iList after add(6) is $iList");
15
```

13 add() 메서드는 입력 파라미터로 받은 값을 현재의 List 객체가 관리하는 값들의 맨 끝에 추가합니다. iList의 마지막 값은 5인데, add(6)을 수행하고 나면 6이 5 뒤에 새롭게 추가됩니다.

미리 보는 수행 결과 ❽

```
16      iList.addAll([7, 8, 9]);
17      print("[08] iList after addAll([7,8,9]) is $iList");
18
```

16 add() 메서드가 하나의 element를 추가했다면, addAll() 메서드는 여러 element들을 현재의 List 데이터 맨 뒤에 추가합니다. 이를 위해서 addAll() 메서드는 복수의 element들을 포함하는 List 객체를 입력 파라미터로 받도록 되어 있습니다.

그리고 정수 7, 8, 9를 저장하고 있는 List를 입력 파라미터로 주었습니다. 마지막 element인 6의 뒤에 새롭게 전달받은 3개의 element들이 추가되었습니다.

미리 보는 수행 결과 ❾

```
19      iList.sort((a, b) => a.compareTo(b));
20      print("[09] iList after sort() is $iList");
21
```

19 sort() 메서드는 List 객체에서 관리하는 값들을 일정 조건에 맞춰서 순서대로 정렬합니다. 여기서 언급한 이 조건은 sort() 메서드를 실행할 때 개발자에 의해서 sort() 메서드의 입력 파라미터로 주어져야 합니다. 그리고 조건을 현재 Dart 언어가 지원하는 compareTo() 함수를 사용하는 한 줄의 함수로 정의하였습니다. 형태를 보면 함수 설명에서 살펴본 shorthand 타입의 함수임을 알 수 있습니다. 이 shorthand 함수의 입력 파라미터가 a와 b이며, 함수 실행 시 a의 compareTo 메서드를 호출하고 이 메서드의 입력 파라미터로 b를 준 것입니다. a.compareTo(b)의 의미는 a의 값과 b의 값을 비교해서, 두 값이 같으면 0, a가 b보다 크면 1, a가 b보다 작으면 −1로 계산한다는 의미입니다. 이렇게 두 개의 값의 크기를 판단할 수 있는 함수가 sort() 메서드의 입력 파라미터로 주어져야 합니다. 이렇게 sort() 메서드는 두 개의 값을 비교하는 함수를 입력 파라미터로 받아서 List 객체가 관리 중인

값들을 요청된 순서대로 정렬합니다. compareTo() 함수를 sort() 메서드의 입력 파라미터로 전달한다는 것은 숫자를 작은 수에서 시작해서 큰 수의 순서로 오름차순으로 정렬해 달라는 의미이기도 합니다. 결과를 보면 중간에 삽입되어 있던 99가 리스트의 마지막 위치로 이동한 것을 볼 수 있습니다.

compareTo() 메서드에 대해서 더 궁금한 사람과 자신만의 정렬 방법을 고민하는 사람을 위해서, 58 에 compareTo() 메서드를 설명하는 공식 사이트 주소를 표시해 두었습니다.

```
22    iList.clear();
23    print("[10] iList after clear() is $iList");
24
```

22 clear() 메서드는 List 객체에서 관리하는 모든 값을 지우라는 의미입니다. 미리 보는 수행 결과의 10 처럼 List를 빈 상태로 만듭니다.

```
25    List mixedList = [1, 2.2, "Three"];
26
27    print("[11] mixedList is $mixedList");
28    print("[12] mixedList[0] is int: ${mixedList[0] is int}");
29    print("[13] mixedList[1] is double: ${mixedList[1] is double}");
30    print("[14] mixedList[2] is String: ${mixedList[2] is String}");
31
```

25 2 에서 만든 iList가 정수 타입의 element들만 저장하도록 만들어졌다면, mixedList는 서로 다른 타입인 정수, 실수, 문자열의 element들을 모두 가지고 있습니다. 이렇게 Dart 언어의 List 클래스는 서로 다른 타입의 데이터를 하나의 List에서 관리하는 것이 가능합니다.

27 mixedList를 출력하면, 각 값들이 그대로 출력됩니다.

28~30 각각의 element의 타입을 is 연산자로 확인해 보면 각각 정수, 실수, 문자열 타입의 객체임을 알 수 있습니다.

하나의 값만 저장하는 integer, double, String 및 bool 클래스와 다르게 복수의 element들을 저장하고 있는 List 클래스는 반복문과 인덱스 값을 사용하여 편리하게 다룰 수 있습니다.

```
32    print("[15] 'for' loop with \"mixedList[index]\"");
33    for (var count = 0; count < mixedList.length; count++) {
34      print("[=>] mixedList[$count] is ${mixedList[count]}");
35    }
36
```

33 조건문 중 for 구문을 사용하였습니다. 관심 있게 볼 부분은 반복 조건을 count 〈 mixedList.length로 작성하여 count 값이 mixedList의 길이보다 작은 경우에만 처리하도록 한 부분입니다.

34 mixedList[count]로 작성해서 List 객체의 각 element를 정수 인덱스 값을 사용해서 하나씩 처리하는 부분도 관심 있게 볼 만합니다. 가장 일반적인 형태의 for 구문과 List 객체의 처리 방법이므로 필요시 잘 활용 바랍니다.

반복문에서 List 객체를 다룰 때 사용하는 두 번째 방법은 'in' 연산자의 사용입니다.

```
37    print("[16] 'for' loop with \"item in mixedList\"");
38    var count = 0;
39    for (var item in mixedList) {
40      print("[=>] mixedList[$count] is $item");
41      count++;
42    }
43
```

39 for 구문에 "var item in mixedList"이라는 문구가 작성되었습니다. var item으로 item이라는 변수를 만들고 item in mixedList라고 적어 반복이 발생할 때마다 mixedList 내부의 element를 하나씩 꺼내서 item에 저장하도록 만들었습니다.

따라서 처음 **39**가 실행되면 item은 정수 1이 되어 **40**과 **41**을 실행합니다. 이로 인하여 미리 보는 수행 결과의 **20**에서 1이 출력됩니다. 아직 mixedList의 element가 2개 남아 있으므로 다시 item in mixedList 구문이 실행되고 item은 실수 2.2가 됩니다. 미리 보는 수행 결과의 **21**의 2.2가 출력된 결과입니다.

아직 mixedList에 문자열 "Three"가 남아 있으니 item은 "Three"가 되고 미리 보는 수행 결과의 **22**에서 출력됩니다.

그후 더 이상 mixedList에 element가 없어 for 구문은 종료되고 프로그램의 흐름은 **43**으로 이동합니다.

전통적인 for 문법 대비 이 방법은 어떤 장점이 있을까요? 전통적인 반복문에서는 인덱스의 값을 설정할 때 실수가 있을 수 있습니다. 실수로 List 객체에 저장된 element의 개수를 넘어서서 접근하는 오류가 발생할 수 있는데, in 연산자를 사용하면 이런 오류를 제거할 수 있습니다. 예를 들어 **33** 처럼 인덱스 값으로 element에 접근하다 보면, 인덱스 값을 잘못 계산해서 없는 element에 접근하는 경우가 있습니다. 또 **25**의 mixedList는 mixedList[2]까지만 접근해야 하는데, 인덱스 값을 잘못 계산해서 mixedList[3]과 같이 없는 정보를 접근할 수도 있습니다. 개발 도구들이 발전해서 이런 문제는 초기에 잡을 수 있지만 행여 놓친 상황에서 프로그램이 동작하면 잘못된 결과를 만들거나 프로그램이 오동작 할 수 있습니다. 'in' 연산자는 이런 문제를 피할 수 있는 장점이 있습니다.

그렇다면 단점도 있을까요? 전통적인 for 구문에는 초기화와 업데이트 영역이 있었습니다. 그런데 in 연산자를 쓰면 인덱스 값을 사용하고 싶은 경우에 **38**과 **41**처럼 개발자가 직접 챙겨야 합니다.

두 가지 방법 모두 장단점이 있으니 개발자의 취향과 문제에 어떤 방법이 더 효율적일지를 고려하여 적절한 방법을 선택하면 되겠습니다.

```
44  List<int> intList = [1, 2, 3, 4, 5];
45  print("[17] intList is List<int>: ${intList is List<int>}");
46  print("[18] iList is List<int>: ${iList is List<int>}");
47  print("[19] mixedList is List<int>: ${mixedList is List<int>}");
48  print("[20] mixedList is List<dynamic>: ${mixedList is List<dynamic>}");
49  print("[21] iList is List<dynamic>: ${iList is List<dynamic>}");
50
```

2와 **25**를 통해서 같은 타입의 데이터들과 서로 다른 타입의 데이터들을 하나의 List 객체에서 관리하는 예제를 확인하였습니다. 기본적인 동작을 하는 간단한 프로그램들이라면 이런 방식으로 개발해도 문제가 없습니다. 그런데 만약 List 객체가 다루는 데이터 타입을 하나로 확정하고, 다른 타입의 데이터는 받아 들이지 않도록 금지하고 싶다면 다른 방법을 사용해야 합니다.

44 intList 객체를 만들고 초기화하는 코드가 작성되어 있습니다. 초기화 하는 값은 **2**의 iList와 동일합니다. 그런데 코드의 앞쪽을 보면 iList를 만들었을 때는 'List'로 작성했지만, intList는 'List⟨int⟩'로 되어 있습니다. 이렇게 하면 intList 객체가 다루는 element는 반드시 integer 타입이어야만 합니다. 이렇게 List에서 특정 데이터 유형만 다루고자 한다면 객체를 만드는 시점에서 List⟨데이터 타입⟩으로 작성해야 합니다.

문득 질문이 생길 수 있습니다. "iList도 정수로만 이루어진 List 객체였는데, 뭐가 다르지?" 이에 대한 답을 구해 보겠습니다.

```
51  // Error : String element into an integer list
52  //intlist[0] = "1";
53
54  // Non-Error : String element into a dynamic list
55  //iList = [1, 2, 3, 4, 5];
56  //iList[0] = "1";
57
```

주석으로 처리해서 실행을 못하게 한 52의 주석 기호를 제거해서 실행이 가능하도록 합니다. 그러면 다음과 같이 에러가 나고, 프로그램의 수행은 중지됩니다.

```
Error: A value of type 'String' can't be assigned to a variable of type 'int'.
  intList[0] = "1";
```

'List<int>'에서 설명한 것처럼 정수만 처리 가능하므로 문자열을 저장하려는 시도는 에러라고 출력한 뒤 프로그램의 수행을 중지하였습니다.

이제 52를 다시 주석 처리하고 이번에는 주석 처리된 55~56의 주석 처리 기호를 제거합니다. 그리고 프로그램을 수행합니다. 이번에는 프로그램이 문제없이 실행됩니다. 이번에는 왜 에러가 나지 않은 걸까요? 이에 대한 답이 45~49에 있습니다.

45 'List<int>'로 정의한 intList는 당연히 'List<int>' 타입이라는 의미에서 미리 보는 수행 결과의 17처럼 true로 나옵니다.

48 주어진 값만으로 명확하게 이해가 가능한 mixedList도 타입이 List<dynamic>인지 확인해 보면 미리 보는 수행 결과의 20처럼 true로 나옵니다. 25에서 정수, 실수, 문자열이 섞인 mixedList를 만들 때 개발자는 List 타입으로 작성했지만 Dart 언어가 알아서 "서로 다른 타입이 처리 가능한" List<dynamic>로 만들었기 때문입니다. 혹시나 하는 독자들은 47에서 mixedList가 List<int>인지 확인하면 미리 보는 수행 결과의 25처럼 false가 나오는 것을 볼 수 있습니다.

그렇다면 iList는 어떨까요? 46에서 iList가 List<int> 타입인지 확인하면 놀랍게도 false입니다. 분명 눈으로 보기엔 정수들만 넣었는데 무슨 일일까요? 그 대신에 iList가 List<dynamic>인지 확인하면 true가 나옵니다. 개발자가 정수만으로 List 객체를 채웠을 뿐 실제 Dart 언어는 구체적으로 타입을 정의하지 않은 List 객체를 List<dynamic>로 만들었기 때문입니다.

따라서 프로그램에서 List 객체가 처리할 데이터 타입을 명확하게 규정해야 하는 경우라면, List< > 문법을 사용하여 List 객체가 처리할 element의 데이터 타입을 구체적으로 지정합니다.

```
58  // Reference : https://api.dart.dev/stable/2.14.4/dart-core/List-class.html
59  // Reference : https://api.flutter.dev/flutter/dart-core/num/compareTo.html
60  }
61
```

List 클래스에 대해 더 많은 공부를 하고자 하는 독자를 위해서 58에 List 표준 클래스 정보를 수록한 주소를 적어 두었습니다. 59는 앞서 설명한 compareTo 메서드를 설명하는 페이지 주소입니다.

핵심 요약

컴퓨터 프로그램은 대부분 대량의 데이터 혹은 다수의 데이터 값을 처리합니다. 이를 위해서 Dart 언어는 유용한 클래스들을 제공합니다. 첫 번째로 살펴본 클래스가 List입니다. List가 제공하는 다양한 데이터들과 메서드들 중에서 length, first, last, indexOf(), insert(), add(), addAll(), sort(), clear()에 관해서 살펴보았습니다. 그리고 List 객체가 다루는 데이터 타입을 제한하는 방법도 배웠습니다. 알아본 방법은 프로그램을 개발하는 대부분의 경우에서 자주 활용하는 방법이며 추가적인 기능이나 정보가 필요하다면 영어 사전을 찾아보듯이 Dart 언어의 List 클래스 설명이 있는 공식 사이트를 방문하여 찾아보면 되겠습니다.

▶▶ 연습 문제

1. 핵심 내용 복습하기

❶ 소스 코드에서 다룬 List 클래스의 메서드들의 설명을 공식 사이트에서 찾아 확인합니다.

❷ 소스 코드에서 다룬 List 클래스의 프로퍼티들의 설명을 공식 사이트에서 찾아 확인합니다.

2. 예제 코드 수정하기

❶ 소스 코드의 2번 줄에서 iList에 저장하는 값을 25번 줄의 mixedList에 저장한 값으로 설정하고 수행 결과를 확인합니다.

❷ 소스 코드의 25번 줄의 mixedList에 저장하는 값을 2번 줄의 iList에 저장한 값으로 설정하고 수행 결과를 확인합니다.

3. 추가 기능 작성하기

❶ 소스 코드 19번 줄의 sort() 메서드가 숫자를 내림차순으로 정렬하도록 sort() 메서드의 입력 파라미터를 변경하고 결과를 확인합니다.

❷ 소스 코드에서 사용하지 않은 List의 메서드를 적용해 보고 결과를 확인합니다.

CHAPTER. 11

Set을 이용하여 집합 데이터 처리하기

Dart 언어에서 대량의 데이터를 다루는 두 번째 데이터 타입은 Set 클래스입니다. 번역하면 '집합'입니다. 수학에서 말하는 그 집합이 맞습니다. 수학의 집합을 다시 한번 떠올려 보면, 특정 조건에 부합하는 원소(element)들이 모여 있는 형태입니다. 특이한 점은 집합에 속한 원소들의 순서는 의미가 없습니다. 그리고 집합과 집합과의 관계를 정의하는 교집합, 합집합, 차집합이 있습니다. 교집합은 두 개의 집합이 있을 때 두 집합에 공통적으로 포함되는 원소들로 이루어진 집합입니다. 합집합은 두 집합의 모든 원소를 합친 집합이며 차집합은 집합 A와 B가 있을 때 집합 A에는 속해 있지만, 상대방의 집합인 B에는 속하지 않은 원소들로 이루어진 집합입니다. Dart 언어는 Set 클래스를 통해서 수학의 집합을 충실하게 구현하고 있습니다.

미리 보는 수행 결과

짧지만 많은 내용을 다룰 예정입니다. 따라서 소스 코드의 print 구문과 미리 보는 수행 결과를 매칭하면서 볼 수 있도록 수행 결과 별로 줄 앞에 '[번호]' 형태의 표시를 하였습니다.

```
1  [01] setFill : {1, 2}
2  [02] setEmpty : {}
3  [03] setFill with add(3) : {1, 2, 3}
4  [04] setEmpty with addAll({3, 4, 5}) : {3, 4, 5}
```

1 setFill이라는 이름의 Set 클래스 객체를 만든 후 내부에 저장한 정보를 보여줍니다. Dart 언어에서 집합은 중괄호({ })를 사용하여 표현합니다. setFill 객체는 1과 2의 element를 포함하고 있습니다.

2 아무런 element를 포함하지 않고 비어 있는 상태로 만든 setEmpty 객체를 보여 주었습니다.

3 setFill 객체에 새로운 element인 3을 추가했습니다. 이렇게 element 하나를 기존 Set 객체에 추가하는 용도로 Set 클래스의 add() 메서드를 사용합니다.

4 setEmpty 객체에 {3, 4, 5}의 새로운 element를 addAll() 메서드를 사용해서 추가했습니다. setEmpty 객체는 아무런 element를 포함하지 않고 있다가 결과처럼 {3, 4, 5}의 element를 포함하게 됩니다.

```
5  [05] 3 in setFill ? : true
6  [06] 5 in setFill ? : false
```

5~**6** 집합의 가장 기본적인 작업 중 하나로써, 주어진 값이 집합에 포함되어 있는가를 판별합니다. 주어진 값이 집합의 element로 포함되어 있다면 true로 판정되고 그렇지 않다면 false로 판정됩니다. setFill은 {1, 2, 3}이며 3은 setFill에 포함되어 있으므로 true로 판정됩니다. 그리고 5는 setFill에 없습니다. 따라서 false로 판정됩니다.

```
7  [07] Union of setFill and setEmpty : {1, 2, 3, 4, 5}
8  [08] Intersection of setFill and setEmpty : {3}
9  [09] Difference of setFill to setEmpty : {1, 2}
```

7 setFill과 setEmpty의 합집합을 구한 결과를 보여 줍니다. 각각 {1, 2, 3}과 {3, 4, 5}인 두 집합의 합집합을 구하면 수학에서의 집합과 같이 중복된 element인 3은 중복 없이 한 번만 나타나야 합니다. 따라서 합집합의 결과는 {1, 2, 3, 4, 5}로 출력되었습니다.

8 setFill과 setEmpty의 교집합을 구한 결과를 보여 줍니다. 두 집합에 공통적으로 속한 element로 이루어진 집합인 {3}이 출력되었습니다.

9 setFill 입장에서 setEmpty에 대한 차집합을 계산했습니다. setFill에는 속해 있지만 setEmpty에는 속하지 않은 element로 이루어진 집합인 {1, 2}가 출력되었습니다.

```
10  [10] setFill with remove(3) : {1, 2}
11  [11] exSet1 : {1, 2, 3}
12  [12] exSet2 : {}
```

10 setFill에서 3을 제거했습니다. 결과적으로 setFill은 {1, 2, 3}에서 {1, 2}가 되었습니다.

11~12 새롭게 Set 클래스의 객체인 exSet1과 exSet2를 만들었습니다. 소스 코드 설명 시 함께 설명하겠습니다.

```
13  [13] Type of setFill : _LinkedHashSet<dynamic>
14  [14] Type of setEmpty : _LinkedHashSet<dynamic>
15  [15] Type of exSet1 : _LinkedHashSet<int>
16  [16] Type of exSet2 : _LinkedHashSet<int>
```

13~16 지금까지 만든 Set 클래스 기반 객체들의 타입을 출력하였습니다. 결과의 끝 부분을 보면, Set〈dynamic〉과 Set〈int〉가 있습니다. List처럼 Set에서도 특정 데이터 타입의 element만 저장하도록 하는 것이 가능합니다. element가 dynamic으로 되어 있어 어떤 데이터 타입이든 상관없이 저장하는 것도 가능합니다.

소스 코드 설명

List 클래스에서 설명한 것처럼 Set 클래스도 Dart 언어에서 제공하는 메서드들과 프로퍼티들을 이해한 후 필요한 부분을 활용하면 됩니다. Set의 기능에 대해서 본격적으로 알아가기 전에 이번 챕터에서 다루는 집합의 기능들을 [표 1]과 같이 정리하였습니다.

기능	의미
add	집합에 새로운 항목을 추가
addAll	전달받은 집합의 모든 항목을 새로운 항목으로 추가
contains	집합에 특정 항목이 있는지 확인
intersection	두 집합의 교집합을 계산
difference	두 집합의 차집합을 계산
union	두 집합의 합집합을 계산
remove	집합에서 특정 항목을 삭제
runtimeType	클래스 객체의 타입을 알려줌

[표 1] 소스 코드에서 다루는 Set의 기능들

1 main 함수를 시작합니다.

2 데이터 타입을 Set으로 하여 Set 클래스의 객체를 만들고 객체의 이름은 setFill로 붙였습니다. 그 후 element가 1과 2인 집합으로 초기화합니다. 집합은 중괄호({ })를 사용하여 표현합니다.

```
1  void main() {
2    Set setFill = {1, 2};
3    Set setEmpty = {};
4
```

3 element가 없이 비어 있는 집합인 setEmpty를 만들었습니다. 집합의 element를 할당하지 않고 중괄호를 열고 바로 닫으면 element가 없는 집합이 됩니다.

```
5    print("[01] setFill : $setFill");
6    print("[02] setEmpty : $setEmpty");
7
```

5~6 이렇게 만든 집합을 출력하였습니다.

```
8    setFill.add(3);
9    print("[03] setFill with add(3) : $setFill");
10
```

8 setFill 객체에서 add() 메서드를 호출하였습니다. 입력 파라미터를 하나 주었는데, 이 입력 파라미터가 setFill 집합에 추가되는 겁니다. 이렇게 하나의 값을 집합에 추가할 때 add() 메서드를 사용합니다. 집합에 속한 element의 순서는 의미가 없습니다. 따라서 집합에 추가된다는 의미로 충분합니다. 만약 추가하는 element가 이미 해당 집합 안에 있다면, add() 메서드는 무시됩니다. 집합에서 같은 값은 하나만 존재한다는 수학의 원칙을 그대로 지키는 것입니다.

9 add() 메서드의 결과를 출력합니다.

```
11   setEmpty.addAll([3, 4, 5]);
12   print("[04] setEmpty with addAll({3, 4, 5}) : $setEmpty");
13
```

11 비어 있는 setEmpty 집합에 {3, 4, 5}을 추가했습니다. 입력 파라미터로 전달하는 집합의 element인 3, 4, 5를 setEmpty 집합에 추가한다는 의미입니다.

12 결과를 출력했습니다.

```
14    print("[05] 3 in setFill ? : ${setFill.contains(3)}");
15    print("[06] 5 in setFill ? : ${setFill.contains(5)}");
16
```

14~15 contains() 메서드를 보여줍니다. 메서드를 호출한 Set 객체 안에 contains() 메서드의 입력 파라미터로 주어진 값의 element가 포함되어 있으면 true로 계산합니다. 그렇지 않으면 false로 계산합니다.

```
17    print("[07] Union of setFill and setEmpty : ${setFill.union(setEmpty)}");
18    print("[08] Intersection of setFill and setEmpty :
      ${setFill.intersection(setEmpty)}");
19    print("[09] Difference of setFill and setEmpty :
      ${setFill.difference(setEmpty)}");
20
```

17 합집합을 만드는 메서드인 union()의 활용법을 보여줍니다. 입력 파라미터로 주어진 setEmpty 집합의 모든 element들과 (메서드를 실행한)setFill 집합의 모든 element를 합쳐서 새로운 집합을 만듭니다.

18 교집합을 만드는 메서드인 intersection()의 활용법을 보여줍니다. 입력 파라미터로 주어진 setEmpty 집합과 (메서드를 실행한)setFill 집합에 공통적으로 속한 element들로만 이루어진 새로운 집합을 만듭니다.

19 차집합을 만드는 메서드인 difference()의 활용법을 보여줍니다. setFill 집합에 difference() 메서드를 호출하면 setFill 집합에는 있지만 difference() 메서드의 입력 파라미터로 주어진 setEmpty 집합에는 없는 element들로만 이루어진 새로운 집합을 만듭니다.

```
21    setFill.remove(3);
22    print("[10] setFill with remove(3) : $setFill");
23
```

21 집합에서 element를 제거하는 remove() 메서드의 활용법을 보여줍니다. 소스 코드에서는 입력 파라미터인 3을 setFill 집합에서 제거합니다.

22 원래 {1, 2, 3}인 집합이 {1, 2}로 줄어들었습니다.

```
24     Set<int> exSet1 = {1, 2, 3};
25     var exSet2 = <int>{};
26
27     print("[11] exSet1 : $exSet1");
28     print("[12] exSet2 : $exSet2");
29
```

24 element를 int 타입으로 제한한 exSet1 객체를 만들었습니다.

25 비어 있는 집합을 만들면서 저장 가능한 element의 타입을 int로 제한하는 형태로 exSet2 객체를 만들었습니다.

27~28 수행 결과를 출력합니다.

```
30     print("[13] Type of setFill : ${setFill.runtimeType}");
31     print("[14] Type of setEmpty : ${setEmpty.runtimeType}");
32     print("[15] Type of exSet1 : ${exSet1.runtimeType}");
33     print("[16] Type of exSet2 : ${exSet2.runtimeType}");
34
```

30~33 Set 클래스의 프로퍼티 중 runtimeType을 활용하는 방법을 보여 주고 있습니다. 이 프로퍼티는 객체의 타입을 계산합니다. 2와 3에서 "Set" 문법으로 생성한 setFill과 setEmpty는 Set<dynamic>로 만들어졌음을 알 수 있습니다. 이에 반해 24와 25에서 int 타입의 element만 처리하도록 지정한 exSet1과 exSet2는 Set<int> 타입으로 출력되었습니다. 이는 앞서 나온 List와 유사한 결과입니다. 관리하는 데이터의 타입을 구체적인 형태로 정의하지 않은 List 객체가 자동으로 List<dynamic>으로 만들어진 것과 유사하게 처리되었다고 보면 됩니다.

```
35     // Reference: https://api.flutter.dev/flutter/dart-core/Set-class.html
36   }
37
```

35 Dart 언어의 Set 클래스를 설명하는 공식 사이트 내 페이지 주소입니다. 소스 코드에서 확인한 내용보다 더 많은 정보가 제공되니 집합을 많이 다루는 경우에는 필요한 기능과 정보를 찾아 활용하기 바랍니다.

핵심 요약

컴퓨터는 처음에 수학 문제를 해결하기 위하여 만들어졌습니다. Dart 언어 역시 수학에서 다루는 데이터들을 기본적으로 다룰 수 있도록 만들어졌습니다. 이러한 맥락에서 Dart 언어의 Set 클래스는 수학의 집합을 충실하게 지원합니다. 메서드들을 통해서 교집합, 합집합, 차집합 등을 계산할 수도 있으며 집합의 element를 넣고 빼는 작업 등을 기본적으로 지원하고 있습니다.

▶▶ 연습 문제

1. 핵심 내용 복습하기

❶ 소스 코드에서 다룬 Set 클래스의 메서드들의 설명을 공식 사이트에서 찾아 확인합니다.

❷ 소스 코드에서 다룬 Set 클래스의 프로퍼티들의 설명을 공식 사이트에서 찾아 확인합니다.

2. 예제 코드 수정하기

❶ 소스 코드의 2번 줄에서 setFill 객체가 다루는 집합 데이터를 정수 외의 실수와 문자열도 함께 다루는 형태로 수정하고 수행 결과를 확인합니다.

❷ 소스 코드의 2번 줄에서 setFill 객체의 타입을 24번 줄의 Set<int>로 수정하고 수행 결과를 확인합니다.

3. 추가 기능 작성하기

❶ 문자열만 저장할 수 있는 Set 클래스 객체를 만들고 소스 코드의 메서드들과 프로퍼티들을 적용한 후 결과를 확인합니다.

❷ 소스 코드에서 사용하지 않은 Set 클래스의 메서드를 적용해 보고 결과를 확인합니다.

CHAPTER. 12

Map을 이용하여 사전 데이터 처리하기

List와 Set에 이어서, 복수의 데이터를 처리하는 마지막 데이터 타입은 Map입니다. Map은 지도라고 생각할 수도 있지만, 통상 매핑(mapping)된다고 말하는 것처럼 a와 b가 연결되어 있다는 의미입니다. 프로그래밍 언어에 따라 Map과 유사한 데이터 타입을 Dictionary로 부르기도 합니다. 찾으려는 단어의 발견한 후 단어에 관한 설명을 읽는 사전처럼 Map이 데이터를 찾는 방식이 사전(Dictionary)과 동일하기 때문입니다. Map에서는 찾고자 하는 단어를 key(키)라고 부릅니다. Map은 사전처럼 key가 있고, key에 대한 설명(description)이나 값(value)이 1:1로 대응하는 형태입니다. 〈 key : value 〉의 쌍(pair)을 element로 갖는 데이터 타입이라고 보면 됩니다. Map의 element들은 절대로 중복된 key를 가지면 안 되며 서로 다른 key는 같은 값을 가질 수도 있습니다.

미리 보는 수행 결과

수행 결과는 총 7개의 영역으로 나눠서 작성되어 있습니다.

```
1  [Step.1] Map Creation
2  dbFruit is {A001: Apple, A002: Mango}
3  dbEmpty is {}
4
```

첫째는 Map 클래스로부터 객체를 만드는 부분입니다. 두 개의 Map 객체를 만들었습니다.

2 dbFruit 객체를 만든 후 두 개의 element를 저장하였습니다. 예를 들어 첫 번째 element는 key 값이 'A001'이고 value가 'Apple'입니다. Map의 element는 key 값과 value 사이를 콜론(:)으로 구분합니다. 그리고 Map의 element들은 중괄호({ })로 묶었습니다.

3 dbEmpty처럼 아무런 element 없이 비어 있는 Map 객체도 만들 수 있습니다.

```
5  [Step.2] Map Properties
6  dbFruit.length is 2
7  dbFruit["A001"] is Apple
8  dbFruit.runtimeType is JsLinkedHashMap<dynamic, dynamic>
9  dbFruit.isNotEmpty is true
10 dbEmpty.runtimeType is JsLinkedHashMap<dynamic, dynamic>
11 dbEmpty.isEmpty is true
12
```

둘째로 Map 클래스가 지원하는 다양한 프로퍼티들을 소개하는 부분입니다.

6 length는 Map 객체에 포함된 element가 몇 개인지 알려줍니다.

7 dbFruit 안의 element 중에서 key 값이 "A001"인 element의 value를 접근하는 방법을 보여주고 있습니다. 앞서 List에서 인덱스를 사용하는 것과 유사한 형태이나, 인덱스에 해당하는 숫자 대신에 key 값을 사용하였습니다.

8 앞서 Set 클래스의 설명에서 등장했던 runtimeType이 다시 등장했습니다. Set 클래스와 마찬가지로 객체가 어떤 클래스 타입인지 알려줍니다. dbFruit 객체가 Map〈dynamic, dynamic〉로 key와 value가 모두 dynamic 타입으로 되어 있음을 보여주었습니다.

9 isNotEmpty는 Map 객체가 비어 있지 않은 상태이면(element가 포함되어 있으면), true가 됩니다. 그렇지 않고 비어 있으면 false로 계산됩니다. dbFruit는 2처럼 element가 2개 있어 비어 있지 않으므로 true를 출력했습니다.

10 dbEmpty도 동일하게 Map〈dynamic, dynamic〉입니다.

11 isNotEmpty에 반대되는 isEmpty를 사용하고 있습니다. dbEmpty가 3처럼 비어 있기에, isEmpty는 true로 계산됩니다.

NOTE

runtimeType는 Dart 언어가 제공하는 대부분의 표준 클래스들이 지원합니다. 프로그램의 수행 중에 클래스의 타입을 확인해야 하는 경우라면, Set이나 Map이 아니더라도 활용해 보도록 합니다.

```
13 [Step.3] Map Addition
14 'dbFruit + <A003 : Banana>' is {A001: Apple, A002: Mango, A003: Banana}
15 'dbEmpty += dbFruit' is {A001: Apple, A002: Mango, A003: Banana}
16
```

셋째로 Map 객체에 element를 추가하는 방법 두 가지를 소개하겠습니다. 첫 번째 방법은 element 하나를 추가하는 방법입니다.

14 dbFruit에 〈"A003" : "Banana"〉의 element를 하나 추가하였습니다.

15 비어 있는 dbEmpty에 3개의 element를 가진 dbFruit의 모든 element를 복사하여 삽입하였습니다.

```
17 [Step.4] Map Replace
18 dbFruit is {A001: Apple, A002: Mango, A003: Orange}
19
```

넷째는 Map 객체의 특정 element에 대한 value도 변경이 가능함을 보여주는 부분입니다.

18 같은 key 값에 대한 value가 "Orange"로 바뀌어 있는 것을 볼 수 있습니다. **14**에서는 "A003"의 value가 "Banana"였습니다.

```
20 [Step.5] Map containsKey() and contaionsValue()
21 Key 'A002' in dbFruit ? : true
22 Key 'A004' in dbFruit ? : false
23 Value 'Apple' in dbFruit ? : true
24 Value 'Kiwi' in dbFruit ? : false
25
```

다섯째 영역에서는 Map 객체 안에 특정 key 값과 value를 갖는 element가 포함되어 있는지 확인하는 기능을 사용합니다. 이 기능은 Map 클래스에서 제공되며 key 값이나 value를 포함하고 있다면 true, 포함되지 않은 경우라면 false로 반환합니다.

21 key 값이 "A002"인 element가 dbFruit안에 있는지 확인합니다. **18**처럼 "A002"는 "Mango"를 value로 하고 있으므로 true를 출력했습니다.

22 key 값이 "A004"인 element가 dbFruit안에 있는지를 확인합니다. 18에서 "A004"를 key 값으로 갖는 element는 없기에 false를 출력했습니다.

23 value가 "Apple"인 element가 dbFruit안에 있는지 확인합니다. 18처럼 key 값이 "A001"인 element의 value가 "Apple"이니 결과는 true가 됩니다.

24 value가 "Kiwi"인 element가 dbFruit안에 있는지 확인합니다. 18에서 value가 "Kiwi"인 element는 없으니 결과는 false가 됩니다.

```
26  [Step.6] Map Removal
27  dbFruit is {A001: Apple, A003: Orange}
28
```

여섯째는 Map 객체 안의 특정 element를 제거하는 것도 가능함을 보여주는 부분입니다.

27 18에서 봤던 3개의 element 중, "A002"를 key 값으로 하는 element가 제거되었습니다.

```
29  [Step.7] Map Clear
30  dbEmpty is {}
```

일곱째로 Map 객체 안의 모든 element를 제거하여 비어 있는 Map 객체로 만드는 방법도 소개합니다.

30 15처럼 3개의 element를 갖던 dbEmpty는 30과 같이 비어 있는 Map 객체로 변경되었습니다.

소스 코드 설명

Map 객체에 속한 element들의 순서는 Set처럼 의미가 없습니다. 따라서 Map 객체를 만들고, element를 넣고, 찾고, 수정하고, 지우는 등의 동작들이 중요합니다. Map을 본격적으로 알아가기 전에 이번 챕터에서 다루는 Map의 기능들을 [표 1]과 같이 정리하였습니다.

기능	의미
length	Map에 포함된 항목의 개수를 계산
runtimeType	Map 클래스의 타입을 확인
isNotEmpty	Map에 포함된 항목이 비어 있지 않음을 확인
isEmpty	Map에 포함된 항목이 비어 있음을 확인
addAll	Map에 전달받은 항목(들)을 추가
containsKey	Map에 포함된 항목에 특정 key가 포함되어 있는지 확인
containsValue	Map에 포함된 항목에 특정 value가 포함되어 있는지 확인
remove	Map에서 특정 항목을 삭제
clear	Map에 포함된 모든 항목을 삭제

[표 1] 소스 코드에서 다루는 Map의 기능들

미리 보는 수행 결과 ❶~❸

```
1  void main() {
2    print("[Step.1] Map Creation");
3    Map dbFruit = {"A001": "Apple", "A002": "Mango"};
4    var dbEmpty = <dynamic, dynamic>{};
5    print("dbFruit is $dbFruit");
6    print("dbEmpty is $dbEmpty");
7
```

Map 클래스의 객체를 만드는 방법은 List 및 Set과 같이 여러 방법이 있습니다.

1 main 함수를 시작합니다.

3 Map 객체를 만들면서 초기화를 하는 방식입니다. Map 클래스의 객체 dbFruit을 만든다고 선언하면서 중괄호({ })안에 2개의 element를 설정하였습니다. 첫 번째 element는 "A001"을 key로 하면서 "Apple"을 value로 쌍을 이루고 있습니다. 두 번째 element는 "A002"를 key로 하면서 "Mango"를 value로 쌍을 이루고 있습니다. 수행 결과에서 봤듯이 이렇게 하면 key와 value가 기본적으로 dynamic 타입으로 된 Map 클래스의 객체를 만들 수 있습니다.

4 비어 있는 Map 객체를 만드는 방법을 보여줍니다. 〈dynamic, dynamic〉로 element 타입을 정의하고, 이어서 중괄호를 열고 비어 있는 상태에서 닫아 비어 있는 Map 객체가 만들어집니다. 그리고 객체의 이름을 dbEmpty로 하였습니다.

5~**6** 두 개의 Map 객체에 포함된 element들을 출력하였습니다.

미리 보는 수행 결과 ❺~⓫

```
8   print("\n[Step.2] Map Properties");
9   print("dbFruit.length is ${dbFruit.length}");
10  print("dbFruit[\"A001\"] is ${dbFruit["A001"]}");
11  print("dbFruit.runtimeType is ${dbFruit.runtimeType}");
12  print("dbFruit.isNotEmpty is ${dbFruit.isNotEmpty}");
13  print("dbEmpty.runtimeType is ${dbEmpty.runtimeType}");
14  print("dbEmpty.isEmpty is ${dbEmpty.isEmpty}");
15
```

Map 클래스는 다양한 프로퍼티들을 제공하고 있습니다.

9 length는 Map 객체에 포함된 element의 갯수를 알려줍니다.

10 Map 객체에 저장된 element를 확인하는 방법을 보여줍니다. 객체의 이름 뒤에 대괄호 기호를 쓰고 그 안에 key 값을 명시하면 Dart 언어는 key 값에 대응하는 value를 계산합니다.

11, **13** runtimeType를 사용하고 있습니다. 이전 챕터들에서도 객체의 클래스 타입을 확인하기 위한 용도로 등장했던 프로퍼티입니다. 수행 결과를 보면, **3**과 **4**에서 만든 두 개의 객체들이 모두 동일하게 Map〈dynamic, dynamic〉 타입임을 알 수 있습니다.

12, **14** Map 객체에 element가 포함되어 있는지 혹은 비어 있는지는 각각 isNotEmpty와 isEmpty의 값을 보면 알 수 있습니다. 그리고 미리 보는 수행 결과 **14**, **15**에서 dbFruit 객체와 dbEmpty 객체의 출력을 확인할 수 있습니다.

미리 보는 수행 결과 ⓭~⓯

```
16  print("\n[Step.3] Map Addition");
17  dbFruit["A003"] = "Banana";
18  print("dbFruit + <A003: Banana> is $dbFruit");
19  dbEmpty.addAll(dbFruit);
20  print("dbEmpty += dbFruit is $dbEmpty");
21
```

Map 객체에 새로운 element를 넣는 대표적인 방법은 두 가지입니다.

17 첫 번째 방법은 한 개의 element를 넣는 것입니다. 객체의 이름에 새로운 element로 저장할 key 값을 인덱스로 정하고, 이 key 값에 매핑되는 새로운 value를 '=' 연산자로 저장하는 문법입니다.

18 결과가 출력되어, "Banana"를 value로 하고 "A003"을 key로 하는 element가 추가된 것을 볼 수 있습니다.

19 여러 element를 한 번에 저장하려면 addAll() 메서드를 사용합니다. 이 메서드의 입력 파라미터는 Map 객체입니다. 이렇게 하면 소스 코드의 dbEmpty 객체는 입력 파라미터로 받은 Map 객체의 element 들을 본인의 element들로 저장합니다.

20 비어 있던 dbEmpty 객체가 dbFruit 객체가 가지고 있던 모든 element들로 채워졌습니다.

미리 보는 수행 결과 ⑰~⑱

```
22    print("\n[Step.4] Map Replace");
23    dbFruit["A003"] = "Orange";
24    print("dbFruit is $dbFruit");
25
```

23 Map 객체에 저장되어 있는 특정 element의 value를 바꾸는 방법은 간단합니다. 이미 있는 key 값인 "A003"의 기존의 value인 "Banana"를 "Orange"로 변경할 수 있습니다. 결과를 출력하면 value가 바뀌어 있는 것을 볼 수 있습니다.

미리 보는 수행 결과 ⑳~㉔

```
26    print("\n[Step.5] Map containsKey() and containsValue()");
27    print("Key 'A002' in dbFruit ? ${dbFruit.containsKey("A002")}");
28    print("Key 'A004' in dbFruit ? ${dbFruit.containsKey("A004")}");
29    print("Value 'Apple' in dbFruit ? ${dbFruit.containsValue("Apple")}");
30    print("Value 'Kiwi' in dbFruit ? ${dbFruit.containsValue("Kiwi")}");
31
```

Map 클래스의 containsKey() 메서드는 이름이 의미하는 대로, 입력 파라미터로 전달받은 key 값을 갖는 element가 객체에 포함되어 있는지를 확인합니다. 유사하게 containsValue() 메서드는 입력 파라미터로 전달받은 value를 갖는 element가 객체에 포함되어 있는지를 확인합니다. 만약 존재하면 true가 되고 존재하지 않으면 false가 됩니다.

미리 보는 수행 결과 ㉖~㉗

```
32    print("\n[Step.6] Map Removal");
33    dbFruit.remove("A002");
34    print("dbFruit is $dbFruit");
35
```

Map 객체를 만든 후 element를 추가하거나 수정했다면 element를 지울 수도 있습니다. 하나의 element를 지우고자 한다면 remove() 메서드를 사용합니다. 지우고자 하는 element의 key 값을 입력 파라미터로 넣어 해당 element를 삭제합니다.

33 dbFruit 객체의 element 중 key 값이 "A002"인 element를 찾아서 없애는 코드입니다.

34 "A001"과 "A003"을 key 값으로 하는 element들만 남았습니다.

미리 보는 수행 결과 ㉙~㉚

```
36    print("\n[Step.7] Map Clear");
37    dbEmpty.clear();
38    print("dbEmpty is $dbEmpty");
39
```

37 clear() 메서드는 별도의 입력 파라미터가 없습니다. 객체가 관리하는 모든 element를 삭제하라는 의미입니다.

38 실행 결과를 보면 dbEmpty가 비어 있습니다.

```
40    // Reference : https:api.flutter.dev/flutter/dart-core/Map-class.html
41  }
42
```

40 Dart 언어의 Map 클래스에 대한 구체적인 정보를 웹 사이트 주소에서 확인할 수 있습니다. Map 클래스는 Key 값과 value를 갖는 데이터를 사용하는 사전과 유사한 기능을 구현하고자 할 때 활용하면 됩니다.

핵심 요약

Map 클래스는 다른 프로그래밍 언어들의 경우 dictionary라고 불리는 〈 key : value 〉의 쌍으로 된 element를 관리합니다. 여기서 key 값은 오직 하나의 element에서만 나타나야 합니다. 중복은 허용되지 않습니다. Set처럼 element들의 순서는 의미가 없으며 Map 객체에 element를 추가하고, 변경하고, 삭제하는 등의 작업을 지원합니다.

▶▶ 연습 문제

1. 핵심 내용 복습하기

❶ 소스 코드에서 다룬 Map 클래스의 메서드들의 설명을 공식 사이트에서 찾아 확인합니다.

❷ 소스 코드에서 다룬 Map 클래스의 프로퍼티들의 설명을 공식 사이트에서 찾아 확인합니다.

2. 예제 코드 수정하기

❶ 소스 코드의 3번 줄에서 dbFruit가 다루는 key와 value의 타입이 String이 되도록 수정한 후, 실행 결과를 확인합니다.

❷ 소스 코드의 4번 줄에서 dbEmpty가 다루는 key와 value의 타입을 변경한 후, 이에 맞춰서 관련된 코드들을 수정하고 실행 결과를 확인합니다.

3. 추가 기능 작성하기

❶ dbFruit의 전체 element들을 '1'에서 시작하는 문자열의 값으로 변경하는 코드를 반복문을 사용해서 작성해 보고 결과를 확인합니다.

❷ 소스 코드에서 사용하지 않은 Map 클래스의 메서드를 적용해 보고 결과를 확인합니다.

CHAPTER. 13

알아 두면 요긴한 Dart 언어 기능 이해하기

Dart 언어의 기본 문법을 배우는 마지막 챕터입니다. 향후 도움이 될 만한 사항들을 총 11가지로 나눠서 설명합니다. 하나씩 예제를 익히며 이해해 보겠습니다. 배울 내용들의 이름만 먼저 나열해 보면 다음과 같습니다.

- Unicode(유니코드)
- Cascade Operators(캐스케이드 연산자)
- forEach 메서드
- Nested Function(중첩 함수)
- Conditional Expression(조건적 표현)
- Bitwise Operators(비트 처리 연산자)
- Hexa-Decimal Presentation(16진법 표현)
- Exponential Presentation(지수 표현)
- String-to-Number Conversion(문자열을 숫자로 변환)
- Enumerator(나열형 데이터)
- Null-Safety(Null에 대한 프로그램 안정성 보장)

미리 보는 수행 결과

이번 챕터는 다루는 내용이 많기도 하지만, 수행 결과를 보는 것만으로는 이해하기 어려운 챕터입니다. 따라서 앞서 나열한 11가지 문법을 적용한 수행 결과만 먼저 표시하고, 수행 결과의 자세한 설명은 소스 코드 설명 시 하겠습니다.

첫 번째인 Unicode(유니코드) 실습 수행 결과는 다음과 같습니다.

```
1  [1] Unicode Presentation
2  가
3  {A: A, a: a, clap: 👏, smile: ☺, star: *}
4
```

두 번째인 Cascade Operators 실습 수행 결과는 다음과 같습니다.

```
5  [2] Cascade Operators
6  [0, 1, 2]
7
```

세 번째인 forEach 실습 메서드 수행 결과는 다음과 같습니다.

```
8  [3] forEach Method
9  * 0 *
10 * 1 *
11 * 2 *
12
```

네 번째인 Nested Function(중첩 함수) 실습 수행 결과는 다음과 같습니다.

```
13 [4] forEach Method with Nested Function
14 ☺ 0 ☺
15 ☺ 1 ☺
16 ☺ 2 ☺
17
```

다섯 번째인 Conditional Expression(조건적 표현) 실습 수행 결과는 다음과 같습니다.

```
18 [5] Conditional Expression
19 dicEmoji is not empty
20
```

여섯 번째인 Bitwise Operators(비트 처리 연산자) 실습 수행 결과는 다음과 같습니다.

```
21  [6] Bitwise Operators
22  2 1 3 0
23
```

일곱 번째인 Hexa-Decimal Presentation(16진법 표현) 실습 수행 결과는 다음과 같습니다.

```
24  [7] Hexa Decimal Presentation
25  1
26  255
27
```

여덟 번째인 Exponential Presentation(지수 표현) 실습 수행 결과는 다음과 같습니다.

```
28  [8] Exponential Presentation
29  110
30
```

아홉 번째인 String-to-Number Conversion(문자열을 숫자로 변환) 실습 수행 결과는 다음과 같습니다.

```
31  [9] String to Number Conversion
32  1
33  1.1
34
```

열 번째인 Enumerator(나열형 데이터) 실습 수행 결과는 다음과 같습니다.

```
35  [10] Enumerator
36  [Color.red, Color.green, Color.blue]
37  Color.red
38
```

열한 번째인 Null-Safety(Null에 대한 프로그램 안정성 보장) 실습 수행 결과는 다음과 같습니다.

```
43 ♥ null-safety ♥
44 * null-safety *
45 3
46 1
47 3
48 1
49 null
50 1
51 5
```

소스 코드 설명

이번 챕터는 Dart 언어의 기초를 마무리하는 의미 있는 과정입니다. 그리고 서로 다른 성격의 내용을 여럿 다루면서 소스 코드를 여기 저기 돌아다닙니다. 또한 주석 처리된 내용의 주석을 해제해서 사용하기도 하고, 다시 주석 처리해서 실행을 막기도 합니다. 따라서 보다 더 주의 깊게 읽기 바랍니다.

```
25 void main() {
```

25 가장 먼저 main 함수의 시작입니다. main 함수 위에 이미 몇 가지 함수들이 작성되어 있는 것을 볼 수 있습니다.

1. Unicode 이해하기

컴퓨터에서 글자를 처리하는 방법은 여러 가지가 있습니다. 그러나 어떤 방법을 배우든 간에 가장 먼저 이해해야 하는 개념은 "컴퓨터는 모든 정보를 숫자로 다룬다"입니다. 우리는 글자, 사진, 동영상, 음악 등 다양한 미디어를 컴퓨터와 스마트폰을 통해서 다루고 있습니다. 사람의 눈에는 숫자로 보이지 않는 글자, 사진, 동영상, 음악도 컴퓨터 안에서는 모두 숫자입니다.

미리 보는 수행 결과 ❶~❸

```
26   print("[1] Unicode Presentation");
27
28   print('\u{AC00}');
29   Map dicEmoji = {
30     'A': '\u{0041}',
31     'a': '\u{0061}',
```

```
32      'clap': '\u{1f44f}',
33      'smile': '\u{1F642}',
34      'star': '\u{2605}'
35    };
36    print("$dicEmoji");
37    // Unicode Reference: https://home.unicode.org/
38
```

28 print() 함수를 사용하고 있습니다. 그리고 이 함수의 출력 결과물이 미리 보는 수행 결과 2 에 있습니다. 바로 한글의 '가' 글자입니다. 하지만 이상하게도 print()에는 한글이 보이지 않습니다. 그 이유를 알아보겠습니다.

먼저 "코드(code)"라는 것이 무엇인지 알아야 합니다. 컴퓨터 안에서 모든 것들은 숫자로 처리되어야 합니다. 이러한 이유로 사람에게 의미가 있는 글자나 기호들을 일 대 일로 대응하는 숫자로 표현하기로 약속했고 이렇게 약속된 숫자가 코드입니다. 예를 들어 미리 보는 수행 결과 2 의 '가' 글자의 경우 사람에게는 한글 글자 '가'로 이해되는 정보지만, 컴퓨터는 '가'에 1:1로 대응하는 숫자로 저장하고 처리해야 합니다. 그렇게 하기 위해서 한글을 컴퓨터에 넣고자 하는 사람들이 '가' 글자에 1:1로 대응하는 고유한 숫자를 정했습니다. 소스 코드 28 에서는 이 숫자를 print() 함수의 입력 파라미터로 사용했고, print() 함수는 이 숫자에 대응하는 한글 글자 '가'를 화면에 출력한 것입니다.

그렇다면 '가' 글자에 대응하는 '숫자'는 무엇일까요? 답을 먼저 이야기하면 바로 print() 함수의 입력 파라미터인 '\u{AC00}'입니다. '\u{AC00}'의 모습이 특이해 보이지만, 앞서 문자열에서 다룬 내용을 하나 찾을 수 있습니다. 바로 '\' 입니다. 즉, 출력한 내용이 특수 코드라는 것입니다. 그럼 이제 특수 코드 'u'의 의미가 중요한데, 'u'는 Unicode를 뜻합니다. 합쳐서 '\u'는 "이제 출력할 내용은 유니코드입니다"라는 의미입니다. 그리고 중괄호 안에는 AC00이 적혀 있습니다. 여기서 다시 의문이 생기는 분이 있을 겁니다. 중괄호 안의 0은 숫자가 맞아 보이는데, 왜 다시 글자인 A와 C가 나타나냐는 의문이 생길 수 있습니다. 모든 것이 숫자인 컴퓨터의 세계에서는 A와 C도 엄연히 숫자입니다.

A와 C가 숫자라는 것을 이해시켜 드리겠습니다. 우리가 1부터 10까지 세는 방법을 10진법이라고 합니다. 사람의 손가락이 10개여서 10이라는 숫자에 익숙하기도 하지만, 현대 사회가 10진법을 근간으로 하기 때문에 익숙하다고 볼 수 있습니다. 그렇다면 진법이 10진법만 있냐고 묻는다면 그렇지 않습니다. 컴퓨터는 10진법 보다는 2의 배수를 세는 방식을 선호합니다. 이는 컴퓨터를 동작하게 하는 전기로 표현할 수 있는 상태가 ON과 OFF의 두 가지이기 때문입니다. 그리고 2의 배수로 만들어진 진법도 여러 가지가 있는데, 현대의 컴퓨터들이 선호하는 방식인 16진법이 있습니다. 숫자를 1부터

16까지 세는 방법입니다. 그런데 10진법의 세상에서 10 이상의 숫자는 두 자리를 차지하므로 한 자리에 0부터 15까지의 16가지 의미를 모두 담는 방법이 필요합니다. 16진법에서는 10이 넘어가면 알파벳의 A부터 F를 사용하여 표기하는 방법을 사용합니다. 10진법에서는 10/11/12/13/14/15로 쓰지만, 16진법에서는 각각을 A/B/C/D/E/F로 표현합니다. 덕분에 0부터 15까지의 16가지 의미를 한 자리에 넣을 수 있게 되었습니다. 따라서 AC00은 16진법의 숫자라고 보는 게 맞으며, A는 10, C는 12를 의미합니다.

이렇게 다양한 글자와 기호를 숫자에 매핑하는 것을 코드라고 하는데, 코드에도 여러 가지 종류가 있습니다. ASCII, UTF, Unicode 등입니다. 이 중 Unicode는 전세계의 다양한 글자와 기호를 컴퓨터에 일관되게 저장하기 위한 국제적인 표준으로 만들어졌습니다. 29~35에 Map 객체인 dicEmoji가 정의되어 있으며, 총 5개의 pair가 저장되어 있습니다. key 값을 보면, 사람에게 어떤 의미를 나타내는지를 유추할 수 있습니다.

30~31 알파벳 A의 대문자와 소문자가 있습니다.

32~34 영어 단어 박수(clap), 웃음(smile), 별(star)이 있습니다. value를 보면, 각각의 의미에 해당하는 유니코드인 0041, 0061, 1F44F, 1F642, 2605가 있습니다.

36 dicEmoji의 전체 element를 출력하면, 미리 보는 수행 결과 3 처럼 각각의 key 값에 상응하는 이모지(혹은 이모티콘) 기호들이 출력됩니다. 이와 같은 방식으로 스마트폰의 채팅 프로그램이나 문자 서비스, 워드 프로세서에서 각종 이모티콘과 특수 기호를 표시하는 것입니다.

Dart 언어는 기본적으로 컴퓨터, 웹, 스마트폰 등 다양한 기기 들에서 동작하는 소프트웨어를 개발할 수 있도록 만들어졌습니다. 그리고 이러한 기기들은 전세계의 사람들이 사용하도록 만들어지고 있습니다. 따라서 프로그램이 전세계의 모든 언어와 기호를 표현하는 것은 매우 중요한 기술입니다.

37 전세계 어디서든 동작하는 소프트웨어를 개발하는 것을 목표로 하는 개발자라면, Unicode의 공식 사이트를 방문하여 관련 내용을 한번 살펴보기를 권합니다.

2. Cascade 연산자 이해하기

Cascade 연산자는 새로운 문법으로, 기존의 작업을 조금 더 쉽게 하기 위한 표현입니다.

미리 보는 수행 결과 ❺~❻

```
39    print("\n[2] Cascade Operators");
40
41    List iList = [];
42    iList
43      ..addAll([2, 1])
44      ..add(0)
45      ..sort((a, b) => a.compareTo(b));
46    print("$iList");
47
```

42~45 줄 첫 부분에 낯선 표현인 '..' 기호가 있습니다. 이 부분을 새로운 문법을 쓰지 않고 기존 문법 그대로 사용하여 표현하면 다음과 같습니다.

```
iList.addAll([2, 1]);
iList.add(0)l
iList.sort((a, b) => a.compareTo(b));
```

인상적이라고 할 만큼 특별하지는 않지만, iList 객체에 대한 메서드를 연속하여 호출하고 있습니다. 이런 경우에 사용하는 문법인 ".."이 Cascade 연산자입니다. 42처럼 메서드를 호출할 객체의 이름을 쓴 후, 이어서 43~45처럼 객체의 이름 없이 Cascade 연산자를 의미하는 ".." 뒤에 메서드를 호출하면 됩니다.

43 2와 1을 element에 추가했습니다.

44 다시 0을 추가했습니다.

45 오름차순으로 정렬하였습니다.

46 출력을 보면 객체에 element들을 넣고 순서대로 정렬하는 작업이 순차적으로 잘 수행되어 있습니다.

사소한 문법 같지만, 눈으로 보기에도 명확하게 읽히고 객체의 이름을 반복적으로 타이핑하는 경우에 발생 가능한 오탈자 등을 줄여준다는 면에서 알아 두면 좋은 문법입니다.

3. forEach 메서드 이해하기

Dart 언어의 객체 중에는 forEach() 메서드를 지원하는 경우가 여럿 있습니다. forEach() 메서드의 입력 파라미터는 함수입니다.

미리 보는 수행 결과 ❽

```
48    print("\n[3] forEach Method");
49
50    iList.forEach(printStar);
51
```

50 iList 객체의 forEach() 메서드를 호출하고 있습니다. 메서드의 입력 파라미터 부분에 printStar라고 쓰여 있는데, 이는 **1**~**3**에서 정의한 함수입니다.

미리 보는 수행 결과 ❾~⓫

```
1  void printStar(var item) {
2    print("\u{2605} $item \u{2605}");
3  }
4
```

1~**3** printStar() 함수는 입력 파라미터가 하나이고, 출력 파라미터는 없기 때문에 리턴 타입은 void 타입으로 정의되어 있습니다. 그리고 함수 내부를 보면, 입력 파라미터인 item을 화면에 출력합니다. 출력은 입력 파라미터 글자의 앞뒤에 유니코드 글자를 붙여서 출력합니다. 유니코드 2605는 이미 **34**에 별표로 나타나 있습니다.

그렇다면 입력 파라미터를 받아서 입력 파라미터의 앞뒤에 별표를 붙인 후 출력하는 함수의 이름을 forEach() 메서드의 입력 파라미터로 준다는 의미는 무엇일까요? 한 문장으로 설명하면 "iList 객체의 모든 element들을 printStar() 함수의 입력 파라미터로 적용해서 실행하라"는 의미입니다. 따라서 **50**에서는 iList 객체의 element인 0을 입력하여 printStar(0)을 실행하고, 다음으로 1을 입력하여 printStar(1)을 수행한 후, iList의 마지막 element인 2를 입력하여 printStar(2)를 실행합니다. 다수의 element를 갖는 객체가 있을 때, 객체 내부의 전체 혹은 일부 element들에 대해서 동일한 작업을 수행하는 경우에 요긴하게 사용하는 문법입니다.

4. Nested Function(중첩 함수) 이해하기

Nested라는 단어는 앞에서도 언급된 적이 있습니다. 바로 Nested 반복문입니다. 이전에 반복문 안에 반복문이 있는 사례를 설명한 적이 있습니다. Nested Function은 함수 안에서 함수를 정의하는 문법이라고 보면 됩니다.

미리 보는 수행 결과 ⑭~⑯

```
52  print("\n[4] forEach Method with Nested Function");
53
54  void printSmile(var item) {
55    print("\u{1F642} $item \u{1F642}");
56  }
57
58  iList.forEach(printSmile);
59
```

54~56 추가로 배워야 할 문법은 없으며 함수 안에서 함수를 만들면 됩니다. 지금은 main 함수 안에서 printSmile() 함수를 만든 것입니다. 함수의 형태와 수행 동작을 보면 printStar() 함수와 사실상 동일합니다. 함수 이름이 printSmile()로 바뀌었고 내부적으로 출력하는 유니코드가 별표 기호에서 스마일 기호로 바뀐 것뿐입니다.

58 이렇게 만든 함수를 iList 객체의 forEach() 메서드의 입력 파라미터로 전달하였습니다.

함수 안에서 정의한 함수는 함수가 속한 함수 안에서만 유효합니다. 함수에 속한 지역 변수가 변수가 속한 함수 안에서만 유효한 것과 같은 맥락입니다. 흔하게 사용하는 문법은 아니지만 함수 안에서만 유효한 함수를 만들어서 사용하고 싶은 경우 고려해 볼만한 문법이라고 보면 됩니다.

5. Conditional Expression (조건적 표현) 이해하기

조건적 표현은 새로운 문법이지만 의미는 기존의 if 구문과 유사합니다. 조건적 표현을 사용하지 않고 이미 알아본 if 구문만으로도 충분히 구현 가능합니다. 기존의 if 구문보다 짧고 명료하게 만들어진 조건적 표현 문법이 끌리면 사용하고, 그렇지 않으면 if 조건문으로 작성해도 충분합니다. 조건적 표현은 다음의 형태를 가집니다.

```
A ? B : C
```

이 문장의 의미는 "만약 A가 true이면 B를 선택하고, 그렇지 않고 A가 false이면 C를 선택한다"는 의미의 문법입니다. if 조건문을 써도 같은 코드를 작성할 수 있습니다. 하지만 if와는 달리 '?'와 ':' 기호 만으로 짧고 명료하게 작성할 수 있는 방법입니다.

미리 보는 수행 결과 ⑲

```
60    print("\n[5] Conditional Expression");
61
62    var result = dicEmoji.isEmpty ? "dicEmoji is empty" : "dicEmoji is
      not empty";
63    print(result);
64
```

62 단순한 예시입니다. dicEmoji 객체가 비어 있으면 result는 "dicEmoji is empty"로 설정됩니다. dicEmoji 객체가 비어있지 않고 element가 하나라도 있다면 result는 "dicEmoji is not empty"로 설정됩니다. dicEmoji는 총 5개의 element를 포함하고 있어 후자인 "dicEmoji is not empty"로 설정됩니다.

63 미리 보는 수행 결과 19처럼 결과가 나오는 것을 볼 수 있습니다.

6. Bitwise Operators(비트 처리 연산자) 이해하기

데이터를 bit 단위로 처리하는 연산자입니다. 이 부분은 bit라는 단어를 이미 이해하고 있으며, 프로그램을 개발하면서 bit 처리가 필요한 독자들만 보면 되겠습니다. 컴퓨터의 구조를 이해하는 독자라면 이 단어의 의미를 알 수 있습니다. 그렇지 않은 경우라면 이 문법을 이해하기 위해서 굳이 지금 bit를 공부할 필요는 없습니다. bit의 의미를 알고 있다면 이제 설명하는 문법을 기억해 두었다가 bit 처리 시 활용하기를 바랍니다.

NOTE

bit는 간단하게 이야기하면 0 혹은 1의 값을 가질 수 있는 저장장치의 최소 개념입니다. 8개의 bit가 모이면, 1 Byte(바이트)가 됩니다. 흔히 하드 디스크 혹은 SSD 디스크의 용량을 나타낼 때 1TB와 같이 표현하는데, 여기서의 B가 바로 Byte입니다.

미리 보는 수행 결과 ㉑~㉓

```
65    print("\n[6] Bitwise Operators");
66
67    int bitOne = 1; //00000001
68    int bitTwo = 2; //00000010
69    // 00000010, 00000001,00000011, 00000000
70    print("${bitOne << 1} ${bitTwo >> 1} ${bitOne | bitTwo} ${bitOne &
      bitTwo}");
71
```

67 int 클래스의 객체인 bitOne 변수를 만들었고, 오른쪽의 주석문과 같이 00000001이라는 숫자를 적어 두었습니다. 오른쪽의 숫자는 이해를 돕고자 작성한 부분인데, bit를 이해한다면 의미를 바로 이해할 겁니다. 8비트 기준으로 2진법을 사용하여 정수 1을 표현하고 있습니다.

68 같은 방식으로 bitTwo 변수에 정수 2를 저장하였습니다.

70 Dart 언어에서 bit를 다루는 문법은 몇 가지가 있습니다. 총 4개의 bit 연산자를 사용하면서, 각각의 결과를 출력하고 있습니다.

첫 번째 연산자는 '<<' 입니다. 미리 보는 수행 결과 22를 보면 이 연산의 결과가 2로 나타나 있습니다. '<<'는 전문 용어로 'shift-left'라고 합니다. '왼쪽으로 이동'한다는 의미입니다. 여기에 숫자가 추가되면 "<<1"과 같은 형태가 됩니다. "bit 단위로, 왼쪽으로 1비트 이동"한다는 의미입니다. 69에서 출력되는 값들을 8비트로 표현하였는데, 첫 번째 8비트가 00000010으로 나타나 있습니다. 67에서 00000001이었던 값이 bit 단위에서 왼쪽으로 한 칸 이동했기에 00000010이 된 겁니다. 이 값은 10진법으로 출력하면 2입니다. 따라서 물리적으로 1비트 왼쪽으로 이동한다는 의미는 10진법으로 계산했을 때 2배가 된다고 생각하거나 2를 곱한다고 생각하면 됩니다.

두 번째는 ">>" 연산자입니다. 'shift-right'라고 하며, 'shift-left'의 반대 의미인 2로 나누는 계산입니다. 물리적으로도 68에서 00000010으로 표시된 bitTwo 변수를 오른쪽으로 1비트, 즉 한 칸 이동하여 00000001으로 변경했습니다. 두 번째 출력 값도 원래의 값인 2에서 1로 바뀌었습니다.

세 번째는 "|" 비트 연산자입니다. 앞서 "||" 연산자가 논리 연산에서 등장했었는데, 두 글자였던 이 연산자를 한 글자만 사용하도록 바꾼 것입니다. 왼쪽의 값과 오른쪽의 값을 OR 연산하지 않고 왼쪽과 오른쪽을 모두 비트로 구성한 뒤 같은 위치의 비트 값들을 모두 개별적으로 OR합니다. 소스 코드의 bitOne과 bitTwo는 비트로 표기하면 00000001과 00000010입니다. 이 경우 맨 오른쪽의 비트는

각각 1과 0입니다. 따라서 이 둘의 OR 결과는 1이 됩니다. 오른쪽에서 두 번째의 비트는 각각 0과 1입니다. 이 비트의 OR 결과도 1이 되어 결국 비트 단위로 OR 계산을 하는 "bitOne | bitTwo"의 계산 결과는 00000011이 됩니다. 그리고 이 값은 10진법으로 3입니다. 이로 인하여 실행 결과에서 세 번째 숫자로 3이 출력됩니다.

네 번째는 "&" 비트 연산자입니다. 이 연산자도 앞서 "&&" 연산자로서 논리 연산에서 등장했었습니다. 두 글자였던 이 연산자를 한 글자만 사용하도록 바꾼 것인데, 왼쪽의 값과 오른쪽의 값을 AND 연산하지 않고 왼쪽과 오른쪽의 변수(혹은 상수)의 각 비트 별로 모두 AND 연산하여 결론적으로 00000000이 됩니다. 이로 인하여 실행 시 네 번째 숫자는 0으로 출력됩니다.

7. Hexa-Decimal Presentation(16진법 표현) 이해하기

16진법은 앞서 유니코드에서 설명하였습니다. 유니코드를 사용하는 경우에만 16진법으로 숫자를 표시하는 것은 아닙니다. 사진/영상을 다루거나 통신 프로그램을 만드는 작업 등의 여러 분야에서 16진법을 사용하여 정보를 나타내고 있습니다. 이렇게 유니코드를 나타내기 위한 용도가 아닌 단순히 숫자를 16진법으로 표기하는 경우에는 74와 75처럼 0x로 시작한 후, 코드를 뒤에 쓰면 됩니다. 여기서 '0'은 숫자 0이며, 'x'는 X의 소문자입니다.

미리 보는 수행 결과 ㉔~㉖

```
72    print("\n[7] Hexa Decimal Presentation");
73
74    num var1 = 0x01;
75    num var2 = 0xFF;
76    print(var1);
77    print(var2);
78
```

74 0x01은 이진법으로 나타내면 00000001과 동일한 표현입니다. 따라서 1이 출력됩니다.

75 0xFF는 이진법 기반으로 나타내면 11111111과 동일한 표현입니다. 10진법으로 계산한 값인 255가 출력됩니다.

8. Exponential Presentation(지수 표현) 이해하기

수학 문제를 자주 다룬다면, 지수를 다루는 경우도 많습니다. 지수는 수학과 유사하게 알파벳 e를 사용하여 표시하면 됩니다.

미리 보는 수행 결과 ㉗~㉙

```
79    print("\n[8] Exponental Presentation");
80
81    num varE = 1.1e2;
82    print(varE);
83
```

9. String-to-Number Conversion(문자열을 숫자로 변환) 이해하기

앞서 정수와 실수 클래스를 설명하면서, 숫자를 문자열로 변환하는 메서드를 설명하였습니다. 프로그램을 개발하다 보면 반대의 경우가 필요하기도 합니다. 즉, 문자로 표시된 숫자를 정수나 실수로 변환해야 할 수도 있습니다. 방법은 어렵지 않습니다.

미리 보는 수행 결과 ㉛~㉝

```
84    print("\n[9] String to Number Conversion");
85
86    num varI = int.parse('1');
87    num varD = double.parse('1.1');
88    print(varI);
89    print(varD);
90
```

86 문자열을 정수로 변환하고 싶다면 문자열을 정수로 계산해 줍니다. 정수(int) 클래스의 parse() 메서드에게 변환을 희망하는 정수의 문자열을 입력 파라미터로 주면 됩니다. 소스 코드에서는 문자 '1'을 정수 1로 변환하였습니다.

87 문자열을 실수로 변환하고 싶다면 문자열을 실수로 계산해 줍니다. 즉 실수(double) 클래스의 parse() 메서드에게 변환을 희망하는 실수의 문자열을 입력 파라미터로 주면 됩니다. 이 경우는 문자열 '1.1'을 실수로 변환하였습니다.

88~**89** 변환한 결과를 출력하였습니다.

10. Enumerator(나열형 데이터) 이해하기

나열형 데이터는 개발자가 새로운 데이터 타입을 만들 수 있도록 지원하는 문법입니다. 특이한 사항은 새로운 데이터 타입이 갖는 값은 몇 가지의 값들로 제한되며, 그 외의 값은 다루지 못한다는 점입니다.

미리 보는 수행 결과 ㉟~㊲

```
91    print("\n[10] Enumerator");
92
93    print(Color.values);
94    Color chColor = Color.red;
95    print(chColor);
96
```

93 총 3개의 값이 출력된 것을 확인할 수 있습니다. 소스 코드에서 Color.values를 출력했더니 값이 한 개가 아니고 Color.red, Color.green, Color.blue의 세 가지 값이 출력되었습니다. 이 값의 의미는 Color라는 데이터 타입은 이 세 가지의 값 중 하나만 가져야 하며, 그 외의 값을 Color 데이터 타입에 저장하려고 하면 에러가 난다는 의미입니다.

94 새로운 데이터 타입을 개발자가 직접 만든다고 했으니, 데이터 타입에 기반하는 변수를 만들 수 있겠지요? Color 데이터 타입으로 chColor라는 이름의 변수를 만듭니다. 그리고 앞서 Color.values에서 출력한 세가지 값 중 하나인 Color.red를 저장합니다.

95 chColor 변수를 출력하였더니 Color.red가 출력되었습니다. 따라서 Color가 새로운 데이터 타입이며, 여기에 제한된 값 중 하나를 저장할 수 있음을 알 수 있습니다.

이렇게 제한된 값을 갖는 새로운 데이터 타입을 만드는 문법이 나열형 데이터입니다. 문법은 어렵지 않습니다. 소스 코드 **17**처럼 한 줄 작성하는 것으로 충분합니다.

```
17  enum Color { red, green, blue }
18
```

시작은 enum입니다. 개발자가 스스로 데이터 타입을 만든다는 의미의 문법입니다. 그리고 새로운 데이터 타입의 이름인 Color를 기입합니다. 마지막으로 Color 데이터 타입에 저장 가능한 값들을 중괄호 안에 적어주면 됩니다. 지금은 red, green 그리고 blue입니다.

제한된 값을 가진다는 의미를 조금 더 설명하겠습니다. 소스 코드에서 만든 Color 데이터 타입은 사진과 영상 등의 그래픽을 다룰 때 자주 등장하는 유형의 하나로, 세가지 색상인 빨간색, 초록색, 파란색을 저장한다는 의미입니다. "빛은 삼원색"이라는 이론하에, 이 세가지 색을 조합하여 최종 색상을 만들기 위한 용도로 많이 사용하는 유형입니다. 또 다른 사례로는 전기 스위치가 있는데, 전기 스위치의 경우는 통상 {off, on}와 같이 표현됩니다. 그 외의 값은 필요 없습니다. 이렇게 제한된 값을 갖는 데이터 타입을 개발자 스스로 만들 필요가 있을 때 나열형 데이터 문법을 사용합니다.

앞으로 프로그램에서 다루는 데이터 값이 제한된 값 중에서 하나를 선택해야 하는 경우라면 이 enum 문법을 활용함으로써 잘못된 값이 저장될 가능성을 억제하겠습니다.

11. Null-Safety (Null에 대한 프로그램 안정성 보장) 이해하기

'null'은 Dart 언어에서 '없다'는 의미입니다. 그리고 Null-Safety는 'null'로부터 프로그램의 안정성을 지킨다는 의미입니다. 없는데 왜 안정성에 문제를 일으킬까요? 소스 코드 97~149 사이에는 주석 처리된 문장들이 여러 줄 있습니다. 이들의 주석 처리를 취소하면, 대부분 에러를 발생시킵니다. 에러의 원인을 알아보면서 Null-Safety를 이해해 나가도록 하겠습니다. 이 과정이 상대적으로 어렵고 난해한 내용이 되겠지만, 프로그래머의 길을 시작하는 첫 단계에서 기초를 단단하게 다진다고 생각하고 천천히 이해하도록 합니다.

```
97   print("\n[11] Null Safety");
98
99   int iTemp = 3;
100  print(iTemp);
101  int iNonNullableInt;
102  //print(iNonNullableInt);
103  //iTemp = iNonNullableInt;
104
```

99 int 클래스의 객체인 iTemp를 만들고 정수 3을 저장합니다.

100 그리고 출력해 보면 3이 출력됩니다.

101 이번에는 int 클래스의 객체인 iNonNullableInt 객체를 만들고 어떠한 값도 주지 않습니다. 즉, 초기화를 하지 않았습니다. 그렇다면 iNonNullableInt 객체에는 무슨 값이 저장되어 있을까요?
102 iNonNullableInt 객체에 저장된 값을 출력해 보기 위하여 주석 처리를 제거한 후, print() 함수를 실행해 봅니다. 그러자 다음의 에러 문장이 여러 줄 나옵니다.

```
Error: Non-nullable variable 'iNonNullableInt' must be assigned before it can
be used.
    print(iNonNullableInt);
```

글자 그대로 해석하면, null을 가질 수 없는 iNonNullableInt 객체는 반드시 사용하기 전에 어떤 값이라도 갖도록 설정하여야 한다는 의미입니다. 여기서 특별한 문법을 쓰지 않은 Dart 언어의 변수는 null을 가질 수 없다는 것을 알 수 있습니다. 쉽게 말해 Dart 언어로 만든 프로그램의 변수들은 사용하기 전에 반드시 어떤 값을 가지고 있어야 합니다. 그렇지 않으면 102의 에러처럼 아예 코드가 동작하지 않고 에러를 발생합니다. 이제 Dart 언어에서 null이 어떤 의미를 갖는 지와 일반적인 경우라면 모든 변수는 초기화 값을 주어야만 문제가 없다는 것을 배웠습니다. 이제 에러가 난 102를 원래대로 주석 처리합니다.

103 주석 처리를 제거하고 바로 실행해 봅니다. 그러면 다음의 에러가 포함된 결과들이 출력됩니다.

```
Error: Non-nullable variable 'iNonNullableInt' must be assigned before it can
be used.
    iTemp = iNonNullableInt;
```

그런데 앞서 등장한 에러와 동일한 문장입니다. 왜 그럴까요? 실은 같은 이유입니다. iTemp는 일반적인 정수형 클래스 객체이고, 3으로 초기화 되어 있습니다. 아까 Dart 언어의 변수들은 null을 가질 수 없다고 했으므로 iTemp에는 null을 저장하면 안 됩니다. 그런데 오른쪽에서 값을 넘겨줄 iNonNullableInt 객체는 아직 어떤 값도 저장하지 않아 현재 null 상태입니다. null을 저장할 수 없는 iTemp에 null을 저장하라고 시켜 에러가 발생하는 겁니다. 이제 에러가 발생하는 103을 원래대로 주석 처리합니다.

```
105    int? iNullableInt;
106    iNullableInt = null;
107    print(iNullableInt);
108    //print(iNullableInt.abs());
109
```

105 새로운 문법이 등장했습니다. 앞서 101처럼 새로운 int 클래스의 객체를 만들고 있으며, 초기화를 하지 않는 것도 유사합니다. 다만 int 클래스 타입 뒤에 물음표가 있는 부분이 다릅니다. 이렇게 변수나 상수를 만들면서 클래스 이름 뒤에 물음표를 붙이는 새로운 문법입니다.

106 명시적으로 null을 iNullableInt 객체에 저장하고자 했는데, 프로그램은 아무런 에러 없이 제대로 실행됩니다. 즉, 앞서 iNonNullableInt 객체와 다르게 iNullableInt 객체에는 null을 저장할 수 있다는 겁니다. 이유는 새로운 문법에 있습니다. 새로운 물음표 문법은 객체를 만들 때 '이 객체는 null을 저장할 수 있다'고 선언하는 문법입니다. iNullableInt 객체는 int 클래스의 객체 혹은 null을 저장할 수 있습니다. 유사하게 double?로 객체를 만들면, 이 경우는 해당 객체가 double 클래스의 객체 혹은 null을 저장할 수 있습니다. 이렇게 Dart 언어는 기본적으로 null을 저장할 수 없는 방식으로 객체를 생성하지만, 물음표 문법을 사용하면 강제적으로 null을 저장하는 객체를 생성할 수 있습니다. 이러한 이유로 null을 iNullableInt에 저장해도 문제없이 동작합니다.

107 iNullableInt 객체를 출력하면 문자열 'null'이 화면에 출력됩니다.

108 주석 처리를 제거해 봅니다. 의도는 null을 갖고 있는 iNullableInt 객체의 abs() 메서드를 호출하는 것입니다. 물음표가 쓰이긴 했지만 abs() 메서드는 엄연히 int 클래스가 지원하는 메서드입니다. 따라서 얼핏 보면 문제가 없어 보입니다. 하지만 앞서 int?는 "int 클래스의 객체" 또는 "null"이라고 했습니다. iNullableInt 객체는 null을 저장했으므로 아직 null 상태입니다. 따라서 int 클래스의 객체가 아닌 "null"이며 null은 abs() 메서드를 갖고 있지 않습니다. 실행하면 아래와 같이 "아마도 null인 객체에서 abs() 메서드를 호출해서는 안 되기에 에러"라고 표시됩니다.

```
Error: Method 'abs' cannot be called on 'int?' because it is potentially null.
  print(iNullableInt.abs());
```

이제 다시 **108**을 주석 처리 합니다.

```
110     //iNonNullableInt = null;
114     //iTemp = iNullableInt;
```

110~**111** 확인차 두 줄의 주석 처리를 제거해 봅니다. iNonNullableInt 객체와 iTemp 객체는 모두 null을 저장할 수 없는 int 클래스의 객체이기에 null 혹은 null이 저장된 객체(iNullableInt)로 설정하고자 하면 에러가 발생함을 확인할 수 있습니다. 확인 후 다시 주석 처리합니다.

```
113     print(iNullableInt.runtimeType);
114
```

113 아직 null을 저장하고 있는 iNullableInt 객체에 대해서 runtimeType의 프로퍼티를 출력하고 있습니다. 분명 아무것도 없다고 했는데, 클래스에 속한 프로퍼티를 출력한다는 것은 null도 클래스의

객체인 것 같습니다. 맞습니다. null이 '없다'는 의미라고 했지만, 정말 단어 자체가 의미하듯이 컴퓨터 안에 아무것도 없다는 의미가 아니고, "의미 있는 값을 저장하는 객체가 없다"로 이해하기 바랍니다. 따라서 "의미 없는 값을 저장하는 객체"가 바로 null의 정체입니다. 아무것도 없다는 의미의 null도 객체이며 프로퍼티가 있습니다. 이를 확인하고자 113을 실행한 미리 보는 수행 결과의 42를 보면 "Null"로 되어 있습니다. 즉 null의 정체는 "Null 클래스"입니다. 다른 Dart의 표준 클래스들처럼 Dart 언어의 공식 사이트에서 Null 클래스에 대한 보다 많은 정보를 얻을 수 있습니다.

```
151  // Null Class Reference: https://api.dart.dev/stable/dart-core/Null-
     class.html
```

151 Null 클래스를 설명하는 공식 웹 사이트 주소를 기입했습니다. 사이트를 방문해 보면 방금 출력한 runtimeType 프로퍼티를 포함한 두 개의 프로퍼티를 갖고 있고 실행 시 "null"이라는 문자를 출력하기만 하는 toString() 메서드를 포함하여 두 개의 메서드를 갖고 있습니다. 그리고 비교를 위한 "==" 연산자를 지원한다고 되어 있습니다. 비교적 단순하지만, 이 Null 클래스가 바로 예제의 null의 정체입니다.

```
5  void printStarWithDefault(String item, [String mark = '\u{1F499}']) {
6    print("$mark $item $mark");
7  }
8
```

5~7 이런 null은 어떤 용도로 사용할까요? 여기 printStarWithDefault() 함수가 있습니다. 평이한 함수입니다. 앞서 printStar() 함수는 입력 파라미터로 받은 글자의 앞과 뒤에 고정적으로 별표를 넣어서 출력했다면, printStarWithDefault() 함수는 두 번째 입력 파라미터가 있습니다. 이름이 mark인 문자열 객체이며, default 값을 갖는 optional한 변수입니다. 만약 개발자가 직접 값을 전달하지 않으면 1F499에 해당하는 유니코드로 초기화합니다. 여기까지 보면 null을 사용하지 않은 이전 학습 내용만으로 충분히 만들 수 있는 함수입니다.

```
9   void printStarWithNull(String item, [String? mark]) {
10    if (mark == null) {
11      print("\u{2605} $item \u{2605}");
12    } else {
13      print("$mark $item $mark");
14    }
15  }
16
```

9~15 같은 방식인 printStarWithNull() 함수를 보도록 합니다. 이 함수는 printStarWithDefault() 함수와 다르게 optional 파라미터인 mark에 default 값을 주지 않았습니다. 그리고 두 번째 파라미터인 mark는 null이 가능한 문자열 변수입니다. 따라서 개발자가 첫 번째 파라미터인 item의 입력만 주어도 mark는 실행 시 기본으로 null을 갖습니다 이 차이로 인하여 함수 안은 printStarWithDefault() 함수와 많이 달라집니다. 10에서 mark가 null인지 확인하여 null이라면 내부적으로 2605 유니코드를 사용하여 출력을 합니다. 만약 mark가 null이 아니라면 이는 mark에 해당하는 값을 개발자가 직접 주었다는 것이므로 else 구문에서 두 번째 입력 파라미터로 받은 mark를 item의 첫 번째 입력 파라미터의 앞과 뒤에 붙여서 출력합니다.

```
115    printStarWithDefault('null-safety');
116    printStarWithNull('null-safety');
117
```

115~116 각각의 함수에 동일한 입력 파라미터를 전달했습니다.

지금까지 Dart 언어의 null이 어떤 의미를 갖는 지와 Null 클래스라는 특이한 클래스를 확인하였는데, null을 처리하기 위한 신규 문법들도 존재합니다. 우리는 이 네 가지 신규 문법에 대해서 알아보겠습니다. 첫 번째 문법은 "??" 입니다. 문법은 다음과 같습니다.

```
A ?? B
```

생김새는 다소 난해하지만, 의미는 명확합니다. "만약 A가 null이 아니면 해당 위치에 A가 가지고 있는 값으로 계산한다. 하지만 A가 null이면 해당 위치에 B가 가지고 있는 값으로 계산한다" 입니다.

```
118    iNullableInt = null;
119    // if left is null, then right
120    print(iNullableInt ?? iTemp);
121
```

118~120 iNullableInt 객체를 null로 설정했습니다. 이 상황에서 iNullableInt를 출력한다면 iNullableInt 객체는 null이니 print 구문에서 출력해야 하는 값은 iTemp가 저장하고 있는 값입니다. 현재 iTemp는 99에서 설정한 값을 바꾸지 않아 3을 저장하고 있습니다. 따라서 수행 결과를 보면 3이 출력되었음을 알 수 있습니다.

```
122     iNullableInt = 1;
123     print(iNullableInt ?? iTemp);
124
```

122~123 이번에는 iNullableInt 객체를 1로 초기화했습니다. 이런 상황에서 iNullableInt를 출력하면 당연히 iNullableInt 객체가 가진 1이 출력됩니다.

두 번째 문법은 "??=" 입니다. 문법은 다음과 같습니다.

```
A = (B ??= C)
```

앞서 "??" 문법을 적용하면 이해가 쉽습니다. "만약 B가 null이 아니면 A를 B로 설정하고, B가 null이면 A는 C로 설정한다"입니다.

```
125     iNullableInt = null;
126     // if left is null, then left is right
127     iNonNullableInt = (iNullableInt ?? iTemp);
128     print(iNonNullableInt);
129
```

125~128 iNullableInt 객체를 null로 설정하였습니다. 그리고 iNonNullableInt 객체를 iTemp로 설정하게 됩니다. 출력하면 3이 출력됩니다.

```
130     iNullableInt = 1;
131     iNonNullableInt = (iNullableInt ?? iTemp);
132     print(iNonNullableInt);
133
```

130~133 iNullableInt 객체를 1로 설정하였습니다. 따라서 iNonNullableInt 객체는 iNullableInt 객체의 값으로 설정되어 출력 시 1을 출력합니다.

세 번째 문법은 "?." 입니다. 여기서 오른쪽의 점(.)은 클래스에 속한 메서드 혹은 프로퍼티를 호출할 때 사용하는 문법입니다. 이 문법은 객체가 null인 상태인 경우 호출이 불가능한 메서드와 프로퍼티에 접근하는 것을 막는 것이 목적입니다.

```
134    iNullableInt = null;
135    // if left is not null, then call abs()
136    print(iNullableInt?.abs());
137
```

134~136 iNullableInt 객체를 null로 설정하였습니다. 따라서 접근 시도하는 abs() 메서드는 존재하지 않습니다. 코드를 있는 그대로 실행하면 결과로 null이 출력됩니다. 무슨 의미일까요? 메서드나 프로퍼티에 접근할 때, '?.' 형태로 메서드 혹은 프로퍼티에 접근하면, 객체의 null 여부를 먼저 확인합니다. 해당 객체가 null이 아니라면, 문제없이 메서드 혹은 프로퍼티를 접근하여 정해진 작업을 합니다. 하지만 객체가 null이라면 '?.' 문법으로 호출한 메서드나 프로퍼티는 Dart 언어가 null로 처리합니다. 1로 iNullableInt 객체를 설정한 후 다시 출력하면 1의 절대값인 1이 제대로 출력됩니다. 이 예제에서 느끼겠지만, Dart 언어는 특정 객체가 null로 설정되지 않도록 초기화하는 것을 기본으로 합니다. 혹시 null로 설정되는 경우에도 오동작하지 않도록 막고자 노력을 하고 있습니다.

143~146 마지막으로 확인할 문법은 "[ ]!"입니다. 인덱스를 표시하는 대괄호 중 뒤쪽의 괄호 기호 뒤에 느낌표를 적은 것입니다. 이 문법은 기억해 둬야 하는 문법입니다. 주의해야 할 한 가지 사항이 있습니다. Map 클래스의 객체를 사용할 때, key 값을 주고 value를 계산한 결과는 nullable이라는 점입니다. Map에서 특정 element에 접근하면 null을 가질 수 있는 nullable하다는 의미입니다. 이를 확인하고자 소스 코드의 주석 처리를 삭제하고 실행합니다.

```
143    var map = {'key': 'value'};
144    //print(map['key'].length);
145    print(map['key']!.length);
146
```

그러면 다음의 문장을 포함한 에러가 발생합니다.

```
Error: Method 'length' cannot be called on 'String?' because it is potentially
null.
  print(map['key'].length);
```

length 프로퍼티를 호출한 map['key']가 nullable한 String? 타입이기에, null일 수 있다는 의미입니다. 결과가 String 객체 이거나 null일 수 있는데, null이라면 length 프로퍼티가 없으니 에러가 납니다. 이런 경우 실행되기를 원한다면, 개발자가 확신이 있어야 합니다. 즉, "map['key']"는 반드시 (null이 아닌) String일 것이라는 확신입니다. 코드에 확신이 있다면 느낌표를 마지막에 추가하여 강제로

String화 합니다. 144를 다시 주석 처리하고, 프로그램을 수행하면 제대로 된 결과인 문자열 "value"의 길이가 5로 출력됩니다. 어떻게 확신을 얻을 수 있을까요? 실은 10에 nullable한 입력 파라미터를 null과 비교하는 코드가 있습니다. 이렇게 사전에 nullable한 객체를 null과 비교하는 코드를 포함하여 확신이 있는 코드를 만들 수 있습니다.

147~150 Map 객체를 다루는 경우 무조건 동일한 방식으로 코드를 만들 수 있는 것은 아닙니다. 다음 소스 코드를 보면, map2는 문자열 타입의 key 값과 정수 타입의 value를 갖습니다.

```
147    var map2 = {'key': 1};
148    //print(map2['key'].length);
149    //print(map2['key']!.length);
150
```

148의 주석 처리를 제거하고 실행해 봅니다. 그러면 아래와 같은 에러가 나옵니다.

```
Error: The getter 'length' isn't defined for the class 'int?'.
  print(map2['key'].length);
```

이 에러 코드는 144와 유사한 내용입니다. 다만 String? 대신 int?로 바뀌었을 뿐입니다. 따라서 비슷하게 수정하면 된다고 생각할 수 있습니다. 148을 다시 주석 처리하고, 이번에는 149의 주석 처리를 제거하여 145와 비슷한 방식으로 해결을 시도합니다.

하지만 프로그램은 다시 다음과 같은 에러를 냅니다.

```
Error: The getter 'length' isn't defined for the class 'int'.
  print(map2['key']!.length);
```

문자열 타입에서 에러를 제거한 이전 방식으로는 에러를 제거할 수는 없다는 의미이니 에러 문구를 제대로 보고 이해한 후 상황에 맞는 방법을 찾아 에러를 해결해야 합니다. 문구를 보면 "int 클래스에는 length가 정의되어 있지 않다"는 의미입니다. 문자열 클래스에는 있었지만 int 클래스에는 없는 프로퍼티인 length를 호출한 것입니다.

앞으로 에러가 발생하면 에러 문장을 제대로 읽고 이해하고자 노력하기 바랍니다. 모든 경우에 동일하게 적용되는 해결책도 있지만 그렇지 않은 경우가 있으므로 에러 메시지를 세세하게 읽고 이해한 후 맞는 해결책을 찾아가야 합니다.

```
19  /*
20  String missingReturn() {
21    // No return.
22  }
23  */
24
```

Null-safety 관련 마지막으로 설명할 내용은 19~23에서 정의한 missingReturn() 함수와 이 함수를 호출하는 141의 내용입니다.

```
141    //missingReturn();
142
```

여기서 새로운 문법이 하나 나타났는데, 바로 "/* … */" 입니다. 여러 줄의 문장을 주석으로 처리하는 문법으로, '//' 주석 문법은 한 줄만 주석으로 만들지만 새로운 주석 문은 "/*"와 "*/" 사이의 모든 내용이 주석이 됩니다. 여러 줄의 문장을 주석으로 작성하는데 사용하기 좋습니다.

19~23 주석 처리된 missingReturn() 함수는 String 객체를 리턴하도록 정의했지만, 본문을 보면 리턴 구문이 없습니다. 이런 경우에는 Dart 언어가 자동으로 null을 리턴하도록 만들어 줍니다. 따라서 리턴 값이 non-nullable한 String이여야 하는데, nullable한 String?으로 변하는 겁니다. 이것은 Dart 언어 입장에서 에러 발생 요인입니다. 그러므로 19와 23의 주석 기호를 지우고 이 함수를 호출하는 141의 주석 처리를 제거한 후 프로그램을 실행하면 다음과 같이 에러가 발생합니다. missingReturn() 함수는 String을 리턴해야 하는데 null을 리턴하고 있기에 실행할 수 없다는 의미입니다.

```
Error: A non-null value must be returned since the return type 'String' doesn't
allow null.
String missingReturn() {
```

이렇게 리턴하는 값의 타입을 정확하게 정의한 경우 반드시 이에 맞는 타입의 객체를 리턴할 수 있도록 함수를 작성하는 습관을 키우도록 합니다. 아울러 특별한 이유가 없다면 Dart 언어에서 모든 데이터 타입은 기본적으로 null을 저장하지 않는 철학을 따르도록 합니다. 이를 위해서 다음의 권장 사항을 기억하기를 바랍니다.

(1) 모든 객체(변수)는 생성 시 반드시 초기화합니다.

(2) 함수의 optional한 파라미터는 반드시 default 값을 갖도록 초기화합니다.

(3) 변수 생성시 초기화 하지 않았다면, 해당 변수를 처음으로 사용하기 전에 반드시 값을 저장합니다.

(4) 함수의 리턴 타입이 void가 아니라면 반드시 리턴 값을 명확하게 작성합니다.

```
152    // Null Safety Reference: https://dart.dev/null-safety/understanding-
       null-safety
153  }
154
```

Null-Safety는 프로그램의 안정성을 보장하는 기술로, 설명한 내용보다 방대한 기술입니다. Null-Safety를 위한 세부적인 내용을 기술한 공식 사이트 주소를 적어 두었으니 추후 Dart 언어에 대한 관심과 학습 내용이 깊어질 때 방문하여 보기 바랍니다.

핵심 요약

Dart 언어의 기본적인 문법을 이해하는 여정을 마쳤습니다. 기본적인 정수, 실수, 문자열, bool, List, Set, Map 데이터 타입을 학습했습니다. 이를 통해서 단일 값을 처리하는 방법과 복수의 값들을 처리하는 방법을 배웠습니다. 그리고 사칙연산과 같은 간단한 수학 계산에서 시작해서 데이터 타입 별로 지원하는 메서드들과 프로퍼티들도 확인했습니다. Dart 언어가 제공하는 모든 기능을 설명할 수는 없으니 추가적으로 깊이 있는 내용이 필요하다면 공식 사이트에 방문하도록 안내하였습니다. 그리고 마지막 챕터에서 기초 단계를 마무리하기 전에 이해할 필요가 있다고 판단한 추가적인 내용을 모아서 설명하였습니다. 다소 이해가 안 되는 부분도 있겠지만, 소스 코드의 설명을 천천히 읽고 미리 보는 수행 결과를 이해해 간다면 추후 Dart 언어로 프로그램을 작성하는데 많은 도움이 될 것입니다.

▶▶ 연습 문제

1. 핵심 내용 복습하기

❶ 이번 챕터의 시작인 핵심 내용으로 이동해서 11가지 동작 중 새로운 문법이 등장한 부분에서 어떤 문법이 등장했는지 설명합니다.

❷ Null-Safety에서 언급한 네 가지 권장 사항을 다시 한번 읽고 기억합니다.

2. 예제 코드 수정하기

❶ Bit 처리에 관심이 있는 독자라면 bitwise 연산자의 예제에서 사용한 숫자를 보다 복잡한 비트 숫자로 수정한 후, 실행 결과를 확인합니다.

❷ 유니코드 웹사이트를 방문해서 마음에 드는 이모지를 선택하고 소스 코드에 반영한 후, 실행 결과를 확인합니다.

3. 추가 기능 작성하기

❶ String-to-Number의 예제에서 정수와 실수로 변환된 값의 타입을 확인하는 코드를 작성한 후, 실행 결과를 확인합니다.

❷ 나열형 데이터를 만드는 문법을 사용해서 ON/OFF의 두 가지 상태를 갖는 전기 스위치의 코드를 작성한 후, 실행 결과를 확인합니다.

VOLUME.

C

Dart 언어 심화 이해

CHAPTER. 1

Class 직접 만들기 Part.1

Dart 언어의 기초 문법을 배우면서 클래스가 무엇인지와 클래스 안의 데이터 및 메서드를 어떻게 사용하는지 알아보았습니다. Dart 언어는 대부분의 프로그램 개발에서 요구되는 데이터 타입들을 언어 차원에서 표준으로 지원하고 있습니다. 이에 속하는 것이 int, double, String, bool, List, Map, Set 등의 데이터 타입이었습니다. 하지만 프로그램을 개발하다 보면 개발하는 프로그램에 국한된 데이터와 기능들이 필요하게 됩니다. 이러한 경우, 개발자는 직접 새로운 클래스를 만들 수 있습니다. 지금부터 개발자가 직접 클래스를 만들어서 사용하는 방법을 알아보도록 하겠습니다. 클래스를 만들고 사용하기 위해서는 비교적 많은 문법들을 알아야 합니다. 따라서 이번 챕터를 포함하여 총 4개의 챕터로 나눠서 설명하고자 합니다. 또한 실습 코드가 앞서 나온 챕터의 코드들과 비교해서 그렇게 길지는 않지만 이해해야 하는 내용은 상대적으로 많은 편이니 천천히 꼼꼼하게 소스 코드와 수행 결과의 설명을 이해하도록 합니다. 시작에 앞서 이번 챕터에서 배울 내용을 다음과 같이 나열하였습니다.

- class 키워드
- 인스턴스 변수와 메서드(instance variable, methods)
- 생성자(constructor)
- class의 객체(object) 생성
- set 메서드
- get 메서드
- getter 문법
- setter 문법
- 연산자 오버로딩(operator overloading)
- 유전의 법칙(sub-class, inheritance)

- 오버로딩(overloading)
- 오버라이딩(overriding)
- 초기화 리스트(Initialization List)

미리 보는 수행 결과

수행 결과를 보면, 대부분 숫자를 출력하고 있습니다. 개발자가 직접 정수 클래스를 만드는 것을 이번 챕터의 목표로 삼았기 때문입니다. 정수를 표현하는 int 클래스는 이미 익숙한 클래스이니 이 클래스를 모방해 보면서 클래스를 이해하고 직접 만들어 보도록 합니다.

```
1  [01] 0 and 3
2  [02] Integer
3  [03] 0 and 3
4  [04] 9
5  [05] 9
6  [06] 2
7  [07] 11
8  [08] 0 and 3
9  [09] TimemachineInteger
10 [10] 9 and 2
11 [11] [0, 9]
12 [12] 10, previously [0, 9]
```

소스 코드는 총 12개의 내용으로 나뉘어져 있으며 소스 코드와 수행 결과를 쉽게 매치해서 이해할 수 있도록 줄의 시작에 "[ ]" 형태로 번호를 넣었습니다. 그리고 이번 챕터의 수행 결과에 관한 자세한 설명은 소스 코드를 함께 보면서 하겠습니다.

소스 코드 설명

소스 코드는 총 3개 영역으로 나뉘어져 있습니다. 첫 번째 영역은 main 함수 부분으로 46~72에 작성되어 있습니다. 여기서는 우리가 만들 클래스를 어떻게 사용하는지 보여 줍니다. 두 번째 영역은 우리가 만들 클래스인 Integer 클래스를 개발하는 코드로 1~23에 해당합니다. 세 번째 영역은 우리가 만들 또 하나의 클래스인 TimemachineInteger 클래스를 개발하는 코드로 25~44에 해당합니다.

하지만 소스 코드의 설명은 총 12가지의 내용을 이해해야 하기에, 각각의 내용에 대한 부분에 해당하는 코드를 조각 내서 이해하려 합니다. 따라서 가능하다면, 모니터에 전체 소스 코드를 볼 수 있도록 띄운 상태에서 책의 설명에 해당하는 부분을 찾아가면서 읽도록 합니다.

1. class 문법 이해하기

Dart 언어에서 클래스를 만드는 문법은 class입니다. 개발자가 직접 클래스를 만들고자 한다면, 가장 먼저 다음과 같은 두 줄을 작성해야 합니다.

```
class 클래스 이름 {
}
```

여기서 클래스 이름은 개발자가 만든 클래스 고유의 이름입니다. Dart 언어가 제공하는 표준 클래스 이름과 다르게 만들어야 하고, 일반적으로 대문자로 시작하도록 합니다.

```
1  class Integer {
```

```
23  }
24
```

소스 코드에는 이에 맞춰서 두개의 클래스가 정의되어 있습니다. 첫째는 'Integer' 클래스입니다. **1** 에서 새로운 Integer 클래스를 class 문법을 사용해서 정의하면서, 이 클래스에 포함될 데이터와 메서드를 작성하기 위하여 함수와 유사하게 '{' 기호로 시작했습니다. 그리고 새로운 클래스의 데이터와 메서드를 모두 정의한 후 '}'로 닫았습니다.

```
25  class TimemachineInteger extends Integer {
```

```
44  }
45
```

두 번째는 'TimemachineInteger' 클래스입니다. 앞서 Integer 클래스와 유사하게 **25**에서 새로운 TimemachineInteger를 class 문법을 사용해서 정의하면서, 이 클래스에 속하는 데이터와 메서드들을 작성하기 위하여 '{' 기호로 시작했고 '}'로 닫았습니다.

25 **1**과 다른 'extends Integer'가 나타났습니다. 이는 TimemachineInteger 클래스를 만드는 과정에서 완전히 새롭게 만들지 않고, 이미 만든 Integer 클래스를 재사용하겠다는 의미입니다. 이렇게 하는 것이 extends 문법이며, 추후 자세하게 설명합니다.

클래스의 이름에서 나타나듯이 이번 챕터에서는 정수를 다루는 클래스를 직접 만들어 보려 합니다. 이미 Dart 언어의 int 클래스에 익숙할 겁니다. 따라서 int 클래스처럼 정수를 다루는 간단한 Integer 클래스를 직접 만들어 보면서 표준 int 클래스의 구성을 유추해 보겠습니다.

클래스는 데이터(정식 명칭은 프로퍼티)와 메서드들로 이루어져 있으므로 이제 중괄호 사이에 우리의 'Integer' 클래스가 다룰 데이터와 메서드들을 채워가도록 하겠습니다.

2. 인스턴스 변수 이해하기

우리가 클래스를 설명할 때 "클래스(class)"는 설계도이며 설계도에서 실제 물건을 찍어내면 찍어낸 물건을 "객체(object)"로 부른다고 했습니다. 여기서 객체라는 단어는 영어로 다양하게 번역되는데, 가장 많이 쓰이는 단어는 우리가 사용한 object입니다. 하지만 instance(인스턴스)라는 또 다른 이름으로도 불립니다. 프로그래밍 언어별로 선호하는 단어가 있을 뿐, 실질적인 내용은 같다고 보면 됩니다. 인스턴스 변수란 객체(혹은 인스턴스)에 포함된 변수를 의미합니다. 설계도인 클래스에서 실제로 데이터를 갖는 객체(인스턴스)를 만들면 당연히 객체 안에 데이터가 있을 겁니다. 그리고 그 데이터들도 변수 혹은 상수의 형태로 만들어져 있을 테니, 객체 안에 포함된 변수들을 지금부터 우리는 인스턴스 변수라고 부르겠습니다.

```
2   late int _value;
3
```

2 정수를 모방하기 위해 우리의 Integer 클래스 내부에 표준 int 변수를 하나 만들었습니다. Integer 클래스의 중괄호 안에 변수를 정의하면 됩니다. 일단 'int _value;'라고 적어 _value라는 이름의 정수 변수 하나를 Integer 클래스가 갖도록 하였습니다. 따라서 설계도인 Integer 클래스에서 객체가 만들어지면, 각각의 객체들은 본인 고유의 _value 변수를 갖게 됩니다. 그런데 int 구문 앞에 late라는 단어가 있습니다. 지금까지 나오지 않은 문법으로 Null-Safety에서 배운 내용보다 조금 더 깊이가 있습니다. Null-Safety 설명 시 변수가 만들어지면 반드시 초기화해야 한다고 했습니다. 그러나 클래스에 속한 변수 중 초기화를 바로 할 수 없는 경우가 있습니다(잠시 후 '생성자' 문법에서도 설명하겠습니다). 변수 초기화를 바로 할 수 없는 경우에 사용하는 late 문법은, 영어 단어의 의미 '늦다' 처럼 동작합니다. int 클래스의 객체로 _value를 만들 때 late를 사용하여 "일부러 지금 초기화하지

않겠다. 지금은 그냥 넘어가라. 이후에 초기화하는 부분이 나온다."고 알려주면 Dart 언어는 개발자를 믿고, 지금 당장은 에러 없이 넘어갑니다.

Integer 클래스를 정의하고 그 안에 int 클래스의 객체인 인스턴스 변수 _value를 정의하였습니다. 이제 _value를 쓰고 읽는 작업에 대해서 알아볼 차례입니다.

3. 생성자와 객체 생성 이해하기

4 메서드 이름이 클래스 이름인 Integer와 동일한 Integer() 메서드가 정의되어 있습니다.

```
4   Integer([int givenValue = 0]) {
5     _value = givenValue;
6   }
7
```

이렇게 메서드의 이름이 본인이 속한 클래스의 이름과 동일한 메서드를 생성자(constructor)라고 합니다. 이 생성자 메서드는 클래스가 만들어지는 최초 시점에 호출되는 함수입니다.

```
46  void main (){
47    var tmpInteger1 = Integer();
48    var tmpInteger2 = Integer(3);
49
```

```
72  }
```

Integer 클래스를 사용하는 부분은 소스 코드의 main 함수입니다. main 함수는 **46**에서 시작하고 **72**에서 종료합니다.

47~**48** main 함수 내에서 클래스의 이름과 '()'를 사용하여 Integer 클래스의 객체를 만들었습니다. 괄호는 클래스로부터 객체를 생성할 때 입력 파라미터를 주는 용도로 사용합니다. **47**에서는 입력 파라미터를 주는 부분을 비워서 객체를 만들었고, **48**에서는 입력 파라미터를 정수 3으로 하여 객체를 생성했습니다. 클래스의 객체를 만드는 일은 표준 클래스를 다루면서 많이 해온 일입니다. 이렇게 객체를 만드는 순간, 클래스와 이름이 같은 메서드인 생성자가 호출되고 괄호 안에 입력 파라미터가 있다면 생성자의 입력 파라미터로 전달됩니다.

4 생성자는 클래스의 이름과 동일한 특성을 가질 뿐 우리가 배운 일반적인 함수와 같습니다. Integer 생성자를 보면 입력 파라미터로 정수 하나를 givenValue라는 이름으로 받도록 만들어져 있지만, optional하게 만들어 개발자가 아무 파라미터도 주지 않으면 0으로 초기화됩니다. 그리고 생성자의 내부를 보면, 입력 파라미터로 받은 givenValue의 값으로 인스턴스 변수인 _value를 설정하는 것을 볼 수 있습니다. 이렇게 객체가 만들어지면 생성자가 호출되고, 생성자 안에서 인스턴스 변수를 설정하도록 만들었기에 **2**에서 _value를 late로 하였던 것입니다.

NOTE

> 생성자와 일반 함수/메서드와의 차이점으로, 생성자는 리턴하는 결과가 없습니다. 따라서 메서드의 시작 부분에서 리턴 값의 데이터 타입을 굳이 정의할 필요가 없습니다.

여기까지 개발하면 Integer 클래스를 만들고 내부 인스턴스 변수에 값을 전달하는 부분까지 만든 겁니다. main 함수의 **47**~**48**이 동작할 수 있도록 하였습니다.

4. 인스턴스 변수 값에 접근하기

클래스의 객체에 속한 인스턴스 변수 값을 읽어오는 가장 간단한 방법은 객체의 이름에 "." 연산자를 사용하고, 이어서 인스턴스 변수의 이름을 쓰는 것입니다. Dart 언어가 제공하는 표준 클래스의 객체를 다루면서 사용한 방법 그대로입니다.

미리 보는 수행 결과 ❶

```
50  print("[01] ${tmpInteger1._value} and ${tmpInteger2._value}");
```

50 tmpInteger1._value와 tmpInteger2._value를 print 구문을 사용해서 화면에 출력하는 코드입니다. 사실 이렇게 인스턴스 변수의 이름을 직접 사용하는 방법은 안 좋은 방법입니다. 하지만 먼저 가장 간단한 내용을 알아보고, 뒤에 점점 더 복잡한 내용을 설명할 생각이기에 우선은 가장 기초적인 방법으로 설명합니다. 코드를 실행하면 tmpInteger1._value에 저장한 default 값인 0과 tmpInteger2._value에 생성자로 설정한 값인 3이 출력됩니다. 인스턴스 변수를 읽는 것과 마찬가지로 값을 쓰는 것도 가능합니다. 하지만 클래스의 객체에 접근할 때, 지금처럼 인스턴스 변수의 이름이 직접 노출되는 것은 지양해야 하므로 다른 방법을 설명하고 권장할 예정입니다.

미리 보는 수행 결과 ❷

```
51  print("[02] ${tmpInteger1.runtimeType}");
```

51 다음 주제로 넘어가기에 앞서 tmpInteger1의 객체 타입을 한번 확인해 보겠습니다. tmpInteger1의 객체 타입이 우리가 만든 Integer로 되어 있는 것을 볼 수 있습니다. 앞서 알아본 것처럼 객체의 타입을 확인하는 방법인 runtimeType()을 그대로 사용할 수 있습니다.

5. 인스턴스 변수의 값을 읽는 Get 유형 메서드 이해하기

클래스의 객체가 관리하는 데이터를 인스턴스 변수로 정의한 것처럼 인스턴스 변수들을 읽고 쓰는 메서드들은 대부분의 클래스에서 필요합니다. 우리가 만든 Integer 클래스에도 클래스에 속한 인스턴스 변수의 값을 읽는 용도의 전용 메서드를 추가하겠습니다. 메서드는 대부분 객체에 저장한 내용을 읽어 오거나 객체에 저장한 내용을 변경하는 두 가지 타입으로 나눌 수 있습니다. Dart 언어에서는 전자를 Get 유형의 메서드라고 하고, 후자는 Set 유형의 메서드라고 부릅니다.

Set/Get 유형의 메서드를 만들어서 인스턴스 변수에 접근하는 방법을 배우고 나면, 50이나 51처럼 객체 이름에 '.' 연산자를 적용하고 인스턴스 변수의 이름을 직접 사용하는 방법은 쓰지 않도록 합니다.

```
8   int get() {
9     return _value;
10  }
11
```

8~10 인스턴스 변수 _value의 값을 읽어 오기 위한 전용 메서드로 get() 메서드를 정의하였습니다. 클래스 안의 메서드를 만들고 있지만, 일반 함수를 만드는 것과 별반 다르지 않습니다. 한 가지 기억해 둘 사항으로, 생성자인 5처럼 클래스의 메서드들은 메서드가 속한 클래스의 인스턴스 변수를 마음대로 접근할 수 있습니다. get() 메서드는 입력 파라미터 없이 호출되어 메서드가 속한 클래스의 인스턴스 변수인 _value가 가진 값을 리턴하고 있습니다. 메서드 이름 앞의 리턴 타입을 _value의 타입인 int로 정의하였습니다.

미리 보는 수행 결과 ❸

```
52  print("[03] ${tmpInteger1.get()} and ${tmpInteger2.get()}");
```

52 새롭게 만든 get() 메서드로 **50**을 개선하면 이번 줄처럼 됩니다. 직접 인스턴스 변수의 이름을 사용하지 않고, get() 메서드로 인스턴스 변수의 값을 읽도록 수정한 겁니다.

왜 객체 안에 속한 인스턴스 변수의 이름을 직접 사용하지 말라고 하는 걸까요? 인스턴스 변수의 이름을 직접 사용하는 것이 에러를 유발하지도 않는데 말이지요. 간단하게 이 문제를 설명하면, 우리가 만드는 클래스의 재사용 수준을 극대화하기 위한 방법이기 때문입니다.

통상 클래스를 한번 만들면, 만든 개발자도 꾸준하게 사용하지만 다른 개발자도 편하게 사용하도록 공유합니다. 그런데, 공유할 때 묵시적인 규칙이 있습니다. 반드시 알아야 하는 것은 사용하고자 하는 메서드의 이름과 입출력 파라미터이며, 나머지는 굳이 알 필요가 없게 하라는 규칙입니다. 어차피 인스턴스 변수라는 것은 클래스 내부의 동작을 위해서 사용하는 임시적인 것이기에 시간이 지나면서 달라질 수 있기 때문입니다. 임시적인 사항이 바뀐다고 이 클래스를 사용하는 모든 개발자에게 일일이 연락하고 공지하는 것은 번거롭겠죠. 따라서 프로그래밍에서는 클래스를 사용하고자 하는 개발자들에게는 꼭 필요한 메서드의 이름과 입출력 파라미터만 알려줘서 쉽게 쓰도록 하되, 사용하는 입장에서는 몰라도 되는 클래스 내부의 내용과 인스턴스 변수들은 숨기는 방법을 택하게 됩니다. 특히 인스턴스 변수는 100% 사용자에게 노출되지 않도록 하는 것이 좋은 개발 방법입니다. 이러한 이유로 인스턴스 변수를 직접 호출하는 방법이 아닌 Get 유형의 메서드로 접근하도록 한 것입니다. 이제 특별한 이유가 없다면 **50**과 같은 방식은 쓰지 말고, **52**처럼 Get 유형의 메서드를 만들어서 사용하도록 합니다.

지금까지의 내용을 통해서 우리는 Integer 클래스의 객체를 만들고, 객체를 만드는 시점에 생성자로 초기화 값을 저장할 수 있고, 필요하다면 Get 유형의 메서드로 인스턴스 변수의 값을 읽어 올 수 있게 되었습니다.

6. 인스턴스 변수의 값을 쓰는 Set 유형 메서드 이해하기

객체가 보관하는 데이터가 상수 값이 아닌 변수라면 당연히 변수의 값을 변경할 수 있습니다. 이 경우도 직접 인스턴스 변수의 이름을 쓰지 않고 Get 유형의 메서드와 유사한 방법으로 Set 유형의 메서드를 만듭니다.

```
12  void set(int givenValue) {
13    _value = givenValue;
14  }
15
```

12~14 set() 메서드는 Integer 클래스 객체의 인스턴스 변수인 _value 값을 입력 파라미터의 값으로 바꿔 줍니다. 별도의 리턴 값은 없기에 메서드의 이름 앞에는 리턴 타입으로 void가 정의되어 있습니다.

미리 보는 수행 결과 ❹

```
53    tmpInteger1.set(9);
54    print("[04] ${tmpInteger1.get()}");
```

53 main 함수 내 tmpInteger1 객체의 set() 메서드를 호출하는 코드입니다. 입력 파라미터는 9로 하였습니다. 13(set 메서드)을 통해서 tmpInteger1 객체의 _value 값을 9로 바꾸라는 의미입니다.

54 tmpInteger1의 값을 출력합니다.

7. getter 문법 이해하기

앞서 Get 유형의 메서드인 get() 메서드를 만들면서, 이렇게 간단한 메서드를 굳이 여러 줄을 쓰면서 만드는 건 낭비 아닌가 하고 생각하는 독자가 있을 수 있습니다.

사실 그 생각이 맞습니다.

get() 메서드처럼 단순한 Get 유형 메서드를 위한 보다 간단한 문법이 있습니다. getter 문법입니다. 표준 클래스의 객체에서 프로퍼티를 사용하던 소스 코드를 떠올리면 됩니다.

미리 보는 수행 결과 ❺

```
55    print("[05] ${tmpInteger1.asString}");
```

55 tmpInteger1 객체의 프로퍼티를 사용하고 있습니다. 이름이 asString입니다. 하지만 우리는 아직 이 프로퍼티를 Integer 클래스 안에 만들지는 않았습니다. 미리 보는 수행 결과를 보니 tmpInteger1의 _value 인스턴스 변수에 설정한 값인 9가 출력되어 있습니다. 이렇게 객체의 프로퍼티를 읽는 것처럼 만들어서 단순한 기능의 get() 메서드를 대체하는 방법을 바로 이어서 소개하겠습니다.

```
16    String get asString => "$_value";
17
```

16 낯선 형태일 수 있는데, 방금 본 asString이 있고, 오른쪽에는 함수를 설명한 챕터에서 한 줄 정도의 함수를 만들 때 사용한 문법인 "=>"가 있습니다. 실제 _value의 값을 문자열 안에 넣어서 리턴하는 것이 전부인 짧은 함수입니다. 실행되면 인스턴스 변수인 _value 값을 문자열로 만들어서 리턴합니다.

하지만 궁금한 점이 있습니다. 코드에서는 함수 형태가 아닌 프로퍼티에 접근하듯 호출할 수 있었는데, 어떻게 가능했을까요? 이 부분을 가능하게 하는 문법이 바로 asString 앞의 get 단어입니다. 그리고 좀 더 앞으로 가면 String이 있는데, asString이 만들어주는 결과의 타입을 String으로 정의해 줍니다. 이렇게 함수를 만들어 주고, 리턴하는 결과 타입(이 경우 String)과 함수 이름(이 경우 asString) 사이에 get이라는 단어를 쓰는 문법을 getter 문법이라고 부릅니다. 이 문법을 사용하면 일반적인 함수 호출이 아닌 프로퍼티를 사용하는 것과 같은 모습으로 인스턴스 변수에 접근할 수 있습니다.

8. setter 문법 이해하기

Get 유형을 쉽게 만드는 getter 방법이 있으니 당연히 Set 유형도 유사한 방법이 있겠지요? 바로 getter에 대응하는 setter 문법입니다.

```
18    set value(int givenValue) => _value = givenValue;
19
```

18 12의 set() 메서드와 동일한 기능이지만, 이름이 value인 setter가 있습니다. 입력 파라미터를 int 클래스의 객체인 givenValue 변수로 받아서, 인스턴스 변수인 _value 값을 변경하는 함수와 같은 형태입니다. 그런데 메서드의 이름에 해당하는 value 앞에서 set 문법이 쓰여 있습니다. 이렇게 하면 인스턴스 변수의 값을 변경하는 코드가 객체의 프로퍼티에 값을 저장하는 형태를 갖게 됩니다.

미리 보는 수행 결과 ❻

```
56    tmpInteger2.value = 2;
57    print("[06] ${tmpInteger2.asString}");
```

56 마치 tmpInteger2의 인스턴스 변수인 value에 2를 저장하는 것처럼 보이지만, 실제로는 setter 메서드인 value()를 통해서 인스턴스 변수 _value의 값을 바꿉니다.

57 출력 결과를 보면 tmpInteger2의 인스턴스 변수인 _value가 2의 값을 갖음을 확인할 수 있습니다.

9. 연산자 오버로딩(operator overloading) 이해하기

우리가 만드는 Integer 클래스가 나름 정수를 모방하고 있다 보니, int 클래스의 객체들을 더하기 기호로 더할 수 있는 것처럼 우리가 만든 Integer 클래스의 객체도 더하기 기호로 더하기를 할 수 있으면 좋겠다는 생각을 할 수 있습니다. 당연히 가능합니다.

미리 보는 수행 결과

```
58    var tmpInteger3 = tmpInteger1 + tmpInteger2;
59    print("[07] ${tmpInteger3.get()}");
60
```

58 Integer 클래스의 객체인 tmpInteger1과 tmpInteger2를 더하기 기호로 더한 후, "=" 연산자로 tmpInteger3에 저장하고 있습니다. tmpInteger1은 53에서 9를 저장하였고, tmpInteger2는 56에서 2를 저장하였습니다. 따라서 9+2의 연산 결과인 11이 tmpInteger3에 저장되었습니다.

어떻게 우리가 새롭게 만든 Integer 클래스의 객체를 더하기 기호로 더할 수 있을까요? 구현하기 전에 먼저 클래스를 만들 때 유념할 사항을 짚고 갑시다. 대부분의 개발자들은 이미 언어가 제공하는 표준 클래스들에 익숙해져 있습니다. 따라서 새롭게 만드는 클래스들은 개발자들이 익숙하게 사용하는 연산자, 메서드, 프로퍼티 들을 기본적으로 제공하는 것이 좋습니다. 예를 들어 정수를 다루는 Integer 클래스를 사용할 개발자는 당연히 int 클래스를 사용해 보았을 테니 자연스럽게 더하기 기호로 Integer 클래스의 객체들을 더하고자 시도할 것입니다. 이러한 원칙 하에, 우리도 Integer 클래스가 더하기 기호를 통해서 더하기가 가능하도록 만들어야 합니다. 이렇게 하면 새롭게 만든 클래스를 처음 접하는 개발자들이 학습 없이 빠르게 적응할 수 있게 됩니다.

이를 위해서 새로운 클래스를 만들 때 더하기 연산자처럼 이미 기존 클래스에서 지원하는 메서드와 연산자의 이름을 동일하게 사용하면서 기능은 새로운 클래스까지 추가적으로 지원할 수 있도록 강화하는 작업을 오버로딩(overloading)이라고 합니다.

계속 언급하는 더하기 기호를 예시로 들어 설명하면, 이미 더하기 기호는 수많은 데이터 타입들에 대해서 더하기 기능을 수행하고 있습니다. 여기에 우리가 만든 Integer 클래스의 객체를 더하는 작업까지 추가로 수행하도록 하는 것입니다.

오버로딩이라는 단어는 다음과 같이 생각하면 이해가 쉽습니다. 흔히 일을 로드(load)라고 하는데, 로드가 걸린다고 하면 일이 많아지는 것입니다. 여기에 뭔가 넘어서는 의미로 over를 붙이면 원래 하는 일도 바쁜데 추가로 더 많은 일을 하게 만든다고 직관적으로 생각이 듭니다. 우리가 하는 일 역시 이미 익숙한 더하기 기호에 우리가 만든 클래스를 더하는 작업까지 추가로 지원하도록 만드는 오버로딩입니다.

그러면 이제 우리의 Integer 클래스를 더하기 기호에 맞는 동작을 하도록 만들겠습니다.

```
20  Integer operator +(Integer givenValue) {
21    return Integer( _value + givenValue.get());
22  }
```

20~22 설명은 복잡했지만 코드 자체는 생각보다 복잡하지 않습니다. 먼저, 표준 데이터 타입에서 더하기를 수행하는 "+" 연산자의 공식 이름을 알아보면 "operator +" 입니다. 이 부분만 알면 반은 해결된 겁니다. 20을 보면 똑같이 'operator +'라는 이름을 쓰면서 입력 파라미터는 Integer 객체 하나이고, 리턴 값도 Integer 객체입니다. 이렇게 이미 존재하는 연산자의 오버로딩은 함수 이름을 그대로 유지하면서 입출력을 원하는 대로 정의하면 됩니다. 내부를 살펴보면, Integer 객체를 하나 만들어서 리턴합니다. 그런데 만든 객체의 초기화 값은 현재 객체가 가지고 있는 인스턴스 변수인 _value에 입력 파라미터로 받은 givenValue 객체의 get() 메서드 수행 결과를 더한 값입니다.

연산자 오버로딩은 명확하게 함수 형태이지만, 연산자 오버로딩을 실제로 사용하는 58은 왼쪽 변수와 오른쪽 변수를 더하기 연산자로 더하는 형태여서 모양만 보고는 헷갈리는 독자가 있을 수 있습니다. 다음처럼 이해하면 쉽습니다. 58의 정확한 동작은 tmpInteger1 객체에 속한 "operator +" 연산자의 메서드를 호출하고 tmpInteger2 객체를 입력 파라미터로 주는 동작입니다. 따라서 _value는 9가 되고, givenValue.get()은 tmpInteger2 객체의 내부 인스턴스 변수의 값인 2가 됩니다. 확인해 보고 싶은 독자는 "operator +" 연산자의 메서드 안에서 직접 _value 값과 givenValue.get() 값을 출력하도록 print 구문을 추가해 보기 바랍니다.

여기까지 우리는 Integer 클래스를 새롭게 만드는 1~23의 코드를 이해했습니다. 그리고 Integer 클래스의 객체를 실제로 만들고 사용하는 코드인 main 함수 46~59의 내용을 알아보았습니다.

10. 유전의 법칙(sub-class, inheritance) 이해하기

Dart 언어에서 서브 클래스(sub-class)라고 부르는 기법을 이름 그대로 해석하면, class 밑의 class라는 의미입니다. 그리고 일반적으로는 유전의 법칙(inheritance)이라는 이름으로 더 많이 부르기도 합니다. 생물에서 유전은 조상의 유전적 특성을 후손이 물려 받는다는 의미입니다. 갑자기 컴퓨터와 맞지 않는 생물 관련 표현이 나타난 이유가 있습니다. 실제 코드가 거의 동일한 개념으로 동작하기 때문입니다.

Dart 언어에서 유전의 법칙이란, [그림 1]과 같이 기존에 존재하는 Base 클래스 A에 추가적인 데이터와 메서드를 넣어서 새로운 Derived 클래스 B를 만드는 것입니다.

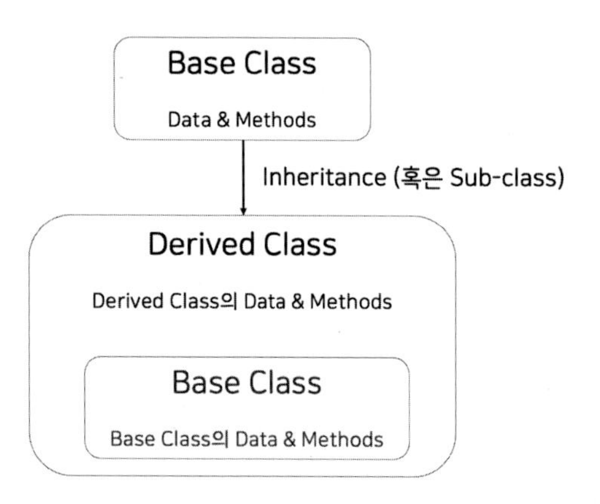

[그림 1] 유전의 법칙 개념도

이때 클래스 B는 클래스 A의 모든 데이터와 메서드를 포함하며 여기에 개발자가 추가하고 싶은 데이터와 메서드만 새롭게 작성하면 됩니다. 부모가 가진 유전적 특성을 컴퓨터 프로그램 입장에서 데이터와 메서드라고 본다면, 부모 클래스에서 만들어진 자식 클래스는 자연스럽게 부모 클래스의 모든 데이터와 메서드를 포함하게 됩니다. 그리고 부모가 가지지 않은 자식만의 차별화된 특성을 추가하는 것이 Dart 언어의 '유전의 법칙'입니다. 이 경우 부모에 해당하는 클래스 A를 통상 base 클래스라고 하고, 자식에 해당하는 클래스 B를 derived 클래스라고 합니다. base 클래스는 영어 단어 의미대로 "기반이 되는" 클래스이고, 자식은 이로부터 "유도된" 클래스 라는 의미에서 이 두 단어가 대표적으로 사용되고 있습니다.

소스 코드와 수행 결과를 통해서 자세히 알아보겠습니다.

```
25  class TimemachineInteger extends Integer {
```

Integer 클래스를 base 클래스로 하는 derived 클래스인 TimemachineInteger 클래스를 만들겠습니다. 즉, 앞서 만든 Integer 클래스에 추가적인 데이터와 메서드를 넣어서 확장한 TimemachineInteger를 만들 계획입니다. 앞서 설명한 class 구문을 그대로 써서 만듭니다. 다만 TimemachineInteger 클래스를 완전히 새로 만드는 것이 아니고, 기존의 Integer 클래스에서 확장한다는 의미로 TimemachineInteger 클래스 이름 뒤에 확장을 의미하는 영어 단어인 extends를 쓰고, 확장의 기반이 되는 클래스의 이름을 써야 합니다. 즉, base 클래스에서 derived 클래스를 만드는 새로운 문법은 extends입니다. 코드로 작성하면 다음과 같습니다.

25 한 줄로 다시 정리하면 "기존 Integer 클래스를 확장(extends)하여 새롭게 만드는 TimemachineInteger 클래스(class)"라는 의미입니다. 그리고 앞서 Integer 클래스처럼 TimemachineInteger 클래스에서 내부적으로 데이터를 저장할 인스턴스 변수를 정의합니다.

```
26  List<int> _timemachine = [];
27
28  TimemachineInteger([int givenValue = 0]) {
29    _value = givenValue;
30  }
31
```

26 이름이 _timemachine인 비어 있는 int 클래스 객체의 리스트를 인스턴스 변수로 정의했습니다.

28~30 TimemachineInteger 클래스의 생성자를 정의합니다. 생성자이기 때문에 클래스 이름과 동일한 TimemachineInteger가 메서드의 이름이 됩니다. 입력 파라미터는 Integer와 유사하게 하나의 정수이며, optional한 특성으로 정의해서 호출하는 쪽에서 입력 파라메타에 해당하는 정수를 주지 않으면 0을 초기화 값으로 갖습니다. 그런데 29에 _value가 등장합니다.

우리는 TimemachineInteger 클래스의 인스턴스 변수로 _timemachine을 만들기는 했지만, _value는 정의하지 않았습니다. 이것이 바로 유전의 법칙의 힘입니다. Integer 클래스를 확장하였기 때문에 이미 TimemachineInteger 클래스 안에는 Integer 클래스의 모든 데이터와 메서드들이 포함되어 있습니다. TimemachineInteger 클래스도 당연히 _value 변수를 갖고 있다는 뜻입니다.

미리 보는 수행 결과 ❽~❾

```
61    var tmpTmInteger1 = TimemachineInteger();
62    var tmpTmInteger2 = TimemachineInteger(3);
63
64    print("[08] ${tmpTmInteger1._value} and ${tmpTmInteger2._value}");
65    print("[09] ${tmpTmInteger1.runtimeType}");
```

61~62 TimemachineInteger 클래스의 객체 두 개를 생성합니다. 61은 47처럼 default 값으로 인스턴스 변수를 초기화하여 객체를 만들었고, 62는 입력 파라미터를 정수 3으로 주는 방식으로 객체를 만들었습니다.

64 (권장하는 방법은 아니지만)TimemachineInteger 객체의 _value 인스턴스 변수를 '.' 연산자를 사용해서 출력하면, 0과 3이 출력됩니다.

65 runtimeType을 출력하면, TimemachineInteger 타입이 제대로 출력됩니다.

우리는 Integer 클래스가 base 클래스이면서 추가 데이터와 메서드를 갖도록 확장한 TimemachineInteger 클래스를 derived 클래스로 만드는 과정을 알아보았습니다. 일단 Integer 클래스에는 없지만, TimemachineInteger 클래스에는 존재하는 int 클래스 객체의 리스트도 추가했습니다. 그리고 TimemachineInteger 클래스에 특화된 생성자를 만들었습니다. Integer 클래스를 확장한 것을 증명하기 위해 Integer 클래스의 인스턴스 변수를 TimemachineInteger 클래스에서 사용하여 확인했습니다.

다음 단계에서는 Integer 클래스에는 없으나 TimemachineInteger 클래스에는 있는 메서드를 추가하겠습니다. 그리고 이 메서드가 _timemachine 인스턴스 변수를 어떻게 다루는지 확인하겠습니다.

11. 오버라이딩(overriding) 이해하기

TimemachineInteger 클래스를 만든 이유를 설명하겠습니다.

첫째로, 동일한 행동은 내부적으로 정수를 하나 가지고 있으며, 이 값을 읽고 쓸 수 있기 때문입니다.

둘째로, TimemachineInteger 클래스에서 추가로 동작했으면 하는 기능이 있습니다. TimemachineInteger 객체에 저장되는 정수 값이 바뀌는 경우, 이 객체가 가졌던 기존의 모든 값들을 시간 흐름에 따른 순서대로 저장하고 필요시 이 값들을 출력하는 기능입니다. 만들고 나면 Integer 클래스와 동일하게 현재 저장하고 있는 값을 읽을 수 있고, 변경할 수도 있습니다. 여기에 추가로 이 객체가 과거에 저장하고 있었던 모든 값들을 순서대로 저장할 수 있습니다.

그렇다면 우리가 구현해야 하는 추가 사항은 무엇일까요? (1) 인스턴스 변수인 _value의 값이 바뀔 때, 바뀌기 전의 값을 저장하는 기능이 필요합니다. (2) 필요시 과거의 값들을 출력하는 기능이 필요합니다. (1)은 Integer 클래스에 있었던 set() 메서드를 "확장"하여 구현하겠습니다. (2)는 기존의 asString 프로퍼티를 "대체"하겠습니다. 확장은 기존의 기능도 사용하면서, 추가 기능을 더한다는 의미입니다. 대체는 기존의 기능은 없애고, 새로운 기능으로 바꾸겠다는 의미입니다. 이 둘은 언뜻 보기엔 겹치는 부분이 없어 보이지만 개발할 때 공통점이 있습니다. base 클래스인 Integer 클래스에 속한 set() 메서드와 asString 프로퍼티의 이름을 그대로 사용한다는 점입니다. 이는 앞서 언급한 것처럼 사용자가 Integer 클래스를 이미 사용할 줄 안다면 추가 학습 없이 TimemachineInteger 클래스를 쉽게 쓰도록 하기 위한 목적입니다.

길게 이야기했지만, 사실 이런 경우를 위한 새로운 문법은 없습니다. (1)과 (2)에 동일하게, 이미 Integer 클래스에 있는 set() 메서드와 asString 프로퍼티를 TimemachineInteger 클래스에서 다시 만들면 됩니다. 단, 미묘한 차이가 있습니다. (1)은 전달받은 입력 파라미터로 인스턴스 변수인 _value의 값을 설정하는 기능은 유지하지만, 바뀌는 값을 모두 기록하는 추가 기능을 개발해야 합니다.

```
32  @override
33  void set(int givenValue) {
34    _timemachine.add( _value);
35    super.set(givenValue);
36  }
37
```

TimemachineInteger 클래스의 set() 메서드를 보면, set() 메서드가 호출되자마자 _timemachine 리스트에 현재의 _value 값을 추가합니다. 그리고 나서 super.set(givenValue)가 호출됩니다. 여기서 super는 새롭게 나타난 문법으로, extends의 대상이 된 base 클래스를 의미합니다. TimemachineInteger 클래스는 Integer 클래스를 확장했으므로 super는 Integer 클래스가 되는 겁니다.

34 기존 set() 메서드에 없던 추가 기능입니다. _timemachine 리스트에 바뀌기 전의 _value 값을 저장합니다.

35 base 클래스인 Integer 클래스의 set() 메서드를 실행합니다. 입력 파라미터인 givenValue의 값으로 Integer 클래스의 _value를 설정합니다.

TimemachineInteger 클래스의 set() 메서드는 Integer 클래스의 set() 메서드가 원래 수행하는 _value 값의 변경 작업을 하면서 추가적으로 변경된 과거 기록까지 저장하기에, 여전히 연산자 오버로딩 기법을 사용하였다고 말할 수 있습니다.

```
42  @override
43  String get asString => "$_value, previously $_timemachine";
```

43 Integer 클래스의 **16**과 동일하게 asString을 정의하고 있습니다. 하지만 super와 같이 base 클래스인 Integer 클래스에 대한 흔적은 없습니다. Integer 클래스의 asString를 무시하고 완전히 새롭게 asString을 정의한 경우입니다. 이런 경우는 오버라이드(override)라고 합니다. 이 표현은 기존에 정의한 것들을 사용하지 않고, 새로운 것으로 덮어쓴다는 의미로 많이 씁니다.

미리 보는 수행 결과 ⑩~⑫

```
66    tmpTmInteger1.set(9);
67    tmpTmInteger1.value = 2;
68    print("[10] ${tmpTmInteger1.get()} and ${tmpTmInteger2.get()}");
69    tmpTmInteger1.set(10);
70    print("[11] ${tmpTmInteger1.getOld()}");
71    print("[12] ${tmpTmInteger1.asString}");
```

오버로딩한 TimemachineInteger 클래스의 set() 메서드와 오버라이드한 TimemachineInteger 클래스의 asString이 제대로 동작하는지 확인합니다.

66 tmpTmInteger1 객체가 저장하는 _value를 0에서 9로 바꾸도록 set() 메서드를 수행합니다.

67 tmpTmInteger2.value에 2를 저장합니다. value는 Integer 클래스에서 정의한 사항이며, TimemachineInteger 클래스에서 별도로 만들지 않았습니다. TimemachineInteger 클래스의 base 클래스인 Integer 클래스의 value가 호출된 것입니다.

69 tmpTmInteger1의 값을 set() 메서드를 사용해서 9에서 10으로 변경합니다.

71 tmpTmInteger1.asString을 출력하면 tmpTmInteger1의 _value가 현재 10으로 바뀌었고, 이전에 0과 9였다는 것을 보여 줍니다.

```
38  List getOld() {
39    return _timemachine;
40  }
41
```

Integer 클래스와 상관없이 TimemachineInteger 클래스에만 있는 메서드를 만들고 싶으면 TimemachineInteger 클래스의 getOld() 메서드처럼 새로운 메서드를 작성하면 됩니다. **70**에서 getOld() 메서드를 호출한 결과를 미리 보는 수행 결과 **11**에서 보면, tmpTmInteger1 객체가 저장한 과거 정보인 0과 9를 출력합니다.

오버로딩 및 오버라이드와 관련해서 마지막으로 설명할 내용은 TimemachineInteger 클래스의 **32**와 **42**에서 사용한 "@override" 문법입니다. Dart 언어에서 base 클래스에 존재하는 메서드(혹은 프로퍼티)를 오버로드 혹은 오버라이드 하는 경우에는 "@override" 문법을 사용해야 합니다. 정의하는 메서드(혹은 프로퍼티)는 base 클래스에 이미 존재하는 메서드(혹은 프로퍼티)라고 명확하게 표현하는 겁니다. getOld() 메서드는 확장 대상인 Integer 클래스에는 없는 메서드이기에, 이 문법이 적용되지 않았습니다. 이렇듯 Dart 언어에서는 개발자가 확장하고자 하는 base 클래스에 속한 메서드(혹은 프로퍼티)를 제대로 알지 못하는 상황에서 실수로 같은 이름의 메서드(혹은 프로퍼티)를 중첩되게 만드는 것을 방지하고자 오버로딩이나 오버라이드 경우에는 @override 구문을 명확하게 쓰도록 하고 있습니다.

12. 초기화 리스트(Initialization List) 이해하기

소스 코드에서는 초기화 리스트를 적용하지 않았습니다. 초기화 리스트의 목적은 객체의 인스턴스 변수 초기화를 보다 용이하게 하기 위함입니다. 예를 들어 **12**에서 정의한 set() 메서드를 보면, 단순하게 입력 파라미터로 받은 값으로 인스턴스 변수인 _value를 설정할 뿐입니다. 이 경우 아래와 같은 형태로 변경 가능합니다.

```
Integer([int givenValue = 0]) : _value = givenValue {
}
```

인스턴스 변수를 초기화 하는 줄을 메서드 안에 쓰지 않고 입력 파라미터를 받는 괄호 뒤에 콜론을 찍고 작성합니다. 초기화 하는 값이 여러 개이면 쉼표를 찍고 연이어서 작성하면 됩니다. 모양만 다를 뿐 동작은 소스 코드의 set() 메서드와 동일합니다.

그런데 이렇게 모양을 바꾸고 나면 아무 내용 없는 중괄호가 눈에 거슬릴 수 있습니다. 아래와 같이 내용이 없는 중괄호를 세미콜론으로 대체하면 됩니다.

```
Integer([int givenValue = 0]) : _value = givenValue;
```

이렇게 초기화 리스트는 비교적 단순한 Set 유형 혹은 setter 방식의 메서드를 더욱 단순화하여, 타이핑 등에서 발생 가능한 오류를 줄이는 등의 장점을 제공합니다.

핵심 요약

Dart 언어가 제공하는 표준 클래스만 사용하다가, 개발자만의 클래스를 스스로 만드는 방법에 대해서 다루었습니다. 이번 챕터의 내용은 반드시 이해해야 하는 내용입니다. 소스 코드와 수행 결과의 분량이 길지는 않지만, 많은 내용이 함축되어 있기에 한 줄 한 줄 이해하는 것이 더욱 중요합니다. 따라서 다소 이해가 안 되는 부분이 있다면, 번거롭겠지만 다시 한번 챕터를 읽어 보기를 추천합니다. 특히 소스 코드를 12가지 내용에 맞춰 조각내서 설명했습니다. 복습하는 마음으로 전체 소스 코드를 처음부터 끝까지 다시 한번 순서대로 읽으면서 이해하기를 추천합니다.

▶▶ 연습 문제

1. 핵심 내용 복습하기

❶ Base 클래스와 Derived 클래스의 개념을 유전의 법칙을 통해서 설명합니다.

❷ 인스턴스 변수의 이름을 사용하지 않고, Get/Set 유형의 메서드와 getter/setter를 사용하는 이유를 설명합니다.

2. 예제 코드 수정하기

❶ 정수가 아닌 실수 클래스에 대한 예제가 되도록 소스 코드를 수정합니다. 기본적인 동작은 유지하는 방향으로 수정합니다. 클래스 이름은 Float로 하고, int 대신 double을 사용하는 등의 수정을 한 후 실행 결과를 확인합니다.

❷ TimemachineInteger 클래스에서 @override 구문을 삭제하고, 실행 결과를 확인합니다.

3. 추가 기능 작성하기

❶ Integer 클래스에 더하기 외의 빼기/곱하기/나누기의 연산자를 오버로딩합니다. 이때 공식 문서를 참조하여 연산자의 정확한 이름을 확인합니다. 그리고 main 함수 안에서 tmpInteger1와 tmpInteger2에 적용한 후, 실행 결과를 확인합니다.

❷ TimemachineInteger 클래스를 base 클래스로 하는 새로운 derived 클래스를 만들어서 오버로딩과 오버라이드를 자유롭게 추가로 구현하고 실행 결과를 확인합니다.

CHAPTER. 2

Class 직접 만들기 Part.2

Dart 언어에서 모든 데이터 타입은 클래스입니다. 그런데, 직접 클래스를 만들다 보면 "이 작고 작은 기능을 하는 코드를 굳이 클래스까지 만들어야 하나? 조금 더 가볍고 작은 방법은 없을까?"같은 질문을 하는 상황이 올 겁니다. 독립적으로 동작하기보다는 다른 클래스의 악세서리 혹은 부품처럼 스며드는 정도의 기능일 때 이런 고민을 하게 됩니다. 혹은 이 기능은 어떤 클래스가 되든 요긴하게 사용할 수 있는 기능으로 판단되는 경우도 여기에 포함됩니다. 이렇게 독립적인 클래스의 객체로 만들어서 사용하기 보다는 다른 클래스들에 부속품처럼 포함되어 특정 기능만 수행하는 게 맞아 보인다고 판단되는 경우에 사용하는 방법이 mixin입니다. 이름에서 유추할 수 있듯 클래스를 만들 때 섞어서(mix) 포함(in)시키는 용도로 사용하는 작은 클래스라고 보면 됩니다.

미리 보는 수행 결과

이번 챕터의 미리 보는 수행 결과는 다섯 줄로 짧은 편입니다. 완전히 새로운 소스 코드를 만들지 않고, 앞 챕터에서 개발한 TimemachineInteger 클래스에 mixin을 적용하는 수준의 변경만 하였기 때문입니다.

TimemachineInteger 클래스는 인스턴스 변수인 _value의 값이 바뀌면, 바뀌기 이전의 값을 계속해서 내부의 List 객체에 저장했습니다. 이 부분을 변경하려 합니다. 사용자가 바뀌기 이전의 값을 저장할지 말지를 결정할 수 있도록 수정하겠습니다. 만약 사용자가 바뀌기 이전의 값을 저장하지 않아도 된다고 설정하면, _value의 값이 바뀌더라도 이전에 가지고 있던 값을 저장하지 않습니다. 이를 위해서 TimemachineInteger 클래스의 set() 메서드에 사용자가 설정한 조건을 저장하는 작업이 이루어 지도록 하겠습니다.

```
1  set(2) called ==> _timemachine is [0]
2  set(4) called ==> _timemachine is [0, 2]
3  set(6) called ==> current 4 is ignored.
4  set(8) called ==> _timemachine is [0, 2, 6]
5  8, previously [0, 2, 6]
```

결과를 보면 set() 메서드가 총 4회 호출됩니다. 입력 파라미터가 2/4/8인 경우는 바뀌기 전의 _value 값을 _timemachine 리스트에 제대로 저장합니다.

3 하지만 set(6)로 호출한 경우에는 현재의 _value 값인 4를 _timemachine 리스트에 저장하지 않고 무시한다는 메시지를 출력했습니다. 2와 3 사이에서 사용자가 이전 값의 저장을 하지 않아도 되도록 설정한 것 같습니다.

4 set(8)을 실행해서 8을 저장하면, 오른쪽의 출력과 같이 이전 값인 6을 저장합니다. 3과 4 사이에서 사용자가 이전 값을 저장하도록 다시 설정을 바꾼 것으로 보입니다.

5 지금까지의 전체 변경 이력을 출력하면, 과거 이력에 0/2/6만 저장되어 있는 것을 볼 수 있습니다.

소스 코드 설명

소스 코드는 이전 챕터에서 개발한 TimemachineInteger 클래스에 mixin을 적용하여 개선하는 방식입니다. 따라서 Integer 클래스는 수정 없이 동일합니다.

```
1   class Integer {
2     late int _value;
3
4     Integer([int givenValue = 0]) {
5       _value = givenValue;
6     }
7
8     int get() {
9       return _value;
10    }
11
12    void set(int givenValue) {
13      _value = givenValue;
14    }
```

```
15
16    String get asString => "$_value";
17
18    set value(int givenValue) => _value = givenValue;
19
20    Integer operator +(Integer givenValue) {
21      return Integer(_value + givenValue.get());
22    }
23  }
```

그리고 이번 챕터의 주된 내용인 mixin을 설명하고자 이름이 ActivationFlag라는 mixin을 작성하였습니다.

```
25  mixin ActivationFlag {
26    bool _flag = true;
27
28    bool get activated => _flag;
29    set activated(bool givenFlag) => (_flag = givenFlag);
30  }
31
```

25 새로운 문법인 'mixin'이 등장했습니다. 그런데 이름이 ActivationFlag인 mixin을 보면, 일단 중괄호 안에 변수와 setter/getter 들이 있습니다. 얼핏 모양이 클래스의 문법과 유사합니다. 차이점은 class가 있어야 할 것 같은 자리에 mixin을 사용하고 있는 부분뿐입니다. 이렇게 클래스와 유사할 수밖에 없는 것이, 사실 mixin도 클래스의 일종이기 때문입니다. 따라서 mixin인 ActivationFlag를 정의하는 중괄호 안에 mixin에 포함할 인스턴스 변수, 메서드, 생성자 등을 포함하고 있습니다. 쉽게 이야기하면 사실상 클래스인데 스스로 객체가 되어 사용되기 보다는 다른 클래스의 부속품으로 사용되는 클래스이며 만드는 문법이 class가 아닌 mixin일 뿐으로 생각하면 됩니다.

ActivationFlag mixin의 내부를 살펴봅시다.

26 간단하게 true/false를 저장할 인스턴스 변수인 _flag를 갖고 있습니다.

28 flag의 값을 읽기 위해서 getter인 activated를 사용하도록 정의하고 있습니다.

29 flag의 값을 변경하기 위한 setter를 정의하고 있는데, getter와 같은 이름인 activated()입니다.

setter를 통해서 true/false를 설정하고, getter를 통해서 이 값을 읽는 mixin으로서 프로그램을 개발하다 보면 자주 사용하는 기능을 구현하고 있습니다.

이제 TimemachineInteger 클래스에 ActivationFlag mixin을 적용할 시점입니다. 첫 번째로 TimemachineInteger 클래스를 정의하는 줄을 수정해야 합니다. 두 번째로 TimemachineInteger 클래스의 set() 메서드를 일부 수정해야 합니다.

원래 TimemachineInteger 클래스는 이전 챕터에서 Integer 클래스를 확장한 형태로 다음과 같이 정의하여 사용했습니다.

```
class TimemachineInteger extends Integer {
```

이제 TimemachineInteger 클래스에 ActivationFlag mixin을 추가로 적용하고자, 32와 같이 TimemachineInteger 클래스의 정의 문장을 변경했습니다.

```
32  class TimemachineInteger extends Integer with ActivationFlag {
```

일단 TimemachineInteger 클래스에 추가할 mixin인 ActivationFlag가 코드에서 등장했습니다. 그런데, 새로운 문법인 with가 등장했습니다. 이렇게 새로운 클래스를 만들 때 이미 만들어져 있는 mixin을 포함하고 싶다면 클래스를 정의하는 문법을 그대로 사용한 후 마지막에 with를 쓰고 그 다음에 포함하고 싶은 mixin의 이름을 적으면 됩니다. 이로써 ActivationFlag를 TimemachineInteger 클래스에 포함하는 작업이 끝났습니다. 매우 간단합니다.

```
33    List<int> _timemachine = [];
34
35    TimemachineInteger([int givenValue = 0]) {
36      _value = givenValue;
37    }
38
```

인스턴스 변수로 리스트를 정의한 33과 생성자를 정의한 35~37의 내용은 이전 챕터와 동일합니다.

```
51    List getOld() {
52      return _timemachine;
53    }
54
```

```
55    @override
56    String get asString => "$_value, previously $_timemachine";
57  }
58
```

57에서 TimemachineInteger 클래스의 정의를 마치기 전까지 51~53에 정의한 getOld() 메서드와 56번 줄의 asString getter도 이전 코드와 동일합니다. 달라진 부분은 set() 메서드입니다. 참고로 원래 set() 메서드는 다음의 형태였습니다.

```
@override
void set (int givenValue) {
  _timemachine.add( _ value);
  super.set(givenValue);
}
```

39~49 하지만 mixin을 추가하고, 사용자의 설정에 의해서 바뀌는 값을 저장하거나 혹은 저장하지 않도록 변경한 새로운 set() 메서드는 아래처럼 바뀌었습니다.

```
39  @override
40  void set(int givenValue) {
41    if (activated == true) {
42      _timemachine.add( _value);
43      print("set($givenValue) called ==> _timemachine is $_timemachine");
44    } else {
45      print("set($givenValue) called ==> current $_value is ignored.");
46    }
47
48    super.set(givenValue);
49  }
50
```

클래스를 만들면서 with 문법으로 mixin을 포함하면, mixin을 포함한 클래스 입장에서는 마치 본인의 인스턴스 변수와 메서드인 것처럼 편안하게 사용하면 됩니다.

우리가 ActivationFlag를 TimemachineInteger 클래스에 포함한 이유를 다시 한번 상기합니다. 원래 set() 메서드가 호출될 때마다 바뀌기 전의 _value를 무조건 저장하였는데, 무조건 저장하지 말고 사용자가 설정한 조건에 따라서 저장하기 위한 목적입니다. 이를 위해서 set() 메서드가 수정되었습니다.

41~**46** 사용자가 설정한 조건을 확인하기 위해 조건문이 추가되었습니다. activated 값이 true이면 예전과 같이 바뀌기 전의 값을 저장하는 작업을 하지만, 이 값이 false이면 화면에 무시한다는 문구만 출력할 뿐 바뀌기 전의 값을 저장하지 않습니다. 그런데 이 activated는 어디서 온 걸까요? 바로 **28**에 있는 ActivationFlag mixin의 getter입니다. 별도의 문법 없이 마치 TimemachineInteger의 getter인 것처럼 호출하는 것을 볼 수 있습니다. 결국 mixin은 ActivationFlag 안의 인스턴스 변수와 메서드(getter, setter 등 포함)들을 TimemachineInteger 클래스 안으로 스며들게 합니다. 스며들고 나면 ActivationFlag라는 이름의 흔적은 TimemachineInteger 클래스 안에서 찾아볼 수 없습니다.

NOTE

> 다양한 클래스에서 자주 사용할 만한 기능들을 mixin으로 만들어 놓은 후, 필요할 때 with 문법으로 클래스에 적용하면, 클래스의 개발이 보다 빨라지게 됩니다. 자주 사용하는 mixin들은 코드의 에러가 점점 줄어들 테니 프로그램의 안정성도 증가한다고 볼 수 있습니다.

main 함수는 mixin의 설명만을 위해 새롭게 작성하였습니다.

미리 보는 수행 결과 ❶~❺

```
59 void main() {
60   var tmpTmInteger = TimemachineInteger(0);
61   tmpTmInteger.set(2);
62   tmpTmInteger.set(4);
63   tmpTmInteger.activated = false;
64   tmpTmInteger.set(6);
65   tmpTmInteger.activated = true;
66   tmpTmInteger.set(8);
67   print("${tmpTmInteger.asString}");
68 }
```

main 함수는 TimemachineInteger 클래스에 추가한 mixin의 사용법을 보여주는 목적만을 위해 동작하고 있습니다.

60 일단 이전 챕터와 동일하게 TimemachineInteger 클래스의 객체인 tmpTmInteger를 만듭니다. 이때 초기화 값을 0으로 설정했습니다.

61~62 set() 메서드를 호출합니다. 앞서 26에서 ActivationFlag의 _flag가 default 값인 true로 설정되어 있으니, 미리 보는 수행 결과의 1과 2처럼 바뀌기 전의 값을 저장하고 저장한 모든 값을 출력합니다.

63~64 하지만 activated 값을 false로 하면 set() 메서드 호출 시에 바뀌기 전의 값을 보관하지 않도록 설정되기에 미리 보는 수행 결과의 3처럼 바뀌기 전의 값을 저장하지 않고 무시합니다.

65~66 다시 activated 값을 true로 하고 set() 메서드를 실행하면, 미리 보는 수행 결과의 4처럼 현재의 _value 값을 8로 설정하고 바뀌기 전의 값인 6을 보관하는 것을 확인할 수 있습니다.

67 asString을 출력하면 미리 보는 수행 결과의 5처럼 activated 값이 false인 구간을 제외하고, 제대로 현재 및 과거의 값들이 저장되었음을 보여 줍니다.

다시 한번 강조하는 main 함수에서 확인할 중요한 사항은 TimemachineInteger 객체에 mixin된 ActivationFlag의 activated getter/setter를 접근할 때, TimemachineInteger 객체의 setter/getter에 접근하는 것과 다르지 않게 문법을 구사하고 있다는 점입니다.

NOTE

mixin을 아무 클래스나 적용하지 않고 특정 클래스에만 적용하였으면 좋겠다고 생각할 수 있습니다. 이런 경우는 'on' 문법을 사용합니다. 만약에 이번 챕터의 TimemachineInteger에만 적용시키고 싶다면 25를 다음과 같이 수정하면 됩니다.

```
mixin ActivationFlag on TimemachineInteger {
```

많이 사용하는 문법은 아니지만, 범용적으로 쓰이지 않고 제한된 클래스에서만 사용되는 mixin을 개발하고자 한다면 기억해 둘 만한 문법입니다.

핵심 요약

분명 내용적으로는 클래스지만 독립적으로 객체를 만드는 용도로 쓰기보다는, 마치 유용한 도구 혹은 유용한 부품처럼 다른 클래스에 섞여 들어가는 형태로 사용하는 mixin에 관해서 알아보았습니다. 만드는 문법이 class 대신 mixin인 점과 사용하는 입장에서 문법이 extends 대신 with인 점을 제외하면 mixin과 class는 큰 차이가 나지 않으니 잘 기억해 두었다가 요긴하게 활용하기 바랍니다.

NOTE

mixin은 유용한 도구로서 이미 다른 사람들이 만들어 놓은 경우가 많습니다. 프로그램을 만들 때 다른 사람이 개발한 mixin을 사용하는 것도 좋은 방법입니다.

▶▶ 연습 문제

1. 핵심 내용 복습하기

❶ mixin을 정의하는 문법과 클래스 정의 시 mixin을 포함시키는 문법을 설명합니다.

❷ 일반적인 클래스로 개발할지 혹은 mixin으로 개발할지를 결정해야 하는 상황에서 어떤 기준으로 판단을 해야 하는지 설명합니다.

2. 예제 코드 수정하기

❶ ActivationFlag의 getter/setter를 Set/Get 유형의 일반 메서드로 변경합니다. 변경된 메서드에서는 _flag의 값을 읽거나 혹은 _flag의 값을 쓰는 작업 상황을 print 구문으로 화면에 출력합니다. 프로그램을 작성하고, 실행 결과를 확인합니다.

❷ ActivationFlag에 새로운 메서드인 activate()와 deactivate()를 추가합니다. activate()가 호출되면 _flag를 true로 하고, deactivate()가 호출되면 _flag를 false로 합니다. 프로그램을 작성하고 실행 결과를 확인합니다.

3. 추가 기능 작성하기

❶ 새로운 mixin인 ProhibitionFlag를 ActivationFlag와 유사하게 만듭니다. set() 메서드를 통해서 _value의 값을 바꾸는 것을 허락할지 말지 판단하기 위함입니다. 프로그램을 작성하고, 실행 결과를 확인합니다.

❷ 새로운 mixin인 MasterFlag를 작성합니다. 목적은 MasterFlag를 true로 하면, ProhibitionFlag와 ActivationFlag가 모두 true가 되며, 반대로 MasterFlag를 false로 하면, ProhibitionFlag와 ActivationFlag가 모두 false가 되도록 하기 위한 목적입니다. 프로그램을 작성하고 실행 결과를 확인합니다.

CHAPTER. 3

Class 직접 만들기 Part.3

추상 클래스(abstract class)라는 개념이 있습니다. 이름 그대로 해석하면 추상적인 의미의 클래스로서 실제로 존재할 수 없는 클래스인데, 추상 클래스로는 직접 객체를 만들 수 없다는 뜻입니다. 추상 클래스라는 개념이 탄생하게 된 배경을 알아보도록 하겠습니다.

새로운 클래스를 만들 때 Base 클래스와 Derived 클래스를 어떻게 설계할지는 매우 심오한 문제입니다. 실은 정답이 없는 문제로, 이론 공부와 실무 경험이 필요합니다. 그래도 모두가 공감하는 중요한 원칙을 찾아보면 하나의 Base 클래스에서 sub-class되는 Derived 클래스가 여러 개 존재하는 경우, 모든 Derived 클래스에 공통적으로 존재하는 데이터와 메서드는 Base 클래스에 포함되도록 해야 한다는 점입니다. 여기서 공통이라는 범주에는 메서드의 이름도 포함됩니다. 즉, Derived 클래스들에 속한 메서드가 이름만 같고 수행하는 일이 다른 경우 메서드의 이름 만이라도 Base 클래스에 위치하도록 해야 한다고 할 수 있습니다. 이름만이라도 Base 클래스로 포함시킨다는 개념이 지금은 이해가 되지 않을 수 있습니다. 실제 소스 코드를 보면, 어렵지 않게 이해할 수 있을 겁니다.

다음으로, 프로그램을 개발하다 보면 Base 클래스의 객체가 프로그램 안에서 만들어지지 않고 오로지 Derived 클래스의 객체만 등장하는 경우가 있습니다. 아예 Base 클래스의 존재 의미는 Derived 클래스들이 공통으로 가지는 데이터와 메서드(혹은 메서드의 이름만이라도)를 모아 놓는 목적인 경우가 있습니다. 실제 프로그램에서 만들어서 사용하는 객체는 Derived 클래스의 객체이기에, 사실상 Derived 클래스를 손쉽게 만드는, 즉 Derived 클래스의 개발에 재사용성을 강화하는 도구로만 Base 클래스를 만드는 경우들이라고 볼 수 있습니다.

사실 위의 두 가지 배경은 동일한 내용을 다르게 표현했다고 볼 수도 있습니다. 위와 같은 상황에서 Base 클래스에 적용하는 기술이 추상 클래스라고 보면 됩니다.

미리 보는 수행 결과

수행 결과는 매우 간단합니다. Circle(원)과 Square(사각형) 객체를 만듭니다. 그리고 같은 이름의 draw() 메서드가 두 클래스에 포함됩니다. 이름은 같은데, 출력한 내용은 다릅니다. 출력 결과를 보면 두 객체 모두가 공통으로 center(중심점)에 대한 (X, Y) 좌표 값을 가지고 있습니다. 그런데 with 뒤를 보면, 두 객체가 서로 다른 값을 출력했습니다. 즉, 이름이 같은 draw() 메서드가 서로 다른 출력 결과를 보여줍니다.

```
1  > Circle.draw(): center(0,0) with r[10]
2  > Square.draw(): center(0,0) with h[10] and w[10]
```

1 Circle 객체는 원의 반지름인 radius라는 의미의 r을 출력했습니다. 다시말하면 Circle 객체는 draw() 메서드를 통해서 반지름에 해당하는 숫자 하나를 출력했다는 의미입니다.

2 Square 객체는 높이와 폭을 의미하는 h(height)와 w(width)를 출력했습니다.

두 종류의 클래스가 등장했고, 동일한 이름의 draw() 메서드를 가지고 있지만 보여주는 결과는 다릅니다. 즉, 같은 이름의 메서드일 뿐 수행하는 동작은 전혀 다릅니다. 실제로 클래스들은 각자 서로 다른 인스턴스 변수들을 가지고 있습니다.

소스 코드 설명

소스 코드에는 [그림 1]과 같이 3개의 클래스가 정의되어 있습니다. 첫 번째는 Rectangle 클래스로 '다각형' 혹은 '도형'이라는 의미입니다. 두 번째는 Circle 클래스로 '원'이라는 의미입니다. 세 번째는 Square 클래스로 '사각형'이라는 의미입니다. 그리고 유전의 법칙으로 볼 때 Rectangle 클래스가 Base 클래스이고, Circle과 Square는 Rectangle 클래스의 Derived 클래스들입니다.

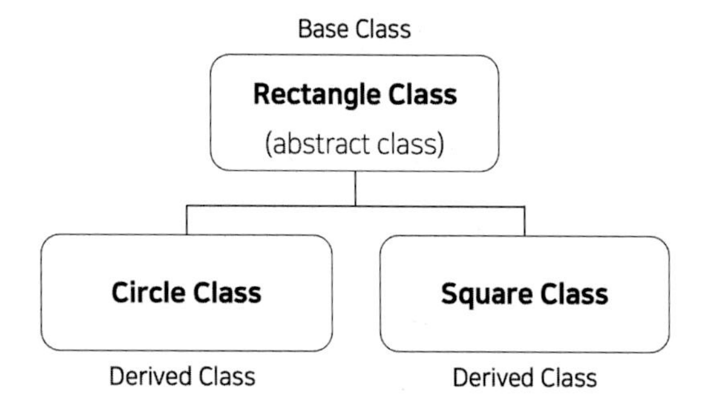

[그림 1] 이번 챕터에서 다루는 클래스의 관계도

그런데 곰곰이 생각해 보면, Derived 클래스인 원과 사각형은 머리 속에 구체적인 모양을 떠올리기 쉽습니다. 실제로 종이와 연필을 주고 원과 사각형을 그려보라고 하면 사람들은 원과 사각형을 바로 그릴 겁니다. 그렇다면 도형이라는 의미의 Rectangle을 그려 보라고 하면 어떨까요? 아마 뭘 그려야 할지 막막해질 겁니다.

NOTE

현실 세계에서도 유사한 문제가 종종 발생합니다. 애플의 아이폰과 삼성의 갤럭시를 떠올리면 바로 어떤 종류의 제품이든 하나 이상의 구체적인 제품을 머리에 떠올릴 수 있고, 그림으로 그릴 수 있을 겁니다. 하지만 이들을 총칭하는 스마트폰이라고 하면, 좀 애매합니다. "빨주노초파남보" 같은 구체적인 색상은 바로 크레파스를 들고 색을 칠할 수 있지만, 색상이라는 단어는 뭔가 애매합니다.

Base 클래스는 도형/색상/스마트폰처럼 뭔가 구체적이지 않은 추상적인 의미를 구현하기 위한 용도로 정의하고 사용하는 경우가 많습니다. 도형들이 가지는 공통적인 데이터와 메서드를 모아서 Rectangle 클래스로 정의한 후, Rectangle 클래스를 Base 클래스 삼아 구체적인 사각형/오각형/육각형을 derived 클래스로 만들어 내면 훌륭한 예라고 할 수 있겠습니다. 이 방식을 사용하는 이유는 명확합니다. 사각형/오각형/육각형이 공통적으로 갖는 데이터와 메서드를 모아서 Base 클래스로 한번 개발하면 이후에는 재사용만 하면 되기 때문입니다. 따라서 프로그램을 개발할 때 분명 Base 클래스는 존재합니다. 다만 추상적이기에 객체로 만들어지지는 않을 뿐입니다. 그저 Derived 클래스를 만들기 위한 재료입니다.

소스 코드에서는 '도형(Rectangle)'의 예를 보여줄 겁니다. 원(Circle)과 사각형(Square)을 워드 프로세서에서 그리는 기능을 개발한다고 가정해 봅니다. 먼저, 화면 상의 위치인 '중심점(center)' 이라는 데이터가 Circle과 Square에 공통적으로 분명하게 존재합니다. 그리고 "그려라(draw)"와 같은 동작(메서드)도 공통적으로 분명하게 존재합니다. 우리는 이렇게 Circle과 Square가 가지는 공통점을 모아서 Base 클래스인 Rectangle 클래스를 만들 겁니다. 하지만 실제 세상에서 Rectangle은 모호한 개념으로 애써 구현하는 의미가 없듯, 프로그램에서도 Rectangle 클래스의 객체를 생성하는 것은 의미가 없는 작업이라고 판단해서 하지 않을 겁니다. Rectangle 클래스의 존재 이유는 오로지 Circle과 Square의 객체를 만들기 위한 재료일 뿐입니다. 이렇게 추상적이고 모호한 Rectangle을 Base 클래스로 만드는 것이 추상 클래스의 개념이며 이렇게 할 수 있도록 도와주는 문법이 abstract와 implements입니다.

```
abstract class Rectangle {
  int cx = 0, cy = 0;
  void draw();
}

```

1~4 Base 클래스인 Rectangle 클래스가 정의되어 있습니다. 그런데 class 구문 앞에 abstract라는 단어가 있습니다. 이 단어가 바로 클래스에 객체를 만들 수 없는 클래스라는 의미를 부여하는 문법입니다. 추상적(abstract)이고 구체적이지 않으니 실제 세상에 만들어질 수 없다는 의미입니다.

Abstract 클래스는 이 클래스를 Base 클래스로 하여 만들어질 모든 Derived 클래스들이 공통적으로 갖는 데이터와 메서드를 가지고 있습니다.

2 중심점을 의미하는 cx와 cy가 공통적으로 가질 데이터인 인스턴스 변수입니다. 데이터는 지금까지 사용해 온 데이터들과 다르지 않으니 별도의 설명이 필요 없습니다.

3 하지만 메서드는 다릅니다. 메서드에서 수행할 모든 동작이 Dart 언어의 문법에 맞춰서 만들어진 보통의 메서드들은 당연히 포함이 가능합니다. 그런데 메서드의 이름, 입력 파라미터 그리고 리턴하는 데이터 타입은 정의했지만 실제 수행하는 작업은 작성하지 않은 메서드도 포함이 가능합니다. draw() 메서드를 정의하였지만 이 메서드가 어떤 일을 수행할지 적히지 않았습니다. 이 부분이 일반 클래스와 추상 클래스의 차이점 중 가장 큰 차이점입니다.

왜 이런 클래스를 만드는 것일까요?

Rectangle을 Base 클래스로 삼는 Derived 클래스들인 Circle 클래스와 Square 클래스를 생각해 보겠습니다. 첫째로 둘 다 중심점이 있습니다. 이미 언급했지만, 화면에 도형을 그린다면 어떤 도형이든 화면에 중심 좌표는 있어야만 하겠지요. 따라서 어떤 도형이든 상관없이 모두 가져야 하는 중심점은 Base 클래스인 Rectangle 클래스 안으로 가는 게 맞습니다. 그리고 모든 도형은 화면에 그릴 수 있습니다. 그러나 그리는 구체적인 방법은 다릅니다. 원은 중심점을 기준으로 반지름에 해당하는 점들을 통해서 선을 그려야 하고, 사각형은 중심점을 기준으로 폭과 너비에 맞춰서 선을 그려야 합니다. Circle 클래스와 Square 클래스의 입장에서 보면 어떻게 그릴지만 다르고 그린다는 행위는 같습니다. 그리는 방법인 "How to"는 다르지만 그리는 행위인 "What"은 같은 겁니다. 기술적으로 이야기하면, 전자는 메서드의 내부 작업을 의미합니다. 후자는 메서드의 이름, 입력 파라미터, 리턴 값으로도 충분합니다.

2 이 개념을 그대로 코드로 옮기면, 소스 코드의 Rectangle 클래스처럼 됩니다. 먼저 중심점에 대한 데이터는 정의했습니다. Center X 그리고 Center Y라는 의미의 두 정수 변수가 각각 cx와 cy로 정의되어 있고 일단 모두 0으로 초기화하였습니다. Rectangle 클래스를 Base로 삼는 모든 Derived 클래스들은 이 두 변수를 반드시 가집니다.

3 draw() 메서드가 수행해야 하는 작업에 대한 코드 없이 정의되어 있습니다. 이렇게 만들면 어떤 효과가 있을까요? 바로 Rectangle 클래스를 기반으로 만드는 클래스들은 반드시 draw() 메서드가 있어야 한다고 제약을 주는 효과를 냅니다. 즉, 내용은 상관없지만 이름은 draw이고, 입력 파라미터는 없으며, 리턴 값도 없는 메서드를 반드시 포함해야 한다는 것입니다. draw() 메서드가 내부적으로 어떻게 동작하는 지는 각 Derived 클래스에서 알아서 정의할 독립적인 문제입니다. 천천히 살펴보겠지만, Circle 클래스의 draw() 메서드는 **13**~**15**에 작성하고, Square 클래스의 draw() 메서드는 **27**~**29**에 작성합니다. 이렇듯 이름은 같지만 실제 수행하는 코드는 서로 다릅니다.

```
6  class Circle implements Rectangle {
7    @override
8    int cx = 0, cy = 0;
9
10   late int radius;
11
12   @override
13   void draw() {
14     print("> Circle.draw(): center($cx,$cy) with r[$radius]");
15   }
16
17   Circle([int givenRadius = 1]) : radius = givenRadius;
18 }
```

Abstract 클래스인 Base 클래스를 기반으로 만드는 Derived 클래스는 extends 구문이 아닌 implements 구문을 사용합니다. 한 문장으로 설명하면 Circle 클래스는 추상 클래스인 Rectangle 클래스를 구현한다는 의미가 됩니다.

7~**8** 여기서 구현한다는 단어를 사용했는데, extends 문법을 사용하는 경우와 다른 점이 존재합니다. 먼저 Rectangle 클래스가 갖고 있는 데이터인 cx와 cy는 @override 구문과 함께 **8**에 정의되어 있습니다. extends 문법에서는 Base 클래스의 인스턴스 변수를 Derived 클래스에서 사용하기 위한 별도의 작업이 없었습니다. implements 문법을 쓰는 경우에는 Base 클래스인 Rectangle 클래스의 인스턴스 변수를 정의한 **2**와 같은 문장을 Circle 클래스의 **8**과 같이 작성하고 이 문장의 위에 **7**과

같이 @override 문법을 사용해야 합니다. **7**, **8** 두 줄을 삭제한 후 실행을 하면, 에러 메시지에서 Rectangle 클래스의 cx와 cy를 implement하지 않아 에러가 발생했다는 내용을 만나게 됩니다.

13~**15** void draw() 메서드도 @override 구문과 함께 정의합니다. Circle 클래스에만 존재하는 반지름을 draw() 메서드에서 출력할 것이므로 draw() 메서드의 동작은 다른 Derived 클래스의 draw()와 다른 동작이 됩니다.

이와 같이 추상 클래스인 Rectangle 클래스에 정의된 데이터를 @override 구문으로 동일하게 정의하는 작업이 필요하고 추상 클래스에서 완성하지 않은 메서드를 @override 구문과 함께 제대로 완성하는 작업이 필요합니다. 그리고 추상 클래스 안에 있는 모든 데이터와 메서드에 이 작업이 이루어져야 합니다.

10 이제 추상 클래스인 Rectangle 클래스에는 없지만 Circle 클래스에는 있는 Circle 클래스만의 데이터와 메서드를 정의할 수 있습니다. Circle은 Square와 Rectangle에는 없는 반지름을 저장하기 위하여 정수형 변수로 radius를 정의합니다. 이 변수의 초기화는 생성자에서 할 생각이라 초기화를 나중에 한다는 의미로 late 구문을 사용하고 있습니다.

17 그리고 Derived 클래스별 생성자는 같을 수가 없으니 Circle 클래스의 생성자가 정의되어 있습니다. 단순히 반지름을 optional한 입력 파라미터로 받아서 내부의 radius 변수에 저장하는 용도입니다.

```
20  class Square implements Rectangle {
21    @override
22    int cx = 0, cy = 0;
23
24    late int height, width;
25
26    @override
27    void draw() {
28      print("> Square.draw(): center($cx,$cy) with h[$height] and w[$width]");
29    }
30
31    Square([int givenHeight = 1, int givenWidth = 1])
32        : height = givenHeight,
33          width = givenWidth;
34  }
35
```

Abstract 클래스인 Rectangle 클래스를 기반으로 만드는 Square 클래스도 유사하게 개발합니다.

21~22 먼저 @override 구문과 함께 cx와 cy를 정의하는 작업을 합니다.

26~29 @override 구문과 함께 작성한 draw() 메서드는 Square 클래스만이 갖는 높이와 폭의 값을 출력할 수 있도록 하였습니다.

24 내부적으로 높이와 폭의 값을 저장하는 변수들인 height와 width를 추가하였습니다.

31~33 이들을 초기화하는 생성자를 작성하였습니다.

지금까지의 과정을 통해서 만들어진 Rectangle, Circle, Square 클래스들을 main 함수에서 사용하겠니다.

미리 보는 수행 결과 ❶~❷

```
36  void main() {
37  //var rc = Rectangle();
38    var ci = Circle(10);
39    var sq = Square(10, 10);
40
41    ci.draw();
42    sq.draw();
43  }
44
```

가장 먼저 추상 클래스에서 한 가지 확인을 해 보겠습니다. 상식적으로도 draw() 메서드에 실제 작업할 내용이 채워지지 않은 Rectangle 클래스는 객체를 만들 수 없을 것 같습니다. 실제로 경험해 보겠습니다. main 함수 안 37의 주석 처리를 지우고 실행하면 다음처럼 에러가 납니다.

```
Error: The class 'Rectangle' is abstract and can't be instantiated.
  var rc = Rectangle();
```

해석하면 Rectangle 클래스는 추상 클래스(abstract class)이기 때문에, 객체(instance)를 만들 수 없다는 의미입니다.

Abstract 클래스를 객체로 만들 수 없다는 유의 사항을 제외하면 Derived 클래스의 객체를 만들고 사용하는 main 함수에서 특이한 점은 없습니다. 38~39에서 Circle과 Square 객체를 만들고, 41 41~42에서 각각의 draw() 메서드를 호출하고 있습니다.

추상 클래스에 대한 내용을 마치기 전에, 한 가지 알고 넘어가야 하는 사항이 있습니다.

추상 클래스로부터 Derived 클래스를 만들 때, 우리는 implements 문법을 사용하였습니다. 하지만 앞서 유전의 법칙에서 사용한 extends 구문을 그대로 써도 됩니다. 그러면 다음과 같이 됩니다.

```
class Circle extends Rectangle {

class Square extends Rectangle {
```

이렇게 extends 문법을 사용 시, 한 가지 주의 사항이 있습니다. 소스 코드 상에서 implements 구문을 쓰면, Base 클래스의 데이터를 Derived 클래스에서도 @override 구문과 함께 동일하게 정의해줘야 했습니다. 7, 8, 21, 22에 해당하는 내용입니다. 하지만 extends 구문을 사용하면, abstract 클래스에서 정의한 데이터를 Derived 클래스에서 다시 정의할 필요가 없어 7, 8, 21, 22를 삭제해야 합니다.

NOTE

추상 클래스와 extends 구문을 함께 사용할 수 있다면, 굳이 implements 문법을 사용할 이유가 있을까요? Dart 언어에서 추상 클래스를 기반으로 Derived 클래스를 만드는 경우에는 당연히 implements 문법을 사용하는 것이 더 일반적입니다. Base 클래스가 추상 클래스라는 점을 명확하게 이해하고 개발한다는 점에서도 추후 발생 가능한 오류들을 줄일 수 있습니다. 따라서 extends 문법이 더 편해 보일 수 있지만, 추상 클래스를 사용하는 경우는 가급적 implements 문법을 사용하도록 권장합니다.

핵심 요약

Base 클래스와 Derived 클래스를 어떻게 만드는 지에 관한 기술적인 사항은 사실 크게 어렵지 않습니다. 프로그램을 개발하면서 어려움을 겪는 문제는 실제 세상에서 발생하는 문제를 관찰하여 어떤 기능과 데이터를 Base 클래스들로 묶고, 어떤 기능과 데이터를 Derived 클래스에 둘 것인지 결정하는 설계 문제입니다. 추상 클래스에 대한 개념도 많은 개발자들이 오랜 시간에 걸쳐서 프로그램을 개발하다 보니 깨우치게 된 철학을 토대로 만들어낸 문법이라고 볼 수 있습니다. 언제나 맞지는 않겠지만 다음의 두 가지 철학에 대해서는 항상 고민하고 적용해 보도록 권장합니다.

① Derived 클래스 들에 공통적으로 포함되는 데이터와 메서드는 Base 클래스에 포함합니다. 그리고 메서드의 이름이 같고 동작은 다르다면, 메서드의 이름 만이라도 Base 클래스로 모아 놓습니다.

② Base 클래스가 실제 세상에서 실제로 존재할 수 있는지 고민해 보고, 실존할 수 없는 존재라면 추상 클래스로 정의합니다. 실존할 수 있는 Derived 클래스는 이를 implements하는 방향으로 개발합니다.

▶▶ 연습 문제

1. 핵심 내용 복습하기

❶ 추상 클래스를 기반으로 Derived 클래스를 만드는 경우의 새로운 문법인 implements와 @override 문법을 어떻게 사용하였는지 다시 한번 확인합니다.

❷ 추상 클래스에서 Derived 클래스를 만들 때, extends 문법을 사용하는 경우와 implements 문법을 사용하는 경우의 차이점을 설명합니다.

2. 예제 코드 수정하기

❶ implements 문법 대신 extends 문법을 사용해서 Circle과 Square 클래스를 만든 후, 실행 결과를 확인합니다.

❷ 도형을 오른쪽으로 이동하는 moveRight() 메서드를 추가합니다. 입력 파라미터는 위치 이동 정도를 나타내는 정수 값입니다. 출력은 이동하여 변경된 center 값입니다. 이 메서드가 포함되어야 하는 위치가 Rectangle 클래스인지 아니면 Circle과 Square 클래스인지를 판단한 후, 적합한 위치에 구현합니다. 그리고 실행 결과를 확인합니다.

3. 추가 기능 작성하기

❶ Rectangle 클래스에 새로운 인스턴스 변수인 color를 앞서 배운 enum의 형태로 구현하고, 읽고 쓰기 위한 getter와 setter도 작성합니다. 그리고 실행 결과를 확인합니다.

❷ 새로운 Derived 클래스인 삼각형(Triangle)을 작성합니다. 필요한 데이터와 메서드를 작성한 후, 실행 결과를 확인합니다.

CHAPTER. 4

Class 직접 만들기 Part.4

이번 챕터는 클래스를 직접 만드는 내용을 다루는 마지막 과정입니다. 이번 챕터에서는 Generic과 Static 두 기술을 다룰 예정입니다. 처리하는 데이터의 타입만 다르고, 데이터를 처리하는 작업은 동일한 클래스들이 여러 종류 필요한 경우가 있습니다. 이런 경우에 사용하는 기술인 Generic이라는 방법을 알아보겠습니다. 다음으로 같은 클래스에서 만들어지는 모든 객체가 함께 공유하는 변수가 필요한 경우가 있습니다. 예를 들면, 특정 클래스 타입에서 만들어진 객체의 개수는 몇 개인지 확인해야 하는 경우입니다. 이럴 때 사용하는 기술로 Static이라는 방법이 있습니다.

미리 보는 수행 결과

Generic은 이미 사용해 본 기술입니다. 정수만 저장하는 리스트를 만들 때, List〈int〉라고 표현했습니다. 즉, "〈 〉" 괄호 안에 특정 데이터 타입을 지정했었습니다. 이것이 바로 Generic 클래스 기법을 사용한 겁니다. 처음 보는 Point라는 클래스가 등장하는데, 우리가 만들 클래스입니다.

```
1  Point<int> iP1 => (10, 10), and cnt(1)
2  Point<int> iP2 => (20, 20), and cnt(2)
3  Point<double> dP => (10.1, 10.1), and cnt(3)
4  Point<String> sP => (10.2, 10.2), and cnt(4)
```

1 ~ 2 List〈int〉와 같이 Point〈int〉가 있고 각각 (10,10) 좌표를 갖는 iP1과 (20,20) 좌표를 갖는 iP2를 만들었습니다.

3 Point〈double〉 타입으로 dP를 만듭니다.

4 Point〈String〉 타입으로 sP를 만듭니다.

우리가 만드는 Point 클래스는 Generic 기술을 사용해서 개발합니다. 추후 소스 코드를 보면, 다루는 데이터 타입의 개수와 상관없이 하나의 코드로 int, double, String 등 다양한 데이터 타입을 수용할 수 있도록 만들 예정입니다.

NOTE

> 데이터 타입과 상관없이 한 번만 코드를 작성하면, 다양한 데이터 타입을 다루는데 문제가 없다는 점이 Generic의 매력입니다.

수행 결과를 보면 각 줄 끝에 출력한 cnt 값이 있습니다. 이 값은 Point 객체를 만들 때마다 1씩 증가합니다. 그리고 cnt 변수는 Point 클래스에서 만들어지는 모든 객체들이 공유하는 변수를 사용하는 예시를 보여줍니다. Point 클래스로부터 만들어지는 객체들이 공유하는 변수로 cnt를 정의하여 각각의 객체가 자신이 만들어지면서 cnt의 값을 1씩 증가시킵니다. 이렇게 클래스에 속한 변수로서 클래스로부터 만들어지는 객체들이 모두 공유하는 변수를 Static 변수라고 합니다.

소스 코드 설명

이번 챕터의 소스 코드에서 다루고자 하는 문제는 (X, Y)로 표현되는 좌표를 저장하는 Point 클래스를 만드는 것입니다. X와 Y의 데이터 타입은 동일합니다. 그렇지만 정수, 실수, 문자열 혹은 개발자가 만든 새로운 클래스 타입일 수 있습니다.

1. Generic 기술로 편리하게 클래스 개발하기

Generic은 클래스가 다루는 데이터 타입이 많은 경우에 개발을 편안하게 해 주는 목적으로 제공되는 기술입니다. 그렇다면, 편안하지 않은 개발 방법을 먼저 구경하는 것이 Generic을 이해하는 데에 도움을 줄 수 있을 겁니다.

```
1  /*
2   * Example 1 : Without Generic Class
3
4  class Point_int {
5    late int x;
6    late int y;
7    Point_int(int givenX, int givenY) : x = givenX, y = givenY;
8  }
```

```
9
10  class Point_double {
11    late double x;
12    late double y;
13    Point_double(double givenX, double givenY) : x = givenX, y = givenY;
14  }
15
16  class Point_String {
17    late String x;
18    late String y;
19    Point_String(String givenX, String givenY) : x = givenX, y = givenY;
20  }
21
22  void main() {
23    Point_int iPoint = Point_int(10,10);
24    print("${iPoint.runtimeType} => (${iPoint.x},${iPoint.y})");
25
26    Point_double dPoint = Point_double(10.1,10.1);
27    print("${dPoint.runtimeType} => (${dPoint.x},${dPoint.y})");
28
29    Point_String sPoint = Point_String('10.2','10.2');
30    print("${sPoint.runtimeType} => (${sPoint.x},${sPoint.y})");
31  }
32   */
33
```

1 ~ 32 Generic 기술을 사용하지 않고, 우리가 지금까지 알아온 기술 만으로 개발한 코드가 작성되어 있습니다. 좌표 값의 데이터 타입이 정수, 실수, 혹은 문자열인 경우에 대응하는 Point 클래스입니다. 지금까지 알아본 방법으로 개발한다면 특별한 방법은 없습니다. 정수를 위한 Point_int 클래스를 개발하고, 실수를 위한 Point_double 클래스를 또 개발하고, 그리고 문자열용으로 또 다시 Point_String 클래스를 만들었습니다. 만약에 개발자가 만든 새로운 클래스 타입으로 좌표 값이 설정되어야 한다면, 또 다시 새로운 Point_OOO 클래스를 만들어야 합니다. 지원해야 하는 데이터 타입 별로 클래스를 계속 만드는 겁니다. 물론 불가능하지는 않지만 "정말 이렇게 하는게 맞을까?"라는 의문이 생기리라 봅니다. 주석 안의 코드만 실행하면 다음과 같이 원하는 출력을 얻을 수는 있습니다. 단지 과정이 너무 힘들 뿐입니다. 그리고 계속해서 증가하는 코드는 결국 에러를 유발할 가능성도 증가시키게 됩니다.

```
Point _ int => (10,10)
Point _ double => (10.1, 10.1)
Point _ String => (10.2, 10.2)
```

인류가 오랜 세월 개발해 온 소프트웨어의 역사 속에서 수많은 개발자가 이런 문제를 겪었습니다. 당연히 해결책이 있습니다. 또한 Dart 언어는 비교적 최신 언어입니다. 따라서 이런 문제에 대한 프로그래밍 언어 차원의 해결책이 제공되리라 생각하는 것이 매우 자연스러운 접근입니다. 이에 대한 Dart 언어의 답변이 Generic이라고 불리는 기술입니다.

```
34 class Point<T> {
35   late T x;
36   late T y;
37   Point(T givenX, T givenY)
38       : x = givenX,
39         y = givenY {
40     objCount++;
41   }
42
43   static int objCount = 0;
44   get cnt => objCount;
45 }
46
```

class 문법으로 Point 클래스를 정의하고 있습니다. 특이한 점은 클래스 이름 뒤에 "〈T〉"라는 표현이 있다는 것입니다. 그리고 클래스 내부를 보면 T라는 글자가 계속적으로 반복되고 있습니다. 그런데 자세히 보면 T가 있는 위치는 데이터 타입을 정의하는 지점입니다. 34가 Point〈int〉로 되어 있다고 가정하고 클래스 안을 읽어 보기 바랍니다. 아마도 익숙하게 느껴질 겁니다. T가 있어야 하는 자리에 int가 있다면 35와 36도 late int x; 와 late int y; 가 되어 전혀 낯설지 않습니다. 37도 Point(int givenX, int givenY)로 바꾸면 이상할 부분이 전혀 없지요. 이런 형태의 문법이 Generic입니다.

문법은 클래스 이름 뒤에 〈 〉 기호를 써서 클래스를 정의합니다. 그리고 〈 〉 괄호 안에 소스 코드의 T와 같이 데이터 타입을 정의하는 위치에 사용할 기호를 적어 줍니다. T 대신 다른 글자를 쓰더라도 상관없습니다. 놀랍게도 이제 Point 클래스는 모든 데이터 타입을 다룰 수 있는 만능 클래스가 되었습니다.

```
47 void main() {
48   Point<int> iP1 = Point<int>(10, 10);
49   print("${iP1.runtimeType} iP1 => (${iP1.x},${iP1.y}), and cnt(${iP1.cnt})");
50
51   Point<int> iP2 = Point<int>(20, 20);
52   print("${iP2.runtimeType} iP2 => (${iP2.x},${iP2.y}), and cnt(${iP2.cnt})");
53
54   Point<double> dP = Point<double>(10.1,10.1);
55   print("${dP.runtimeType} dP => (${dP.x},${dP.y}), and cnt(${dP.cnt})");
56
57   Point<String> sP = Point<String>('10.2','10.2');
58   print("${sP.runtimeType} sP => (${sP.x},${sP.y}), and cnt(${sP.cnt})");
59 }
```

Point 클래스를 어떻게 사용하는지 main 함수를 보겠습니다.

48 T 글자 자리에 int를 기입하여 Point 클래스 기반의 iP1를 만들었습니다. 이렇게 하면 좌표 값을 int 클래스로 다루는 Point 클래스의 객체가 만들어집니다.

어떻게 이런 일이 가능한 걸까요? Dart 언어가 Point〈int〉 코드를 만나면 **34**~**45**의 내용을 복사합니다. 그리고 T의 글자를 int로 바꿔줍니다. 개발자는 볼 수 없지만 Dart 언어가 Point〈int〉 클래스의 코드를 자동으로 개발하는 것입니다.

54 T의 위치에 double을 쓰는 순간, 다시 Dart 언어가 Point 클래스의 T 기호를 double로 바꾼 코드를 또 하나 만드는 셈입니다.

57 마찬가지로 T의 위치에 String을 작성하면 Point〈String〉 클래스를 만듭니다.

따라서 개발자는 데이터 타입과 무관하게 코드를 쓰기만 하고, 실제 데이터 타입에 따른 코드는 Dart 언어가 만들게 됩니다. 이런 이유로 Generic는 Template로 불리기도 합니다. Template은 우리가 워드프로세서를 사용할 때, 미리 만들어 놓은 양식을 말합니다. 양식이 자동으로 만들어지면 작가는 이 안을 채우는 것이지요. Dart 언어의 Generic에서는 개발자가 클래스의 template을 만들어서

Dart 언어에게 주면, Dart 언어가 특정 데이터 타입에 맞는 실제 코드를 자동으로 채워 넣는다고 생각하면 됩니다.

만약 데이터 타입이 두 개 이상인 경우는 어떻게 하면 될까요? 어렵지 않습니다.

```
61  /*
62   * Example 2 : Generic Class with Two Parameters
63
64  class Point<T, Y> {
65    late T x;
66    late Y y;
67    Point(T givenX, Y givenY)
68        : x = givenX,
69          y = givenY {
70      objCount++;
71    }
72
73    static int objCount = 0;
74    get cnt => objCount;
75  }
76
77  void main() {
78    Point<int, double> iP1 = Point<int, double>(10, 10.1);
79    print("${iP1.runtimeType} iP1 => (${iP1.x},${iP1.y}), and
      cnt(${iP1.cnt})");
80
81    Point<int, int> iP2 = Point<int, int>(20, 20);
82    print("${iP2.runtimeType} iP2 => (${iP2.x},${iP2.y}), and
      cnt(${iP2.cnt})");
83
84    Point<double, String> dP = Point<double, String>(10.1,'10.1');
85    print("${dP.runtimeType} dP => (${dP.x},${dP.y}), and cnt(${dP.cnt})");
86
87    Point<String, String> sP = Point<String, String>('10.2','10.2');
88    print("${sP.runtimeType} sP => (${sP.x},${sP.y}), and cnt(${sP.cnt})");
89  }
90   */
```

주석 처리한 Point 클래스 뒤의 〈 〉 기호 안에 T 외에 추가로 Y도 있습니다. 인스턴스 변수 y와 생성자의 givenY의 데이터 타입을 T가 아닌 Y로 바꾸었습니다. 이 클래스를 사용하는 main 함수 안을 보면, Point 클래스 객체를 만들 때 〈 〉 기호 안에 데이터 타입을 두 개 정의한 것을 볼 수 있습니다. 이렇게 하면 T는 첫 번째 데이터 타입에 매핑되고, Y는 두 번째 데이터 타입에 매핑됩니다. 따라서 **78**의 Point〈int, double〉은 Point 클래스의 T를 int로, Y를 double로 하여 새로운 클래스를 만듭니다. 만약 Generic을 사용하지 않으면 T와 Y의 데이터 타입을 고려한 모든 조합을 고려하여 개발자가 직접 코드를 만들어야 합니다. 하지만 Generic을 사용하여 개발자는 하나의 코드만 작성하면 Dart 언어가 알아서 데이터 타입별 코드를 만들어주는 편리함을 경험하였습니다. 참고로 **64**~**89**의 코드를 별도로 떼어내어 실행하면 다음과 같은 결과가 출력됩니다.

```
Point<int, double> iP1 => (10,10.1), and cnt(1)
Point<int, int> iP2 => (20,20), and cnt(2)
Point<double, String> dP => (10.1, 10.1), and cnt(3)
Point<String, String> sP => (10.2, 10.2), and cnt(4)
```

2. Static 기술로 클래스 변수 활용하기

Generic에 대한 설명은 마쳤으니 이제 Static을 알아보도록 합니다. 앞서 나온 Point〈T〉 클래스의 정의로 돌아갑니다. **43**을 보면 int 클래스 타입의 objCount 객체를 정의하면서 맨 앞에 static(정적인)이라고 쓴 것을 볼 수 있습니다. 이렇게 static 문법으로 만든 변수들을 클래스 변수(class variable)라고 합니다.

NOTE

우리는 인스턴스 변수라는 개념을 사용해 왔습니다. 인스턴스 변수라는 것은 클래스의 객체, 즉 인스턴스별로 독립적인 변수입니다.

하나의 객체 안에서만 의미가 있는 변수가 인스턴스 변수라면, 클래스 변수는 클래스에 결합된 변수입니다. 따라서 객체가 만들어졌다고 해서 새롭게 만들어지지 않고 같은 클래스에서 만들어지는 모든 객체는 이 클래스 변수를 공유합니다. 이러한 이유로 **43**의 objCount 객체는 Point 클래스에서 만들어지는 모든 객체들이 공유하는 겁니다. **40**의 Point〈T〉 클래스 생성자가 실행되어 객체를 만들면, objCount가 1씩 증가합니다. 이 부분을 이해한 후 main 함수 안의 **49**, **52**, **55**, **58**을 보면 객체를 하나 만들 때마다 objCount 값이 1씩 증가하는 것을 확인할 수 있습니다.

핵심 요약

서로 다른 데이터 타입에 동일한 작업을 수행해야 하는 경우, 개발자가 어떻게 해야 할지 틀(template)을 만들어 주면, Dart 언어가 데이터 타입들에 맞춘 코드를 자동으로 만들어 주는 기술인 Generic을 알아보았습니다. 그리고 같은 클래스에서 만들어지는 객체들이 모두 공유할 수 있는 클래스 변수(class variable)인 static 변수에 대해서 알아보았습니다. 클래스를 직접 만드는 방법을 총 4개의 챕터를 통해서 알아보았는데, 물론 Dart 언어의 class 관련 기술은 더 많이 있습니다. 하지만 가장 많이 사용되는 기술은 대부분 다루었으니 프로그래밍을 처음 시작하는 현재 시점의 문제를 해결하기에는 충분할 겁니다.

▶▶ 연습 문제

1. 핵심 내용 복습하기

❶ Generic을 사용하는 경우에 기대할 수 있는 개발 시간의 단축과 프로그램의 안정성 향상에 대해서 설명합니다.

❷ 객체의 수를 셀 때 이외에도 Static한 변수를 사용할 수 있는 사례를 스스로 생각해 보고 설명합니다.

2. 예제 코드 수정하기

❶ Point〈T〉 클래스에 색상(color)을 저장할 수 있도록 수정하고 실행 결과를 확인합니다.

❷ Point〈T〉 클래스 객체의 좌표 값을 읽고 쓸 수 있도록 getter와 setter를 추가하고 실행 결과를 확인합니다.

3. 추가 기능 작성하기

❶ 우리가 직접 개발한 Integer 클래스를 적용해서 Point〈Integer〉 객체가 만들어지도록 main 함수를 작성한 후, 실행 결과를 확인합니다.

❷ 우리가 직접 개발한 TimemachineInteger 클래스를 응용해서 Point〈T〉 클래스 안에 static한 List 변수를 정의하고 Point〈T〉 클래스에서 만들어지는 모든 객체가 static한 List에 저장되도록 합니다. 코드를 작성한 후, 실행 결과를 확인합니다.

CHAPTER. 5

비동기 입출력 기능 활용하기

컴퓨터는 동시에 여러 작업을 수행할 수 있습니다. 우리가 만드는 프로그램도 예외는 아닙니다. 우리가 만든 프로그램도 동시에 여러 가지 일을 처리할 수 있습니다. 예를 들면 하드 디스크에서 정보를 읽으면서 읽은 데이터를 처리하고 처리한 결과를 통신으로 다른 곳으로 전송하는 세 가지 작업을 동시에 수행하는 경우를 생각할 수 있습니다. 이런 경우는 매우 흔하게 접할 수 있는 사례입니다. 프로그램을 수행하는 컴퓨터의 핵심 장치인 CPU(중앙처리장치)는 매우 빠릅니다. 만일 컴퓨터 통신 기술이나 하드 디스크와 같은 장치들은 CPU와 비교할 때, 상대적으로 느린 편입니다. 따라서, 데이터가 모두 읽힐 때까지 CPU가 아무것도 하지 않으면 시간 낭비입니다. 이러한 이유로 하드 디스크에서 자료를 읽는 작업, 읽은 자료를 처리하는 작업, 처리 완료된 결과를 다시 통신 기술(네트워크)을 사용해서 전송하는 세 가지 작업을 동시에 진행한다면 시간을 훨씬 효율적으로 사용하게 될 겁니다. 이번 챕터에서는 이렇게 동시에 여러 작업을 수행하도록 하는 Dart 언어의 문법을 알아봅니다.

자세히 알아보기

지금까지는 수행 결과를 먼저 설명하고 소스 코드를 설명하는 형태로 진행해 왔습니다. 이번 챕터는 그렇지 않습니다. 총 9개의 독립적인 소스 코드가 등장할 예정이기에 소스 코드와 이에 대한 수행 결과를 함께 묶어서 설명합니다. 그리고 첫 번째 소스 코드가 조금씩 발전해서 마지막 아홉 번째 소스 코드로 변해가는 형태로 설명합니다.

1. 비동기 기능 이해하기

첫 번째로 Dart 언어의 비동기(asynchronous) 기능을 사용하는 방법에 관해 알아봅니다. 비동기라는 단어가 등장했는데, 천천히 알아보겠습니다.

NOTE

> 비동기 모드에 반대되는 단어는 동기(synchronous)입니다. 작업을 요청한 쪽에서 결과가 도착할 때까지 다른 작업을 하지 않고 기다리는 등의 동작을 의미합니다.

세 개의 문장을 출력하는 첫 번째 프로그램의 소스 코드는 다음과 같습니다.

```
1  void main() {
2    print("main(): started.");
3    print("main(): Hello, World!");
4    print("main(): completed.");
5  }
```

소스 코드는 간단합니다.

1 main 함수가 시작합니다.

2 프로그램의 시작을 알리는 문장을 출력합니다.

3 'Hello, World!'를 출력합니다.

4 프로그램이 종료된다는 문장을 출력합니다.

5 프로그램을 종료합니다.

수행 결과는 다음과 같습니다. 소스 코드의 print 구문에 맞춰서 출력되었습니다.

```
1  main(): started.
2  main(): Hello, World!
3  main(): completed.
```

첫 번째 프로그램은 간단한 형태였습니다.

2. 미래에 수행할 작업 예약하기

두 번째 프로그램으로 넘어가려고 하는데, 추가로 고려할 사항이 있습니다. 이제 프로그램을 시작한 후 3초가 지난 시점이 되는 순간, 화면에 'Hello, World!' 문장을 출력하고자 합니다. '3초가 지난 시점'이라는 문제를 해결하기 위해서 새롭게 알아야 할 것이 발생했지만 그렇게 큰 일은 아닙니다. 일단 화면에 다음과 같은 문장이 프로그램 시작 후 3초가 되는 시점에서 출력되도록 할 겁니다.

```
"main(): Hello, World! @ 3 seconds"
```

이 문장을 화면에 출력하려면, 우리가 배운 문법으로 아래와 같이 하면 된다는 것은 이미 알고 있는 내용입니다.

```
print("main(): Hello, World! @ 3 seconds")
```

이제 새로운 내용을 알아볼 차례입니다. Dart 언어는 몇 초 후를 확인하는 용도의 기능을 이미 제공하고 있는데, 이 기능은 A초 후에 B 작업이 이루어지도록 하라는 형태로 동작합니다. 그리고 이 기능의 문법은 다음과 같습니다.

```
Future.delayed( A, B );
```

우리는 클래스를 이미 배웠기에 위 문장이 Future 클래스의 delayed() 메서드를 호출한다는 뜻임을 알 수 있습니다. delayed() 메서드의 첫 번째 입력 파라미터에는 B 코드 실행 전 기다릴 시간을 적습니다. 두 번째 입력 파라미터는 A초 후 수행할 B 작업입니다.

여기서 A초를 표현하는 문법은 당연히 사람들이 많이 쓰는 기능이므로, 이미 Dart 언어에 있습니다. 우리가 A초를 구현하는 경우에 알아야 하는 새로운 Dart 문법은 다음과 같습니다.

```
Duration(seconds: A)
```

Duration 클래스는 시간을 나타내는 목적으로 사용합니다. 생성자를 실행할 때 입력 파라미터의 named parameter인 seconds를 A초로 설정합니다.

이 모두를 합치면 다음과 같이 됩니다.

```
Future.delayed(
      Duration(seconds: 3), () => print("main(): Hello, World! @ 3 sec-
      onds"));
```

Future 클래스의 delayed() 메서드를 통해 3초(Duration(seconds:3)) 후에 "main(): Hello, World! @ 3 seconds" 문장을 출력하는 print() 구문을 실행하는 함수를 이름 없는 함수(() =>)의 작업 내용으로 예약해 둔 겁니다.

위와 같이 두 개의 새로운 문법도 알았으니 이를 토대로 첫 번째 프로그램을 개선해 봅시다.

첫 번째 프로그램을 개선한 두 번째 프로그램의 소스 코드는 다음과 같습니다.

```
1  void main() {
2    print("main(): started.");
3    Future.delayed(
4        Duration(seconds: 3), () => print("main(): Hello, World!
         @ 3 seconds"));
5    print("main(): completed.");
6  }
```

그리고 두 번째 프로그램을 실행한 수행 결과는 다음과 같습니다.

```
1  main(): started.
2  main(): completed.
3  main(): Hello, World! @ 3 seconds
```

뭔가 이상합니다. main 함수의 시작과 함께 **2**의 첫 번째 print 구문은 제대로 출력되었습니다. 그런데 다음 출력으로 **3**과 **4**가 아니라 main 함수의 끝에 해당하는 **5**인 "main(): completed" 메시지가 먼저 출력되고, 그 이후에 'Hello, World!'가 포함된 문장이 출력되었습니다. 프로그램이 **2** ▶ **5** ▶ **3**/**4**의 순서로 실행된 것입니다.

이런 결과를 만들고자 한 것은 아닙니다. 두 번째 print 구문이 3초간 지연되었다가 출력되고, 그 다음에 세 번째 print 구문이 출력되기를 원했습니다. 문제의 원인을 이해하여 원하는 결과가 나오도록 해결해 보겠습니다.

Dart 언어로 프로그램을 개발하다 보면, Future나 Stream로 명시된 클래스의 객체를 리턴하는 경우가 여럿 있습니다. 이들은 '비동기 작업(asynchronous operation, 줄여서 async)'을 지원하기 위한 목적으로 만들어졌습니다. 간단히 생각해서 두 개 이상의 작업이 동시에 수행된다고 보면 됩니다. 반대로 동기 작업은 하나의 작업이 종료될 때까지 기다린 후 다음 작업을 한다고 보면 됩니다. 두 개 이상의 작업이 동시에 이루어질 경우 비동기면, 두 번째 프로그램에서는 어느 부분에서 어느 작업이 동시에 진행되었을까요? 두 번째 프로그램이 짧은 프로그램이지만 **3**/**4**의 의미는 (A) main 함수가 원래 수행하는 내용인 **5**의 수행과 (B) Future.delayed()를 통해서 새롭게 시작한 작업인 "3초 기다렸다가, 'Hello, World!'를 print"하는 작업을 동시에 수행하라는 것입니다. 이렇게 3초를 기다리는 (B) 작업을 하면서 동시에 (A) 작업을 수행하니 수행 결과처럼 **5**의 결과가 먼저 출력됩니다. (A)

작업과 함께 동시에 수행 중인 (B) 작업은 3초간 대기해야 하므로 3초가 지난 시점인 main 함수의 **5** 가 이미 작업을 마친 이후 'Hello, World!'를 화면에 출력하게 됩니다. 이렇게 미래를 의미하는 영어 단어인 Future를 클래스 이름으로 사용하는 Future 클래스는 Dart 언어에서 복수의 작업을 동시에 수행하는 비동기 작업을 지원하고 있습니다.

NOTE

> 앞으로 Stream 클래스도 다룰 겁니다. Stream 클래스는 CPU보다 속도가 느린 외부 장치를 읽고 쓰는 작업과 CPU가 계산하는 작업을 동시에 수행하도록 하는 경우에 주로 사용합니다.

그러면 다음 단계를 통해서 main 함수의 print 문장이 순서대로 출력될 수 있도록 개선해 보도록 합니다.

3. 비동기 작업의 종료 시점까지 프로그램 대기하기

세 번째 프로그램의 수행 결과를 먼저 보면 다음과 같습니다.

```
1  main(): started.
2  main(): Hello, World! @ 3 seconds
3  main(): completed.
```

당초 의도했던 목적에 맞춰서 main 함수 안의 print 구문이 순서대로 출력되었습니다.

1 main 함수의 시작을 출력했습니다.

2 'Hello, World!'를 출력했습니다.

3 main 함수가 끝난다는 문장을 출력했습니다.

세 번째 프로그램의 소스 코드는 다음과 같습니다.

```
1  void main() async {
2    print("main(): started.");
3    await Future.delayed(
4        Duration(seconds: 3), () => print("main(): Hello, World!
         @ 3 seconds"));
5    print("main(): completed.");
6  }
```

소스 코드를 살펴보면, 두 번째 프로그램과 다른 두 가지 부분이 있습니다.

첫째로 Future.delayed() 메서드를 호출하는 코드의 맨 앞에 await 문법이 사용되었습니다. 번역하면 '기다려라'입니다. 이는 비동기 작업을 요청하며 해당 비동기 작업이 제대로 종료될 때까지 멈춰 서서 기다리겠다는 의미의 문법입니다. 프로그램은 다음과 같이 동작합니다. 먼저 main 함수의 **2**가 실행됩니다. 그리고 **3**/**4**에서 3초간 기다렸다가 'Hello, World!'를 출력하는 작업이 시작됩니다. 이와 동시에 main 함수 **5**의 작업을 시작할 수 있지만 await 명령으로 인해서 **3**/**4**의 작업이 끝날 때까지 기다리게 됩니다.

둘째로 await 문법을 사용하는 경우에는 반드시 await 구문이 있는 함수의 시작 부분에 async 구문을 작성해야 합니다. **1**의 main 함수 시작 부분에서 async 구문이 쓰이고 있습니다. 이를 통해서 Dart 언어에게 "이 함수 안에는 비동기 작업이 있으며, 비동기 작업의 결과가 완료될 때까지 기다릴 것이다. 완료된 비동기 작업의 결과를 가지고 프로그램의 흐름을 이어갈 예정"임을 명확하게 밝혀야 합니다.

만약 await 구문만 쓰고 async 구문을 쓰지 않으면 어떻게 될까요? **1**의 async를 지우고 실행하면 다음과 같은 에러가 발생합니다.

```
Error: 'await' can only be used in 'async' or 'async*' methods.
  await Future.delayed(
```

번역하면 await 구문은 반드시 async (혹은 async*) 함수 혹은 메서드 안에서 사용되어야 한다는 의미입니다. 따라서 await 구문을 쓸 때는 반드시 await 구문이 쓰인 함수 혹은 메서드에 async 구문을 사용해야 합니다. 다른 부분의 수정 없이 await와 async 구문을 추가하면 세 번째 프로그램의 수행 결과처럼 원하는 결과를 제대로 출력합니다.

결론적으로 Dart 언어의 비동기 작업 기능을 "사용(use)"하는 입장이라면, await와 async 구문을 이해하고 정확하게 사용하는 것이 가장 중요합니다. 중요한 규칙이므로 아래와 같이 강조하여 다시 언급합니다.

"비동기 작업(asynchronous operation)의 결과를 기다려야 하는 경우, await 구문을 사용하여 비동기 작업을 실행한다. await 문법을 사용하는 함수는 반드시 async 구문을 적용한다."

단순하게 세 번째 프로그램처럼 두 번째와 세 번째 print 문장을 수행하기 전에 3초를 기다리기만 하면 되는 경우는 보다 간단하게 작성할 수 있습니다.

4. 정해진 시간동안 프로그램 대기하기

네 번째 프로그램으로, print 구문을 건드리지 않은 채 3초 대기하는 코드를 중간에 삽입한 경우의 소스 코드는 다음과 같습니다.

```
1  void main() async {
2    print("main(): started.");
3    await Future.delayed(Duration(seconds: 3));
4    print("main(): Hello, World! @ 3 seconds");
5    print("main(): completed.");
6  }
```

세 번째 프로그램과의 차이점은 간단합니다. 세 번째 프로그램에서는 화면에 'Hello, World!'를 출력하는 역할을 Future.delayed() 메서드 안에 넣어서 실행했습니다. 네 번째 프로그램에서는 3 에서 단순하게 3초 기다리는 작업만 비동기 방식으로 실행하고, await로 3초간 기다리는 작업이 끝날 때까지 기다립니다. 그리고 (기다리기만 하는)비동기 작업을 마치고 나면, 4 처럼 main 함수 안에서 'Hello, World!'를 출력합니다.

네 번째 프로그램의 수행 결과는 다음과 같습니다.

```
1  main(): started.
2  main(): Hello, World! @ 3 seconds
3  main(): completed.
```

우리가 의도한 대로 결과가 출력되는 것을 볼 수 있습니다. 이렇듯이 주어진 문제 및 개발자의 취향과 능력에 따라서 다양한 방식의 비동기 작업을 만들 수 있습니다.

5. 주기적으로 동작하는 비동기 작업 구현하기

다섯 번째 프로그램은 주기적인 작업을 비동기 방식으로 수행합니다. 구체적으로 설명하면 이번 프로그램은 1초 단위로 반복 작업을 합니다. 이 반복 작업은 백그라운드(background)라는 방식으로 main 함수가 수행하는 작업의 뒤에서 '보이지 않게' 비동기로 동작한다는 의미입니다. 참고로 main 함수가 수행하는 작업과 같이 백그라운드 작업과 반대되는 개념은 포어그라운드(foreground)입니다.

주어진 목적에 맞춰서 네 번째 프로그램의 소스 코드를 다시 수정한 다섯 번째 프로그램의 소스 코드는 다음과 같습니다.

```
1  void doBackgroundJob(int jobTime) {
2    if (jobTime > 0) {
3      print("doBackgroundJob(): $jobTime sec remained.");
4      Future.delayed(Duration(seconds: 1), () => doBackgroundJob(jobTime - 1));
5    } else {
6      print("doBackgroundJob(): finished.");
7    }
8  }
9
10 void main() {
11   print("main(): started.");
12   doBackgroundJob(5);
13   print("main(): completed.");
14 }
```

우리는 다섯 번째 프로그램을 계속 개선하여 프로그램이 주기적으로 처리해야 할 작업을 1초 단위로 수행하면서도 동시에 고객의 주문을 받아 처리하는 작업을 모두 비동기적으로 수행하는 형태가 되도록 확장해 나갈 예정입니다. 따라서 조금씩 난이도가 올라가고 있으므로 차분하고 꼼꼼하게 코드를 이해해 나가기 바랍니다.

12 네 번째 프로그램에서 가장 먼저 바뀐 부분입니다. 간단하게 doBackgroundJob() 함수를 호출하는 것으로 되어 있습니다. 그렇다면 기술적으로 '1초 단위', '주기적', '비동기' 등에 해당하는 내용이 doBackgroundJob() 함수 안에 있을 거라고 예상할 수 있습니다. 따라서 이제 doBackgroundJob() 함수만 이해하면 됩니다.

1~**8** doBackgroundJob() 함수는 입력 파라미터를 하나 받습니다. 입력 파라미터의 이름인 jobTime의 의미처럼 doBackgroundJob() 작업이 몇 초 동안 수행될 것인지를 정의합니다. 지금은 **12**에서 5초로 호출하였습니다. 함수 안을 보면 **2**에 if 조건문이 있습니다. 만약 jobTime이 0이거나 0보다 작으면 **6**에서 화면에 백그라운드 작업이 끝났다고 출력합니다. 이를 통해서 doBackgroundJob() 함수가 더 이상 실행되지 않는다는 것을 알립니다. 만약 jobTime이 0보다 크면 두 가지 작업을 합니다. 첫째로 **3**처럼 doBackgroundJob() 함수가 호출되었다는 내용과 앞으로 남은 수행 시간을 출력합니다. 둘째로 앞에서 등장했던 Future.delayed() 메서드를 실행합니다. 일단 1초 후에 실행되

도록 설정하여, 1초 주기로 실행되는 것을 구현하였습니다. 그리고 1초 후에 실행할 내용을 다음과 같이 정의했습니다.

```
( ) => doBackgroundJob(jobTime - 1)
```

입력 파라미터를 1초 줄여 doBackgroundJob() 함수를 다시 호출하도록 예약하여 doBackground-Job() 함수가 호출될 때마다 남은 시간이 1초씩 줄어들도록 하고 있습니다.

결론적으로 main 함수가 실행되면 **12**를 실행하여 비동기 방식으로 doBackgroundJob() 함수를 호출하고 1초 단위로 주기적으로 실행됩니다.

다섯 번째 프로그램의 수행 결과를 확인해 보도록 하겠습니다.

```
1 main(): started.
2 doBackgroundJob(): 5 sec remained.
3 main(): completed.
4 doBackgroundJob(): 4 sec remained.
5 doBackgroundJob(): 3 sec remained.
6 doBackgroundJob(): 2 sec remained.
7 doBackgroundJob(): 1 sec remained.
8 doBackgroundJob(): finished.
```

수행 결과를 보면 뭔가 예상한 것과 다를 겁니다. 프로그램의 흐름이 소스 코드의 **12**에서 foreground 작업인 main 함수의 작업과 background 작업인 비동기 방식의 doBackgroundJob() 작업으로 나뉘어 두 작업이 각각 독립적으로 종료되기 때문입니다.

수행 결과의 **3**에서 main 함수가 종료되었지만 doBackgroundJob() 함수는 계속 수행되어 **4**~**8**을 출력하였습니다. doBackgroundJob() 함수가 백그라운드로 동작하기는 하지만, main 함수가 먼저 종료되는 모습이 좋아 보이지는 않습니다.

보다 보면 앞서 나왔던 두 번째 프로그램의 수행 결과가 생각나 해당 프로그램에서 사용한 해결책에서 착안하여 main 함수를 무작정 다음과 같이 바꾸는 독자도 있을 겁니다. 즉, doBackgroundJob() 함수를 호출하는 부분에서 await를 사용하고, main 함수를 async로 정의하는 것이지요.

```
void main() async {
  print("main(): started.");
  await doBackgroundJob(5);
  print("main(): completed.");
}
```

프로그램을 공부할 때 "이게 될까"라는 궁금증이 생기면 직접 해 보면 됩니다. 그러면 다음과 같은 에러가 나옵니다.

```
Error: This expression has type 'void' and can't be used.
  await doBackgroundJob(5);
```

doBackgroundJob() 함수처럼 리턴 값이 void로 정의되어 있는 함수를 호출할 때에는 await를 쓸 수 없다는 의미입니다. 한 마디로 await는 Future 혹은 Stream을 리턴하는 함수나 메서드에 쓰기 때문에, await와 async로 해결할 문제는 아니라는 겁니다.

이런 경우는 문법이 아닌 "개발자의 논리"가 필요합니다.

6. 비동기 작업들 간의 상태 정보 교환을 통한 프로그램 종료하기

다섯 번째 프로그램의 main 함수는 비동기 백그라운드 작업인 doBackgroundJob() 함수의 종료 여부를 알 수 없어서 먼저 종료했습니다. 이제 main 함수가 doBackgroundJob() 함수의 종료 여부를 알게 만들어서 doBackgroundJob() 함수가 종료된 후에 main 함수를 종료하도록 구현하고자 합니다.

여섯 번째 프로그램의 수행 결과를 미리 보도록 하겠습니다.

```
1  main(): started.
2  doBackgroundJob(): 5 sec remained.
3  doBackgroundJob(): 4 sec remained.
4  doBackgroundJob(): 3 sec remained.
5  doBackgroundJob(): 2 sec remained.
6  doBackgroundJob(): 1 sec remained.
7  doBackgroundJob(): finished.
8  main(): completed.
```

추가 개발로 원하는 결과가 나왔습니다. main 함수의 시작과 끝은 **1**과 **8**이고, doBackground-Job() 함수는 그 사이에서 1초마다 동작했습니다. main 함수는 이제 doBackgroundJob() 작업이 끝나고 난 후 종료합니다.

여섯 번째 프로그램의 소스 코드는 세 부분으로 나눠서 설명하겠습니다. 먼저 언급할 사항이 있습니다. 이번에는 새로운 문법은 없습니다. 앞서 이야기했듯이 이번 여섯 번째 프로그램을 위한 추가 개발은 신규 문법을 배워서 적용하는 것보다는 문제에 맞는 코드를 개발자가 스스로 생각해 낸 후, 프로그램에 반영하는 것이 중요하기 때문입니다.

```
1  class ActivationFlag {
2    late bool _flag;
3
4    ActivationFlag(bool givenFlag) : _flag = givenFlag;
5    bool get activated => _flag;
6    set activated(bool givenFlag) => ( _flag = givenFlag);
7  }
8
```

여섯 번째 프로그램의 소스 코드에서 가장 먼저 눈에 들어오는 변화는 **1**~**7**에 작성한 Activation-Flag 클래스입니다. 완전히 새로운 클래스는 아닙니다. 이전 챕터에서 클래스를 배울 때 mixin 타입의 ActivationFlag가 있었는데 이 mixin을 독립적인 클래스로 수정한 것입니다.

1 mixin 구문이 class로 바뀌었습니다.

2 인스턴스 변수가 생성자에 의해서 설정되도록 late 처리를 했습니다.

4 생성자는 mixin에서는 없었으나, 새롭게 추가했습니다. 그리고 이 생성자에서 인스턴스 변수를 설정할 수 있도록 했습니다.

5~**6** getter와 setter는 그대로 유지하였습니다.

ActivationFlag 클래스의 객체 생성과 상태 확인은 main 함수 안에서 이루어집니다.

```
20  void main() async {
21    var bgJobFinished = ActivationFlag(false);
22
23    print("main(): started.");
```

```
24      doBackgroundJob(5, bgJobFinished);
25      while (bgJobFinished.activated == false) {
26        await Future.delayed(Duration(seconds: 1));
27      }
28      print("main(): completed.");
29    }
```

21 ActivationFlag 클래스의 객체를 만들면서 false로 초기화하는 것을 볼 수 있습니다. 그리고 이 객체의 이름은 bgJobFinished입니다. 이 이름은 Background Job Finished를 줄인 것으로, 비동기로 주기적인 동작을 하는 doBackgroundJob() 함수가 현재 실행 중이면 false 값을 갖고, 정해진 시간이 종료되어 doBackgroundJob() 함수가 종료된 경우에는 true 값을 갖도록 정의합니다.

24 ActivationFlag 클래스의 등장으로 인하여 doBackgroundJob() 함수를 호출하는 코드가 수정되었습니다. 원래 하나의 입력 파라미터인 '수행할 시간'만을 주었으나 두 번째 파라미터를 추가해서 bgJobFinished를 doBackgroundJob() 함수에게 전달하게 되었습니다.

25~**27** 그리고 다섯 번째 프로그램의 소스 코드에는 없었던 while 반복문이 생겼습니다. 내용은 단순합니다. bgJobFinished.activated 값이 false이면(doBackgroundJob() 함수가 종료되지 않았다면) 1초를 쉰 후 다시 doBackgroundJob() 함수의 종료 여부를 확인합니다. 그렇지 않고 doBackground-Job() 함수가 종료되어 bgJobFinished.activated 값이 true이면 조건문을 종료하고 **28**의 코드를 실행한 후 프로그램을 종료합니다.

bgJobFinished.activated의 추가로 인하여 doBackgroundJob() 함수도 변경되었습니다.

```
9     void doBackgroundJob(int jobTime, var jobEnd) {
10      if (jobTime > 0) {
11        print("doBackgroundJob(): $jobTime sec remained.");
12        Future.delayed(
13            Duration(seconds: 1), () => doBackgroundJob(jobTime - 1, jobEnd));
14      } else {
15        print("doBackgroundJob(): finished.");
16        jobEnd.activated = true;
17      }
18    }
19
```

14 doBackgroundJob() 함수의 주기적인 작업이 종료되는 경우(else 구문) ActivationFlag 클래스의 객체인 jobEnd.activated의 값을 true로 변경합니다.

이렇게 main 함수의 작업과 doBackgroundJob() 함수의 작업이 ActivationFlag 클래스의 객체를 공유하게 만들어서 doBackgroundJob() 함수가 수행하는 작업의 종료 시점까지 main 함수가 기다리도록 할 수 있습니다. 이렇게 새로운 문법이 아닌 개발자가 직접 생각한 코드로 문제를 해결하려는 노력이 필요합니다.

7. 동시에 수행할 작업 추가하기

일곱 번째 프로그램의 목적은 방문자의 주문을 접수하는 비동기 작업을 만드는 것입니다.

지금까지 Future 객체를 리턴하는 표준 메서드인 Future.delayed() 메서드를 사용해 보았고, 비동기 개념에 맞춰서 주기적인 작업을 하는 코드를 만들어 보았습니다. 이번에는 Future 객체를 리턴하는 비동기 함수를 만들어 보려고 합니다.

여섯 번째 프로그램까지 개발한 내용은 일단 잊고, 새로운 목적에만 집중해서 소스 코드를 만들겠습니다. 이후 일곱 번째 프로그램은 여섯 번째 프로그램과 통합됩니다.

일곱 번째 프로그램의 main 함수는 다음과 같습니다.

```
12  void main() async {
13    print("main(): started.");
14
15    var customerOrder = serveCustomer();
16    print("main(): serve '$customerOrder'.");
17
18    print("main(): completed.");
19  }
```

15 고객에게 주문을 받는 serveCustomer() 함수가 호출됩니다.

16 이 함수의 리턴 값을 화면에 출력합니다.

main 함수 기준으로는 주문을 받는 함수를 실행하고, 주문된 제품을 리턴 값으로 받은 후 화면에 출력하는 단순한 구조입니다.

```
1  Future<String> serveCustomer() async {
2    print("serveCustomer(): waiting for order.");
3    var customerOrder = await simulateCustomerOrder();
4    print("serveCustomer(): order '$customerOrder' received.");
5    return customerOrder;
6  }
7
```

다음으로 serveCustomer() 함수를 보면, 1 에서 리턴 값이 Future〈String〉로 되어 있습니다. 규칙으로 인해 이렇게 작성하였는데, 다음과 같습니다.

"async 함수가 리턴 값을 갖는 경우, 리턴 값의 타입은 반드시 Future〈〉로 정의한다"

실제로 1 의 serveCustomer() 함수 이름 뒤에 async 구문이 사용되었고, 3 에서 await를 사용하였습니다. 따라서 이 함수는 비동기 함수(Future)로서 String 객체를 비동기로 리턴한다는 의미입니다. 함수 안을 자세히 살펴보면 다음과 같이 동작합니다.

2 주문을 기다린다는 문자를 출력합니다.

3 simulateCustomerOrder() 함수를 실행하는데, 이 함수를 await 구문으로 실행하는 것을 보면 비동기 함수임을 알 수 있습니다. 그리고 serveCustomer() 함수는 simulateCustomerOrder() 함수 결과를 리턴 받을 때까지 기다린다는 것도 알 수 있습니다.

4 simulateCustomerOrder() 함수의 리턴 값은 customerOrder 변수에 저장되어 화면에 주문 완료 내용과 함께 출력됩니다.

5 serveCustomer() 함수를 호출한 main 함수 쪽으로 주문 내용을 리턴합니다.

```
8   Future<String> simulateCustomerOrder() {
9     return Future.delayed(Duration(seconds: 2), () => 'Ice Coffee');
10  }
11
```

8 ~ 10 simulateCustomerOrder() 함수는 고객에게 주문을 받는 것을 모사한 함수입니다. 결과인 리턴 값이 Future〈String〉로 되어 있는데, simulateCustomerOrder() 함수의 정의에는 async 구문이 없고, 9 에도 await가 없습니다. 그렇다면 왜 Future〈String〉로 리턴 값이 정의되어 있을까요? 이는 리턴 구문에서 호출되는 Future.delayed() 메서드가 수행하는 작업이 'Ice Coffee' 문자열을 리턴하는

것으로 정의되어 있기 때문입니다.

Future.delayed() 메서드는 앞에서도 여러 번 등장했습니다. 앞에서는 값을 리턴하지 않고 화면에 출력하기 위해 사용하였습니다. 하지만 이번에는 문자열을 리턴하기에 Future.delayed() 메서드의 리턴 값 타입에 맞춰서 비동기 결과인 Future 객체이면서 문자열 String을 전달하도록 Future〈String〉로 정의하였습니다. 아울러 Future.delayed() 메서드가 비동기 작업이기에 simulateCustomerOrder() 함수를 호출한 serveCustomer() 함수 안에서 부득이하게 await로 결과 값을 기다리고 있습니다.

이렇게 비동기로 동작하는 Future.delayed() 메서드의 리턴 값이 Future 객체이기에 Future〈String〉을 리턴하는 simulateCustomerOrder() 함수를 만들었고, 이 함수를 호출하면서 결과를 기다려야 하므로 또 다시 await/async 구문을 사용하면서 Future〈String〉 객체를 비동기로 리턴하는 serveCustomer() 함수를 만들었습니다. 그리고 main 함수에서 serveCustomer() 함수를 호출하여 고객의 주문을 받는 작업을 수행하고, 주문 내용을 문자열로 받아서 화면에 출력하도록 하였습니다.

일곱 번째 프로그램의 수행 결과는 다음과 같습니다.

```
1 main(): started.
2 serveCustomer(): waiting for order.
3 main(): serve 'Instance of '_Future<String>''.
4 main(): completed.
5 serveCustomer(): order 'Ice Coffee' received.
```

아쉽지만 이 정도는 아직 완성된 코드로 보기 어렵습니다. 수행 결과 기준으로 main 함수의 시작은 1이고 종료는 4인데, 주문을 받아서 main 함수에게 주문 내용을 전달하는 serveCustomer() 함수의 작업은 main 함수가 종료된 이후인 5에서 나타납니다. 게다가 소스 코드 16의 수행 결과 3에서 "Instance of '_Future〈String〉'"로 출력되었습니다. 이 문장은 비동기 함수인 serveCustomer()의 동작을 마치기 전에 결과를 화면에 출력했음을 의미합니다. 이런 오류는 앞에서도 여러 번 보았던 오류입니다. 즉, 비동기 함수를 호출했는데 원하는 순서대로 동작하지 않아 비동기 함수의 결과가 제대로 나오지 않은 것입니다.

이렇게 된 이유와 해결책을 생각해 봅시다.

우리가 직접 만든 serveCustomer() 함수도 비동기 함수이기에, 결과가 제대로 리턴될 때까지 함수를 호출한 쪽에서 기다려 주어야 합니다. 하지만 그렇게 하지 않고 함수 호출로 작업 수행을 요청하고는 결과를 받기도 전에 main 함수의 다음 작업을 진행해 버린 것이 오류의 이유입니다. 따라서, 앞서 비동기 함수의 결과 값을 기다릴 때와 동일하게 serveCustomer() 함수를 호출하는 main 함수에서도 await/async 구문을 추가로 반영하면 해결됩니다.

이 해결책을 적용한 여덟 번째 프로그램을 소개하겠습니다.

여덟 번째 프로그램의 소스 코드는 한 줄을 제외하면 일곱 번째 프로그램과 동일합니다.

15 유일하게 다른 한 줄로 비동기 함수인 serveCustomer() 함수를 호출할 때 비동기 작업의 결과를 기다린다는 의미로 await을 추가합니다.

12 그리고 await 구문을 사용한 함수임을 정의하고자 main 함수 이름 정의 시에 async 구문을 추가합니다.

여덟 번째 프로그램의 소스 코드는 다음과 같습니다.

```
1  Future<String> serveCustomer() async {
2    print("serveCustomer(): waiting for order.");
3    var customerOrder = await simulateCustomerOrder();
4    print("serveCustomer(): order '$customerOrder' received.");
5    return customerOrder;
6  }
7
8  Future<String> simulateCustomerOrder() {
9    return Future.delayed(Duration(seconds: 2), () => 'Ice Coffee');
10 }
11
12 void main() async {
13   print("main(): started.");
14
15   var customerOrder = await serveCustomer();
16   print("main(): serve '$customerOrder'."); {
17
18   print("main(): completed.");
19 }
```

여덟 번째 프로그램의 수행 결과는 다음과 같습니다.

```
main(): started.
serveCustomer(): waiting for order.
serveCustomer(): order 'Ice Coffee' received.
main(): serve 'Ice Coffee'.
main(): completed.
```

이제 제대로 된 순서로 수행이 이루어집니다. 이렇게 하여, 직접 비동기 함수를 만들고 호출하였습니다. 앞으로 비동기 작업을 직접 개발해야 하는 경우 지금 수행한 방법과 과정을 흉내내서 개발하면 됩니다.

8. 구현한 작업의 통합 및 실행하기

마지막 단계에 도착했습니다.

아홉 번째 프로그램에서는 비동기 기능을 이용하여 방문자의 주문 접수 및 백그라운드 작업을 동시에 수행하는 기능을 개발합니다. 여덟 번째 프로그램을 개발하기까지의 프로그램들을 하나로 묶은 프로그램이라고 보면 됩니다. 소스 코드를 세 부분으로 나눠서 설명하겠습니다.

```
class ActivationFlag {
  late bool _flag;

  ActivationFlag(bool givenFlag) : _flag = givenFlag;
  bool get activated => _flag;
  set activated(bool givenFlag) => (_flag = givenFlag);
}

void doBackgroundJob(int jobTime, var jobEnd) {
  if (jobTime > 0) {
    print("doBackgroundJob(): $jobTime sec remained.");
    Future.delayed(
        Duration(seconds: 1), () => doBackgroundJob(jobTime - 1, jobEnd));
  } else {
    print("doBackgroundJob(): finished.");
    jobEnd.activated = true;
  }
}

```

1 ~ 18 ActivationFlag 클래스와 doBackgroundJob() 함수가 그대로 포함되어 있습니다.

```
20  Future<String> serveCustomer() async {
21    print("serveCustomer(): waiting for order.");
22    var customerOrder = await simulateCustomerOrder();
23    print("serveCustomer(): order '$customerOrder' received.");
24    return Future.value(customerOrder);
25  }
26
27  Future<String> simulateCustomerOrder() {
28    return Future.delayed(Duration(seconds: 2), () => 'Ice Coffee');
29  }
30
```

20 ~ 29 serveCustomer() 함수와 simulateCustomerOrder() 함수도 그대로 포함되어 있습니다.

```
31  void main() async {
32    var bgJobFinished = ActivationFlag(false);
33
34    print("main(): started.");
35    doBackgroundJob(5, bgJobFinished);
36
37    var customerOrder = await serveCustomer();
38    print("main(): serve '$customerOrder'.");
39
40    while (bgJobFinished.activated == false) {
41      await(Future.delayed(Duration(seconds: 1)));
42    }
43    print("main(): completed.");
44  }
45
```

main 함수도 앞에서 개발한 코드들을 하나로 묶어 두었습니다. 따라서 이 프로그램에서는 3개의 작업이 foreground와 background에서 실행됩니다. 첫 번째는 main 함수의 작업입니다. 반복문이 실행되면서 1초씩 쉬었다가 다시 실행되는 작업입니다. 이 작업은 foreground 작업이 됩니다. 두 번째는 background 작업인 doBackgroundJob() 함수의 실행입니다. 세 번째는 또 다른 background 작업인 serveCustomer() 함수의 실행입니다.

마지막 프로그램인 아홉 번째 프로그램의 수행 결과는 다음과 같습니다.

```
1  main(): started.
2  doBackgroundJob(): 5 sec remained.
3  serveCustomer(): waiting for order.
4  doBackgroundJob(): 4 sec remained.
5  serveCustomer(): order 'Ice Coffee' received.
6  main(): serve 'Ice Coffee'.
7  doBackgroundJob(): 3 sec remained.
8  doBackgroundJob(): 2 sec remained.
9  doBackgroundJob(): 1 sec remained.
10 doBackgroundJob(): finished.
11 main(): completed.
```

주기적인 작업을 하는 background 모드의 doBackgroundJob() 함수가 비동기로 동작하면서 **2**/**4**/**7**/**8**/**9**/**10**의 화면 출력을 합니다. 다음으로 고객의 주문을 받아서 main 함수를 통해 주문 내역을 출력하는 작업도 비동기로 제대로 동작하는 것을 확인하였습니다. 마지막으로 **11**처럼 모든 비동기 작업이 종료된 후에 main 함수의 종료를 수행하는 것도 확인하였습니다.

```
46 // References
47 // https://dart.dev/codelabs/async-await
48 // https://dart.dev/guides/language/language-tour#asynchrony-support
49 // https://dart.dev/guides/libraries/library-tour#future
50 // https://api.dart.dev/stable/dart-async/Future-class.html
```

47~**50** 아홉 번째 프로그램의 소스 코드에 추가로 비동기 동작을 이해하는 데 도움이 되는 Dart 언어의 공식 웹 사이트 주소를 적어 두었습니다. 보다 깊이 있고 상세한 내용이니 동시에 여러 가지 작업을 수행하는 프로그램에 관심이 있는 독자는 방문하여 확인 바랍니다.

핵심 요약

비동기 작업은 추후 종종 등장할 예정입니다. 우리는 이 챕터에서 Dart 언어에서 제공하는 비동기 함수 혹은 객체를 다루기 위한 이론을 배웠고 await/async 문법도 알아보았습니다. 그리고 직접 비동기 함수를 만들어 보기도 하였습니다. Future/Stream을 사용하다가 이해가 안 되면, 이 챕터를 다시 방문하여 제대로 이해하기 바랍니다.

▶▶ 연습 문제

1. 핵심 내용 복습하기

❶ 여러 작업을 동시에 수행한다는 입장에서 Dart 언어의 비동기 모드 동작이 어떤 것인지를 설명합니다.

❷ 소스 코드를 개발하면서 활용한 비동기 모드 문법들인 await, async, Future.delayed(), Future<String>이 어떤 의미인지 설명합니다.

2. 예제 코드 수정하기

❶ 마지막 프로그램의 doBackgroundJob() 함수가 5초 이상으로 동작하게 수정하고, serveCustomer() 함수를 통한 고객 주문 처리를 여러 번 수행하도록 수정합니다. 그리고 실행 결과를 확인합니다.

❷ serveCustomer() 함수와 simulateCustomerOrder() 함수가 int 클래스의 객체를 리턴하는 형태가 되도록 소스 코드를 수정합니다. 그리고 실행 결과를 확인합니다.

3. 추가 기능 작성하기

❶ 마지막 프로그램의 doBackgroundJob() 함수 같은 내용의 doBackgroundJob2() 함수를 추가하여 동시에 동작하는 작업의 수를 늘려 본 후, 실행 결과를 확인합니다.

❷ 마지막 프로그램에서 serveCustomer() 함수의 호출을 doBackgroundServe() 함수가 하도록 doBackgroundServe() 함수를 새로 만듭니다. 그리고 doBackgroundServe() 함수는 입력 파라미터로 서비스를 제공할 고객의 수를 함수 실행 시점에 전달받도록 만듭니다. doBackgroundServe() 함수는 doBackgroundJob() 함수처럼 background로 동작하게 하고, doBackgroundJob() 함수와 마찬가지로 입력 파라미터로 전달받은 숫자만큼의 서비스 제공을 모두 마치면 flag 값을 통해서 확인할 수 있도록 만듭니다. 이렇게 변경한 doBackgroundServe() 함수와 doBackgroundJob() 함수가 모두 종료되면 main 함수를 종료하도록 코드를 작성합니다. 그리고 실행 결과를 확인합니다.

CHAPTER. 6

예외 상황 처리를 통한 프로그램 안정성 강화하기

보통 처음 프로그래밍을 시작하는 경우에는 입력에 맞는 결과를 만들어 내는 일이 가장 중요하다고 생각합니다. 하지만 시간이 지나 실력이 향상되고 실제 사용자가 사용하는 서비스를 운영하다 보면 생각이 바뀌어, 문제를 일으키지 않으면서 안정적으로 동작하는 프로그램을 만드는 것을 추구하게 됩니다. 물론 제대로 된 결과 계산은 기본입니다. 이번 챕터에서는 Dart 언어가 제공하는 프로그램의 안정성 제공 방안에 대해서 알아봅니다. 새로운 문법으로 try–catch–finally와 throw와 rethrow도 등장합니다.

자세히 알아보기

이번 챕터에서는 소스 코드와 수행 결과가 총 12가지 등장할 예정입니다. 그리고 Dart 언어가 제공하는 안정성 제공 방안을 원활하게 이해하기 위해서, 일부러 문제가 있는 프로그램을 만듭니다. 그 다음에 문제가 있는 부분을 고치고 개선해 가며 코드를 설명하겠습니다. 따라서 이전 챕터와 같이 소스 코드와 수행 결과를 함께 설명하겠습니다.

1. 에러에 대비하지 않은 프로그램 작성하기

첫 번째 프로그램의 소스 코드는 다음과 같습니다.

```
1  void main() {
2    int iResult1 = 0;
3    iResult1 = 1 ~/ 0;
4    print("result is $iResult1");
5  }
6
```

소스 코드는 간단한 내용입니다.

2 정수 iResult를 만들고 0으로 초기화합니다.

3 1을 0으로 나눈 몫을 iResult에 저장합니다.

4 iResult에 저장한 결과를 화면에 출력합니다.

어떤 결과가 나올까요?

첫 번째 프로그램의 수행 결과는 다음과 같이 한 줄로 출력되거나 개발 환경에 따라서 아무것도 출력되지 않을 수 있습니다.

```
Uncaught Error: Unsupported operation: Result of truncating division is
Infinity: 1 ~/ 0
```

소스 코드의 print 구문을 보면 분명히 'result is'로 시작하는 문장이 나와야 하는데 실제 수행 결과에서는 전혀 그렇지 않습니다. 이유는 수학에 있습니다. 수학에서 분모가 0에 가까워지는 나누기의 결과는 무한대를 의미합니다. 하지만 컴퓨터는 유한한 장치이기에 무한함을 표현할 수 없습니다. 따라서 프로그램이 처리할 수 없는 에러라는 의미로 Uncaught Error를 출력합니다. 이로 인하여 **3**의 나누기 부분에서 정상적인 수행을 포기하고 프로그램이 중단되었습니다. 결론적으로 소스 코드의 **4**까지는 가지도 못한 상황입니다.

분모가 0인 경우에 대한 수학 지식이 있거나 이미 프로그래밍에 대한 경험이 있는 사람이라면 누가 저런 어이없는 코드를 만들겠냐고 할 수도 있습니다. 그렇다면 에러가 나는 상태에서 모양을 바꿔보도록 하겠습니다.

두 번째 프로그램의 소스 코드는 다음과 같습니다.

```
1  void main() {
2    int iTemp1 = 1;
3    int iTemp2 = 0;
4    int iResult1 = 0;
5
6    iResult1 = iTemp1 ~/ iTemp2;
7
8    print("result is $iResult1");
9  }
```

```
10
```

같은 내용이지만 모양을 살짝 바꾼 형태로 차이점은 간단합니다. 상수들을 변수들로 모두 바꿨을 뿐입니다. 오류를 발생시키는 6 을 보면 상수들이 없고 변수들로만 이루어졌습니다. 이곳만 봐서는 에러가 발생할지 아닐지 알 수 없고 프로그램의 처음부터 한 줄 한 줄 실행하면서 iTemp2의 값을 추적해 분모인 iTemp2가 0인지 아닌지를 판단해야만 알 수 있습니다. 첫 번째 프로그램 같이 코드를 짠다면 나누기 부분의 코드를 보는 순간 바로 눈에 에러가 보입니다. 그러나 대부분의 경우에는 두 번째 프로그램처럼 변수들을 사용해서 계산이 이루어집니다. 그리고 이 변수들의 값이 에러를 일으킬지 아닐지는 코드를 봐서는 잘 모르는 경우가 일반적입니다. 따라서 의도하지 않더라도 어이없을 정도의 계산이나 동작이 프로그램에서 발생할 가능성은 충분히 존재합니다. 이런 일이 발생하더라도 프로그램이 죽지 않고 안정적으로 동작하도록 로직을 설계하는 능력은 개발자에게 반드시 필요한 역량입니다. 참고로 두 번째 프로그램의 실행 결과는 다음과 같습니다

```
Uncaught Error: Unsupported operation: Result of truncating division is
Infinity: 1 ~/ 0
```

첫 번째 프로그램과 사실상 동일한 작업을 하는 코드이기에 동일한 에러가 나타납니다.

2. try - catch 문법 활용하기

세 번째 프로그램의 소스 코드는 다음과 같습니다.

```
1   void main() {
2     int iTemp1 = 1;
3     int iTemp2 = 0;
4     int iResult1 = 0;
5
6     try {
7       iResult1 = iTemp1 ~/ iTemp2;
8     } catch (error) {
9       print(error);
10    }
11
12   print("result is $iResult1");
13  }
14
```

세 번째 프로그램은 두 번째 프로그램을 일부 수정하여 만들었습니다. 수정의 목적은 두 가지입니다. 첫째는 실행 환경에 따라서 오류 발생 사실이 출력이 안될 수도 있는데, 에러가 발생했다는 사실을 명확하게 화면에 출력하고자 함입니다. 둘째는 에러가 발생하더라도 프로그램이 중단되지 않고 main 함수의 끝까지 수행이 되게 만들기 위함입니다. 이를 위한 문법이 try와 catch입니다.

6~**7** 아까 문제를 일으켜서 프로그램을 중단시킨 나누기 계산이 try 구문의 괄호 안으로 들어가 있습니다. try 문법은 에러가 있을지도 모르지만, 일단 한번 시도해 본다는 의미입니다. 만약 try 구문의 { } 안의 작업에서 에러가 발생해서 프로그램이 정상적으로 동작할 수 없다면, catch 구문의 { } 안의 내용으로 진입합니다. 그러므로 첫 번째와 두 번째 프로그램의 경우는 나누기 계산에서 프로그램을 중단하였지만, 이번 프로그램의 나누기는 try 구문 안에 있기에 에러가 발생해도 프로그램을 멈추지 않고 catch 구문의 { } 안으로 진입합니다. 프로그램은 중단되지 않습니다.

8 catch 구문에 대해서 알아보도록 합니다. 영어 단어 그대로 해석해 보면 catch는 에러(error)를 잡는다고 볼 수 있습니다. error라는 것이 무엇인지 아직은 명확하게 이해하기 어렵지만 일단 "프로그램에서 발생한 error를 잡아서 뭔가 하는구나" 정도는 느낄 수 있습니다. 그렇다면 이 error를 이해해야 하는데, 결국 우리가 알아야 하는 것은 error가 발생한 위치와 error 안에 있는 정보의 내용입니다. 소스 코드 기준으로 error를 만드는 부분은 바로 나누기 연산자 ~/입니다. 분모가 0인 상태에서 나누기를 시도하여 에러가 발생하면, ~/ 나누기 연산자가 error를 만듭니다. 그리고 소스 코드 기준으로 error의 의미는 분모가 0인 상태에서 나누기를 하려 하니 에러가 났다는 정보입니다. 한 줄로 요약하면 try 안에서 ~/ 나누기를 수행한 뒤, ~/ 나누기 연산자가 발생한 error 정보를 catch 구문에서 잡은 겁니다. 이렇듯 에러에 대한 정보를 제공하는 주체는 대부분의 경우 에러가 발생한 함수 혹은 메서드입니다. 그리고 Dart 언어의 표준 함수 혹은 메서드라면, 발생 가능한 에러에 대한 설명을 공식 사이트의 설명에서 볼 수 있습니다.

NOTE

> 반드시 catch(error)라고 적을 필요는 없습니다. 에러의 이름은 꼭 error가 아니어도 됩니다. 개발 시 적합한 이름을 붙여주세요.

세 번째 프로그램의 수행 결과는 다음과 같습니다.

```
Unsupported operation: Result of truncating division is Infinity: 1 ~/ 0
result is 0
```

첫 번째와 두 번째 프로그램의 중단 시점에서 출력된 에러 메시지와 동일합니다. 다만, 시작 부분에서 더 이상 "Uncaught Error:"라는 메시지는 보이지 않습니다. 출력된 내용은 이전과 동일합니다.

그리고 더 이상 개발자의 의도와 다르게 프로그램이 중단되지 않게 만들었습니다. 프로그램이 중단되지 않았다는 것을 증명이라도 하듯이 소스 코드 12의 print() 함수가 수행되어 수행 결과의 2인 "result is 0" 문장이 출력됩니다.

이렇게 try 구문에서 에러가 발생할 여지가 있는 작업을 하고, 에러가 발생하면 catch 구문에서 에러를 잡은 후, 에러의 원인을 확인하거나, 에러에 따른 문제를 제거하는 작업을 합니다. 에러가 해결되면 프로그램의 수행을 이어갑니다. 세 번째 프로그램에서는 잘못 수행한 나누기는 그대로 두었습니다. 즉, 일단은 잘못 계산한 부분을 제대로 계산하도록 수정을 하지는 않았습니다. 다만 프로그램이 죽지 않고 수행을 이어가도록 했습니다. 참고로 소스 코드의 12에서 출력한 iResult의 값인 0은 에러가 발생하기 전인 소스 코드의 4에서 초기화 한 값입니다.

다음 단계에서는 우리를 괴롭히고 있는 원인인 분모가 0인 나누기의 문제를 해결해 보려 합니다. 이를 위해서 catch 구문의 { } 안의 내용을 수정할 겁니다.

3. catch 구문을 활용한 안정적인 프로그램 개발하기

네 번째 프로그램의 소스 코드는 아래와 같습니다.

```
1  void main() {
2    int iTemp1 = 1;
3    int iTemp2 = 0;
4    int iResult1 = 0;
5
6    try {
7      iResult1 = iTemp1 ~/ iTemp2;
8    } catch (error) {
9      print("catch: $error");
10     iTemp2 = 1;
11     print("catch: iTemp2 = 1 and re-try");
12     iResult1 = iTemp1 ~/ iTemp2;
13   }
14
15  print("result is $iResult1");
16 }
17
```

9 catch한 에러를 출력하는 것은 동일합니다.

10 문제를 유발하는 iTemp2의 값을 1로 바꾸어서 나누기를 문제 없이 하도록 변경하였습니다. 이것이 정답은 아니지만, 지금은 이렇게 하여 문제를 해결합니다.

11 사용자에게는 일단 에러가 수정되었음을 알립니다.

12 에러를 유발한 **7**의 나누기를 다시 수행합니다.

15 에러를 수정한 결과를 출력합니다.

이렇게 try 구문에서 에러가 발생하면, catch 구문을 통해 가장 바람직한 문제 해결을 시도합니다. 그리고 프로그램의 수행을 이어가는 방식으로 프로그램의 안정성을 확보합니다.

네 번째 프로그램의 수행 결과는 다음과 같습니다.

```
catch: Unsupported operation: Result of truncating division is Infinity: 1
~/ 0
catch: iTemp2 = 1 and re-try
result is 1
```

당초 1을 0으로 나누려 하여 중지되었으나 1을 1로 나누도록 바꾸고 나니 1이라는 결과를 출력하였습니다.

4. 'on ErrorType' 구문을 활용한 안정적인 프로그램 개발하기

다음 단계로 우리가 알아볼 문법은 "on ○○○ { }"입니다. 여기서 ○○○은 에러의 이름입니다. "○○○ 에러가 발생하면 { } 괄호 안의 작업을 수행한다"는 의미입니다. 문법인 "on"은 저 의미대로 사용하면 된다고 이해하더라도, 갑자기 나타난 '에러의 이름'이라는 표현이 낯섭니다. 에러에 이름이 있다는 것은 어떤 의미일까요?

실은 에러에 이름을 붙여주게 된 이유가 있습니다. 개발자가 클래스의 메서드를 만들고 보니, 사용자들이 메서드를 사용하면서 경험하거나 만들어내는 에러들 중 자주 발생하는 에러가 있는 겁니다. 개발자는 자주 발생하는 에러들의 처리(catch 구문을 통한 해결)를 보다 쉽게 하고자, 아예 자주 발생하는 에러들에 이름을 지어 주었습니다. 그리고는 이름이 지어진 에러들을 처리하는 방법을 미리 사전에 설명하거나 예제 코드를 제공해서, 메서드를 사용하는 사람들이 보다 수월하게 에러에 대비하도록 하였습니다.

소스 코드로 돌아와서, 우리가 catch한 에러는 Dart 언어에서 표준으로 제공하는 ~/ 연산자에 의해서 발생했습니다. 그리고 ~/ 연산자를 개발한 개발자들은 분모를 0으로 해서 나누는 에러를 누군가는 발생시킬 것이라는 생각을 미리 했을 가능성이 높습니다. 특히나 초보자들은 ~/ 연산자에서 하지 말라는 연산을 무의식적으로 실행할 확률이 높습니다. 따라서 개발자들이 미리 작업들에서 발생할만 한 에러의 이름을 정해 두었습니다. ~/ 연산자에서 분모가 0인 경우의 에러는 UnsupportedError라는 이름이 붙어 있습니다.

이렇게 메서드(혹은 함수)에서 자주 발생하여 미리 개발자가 에러에 이름을 붙인 경우, on 문법과 함께 에러의 이름을 사용하는 것이 좋습니다. 그리고 해당 에러에 대해서 개발자가 직접 제시한 에러 처리 방법을 준수하면 보다 안전한 프로그램을 개발할 수 있습니다.

다섯 번째 프로그램의 소스 코드는 다음과 같습니다. on 문법과 UnsupportedError라는 에러 이름을 적용해서 조금 더 안정된 형태로 발전했습니다.

```
1  void main() {
2    int iTemp1 = 1;
3    int iTemp2 = 0;
4    int iResult1 = 0;
5
6    try {
7      iResult1 = iTemp1 ~/ iTemp2;
8    } on UnsupportedError {
9      print("on UnsupportedError: iTemp2 is 0");
10     iTemp2 = 1;
11     print("on UnsupportedError: iTemp2 = 1 and re-try");
12     iResult1 = iTemp1 ~/ iTemp2;
13   }
14
15  print("result is $iResult1");
16 }
17
```

8 이전 프로그램에서 나왔던 catch(error) 구문이 on UnsupportedError로 바뀐 것을 볼 수 있습니다. 그리고 프로그램을 수행하면 on UnsupportedError에 정의한 코드들이 출력됩니다. 네 번째 프로그램에서는 catch(error) 구문을 사용하기에, 소스 코드 만으로는 에러의 의미를 유추하기 어려웠습니다. 따라서 error에 담긴 정보를 다시 한번 확인하는 단계를 거친 다음에야 구체적인 에러의 의

미를 알 수 있었습니다. 하지만 on 구문을 사용하면 소스 코드 레벨에서 이미 UnsupportedError 에러(~/ 연산자를 사용하면서 자주 발생하는 에러들을 총칭하는 이름)임을 알기에 ~/ 연산자의 개발자가 제시한 에러 처리 가이드라인이나 ~/ 연산자를 사용하는 개발자가 하고 싶은 내용으로 on UnsupportedError 구문의 { } 안을 채우면 됩니다.

다섯 번째 프로그램의 수행 결과는 다음과 같습니다.

```
on UnsupportedError: iTemp2 is 0
on UnsupportedError: iTemp2 = 1 and re-try
result is 1
```

출력 내용 면에서는 네 번째 프로그램의 결과와 거의 유사하며, 내부적인 동작이 달라졌을 뿐입니다.

5. catch 구문을 활용하여 예측 불가능한 에러 처리하기

지금까지 우리는 try, catch, on 문법을 이해했습니다. 그리고 ~/ 연산자를 통해서 "예측 가능한" 에러를 만들어 보고, 이를 제거하는 경험을 가졌습니다. 그렇다면 "예측 불가능한" 에러에 대해서도 프로그램이 대비를 해야 합니다. 즉, 프로그램의 안정성을 위해서는 (1) 예측 가능한 에러에 대한 대비와 함께 (2) 예측 불가능한 에러에 대한 대비를 모두 해 줘야 합니다. 예측 가능한 에러는 그만큼 사전에 대책을 반영할 테니 피해가 크지 않겠지만, 예측 불가능한 에러는 말 그대로 생각을 못했으니 결과로 인한 피해를 더 크게 발생시킬 수 있습니다.

~/ 연산자의 문제로 다시 돌아오겠습니다. 다섯 번째 프로그램에서 catch 구문을 "on UnsupportedError"로 변경하였지만, 사실 분모가 0인 에러 외에도 많은 에러들이 나누기에서 발생 가능합니다. 따라서 예상 못한 에러가 발생하더라도 프로그램이 중단되지 않도록 조치해야 합니다. 이를 위해서 catch 구문을 다시 소스 코드에 삽입하겠습니다.

여섯 번째 프로그램의 소스 코드는 다음과 같습니다.

```
1  void main() {
2    int iTemp1 = 1;
3    int iTemp2 = 0;
4    int iResult1 = 0;
5
6    try {
7      iResult1 = iTemp1 ~/ iTemp2;
```

```
8     } on UnsupportedError {
9       print("on UnsupportedError: iTemp2 is 0");
10      iTemp2 = 1;
11      print("on UnsupportedError: iTemp2 = 1 and re-try");
12      iResult1 = iTemp1 ~/ iTemp2;
13    } catch (error) {
14      print("catch: un-known error");
15    }
16
17    print("result is $iResult1");
18  }
19
```

13 catch 구문이 다시 삽입되었습니다. 이제 catch 구문은 분모가 0인 경우를 처리하기 위해서가 아니라 예상 못한 에러의 발생을 처리하기 위한 용도로 포함되었습니다.

여섯 번째 프로그램을 수행하면 예상 가능한 에러에만 main 함수가 동작하므로, 다섯 번째 프로그램의 수행 결과와 동일한 다음의 결과를 보여줍니다.

```
on UnsupportedError: iTemp2 is 0
on UnsupportedError: iTemp2 = 1 and re-try
result is 1
```

6. finally 문법 사용하기

여섯 번째 프로그램까지 발전해 오면서, 프로그램의 안정성은 어느 정도 확보되었습니다. 예측 가능한 에러와 예측 불가능한 에러까지 대비를 했으니 나름 구색은 갖춘 셈입니다. 아직 한 가지 더 개선할 여지가 있습니다. 바로 finally 구문입니다.

여섯 번째 프로그램을 다시 한 번 보면, 에러가 나는 경우에 대한 대처는 바로 눈에 들어옵니다. try / catch / on 구문과 각각의 경우에 수행할 작업을 { } 괄호로 잘 묶어 두었기 때문입니다. 그런데 정작 에러가 나지 않을 경우의 동작을 이해하려면 17부터 천천히 읽어 나가야 합니다. 지금은 텍스트를 출력하는 한 줄짜리 코드이지만, 만약 에러가 나지 않은 경우에 수행하는 작업이 길고 복잡하다면 "어디까지가 에러가 나지 않은 경우의 동작이지?"하고 헷갈릴 수 있습니다. 이런 경우 finally 구문을 사용합니다. 이 구문은 "결국에"라는 의미입니다. 즉, "try A, on B, catch C, finally D"의 형태를 가지면, A/B/C 무엇을 하든 공통적으로 D를 수행하게 됩니다. A에서 에러가 없다면, 당연히 에러가 없는 상황에서 D를 수행합니다. B와 C에서 에러가 발생한다면, 해당 B와 C의 에러를 고친 후 D를 수행합니다.

일곱 번째 프로그램의 소스 코드는 여섯 번째 프로그램의 소스 코드에 finally 구문을 추가한 형태입니다. 코드는 다음과 같습니다.

```
1  void main() {
2    int iTemp1 = 1;
3    int iTemp2 = 0;
4    int iResult1 = 0;
5
6    try {
7      iResult1 = iTemp1 ~/ iTemp2;
8    } on UnsupportedError {
9      print("on UnsupportedError: iTemp2 is 0");
10     iTemp2 = 1;
11     print("on UnsupportedError: iTemp2 = 1 and re-try");
12     iResult1 = iTemp1 ~/ iTemp2;
13   } catch (error) {
14     print("catch: un-known error");
15   } finally {
16     print("finally: result is $iResult1");
17   }
18 }
19
```

소스 코드를 보면 장점을 바로 이해할 수 있을 겁니다. 한 눈에 에러가 발생가능한 부분, 에러가 발생했을 경우의 처리 부분, 그리고 프로그램이 원래 수행하고 싶은 부분이 눈으로 명확하게 파악되는 구조입니다.

일곱 번째 프로그램의 수행 결과는 여섯 번째 프로그램과 동일합니다.

```
on UnsupportedError: iTemp2 is 0
on UnsupportedError: iTemp2 = 1 and re-try
result is 1
```

계속 에러가 있는 상태로만 실행을 했는데 이번에는 에러가 없는 상태로 실행해 보겠습니다. 에러를 유발하는 분모인 iTemp2를 0에서 1로 바꿉니다. 에러 없이 정상적인 흐름으로 try 구문을 실행한 후, finally 구문을 실행하게 됩니다.

여덟 번째 프로그램의 소스 코드는 다음과 같습니다.

```
1  void main() {
2    int iTemp1 = 1;
3    int iTemp2 = 1;
4    int iResult1 = 0;
5
6    try {
7      iResult1 = iTemp1 ~/ iTemp2;
8    } on UnsupportedError {
9      print("on UnsupportedError: iTemp2 is 0");
10     iTemp2 = 1;
11     print("on UnsupportedError: iTemp2 = 1 and re-try");
12     iResult1 = iTemp1 ~/ iTemp2;
13   } catch (error) {
14     print("catch: un-known error");
15   } finally {
16     print("finally: result is $iResult1");
17   }
18 }
```

수행 결과는 다음과 같이 한 줄이며 finally 구문을 통해서 1을 출력하게 됩니다.

```
finally: result is 1
```

이제 한 번 더 진화된 개념을 코드에 적용하겠습니다. 이미 우리는 Dart 언어로 만드는 프로그램이 main 함수만으로 이루어지지 않음을 압니다. 당연히 함수와 클래스들이 섞여 있는 게 일반적이지요. 따라서 이번에는 호출한 함수나 메서드에서 발생하는 에러에 대처하는 방법을 알아봅니다. 새로운 문법인 throw와 rethrow 구문이 등장합니다.

7. 호출한 함수에서 발생한 에러 처리하기

아홉 번째 프로그램은 main 함수와 calcSomething() 함수로 이루어져 있습니다. 먼저 main 함수의 소스 코드는 다음과 같습니다.

```
1  void main() {
2    int iTemp1 = 1;
3    int iTemp2 = 0;
4    int iResult1 = 0;
5
6    try {
7      iResult1 = calcSomething(iTemp1, iTemp2);
8    } on UnsupportedError {
9      print("on UnsupportedError: iTemp2 is 0");
10     iTemp2 = 1;
11     print("on UnsupportedError: iTemp2 = 1 and re-try");
12     iResult1 = iTemp1 ~/ iTemp2;
13   } catch (error) {
14     print("catch: un-known error");
15   } finally {
16     print("finally: result is $iResult1");
17   }
18 }
19
```

앞서 문제를 발생시켰던 ~/ 나누기 연산자를 main 함수에서 분리해서 별도의 사용자 정의 함수인 calcSomething() 안으로 집어넣었습니다.

7 직접 나누기 연산을 하지 않고 calcSomething() 함수를 호출합니다. calcSomething() 함수의 입력 파라미터는 분자와 분모입니다. main 함수의 다른 코드는 여덟 번째 프로그램의 코드들과 동일합니다.

아홉 번째 프로그램의 calcSomething() 함수는 다음과 같습니다.

```
20 int calcSomething(int iLeft, int iRight) {
21   int iResult1 = 0;
22
23   try {
24     iResult1 = iLeft ~/ iRight;
25   } catch (error) {
26     rethrow;
27   }
28
29   return iResult;
30 }
31
```

20 calcSomething() 함수의 정의를 시작합니다.

21 나누기 결과를 저장할 변수를 만듭니다.

23~**24** 나누기를 수행합니다. 나누기는 try 구문으로 묶었습니다.

25~**26** try 구문에서 에러가 발생할 가능성이 있으니 catch 구문이 정의되어 있는 것을 볼 수 있습니다. 그리고 rethrow가 있습니다.

이것이 끝이고 다른 코드는 없습니다. 아홉 번째 프로그램의 수행 결과는 다음과 같습니다.

```
on UnsupportedError: iTemp2 is 0
on UnsupportedError: iTemp2 = 1 and re-try
finally: result is 1
```

여덟 번째 프로그램의 수행 결과와 차이가 없습니다.

아홉 번째 프로그램의 동작을 이해하기 위해서, 영어 단어를 먼저 이해해 봅시다. 영어로 throw는 운동에서 공을 던지는 '드로우'를 의미합니다. 따라서 re-throw는 공을 '다시' 던진다는 말입니다. 프로그램에서는 공이 없으므로 공을 에러로 바꿔 봅니다. 그러면 공을 던지듯이(함수를 호출한 쪽으로), 에러를 다시 넘긴다는 의미가 됩니다. 이를 프로그램에 적용해 봅니다. **26**에서 calcSomething() 함수는 분명히 에러를 catch합니다. 다만, 에러를 스스로 처리하지 않습니다. 따라서 에러 처리 코드는 없습니다. calcSomething() 함수는 rethrow 문법을 사용해서, 잡은 공을 다시 던지듯이 main 함수에게 잡은 에러를 넘긴 겁니다.

에러에 대응하는 방법에는 일원화된 규칙은 없습니다. 따라서, 아홉 번째 프로그램의 소스 코드를 보았을 때, "에러가 발생하는 곳에서 에러를 처리하는 게 맞지 않나? 이를 호출한 쪽에서 처리하는 게 마음에 안 드는데?" 같이 생각하는 독자도 있을 겁니다. 어차피 정답이 있는 것은 아니니 의문을 제기한 독자의 측면에서 코드를 수정한 것이 열 번째 프로그램입니다.

열 번째 프로그램의 calcSomething() 함수의 소스 코드를 먼저 보도록 합니다.

```
15  int calcSomething(int iLeft, int iRight) {
16    int iResult = 0;
17
18    try {
19      iResult = iLeft ~/ iRight;
20    } on UnsupportedError {
21      print("on UnsupportedError@calcSomething: iRight is 0");
22      iRight = 1;
23      print("on UnsupportedError@calcSomething: iRight is 1 and re-try");
24      iResult = iLeft ~/ iRight;
25    } catch (error) {
26      print("catch@calcSomething: un-known error");
27    }
28
29    return iResult;
30  }
```

20 main 함수에 있던 on UnsupportedError 구문이 이동해 왔습니다. 더 이상 main 함수에게 에러를 넘기지 않고, 직접 에러를 처리합니다. 에러 처리는 앞서 main 함수 안에서 에러를 처리하는 부분과 동일합니다. 따라서 main 함수는 예상하지 못한 에러에 대한 catch 구문만 남게 되었습니다.

열 번째 프로그램의 main 함수의 소스 코드는 다음과 같습니다.

```
void main() {
  int iTemp1 = 1;
  int iTemp2 = 0;
  int iResult1 = 0;

  try {
    iResult1 = calcSomething(iTemp1, iTemp2);
  } catch (error) {
    print("catch: un-known error");
  } finally {
    print("finally: result is $iResult1");
  }
}

```

열 번째 프로그램의 수행 결과는 다음과 같으며, 앞서 나온 다른 프로그램들과 다르지 않습니다.

```
on UnsupportedError@calcSomething: iRight is 0
on UnsupportedError@calcSomething: iRight = 1 and re-try
finally: result is 1
```

나누기를 수행하는 기능을 calcSomething() 함수로 만들고, 이 안에 에러 처리 코드를 넣다 보면 문득 "입력 파라미터를 검사해서 분모가 0이면 그렇게 하지 말라는 값으로 리턴을 하면 되는 것 아닌가? 굳이 이렇게 분모를 0으로 나눠서 에러가 발생한 후 대처를 해야 하나?"하는 의문이 들 수 있습니다.

우리가 직접 만든 calcSomething() 함수라면, 틀리지 않은 이야기입니다. 이 경우 개발자가 직접 에러를 생성할 수 있습니다. 즉, on 혹은 catch 구문을 통해서 함수를 호출한 쪽이 에러 처리를 할 수 있도록 에러 타입을 직접 만들 수 있습니다.

8. 프로그램 자체적으로 에러 생성하기

열한 번째 프로그램은 열 번째 프로그램에 우리가 직접 만든 에러 타입을 추가한 프로그램입니다. 프로그램을 세 부분으로 나눠서 설명하겠습니다. 첫 번째 부분은 calcSomething() 함수입니다.

```
20  int calcSomething(int iLeft, int iRight) {
21    int iResult1 = 0;
22
23    if (iRight == 0) {
24      throw NegativeDivisorException();
25    } else {
26      iResult = iLeft ~/ iRight;
27    }
28
29    return iResult;
30  }
31
```

calcSomething() 함수가 대대적으로 변경되었습니다. 23에서 분모인 iRight가 0인지 검사해서, 0이 아니면 26의 나누기를 수행합니다. 하지만, iRight가 0이면 나누기를 할 수 없는 상태로 판단하고 throw 문법을 사용합니다. 이미 발생한 에러를 다시 던지는 문법은 rethrow였는데, 이번에는 스스로 에러를 만들어서 던지고 있습니다. 이런 경우 throw를 사용합니다. 던진 에러는 NegativeDivisorException입니다. 이 에러는 Dart 언어에서 제공하는 표준 에러가 아니고 개발자가 직접 만든 것입니다.

직접 만들었으니, 소스 코드에 나타나겠지요? 열한 번째 프로그램의 32~37에 NegativeDivisorException의 실체가 나타나 있습니다.

```
32  class NegativeDivisorException implenments Exception {
33    @override
34    String toString() {
35      return "Zero divisor is not allowed";
36    }
37  }
38
```

NegativeDivisorException처럼 개발자가 직접 try-catch에서 처리 가능한 에러를 만드는 방법은 간단합니다. class를 만들어 Dart 언어의 표준 에러 클래스인 Exception 추상 클래스를 implements하는 방식으로 정의합니다.

본문은 가장 간단한 형태로, String을 리턴하는 toString() 메서드를 오버라이드했습니다. 개발자 스스로 정의한 에러이므로 남이 보았을 때 왜 에러가 발생한 건지 충분하게 이해할 수 있는 짧은 한 문장으로 표현합니다. 그리고 새로운 형태의 에러를 만들었으니 calcSomething() 함수가 던지는 NegativeDivisorException 에러를 받아 처리할 수 있도록 main 함수도 수정이 필요합니다.

열한 번째 프로그램의 main 함수는 다음과 같습니다.

```
1  void main() {
2    int iTemp1 = 1;
3    int iTemp2 = 0;
4    int iResult1 = 0;
5
6    try {
7      iResult1 = calcSomething(iTemp1, iTemp2);
8    } on NegativeDivisorException {
9      print("on NegativeDivisorException: iTemp2 is 0");
10     iTemp2 = 1;
11     print("on NegativeDivisorException: iTemp2 = 1 and re-try");
12     iResult1 = iTemp1 ~/ iTemp2;
13   } catch (error) {
14     print("catch: un-known error");
15   } finally {
16     print("finally: result is $iResult1");
17   }
18 }
19
```

8 새롭게 만든 NegativeDivisorException 에러를 on 구문으로 받은 후 분모를 0에서 1로 수정하여 처리하는 내용이 나옵니다.

어쩐지 NegativeDivisorException가 앞에서 설명한 UnsupportedError와 비슷해 보이지 않나요? 맞습니다. calcSomething() 함수가 하는 일이 ~/ 연산자 하나 밖에 없다 보니 사실상 calcSomething() 함수의 NegativeDivisorException과 ~/ 연산자의 UnsupportedError가 동일한 의미로 만들어진 겁니다. 본인의 함수나 메서드를 배포할 때 이렇게 스스로 에러를 만들어서 함께 배포하면 사용하는 입장에서도 사전에 충분히 정보를 알기에 더 안정적인 코드의 개발이 가능합니다.

```
39 //https://dart.dev/guides/language/language-tour#assert
40 //https://dart.dev/guides/language/language-tour#exceptions
```

39~40 Dart 언어 공식 사이트의 에러 처리, 정확하게는 'Exception 처리'에 대한 웹 사이트 주소를 기입하였으니 추가 정보가 필요하면 방문하여 확인하기 바랍니다.

열한 번째 프로그램의 수행 결과는 아래와 같습니다. 열 번째 프로그램과 동일합니다.

```
on NegativeDivisorException: iTemp2 is 0
on NegativeDivisorException: iTemp2 = 1 and re-try
finally: result is 1
```

9. Dart 언어가 제공하는 표준 에러 타입 이해하기

이제 마지막 단계입니다. 이번 챕터를 마치기 전에, 간단하게 Dart 언어가 제공하는 표준 클래스인 Exception들에 대해서 알아보고 마치고자 합니다. 그동안 너무 나누기에만 집착하였기에 이번에는 초보자가 자주 만드는 에러 중 리스트의 인덱스 에러를 예제로 설명합니다.

마지막 프로그램인 열두 번째 프로그램의 소스 코드는 아래와 같습니다.

```
1  void main() {
2    var tmpList = [0, 1];
3    var tmpInt = 0;
4    try {
5      tmpInt = tmpList[2];
6    } catch (error) {
7      print("catch is $error");
8    }
9    print("tmpInt is $tmpInt");
10 }
11
```

2 2개의 element를 갖는 tmpList를 만들었습니다. 따라서 이 리스트에 부여 가능한 인덱스는 0과 1입니다.

5 하지만 인덱스를 2로 설정하여 접근하면 안 되는 영역을 접근하도록 만들었습니다.

7 결국 catch 구문에서 에러가 발생합니다.

열 두번째 프로그램의 수행 결과는 다음과 같습니다.

```
catch is RangeError (index): Index out of range: index should be less than 2: 2
tmpInt is 0
```

잘못된 인덱스 값으로 발생하는 에러는 RangeError입니다. 수행 결과에서 나오듯이 할당 가능한 값을 넘어갔다는 문장과 함께 2보다 작아야 한다고 알려줍니다.

이제 Dart 언어에서 에러를 처리하는 부분에 관한 중요한 내용들을 모두 살펴보았습니다. 에러를 갖고 있는 간단한 프로그램을 만든 후, 에러를 찾고 에러를 수정하여 프로그램이 중지되지 않고 수행하도록 만들었습니다. 그리고 직접 Exception 추상 클래스를 구현(implements)하여 개발자가 스스로 새로운 에러 타입을 만들지 작업하였습니다. 이 과정에서 처음에는 몇 줄 안 되던 간단한 프로그램이 점점 길어지는 것을 경험하였습니다.

이 챕터를 시작하면서 이야기했지만, 초보자들은 주어진 입력에서 제대로 된 결과를 이끌어 내는 것에 집중하는 경우가 대부분입니다. 하지만 실제 서비스를 운영하다 보면 제대로 된 결과는 당연히 나와야 하며 365일/24시간 동안 문제없이 동작하는 것을 추구하게 됩니다. 결국 입력에서 출력을 만드는 코드는 전체의 30% 정도 수준에 그치게 되고, 에러를 예측하고 수정하여 프로그램이 죽지 않고 돌아가게 하는 코드가 전체의 70% 정도 수준으로 늘어나게 됩니다.

이 책의 대상 독자인 프로그래밍을 처음 시작하는 분들에게는 결과를 만드는 것도 힘든 상태에서 너무 먼 이야기를 하는 것처럼 생각될 수도 있습니다. 하지만 프로그램의 안정성을 고민하고 이를 반영한 개발을 하는 습관을 들이는 일은 나중에 실력이 커진 후에 해서는 늦습니다. 프로그래밍도 하다 보면 개인별로 성향과 습관이 나타납니다. 한번 길들여진 버릇은 잘 바뀌지 않습니다. 또한 에러 발생 가능성을 고민하고, 이에 대응하다 보면 본인이 만든 프로그램을 더 잘 동작하게 하는 원동력이 됩니다. 프로그래밍을 시작하는 첫 단추에서 안전성이라는 기초를 튼튼하게 다지기 바랍니다.

핵심 요약

프로그램 개발을 처음 시작하는 시점에는 입력을 받아 제대로 된 결과를 만드는 것이 가장 중요하다고 여기게 됩니다. 그 다음에는 안정성을 추구하게 되어 오랜 시간 동작해도 문제없는 프로그램을 개발하는 것에 중점을 두게 됩니다. 이후로는 성능에 관심을 갖게 됩니다. 컴퓨터, 운영체제 그리고 소프트웨어에 대한 깊이 있는 지식을 바탕으로 다른 사람이 만든 프로그램과 비교하여 "보다 빠르고, 보다 적은 컴퓨터 자원을 사용하는 프로그램"을 개발하는 방향으로 발전해 나가게 됩니다. 이번 챕터에서는 안정성을 확보하기 위한 Dart 언어의 문법인 try, on, catch, finally, throw, rethrow를 배웠습니다. 그리고 개발자가 직접 만드는 에러 타입을 Exception 추상 클래스를 implements하여 만들어 보았습니다.

▶▶ 연습 문제

1. 핵심 내용 복습하기

❶ 안정성을 확보하기 위한 Dart 언어의 문법인 try, on, catch, finally, throw, rethrow 각각에 대해서 언제 사용하며 어떤 역할을 하는지 설명합니다.

❷ 열한 번째 프로그램의 40번 줄에 있는 웹 사이트를 방문합니다. 그리고 try, on, catch, finally, throw, rethrow 문법에 대한 공식 사이트의 설명을 찾아서 읽어 봅니다.

2. 예제 코드 수정하기

❶ 열 번째 프로그램에서 다루는 데이터가 정수가 아닌 실수가 되도록 데이터 타입과 연산자를 수정합니다. 실행 후 결과를 확인합니다.

❷ 열한 번째 프로그램에서 다루는 데이터가 정수가 아닌 실수가 되도록 데이터 타입과 연산자를 수정합니다. 실행 후 결과를 확인합니다.

3. 추가 기능 작성하기

❶ 열 번째 프로그램을 기반으로 ~/ 연산 대신 (열 두번째 프로그램의) 인덱스 오류 처리를 수행하는 프로그램을 작성합니다. 이를 위해서 calcSomething() 함수의 첫 번째 입력 파라미터는 리스트 객체이고, 두 번째 입력 파라미터는 인덱스로 합니다. 그 외 main 함수와 calcSomething() 함수의 내용은 인덱스 처리에 맞춰서 작성합니다. 실행 후 결과를 확인합니다.

❷ 인덱스 오류 처리를 주제로 삼아 추가로 작성한 프로그램을 다시 한 번 열한 번째 프로그램과 유사한 형태로 발전시킵니다. 이를 위해서 인덱스 처리 오류가 발생하는 경우 개발자가 만든 새로운 에러 타입인 UnallowedIndexException이 발생하도록 프로그램을 작성합니다. 실행 후 결과를 확인합니다.

CHAPTER. 7

Dart 개발 환경 설치하기

DartPad를 사용하여 편리하게 Dart 언어의 기초 문법을 학습하였습니다. 하지만 심화 내용으로 들어가면서 DartPad의 한계를 만나게 됩니다. 특히 Volume.C의 남은 챕터들은 DartPad에서는 실행이 안되고, 대부분 개발 환경이 컴퓨터에 설치되어 있는 경우에 동작하는 코드들입니다. 따라서 이 시점에서 본인의 컴퓨터에 Dart 언어의 개발 환경을 설치합니다. Dart 언어에 국한한 개발 환경을 구축할 수도 있지만 앞으로 배울 데스크탑 소프트웨어, 모바일 앱, 웹 서비스 등의 개발을 고려하여 Dart 언어 개발 환경(Dart SDK)을 포함하면서 더 많은 개발 환경을 제공하는 Flutter 개발 환경(Flutter SDK)을 설치하고자 합니다. 개발 환경을 설치할 운영체제별로 방법과 절차가 다릅니다. 따라서 MS Windows, macOS, Linux 운영체제별로 설치하는 방법을 설명합니다.

사실 이 챕터의 내용은 Flutter SDK의 공식 사이트에서 제시한 공식 설치 방법을 초보자의 눈높이에 맞춰서 작성한 것입니다. 공식 사이트가 영어로 되어 있고 이미 기술적인 내용에 익숙한 개발자들을 위하여 만들어진 문서인지라 처음 프로그래밍을 접하는 독자라면 난해하고 어려움이 있을 수 있습니다. 최대한 프로그래밍을 처음 접하는 독자를 가정하여 쉽게 설명해 보도록 하겠습니다. 프로그램 개발 경험이 있는 독자의 입장에서는 다소 설명이 많게 느껴질 수도 있습니다. 그런 경우 본문에서 명시한 공식 사이트의 설치 가이드를 읽고 설치를 도전해 보기를 권합니다.

Windows에 설치

Windows가 설치된 컴퓨터에 Dart 개발 환경이 포함된 Flutter SDK를 설치하기 위해서는 첫째로 적합한 버전의 Windows가 설치되어 있어야 합니다. 둘째로 PowerShell이라는 소프트웨어가 설치되어 있고, 버전이 적합해야 합니다. 셋째로 Dart 개발 환경을 포함하는 Flutter 개발 환경이 제대로 설치되어야 합니다. 그리고 넷째로 내가 개발한 Dart 프로그램 소스 코드가 있는 위치에서 Dart 개발 환경이 제대로 동작하도록 Windows의 설정을 조절해야 합니다. 이 4단계의 과정을 단계별로 설명합니다. 그리고 최종적으로 지금까지 DartPad로 실행한 프로그램들이 내 컴퓨터에서도 제대로 동작하는지 확인하도록 하겠습니다. Windows 10 이상의 버전이 설치된 컴퓨터라면 별다른 이슈 없이 완료될 것이고, Windows 10 이전 버전의 컴퓨터라면 일부 추가 소프트웨어를 설치하는 등의 번거로움이 있을 수 있지만, 침착하게 완수하여 주기 바랍니다.

1. MS Windows 버전 확인하기

1단계는 MS Windows의 버전을 확인하는 작업입니다.

Windows 운영체제가 설치된 컴퓨터에 Dart 개발 환경을 설치하기 위해서는 가장 먼저 Windows가 Windows 7 SP1 64비트 버전 이상이어야 합니다. 아마도 최근 몇 년 안에 구매한 컴퓨터라면 대부분이 조건을 만족할 겁니다. 만약 그렇지 않다면, 요구사항을 만족할 수 있는 MS Windows 버전으로 업그레이드합니다.

2. PowerShell 설치 및 동작 확인하기

2단계는 PowerShell을 설치하고 동작을 확인하는 작업입니다.

우리는 Dart 언어를 사용하여 웹 서버와 웹 클라이언트 프로그램, 데스크톱 프로그램, 스마트폰과 태블릿의 모바일 앱 프로그램 등의 다양한 기기와 환경에서 동작하는 프로그램을 만들 예정입니다. 이 중 서버와 데스크톱 환경에서 가장 기본적으로 사용할 프로그램이 PowerShell입니다. PowerShell은 Windows에서 조금은 원시적인 CLI(Command Line Interface) 작업이 가능하도록 지원합니다. 마우스를 주로 사용하는 GUI(Graphic User Interface)에 익숙한 초보자에게는 다소 불편하겠지만, 개발자가 되기 위해서는 반드시 친해져야 하는 환경이니 인내심을 가지고 사용해 보겠습니다.

NOTE

MS Windows를 사용하다 보면 가끔 'DOS 창'이나 '터미널'이라는 검정색 화면을 본 적이 있을 겁니다. 이런 모습의 환경을 CLI라고 하며, 글자를 키보드로 타이핑해서 직접 입력하여 컴퓨터에게 일을 시키고 결과는 단순하게 글자로 확인하는 방법입니다.

Dart 프로그램 개발에 사용하기 위해서는 PowerShell 프로그램의 버전이 5.0 이상이어야 합니다. MS Windows 10 및 11 이상의 버전이 설치된 컴퓨터라면 PowerShell이 이미 설치되어 있습니다. MS Windows 7 SP1, 8.0, 8.1 버전이 설치된 컴퓨터의 경우도 대부분 PowerShell이 이미 설치되어 있을 겁니다.

MS Windows가 설치된 컴퓨터의 PowerShell 설치 유무 및 버전을 확인해 보겠습니다.

❶ "⊞+R" (키보드에서 ⊞ 버튼을 누른 상태에서 R 버튼을 누름) 버튼을 눌러, '실행' 혹은 'Run' 이라는 이름의 창을 엽니다. 타이핑하는 이름의 프로그램을 찾아서 실행하는 방식입니다.

❷ powershell이라고 타이핑하고, Enter 키는 아직 누르지 않습니다.

❸ "Ctrl+Shift+Enter"(키보드에서 Ctrl 버튼을 누른 상태에서 Shift 버튼을 추가로 동시에 누른 상태에서 Enter 키를 누름) 버튼을 누릅니다. 이것은 일반 사용자가 아닌 MS Windows 운영체제의 관리자 모드로 실행한다는 의미로, 개발 시에는 종종 관리자 모드로 실행하게 됩니다.

❹ 화면에 창이 열리면서 오른쪽 위에 "관리자: Windows PowerShell"이라고 쓰여 있으면 PowerShell이 컴퓨터에 설치되어 있으며, 제대로 실행된 것입니다. PowerShell 화면이 바로 나타나지 않고 "PowerShell을 관리자 모드로 열고자 하는데 동의하는가"와 유사한 문장의 경고 창이 나타날 수 있습니다. 동의 버튼을 선택하면 됩니다.

❺ PowerShell 화면 안에서 프롬프트 ('_') 기호가 깜빡 깜빡하고 있을 겁니다. 이것은 키보드를 통해서 사용자가 명령을 타이핑하라는 의미입니다. 여기서 $PSVersionTable이라고 쓰고, Enter 를 누릅니다.

❻ 화면에 Name과 Value라는 필드를 갖는 일종의 테이블이 나타날 겁니다. Name 중에서 "PSVersion"을 찾아, 이 Name의 Value를 확인합니다. 예를 들어 5.1.XXXXX.XXX와 같은 숫자가 있다면, 맨 앞의 5.1이 버전이니 Dart 개발 환경 설치에 문제가 없다는 의미입니다.

❶의 방법으로 실행시키지 않고, "시작" 버튼을 눌러 PowerShell을 실행하는 것도 가능합니다. 이 경우, MS Windows 버전에 따라서 다음 중 하나 혹은 유사한 단계로 Windows PowerShell을 찾을 수 있습니다.

시작 ▶ Windows Tools ▶ Windows PowerShell
시작 ▶ Windows 시스템(System) ▶ Windows PowerShell

이렇게 찾은 프로그램을 바로 마우스의 왼쪽 버튼으로 누르지 말고, 오른쪽 버튼을 클릭합니다. 여러 메뉴 중에서, "관리자 권한으로 실행"을 선택합니다. 이렇게 하면, ❶에서 ❸까지의 단계를 실행한 것과 동일합니다.

만약 여러 버전의 Windows PowerShell 프로그램이 설치되어 있다면 다음과 같이 최대 4가지 버전의 PowerShell 프로그램이 존재할 수 있습니다. 우리가 실행할 프로그램은 64비트 전용 Windows PowerShell입니다. Windows 버전이 문제가 없다면 이 프로그램을 실행하는 것에도 문제가 없을 겁니다.

Windows PowerShell : 64비트 버전 (Dart 개발 환경으로 사용함)
Windows PowerShell ISE : 통합 스크립팅 환경 지원 64비트 버전
Windows PowerShell (x86) : 32비트 버전
Windows PowerShell ISE (x86) : 통합 스크립팅 환경 지원 32비트 버전

현재 컴퓨터에 설치된 PowerShell이 5.0 이하의 버전이라면 업그레이드해야 합니다. 업그레이드를 하는 방법은 어렵지 않습니다. 아래의 링크로 이동해서 PowerShell 5.1이 포함된 WMF(Windows Management Framework) 5.1을 설치하면 됩니다. 아래의 주소가 너무 길어서 타이핑하기 어려우면, 구글 검색 창에 "Windows Management Framework 5.1"을 입력합니다. 검색 결과 중 Microsoft 사이트의 자료 중에서 찾을 수 있습니다. 반드시 5.1일 필요는 없으며, 추후 5.1보다 높은 버전도 지원할 가능성이 있습니다.

WMF 5.1 설치 프로그램 : https://docs.microsoft.com/ko-kr/powershell/scripting/windows-powershell/wmf/setup/install-configure?view=powershell-7.2

WMF 5.1 설치 프로그램의 웹 사이트로 가면, 그림 1과 같은 테이블이 나타납니다.

운영 체제	사전 요구 사항	패키지 링크
Windows Server 2012 R2		Win8.1AndW2K12R2-KB3191564-x64.msu
Windows Server 2012		W2K12-KB3191565-x64.msu
Windows Server 2008 R2	.NET Framework 4.5.2	Win7AndW2K8R2-KB3191566-x64.ZIP
Windows 8.1		**x64:**Win8.1AndW2K12R2-KB3191564-x64.msu **x86:**Win8.1-KB3191564-x86.msu
Windows 7 SP1	.NET Framework 4.5.2	**x64:**Win7AndW2K8R2-KB3191566-x64.ZIP **x86:**Win7-KB3191566-x86.ZIP

[그림 1] WMF 5.1 설치 및 구성 정보 (출처: docs.microsoft.com)

여기서 본인의 컴퓨터에 설치된 MS Windows 운영체제 버전을 확인합니다. 그리고 그에 맞는 프로그램을 패키지 링크로 이동하여 다운로드받아 설치합니다. 예를 들어 Windows 8.1이라면, 64비트용 PowerShell의 패키지 링크의 x64의 주소를 통해서 다운받습니다. 다운로드가 종료되면 바로 실행하거나 다운로드받은 프로그램이 저장된 위치로 가서 실행합니다. 프로그램이 실행되면 프로그램 실행을 알리는 화면이 나오고, 설치 후 재부팅합니다. 재부팅을 마친 후 ❶부터 ❻의 작업을 다시 합니다. 그러면 버전이 5.1 이상으로 업그레이드 모습을 확인할 수 있습니다.

3. Flutter SDK 설치하기

3단계는 Flutter SDK를 설치하는 작업입니다.

Flutter는 나중에 배울 기술로, Flutter 개발 환경을 구축하는 Flutter SDK를 설치하면 Dart SDK가 함께 설치됩니다. 어차피 나중에 Flutter SDK도 설치해야 하기 때문에 Flutter와 Dart를 함께 설치하고자 Flutter SDK를 설치합니다. SDK라는 단어가 쓰였는데, SDK는 Software Development Kit의 약어입니다. 단어 그대로 프로그램/소프트웨어를 개발하기 위한 각종 도구에 해당하는 소프트웨어들과 자료들을 의미합니다.

NOTE

> Dart SDK만 설치할 수도 있습니다. 그러나 이 경우에는 MS Windows에서는 Chocolatey라는 별도의 프로그램을 설치해야 하는데, 초보자라면 다소 복잡할 수 있습니다. 설치의 편리함을 위해서라도 Flutter SDK를 설치하여 지금 당장 필요한 Dart SDK와 나중에 사용할 Flutter SDK를 한꺼번에 설치하겠습니다.

Flutter SDK 설치 프로그램을 다음처럼 다운로드합니다. Flutter의 버전이 달라지면서 정확한 글자들은 조금씩 달라질 수 있으나 유사한 정보를 찾아 해결하면 됩니다.

① flutter.dev 웹 사이트에 접속 (Flutter 공식 사이트)
② 오른쪽 위의 "Get Started" 클릭
③ 운영 체제 아이콘 중 Windows 클릭
④ 본문 중 "Get the Flutter SDK" 제목 아래의 "flutter_windows_x.x.x-stable.zip" 부분 클릭
⑤ 다운로드 한 zip 파일을 더블 클릭하여 압축 해제
⑥ 압축 해제 후 나타난 flutter 폴더를 통째로 사용자 디렉터리 밑에 복사(예를 들어, 사용자의 운영체제 로그인 ID가 apple이면, C:₩Users₩apple 디렉터리에 flutter 폴더를 통째로 복사해서 C:₩Users₩apple₩flutter 처럼 되도록 함. 사용자 디렉터리가 아닌 C:₩Program Files₩ 디렉터리에 복사하는 것은 권장하지 않음)

이제 Dart SDK를 포함하는 Flutter SDK를 컴퓨터에 설치했습니다. Dart 개발 환경 구축 과정이 거의 끝나가고 있습니다. 인내심을 갖고 다음 단계로 이동하도록 하겠습니다.

4. 경로(Path) 확인하기

4단계는 개발하는 프로그램이 제대로 실행될 수 있는지 경로를 확인하는 작업입니다.

컴퓨터 운영체제 위에서 동작하는 프로그램은 PowerShell을 열어서 실행하게 됩니다. 따라서 우리가 만든 프로그램들이 PowerShell을 사용해서 제대로 실행되도록 하기 위하여 운영체제의 프로그램 실행 경로(PATH)라는 것을 설정해야 합니다. 이를 위해서 다음의 과정을 실행합니다.

❶ '시작' 버튼을 누르면 나타나는 '검색 바(돋보기 모양)'에서, 'env'라고 입력한 후, Enter를 누릅니다. Windows 11이라면 env를 입력하는 순간 나타나는 '제어판'의 '계정의 환경 변수 편집'을 선택하면 됩니다. 아니면 제어판 메뉴를 열고 검색 창에서 "환경 변수"를 입력하면 나타나는 "계정의 환경 변수 편집"을 선택합니다. Windows는 운영체제가 업그레이드될수록 제어판에 접근하기가 어려워지는 경향이 있는데, 잘 찾을 수가 없으면 인터넷에서 본인 컴퓨터의 Windows 버전과 "계정의 환경 변수 편집"을 키워드로 검색해 봅니다.

❷ '환경 변수'라는 이름의 창이 열립니다. 영역이 상하 두 구간으로 나뉘어져 위쪽은 '계정에 대한 사용자 변수' 아래는 '시스템 변수'로 쓰여있습니다. 우리는 위쪽의 '계정에 대한 사용자 변수'를 수정할 예정입니다. 스크롤을 해서 '변수'에 그림 2와 같이 'Path'라는 단어가 있는지 확인합니다.

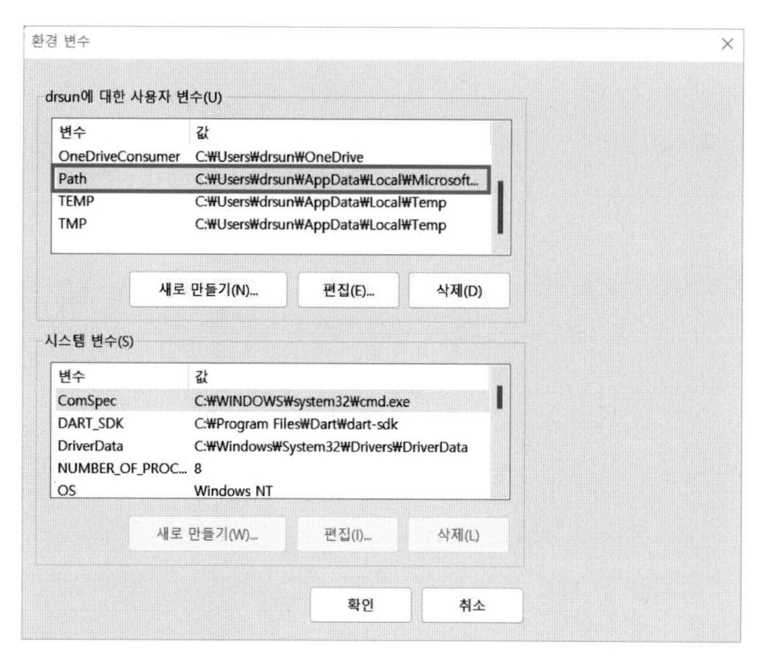

[그림 2] 계정에 대한 사용자 변수 화면 예시

3-A 만약 'Path'가 있다면, 더블 클릭해서 편집 창을 엽니다. 그리고 오른쪽의 '새로 만들기' 버튼을 누르면 왼쪽 창에 타이핑 가능하도록 프롬프트가 열립니다. 그 후 앞서 Flutter SDK를 설치한 디렉터리의 서브 디렉터리인 "C:₩Users₩{독자의 사용자 계정}₩flutter₩bin"를 추가합니다. 그리고 '확인' 버튼을 클릭하여 Path의 설정을 마칩니다.

3-B 만약 'Path'가 없다면 '계정에 대한 사용자 변수' 창 아래 부분의 '새로 만들기'를 선택합니다. 그러면 '새 사용자 변수' 창이 나타납니다. 여기서 변수 이름은 Path를 입력합니다. 변수 값은 C:₩Users₩₩{독자의 사용자 계정}₩flutter₩bin; 까지 입력하고 '확인' 버튼을 누릅니다. 여기서 세미콜론(;)은 Path에 여러 디렉터리가 들어가야 하는 경우, 각각을 구분하기 위한 용도입니다.

❹ '환경 변수' 창의 '확인' 버튼을 눌러서 변경 사항을 저장합니다.

❺ PowerShell 창이 열려 있다면 일단 닫습니다.

Windows의 버전과 설치 상태에 따라서 조금 다른 방법이 필요할 수 있습니다. 인터넷 검색을 통해서 "경로 설정" 혹은 "PATH 설정"을 검색하면 많은 정보를 얻을 수 있으니 참조하기 바랍니다. 이제 Dart 프로그램을 수행하기 위한 PowerShell과 Flutter SDK의 설치를 마쳤습니다. 다음 단계에서 제대로 실행되는지 확인해 보겠습니다.

5. Dart 프로그램 실행을 통한 최종 확인 작업

5단계는 Dart 언어로 만든 프로그램이 제대로 동작하는지 확인하는 과정입니다.

이 책의 소스 코드가 설치된 디렉터리가 있을 겁니다. 마우스를 사용해서 "Hello, World!" 프로그램이 있는 디렉터리를 찾아 갑니다. "Hello, World!" 프로그램이 있는 디렉터리를 더블 클릭해서 열지 말고, 디렉터리 이름에서 마우스의 왼쪽 버튼을 한 번 클릭한 후, 오른쪽 버튼을 클릭합니다. 그러면 "터미널에서 열기" 혹은 "Windows 터미널에서 열기"와 같은 메뉴가 나타날 겁니다. 이 메뉴를 클릭합니다. 그러면 설정에 따라서 PowerShell이 열리거나, 유사한 형태의 CLI 화면이 열립니다. 여기서 dir이라고 쓰고 엔터를 누릅니다. 글자들과 함께 "Hello, World!" 프로그램의 소스 코드 파일 이름도 보일 겁니다. 편의상 volume-B-chapter-02.dart라고 하겠습니다. 그러면 프롬프트가 깜빡 깜빡하는 현재 위치에서 다음의 문장(명령)을 타이핑하고 엔터를 누릅니다.

```
dart volume-B-chapter-02.dart
```

이 문장은 Dark SDK로 설치된 Dart 언어 프로그램인 dart에게 현재 디렉터리의 volume-B-chapter-02.dart 소스 코드를 실행하라는 명령입니다. 이렇게 하면 Path 설정에 따라서 C:₩Users₩apple₩flutter₩bin과 같은 위치에 있는 dart.exe 실행 프로그램(Dart 언어 프로그램)에게 volume-B-chapter-02.dart 소스 코드를 읽고 실행하게 합니다.

수행 결과는 예상한 대로 다음처럼 출력됩니다.

```
Hello, World!
```

Windows에서 실제로 터미널을 열고 실행한 화면은 그림 3과 같습니다. 사용자의 로그인 ID가 drsun이며 "Hello, World!" 프로그램은 drsun 디렉터리 밑의 work 디렉터리에 위치한 경우의 스크린샷입니다.

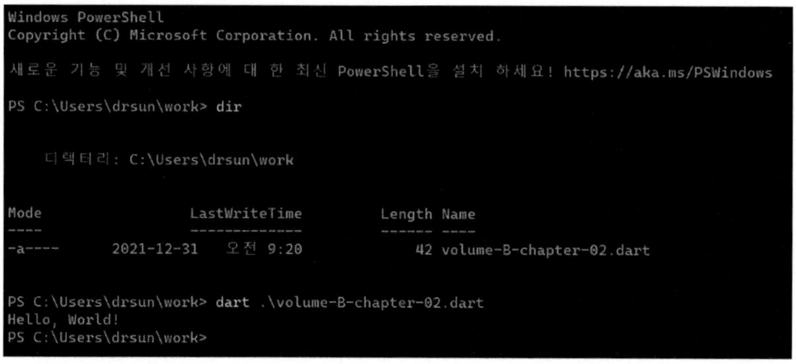

```
Windows PowerShell
Copyright (C) Microsoft Corporation. All rights reserved.

새로운 기능 및 개선 사항에 대 한 최신 PowerShell을 설치 하세요! https://aka.ms/PSWindows

PS C:\Users\drsun\work> dir


    디렉터리: C:\Users\drsun\work


Mode                 LastWriteTime         Length Name
----                 -------------         ------ ----
-a----        2021-12-31   오전 9:20             42 volume-B-chapter-02.dart


PS C:\Users\drsun\work> dart .\volume-B-chapter-02.dart
Hello, World!
PS C:\Users\drsun\work>
```

[그림 3] MS Windows에서의 "Hello, World!" 프로그램 실행 화면

한 번 더 유사한 작업을 하겠습니다. 이번에는 가장 최근에 알아본 "Volume.C 5장 비동기 입출력 활용하기"의 'volume-C-chapter-05-Z.dart' 소스 코드를 다음과 같이 실행해 봅니다.

```
dart volume-C-chapter-05-Z.dart
```

그러면 DartPad에서 실행했을 경우와 동일하게 다음의 결과가 나오는 것을 볼 수 있습니다.

```
main(): started.
doBackgroundJob(): 5 sec remained.
serveCustomer(): waiting for order.
doBackgroundJob(): 4 sec remained.
serveCustomer(): order 'Ice Coffee' received.
main(): serve 'Ice Coffee'.
```

```
doBackgroundJob(): 3 sec remained.
doBackgroundJob(): 2 sec remained.
doBackgroundJob(): 1 sec remained.
doBackgroundJob(): finished.
main(): completed.
```

이렇게 해서 DartPad를 통해서 학습한 프로그램들이 내 컴퓨터에서도 정상적으로 동작하는 것을 확인하였습니다. Volume.C의 남은 챕터들은 모두 이런 방식으로 실행할 겁니다. 아직까지 설치에 성공하지 않았다면 반드시 설치를 성공적으로 마무리하기를 바랍니다.

그리고 PowerShell 프로그램에서 dir처럼 손으로 명령을 타이핑하였습니다. CLI라고 부르는 이 방식은 다소 원시적으로 보이지만 서버를 개발하는 직종에서는 매우 일반적인 일입니다. 따라서 Full-Stack 개발자를 꿈꾸는 독자라면 반드시 익숙해져야 하는 환경입니다. 당장은 소스 코드가 있는 디렉터리를 터미널 모드로 열어서 dart 명령의 실행만을 했으나 dir 이외의 다양한 명령을 익히면 디렉터리를 이동하거나(cd 명령어) 파일을 찾는(dir 명령어) 등 마우스로 수행하는 모든 일을 손으로 타이핑하는 명령을 통해서도 할 수 있습니다. 인터넷에서 'powershell 명령어'로 검색하면 많은 분들이 정리한 한글 자료들이 있으니, 읽고 실행해 보기 바랍니다. 사실 자주 활용하는 명령어는 그렇게 많지 않고 몇 가지에만 익숙해지면 됩니다.

macOS 설치

macOS 운영체제가 설치된 컴퓨터에 Dart 개발 환경을 구축하는 것은 Windows보다 수월합니다. macOS의 터미널(Terminal) 프로그램을 통해서 cd/unzip 명령을 사용할 줄 알고, 운영체제의 PATH 경로 값을 설정할 줄 안다면 Flutter SDK 주소인 아래의 웹사이트로 가서 "Get the Flutter SDK" 메뉴의 1~3까지만 실행합니다.

① flutter.dev 웹 사이트에 접속(Flutter 공식 사이트)
② 오른쪽 위의 "Get Started" 클릭
③ 운영 체제 아이콘 중 macOS 클릭

Run flutter doctor 이후의 내용은 지금 하지 않습니다. 공식 사이트의 설치 방법을 직접 이해하고 따라해 보는 것도 좋은 공부가 됩니다.

Apple 컴퓨터를 사용하고는 있지만 터미널 프로그램을 사용해 본 적도 없고, 개발 도구를 설치해 본 적도 없다면 이제부터 설명하는 단계에 맞춰서 따라해 봅니다.

1. Flutter SDK 설치하기

1단계는 Flutter SDK를 설치하는 작업입니다.

Flutter는 나중에 배울 기술의 이름으로, Flutter 개발 환경을 구축하는 Flutter SDK를 설치하면 Dart SDK도 함께 설치됩니다. 어차피 나중에 Flutter SDK도 설치해야 하기 때문에 Flutter와 Dart를 모두 설치하고자 Flutter SDK를 설치하게 되었습니다. SDK라는 단어는 Software Development Kit의 약어로 단어 그대로 프로그램/소프트웨어를 개발하기 위한 각종 도구에 해당하는 소프트웨어들과 자료들을 의미합니다.

NOTE

Dart SDK만 설치할 수도 있습니다. 그러나 Flutter SDK를 설치하여 지금 당장 필요한 Dart SDK와 나중에 사용할 Flutter SDK를 한꺼번에 설치하도록 하겠습니다.

Flutter SDK 설치 프로그램을 다음처럼 접근하여 다운로드합니다.

① flutter.dev 웹 사이트에 접속 (Flutter 공식 사이트)
② 오른쪽 위의 "Get Started" 클릭
③ 운영 체제 아이콘 중 macOS 클릭
④ 본문 중 "Get the Flutter SDK" 제목 아래의 "flutter_macos_x.x.x-stable.zip" 부분 클릭(Intel CPU인 경우는 Intel에서 선택하고, M1/M2 CPU인 경우는 Apple Silicon에서 선택)
⑤ 다운로드 한 zip 파일을 더블 클릭하여 압축 해제
⑥ 압축 해제 후 나타난 flutter 폴더를 통째로 사용자 디렉터리 밑에 복사(예를 들어 사용자의 운영체제 로그인 ID가 apple이면, /Users/apple 디렉터리에 복사해서 /Users/apple/flutter가 되도록 함)

2. 경로(Path) 설정하기

2단계는 Dart 언어 프로그램의 경로 설정 작업입니다.

우리가 만든 프로그램들이 제대로 실행되도록 하기 위해서 운영체제의 프로그램 실행 경로(PATH)라는 것을 설정해야 합니다. 이를 위해서 다음의 과정을 실행합니다.

① macOS의 기본 프로그램 중 터미널(Terminal)을 Launchpad를 통해서 실행
② pwd를 타이핑하고 Enter를 쳐서 현재 위치를 확인(로그인 ID가 apple이면 /Users/apple)
③ nano .bash_profile을 타이핑하고 Enter를 쳐서 .bash_profile 파일을 수정하도록 오픈(macOS에 내장된 Nano 에디터를 통해서 .bash_profile를 편집하겠다는 명령임)
④ 화살표를 아래위로 누르면, 글자 하나 크기의 상자가 움직이는 것을 볼 수 있음. 이 상자는 키보드로부터의 글자 입력을 받는 위치를 알려주는 프롬프트임

⑤ 프롬프트가 맨 위의 첫 글자 앞에 위치한 상태에서 export PATH=$PATH:$HOME/flutter/bin 입력 후 Enter를 쳐서 줄 바꿈

⑥ Ctrl+X를 타이핑하여 Nano 에디터를 나가는 Exit 명령을 실행

⑦ 수정한 내용의 저장 확인 여부(Save modified buffer)에서 Shift-Y 혹은 Yes 타이핑 후 Enter를 눌러 변경 사항을 저장

⑧ 터미널을 종료

3. Dart 프로그램 실행을 통한 최종 확인 작업

3단계는 개발한 프로그램의 실행을 통해서 설치가 정상적인지 확인하는 단계입니다.

먼저, 마우스를 이용하여 /Users/{사용자 아이디}/work 디렉터리를 만듭니다. 그리고 실행하고자 하는 소스 코드를 이 디렉터리에 복사합니다. 예를 들어 처음 작성한 "Hello, World!" 프로그램이 있는 디렉터리를 찾아 갑니다. 편의상 volume-B-chapter-02.dart라고 하겠습니다. 그리고 이 프로그램을 work 디렉터리로 복사합니다. 다음으로 터미널 프로그램을 실행합니다. 시험 삼아 pwd를 실행하면 /User/{사용자 아이디}로 나올 겁니다. cd work를 타이핑하고 엔터 키를 누르면 work 디렉터리로 이동합니다. 이 상태에서 아래의 명령을 타이핑하고 엔터 키를 눌러서 실행합니다.

```
dart volume-B-chapter-02.dart
```

이 문장은 현재 디렉터리의 volume-B-chapter-02.dart 소스 코드를 실행하라고 명령을 내리는 문장입니다. 이렇게 하면 앞서 Path 설정에 따라 /Users/apple/flutter/bin 위치에 있는 dart 언어 프로그램이 volume-B-chapter-02.dart를 읽고 실행하게 됩니다.

수행 결과가 예상한 대로 다음처럼 출력됩니다.

```
dart volume-B-chapter-02.dart
```

macOS에서 실제로 터미널을 열고 실행한 화면은 그림 4와 같습니다. 사용자의 로그인 ID가 dr-sungwon인 경우의 스크린샷입니다.

```
drsungwon~$ pwd
/Users/drsungwon
drsungwon~$ cd work
drsungwon~$ dart volume-B-chapter-02.dart
Hello, World!
drsungwon~$
```

[그림 4] macOS에서의 "Hello, World!" 프로그램 실행 화면

한 번 더 유사한 작업을 하겠습니다. 이번에는 가장 최근에 알아본 "Volume.C 5장 비동기 입출력 활용하기"의 'volume-C-chapter-05-Z.dart' 소스 코드를 work 디렉터리로 복사한 후 다음과 같이 실행합니다.

```
dart volume-C-chapter-05-Z.dart
```

그러면 DartPad에서 실행했을 경우와 동일하게 다음의 결과가 나옵니다.

```
main(): started.
doBackgroundJob(): 5 sec remained.
serveCustomer(): waiting for order.
doBackgroundJob(): 4 sec remained.
serveCustomer(): order 'Ice Coffee' received.
main(): serve 'Ice Coffee'.
doBackgroundJob(): 3 sec remained.
doBackgroundJob(): 2 sec remained.
doBackgroundJob(): 1 sec remained.
doBackgroundJob(): finished.
main(): completed.
```

이렇게 해서 DartPad를 통해서 실행한 프로그램들이 정상적으로 내 컴퓨터에서도 동작하는 것을 확인하였습니다. Volume.C의 남은 챕터들은 모두 이런 방식으로 실행할 겁니다. 아직까지 설치에 성공하지 않았다면 반드시 설치를 성공적으로 마무리할 수 있도록 합니다.

그리고 터미널 프로그램에서 pwd와 cd처럼 손으로 명령을 타이핑하였습니다. CLI라고 부르는 이 방식은 다소 원시적으로 보이지만 서버를 개발하는 직종에서는 매우 일반적인 일입니다. 따라서 Full-Stack 개발자를 꿈꾸는 독자라면 반드시 익숙해져야 하는 환경이기도 합니다. 당장은 소스 코드가 있는 디렉터리를 터미널 모드로 열어서 dart 명령의 실행만을 했으나 pwd와 cd 이외의 다양한 명령을 익히면 디렉터리를 이동하거나(cd 명령어) 파일을 찾는(ls 명령어) 등 마우스로 수행한 모든 일을 손으로 타이핑하는 명령을 통해서 할 수 있습니다. 인터넷에서 'mac terminal command'라고

검색하면 많은 분들이 정리한 한글 자료들이 있으니 읽고 학습해 보기 바랍니다. 사실 자주 활용하는 명령어는 그렇게 많지 않고 몇 가지에만 익숙해지면 됩니다.

Linux 설치

Linux 운영체제를 사용하고 있다면, 대부분 터미널 프로그램과 PATH 설정과 cd, ls, pwd 등의 CLI 명령을 사용할 줄 안다고 봐야 할 것 같습니다. 따라서 아래 Flutter 공식 사이트를 방문하여 "Run flutter doctor" 직전까지의 설치 과정을 수행해 봅니다.

① flutter.dev 웹 사이트에 접속 (Flutter 공식 사이트 임)
② 오른쪽 위의 "Get Started" 클릭
③ 운영 체제 아이콘 중 Linux 클릭

그리고 앞서 소개한 macOS의 3단계 과정과 같이 우리가 실행한 소스 코드들을 직접 내 컴퓨터에서 실행해 봅니다. Volume.C의 남은 챕터들은 모두 이런 방식으로 실행할 것입니다.

핵심 요약

Dart 언어는 워낙 다양한 분야의 프로그램을 개발할 수 있는 크로스 플랫폼 기술입니다. 다양한 종류의 프로그램을 개발하기 위한 개발 환경 구축이 쉽지만은 않을 수도 있습니다. 처음부터 어려운 환경 구축을 시도하기에는 부담스러울 수 있기에 이 책에서는 배우는 내용의 깊이에 맞춰서 개발 환경을 조금씩 진화시켜 가고 있습니다. 기초 문법을 익히는 경우는 DartPad를 사용하였습니다. 본인의 개발용 컴퓨터에 아무것도 설치하지 않기에 가장 손쉽게 사용할 수 있는 환경입니다. 그리고 이번 챕터에서 CLI를 활용한 Dart SDK(실제로는 Flutter SDK)를 컴퓨터에 설치하고, 앞서 알아본 소스 코드를 실행하여 동일한 결과를 얻는 작업을 하였습니다. 이렇게 한 이유는 Volume.C의 남은 챕터의 소스 코드가 DartPad에서 동작하지 않기 때문입니다. 남은 챕터들은 물리적인 컴퓨터가 있는 경우에 동작하는 기능들을 사용하므로 웹 브라우저 기반의 DartPad에서는 실행이 불가합니다.

또한 CLI 방식의 Dart 개발 환경은 Volume.D에서 다룰 웹 서버 프로그램을 개발하는 경우에 반드시 사용해야 하는 환경입니다. 이렇듯 개발 환경을 구축한다는 것은 개발자에게 매우 중요한 작업입니다. 이후 모바일 앱의 개발을 위하여 다시 한번 개발 환경을 진화해가는 과정이 나타날 예정이니 반드시 이번 챕터의 Flutter SDK 개발 환경 구축 및 Dart SDK 동작 확인 작업을 마치고 다음 챕터로 이동하기 바랍니다.

CHAPTER. 8

키보드 입력과 화면 출력하기

프로그램을 개발하다 보면 사용자로부터 키보드를 통해서 입력 받은 값으로 작업을 수행하는 경우들이 있습니다. Dart 언어도 키보드를 통한 입력이 가능합니다. 이번 챕터에서는 사용자와 키보드로 인터랙티브(interactive)하게 동작하는 프로그램을 개발하는 방법을 배웁니다. 더불어 이전 챕터에서 배웠던 print() 함수를 통해서 화면에 간단한 형태로 출력하는 작업보다 한 단계 더 진화된 형태의 화면 출력 기술을 배우게 됩니다.

미리 보는 수행 결과

이번 챕터의 소스 코드는 DartPad에서 실행되지 않습니다. 본인의 컴퓨터에 설치한 CLI 개발 환경에서 실행합니다. Windows는 PowerShell, macOS와 Linux에서는 터미널을 열어서 실행해야 합니다. 수행 결과를 다섯 가지로 그룹화했습니다. 그룹을 구분하기 위해서 줄 앞에 어떤 내용인지 대괄호로 나타낸 숫자를 포함하였습니다.

```
1 [1] Write & Enter : Hello, World!
2 [1] You wrote : Hello, World!
```

1 사용자가 콜론 뒤에 문자열('Hello, World!' 타이핑 후, 엔터 키를 누름)을 입력합니다.

2 사용자가 키보드로 입력한 문자열을 화면에 그대로 출력합니다.

```
3 [2] Write & Enter ('exit' to stop) : loop 1
4 [2] You wrote : loop 1
5 [2] Write & Enter ('exit' to stop) : loop 2
```

```
6  [2] You wrote : loop 2
7  [2] Write & Enter ('exit' to stop) : exit
8  [2] You wrote : exit
```

키보드로부터 입력받은 내용을 그대로 사용자가 중단시키지 않는 한 반복해서 입력을 받아 화면에 출력합니다.

3 사용자가 "loop 1"을 타이핑합니다.

4 사용자가 타이핑한 정보를 동일하게 출력합니다.

5 반복문이 계속 동작하여 "loop 2"를 입력합니다.

6 사용자가 타이핑한 정보를 동일하게 출력합니다.

7 반복문을 종료하기 위하여 "exit"를 입력하면 반복문이 종료되어 다음 단계로 이동하게 됩니다.

```
9  [3] Single number : 1
10 [3] You wrote 1 and its type is String
```

사용자가 키보드로 입력하는 모든 내용이 문자열로 다루어진다는 것을 보여 줍니다.

9 사용자가 1을 입력합니다.

10 입력한 1이 Dart 언어에서 문자열로 다루어진다는 것을 보여줍니다.

```
11 [4] Single number : 3
12 [4] Single number again : 4
13 [4] Result : 3 x 4 = 12
```

9 처럼 숫자를 입력받지만, 이를 프로그램 내부에서 정수로 변경하고 실제 계산에 사용하는 것을 보여 줍니다.

11 3을 입력 받습니다.

12 4를 입력 받습니다.

13 내부적으로 입력 받은 값들을 정수로 바꾼 후, 두 숫자를 곱한 값을 화면에 출력합니다.

```
14  [5] Two numbers (ex: 3, 3) : 3, 4
15  [5] Result : 3 x 4 = 12
```

키보드 입력 시 유용한 방법을 보여줍니다. 한 줄에서 두 개의 숫자를 입력 받도록 하는 방법인데, 확장하면 한 줄로 여러 입력 값을 한 번에 받는 방법으로 활용 가능합니다.

14 **11**~**12**의 경우와 다르게, 숫자 3과 4를 한 줄에서 입력받습니다.

15 3과 4를 곱한 값을 출력합니다.

소스 코드 설명

Dart 언어에서 키보드를 통한 입력을 하려면 'dart:io' 라는 Dart 언어의 입출력(io : input and output) 특화 기능을 사용해야 합니다. 이런 특화 기능을 내가 만드는 프로그램에서 사용할 수 있도록 하는 문법이 import입니다. 우리가 만드는 프로그램 안으로 Dart 언어가 제공하는 특화 기능을 불러들여서 사용한다고 이해하면 됩니다. 이 한 줄을 내가 만드는 프로그램에 적용하면 키보드 입력과 진보된 화면 출력은 지원할 준비는 마친 겁니다.

```
1  import 'dart:io';
2
3  void main() {
```

1 import 문법을 적용하였습니다. dart:io는 작은 인용 구문으로 묶었으며, 줄의 마지막은 세미콜론으로 마무리했습니다. 그리고 이 문장은 main 함수 이전에 나타납니다. 이렇게 import는 소스 코드의 맨 위에 작성해야 합니다.

입출력 특화 기능이란 어떤 것일까요? 어렵게 생각할 필요 없습니다. 키보드 입력을 지원하는 stdin 클래스와 진보된 화면 출력을 지원하는 stdout 클래스를 우리가 만드는 프로그램 안으로 포함시켜 주는 기능입니다. stdin은 standard input의 약어로서 Dart 언어에서 표준화된 키보드 입력을 지원하는 소프트웨어라는 의미입니다. stdout은 standard output의 약어로서 Dart 언어의 표준화된 화면 출력을 지원하는 소프트웨어라는 의미입니다. 개발자들이 많이 사용하는 키보드 입력과 화면 출력 기능을 미리 클래스로 만들어서 제공한다고 생각하면 됩니다.

미리 보는 수행 결과 ❶~❷

```
4    stdout.write("[1] Write & Enter : ");
5    var tmpInput = stdin.readLineSync();
6    stdout.writeln("[1] You wrote : $tmpInput");
7
```

4 화면(엄격하게는 Dart 언어가 사용할 표준 출력 장치이지만, 대부분의 경우 화면에 해당)에 출력하는 stdout 클래스의 write() 메서드가 있습니다. 이 메서드는 화면에 write() 메서드의 입력 파라미터를 출력하는 기능을 제공합니다. 입력 파라미터의 형태는 자주 사용해 온 print() 함수의 입력 파라미터와 동일하게 만들면 됩니다. 일반적인 상황에서 다르게 동작하는 경우는 거의 없으니 따로 배울 필요 없이 print() 함수에서 하던 대로 하면 대부분의 경우 문제 없습니다. stdout.write() 메서드는 입력 파라미터의 내용을 화면에 출력한 후, 출력한 내용과 같은 줄에서 사용자의 키보드 입력을 받는 메서드입니다. 따라서 "[1] Write & Enter : "를 화면에 출력한 후, 그 다음 칸에서 사용자가 "Hello, World!"를 입력하도록 대기하고 있습니다. 이렇게 사용자에게 화면을 통해서 뭔가를 보여준 후 같은 줄의 다음 칸에서 입력을 받고자 할 때, stdout 클래스의 write() 메서드를 사용합니다.

5 프로그램의 목적은 사용자로부터 키보드 입력(수행 결과 예시에서는 문자열 "Hello, World!")을 받는 것입니다. 이 작업을 위해서 stdin 클래스의 readLineSync() 메서드를 사용합니다. 입력 파라미터는 별도로 없으며 사용자가 키보드로 입력하는 내용을 리턴합니다. 원하는 내용을 타이핑한 후 엔터 키를 누르면 입력됩니다. 리턴되는 내용에는 엔터 키의 값이 포함되지 않습니다. "Hello, World!"를 사용자가 키보드로 타이핑하고 엔터 키를 치면 "Hello, World!" 문자열이 tmpInput 변수로 전달됩니다. 이때 잊지 말아야 하는 점은 readLineSync() 메서드의 리턴 결과는 언제나 String? 변수라는 점입니다.

6 tmpInput에 저장한 내용을 화면에 출력합니다. stdout 클래스의 write() 메서드가 아닌 writeln() 메서드를 호출하였습니다. write() 메서드와 다른 부분이 있습니다. writeln() 메서드는 입력 파라미터로 전달받은 내용을 화면에 출력한 후, 줄 바꿈을 합니다. print() 함수는 호출할 때마다 줄이 바뀐 상태에서 새로운 내용이 출력이 되었는데, 이와 동일한 효과라고 보면 됩니다. writeln() 메서드의 입력 파라미터를 보면, 변수의 값을 출력하는 방법이 print() 함수의 입력 파라미터와 동일한 방식으로 전달된 것을 볼 수 있습니다.

미리 보는 수행 결과 ❸~❽

```
8     while (tmpInput != "exit") {
9       stdout.write("[2] Write & Enter : ('exit' to stop) ");
10      tmpInput = stdin.readLineSync();
11      stdout.writeln("[2] You wrote : $tmpInput");
12    }
13
```

8 ~13 while 반복문 안에서 stdin과 stdout 클래스의 메서드를 사용하고 있습니다. 특별히 새로운 문법을 사용하지는 않습니다. 4 ~6 의 코드와 거의 동일한 코드가 while 반복문 안에 있습니다. 그리고 while 반복문은 사용자가 키보드로 입력하는 내용을 저장하는 변수인 tmpInput의 값이 문자열 "exit"가 아니라면 무한 반복합니다. 따라서 사용자가 반복문을 종료하고 싶다면, 키보드를 통해서 "exit"를 타이핑하면 됩니다.

앞으로 본인이 만든 프로그램이 사용자의 입력을 키보드로 받아서 처리하고, 사용자가 계속 사용을 원하면 무한 반복하다 특정 조건에서 프로그램을 종료하는 형태로 개발하고 싶다면 이런 형태로 작성하면 됩니다.

미리 보는 수행 결과 ❾~❿

```
14    stdout.write("[3] Single number : ");
15    tmpInput = stdin.readLineSync();
16    stdout.writeln(
17        "[3] You wrote : $tmpInput and its type is ${tmpInput.runtimeType}");
18
```

키보드로부터 입력 받은 값의 타입을 확인하는 예제이며, 새로운 문법을 사용하지는 않습니다.

14 숫자를 하나 입력하라는 메시지를 출력합니다.

15 사용자가 입력한 내용을 tmpInput 변수로 저장합니다.

16~17 이 변수에 저장된 값과 값의 타입을 화면에 출력합니다. 수행 결과를 보면, 사용자가 입력한 숫자인 1의 타입 String입니다. stdin 클래스의 readLineSync() 메서드를 통해서 입력 받은 내용은 모두 문자열로 저장되기 때문입니다.

미리 보는 수행 결과 ⑪~⑬

```
19      var iList = <int>[];
20      stdout.write("[4] Single number : ");
21      tmpInput = stdin.readLineSync(); // tmpInput is nullable
22      iList.add(int.parse(tmpInput!)); // int.parse() is non-nullable
23      stdout.write("[4] Single number again : ");
24      tmpInput = stdin.readLineSync();
25      iList.add(int.parse(tmpInput ?? '1'));
26      stdout.writeln(
27          "[4] Result : ${iList[0]} x ${iList[1]} = ${iList[0] * iList[1]}");
28
```

키보드로 입력한 숫자를 프로그램 안에서 계산에 활용하는 방법을 보여줍니다. 간단합니다. 이전에 배웠던 문자열을 숫자로 변환하는 방법을 사용하면 됩니다. 일단 사용자로부터 숫자 2개를 입력 받을 예정인데, 각각을 독립된 변수에 저장하지 않고 리스트에 넣고자 합니다. 앞으로 사용자가 입력하는 많은 정보를 리스트와 같은 대용량 처리 클래스에 저장해 두었다가 한 번에 처리하는 방법을 경험하기 위한 목적입니다.

19 정수만을 저장하는 리스트인 iList를 만들었습니다. 〈int〉[ ] 표기가 낯설겠지만, 배운 내용을 조합하면 '[ ]'는 비어 있는 리스트를 의미하고, '〈int〉'는 정수 클래스 타입을 의미하니 비어 있는 정수형 리스트라는 것을 이해할 수 있을 겁니다.

20 숫자 하나를 키보드를 통해서 입력하라는 메시지를 화면에 출력합니다.

21 입력된 값을 tmpInput 변수에 일단 저장합니다.

22 이전에 배웠던 int 클래스의 parse() 메서드를 사용해서 tmpInput에 저장한 문자열 형태의 숫자를 다시 정수로 변환한 후 iList에 저장합니다. 그런데 int.parse() 메서드에 tmpInput을 입력 파라미터로 줄 때, null-safety에서 배운 '!' 연산자가 사용됩니다. 변수 이름 끝에 '!' 연산자를 붙이는 것은 null 값을 가질 수 있는 변수에 강제로 'null이 될 일이 없으니 그냥 처리'하라는 의미입니다. 이 문법이 사용된 이유는 stdin 클래스의 readLineSync() 메서드가 리턴하는 값의 타입이 'String?'이기 때문입니다. 즉 null 값이 리턴될 수 있습니다. 그러나 int.parse() 메서드는 null 값을 입력 파라미터로 전달받을 수 없습니다. 이런 이유로 String 혹은 null일 수 있는 String? 타입을 강제로 String 타입으로 바꾸었습니다. 이렇게 tmpInput!를 입력 파라미터로 받은 int.parse()는 입력 파라미터가 null 값이 아니라고 안심한 후 실행됩니다.

23~25 마찬가지로 사용자에게 키보드로 두 번째 숫자를 입력받습니다. 그리고 이 숫자를 정수로 바꾸어 iList에 추가했습니다. 25를 보면 22와 다른 방법으로 String?을 String 타입으로 전달했는데, null-safety에서 배운 '??' 문법을 쓴 겁니다. tmpInput이 null이 아니면 tmpInput에 저장된 값을 사용하고 tmpInput이 null이면 '1'을 int.parse() 메서드의 입력 파라미터로 사용한다는 의미입니다.

26 입력 받은 두 숫자와 함께 두 값을 곱한 결과를 화면에 출력합니다. 입력 파라미터에 계산하는 부분이 print() 함수와 동일한 형태입니다.

미리 보는 수행 결과 ⑭~⑮

```
29    var sList = <String>[]
30    stdout.write("[5] Two numbers (ex:3, 3) : ");
31    tmpInput = stdin.readLineSync(); // tmpInput is nullable
32    sList = tmpInput!.split(','); // split() requires non-nullable
33    var index = 0;
34    for (var item in sList) {
35      iList[index] = int.parse(sList[index]);
36      index++;
37    }
38    stdout.writeln(
39        "[5] Result : ${iList[0]} x ${iList[1]} = ${iList[0] * iList[1]}");
40
```

한 번에 여러 개의 변수에 대한 키보드 입력을 받는 예제이며, 새로운 문법이 하나 등장합니다. 사용자가 입력한 문자열이 빈칸이나 특수 기호로 나뉘어진 여러 단어로 이루어진 경우, 각각의 단어를 잘라 낼 수 있습니다. 이런 기능을 제공하는 문법이 32의 split() 메서드입니다. 이 메서드는 String 클래스의 메서드로서, 매우 유용한 기능입니다.

29 split() 메서드의 결과를 저장하기 위하여, 미리 String만 저장하는 리스트인 sList를 만듭니다.
30 쉼표로 구분되는 두 개 숫자를 타이핑하라고 사용자에게 알려 줍니다.

31 사용자가 입력한 문자열을 tmpInput에 저장합니다.

32 split() 메서드를 사용해서 tmpInput의 문자열을 ","을 기준으로 각각 서로 다른 문자열로 분리합니다. 수행 결과를 보면, 사용자가 "3, 4"라고 입력한 문자열이 split(",") 함수로 분리되어 "3"과 "4"의 문자열 두 개로 출력되었습니다. split() 메서드는 결과를 리스트 형태로 리턴하기에, 앞서 만든 sList를 통해서 저장합니다.

34~36 반복문을 통해서 sList의 element들을 정수로 변환한 후 iList에 저장하였습니다.

38~39 26~27과 동일하게 곱하기를 한 후 화면에 출력하였습니다.

```
41    // Stdin : https://api.dart.dev/stable/dart-io/Stdin-class.html
42    // Stdout : https://api.dart.dev/stable/dart-io/Stdout-class.html
43    // dart:io : https://api.dart.dev/stable/dart-io/dart-io-library.html
44  }
45
```

41 stdin 클래스의 추가 정보를 얻을 수 있는 공식 사이트 주소입니다.

42 stdout 클래스의 추가 정보를 얻을 수 있는 공식 사이트 주소입니다.

43 혹시 dart:io에 대해서 궁금할 독자를 위해서 공식 사이트 주소를 적어 두었습니다.

44 main 함수를 닫는 괄호입니다.

핵심 요약

키보드를 통한 입력과 화면을 통한 출력은 웹 서버 소프트웨어나 데스크탑 소프트웨어에서 그래픽 기반의 인터페이스가 필요 없는 경우 많이 사용되는 방식입니다. 모바일 앱 개발 등에서는 사용할 필요가 없지만 Dart 언어에 대해서 알아가는 현재 시점에서는 알아 두면 매우 유용하게 사용할 수 있는 기능입니다.

▶▶ 연습 문제

1. 핵심 내용 복습하기

❶ stdin, stdout의 공식 사이트를 방문하여 소스 코드에서 사용한 메서드의 설명을 읽고 이해합니다.

❷ dart:io의 공식 사이트를 방문하여 지금은 이해가 안 되겠지만 어떤 내용인지 간략하게 읽어 보도록 합니다.

2. 예제 코드 수정하기

❶ 8~12의 반복문이 10번의 키보드 입력을 받으면 중단되도록 수정한 후 실행하여 결과를 확인합니다.

❷ 19~27의 입력 작업을 반복문을 사용하도록 수정한 후 실행하여 결과를 확인합니다.

3. 추가 기능 작성하기

❶ 8~12에 키보드로 입력한 내용을 리스트에 순서대로 저장하도록 수정합니다. 그리고 'view'라는 문자열을 사용자가 키보드로 타이핑하면 저장한 리스트의 내용을 화면에 출력하도록 프로그램을 수정한 후 실행하여 결과를 확인합니다.

❷ 'view' 기능을 구현한 프로그램에 추가 기능을 작성합니다. 'sort' 라는 문자열을 사용자가 키보드로 타이핑하면 저장한 리스트의 내용을 오름차순으로 정렬하고 정렬한 내용을 화면에 출력하도록 프로그램을 수정한 후 실행하여 결과를 확인합니다.

CHAPTER. 9

파일 입출력 기능 활용하기

컴퓨터 프로그램은 대부분 대량의 데이터를 처리하는 것을 목표로 한다고 했습니다. 안타깝게도 지금까지와 같이 미리 프로그램에 저장한 값을 사용하거나, 키보드를 통해서 사용자가 일일이 손으로 입력하는 방식으로는 대량의 데이터를 입력하는 것에 한계가 있습니다. 대부분의 프로그램은 하드 디스크와 같은 외부 장치에 위치하는 파일을 통해서 정보를 입력받거나 계산한 결과를 저장하는 것이 일반적입니다. 특히 데이터를 만드는 컴퓨터와 데이터를 가공하는 컴퓨터, 그리고 데이터를 사용하는 컴퓨터가 서로 다를 수 있기에 자료를 저장하고 전달하는 수단이 되는 파일을 만들고, 읽고, 쓰는 기술은 매우 중요한 기술입니다. Dart 언어에서는 파일을 처리하기 위한 File 클래스를 제공합니다. File 클래스를 통해서 파일의 내용을 읽고 쓰게 됩니다.

미리 보는 수행 결과

이번 챕터의 소스 코드는 DartPad에서 실행되지 않습니다. 본인의 컴퓨터에 설치한 개발 환경에서 실행합니다. Windows는 PowerShell, macOS에서는 터미널을 열어서 실행해야 합니다.

소스 코드에서 사용할 입력 용도의 파일인 src.txt를 먼저 설명하겠습니다. 파일을 열어 보면, 다음과 같이 간단한 내용이 저장되어 있습니다.

```
3, 3
4, 4
9, 9
```

한 줄에 두 개의 정수가 쉼표로 구분되어 있는 간단한 내용입니다. 그리고 수행 결과는 3가지 구간으로 나뉘는데, 각각을 구분하기 위해서 [1]부터 [3]의 형태로 구분하였습니다.

```
1 [1] File read scenario #1.
2 3, 3
3 4, 4
4 9, 9
```

1~4 파일의 내용을 읽는 첫 번째 방법을 적용한 결과입니다. src.txt 파일의 내용을 읽은 후, 그대로 2~4에서 출력하였습니다.

```
5 [2] File read scenario #2.
6 3, 3
7 4, 4
8 9, 9
```

5~8 파일의 내용을 읽는 두 번째 방법을 적용한 결과입니다. src.txt 파일의 내용을 읽은 후, 그대로 6~8에서 출력하였습니다.

```
9  [3] File write.
10 3 x 3 = 9
11 4 x 4 = 16
12 9 x 9 = 81
```

9~12 src.txt 파일의 내용을 읽은 후, 같은 줄에 있는 두 숫자를 곱한 값을 계산하고 이를 파일에 저장한 내용을 화면에도 출력하였습니다. 따라서 10~12를 화면에 출력할 때 파일에도 같이 저장해 두었습니다. 결과를 저장한 파일의 이름은 dst.txt이며 다음의 내용을 저장하게 됩니다.

```
1 :=> FILE ACCESSED 2022-01-20 19:39:30.737038
2 3 x 3 = 9
3 4 x 4 = 16
4 9 x 9 = 81
5 :=> 3 ITEMS CALCULATED
```

1 이 파일이 만들어진 날짜와 시간을 저장하였습니다.

2~4 src.txt에서 읽어 들인 내용 중 같은 줄에 있는 두 숫자를 곱한 결과를 기록하였습니다.

5 곱하기 계산을 몇 번 했는지를 저장했습니다. 예제에서는 곱하기를 3회 하였기에, 3번의 계산이

있었다는 의미의 내용을 기록하였습니다.

소스 코드 설명

설명에 앞서 Dart 언어는 파일을 다루는 방법을 여러 가지 지원한다는 점을 밝혀둡니다.

1. Dart 언어의 파일 처리 방법 이해하기

Dart 언어의 파일 처리 기능을 사용하고자 하면 미리 고민할 사항이 있습니다. 첫 번째는 동기 방식과 비동기 방식 중 어떤 방법을 사용할지 선택해야 합니다. 두 가지 개념에 대해서 이미 다루었습니다.

NOTE

동기 방식은 한 번에 하나의 작업을 수행하는 것을 의미하고, 비동기 방식은 두 가지 이상의 작업을 동시에 수행하는 경우라고 이해하였습니다.

파일이 충분히 작아서 한 번에 읽고 처리하는 것에 부담이 없다면 동기 방식도 가능하지만, 대부분의 파일은 크기가 큽니다. 그러다 보니 한 번에 읽으려면 시간이 오래 걸립니다. 또한 파일이 저장되어 있는 저장장치가 물리적으로 느릴 수 있기에, 파일에 읽고 쓰는 시간은 점점 더 길어집니다. 이러한 이유로 파일을 다루는 경우에는 주로 비동기 방식을 사용합니다. 이번 챕터의 소스 코드도 비동기 방식으로 만들어졌습니다. 이로 인하여, 파일을 읽고 쓰는 대부분의 함수들은 비동기 함수로서 async 구문을 사용하며 리턴 값도 Future<>입니다.

두 번째는 파일의 내용을 어떻게 다룰 것인가의 문제입니다. 가장 손쉬운 방법은 파일을 하나의 문자열로 다루는 방법입니다. 이 경우 readAsString() 메서드를 호출하면 파일의 내용을 통째로 하나의 문자열로 읽어 들일 수 있습니다. 소스 코드의 readFileToString() 함수는 이 방법을 어떻게 사용하는지 보여줍니다. 또 다른 방법은 스트림(stream)을 사용하는 방법입니다. 이 방법은 강물 속에서 물이 흐르는 것처럼 파일 속의 글자들을 다룹니다. 통상 openRead() 혹은 openWrite() 메서드를 써서 파일을 여는데, 마치 수도 꼭지를 여는 개념과 유사합니다. 이렇게 수도꼭지가 열리듯이 열린 파일의 스트림을 통해서 글자들이 물처럼 쏟아져 나오면 필요한 작업을 통해서 원하는 형태로 결과를 만듭니다. 소스 코드의 readFileToList() 함수가 이 방법을 사용합니다. 이 함수는 입력 용도 파일의 각 줄을 하나의 문자열로 읽어 들여 전체 파일을 문자열의 리스트로 표현합니다. 마지막 방법은 랜덤 액세스(random access)라는 방식으로, open() 메서드를 써서 파일을 연 다음에 원하는 지점으로 바로 이동하면서 읽고 쓰는 작업을 하는 방법입니다. 이 방법을 사용하기 위해서는 파일 중 원하는 위치를 찾아가는 위치 계산 방법 등을 알아야 합니다. 마지막 방법은 이 책에서 다루지 않습니다. 따라서 파일을 통째로 하나의 문자열로 다루는 첫 번째 방법과 파일의 각 줄을 리스트의 element로 다루는 두 번째 방법으로 소스 코드가 만들어져 있습니다.

NOTE

랜덤 액세스는 초보자가 이해하기 어려운 다소 난이도가 있는 기술입니다. 파일에서 읽고 싶은 부분만 빠르게 접근하는 방법으로, 추후 고난이도의 프로그램을 만들어야 하는 경우 "파일 처리(File Structure)"와 같은 소프트웨어 분야의 이론 서적을 읽고 적용해 보기 바랍니다.

2. 파일 처리를 위한 기본 작업 수행하기

```
1  import 'dart:io';
2  import 'dart:convert';
3
```

1 가장 먼저 파일을 통한 입출력을 하기 위해서 import 'dart:io';를 작성하여 Dart 언어에게 디스크 등 입출력 장치를 사용하는 기능을 우리가 만드는 프로그램에 포함해 달라고 해야 합니다.

2 import가 하나 더 등장합니다. dart:convert라는 이름으로, Dart 언어의 변환(convert) 기능을 사용하기 위한 목적으로 작성되었습니다. 이 부분은 추후 설명합니다.

3. 파일에서 데이터 읽기

파일을 읽는 작업은 자주 발생합니다. 재사용성을 고려하여 추후 직접 파일을 다루는 프로그램을 개발하게 될 때 시간을 절약하고 안정성을 높이고자 파일을 읽는 목적의 전용 함수를 두 개 만들었습니다.

```
4  Future<String> readFileToString(String filename) async {
5    var file = File(fileName);
6    String fileContent = await file.readAsString();
7    return fileContent;
8  }
9
```

4 첫째가 readFileToString() 함수입니다. 읽을 파일의 이름을 문자열 입력 파라미터로 전달합니다. 그리고 리턴 값은 String인데, 비동기 방식으로 동작할 예정이기에 비동기 결과의 리턴 문법인 Future〈〉를 사용하여 Future〈String〉이 되었습니다. 비동기 함수이므로 async 구문도 사용하였습니다. 실제로 6 에서 await 문법이 사용되었고, await 구문에서 받은 결과를 리턴합니다. 따라서 readFileToString() 함수는 Future〈String〉을 리턴하는 async 함수여야만 합니다.

5 가장 먼저, 입력 파라미터로 받은 함수 이름을 입력 파라미터로 사용해서 File 클래스의 객체를 만드는 작업을 해야 합니다. 입력 파라미터는 '파일의 위치 + 파일의 이름'의 조합이 가능합니다. 파일의 위치에 대한 내용은 다음 챕터에서 다룰 예정입니다. 당장은 파일의 위치에 대한 정보를 주지 않았기에 읽을 파일은 소스 코드와 같은 디렉터리에 있어야 합니다.

6 readFileToString() 함수는 가장 간단한 방법으로, await 비동기 구문과 함께 File 클래스의 객체인 file의 readAsString() 메서드를 호출하는 방법입니다. 이렇게 하면 읽을 파일의 모든 내용을 하나의 문자열인 fileContent에 저장합니다.

7 fileContent 문자열 객체를 리턴하는 것으로 파일의 내용을 읽고 전달하게 됩니다.

readAsString() 메서드를 사용하는 방법은 간단하고 작은 파일을 다루기에는 요긴합니다. 하지만 큰 파일을 다루거나 혹은 느린 저장 장치에 있는 파일을 다루는 경우에는 전체 파일을 모두 읽을 때까지 기다려야 하는 문제가 있다는 점을 기억합니다.

파일 이름을 설정하고 파일 내용을 문자열로 가져오는 간단한 함수지만 충분히 요긴하게 사용 가능하니 나중에 본인의 프로그램 개발 시에 적절하게 활용 바랍니다.

```
10 Future<List<String>> readFileToList(String filename) async {
11   Stream<String> lines = File(filename)
12       .openRead() // Creates a new Stream for the contents of given file
13       .transform(utf8.decoder) // Decode bytes to UTF-8.
14       .transform(LineSplitter()); // Convert stream to individual lines.
15
16   try {
17     List<String> sList = [];
18     await for (var line in lines) {
19       sList.add(line);
20     }
21     return sList;
22   } catch (error) {
23     throw (error);
24   }
25 }
26
```

파일을 읽는 방법 중 Stream 클래스를 이용하는 방법이 readFileToList() 함수에 적용되어 있습니다.

10 readFileToList() 함수의 입력 파라미터는 readFileToString() 함수와 동일하게 읽을 파일의 이름입니다. 비동기 함수이기에 async 구문이 있습니다. 읽을 파일의 한 줄을 하나의 문자열로 저장해서, 읽을 파일 전체를 문자열의 리스트로 저장할 예정입니다. 따라서 리턴 값의 타입은 "문자열의 리스트"라는 의미인 List〈String〉로 정의하고 있습니다. 추가로 비동기 함수이기에 Future〈List〈String〉〉로 정의하였습니다.

아까 Stream은 파일의 수도 꼭지를 열어서 글자를 물처럼 쏟아내는 형태라고 설명했었습니다. 마찬가지로 물을 담는 용기를 선택하듯 Stream 안에 담긴 글자의 형태를 정하는 작업을 하게 됩니다. 소스 코드에서는 파일을 읽어서 각각의 줄이 하나의 문자열로 표현되도록 할 겁니다. 따라서 파일은 (각각의 줄이 문자열인) 리스트와 유사한 형태가 되도록 할 건데, Stream의 개념을 도입하여 "파일의 수도꼭지를 틀면, 내용들이 문자열의 형태로 쏟아진다"고 이해하면 됩니다. 문법으로 표현하면 "문자열의 스트림"이라는 의미의 Stream〈String〉이 되며, **11**에서 볼 수 있습니다.

11~**14** 이제 "문자열의 스트림"인 lines에 실제로 파일을 읽어서 담아주는 작업을 해야 합니다. 모양이 조금 생소하게 생겼습니다. 여기서 '.' 기호의 의미를 알아야 합니다. 'obj.m1().m2().m3()' 형태로 사용하는 기호인데, 의미는 어렵지 않습니다. 제일 먼저 obj 객체의 m1 메서드를 실행합니다. m1 메서드의 결과가 객체가 되고, 이 객체의 m2 메서드를 실행합니다. 다시 m2 메서드의 결과가 객체가 되고, 이 객체의 m3 메서드를 실행하는 방식으로 동작합니다.

이제 실제 코드를 이해해 봅니다. lines에 전달할 계산 결과는 다음과 같습니다.

```
File(filename).openRead().transform(utf8.decoder).transform(LineSplitter()
```

왼쪽부터 천천히 읽으면 무리 없이 이해가 될 겁니다.

11 먼저 File 클래스의 생성자에 입력 파라미터인 fileName을 전달해서 File 클래스의 객체를 만듭니다.

12 File 클래스 객체의 openRead() 메서드를 호출합니다. 이 메서드의 리턴 값은 Stream 클래스의 객체입니다. 결국 이 Stream 클래스 객체를 통해서, 읽을 파일의 내용이 프로그램 속으로 들어올 겁니다.

13 Stream 클래스 객체의 transform() 메서드를 호출합니다. 입력 파라미터인 utf8.decoder는 Stream 클래스 객체가 읽어 들이는 내용을 UTF-8 타입의 코드로 변환한다는 의미입니다. UTF-8은

앞서 알아본 유니코드의 일종으로 File() 클래스의 객체에서 읽어 들이는 내용물(글자들)을 유니코드 타입 중 UTF-8로 변환합니다.

14 transform() 메서드의 리턴 값도 Stream 클래스의 객체입니다. 따라서 마지막으로(코드 변환된 파일의 내용을 가진) Stream 클래스 객체의 transform() 메서드를 호출합니다. 이번에는 입력 파라미터가 LineSplitter()입니다. 이 파라미터를 사용하면 읽어 들인 파일의 내용을 한 줄 단위로 잘라서 문자열로 변환해 줍니다.

결과적으로 **11**~**14**의 작업을 수행한 결과는 Stream 클래스의 객체 형태로 리턴됩니다. 그리고 Stream은 읽은 파일을 UTF-8 코드로 변환한 후, 파일의 내용을 한 줄 단위로 잘라서 사용하도록 전달할 겁니다. 앞으로도 "." 연산자를 사용하는 코드들이 종종 있으니 의미를 명확하게 이해하기 바랍니다.

readFileToString() 함수의 목적은 파일 전체를 읽어서 새로운 문자열 리스트로 리턴하는 것입니다.

17 리턴할 문자열 리스트를 만들었습니다.

18 실제 파일의 내용을 읽는 코드입니다. await 구문을 사용해서 비동기 방식임을 명확하게 하고 있습니다. 그리고 방금 만든 Stream 클래스의 객체인 lines에 for 구문의 in 연산자를 적용하였습니다. 반복문이 파일에서 한 줄 단위로 읽어오는데, 비동기 방식이므로 처리할 수 있는 한 줄이 제대로 파일에서 읽히면 반복문이 동작하게 됩니다.

19 Stream을 통해서 읽어 들인 파일의 내용을 리턴할 리스트에 추가합니다.

21 **17**~**20**의 반복문이 완료되어 파일의 내용을 모두 읽고 문자열 리스트에 저장하는 작업을 마치면 문자열 리스트를 리턴합니다.

22~**24** 예상하지 못한 에러에 대비해서 준비한 코드입니다.

파일을 사용하는 경우 더욱 더 try와 catch 구문을 통한 에러 처리에 신경을 써야 합니다. 파일의 이름이 틀리거나 파일이 존재하지 않는 등 다양한 오류가 발생할 수 있습니다.

이제 파일 이름을 주면 파일의 내용을 리턴하는 두 개의 함수를 사용하는 main 함수의 코드를 보겠습니다.

미리 보는 수행 결과 ❶~❹

```
27 void main() async {
28   print("[1] File read scenario #1.");
29
30   try {
31     String fileContent = await readFileToString('src.txt');
32     print(fileContent);
33   } catch (error) {
34     print(error);
35   }
36
```

27 main 함수의 시작입니다. 앞서 만든 두 개의 함수가 모두 비동기 함수이고 main 함수에서는 이 함수들을 호출할 예정이기에 main 함수도 비동기 함수라는 의미로 async 구문이 적용되었습니다.

31 readFileToString() 함수를 실행하고 있습니다. 읽을 파일의 이름은 미리 보는 수행 결과에서 설명한 src.txt입니다.

32 리턴 값으로 문자열을 받으면 출력합니다.

readFileToString() 함수 호출 시에는 Future<> 타입의 비동기 리턴 값을 받아야 하기에 await 구문을 사용하여 readFileToString() 함수를 호출하였습니다. 그리고 try와 catch를 사용한 에러 확인 코드가 작성되어 있습니다.

미리 보는 수행 결과 ❺~❽

```
37   print("[2] File read scenario #2.");
38
39   try {
40     List<String> fileContent = await readFileToList('src.txt');
41     for (var fileLine in fileContent) {
42       print(fileLine);
43     }
44   } catch (error) {
45     print(error);
46   }
47
```

40 파일의 내용을 문자열 리스트로 만드는 readFileToList() 함수를 호출하였습니다. 이 함수의 리턴 값은 문자열 리스트이기에 리턴 값의 타입이 List〈String〉로 되어 있습니다. readFileToList() 함수 호출 시 Future〈〉 타입의 비동기 리턴 값을 받아야 하기에 await 구문을 사용하고 있습니다.

41~43 반복문을 통해 읽어 들인 파일의 내용을 한 줄 단위로 화면에 출력합니다. 수행 결과는 앞서 등장한 readFileToString() 함수와 동일합니다.

지금까지는 파일의 내용을 읽어서 그대로 출력하기만 했는데, 이번에는 파일의 내용을 읽어 그 내용을 처리한 뒤 처리한 결과를 다시 파일에 쓰는 작업을 하겠습니다. 목적에 해당하는 코드에만 집중하기 위해서, try와 catch를 통한 에러 처리는 일단 고려하지 않았습니다.

readFileToList() 함수로 파일의 내용을 읽고 나서, 두 가지의 추가 작업을 하기 위해 추가 코드를 작성하겠습니다. 첫째는 곱하기 계산입니다. src.txt의 내용을 보면, 각 줄에는 두 개의 숫자가 있습니다. 이 숫자를 곱하는 작업을 하고자 합니다. 간단한 예제이지만, 파일을 통한 데이터의 입력과 처리를 보여주고 있습니다. 둘째는 파일에 계산 결과 내용을 쓰는 작업입니다. 프로그램이 작업한 결과를 다시 파일에 저장하여 컴퓨터가 중단되어도 데이터는 남아 있도록 하고, 결과가 필요한 곳으로 파일을 보낼 수 있도록 하기 위함입니다.

미리 보는 수행 결과 ❾~⓬

```
48    print("[3] File write.");
49
50    List<String> fileContent = await readFileToList('src.txt');
51
52    var sList = [];
53    var iVar1 = 0;
54    var iVar2 = 0;
55    var count = 0;
56
```

50 readFileToList() 함수를 사용하여, src.txt 파일의 내용을 읽습니다.

52~55 작업을 위한 변수들을 정의합니다.

4. 파일에 데이터 저장하기

```
57    var dstSink = File('dst.txt').openWrite();
58
```

파일에 계산 결과를 저장하기 위해서는 파일 쓰기 문법이 필요합니다. 앞서 Stream 타입의 파일을 열기 위해서 File().openRead()를 사용한 것과 유사하게 57에서 File().openWrite()를 사용했습니다. 이때 File 클래스 객체의 생성자에 대한 입력 파라미터는 파일을 읽었을 때와 동일하게 파일 이름인 'dst.txt'로 하였습니다. 따라서 이 프로그램이 종료되면, 소스 코드가 있는 디렉터리에 계산 결과가 담긴 dst.txt 파일이 만들어집니다. 그리고 프로그램에서는 openWrite() 함수의 리턴 값인 dstSink를 사용하여 파일에 내용을 쓰게 됩니다. 참고로 dstSink 객체는 Stream 클래스의 객체입니다.

미리 보는 수행 결과 dst.txt

```
59    dstSink.write(':=> FILE ACCESSED ${DateTime.now()}\n');
60    for (var fileLine in fileContent) {
61      sList = fileLine.split(',');
62      iVar1 = int.parse(sList[0]);
63      iVar2 = int.parse(sList[1]);
64      print("$iVar1 x $iVar2 = ${iVar1 * iVar2}");
65      dstSink.write("$iVar1 x $iVar2 = ${iVar1 * iVar2}\n");
66      count++;
67    }
68    dstSink.write(':=> $count ITEMS CALCULATED');
69
```

59 예제 수준의 작업에서 파일 쓰기 방법은 어렵지 않습니다. dstSink 객체의 write() 메서드를 마치 print() 함수처럼 쓰면 됩니다. 이렇게 쓰면 Dart 언어가 파일을 쓰는 날짜와 시간을 저장합니다. 이때 DateTime.now(), 즉 DateTime 클래스 객체의 now() 메서드를 사용해서 현재의 날짜와 시간을 알아온 후 파일에 쓰도록 했습니다. dst.txt 파일의 1번 줄의 내용이 이 부분에 해당하는 내용입니다. DateTime.now()는 프로그램에서 현재 시간과 날짜를 확인하는 좋은 방법이니 기억해 두었다가 활용하기 바랍니다.

곱하기를 위해서 파일에서 읽은 문자열 타입의 숫자들을 정수로 바꾸는 작업이 필요합니다.

61 파일의 내용을 한 줄 읽은 fileLine 문자열에 split(',')를 수행합니다. 이는 앞서 키보드를 이용한 입력에서 등장한 메서드입니다. 이 메서드는 문자열에 여러 단어가 있고 쉼표(',')로 구분되어 있다면 각각의 단어를 개별 element로 하는 문자열로 현재의 줄을 바꿔 줍니다. 코드는 "3, 4"를 '3'과 '4'로 구분하여 하나의 리스트에 넣어주는 동작을 합니다.

62 왼쪽 숫자(3)를 정수로 바꾸어 변수에 담았습니다.

63 오른쪽 숫자(4)를 정수로 바꾸어 변수에 담았습니다.

64 곱하기 결과를 화면에 출력합니다.

65 write() 메서드를 사용하여 화면에 출력한 곱하기 결과를 동일하게 파일로 쓰고 있습니다. 이렇게 해서 곱하기 결과가 출력 파일인 dst.txt에 저장되었습니다.

68 곱하기 연산 결과를 파일에 모두 쓴 후, 추가로 몇 번 곱하기를 하였는지 파일에 저장합니다.

5. 파일을 닫고 작업 종료하기

파일에 대한 데이터 읽기와 쓰기 작업을 마쳤다면 반드시 파일을 닫아야 합니다.

```
70    dstSink.close(); // Close the IOSink to free system resources.
71  }
72
73  // File : https://api.dart.dev/stable/dart-io/File-class.html
74  // Stream : https://api.dart.dev/stable/dart-async/Stream-class.html
```

70 openWrite() 메서드로 파일 쓰기를 한 파일은 꼭 close() 메서드로 닫아야 합니다. 그렇지 않으면 저장한 내용이 없어질 수 있습니다. 파일을 닫는다는 것은 운영체제인 Windows나 macOS에게 "더 이상 이 파일을 사용하지 않을 거야. 따라서 네가 파일을 위해서 뭔가 하는 일이 있으면 마무리를 해"라고 명확하게 알려주는 작업입니다. 이렇게 하는 가장 중요한 이유 중의 하나는 컴퓨터가 파일을 어떻게 처리하는지와 관련되어 있습니다. Dart로 만든 프로그램에서는 파일 쓰기를 한다고 해서 즉시 파일에 내용을 저장하지는 않습니다. 컴퓨터 운영체제는 성능 저하를 방지하기 위해 파일 쓰기 요청을 받은 내용을 컴퓨터 메모리에 임시로 저장하고 있다가 한 번에 파일로 저장하곤 합니다. 따라서 파일을 닫지 않은 채 프로그램이 종료되면, 미처 파일에 쓰지 못한 상태에서 프로그램이 종료되고 임시로 메모리에 저장되어 있던 내용들은 없어지는 상태가 발생할 수 있습니다. 아마 독자 대부분은 컴퓨터에서 사용하는 프로그램이 갑자기 죽은 경우에 작업 중인 데이터가 사라지는 경험을

했을 텐데, 대부분 같은 상황이라고 이해하면 됩니다. 이러한 문제를 막고자 openWrite() 메서드로 파일을 만든 경우에는 반드시 close() 메서드로 파일을 닫아야 합니다.

71 main 함수를 닫는 코드입니다.

73~**74** Dart 언어의 File과 Stream 클래스에 대한 공식 사이트 주소가 있습니다. 필요한 경우 읽어 보기 바랍니다. 간단한 파일 입출력을 한다면, 책의 소스 코드에서 다룬 내용으로도 충분할 겁니다. 하지만 앞서 언급한 대로 파일에서 원하는 지점을 계산하여 바로 이동하는 경우(랜덤 액세스), 출력 용도의 파일을 매번 새로 만들지 않고 이미 만든 파일에 수정 혹은 추가를 하는 경우, 동영상이나 음악 파일처럼 사람이 눈으로 읽을 수 있는 내용인 아닌 형태로 파일을 저장하는 경우(바이너리 모드), 하나의 파일을 읽고 쓰는 방식으로 사용하는 경우 등을 위해서는 '파일 처리'와 같은 전문적인 자료를 읽고 공부해야 합니다.

핵심 요약

키보드와 모니터를 통한 입출력에 이어서 하드 디스크와 같은 저장 장치에 저장된 파일에 입출력을 하는 방법을 배웠습니다. 동기 방식/비동기 방식이 있다는 것도 알아보았고 파일을 읽고 쓰는 방법이 하나가 아니라는 사실도 알아보았습니다. 당장은 Stream 방식을 통한 파일 입출력을 실제 본인의 프로그램에 적용해 보면서 파일을 읽고 쓰는 경험을 늘려 나가는 것이 가장 중요합니다.

▶▶ 연습 문제

1. 핵심 내용 복습하기

❶ File 클래스의 공식 설명 사이트를 방문한 후 소스 코드에서 사용한 메서드에 대한 설명을 확인합니다.

❷ Stream 클래스의 공식 설명 사이트를 방문한 후 소스 코드에서 사용한 메서드에 대한 설명을 확인합니다.

2. 예제 코드 수정하기

❶ 소스 코드의 세 번째 부분에서 readFileToList() 함수가 아닌 readFileToString() 함수를 사용하도록 수정합니다. 실행 후 결과를 확인합니다.

❷ src.txt가 아닌 잘못된 파일 이름으로 설정한 후 어떤 에러가 발생하는지 확인합니다.

3. 추가 기능 작성하기

❶ 소스 코드의 64번 줄과 65번 줄에 DateTime.now() 메서드의 결과 값이 포함되도록 합니다. 실행 후 시간 값의 변화를 확인합니다.

❷ 사용자로부터 구구단의 '단'에 해당하는 숫자를 키보드를 통해서 입력 받은 후 구구단의 결과를 파일과 화면에 출력하는 기능을 작성합니다. 실행 후 결과를 확인합니다.

CHAPTER. 10

표준 라이브러리 활용하기

어느새 Dart 언어의 마지막 챕터에 도달했습니다. 마지막으로 알아볼 라이브러리는 한글로 도서관입니다. '프로그래밍을 하는데 갑자기 무슨 도서관이 나오나'라는 의문이 들 수 있습니다. 우리가 도서관을 방문하는 이유를 생각하면 이해가 됩니다. 도서관은 우리가 알지 못하는 혹은 더 알고 싶은 정보를 찾기 위하여 방문하고 필요한 책을 빌려서 읽는 곳입니다. 프로그래밍에서 라이브러리도 이와 유사합니다. 이미 남이 만들어 놓은 프로그램들을 의미하며, 개발자가 필요할 때 찾아보고 적합한 프로그램이 있으면 본인의 프로그램 속에 포함시켜서 사용합니다. 사실 우리는 많은 라이브러리를 이미 사용했습니다. 처음 이 책을 시작할 때 등장한 print() 함수도 대표적인 라이브러리입니다. 컴퓨터에서 어떻게 화면에 글자를 출력하는지 우리는 전혀 알지 못하지만 이 함수를 통해 너무나도 쉽게 화면에 글자를 출력했습니다. 따라서 Dart 언어가 제공하는 라이브러리가 어떤 것들이 있는지 알고, 어떻게 사용하는지 이해하는 것은 개발 시간을 줄이고 프로그램의 안정성을 강화하는 지름길입니다. Dart 언어가 제공하는 모든 라이브러리를 알아보는 것은 불가능하니 요긴하게 사용 가능하고 이 책에서 추후 사용할 예정인 라이브러리를 몇 가지 알아보는 것으로 대신하겠습니다.

미리 보는 수행 결과

출력 결과를 네 영역으로 나누어서 설명합니다. 각각의 영역을 구분하기 쉽도록 [1]부터 [4]까지 번호를 붙여 구분하였습니다.

```
1  [1] Mango in List ?: true
2  [1] Starts with 'Apple' ?: true
3  [1] Ends with 'Red' ?: true
4  [1] Index of 'Red': 9
5  [1] Trim '  Banana  ': Banana
```

dart:core 라이브러리에 포함되어 있는 List 클래스와 String 클래스의 메서드 중 요긴한 기능을 사용한 결과입니다.

1 리스트에 특정 아이템이 있는지 확인 후 true 혹은 false를 나타내는 기능입니다. 예제에서는 리스트에 'Mango' 문자열이 포함되었는지를 판단하여 출력했습니다.

2 'Apple' 문자열로 시작하는 문자열인지 확인하는 기능을 사용하였습니다. 주어진 소스 코드의 결과는 true입니다.

3 문자열의 끝이 'Red' 문자열로 종료되는지 확인하는 기능을 사용하였습니다. 주어진 소스 코드의 결과는 true입니다.

4 문자열에서 'Red' 문자열이 포함되어 있다면, 몇 번째 글자부터 시작하는지를 확인하는 기능을 사용하여 주어진 문자열의 9번째 위치에서 'Red' 문자열이 포함되어 시작함을 확인하였습니다.

5 문자열의 앞과 뒤에서 공란을 제거하는 기능이며, ' Banana ' 문자열의 앞뒤 공란이 제거되어 'Banana'로 변경되었습니다.

```
6  [2] OS: macos
7  [2] Source File: /temp/volume-C-chapter-10.dart
```

dart:io 라이브러리에 속한 Platform 클래스의 요긴한 기능을 사용한 결과입니다.

6 현재 프로그램이 수행중인 컴퓨터의 운영체제가 출력되어 있습니다. 현재 소스 코드가 실행중인 컴퓨터는 macOS 운영체제이기에 macos라고 출력되었습니다.

7 현재 실행중인 프로그램의 소스 코드 이름과 위치가 출력되어 있습니다. 현재 루트(root, /) 디렉터리의 temp 서브 디렉터리에 있는 dart 코드임을 알 수 있습니다.

```
8  [3] max(2,4): 4
9  [3] min(2,4): 2
10 [3] e: {2.718281828459045}
11 [3] pi: {3.141592653589793}
```

dart:math 라이브러리에 포함된 수학 관련 함수를 사용한 결과입니다.

8 max() 함수입니다. 주어진 숫자들 중에서 가장 큰 수를 리턴합니다. 2와 4중 큰 수는 4이므로 4를 출력했습니다.

9 min() 함수입니다. 주어진 숫자들 중에서 가장 작은 수를 리턴합니다. 2와 4중 작은 수 2를 출력했습니다.

10 수학의 지수를 의미하는 기호인 e를 숫자로 표현한 것입니다.

11 수학의 원주율 값을 숫자로 표현한 것입니다.

dart:math 라이브러리는 수학에서 자주 사용하는 함수, 상수 및 클래스를 제공합니다.

```
12  [4] async1(): 1 second left.
13  [4] async2(): 2 second left.
14  [4] async3(): 3 second left.
15  [4] async1(): finished.
16  [4] async2(): 1 second left.
17  [4] async3(): 2 second left.
18  [4] async2(): finished.
19  [4] async3(): 1 second left.
20  [4] async3(): finished.
21  [4] Sum: 60 < Time: 0:00:03.022615
```

12~**21** 앞에서 설명한 비동기 처리를 지원하는 dart:async 라이브러리의 기능을 사용한 결과입니다. 이전 예제에서는 하나의 비동기 작업을 기다리는 코드들이 자주 등장했습니다. 하지만 비동기 기능의 진정한 장점은 하나의 일을 여러 비동기 작업으로 나눠서 동시에 수행하고, 이들의 결과를 모아서 다시 하나의 결과로 도출하는 것입니다. 결과는 이를 어떻게 구현하는지 간단한 예제로 보여줍니다. 총 3개의 작업이 동시에 시작해서, 각각 독립적으로 비동기 작업을 하다가, 각자 서로 다른 시간에 종료됩니다. 하지만 이들의 결과가 하나로 모아지도록 만들었습니다. async1() 함수는 1초만 수행하고 정수 10을 리턴합니다. 따라서 **12**에서 1초가 남았다고 알려주고 **15**에서 작업을 종료함과 동시에 정수 10을 결과로 리턴합니다. 유사하게 async2() 함수는 2초, async3() 함수는 3초간 작업을 하고 각각 20과 30을 리턴합니다. **21**에서는 비동기적으로 동시에 수행한 세 개 함수의 결과인 10/20/30을 더한 후 화면에 출력합니다. 그리고 세 개의 함수를 동시에 수행하고 이들의 결과를 하나로 더하는데 소요된 시간을 알려줍니다.

소스 코드 설명

Dart 언어의 문법을 알아보는 마지막 챕터입니다. 지금까지 Dart 언어의 문법을 중심으로 배워왔는데, 마지막 챕터에서는 Dart 언어에서 이미 만들어 놓은 좋은 기능들을 어떻게 알아보고 활용하는지에 대해서 배우도록 하겠습니다. 이후 우리는 이 기능들을 이용해서 웹 서버와 웹 클라이언트 프로그램, 스마트폰 및 태블릿 컴퓨터의 모바일 앱 프로그램, 데스크톱 프로그램 등 다양한 프로그램들을 만들 계획입니다.

1. 라이브러리 이해하기

라이브러리에 대한 이론적인 설명을 먼저 하도록 하겠습니다. 라이브러리(library)라는 단어의 의미는 '도서관'입니다. 도서관은 익히 알듯이 책들을 보관하고 있으며, 우리는 필요한 분야에 대한 책을 찾고 공부합니다. Dart 언어에서의 라이브러리는 이미 만들어져 있는 소프트웨어를 의미합니다. 어떤 프로그래머든 자주 사용하는 기능을 누군가가 미리 개발하여 이를 도서관처럼 쌓아 놓은 후, 필요한 기능을 지원하는 소프트웨어를 찾아서 사용하기에 라이브러리라고 부르게 되었습니다.

일반적으로 프로그래밍 언어에서 라이브러리라고 부르는 것은 크게 두 종류로 나뉩니다. 첫째는 언어 자체에서 지원하는 라이브러리입니다. 이 책은 Dart 언어에서 제공하는 라이브러리를 주로 다루기에 책에서 나오는 라이브러리는 대부분 이 경우에 해당합니다. 둘째는 흔히 3rd-party라고 불리는 표준 라이브러리는 아니지만 누군가가 개발하여 배포하는 라이브러리가 있습니다. 본인이 만든 라이브러리를 금전적인 이익을 위한 상용 목적으로 판매하는 경우도 있고, 오픈소스 소프트웨어라고 하여 본인이 만든 소프트웨어의 소스 코드를 대부분 무상으로 공개하는 경우가 여기에 해당합니다.

2. Dart 언어에서 제공하는 라이브러리 이해하기

우리는 이미 Dart 언어가 제공하는 많은 종류의 라이브러리를 사용하였습니다. 일반적으로 언어가 기본적으로 제공하는 라이브러리를 표준 라이브러리(standard library)라고 합니다. 지금까지 Dart 언어의 문법을 배우면서 활용한 Dart 언어의 표준 라이브러리들은 크게 2개의 그룹으로 나뉘어집니다. 첫째는 dart:core와 dart:async 라이브러리입니다. 문자열, 숫자, 에러, 날짜 등 앞서 배운 기초 문법에서 등장하는 대부분의 기능은 이 라이브러리에 속합니다. 지금까지 책에서 다룬 int, double, bool, List, Map, Set, Duration, Future, Null, num, Stream, String, print 등이 여기에 포함됩니다. 이 중 Future, Stream은 비동기 작업을 위한 dart:async 라이브러리에 속하기도 합니다. 우리가 만들어온 소스 코드에서 보았듯이 이 기능들을 사용하기 위해서 dart:core 라이브러리를 프로그램에 포함하라는 의미의 문법인 'import dart:core;' 문장을 작성하지 않았는데, 이는 Dart 언어가 dart:core

는 가장 기초가 되는 라이브러리라고 판단하여 별도의 import 문법을 사용하지 않아도 알아서 dart:core 라이브러리를 포함하기 때문입니다. 둘째는 dart:io입니다. 개발한 프로그램이 컴퓨터 운영체제 위에서 직접 동작하는 경우, 즉 대부분의 서버나 일반 데스크톱 컴퓨터의 운영체제에서 우리가 만든 소프트웨어가 동작하는 경우에 사용하는 입력과 출력 중심의 기능입니다. 지금까지 책에서 다룬 File, IOSink, stdin, stdout 등이 여기에 포함됩니다. 이 기능들을 사용하기 위해서 dart:io라는 라이브러리를 이 프로그램에 포함하라는 의미로 'import dart:io;' 문장을 프로그램의 맨 처음에 작성하였습니다.

앞으로 우리가 웹 서버/클라이언트 프로그램, 데스크톱 프로그램, 스마트폰/태블릿의 모바일 앱 프로그램 등을 개발해 나가면서 다양한 Dart 언어의 라이브러리들을 사용할 예정입니다. 미리 간단하게 어떤 라이브러리가 있는지 요약하면 [표 1]과 같습니다.

라이브러리	기능
dart:convert	JSON, ASCII, UNICODE 등의 데이터 코드 간 변환
dart:math	수학의 상수 및 함수, 그리고 난수(random number) 생성
dart:collection	대기열(queue), 연결 목록(linked list), 해시 맵(hash map) 및 이진 트리(binary tree)와 같이 (Set/Map/List처럼 대량의 데이터를 저장하는) 컬렉션 유형
dart:html	웹 브라우저 및 DOM(Document Object Model)을 다뤄야 하는 웹 기반 응용 프로그램을 위한 HTML 요소 및 기타 리소스
dart:typed_data	부호 없는 8바이트 정수와 같은 고정 크기 데이터 및 SIMD (Single Instruction Multiple Data) 숫자 유형을 효율적으로 처리하는 데이터 유형
dart:ffi	C 언어 스타일 인터페이스를 제공하는 다른 코드와의 상호 운용성을 위한 외부 함수 인터페이스
dart:isolate	격리(isolates)를 사용한 동시(concurrent) 프로그래밍. 스레드와 유사하지만 메모리를 공유하지 않고 메시지를 통해서만 통신하는 독립 작업 기능

[표 1] Dart 언어의 대표적인 표준 라이브러리

이 외에도 웹 서비스 개발을 지원하기 위한 dart:js, dart:js_util, dart:svg, dart:web_audio, dart:web_gl 등의 라이브러리가 있습니다. 처음 프로그래밍을 시작하는 독자의 경우는 무슨 소리인가 싶을 겁니다. 어려운 단어가 나오면 일단 이런 게 있구나 정도로 지나가도 됩니다. 앞으로 우리가 다룰 챕터들을 통해서 주요 라이브러리들을 접하게 될 것이며, 그때마다 새롭게 등장하는 라이브러리를 상세히 설명하겠습니다. 그리고 Dart 언어의 표준 라이브러리는 아래의 공식 웹 사이트에 잘 정리되어 있으니 더 궁금한 사항은 해당 사이트를 방문하여 알아보세요.

Dart 표준 라이브러리 개요: https://dart.dev/overview#libraries

Dart API 레퍼런스(reference) 문서: https://api.dart.dev/stable/index.html

이번 챕터의 소스 코드를 설명하면서 라이브러리를 어떻게 찾아보는지도 함께 알려주도록 하겠습니다. 잘 따라 한 후, 다른 사람이 만든 프로그램을 이해하고 싶거나 혹은 본인이 만들고자 하는 기능이 이미 표준 라이브러리에서 제공되고 있는지를 확인하고자 할 때 알아보고 활용하면 됩니다.

Dart 언어의 문법을 마무리하는 단계에서 너무 많은 이야기를 하면 해로울 수 있으니, 이 정도로 라이브러리에 대한 이야기를 마치고 소스 코드 설명으로 넘어가겠습니다.

이번 챕터의 소스 코드에서는 자주 사용할 만한 라이브러리들을 몇 가지 살펴보도록 하겠습니다. 먼저 독자가 라이브러리들을 찾아보고 보다 친숙해질 수 있도록 하기 위해 소스 코드와 관련한 라이브러리의 공식 웹 사이트 링크를 소스 코드의 중간 중간에 적어 두었습니다. 소스 코드에 대한 동작도 이해할 겸 필요할 때마다 공식 웹 사이트로 직접 이동해서, 소스 코드에 등장한 클래스의 개요와 클래스에 포함된 프로퍼티, 메서드, 연산자, exception 등을 정확하게 이해를 하지는 못하더라도 한번 읽어 두기 바랍니다. 라이브러리는 말 그대로 도서관이니 나중에 필요할 때 공식 사이트를 찾아서 궁금한 부분을 읽고 이해한 후 사용하면 됩니다. 우선은 어떤 것들이 있는지 대충 감을 잡는다는 마음으로 한번 읽어 보기를 권합니다.

이번 챕터의 소스 코드 역시 DartPad에서 실행되지 않습니다. 본인의 컴퓨터에 설치한 개발 환경에서 실행합니다. Windows는 PowerShell, macOS 및 Linux에서는 터미널을 열어서 실행해야 합니다.

```
1  // Dart API Reference: https://api.dart.dev/stable/index.html
2  
3  import 'dart:io';
4  import 'dart:async';
5  import 'dart:math';
6  
7  void main() {
```

1 Dart 언어 공식 사이트에는 Dart 언어가 제공하는 표준 라이브러리를 설명하는 일종의 사전이 있습니다. 이 곳으로 가는 웹 사이트 주소를 적어 두었습니다. 이 곳을 방문하면 Dart 언어가 제공하는 라이브러리들이 정리되어 있고, 간단하게 어떤 일을 하는지 설명되어 있습니다. 따라서 Dart 언어의 라이브러리를 깊게 이해하기 위한 입구라고 보면 됩니다.

3~5 소스 코드에서 사용하는 라이브러리를 포함하기 위한 import 구문이 있습니다. 소스 코드에서는 dart:io, dart:async, dart:math 라이브러리에서 제공하는 기능 중 앞으로 요긴하게 자주 쓸 만한 기능들을 알아보고자 합니다.

7 main 함수의 시작입니다. main 함수 외에 비동기 작업에 대한 3개의 함수가 더 있지만, 용이한 설명을 위하여 main 함수 밑으로 위치를 옮겼습니다.

main 함수를 총 4가지 영역으로 나누었으며 각각을 설명하겠습니다.

3. List 클래스와 String 클래스 이해하기

List와 String은 이미 자주 접한 클래스들입니다. 이 클래스에서 앞으로 요긴하게 사용할 기능을 몇 가지 설명하겠습니다.

미리 보는 수행 결과 ❶~❺

```
8   // dart:core
9   List<String> fruits = ['Apple is Red', '  Banana  ', 'Mango'];
10  // List Class: https://api.dart.dev/stable/dart-core/List-class.html
11  print("[1] Mango in List ?: ${fruits.contains('Mango')}");
12  // String Class: https://api.dart.dev/stable/dart-core/String-class.html
13  print("[1] Starts with 'Apple' ?: ${fruits[0].startsWith('Apple')}");
14  print("[1] Ends with 'Red' ?: ${fruits[0].endsWith('Red')}");
15  print("[1] Index of 'Red': ${fruits[0].indexOf('Red')}");
16  print("[1] Trim '  Banana  ': ${fruits[1].trim()}");
17
```

8 먼저 List 클래스와 String 클래스가 dart:core에 포함된 라이브러리임을 주석으로 명시했습니다. dart:core는 개발자가 import하지 않아도 Dart 언어가 자동으로 import합니다.

9 3개의 문자열을 갖는 List〈String〉 타입의 fruits 객체를 정의하였습니다.

10 List 클래스를 설명하는 공식 사이트의 주소를 적어 두었습니다. 해당 사이트를 방문하면 메서드 중 contains() 메서드에 대한 설명을 볼 수 있습니다. 설명을 보면, 리턴 값이 bool로 되어 true/false인 것을 알 수 있고, 입력 파라미터로 받은 값이 리스트에 속해 있는지를 판단하는 메서드라고 설명되어 있습니다.

11 설명대로 fruits 문자열 리스트에 'Mango'가 속해 있는지 판단하며, true를 출력합니다.

12 String 클래스의 공식 사이트 주소가 있습니다. startsWith() 메서드는 문자열이 입력 파라미터로 받은 패턴으로 시작하는지를 판단하여, true/false의 bool 값을 리턴한다고 설명되어 있습니다.

13 설명대로 fruits 객체의 0 번째 문자열이 'Apple'로 시작하는지 확인하였고, true가 출력되었습니다.

14 endsWith() 메서드는 문자열이 입력 파라미터로 받은 패턴으로 끝나는지를 판단하여, true/false의 bool 값을 리턴합니다. fruits 객체의 0 번째 문자열이 'Red'로 끝나는지 확인하였고, true가 출력되었습니다.

15 indexOf() 메서드는 입력 파라미터로 받은 문자열이 객체 내부에서 저장하고 있는 문자열에서 몇 번째 문자부터 시작하는 지의 위치 값을 알려줍니다. fruits[0] 문자열에 "Red"가 존재하며 인덱스 9번에서 시작함을 알려줍니다.

16 trim() 메서드는 문자열의 앞과 뒤에 공란이 있으면 제거합니다. fruits 객체의 ' Banana ' 문자열의 앞뒤 공란이 제거된 후 "Banana"만 출력되었습니다.

4. Platform 클래스 이해하기

프로그램이 Native 환경이라고 불리는 환경에서 동작하는 경우에 필요한 기능을 Platform 클래스가 제공합니다. Native 환경은 간단히 이해하면 컴퓨터의 운영체제 위에서 우리가 만든 프로그램이 바로 실행되는 것을 의미합니다. 즉, MS Windows 혹은 macOS 위에서 우리가 만든 프로그램이 바로 실행되는 것을 의미합니다. 이 Platform 클래스를 사용하기 때문에, 이번 챕터의 소스 코드는 CLI 환경에서 수행되어야 합니다. DartPad와 같은 웹 브라우저에서는 실행할 수 없는 기능입니다.

미리 보는 수행 결과 ❻~❼

```
18    // dart:io - Platform Class
19    // https://api.dart.dev/stable/dart-io/Platform-class.html
20    String os = Platform.operatingSystem;
21    String path = Platform.script.toFilePath();
22    print("[2] OS: $os");
23    print("[2] Source File: $path");
24
```

18 Platform 클래스는 dart:io 라이브러리에 포함되어 있습니다.

19 Platform 클래스에 대한 설명은 공식 사이트에서 자세하게 확인 가능합니다.

여기서는 2개의 메서드를 활용해 보았습니다.

20, 22 첫째는 Platform.operatingSystem 프로퍼티입니다. 프로그램이 수행중인 컴퓨터의 운영체제를 확인할 수 있는 기능으로, 매우 유용합니다. 수행 결과에서 macos라고 출력하였으며, Apple 컴퓨터의 macOS라는 의미입니다.

21, 23 둘째는 Platform.script.toFilePath() 메서드입니다. 먼저 Platform.script 프로퍼티는 실행중인 프로그램의 소스 코드 파일 이름과 이 파일의 위치가 포함된 주소를 리턴합니다. 원래 형태는 Uri 클래스라고 불리는 형태인데, 사람이 보기에 다소 불편합니다. 따라서 다시 이 Uri 클래스 객체의 메서드인 toFilePath()를 호출해서 사람이 보기 편한 형태로 출력했습니다. 디스크의 최초 지점인 루트(/) 디렉터리 아래에 위치한 'temp' 디렉터리 안에 있는 "volume-C-chapter-10.dart" 파일을 실행했습니다.

5. Math 라이브러리 이해하기

math 라이브러리는 수학 계산을 지원하기 위한 라이브러리입니다. 원래 컴퓨터가 만들어진 목적인 대규모의 수학 계산을 위해 Dart 언어는 유용한 수학 기능들을 제공합니다.

미리 보는 수행 결과 ❽~⓫

```
25      // dart:math - Math Library
26      // https://api.dart.dev/stable/dart-math/dart-math-library.html
27      print("[3] max(2,4): ${max(2, 4)}");
28      print("[3] min(2,4): ${min(2, 4)}");
29      print("[3] e: {$e}");
30      print("[3] pi: {$pi}");
31
```

25 수학 기능들은 dart:math 라이브러리에 포함됩니다.

26 공식 사이트의 주소를 표기하였습니다.

27 입력 파라미터로 받은 숫자 중 가장 큰 값을 리턴하는 max() 함수를 사용하여 숫자 2와 4를 비교하고 결과를 출력하였습니다.

28 반대로 가장 작은 수를 리턴하는 min() 함수를 사용하여 숫자 2와 4를 비교하고 결과를 출력하였습니다.

29~30 수학 중 계산 외에 상수 값이 자주 쓰이는 경우도 있습니다. 지수 e와 3.14로 유명한 원주율입니다. 이들은 각각 기호 e와 pi로 Dart에서 이미 값이 정해져 있습니다. 이 상수 값을 출력하는 코드를 작성하였고, 미리 보는 수행 결과에서 각각의 값을 확인할 수 있습니다.

6. 비동기 처리 라이브러리 이해하기

이번에 알아보고자 하는 기능은 비동기 처리 기능들입니다. 이전에 등장한 비동기 기능을 좀 더 확장하여 하나의 일을 복수의 비동기 작업으로 나눠서 동시에 수행하도록 하고 이들의 결과를 하나로 모으는 예제를 알아보겠습니다. 이를 위해서 Future 클래스를 사용하며, 작업 시간을 계산하고자 DateTime 클래스의 기능을 사용합니다.

미리 보는 수행 결과 ㉑

```
32    // dart:async & dart:core
33    // DateTime Class: https://api.dart.dev/stable/dart-core/DateTime-
   class.html
34    var t1 = DateTime.now();
35    // Future Class: https://api.dart.dev/stable/dart-async/Future-class.html
36    Future.wait([async1(), async2(), async3()]).then((List<int> nums) {
37      var t2 = DateTime.now();
38      // List.reduce: https://api.dart.dev/stable/dart-
   core/Iterable/reduce.html
39      var sum = nums.reduce((curr, next) => curr + next);
40      print('[4] Sum: $sum < Time: ${t2.difference(t1)} >');
41    }).catchError(print);
42  }
```

32 DateTime 클래스는 dart:core 라이브러리에 포함되어 있습니다.

34, 37 DateTime 클래스의 now() 메서드를 호출하였습니다. 이 메서드는 현재 시각을 저장합니다.

40 37에서 만든 t2 객체의 difference() 메서드의 입력 파라미터로 앞서 만든 t1 객체를 주어 두 시간의 차이 값을 계산합니다. 미리 보는 수행 결과에서 3.02초임을 보여주고 있습니다. t1은 비동기 작업을 시작하기 전이고, t2는 모든 작업이 끝난 시점의 시간이니 3.02초는 이제 설명할 비동기 작업에 소요된 총 시간이라고 보면 됩니다.

32 비동기 작업은 dart:async 라이브러리에 포함된 기능을 사용합니다.

35~**36** 자주 다뤘던 Future 클래스가 나왔는데, 메서드는 처음 보는 wait()입니다. 공식 사이트를 방문해서 wait() 메서드의 설명을 보면 여러 Future 작업들이 완료될 때까지 기다렸다가 결과를 수집하는 메서드라고 설명되어 있습니다. 우리는 wait() 메서드의 입력 파라미터로 […] 리스트를 주었습니다. 리스트의 element는 3개의 함수 호출인데, 궁극적으로 이 함수들의 리턴 값으로 만들어지는 리스트라고 보면 됩니다. 그리고 새롭게 then()이라는 문법도 사용했습니다. 이 문법은 아래의 형태로 쓰입니다.

```
future.then((value) => handleValue(value))
      .catchError((error) => handleError(error));
```

future의 리턴 값이 value라면 입력 파라미터를 value로 해서 handleValue()를 실행합니다. 만약 future의 리턴 값이 value가 아니면 원하는 결과가 아니니 catchError()의 내용대로 handleError()를 수행합니다. 위의 then().catchError() 구조에 의하여 Future.wait() 메서드의 결과를 기다립니다. async1(), async2(), async3()의 리턴 값이 다 모이기를 기다린 후 결과들이 취합되어 3개의 정수를 갖는 리스트가 만들어지면 then()의 List<int>의 조건에 부합하기에 만들어진 리스트를 nums로 칭하고, 이후의 { } 안의 코드를 실행합니다.

37, **40** 수행 시간을 계산하고 출력하는 부분이 있습니다.

39 List<int>인 nums에 메서드 reduce()를 호출합니다.

38 reduce() 메서드를 이해하고자 List 클래스의 reduce() 메서드를 설명하는 공식 사이트로 이동합니다. reduce() 메서드의 목적이 리스트 안의 값들을 개발자가 준 코드를 활용해서 하나의 값으로 변환하는 것임을 설명하고 있습니다. 그리고 리스트 안에 속한 element를 모두 더해서 하나의 숫자로 만든다는 설명을 볼 수 있습니다.

39 설명을 읽고 보면 3개의 비동기 함수를 실행하고, 이를 통해서 얻은 정수 3개를 더한 하나의 값을 화면에 출력하는 코드임을 알 수 있습니다. 미리 보는 수행 결과에 60이라는 숫자가 출력됩니다.

이제 60이라는 결과가 왜 나온 건지 3개의 비동기 함수를 살펴보겠습니다.

미리 보는 수행 결과 ⑫, ⑮

```
44  Future<int> async1() async {
45    print("[4] async1(): 1 second left.");
46    await Future.delayed(Duration(seconds: 1));
47    print("[4] async1(): finished.");
48    return 10;
49  }
50
```

async1() 함수가 나타나 있습니다. 비동기 작업에 대해서 처음 알아볼 때 보았던 지연 기능을 활용하는 단순한 함수입니다.

44 비동기 함수이므로 async 구문을 볼 수 있습니다. 그리고 리턴 값이 있기에 Future〈〉 구문이 쓰인 것을 볼 수 있습니다.

45 1초가 남았다고 화면에 출력합니다.

46 1초 대기합니다. 비동기 함수이므로 await 구문을 사용했습니다.

47 async1() 함수가 끝났다고 화면에 출력합니다.

48 10을 리턴합니다. 이 값이 36의 Future.wait() 메서드가 기다리는 리스트의 첫 번째 element가 됩니다.

미리 보는 수행 결과 ⑬, ⑯, ⑱

```
51  Future<int> async2() async {
52    print("[4] async2(): 2 second left.");
53    await Future.delayed(Duration(seconds: 1));
54    print("[4] async2(): 1 second left.");
55    await Future.delayed(Duration(seconds: 1));
56    print("[4] async2(): finished.");
57    return 20;
58  }
59
```

async2() 함수도 유사합니다. 53과 55에서 각각 1초씩 대기하여 총 2초를 기다리고, 마지막에 20을 리턴합니다.

미리 보는 수행 결과 ⑭, ⑰, ⑲, ⑳

```
60  Future<int> async3() async {
61    print("[4] async3(): 3 second left.");
62    await Future.delayed(Duration(seconds: 1));
63    print("[4] async3(): 2 second left.");
64    await Future.delayed(Duration(seconds: 1));
65    print("[4] async3(): 1 second left.");
66    await Future.delayed(Duration(seconds: 1));
67    print("[4] async3(): finished.");
68    return 30;
69  }
70
```

async3() 함수는 62와 64 그리고 66에서 각각 1초씩 대기하므로, 총 3초를 기다리고, 마지막에 30을 리턴합니다.

이렇게 async3() 함수의 실행까지 마치면 Future.wait() 메서드가 기다리는 정수 리스트는 [10, 20, 30]으로 완성됩니다. 그 후 36의 then() 구문이 실행되고, 이 값이 nums에 매칭됩니다. 이렇게 각각 1/2/3초의 대기 시간이 흘렀음을 보여주는 출력 결과가 미리 보는 수행 결과의 12~20에 나타나 있습니다. async1(), async2(), async3() 함수들이 대기하면서 사용한 3초 외에 부가적으로 소요된 0.022615초가 합쳐져서 총 3.022615초가 t1과 t2 사이에서 소요되었습니다. 컴퓨터의 성능에 따라서 0.022615초는 늘거나 줄어들 수 있습니다.

핵심 요약

프로그래밍 언어에서 라이브러리라는 것이 무엇인지 알아보고 Dart 언어가 제공하는 라이브러리들을 알아보았습니다. 이미 우리가 기초 및 심화 문법에서 사용한 대부분의 기능이 표준 라이브러리의 일부임을 알았습니다. 라이브러리는 개발자가 빠른 시간에 더 안정적인 프로그램을 개발하도록 만들어져 있습니다. 그러므로 시간이 있을 때 어떤 기능들이 있는지 살펴보면, 나중에 프로그램을 개발하고자 할 때 직접 개발하는 수고를 들이지 않고 표준 라이브러리를 활용하여 빠르고 안전하게 프로그램을 개발할 수 있습니다. 여기서 안전이라는 의미는 표준 라이브러리를 개발하는 개발자들이 대부분 실력이 높은 사람들이고, 언어에 포함되는 라이브러리는 수많은 개발자들이 사용하면서 문제를 고쳤기에 안전하게 믿고 쓸 수 있다는 의미입니다.

▶▶ 연습 문제

1. 핵심 내용 복습하기

❶ 소스 코드에서 사용한 클래스의 메서드들을 공식 사이트를 방문하여 확인합니다.

❷ 키보드 입력, 파일 읽고 쓰기 그리고 Platform 라이브러리의 내용을 되새겨 보고, 왜 DartPad에서는 실행이 되지 않는지 이유를 생각해 봅니다. 반대로 컴퓨터에 설치한 개발 환경에서는 왜 실행이 되는지 이유를 생각해 봅니다. 필요하다면 인터넷 검색으로 이유를 찾아 이해해 봅니다.

2. 예제 코드 수정하기

❶ async3() 함수가 1초만 delay되도록 하고, async1() 함수가 3초간 delay되도록 소스 코드를 수정한 후 결과를 확인합니다.

❷ dart:math 라이브러리를 살펴보고 관심있는 함수를 선택해서 소스 코드에 적용한 후, 결과를 확인합니다.

3. 추가 기능 작성하기

❶ async() 함수들의 형태와 호출 방법을 참조해서 구구단의 1단부터 9단까지의 작업을 각각 나눠서 계산하는 함수들을 만들어 봅니다. 그리고 리턴 된 구구단의 결과를 하나로 모아서 파일에 저장하도록 작성해 봅니다. 실행 후 결과를 확인합니다.

❷ 앞서 파일을 다뤘던 챕터의 소스 코드에 작업 시간을 계산하는 코드를 추가로 작성해 봅니다. 실행 후 파일 작업에 소요된 시간을 확인합니다.

VOLUME.

D

HTTP 서버와 클라이언트 개발

CHAPTER. 1

Microsoft Visual Studio Code 기반 개발 환경 구축하기

Dart 문법을 사용하여 다양한 Full-Stack 프로그램을 개발하고자 합니다. 원활한 개발을 위해서는 보다 전문적인 개발 도구가 필요합니다. 이 책에서는 Microsoft Visual Studio Code(이후 VS Code)를 제안합니다. VS Code는 Microsoft사가 개발하여 오픈소스 소프트웨어로 공개한 프로그램입니다. 소스 코드가 공개되어 있기에 누구나 소스 코드를 공부하고 개선하는데 참여할 수 있습니다. 전 세계 개발자가 가장 많이 활용하는 개발 도구 중 하나로도 유명합니다. VS Code를 사용해서 소스 코드를 작성하고 실행하며 문제가 있는 부분을 찾아서 오류를 제거하는 작업을 하겠습니다.

VS Code 설치 및 활용

VS Code는 본인의 컴퓨터에 설치해야 하는 프로그램입니다. 이번 챕터에서는 본인의 개발용 컴퓨터에 VS Code를 다운로드 받아 설치하고, Dart 언어에 필요한 기능을 추가하는 작업을 순서대로 진행합니다. 꼭 순서대로 따라 하면서 개발 환경을 구축해 나가도록 합니다.

NOTE

가능한 단계별 화면을 캡처해서 포함하였습니다. 오픈소스 속성상 잦은 업데이트가 있을 수 있고, 프로그램의 설정에 따라서 화면이 일부 다를 수 있으나 큰 문제는 없습니다.

1. VS Code 설치하기

VS Code를 설치하기 위해서 아래의 공식 사이트를 방문합니다.

MS Visual Studio Code 공식 사이트 : https://code.visualstudio.com/

공식 사이트의 메인 홈페이지에 접속하면, 바로 운영체제를 인식하여 설치 프로그램을 다운로드 할 수 있도록 그림 1과 같은 화면이 나타납니다. 참고로 그림 1은 macOS에서 접속한 화면입니다. "Download Mac Universal (Stable Build)" 단추가 자동으로 나타나는데, macOS를 사용하는 사람이라면 바로 단추를 클릭해서 다운로드를 합니다. Windows라면 "Windows x64"라고 나타날 겁니다. Linux는 "Linux x64"로 나타날 겁니다. 만약 운영체제에 맞지 않는 메뉴가 나타나면, 그림 1과 같이 아래를 향하는 화살표를 클릭합니다. 3가지 운영체제에 대한 화면이 모두 나타납니다. 맞는 운영체제의 Stable 버전을 클릭하여 다운로드 하면 됩니다.

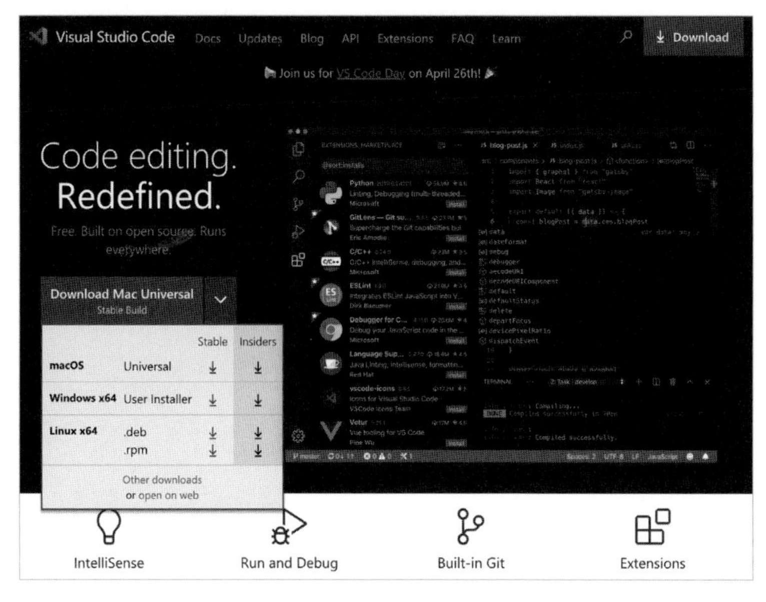

[그림 1] MS Visual Studio Code 메인 홈페이지(출처: https://code.visualstudio.com/)

VS Code가 다운로드되면 일반적인 프로그램을 설치하듯이 다운로드 받은 파일을 더블 클릭하고 설치 화면의 안내에 따라서 설치합니다.

2. VS Code 실행하기

VS Code를 성공적으로 설치했다면 Microsoft Visual Studio Code라는 이름의 프로그램이 본인의 컴퓨터에 설치되었을 겁니다. 이 프로그램을 실행하면 그림 2의 화면이 나타납니다.

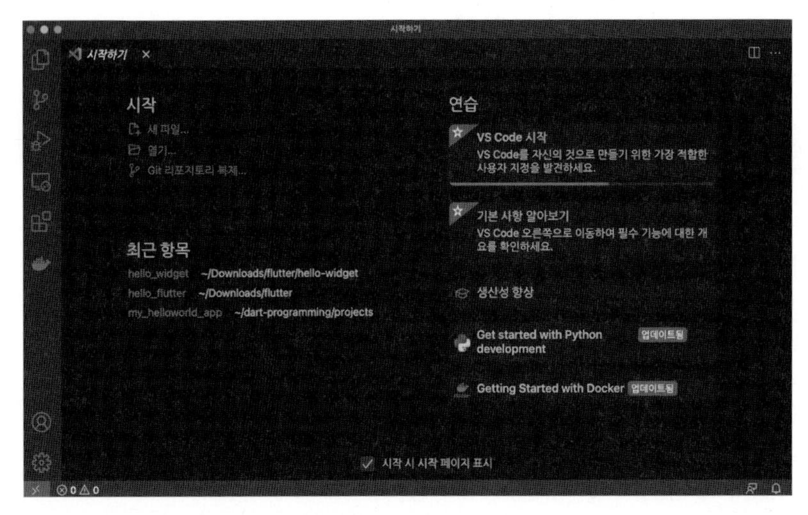

[그림 2] MS Visual Studio Code 실행 후 초기 화면

그림 2의 화면과 본인의 화면이 똑같지 않을 수 있습니다. 그림 2는 화면의 아래쪽에 있는 "시작 시 시작 페이지 표시(Show welcome page on startup)" 기능이 활성화된 상태입니다. 이 상태에서는 "시작하기(Welcome)" 탭(tab)이 프로그램 시작과 동시에 자동으로 열립니다. "시작하기" 탭의 내용을 보면 "시작(Start)" 영역에는 새로운 파일을 만들거나 기존의 프로그램이 저장된 폴더를 여는 메뉴가 있습니다. "최근 항목(Recent)" 영역에는 최근에 작업한 내용들이 기록되어 최근에 작업한 내용을 빠르게 열 수 있도록 도와줍니다. "연습(Walkthroughs)"에는 VS Code를 처음 접하는 사람을 위한 학습 콘텐츠를 제공하고 있으며, 버전이 업데이트되면 새로운 기능에 대해서 알려줍니다. 그리고 개발자가 VS Code를 사용하는 패턴을 반영하여 개발에 도움이 되는 내용들을 추천하여 주기도 합니다.

3. 신규 파일 만들기

새로운 파일을 만들어 보겠습니다. 이를 위해서는, VS Code 프로그램의 메인 메뉴에서 "파일(File)" → "새 파일 (New File)"이나 "새 텍스트 파일 (New Text File)"을 선택합니다. 그러면 그림 3과 같이 나타납니다.

[그림 3] VS Code에서 신규 파일 만들기

프로그램 실행 시 최초로 나타난 '시작하기' 탭 오른쪽에 'Untitled-1'이 이름인 탭이 열립니다. 그리고 새로 만든 본문의 내용을 보여주는 영역에 '1'이라는 숫자가 나타나는데, 이 숫자는 줄 번호입니다. 이 줄 번호는 프로그램의 개발 편의를 위한 것으로 실제 파일 안에 저장되는 것은 아닙니다. 개발자가 본문의 내용을 타이핑하면 자동으로 증가된 숫자가 나타납니다.

4. 파일 내용 작성하기

줄 번호 '1'이 있는 공간에 마우스를 클릭하면 파일 내용을 작성할 수 있습니다. 일반적인 워드프로세서처럼 문서를 작성한다고 생각하면 됩니다. 이제 이 안에 Dart 프로그램을 타이핑하게 됩니다. 일단 간단하게 그림 4와 같이 "Hello, World!"를 화면에 출력하는 Dart 프로그램을 타이핑해 봅니다.

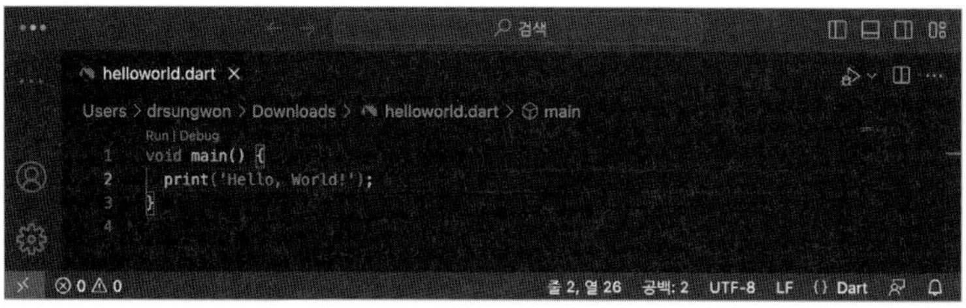

```
void main() {
  print('Hello, World!');
}
```

[그림 4] VS Code에서 'Hello, World!' Dart 프로그램 작성하기

5. 작성한 파일 저장하기

작성한 'Hello, World!' 프로그램을 하드 디스크(혹은 컴퓨터의 SSD)에 저장해 봅니다. 방법은 일반적인 워드프로세서 프로그램과 유사합니다. 메인 메뉴에서 "파일" → "저장(Save)"을 선택하면 현재 컴퓨터의 어느 위치에 어떤 이름으로 파일을 저장할 것인지 그림 5와 같이 물어봅니다.

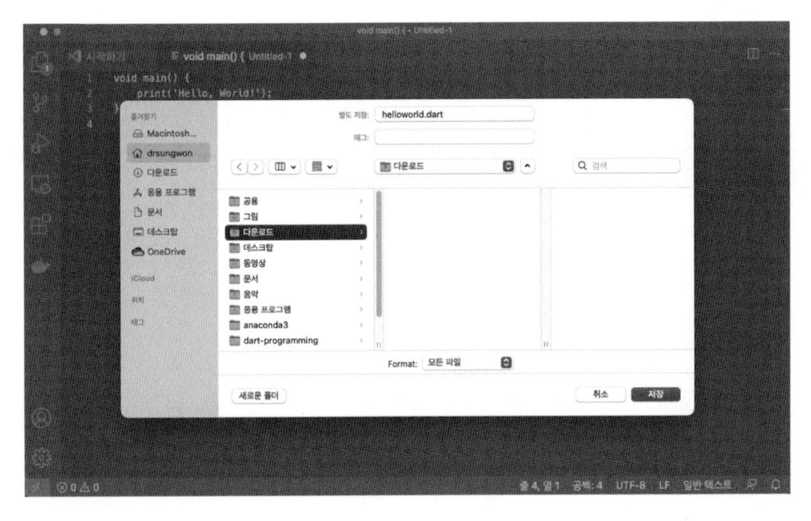

[그림 5] VS Code에서 'Hello, World!' Dart 프로그램 저장하기

작성한 파일을 저장할 디렉터리를 선택하고 파일의 이름을 정해서 저장합니다. 현재는 다운로드 디렉터리에 helloworld.dart로 저장했습니다. 이때 중요한 사항이 있습니다. Dart 프로그램의 확장자는 반드시 .dart가 되어야 합니다.

6. 파일 닫기

작성한 파일을 닫는 방법은 두 가지입니다. "helloworld.dart"로 바뀐 탭 이름의 오른쪽에 있는 'X'를 클릭하거나, "파일" → "편집기 닫기(Close Editor)"를 선택해서 작업 중인 파일을 닫으면 됩니다. 여기까지 배웠으면 원하는 텍스트 파일을 만들고 작성할 수 있습니다. 그리고 실수로 작성한 내용이 사라질 수 있으니 파일을 닫기 전에는 꼭 저장하는 습관을 갖도록 합니다.

7. Dart Extension 설치하기

VS Code의 장점 중 하나는 프로그래밍 언어에 대한 확장 기능(extension)을 추가로 설치할 수 있다는 점입니다. 예를 들어 Dart 언어에 대한 추가 기능을 설치하면 소스 코드를 작성하는 중에도 Dart 언어에 맞도록 빈칸이나 줄 바꿈 등의 소스 코드 모양을 자동으로 정리해 줍니다. 그리고 실행하기 전에 에러가 날 만한 코드는 미리 경고를 주어 에러를 미연에 방지하는 IntelliSense 기능을 제공합니다. 또한 프로그램을 실행해 보면서 어떤 줄에서 문제가 있는지 찾고 해결할 수 있는 디버그(debug) 기능도 제공합니다.

VS Code에 Dart 언어의 확장 기능을 설치하기 위해서 VS Code의 왼쪽 줄에 있는 아이콘 중 그림 6의 아이콘을 선택해 봅니다.

[그림 6] VS Code에서 Dart 확장 기능 설치하기

그러면 그림 7처럼 화면 왼쪽에 "확장(Extensions)"이라는 화면이 열립니다. 그리고 바로 아래 "마켓플레이스에서 확장 검색(Search Extensions in Marketplace)"이라는 입력 창이 나옵니다. 그리고 "설치됨(Installed)"과 "권장(Recommended)"이라는 메뉴에서 VS Code에 설치된 확장 기능과 VS Code가 개발자에게 권장하는 확장 기능을 보여줍니다.

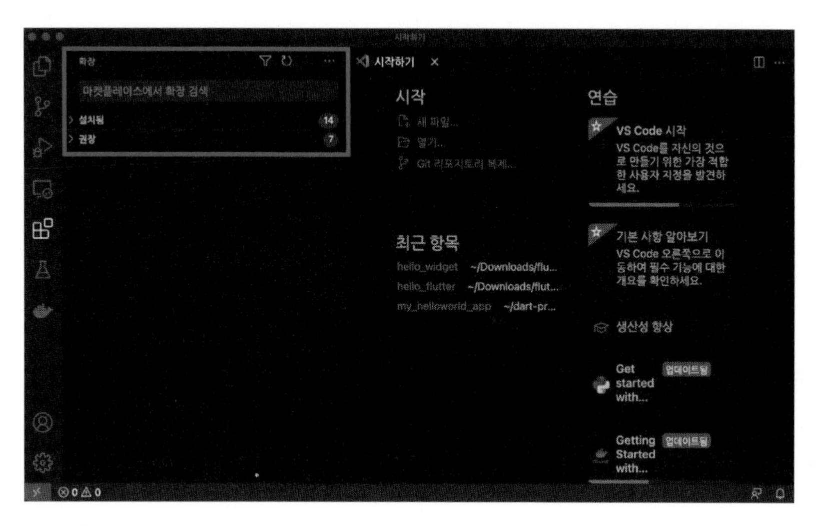

[그림 7] VS Code에서 Dart 확장 기능 설치하기 (계속)

우리는 VS Code에 Dart 언어의 확장 기능을 설치하고자 합니다. 따라서, '마켓플레이스에서 확장 검색' 입력 창에 dart를 쓰고 엔터를 누릅니다. 그러면 Dart 언어와 관련하여 설치 가능한 확장 기능들이 나타납니다.

그림 8의 왼쪽 맨 위와 같이 간결하게 "Dart"로 되어 있는 아이템이 나타날 겁니다. 이 항목이 나타나면 파랑색 "설치" 버튼을 클릭해서 설치합니다. 설치한 Dart 항목을 클릭하면 그림 8처럼 Dart 확장 기능에 대한 상세한 설명이 나옵니다. 그림 8은 Dart를 VS Code에 설치 완료한 상태의 스크린샷입니다.

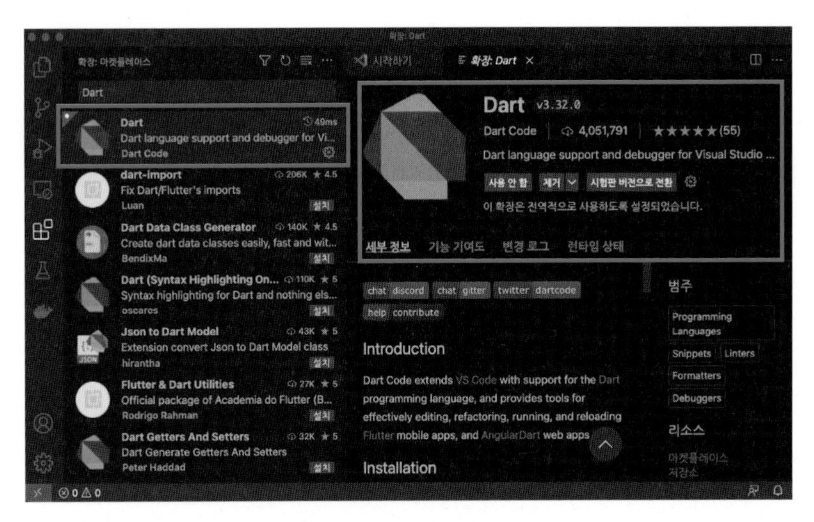

[그림 8] VS Code에서 Dart 확장 기능 상세 정보 확인하기

확장 기능의 설명을 조금 더 살펴봅니다. 화면 오른쪽의 Dart 제목 밑에, Dart 확장 기능을 "제거(Uninstall)"하는 버튼과 일시적으로 사용하지 않는 "사용 안 함(Disable)" 버튼이 있습니다. 만약, 아직 설치를 하지 않은 상태라면 "설치(Install)"라는 단어가 보일 겁니다. 그리고 확장 기능을 개발하여 배포한 곳이 "Dart Code"라고 명시되어 있습니다. Dart 언어의 공식 확장 기능을 제공하는 곳입니다. 그 옆에는 책을 작성하는 시점에서 총 600만 번 이상의 다운로드가 된 것을 보여줍니다. 그리고 별점이 5점 만점에 5점으로 높은 것을 볼 수 있습니다. 그 다음 줄에는 확장 기능에 대한 짧은 설명이 있습니다. 그리고 밑으로는 Dart 확장 기능에 대한 상세 설명이 "세부 정보(Details)"로 제공됩니다. 그리고 소프트웨어에 대한 상세 정보를 "기능 기여도(Feature Contributions)"에서 확인 가능합니다 "변경 로그(Changelog)"에서는 확장 기능의 업데이트 연혁을 볼 수 있습니다. "런타임 상태(Runtime Status)"는 VS Code 안에서 Dart 확장 기능의 수행 시간 등을 보여줍니다.

NOTE

Dart 확장 기능 설치 중에, VS Code를 종료하고 다시 실행하는 작업이 필요하다고 나오기도 하는데, 화면에 나타나는 안내대로 따라 하면 됩니다.

이것으로 VS Code에 Dart 프로그램 개발을 위한 확장 기능을 추가하였습니다. 그림 6의 아이콘을 다시 클릭하면 '확장' 영역의 '설치됨'에 Dart 확장 기능이 추가되어 있는 것을 볼 수 있습니다.

8. Hello, World! 프로그램 읽고 실행하기

VS Code의 메인 메뉴에서 "파일" → "열기…"를 선택해서 앞서 작성하고 저장한 helloworld.dart 파일을 읽어 옵니다. 불러온 뒤 화면을 보면 소스 코드 안의 내용들의 색깔이 알록달록하게 되어 있는 것을 볼 수 있습니다. 이는 Dart 확장 기능이 VS Code가 helloworld.dart의 내용을 인식하여 표준 문법, 문자열 등을 다른 색상으로 보여주기 때문입니다.

이렇게 VS Code가 Dart 언어에 지원하는 지능적인 기능을 사용하려면 반드시 작업 중인 파일의 확장자가 .dart여야 합니다. 따라서 새로운 파일을 만들자 마자 일단 파일 이름의 확장자를 .dart로 작성하고 저장합니다. 그러면 Dart 언어의 확장 기능이 신규 파일 안에 타이핑하는 내용을 자동으로 인식하고 모양을 바꿔 주기도 하며 에러가 날지도 모르는 부분이 있으면 사전에 경고를 하는 등의 지능적인 지원을 합니다.

지능적인 지원이 무엇인지 간단히 예를 보여드리겠습니다. **2**의 print 구문의 끝을 의미하는 세미콜론을 지워 봅니다. 그러면 그림 9와 같이 print 구문의 끝에 있는 닫힘 괄호 밑에 붉은 색의 밑줄이 나타납니다. Dart 확장 기능이 Dart 언어 기준으로 에러가 있음을 실행도 하기 전에 미리 알려준 것입니다.

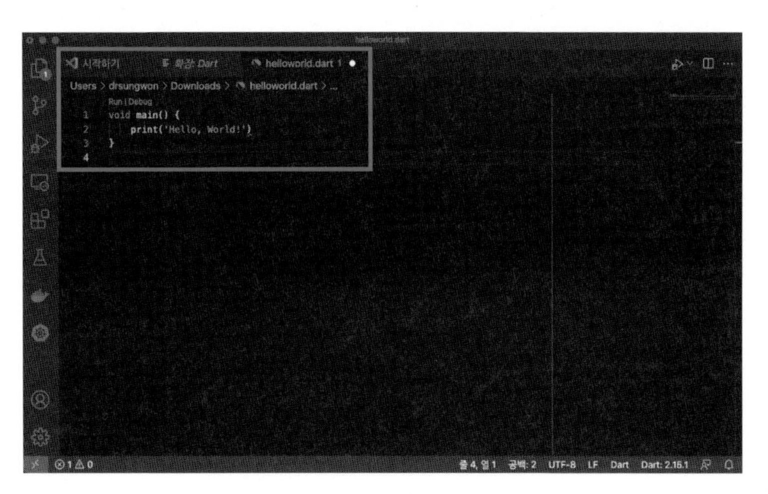

[그림 9] VS Code에서 Dart 확장 기능 설치 후 소스 코드 에러 유발하기

붉은색 부분에 마우스를 올려 봅니다. 그러면 그림 10과 같이 Expected to find ';' 라는 메뉴가 나타나서 에러의 원인에 대해 알려줍니다.

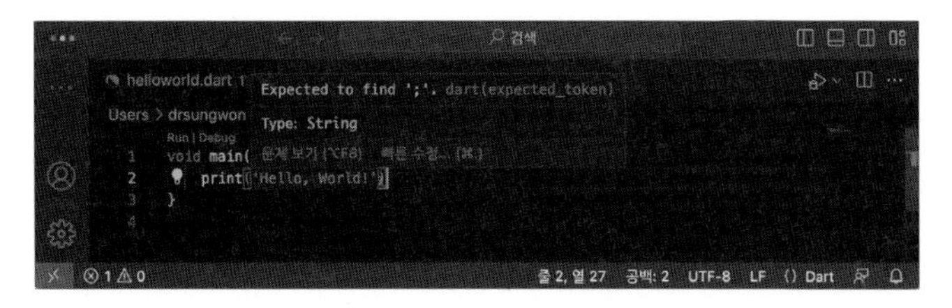

[그림 10] VS Code에서 Dart 확장 기능을 통한 에러 원인 확인하기

나타난 메뉴의 아래 부분에 "문제 보기(View Problem)"가 있는데, 이것을 클릭하면 에러의 원인을 설명해 줍니다. "빠른 수정(Quick Fix)"은 이름 그대로 에러를 없앨 수 있는 권장 방안을 보여줍니다. Dart 확장 기능이 모든 에러에 대한 정확한 원인과 해결 방안을 제공하는 것은 아니지만 기초적인 에러라면 대부분 틀리지 않는 원인과 해결 방안을 제안하니 소스 코드 개발 중에 붉은 밑줄이 나타나면 일단 멈춰서 원인과 해결 방안을 보고 수정하면서 작업하기 바랍니다.

Dart 확장 기능이 권장하는 해결 방안을 확인하는 또 다른 방법은 붉은색 밑줄이 있는 줄 앞에 노란색 전구 모양을 클릭하는 것입니다. 노란색 전구 모양이 나오지 않으면, 2 끝에 붉은 밑줄이 있는 괄호 뒤를 한번 클릭해 보기 바랍니다. 그러면 2의 print 문장 앞에 노란색 전구가 나타날 겁니다. 이 전구를 누르면 그림 11과 같이 에러를 해결하기 위한 추천 작업이 나타납니다.

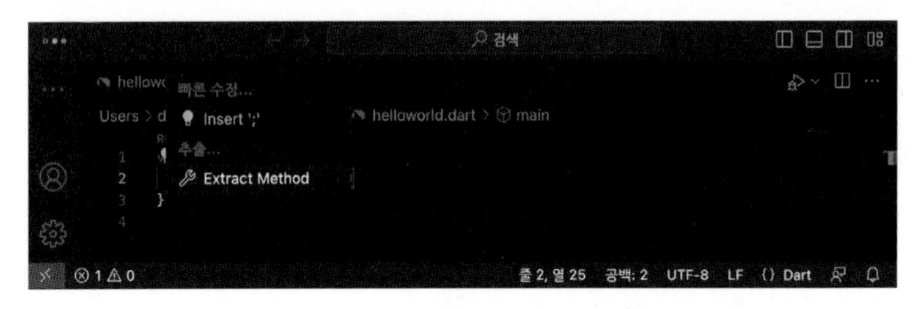

[그림 11] VS Code에서 Dart 확장 기능의 에러 해결 추천 작업 확인하기

현재는 세미콜론이 없는 가장 간단한 형태의 에러이기에 맨 위에 제안된 insert ';' 작업을 실행하면 2 끝에 세미콜론을 삽입해서 에러를 없애 주는 것을 볼 수 있습니다.

9. 이전 소스 코드 실행하기

VS Code에서는 Dart 프로그램을 직접 실행할 수 있습니다. 왼쪽의 아이콘 중 그림 12와 같이 벌레 그림 위에 삼각형이 있는 아이콘을 클릭해 봅니다.

[그림 12] VS Code에서 Dart 프로그램 실행하기

그러면 VS Code 화면의 왼쪽 영역에 "실행 및 디버그(Run and Debug)"라는 파란 버튼이 나타납니다. 이 버튼을 그냥 한번 눌러 보세요. 그림 13과 같이 VS Code 화면의 오른쪽 밑에 "디버그 콘솔(Debug Console)" 창이 열리면서 다음처럼 출력됩니다.

```
Connecting to VM Service at http://127.0.0.1:50503/PVTFEH0E6I4=/
Hello, World!
Exited
```

첫 번째 줄의 http 이후 글자는 컴퓨터마다 다를 수 있으며, 문제 없습니다. 여기서 두 번째 줄이 print 구문에 의해서 출력된 Hello, World! 문장입니다.

[그림 13] VS Code에서 Dart 프로그램 실행하기

이번에는 Volume.C의 10장에서 살펴본 소스 코드를 열고, 실행해 봅니다. 그림 14와 같이 CLI 환경에서 수행한 것과 동일한 결과가 '디버그 콘솔' 창에 나타납니다.

[그림 14] VS Code에서 Volume.C 10장의 소스 코드 실행하기

이즈음에서 VS Code 왼쪽의 아이콘들을 알아보겠습니다. 각 아이콘의 이름과 간단한 설명을 그림 15와 같이 표현하였습니다.

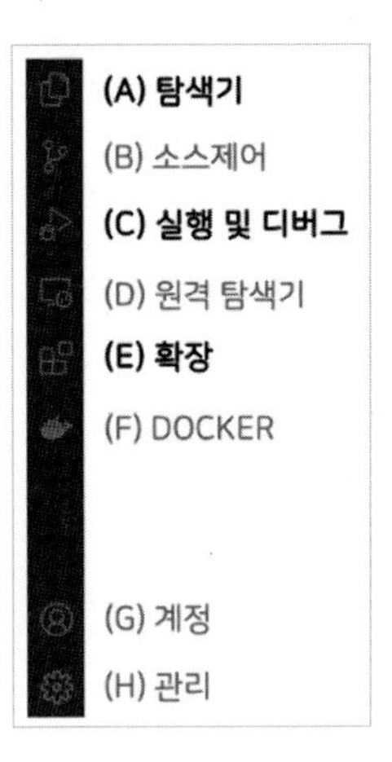

[그림 15] VS Code 메인 아이콘 이해하기

확장 기능을 설치하기 위해서 클릭한 아이콘은 '확장' 아이콘입니다. Dart 언어의 확장 기능을 찾아 설치한 것처럼, 개발에 도움이 되는 확장 기능을 찾고 설치하는 데 사용합니다. 설치된 확장 기능과 VS Code가 추천하는 확장 기능들도 확인 가능합니다. 필요 없는 확장 기능은 삭제도 가능합니다.

Dart 프로그램을 실행할 때 사용한 아이콘은 그림 15의 '실행 및 디버그' 아이콘입니다. 당장은 간단하게 프로그램을 실행하기 위한 용도로만 사용했지만 VS Code는 프로그램을 실행하면서 문제를 찾아 해결하는 고급 기능들이 있습니다. 잠시 후 이 기능에 대해서 자세히 설명하겠습니다.

맨 위의 '탐색기' 아이콘을 눌러 보면 열려 있는 '탭' 들이 '열려있는 편집기' 목록에 나타나 있습니다. 일단 우리는 파일 단위로 알아보고 있습니다. 나중에는 폴더에 여러 파일이 있어서 폴더를 여는 경우도 있을 텐데, '열린 폴더' 목록에 작업하는 폴더와 폴더 안의 파일들이 나타날 겁니다.

그 외의 아이콘 메뉴는 추후 필요한 경우마다 설명하겠습니다.

10. 프로그램 오류 수정하기(디버그하기)

디버그라는 단어는 영어로 하면 'De-bug'로, "벌레(bug)를 제거한다(de-)" 의미입니다. 프로그램에서 문제가 있어서 제대로 된 동작을 방해하는 것을 일종의 벌레로 여기고, 이것을 제거하는 작업이라는 의미입니다. VS Code는 Dart 확장 기능을 설치하면 Dart 프로그램을 실행하면서 문제가 있는 부분을 찾고 이를 수정할 수 있도록 지원합니다.

VS Code의 디버그 기능을 경험하기 위해서 Volume.B 8장의 소스 코드를 그림 16과 같이 VS Code로 읽어 들입니다. 그리고 실행 및 디버그 아이콘을 눌러 파란색의 '실행 및 디버그' 단추가 화면 왼쪽에 나타나도록 합니다.

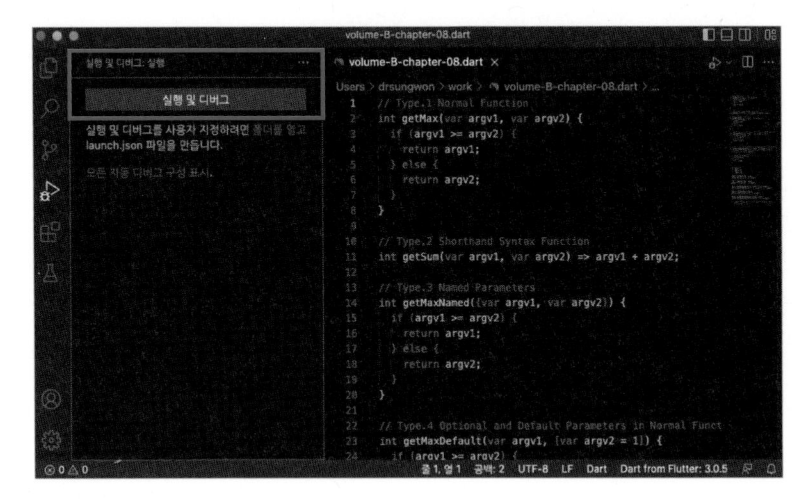

[그림 16] Volume.B 8장 소스 코드 열기

이 상태에서 바로 '실행 및 디버그' 단추를 누릅니다. 프로그램이 실행되고 그림 17과 같이 화면 오른쪽 아래처럼 디버그 콘솔에 결과를 보여 줍니다.

[그림 17] Volume.B 8장 소스 코드 실행하기

이번에는 **44**의 왼쪽 부근에 마우스를 가져가 봅니다. 그러면 붉은 원이 줄 번호 옆에 흐릿하게 나타나는 것을 볼 수 있는데, 마우스의 왼쪽 버튼으로 클릭을 해 주면 그림 18과 같이 선명하게 줄 번호 왼쪽에 고정되는 것을 볼 수 있습니다. 이런 붉은 점을 브레이크 포인트(break-point)라고 합니다. 앞서 '실행 및 디버그' 버튼을 누르면 프로그램을 실행하고 끝냈지만, 이 브레이크 포인트 버튼을 소스 코드에

서 설정하면 프로그램의 실행이 브레이크 포인트를 설정한 지점에서 멈춥니다. 이렇게 에러가 의심되는 지점에 브레이크 포인트를 설치하면 해당 지점에서 에러를 찾을 수 있습니다.

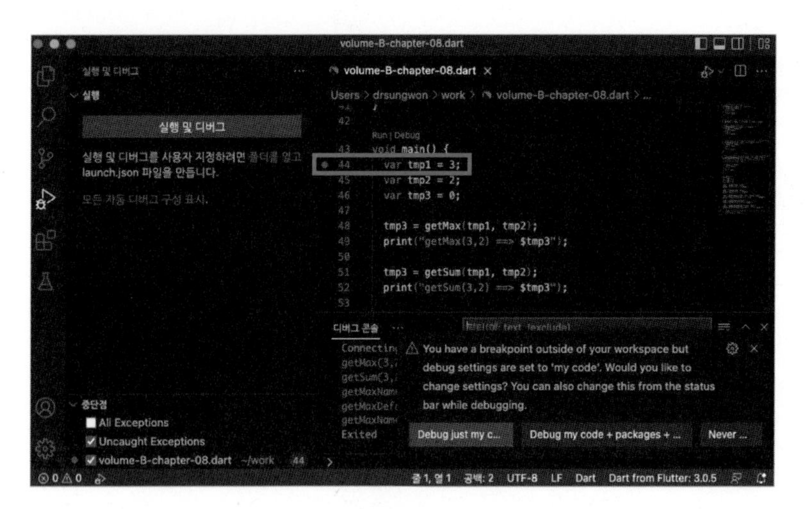

[그림 18] 디버그를 위한 브레이크 포인트 설정하기

이때 화면의 오른쪽 하단에 그림 19의 붉은 박스와 같이 경고문이 나올 수 있는데, 현재 시점에서는 무시해도 수행에 문제가 없습니다. 그림 19처럼 경고 화면의 오른쪽 상단의 'X' 표시를 클릭하여, 디버그를 진행합니다.

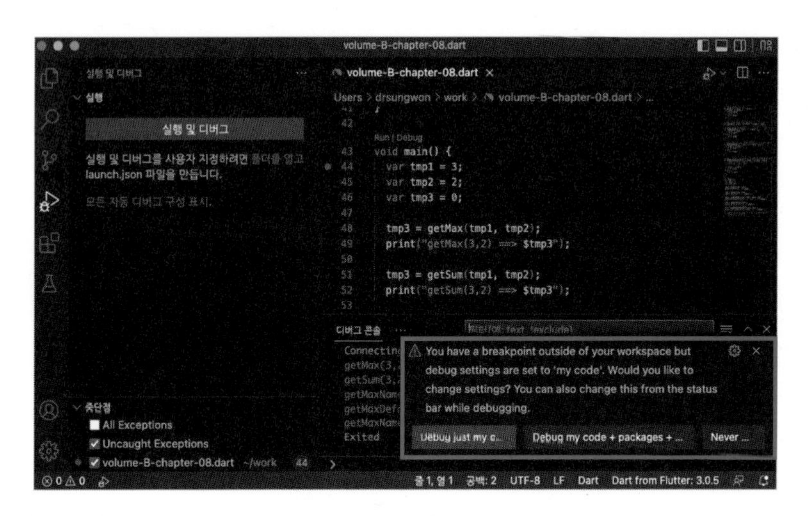

[그림 19] Volume.B 8장 디버그를 위한 브레이크 포인트 설정 경고 무시하기

이제 다시 '실행 및 디버그'를 눌러서, 프로그램을 실행해 봅니다. 그러면, 이번에는 프로그램이 끝까지 수행되지 않고, 그림 20처럼 **44**의 붉은 점을 노랑 화살표가 감싸고 있는 모양을 볼 수 있습니다. 이 표시는 44번 줄에서 프로그램을 멈추고, 실행이 이루어지기를 기다린다는 의미입니다.

[그림 20] 브레이크 포인트에서의 실행 정지 상태와 디버그 지원 아이콘

이렇게 프로그램이 브레이크 포인트에서 디버그를 위해서 중지되면, 그림 21의 화면 위쪽에 그림 21의 아이콘들이 나타납니다.

[그림 21] VS Code의 디버그 지원 아이콘

VS Code의 디버그 지원 아이콘에 대해서 왼쪽부터 오른쪽으로 각각 다음의 의미를 간단하게 설명하면 다음과 같습니다.

Continue / Pause : 다음 브레이크 포인트 혹은 프로그램의 끝까지 수행을 재개함
Step Over : 프로그램 한 줄을 실행함. 함수/메서드가 있으면 결과만 가져온 후 다음 줄로 이동함
Step Into : 프로그램 한 줄을 실행함. 함수/메서드가 있으면 함수/메서드 안으로 이동함
Step Out : 실행중인 함수/메서드에서 나와서, 함수/메서드 호출 다음 줄로 이동함
Restart : 디버그를 새롭게 다시 시작함
Stop : 디버그를 중단함

다시 한번 자세히 설명하겠습니다. Continue/Pause는 브레이크 포인트로 일단 멈춘 프로그램의 실행을 재개합니다. 따라서 프로그램이 다음 브레이크 포인트를 만나서 다시 한번 중지하거나 추가적인 브레이크 포인트가 없는 경우는 프로그램의 끝까지 실행합니다.

Step-Over와 Step-Into는 동일하게 프로그램을 한 줄 단위로 실행합니다. 그러나 함수/메서드를 호출하는 줄을 만났을 때, Step-Into는 함수/메서드 안으로 들어가서 함수/메서드의 코드를 한 줄 한 줄 실행하게 됩니다. 그러나 Step-Over는 함수/메서드를 실행하여 결과를 가져오되, 함수/메서

드 안으로 들어가지 않고, 바로 다음 줄로 이동하여 프로그램을 실행합니다. Step-Out은 Step-Into로 함수/메서드 안으로 들어간 경우, 함수/메서드의 끝까지 실행하도록 한 후, 함수/메서드를 호출한 쪽으로 이동합니다. 쉽게 이야기하면 들어가 있는 함수/메서드의 남은 코드를 수행한 후, 함수/메서드에서 나와서 프로그램의 실행을 이어 간다는 의미입니다. Restart는 현재 디버그 실행을 중단하고, 디버그 실행을 다시 새롭게 재개합니다. Stop은 디버그를 중단합니다.

Step-Over/Into를 누르면 그림 22와 같이 **44**를 실행하고 **45**로 이동합니다. 따라서 그림 22에서 보이듯 **45**에 노란색 화살표가 이동해 있습니다.

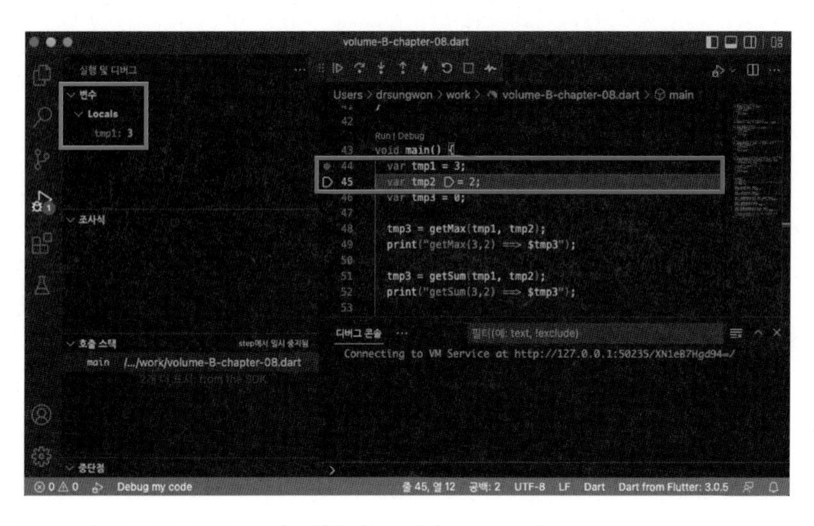

[그림 22] Step-Over/Into 기능을 이용한 한 줄 단위 프로그램 실행

이때 화면 왼쪽을 보면, '변수' 밑에 'Locals'가 있고, 아래에 "tmp1: 3"이 적혀 있습니다. 소스 코드를 보면, **44**에서 tmp1을 3으로 설정하였습니다. 이렇게 VS Code는 디버그 모드일 때 프로그램의 변수 상태를 확인할 수 있습니다. 만들어진 변수와 변수에 어떤 값이 들어가 있는지를 자동으로 보여줍니다.

Step-Over/Into를 눌러서 프로그램의 실행 상태를 48에서 멈추게 합니다. 그림 23은 48을 실행하기 전에 멈춘 화면으로, 왼쪽의 변수 항목에 소스 코드의 45, 46에서 만든 tmp2/tmp3가 있고 각각 2와 0으로 설정된 것을 볼 수 있습니다.

[그림 23] 프로그램의 변수 값 확인하기

이제 Step-Into를 클릭해서 getMax() 함수 안으로 들어가겠습니다. Step-Into를 누르면, 그림 24와 같이 getMax() 함수 안으로 들어갑니다. 그리고 화면 왼쪽에 getMax() 함수의 입력 파라미터인 argv1과 agrv2가 main 함수가 전달한 입력 파라미터로써 각각 3과 2의 값을 가지고 있는 것을 볼 수 있습니다.

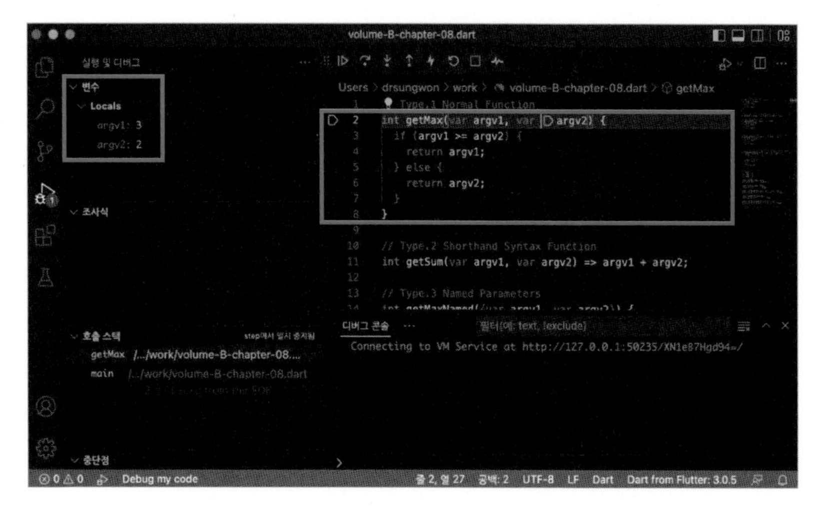

[그림 24] Step-Into 기능을 이용한 함수/메서드 안으로의 프로그램 수행 이동

Step-Over/Into를 계속 실행하면, 그림 25처럼 리턴 구문을 통해서 프로그램의 흐름이 main 함수로 돌아가는 것을 볼 수 있습니다. 이제 프로그램은 **49**를 수행하고자 대기 중입니다.

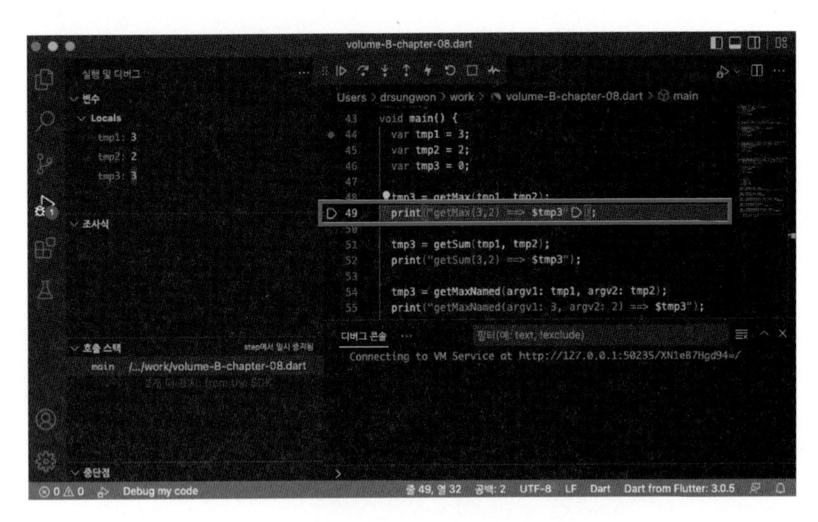

[그림 25] Step-Over/Into 기능을 이용한 함수/메서드 호출 지점으로의 복귀

Step-Over/Into 기능을 사용해서 프로그램의 수행을 **61** 실행 전에 멈춰 봅니다. 그림 26은 이렇게 61번 줄의 실행 직전에 멈춘 화면입니다.

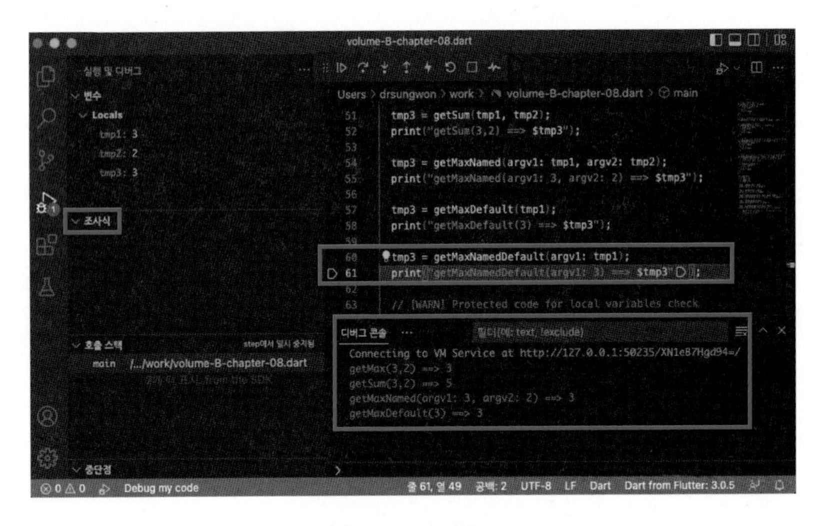

[그림 26] Step-Over/Into 기능을 이용한 프로그램 실행

디버그 콘솔을 보면, 현재까지의 결과가 제대로 출력되고 있는 것을 확인할 수 있습니다. 이번에는 화면 왼쪽의 중간 부분의 조사식을 살펴보겠습니다. 그림 27과 같이, 조사식 문장의 오른쪽을 보면 '+' 기호가 있습니다. 이 기호를 선택하면, 조사식 제목 아래에 글자 입력이 가능한 프롬프트가 나타납니다.

조사식은 프로그램을 실행하는 중에 변수 등의 값을 확인하거나, Dart의 문법으로 만들어진 문장을 실행해서 프로그램의 상태를 보다 깊이 있게 확인하는 것이 가능하도록 합니다. 지금은 tmp3.runtimeType, tmp1, tmp1 + tmp2를 실행한 결과가 나타나 있습니다. 각각 Type (int), 3, 5의 값이 출력된 것을 볼 수 있습니다.

[그림 27] 조사식을 이용한 프로그램의 동적인 상태 확인하기

Step-Over/Into를 계속 클릭하여, 프로그램의 수행을 종료합니다. 그림 28은 main 함수의 끝까지 프로그램을 수행한 결과입니다.

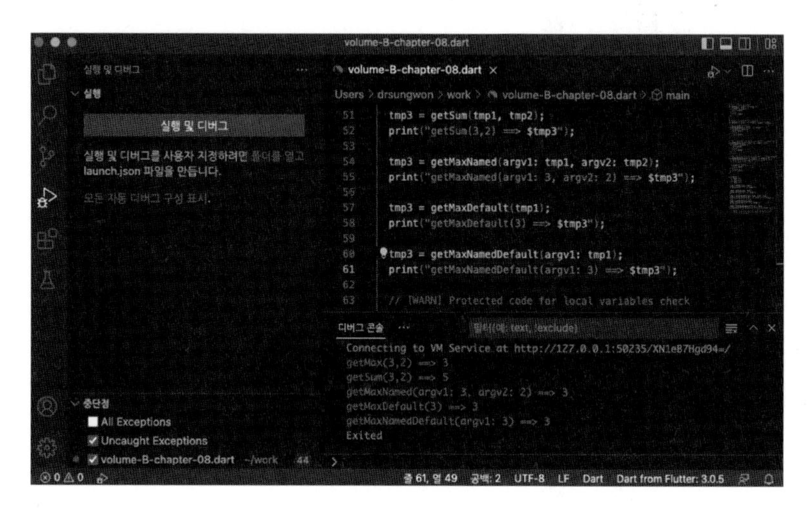

[그림 28] 프로그램의 수행 종료에 따른 디버그 종료 상태

그림 21의 아이콘이 사라졌고, 프로그램의 수행을 나타내는 노란색 화살표도 사라졌습니다. 그러나 브레이크 포인트는 아직 클릭된 채로 있는 것을 볼 수 있습니다. 브레이크 포인트를 해제하려면 설정 시와 마찬가지로 붉은 점을 다시 한번 클릭하면 됩니다.

핵심 요약

설치한 VS Code를 사용하여 지금까지 학습한 모든 소스 코드를 실행해 보면 키보드 입력과 파일을 사용한 예제를 제외하고는 잘 동작하는 것을 확인할 수 있습니다. 개발자가 프로그래밍을 처음 시작한다는 가정 하에 DartPad로 시작하였고, 그 다음에는 CLI 기반 환경을 설치했습니다. 이번 챕터에서 마침내 개발자다운 면모를 제대로 갖출 수 있는 VS Code를 설치했으며 추후 다시 한번 개발 환경을 업데이트할 예정입니다.

CHAPTER. 2

HTTP 프로토콜 이해하기

Dart 언어에 대한 기본 문법과 심화 문법도 마쳤고, VS Code와 같은 전문 개발 도구도 설치했습니다. 지금부터는 본격적으로 Full-Stack 프로그래머라는 목표에 부합하도록 의미 있는 프로그램의 개발을 시작하고자 합니다.

이번 Volume에서는 첫 번째 단계로 HTTP 서버(server)와 클라이언트(client)를 개발합니다. 간단하게 이야기해서 클라이언트는 정보를 요구하는 쪽이고 서버는 정보를 제공하는 쪽입니다. HTTP가 낯설겠지만 일반적으로 웹 서비스라고 부르는 모든 서비스들을 가능하게 하는 기반이 되는 기술입니다. 독자가 웹 서비스와 HTTP 기술에 대한 이해가 적다는 가정 하에 가장 간단한 형태의 프로그램에서 시작해서 점차 고도화된 형태로 진화시켜 나가도록 하겠습니다. 이번 챕터에서는 간단한 HTTP 서버를 Dart 언어의 표준 라이브러리로 개발하고 HTTP 클라이언트는 일반 웹 브라우저를 사용하도록 하겠습니다. 그리고 이번 챕터에서 HTTP 기술과 가장 간단한 형태의 HTTP 서버에 대해 이해할 수 있도록 돕겠습니다.

당부하고 싶은 사항이 있습니다. 이미 학습한 Dart 언어를 토대로 새롭게 등장하는 라이브러리를 활용할 뿐이므로 HTTP 라이브러리와 관련하여 모르는 내용이 나오면 두려워하지 말고 공식 사이트의 내용을 찾아서 참고하면 된다는 점입니다. Dart 언어의 문법이 헷갈리면 책의 앞부분에서 관련 내용을 다시 보도록 합니다.

미리 보는 수행 결과

이번 챕터의 소스 코드는 DartPad에서 실행되지 않습니다. HTTP 서버 역할을 하는 소스 코드는, 본인의 컴퓨터에 설치한 개발 환경에서 수행합니다. Windows는 PowerShell, macOS와 Linux에서는 터미널을 열어서 실행하는 것을 기본으로 합니다. VS Code의 경우는 파일 처리를 하는 부분에서 실행이 되지 않습니다. 하지만 이 부분을 제외하면 VS Code에서의 실행과 디버그도 가능합니다. 기본적으로 터미널을 열어서 CLI 환경에서 실행하되, 디버그를 하거나 궁금한 부분에 대해서 좀 더 자세하게 보고 싶으면 선택적으로 VS Code를 사용하면 효과적일 겁니다. HTTP 클라이언트는 일반 웹 브라우저를 사용하면 됩니다. 수행 결과를 시간의 흐름에 맞추어 설명하도록 하겠습니다.

```
1  (base) $ dart volume-D-chapter-02.dart
2  $ server activated - 127.0.0.1:4040.
```

1 가장 먼저 HTTP 서버 역할을 하는 소스 코드를 실행하겠습니다. 터미널을 열고 다음과 같은 명령을 타이핑해서 실행합니다. 이전의 PowerShell 혹은 터미널을 열어서 실행한 것과 같은 방법입니다.

```
dart volume-D-chapter-02.dart
```

2 그러면 서버가 실행되었다는 메시지가 출력됩니다. 그리고 실행된 프로그램의 IP 주소(수행 결과에서 127.0.0.1) 그리고 Port 번호(수행 결과에서 4040)가 출력됩니다.

NOTE

IP 주소는 프로그램이 실행되는 컴퓨터를 인터넷에서 찾을 수 있는 주소입니다. Port 번호는 컴퓨터에서 실행되는 프로그램에게 운영체제가 부여하는 고유의 식별 번호입니다. 따라서 IP 주소와 Port 번호를 합치면, 프로그램이 수행되는 컴퓨터과 프로그램을 식별할 수 있는 숫자가 됩니다. 일종의 국가 번호 + 휴대폰 번호와 같은 의미가 되는 셈입니다. 전세계에서 어느 나라에 있는 누구의 휴대폰인지 식별하는 것처럼, 전세계에 있는 특정 컴퓨터에서 동작하는 특정 프로그램을 찾을 수 있습니다.

127.0.0.1은 같은 컴퓨터 안의 프로그램끼리 통신을 하도록 할 때 부여하는 임시 IP 주소입니다. 임시 IP 주소이지만, 한 대의 컴퓨터를 사용해서 프로그램을 개발하고 시험하는 입장에서는 문제없이 사용할 수 있습니다.

이제 HTTP 클라이언트 역할을 수행할 웹 브라우저를 실행합니다. 브라우저의 종류는 상관없습니다. 우리의 소스 코드는 비록 간단한 형태이지만 나름 모양을 갖춘 HTTP 서버입니다. 따라서 어떤 브라우저에서 접속을 하든 상관없이 일관된 결과를 나타냅니다. 본 책에서는 모질라 재단이 만든 파이어폭스(Firefox) 브라우저를 사용하였습니다. 조금 전의 수행 결과에서 HTTP 서버 프로그램이 알려준 주소인 “127.0.0.1:4040”을 브라우저의 주소 창에 입력하여 접속합니다. 그림 1은 파이어폭스 브라우저의 주소 창에 HTTP 서버의 주소를 입력한 결과입니다. 웹 브라우저의 화면에 ‘Hello, World!’ 글자가 출력된 모습을 볼 수 있습니다.

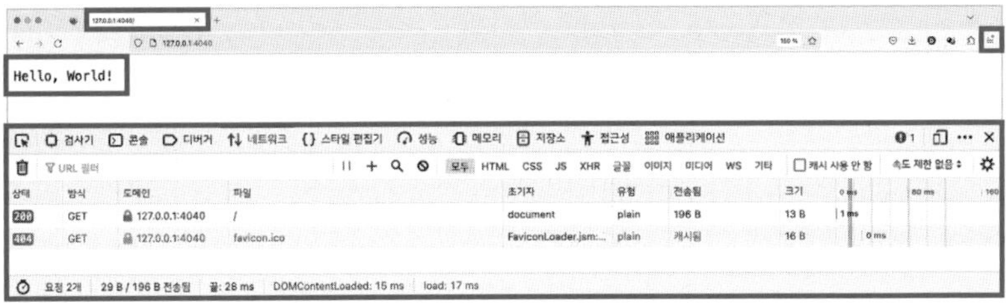

[그림 1] HTTP 웹 브라우저를 사용한 HTTP 서버 접속 화면(파이어폭스 브라우저)

일단 실행 순서에 따라서 다시 서버의 수행 결과를 보겠습니다.

```
3  $ http request for /at (2022-01-27 16:13:20.215461).
4  $ http response is 'Hello, World!'.
5  $ send '200 ok'.
```

3 웹 브라우저에서 HTTP 서버의 주소를 입력하고 엔터 키를 누르면 웹 브라우저에서 HTTP 서버로 “HTTP Request” – ‘HTTP를 사용하여 정보를 주세요’ 라는 메시지를 보냅니다. 우리가 흔히 구글이나 네이버의 주소를 웹 브라우저의 주소창에 타이핑하고 엔터 키를 누르는 행위가 기술적으로는 HTTP Request 라는 정보를 웹 브라우저에서 구글/네이버의 HTTP 서버로 전달하면서, 홈 페이지라고 불리는 정보를 요청하는 행위입니다. 수행 결과에서는 브라우저가 보낸 HTTP Request를 이번 챕터의 소스 코드인 HTTP 서버 프로그램이 수신하였습니다. 이때 웹 브라우저의 실체인 HTTP 클라이언트는 어떤 정보를 받고 싶은 지를 HTTP 서버에게 전달합니다. 이 중 하나가 브라우저 주소 창에 적는 내용입니다. 흔히 웹 서핑을 하다 보면, 주소 창의 주소가 매우 길고 (사람 눈에는 이상하지만)다양한 문자와 기호, 그리고 숫자로 이루어지는 복합적인 형태인 때가 있습니다. 그림 1에서는 단순하게 IP 주소와 Port 번호만 입력해서, 가장 기본이 되는 정보를 HTTP 서버에 요구하였습니다. 그리고 끝에 자동으로 ‘/’ 기호가 추가되었습니다. 이것을 통상 루트(root)라고 하는데, 하드 디스크와 같은 저장 장치에서 가장 위쪽에 해당하는 디렉터리를 나타내는 용도입니다. 그래서 우리가 Windows의 경우 C: 드라이브의 맨 위에 있는 디렉터리를 나타낼 때 ‘C:/’라고 표현하는 것입니다. HTTP 서버에서는 서버 프로그램이 수행된 디렉터리가 루트 디렉터리가 됩니다.

설명이 길었는데, 사람이 웹 브라우저의 주소창에 ‘127.0.0.1:4040’를 타이핑했을 때 웹 브라우저는 ‘127.0.0.1:4040/’의 정보를 HTTP 서버로 전달하고 HTTP 서버는 이에 해당하는 정보를 HTTP 클라이언트에 제공하는 일련의 보이지 않는 과정을 자세히 설명한 것입니다.

4 우리의 소스 코드는 이 HTTP Request에 응답으로 ‘Hello, World!’라는 문자열을 HTTP 클라이언트에게 전달합니다. 이렇게 HTTP Request에 응답하는 것을 HTTP Response라고 합니다. 이것

이 수행 결과의 내용입니다. HTTP 서버가 "Hello, World!" 문자열을 HTTP Response로 HTTP 클라이언트인 웹 브라우저에게 전달했습니다.

5 이때 HTTP 서버는 추가적인 여러 정보를 HTTP 클라이언트에게 제공할 수 있는데, 가장 유용한 정보가 응답 코드 혹은 상태 코드(status code)라고 부르는 정보입니다. 숫자와 영어로 같이 표현이 되는 간단한 정보입니다. 수행 결과에도 출력되었습니다. HTTP Request로 요청한 작업이 성공적으로 이루어지면 HTTP 서버는 HTTP Response의 상태 코드로 'OK'와 '200'을 HTTP 클라이언트에게 줍니다. 둘은 같은 의미로 HTTP Request로 요청한 작업을 문제없이 마쳤으며, 요청한 정보를 HTTP Response로 응답한다는 의미입니다. 브라우저는 HTTP Response 안의 "Hello, World!" 문자를 꺼내서 화면에 출력하여 사용자에게 성공적으로 작업이 마쳤다는 것을 보여줍니다.

NOTE

HTTP Response에는 왜 숫자와 영어 단어를 중복해서 사용할까요? 사람이 수행 결과를 보는 경우는 OK라는 영어 단어를 보면 바로 이해가 되니 편하고, 프로그램을 개발하는 개발자 입장에서는 숫자 200으로 되면 프로그램에서 처리하기에 용이하기에 둘 다 사용하는 겁니다.

수행 결과의 다음 단계를 설명하기 전에 HTTP 혹은 웹 서비스를 주로 개발하고 싶은 독자를 위해서 그림 1의 아래 화면에 대한 설명을 하겠습니다.

NOTE

웹 브라우저는 사실 웹 서비스를 개발하는 개발자들에게 매우 강력한 개발 도구로 사용되고 있습니다. 다만 일반 사용자는 이에 대해서 모를 뿐입니다. 사용자가 많은 크롬 브라우저와 웹 서비스 개발자가 기술적으로 선호하는 파이어폭스 브라우저의 개발자 모드에 대해서 이해하도록 합니다.

첫 번째로 크롬 브라우저에서 그림 2의 오른쪽 위에 점 세 개가 위에서 아래로 나열된 아이콘을 누르면 추가 메뉴가 나타납니다. 여기서 "도구 더보기"를 선택한 후 "개발자 도구"를 선택하고 마지막으로 화면 오른쪽에 새롭게 나타난 메뉴 중 "Network" 메뉴를 선택합니다. 다음으로 그림 1에서 했던 것처럼 주소 창에 "127.0.0.1:4040"을 타이핑하고 엔터 키를 누릅니다. 이를 마친 후의 결과가 그림 2와 같이 나올 겁니다. 개발자 모드 전환 후 나타난 화면을 보고 있으면 127.0.0.1의 HTTP 서버에 접속해서 HTTP Request를 전달하고 HTTP Response를 받아서 화면에 "Hello, World!"를 출력하는 과정이 시간의 흐름에 따라 그림으로 표현되는 것을 볼 수 있습니다.

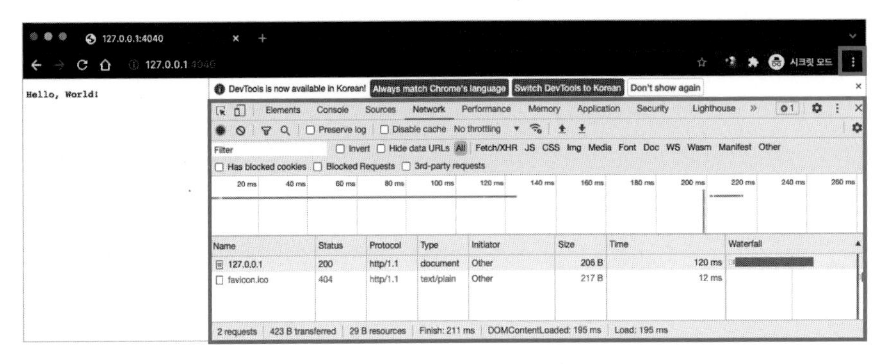

[그림 2] HTTP 웹 브라우저를 사용한 HTTP 서버 기본 접속 화면 (크롬 브라우저)

두 번째로 파이어폭스 브라우저에서는 그림 1의 오른쪽 위의 부분과 같이 오른쪽 위에 줄 세 개가 위에서 아래로 나열된 아이콘을 누르면 추가 메뉴가 나타납니다. 여기서 "더 많은 도구"를 선택한 후 "웹 개발자 도구"를 선택했을 때 화면 아래에 새롭게 나타난 화면 중 "네트워크" 메뉴를 선택합니다. 다음으로 주소 창에 "127.0.0.1:4040"을 타이핑하고 Enter를 누릅니다. 이를 마친 후의 결과가 그림 1의 아래 화면과 같이 나올 겁니다. 내용은 앞서 크롬과 유사합니다.

NOTE

마이크로소프트의 에지 브라우저와 애플의 사파리 브라우저도 인터넷을 검색해 보면, 유사한 방법으로 개발자 모드의 화면을 보는 것이 가능합니다.

개발자 모드는 매우 많은 정보를 제공하지만 지금은 필요한 것만 이해하면 됩니다. 파이어폭스 브라우저를 사용한 그림 1을 보면, 수행 결과의 HTTP 서버 주소인 127.0.0.1:4040을 찾는 과정이 있습니다. 그리고 웹 브라우저에서 HTTP 서버로 HTTP Request 메시지를 보냈고, (잠시 후 설명하겠지만) HTTP Request의 유형이 GET임을 보여줍니다. 정보를 요청하는 위치는 루트를 의미하는 '/'로 되어 있습니다. 그리고 이에 대한 결과로 HTTP 서버의 HTTP Response 응답 상태가 '200'이라는 것을 알 수 있습니다. 앞서 말로 길게 설명한 것을 핵심이 되는 사항 중심으로 한 화면에 출력했습니다. 크롬 브라우저를 사용한 그림 2를 보더라도 Name에 127.0.0.1인 줄이 있고 수행 결과인 Status가 '200'인 것을 확인할 수 있습니다. 물론 "Hello, World!" 결과도 화면 왼쪽에 표시되어 있습니다.

지금은 간단하게 개발자 모드에서 네트워크로 주고받는 정보를 확인하였는데, 실은 웹 브라우저는 웹 서비스의 개발과 디버그를 위하여 더 많은 기능을 제공하고 있습니다.

이번에는 브라우저의 주소 창에 "127.0.0.1:4040/add,4,3"이라고 타이핑하고 Enter를 칩니다.

```
6 $ http request for /add,4,3 at (2022-01-27 16:13:31.532855).
7 $ http response is result of 'add' operation.
8 $ send '200 ok'.
```

6 그러면 HTTP 서버에서는 HTTP Request를 받았다고 출력합니다. 추가적인 정보로 '/add,4,3'을 받았다는 것도 보여주었습니다.

7 이런 형태의 HTTP Request는 '더하기(add)' 작업 요청이라고 알려주었습니다.

8 성공적인 작업이었다는 응답인 '200 ok'를 보낸다고 표시하였습니다.

웹 브라우저에서의 결과 화면이 그림 3에 나타나 있습니다.

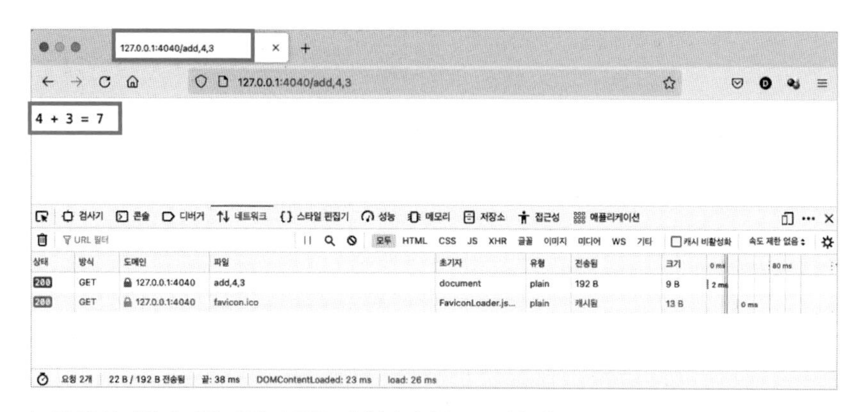

[그림 3] 두 개의 숫자를 더하는 HTTP 예제 (파이어폭스 브라우저)

브라우저의 화면을 보면, 웹 브라우저에서 HTTP 서버로 전달한 4와 3을 더하면 결과가 7이라는 내용이 웹 브라우저의 화면에 출력되어 있습니다. 이렇게 HTTP 클라이언트에서 HTTP 서버로 정보를 전달하여 마치 함수를 호출하듯이 계산 결과를 만들어서 전달받는 것도 가능합니다.

다음 단계는 HTTP 클라이언트인 웹 브라우저가 HTTP 서버로부터 특정 파일을 다운로드하는 경우입니다. 이를 위해서 HTTP 서버 역할을 하는 소스 코드가 있는 위치(디렉터리)에 이름은 sample.txt이고 내용은 다음과 같은 파일을 만듭니다. VS Code를 사용하면 쉽게 만들 수 있습니다.

```
[BOF]
Hello, World!
[EOF]
```

이 작업을 마친 후, 이번에는 브라우저의 주소 창에 "127.0.0.1:4040/sample.txt"로 타이핑하고 엔터 키를 칩니다.

```
9  $ http request for /sample.txt at (2022-01-27 16:13:55.602507).
10 $ http response is '/sample.txt' file stansfer.
11 $ send '200 ok'.
```

9 HTTP 서버에서 루트('/') 디렉터리에 있는 sample.txt 파일을 전송해 달라는 HTTP Request 요청이 웹 브라우저에서 HTTP 서버로 전달되었다는 것을 보여주었습니다.

10 그리고 HTTP Response로 sample.txt 파일을 전달한다는 사실이 출력되었습니다.

11 제대로 작업이 완료되었습니다.

웹 브라우저의 화면을 보면, HTTP 서버의 소스 코드 옆에 저장된 sample.txt 파일의 내용이 그림 4와 같이 브라우저의 화면에 출력되는 것을 볼 수 있습니다.

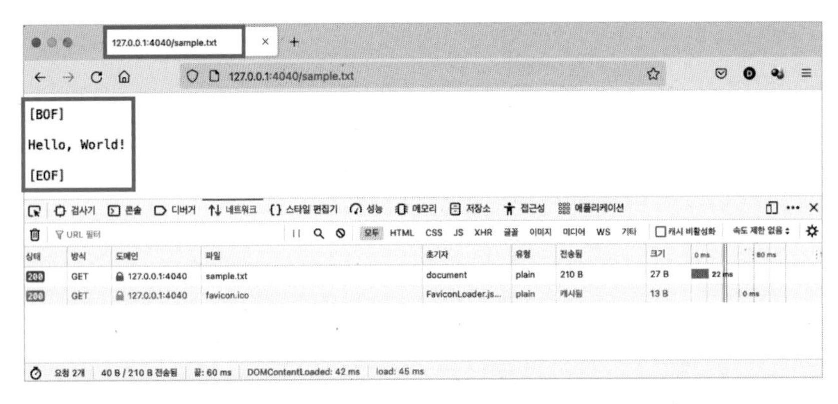

[그림 4] HTTP 서버로부터 파일을 다운로드 하는 HTTP 예제(파이어폭스 브라우저)

마지막으로 HTTP 서버에서 제공하지 않는 기능이나 파일, 혹은 정보를 웹 브라우저가 요청하는 경우의 예제입니다. 이를 위해서 브라우저의 주소 창에 "127.0.0.1:4040/applemango"를 타이핑하고 엔터 키를 누릅니다.

```
12 $ http request for /applemango at (2022-01-27 16:14:18.461711).
13 $ unsupported uri.
14 $ send '404 not-found'.
```

12 HTTP 서버에서는 HTTP Request로 '/applemango'에 대한 내용을 전달받았다고 출력했습니다.

13 소스 코드에서 설명하겠지만, 이는 HTTP 서버에 지원하는 내용이 아니기 때문에 문제가 있음을 출력했습니다.

14 "해당 정보를 찾을 수 없다"는 의미로 사용되는 '404 not-found' 상태 코드를 HTTP Response를 통해서 웹 브라우저에게 전달했습니다. 이를 수행한 결과 화면이 그림 5에 나타나 있습니다.

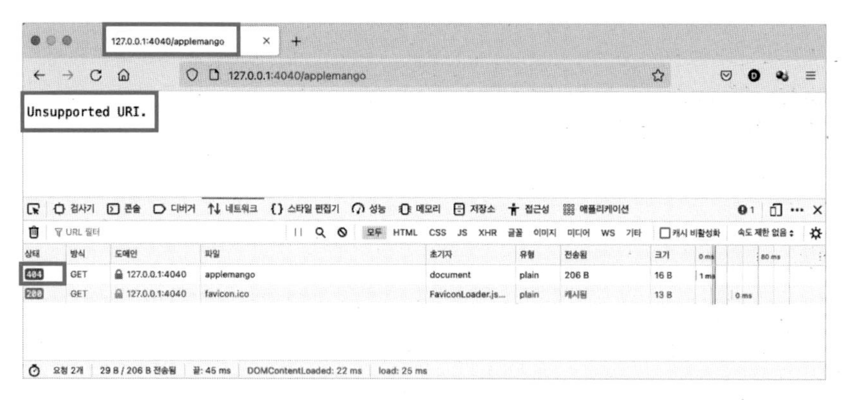

[그림 5] HTTP 서버가 지원하지 않는 정보를 요구하는 예제(파이어폭스 브라우저)

웹 브라우저의 화면 아래 중 파일에 'applemango'인 칸의 상태가 404번으로 나타나 있습니다. 웹 브라우저의 개발자 모드 관련해서 새로운 정보 설명이 너무 많아 머리가 피곤한 독자라면, 당장 필수적인 사항은 아니니 잊어버리고 나중에 다시 찾아와서 봐도 됩니다. 당장은 소스 코드에서 설명할 HTTP 서버의 실행, 웹 브라우저의 주소 창을 통한 정보 입력, 수행 결과의 의미정도만 이해하면 되겠습니다.

```
15  ^C
```

15 CLI 환경에서 수행중인 HTTP 서버 프로그램을, 키보드에서 'Ctrl-C'를 눌러서 수행 중단시킨 것입니다. HTTP 서버 프로그램이 무한 반복 모드로 되어 있어서 원하는 만큼 수행한 후에는 이렇게 강제로 종료하면 됩니다.

소스 코드 설명

수행 결과에서 간단히 살펴본 것처럼 HTTP라는 기술을 사용하면 클라이언트에서 서버로부터 파일 및 정보를 가져오거나 혹은 클라이언트가 전달한 정보를 사용하여 서버에서 계산을 한 후 결과를 클라이언트로 전달하는 것이 가능합니다.

HTTP는 크게 두 가지 측면에서 사용됩니다. 첫 번째로 웹 브라우저를 이용하는 웹 서비스들이 인터넷을 사용할 수 있도록 합니다. 일반적으로 HTML(Hyper Text Markup Language), CSS(Cascading Style Sheets), JS(JavaScript) 기술로 웹 서비스가 구현되는데, 이렇게 만들어진 서비스들은 모두 HTTP 기술을 사용해서 클라이언트와 서버 간의 통신을 합니다.

NOTE

> YouTube나 Netflix와 같은 동영상 스트리밍도 HTTP로 만들어집니다. HTTP Live Streaming이라고 부르는 기술인데, 수행 결과에서 살펴본 파일 다운로드 방식의 확장판이라고 보면 됩니다. 따라서 실제 우리가 웹 서비스라고 부르는 대부분은 HTTP가 실어 나르며 웹 브라우저와 웹 서버의 맨 밑에서 HTTP가 매우 많은 일을 한다고 보면 됩니다.

두 번째로 컴퓨터 간의 정보 교환 목적으로 사용됩니다. 여기서 컴퓨터는 스마트폰/태블릿/노트북/데스크탑/서버를 넘어서서 점점 똑똑해지는 냉장고/TV/웹캠 등을 포함한 온갖 전자 기기들입니다. 앞서 브라우저가 전달한 숫자를 서버에서 더하고 결과를 다시 브라우저에게 전달했었는데, 이 방식을 확장하여 정보 교환에 사용합니다. 미리 보는 수행 결과에서 별것 아닌 것 같은 3가지 유형의 서비스를 살펴봤지만, 의외로 이 3가지 예제가 현재 우리가 사용하는 대부분의 웹 서비스를 개발하는 기초가 됩니다.

HTTP는 이렇듯 서버에서 저장하고 있는 파일을 클라이언트에게 전달하거나, 서버에서 계산한 결과를 클라이언트에게 전달하는 것을 가능하게 합니다. 클라이언트는 파일이나 계산 결과를 서버에게 요청하고, 서버는 파일이나 계산 결과를 클라이언트에게 응답하는 구조를 가집니다. 이런 이유로 [그림 6]과 같이 HTTP Request(요청)와 HTTP Response(응답)의 형태가 탄생하였습니다.

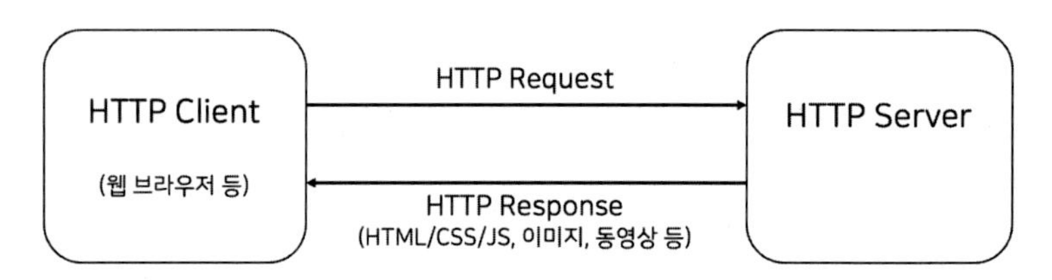

[그림 6] HTTP Request/Response 개념도

이제 웹 브라우저의 요청에 따라 정보를 제공한 HTTP 서버의 소스 코드를 설명합니다. Dart 언어를 사용하여 HTTP 서비스를 개발하는 경우는 표준으로 제공되는 HTTP 라이브러리를 사용합니다.

```
1  import 'dart:io';
2
```

HTTP 기능을 개발하기 위해서 사용해야 하는 라이브러리는 dart:io에 있습니다. 라이브러리를 사용하기 위해 프로그램의 시작 지점에서 dart:io를 import합니다.

```
3  Future main() async {
4    var ip = InternetAddress.loopbackIPv4;
5    var port = 4040;
6
7    var server = await HttpServer.bind(
8      ip,
9      port,
10   );
11
12   print('\$ server activated - ${server.address.address}:${server.port}.');
13
```

3 main 함수가 시작되는데, 비동기 함수인 것을 볼 수 있습니다. HTTP 관련 라이브러리들은 대부분 비동기 동작을 합니다. 이번 챕터의 소스 코드도 그렇습니다. 따라서 main 함수를 비동기로 지정했습니다.

4 수행 결과에서 여러 번 언급한 IP 주소를 주기 위한 내용입니다. 서버가 사용할 IP 주소인데, 크게 두 가지 방법으로 줍니다. 하나는 다른 컴퓨터의 프로그램이 서버로 접속할 수 있도록 서버 프로그램이 동작하는 컴퓨터의 주소를 주는 경우입니다. 전달하는 IP 주소는 일반적인 경우라면 유무선 공유기가 부여한 주소입니다. 이 주소를 사용해서 유무선 공유기에 접속한 컴퓨터와 기기들이 통신을 합니다. 따라서 다른 컴퓨터에서 실행중인 웹 브라우저로 서버 프로그램에 접속하고 싶다면 서버 프로그램이 동작하는 컴퓨터의 IP 주소를 찾아서 변수 ip에 var ip = "127.0.0.1";처럼 문자열로 주면 됩니다. 하지만 지금은 개발의 용이성을 위해서 서버 프로그램과 웹 브라우저가 같은 컴퓨터에서 실행되는 형태로 개발합니다. 이런 경우에는 Dart 언어에서 제공하는 InternetAddress.loopbackIPv4를 사용합니다. 이름 그대로 해석하면, (다른 컴퓨터에서 접속하는 용도가 아니고)loopback이라고 부르는 컴퓨터 내부의 프로그램 간 통신을 위한 인터넷 주소(IPv4)입니다. 수행 결과에서 보듯이 "127.0.0.1"로 표현됩니다.

5 수행 결과에서 여러 번 언급한 Port 번호입니다. 통상 서버 프로그램은 특정 번호를 고유한 Port 번호로 지정합니다. 현재 4040으로 지정하여 웹 브라우저와 같은 클라이언트에서 우리가 만드는 서버 프로그램에게 정보를 전달하는 경우는 4040을 주소로 쓰게 됩니다.

7~10 서버 프로그램이 사용할 IP 주소와 Port 번호를 입력 파라미터로 주어 bind() 메서드를 실행합니다. 이 메서드를 소유한 객체는 HttpServer 클래스 타입의 객체입니다. HTTP 기술이 워낙 많이 쓰이다 보니 HTTP 서버 개발이 용이하도록 HttpServer라는 표준 클래스를 제공합니다. 여기서 bind() 메서드는 입력 파라미터인 IP 주소와 Port 번호를 운영체제에 주면서 앞으로 IP 주소와 Port 번호로 누군가가 정보를 보내오면 bind()를 요청한 프로그램에게 해당 정보를 전달해 달라는 부탁을 한다고 보면 됩니다. bind의 의미인 "연결하다"처럼 서버 프로그램을 운영체제에 붙이는 역할을 합니다. 코드를 보면 bind() 메서드는 비동기 모드의 메서드이기에 await 구문을 붙였고, HTTP 서버의 객체가 server 변수로 전달되며 HTTP 서버가 실행됩니다.

NOTE

Dart 언어에 대한 지식과 특정 분야(지금은 HTTP 기반 웹 서비스) 관련 라이브러리를 이해한 후 사용하는 것이 개발자들의 일반적인 개발 과정입니다. 필요한 기능을 표준 라이브러리에서 제공한다면, 바로 활용하면 됩니다. 만약 표준 라이브러리에 없다면, 오픈소스 소프트웨어처럼 누군가가 만들어서 공유하는 라이브러리를 찾아보고 활용하면 됩니다. 사용 가능한 라이브러리가 없는 부분은 직접 개발해야만 합니다. 그러므로 특정 분야의 소프트웨어를 개발하고 싶다면, 그 분야를 지원하는 표준 라이브러리의 유무와 기능을 이해하고 사용하는 것이 중요합니다. 당연하지만 개발하고자 하는 분야에 필요한 이론 공부는 이와 별개로 필요하겠지요. 예를 들어 지금은 HTTP에 대해서 가장 기본적이고 필수적인 내용을 다루고 있지만, 구글이나 네이버 같은 회사의 실무 수준의 HTTP 프로그램 개발이라면 HTTP 기술 자체에 대한 책과 자료를 읽고 공부를 하는 것은 필수입니다. 앞으로의 개발을 위해 개발자에게 요구되는 아래의 세 가지 기본 능력을 기르기를 바랍니다.

(1) 사용 언어를 충분히 이해하고 활용하는 능력
(2) 개발 분야의 라이브러리를 이해하고 사용하는 능력
(3) 개발 분야의 이론 지식

12 HTTP 서버가 동작하고 있다는 것을 화면에 출력했습니다. 웹 브라우저를 통한 접속이 용이하도록 서버 프로그램의 IP 주소와 Port 번호도 화면에 출력했습니다.

서버가 동작을 시작하면 14에서 정의한 무한 반복 작업이 시작됩니다.

```
14    await for (HttpRequest request in server) {
15      try {
```

14~15 비동기 모드로 무한 반복을 하는 for 문이 있습니다. server는 이제 HTTP 클라이언트가 접속하기를 비동기 모드로 기다립니다. 그러다가 HTTP 클라이언트가 HTTP Request를 전달하면 이를 받아서 HttpRequest 클래스의 객체인 request로 만든 후, for 구문 안으로 진입합니다. 여기서도 볼 수 있듯이, 수행 결과에서 언급한 HTTP Request도 이미 Dart 언어에서 개발하여 HttpRequest라는 이름의 클래스로 제공되고 있습니다. 안정성을 보장하기 위하여, 에러가 발생해도 서버 프로그

램이 죽지 않도록 하기 위해 try 구문을 사용했습니다.

```
56        } catch (err) {
57          print("\$ exception in http request processing.");
58        }
59      }
60    }
61
```

56~57 만약 HTTP Request의 처리 중에 에러가 난다면 catch()에서 처리가 되므로 화면에 에러 유무만 출력하고, 안전한 상태로 무한하게 동작하도록 하였습니다.

59 14의 for 구문의 작업을 닫는 괄호입니다.

60 main 함수는 닫는 괄호입니다.

이제 남은 부분은 무한 반복하는 16~55의 내용입니다.

```
16          print("\$ http request for ${request.uri.path} at
      (${DateTime.now()}).");
17
```

16 HTTP Request에 포함된 정보를 일단 화면에 출력했습니다. 이번 예제는 '/', '/add,3,4', 'sample.txt'와 같이 웹 브라우저의 주소 창에 입력하는 정보를 토대로 서로 다른 동작을 하게 하였습니다. 이 정보는 Dart 언어가 제공하는 HttpRequest 객체(소스 코드에서 request)의 uri 프로퍼티에 속한 path 프로퍼티에 있습니다. 따라서 request.uri.path를 통해서 웹 브라우저의 주소 창에 입력한 정보를 HTTP 서버에서 받아서 활용할 수 있습니다.

앞서 수행 결과에서 총 4가지 시나리오를 보여 주었는데, 서버 소스 코드도 각각에 상응하여 4개 구간으로 만들어져 있습니다.

62~66 소스 코드에서 사용하는 HTTP 표준 라이브러리의 대표적인 클래스들의 공식 설명 사이트 주소가 있습니다.

```
62 // https://api.dart.dev/stable/dart-io/HttpServer-class.html
63 // https://api.dart.dev/stable/dart-io/HttpRequest-class.html
64 // https://api.dart.dev/stable/dart-io/HttpResponse-class.html
65 // https://pub.dev/documentation/http _ utils/latest/httputils/HttpStatus-class.html
```

표준 라이브러리가 제공되는 분야의 소프트웨어를 개발하는 경우에는 관련된 라이브러리를 이해한 후 사용하라고 강조했었습니다. 다음 단계로 넘어가기 전에 다음 작업을 해 보기를 권합니다.

- 63의 HttpRequest 클래스의 공식 문서 페이지에 접속합니다.
- 설명 중 프로퍼티에서 uri를 선택합니다.
- 새로 펼쳐진 uri 프로퍼티 설명 중 Uri 단어를 한 번 더 클릭합니다.
- 새로 펼쳐진 Uri class 설명 중 프로퍼티에서 path를 선택합니다.
- 새로 펼쳐진 String 타입인 path 프로퍼티에 대한 설명을 읽어 봅니다.

이런 식으로 "이미 만들어져서 표준으로 제공하는" 라이브러리들을 하나씩 찾아보고 읽어보면 개발에 대한 감이 발전함을 느끼게 됩니다. 그리고 이 방법이 공식 사이트에서 제공하는 정보가 중요해지는 트렌드에 맞는, 개발자가 새로운 기술을 공부하는 방법입니다.

미리 보는 수행 결과 ❸~❺

```
18       if (requset.uri.path == '/') {
19         print("\$ http response is 'Hello, World!'.");
20         print("\$ send '200 ok'.");
21
22         requset.response
23           ..statusCoude = HttpStatus.ok
24           ..write("Hello, World!");
25       } else if (request.uri.path.contains('/add')) {
```

IP 주소와 Port 번호로만 이루어진 웹 브라우저의 접속을 처리하는 서버의 코드입니다. 그림 1의 가장 기본적인 HTTP Request 수행 예제의 서버 쪽 코드입니다.

18 request.uri.path가 '/'인지 확인하는 조건문이 작성되어 있습니다. 이는 원래 웹 브라우저 창에 입력한 '127.0.0.1:4040/'에서 IP 주소와 Port 번호는 제거하고 '/'만 남은 루트를 확인하기 위한 코드입니다. 그림 1을 보면, 웹 브라우저 화면에 "Hello, World!" 문자열이 출력되었습니다.

19~20 "Hello, World!"를 HTTP Response로 전달하고 상태 코드는 "200 ok"가 될 것이라는 내용을 화면에 출력합니다. 출력 내용에 맞추어 실제 HTTP Response에 해당하는 정보를 만들고 여기에 "Hello, World!" 문자열을 쓰는 작업과, "200 ok" 상태 코드를 넣는 작업이 필요합니다.

22 서버가 웹 브라우저로부터 받은 HTTP Request인 request의 response를 작성하기 위한 request.response 구문이 있습니다. 서버는 여러 클라이언트들을 동시에 지원하기 위해 요청-응답 형태로 동작합니다. 클라이언트에서 Request(요청)를 받았을 때 전달할 Response(응답)를 request.response 구문에 작성합니다. 이 response의 타입은 Dart 언어에서 HTTP Response를 구현한 HttpResponse 클래스이며, 자세한 내용은 64의 공식 설명에서 볼 수 있습니다.

23 "200 ok"라는 값을 웹 브라우저에게 전달하기 위해서 HttpResponse 클래스 객체의 statusCode 프로퍼티를 사용합니다. "200 ok"의 의미인 HttpStatus.ok를 응답의 상태 코드로 설정합니다.

24 "Hello, World!"와 같은 정보는 write() 메서드를 사용합니다. 수신한 request에 대한 response 객체에서 write() 메서드를 사용합니다. 이렇게 하면 HTTP Response에 "Hello, World!" 문자열을 포함하게 됩니다.

설명은 길었지만 실제 코드는 22~24로 단 3줄입니다. 이론은 심오하지만 코드는 간결합니다.

```
55  await request.response.close();
```

55 만들어진 HTTP Response는 close() 메서드의 호출을 통해서 서버 프로그램을 떠나 클라이언트에게 전달됩니다. close() 메서드는 4가지 경우 모두에 공통으로 적용됩니다.

미리 보는 수행 결과 ❻~❽

```
25        } else if (request.uri.path.contains('/add')) {
26          print("\$ http response is result of 'add' operation.");
27          print("\$ send '200 ok'.");
28
29          var varList = request.uri.path.split(',');
30          var result = int.parse(varList[1]) + int.parse(varList[2]);
31
```

```
32          request.response
33            ..statusCode = HttpStatus.ok
34            ..write("${varList[1]} + ${varList[2]} = $result");
35        } else if (await File(request.uri.path.substring(1)).exists() == true) {
```

웹 브라우저가 더하기 작업을 서버에게 요청하는 예제의 서버 쪽 코드입니다. 따라서 웹 브라우저가 보낸 '/add,A,B' 라는 문자열을 서버에서 받은 후, add, A, B로 분해하는 작업이 필요합니다.

25 request.uri.path.contains('/add')가 나타납니다. 앞에서부터 풀어서 설명하겠습니다. 브라우저에서 보낸 HTTP Request인 request의 uri.path를 추출하는데, 웹 브라우저의 주소 창에 입력한 정보가 여기에 포함됩니다. 여기에 contains() 메서드를 사용하여 특정 문자열이 포함되었는지 확인합니다. 우리는 'add'의 포함 여부를 확인했습니다. 'add'가 명령이고 그 뒤에 오는 숫자는 가변적이니 명령어를 추출한 겁니다.

26~**27** 이렇게 add 기능을 요청한 코드가 조건문에서 통과되어 내려오면 화면에 add 요청을 받았다고 출력합니다.

29 request.uri.path의 내용인 '/add,4,3'에서 숫자 4와 3을 꺼내기 위해 split() 메서드를 사용합니다. ','을 기준으로 문자열을 나누어 ',' 기호로 구분되는 'add', '4', '3'을 element로 하는 리스트가 만들어지고, 리스트가 varList에 저장됩니다.

30 '4'와 '3'을 각각 varList[1]과 varList[2]로 추출하고 정수로 바꾼 후 더한 값을 result에 저장합니다.

이제 남은 일은 HTTP Response를 채워서 전송하는 일입니다.

33 "200 ok"에 해당하는 HttpStatus.ok 값을 상태 코드로 저장합니다.

34 varList[1], varList[2], result를 이용하여 "4 + 3 = 7"이라는 문자열을 저장하고 브라우저 화면에 나타나게 합니다.

아까 나왔던 **55**의 코드를 통해서 웹 브라우저에 전송합니다.

미리 보는 수행 결과 ⑨~⑪

```
35        } else if (await File(request.uri.path.substring(1)).exists() == true) {
36          print("\$ http response is '${request.uri.path}' file transfer.");
37          print("\$ send '200 ok'.");
38
39          var file = File(request.uri.path.substring(1));
40          var fileContent = await file.readAsString();
41
42          request.response
43            ..statusCode = HttpStatus.ok
44            ..headers.contentType = ContentType('text','plain',charset:"utf-8")
45            ..write(fileContent);
46        } else {
```

그림 4처럼 파일을 서버로부터 웹 브라우저로 전달하는 경우의 코드입니다.

35 request.uri.path의 값인 '/sample.txt'에서 맨 앞의 '/'를 제거하기 위해 substring(1)을 작성하여 첫 번째 글자가 's'로 시작하는 새로운 문자열을 만들었습니다. 이 문자열을 File() 클래스 객체의 생성자에 반영해서 File 클래스 객체를 만듭니다. 그리고 exist() 메서드를 사용하여, 이런 이름의 파일이 있는지 검사합니다. 즉, 서버에서 sample.txt 파일이 있는지를 이 곳의 조건문에서 확인합니다. 이 값이 true이면 파일이 존재한다는 의미이므로 이제 서버에서 웹 브라우저로 전송하면 됩니다.

36~**37** 서버 사용자에게 파일 다운로드 요청이 왔음을 출력합니다.

39 여기서 다시 File 객체 file을 만듭니다.

40 만든 file의 내용을 fileContent에 문자열로 읽어 들입니다.

43 성공적인 다운로드를 수행했다는 의미에서 HttpStatus.ok를 저장합니다.

44 새로운 기술이 나왔습니다. HTTP Request와 Response는 write() 메서드로 저장되는 실제 콘텐츠 부분도 있지만, 추가적인 정보를 전달하는 header가 있습니다. 지금까지 우리는 별도로 작성해야 할 내용이 없어서 header의 내용은 Dart 언어의 HTTP 라이브러리가 기본적으로 설정하는 값을 그대로 두었습니다. 개발자가 작성하지 않았을 뿐, 기본 값으로 설정되어 서버와 클라이언트 사이에서 주고받은 겁니다. 그러나 파일을 전달하려면 header 부분을 개발자가 작성해야 합니다. request.response.headers에 속한 필드 중 콘텐츠의 추가 정보를 저장하는 contentType을 작성합니다. 작성한 내용은 현재 서버에서 전달하는 HTTP Response는 문자열('text')로 작성하였고, 그 중에서도 일

반적인 문자, 즉 사람이 읽고 쓸 수 있는 타입의 문자 유형('plain')이며 기술적으로 UTF8의 코드 체계를 따른다는 의미입니다.

45 읽어 들인 file의 내용을 write() 메서드를 통해서 HTTP Response의 본문으로 저장합니다.

이 코드 역시 **55**에서 전달되면, 브라우저는 파일의 콘텐츠를 받아서, 그림 4와 같이 화면에 출력합니다.

미리 보는 수행 결과 ⑫~⑭

```
46        } else {
47          print("\$ unsupported uri.");
48          print("\$ send '404 not-found'.");
49
50          request.response
51            ..statusCode = HttpStatus.notFound
52            ..write("Unsupported URI.");
53        }
54
```

46 그림 5와 같이 서버가 지원하지 않는 타입의 주소 정보를 받으면 앞서 3가지 조건문에 부합하지 않게 되어 마지막의 else 구문에 도착합니다.

47~**48** 서버 측 화면에 서버에서 지원하지 않는 기능을 요청했다는 내용을 출력합니다.

50 request.response에 정보를 저장합니다.

51 이번에는 "클라이언트가 요구한 정보를 찾을 수가 없다"는 의미의 "404 not-found"라는 상태 코드를 전송하기 위해 HttpStatus 객체의 notFound 상수 값(HttpStatus.notFound)을 statusCode 필드에 저장합니다.

52 HTTP Response에 서버에서 지원하지 않는 URI 주소 값이라는 문자를 전달하여 웹 브라우저가 화면에 띄우도록 해 줍니다.

55 웹 브라우저에 전송합니다.

핵심 요약

Dart 언어를 마무리하고, HTTP 분야에 대한 라이브러리를 소개함과 동시에 서버를 직접 만들어 보는 첫 번째 단계였습니다. 이번 챕터의 주안점은 특정 분야에 대한 소프트웨어를 만들려면 해당 분야에 맞는 지식이 있어야 한다는 점, 그리고 이 분야에서 Dart 언어가 제공하는 표준 라이브러리가 존재하는 경우 표준 정보를 제공하는 공식 사이트의 설명을 읽고 꼼꼼히 이해하면서 사용하다 보면 본인이 원하는 소프트웨어를 만들 수 있다는 점입니다. 신기하게만 여겨졌던 마법의 웹 서버나 구글/네이버 같은 업체의 서버 기술을 이해하는 첫 걸음을 내디뎠다고 보면 됩니다. 잘 이해가 안 가는 부분이 있다면, 일단 멈추고 공식 사이트 문서를 함께 보면서 이해를 한 후 다음 챕터로 넘어 가도록 합니다.

▶▶ 연습 문제

1. 핵심 내용 복습하기

❶ HttpRequest, HttpResponse, HttpServer 클래스를 설명하는 공식 사이트 페이지를 방문합니다. 그리고 소스 코드에서 호출한 메서드에 대한 내용을 찾아 읽어 봅니다.

❷ 위키피디아와 같은 인터넷 사전을 통해서 IP 주소, Port 번호에 대한 정보를 찾아 읽어 봅니다.

2. 예제 코드 수정하기

❶ 서버의 Port 번호를 다른 번호로 변경합니다. 변경된 Port 번호로 웹 브라우저가 접속하도록 하여 동작을 확인합니다.

❷ add 기능을 빼기/곱하기/나누기의 연산으로 수정합니다. 실행 후 결과를 확인합니다.

3. 추가 기능 작성하기

❶ 웹 브라우저를 통해서 구구단의 '단'에 해당하는 숫자를 받아서, 해당 단의 구구단을 계산하여 웹 브라우저에게 돌려주는 서버를 작성합니다. 실행 후 결과를 확인합니다.

❷ for 구문 안의 4가지 조건에 대한 동작을 각각 개별의 함수가 처리하는 것으로 프로그램을 재작성합니다. 즉, main 함수와 4개의 함수로 이루어진 소프트웨어로 동작하도록 재작성합니다. 실행 후 결과를 확인합니다.

CHAPTER. 3
HTTP Client & Server 개발하기

이번 챕터에서는 HTTP에 대해서 더 자세하게 알아봅니다. 명확하게 이름을 언급하지 않았지만, 이전 챕터의 소스 코드는 HTTP의 GET이라는 메서드에 국한한 예제였습니다. HTTP는 이외에도 다양한 메서드를 지원합니다. 이번 챕터에서는 GET 외에 POST/PUT/DELETE 메서드를 배워봅니다. 또한 이전 챕터에서는 서버만 Dart 언어로 만들고 클라이언트는 웹 브라우저를 사용했으나, 이번 챕터에서는 클라이언트도 Dart 언어로 직접 만들어서 사용하겠습니다. 이전 챕터에서 배운 내용이 상당수 나옵니다. 혹시 이전 챕터의 내용을 제대로 이해하지 못하고 있다면, 반드시 이해하고 진행하도록 합니다. 그리고 새롭게 등장한 메서드에 관한 내용은 꼭 공식 사이트의 설명을 찾아가면서 이해하기 바랍니다.

설명의 용이성을 위해서 이번 챕터를 포함한 Volume.D의 남은 챕터들은 클라이언트와 서버의 수행 결과와 소스 코드 설명을 분리하도록 하겠습니다. 그리고 이번 챕터의 소스 코드는 VS Code로 클라이언트를 실행하고, CLI 환경에서 서버를 실행하기를 권장합니다. 클라이언트의 실행 시에 브레이크 포인트를 설정해서 수행 중인 상태를 확인해 보는 것도 권장합니다.

미리 보는 수행 결과 (서버)

이번 챕터에서는 서버 프로그램의 수행 결과와 클라이언트의 수행 결과가 있습니다. 서로 정보를 주고받은 결과이기에 대칭적입니다. 하지만 둘을 오고 가면서 설명하면 머리가 아플 수 있으니, 일단 분량이 짧은 서버 쪽의 수행 결과를 먼저 보고 이에 상응하는 클라이언트 쪽의 수행 결과를 볼까 합니다. 실행 순서는 먼저 서버 프로그램을 실행한 상태에서 클라이언트 프로그램을 실행해야 합니다. 그리고 이전 챕터에서 사용했던 sample.txt 파일을 서버의 소스 코드와 같은 디렉터리에 저장한 상태에서 소스 코드를 실행해야 합니다.

```
1  (base) $ dart volume-D-chapter-03-server.dart
2  $ Server activated in 127.0.0.1:4040
```

1 서버 소스 코드를 실행하는 CLI 명령입니다. 현재는 macOS에서 실행한 결과인데, 이전에 알려준 CLI 환경의 실행 방법 그대로 적용하면 됩니다. 이번 챕터에서는 File을 다루는 내용이 서버의 소스 코드에 포함되어 있어 서버는 CLI 환경에서 실행합니다. 이전에 언급했듯 VS Code에서는 키보드 입력과 파일 처리시 문제가 있을 수 있기 때문입니다.

2 서버의 동작이 시작되었다는 메시지입니다. IP 주소 및 Port 주소를 출력합니다. 서버 프로그램은 이전 챕터의 프로그램을 개선한 형태여서, 공통적인 부분이 여럿 있습니다.

```
3  $ GET / from 127.0.0.1:51257
4  $ GET /add,3,6 from 127.0.0.1:51258
5  $ GET /sample.txt from 127.0.0.1:51258
```

익숙한 단어들이 보일 겁니다. 모두 이전 챕터의 사례를 그대로 가져왔습니다. 다만 이전 챕터에서는 클라이언트가 웹 브라우저였지만, 이번에는 직접 개발한 클라이언트입니다. 그리고 이전 챕터에서는 GET이라는 단어를 쓰지 않았으나 이번 챕터에는 수행 결과에 이 기술이 GET이라는 이름의 기능임을 명시했습니다.

3 Get의 의미가 '가져오다'이므로 서버의 루트(/) 디렉터리에 위치한 기본 홈페이지 혹은 그에 상응하는 정보를 가져오라는 의미입니다. 줄의 끝 부분은 HTTP GET Request를 전송한 클라이언트의 IP 주소와 Port 번호를 표시했습니다. 서버의 시작에서 IP 주소와 Port 번호를 설정하고 운영체제에 bind한 것처럼 클라이언트도 당연히 다른 프로그램과 통신을 하려면 IP 주소와 Port 번호를 갖습니다. 대부분의 경우 클라이언트의 Port 번호는 운영체제에서 무작위로 할당하는 게 일반적입니다. 클라이언트의 IP주소는 127.0.0.1이고 Port 번호는 51257입니다.

4 이전 챕터의 add 기능인 서버에 숫자를 두 개 보내서 서버가 두 숫자를 더한 결과를 클라이언트로 보내는 기능과 동일합니다. 이 기능도 HTTP GET Request로 구현했습니다.

5 이전 챕터의 파일 다운로드 기능을 그대로 가져왔으나 이 기능도 역시 HTTP GET Request로 구현했습니다.

HTTP 클라이언트에서 HTTP 서버로 전달하는 요청들을 메서드라고 합니다. HTTP는 GET 이외에도 다양한 메서드들을 지원합니다. 그 중 자주 사용하는 메서드는 PUT, POST, DELETE입니다.

이전 챕터에서 서버로부터 파일을 다운로드하는 HTTP GET을 사용한 것과 반대로 클라이언트에서 서버로 파일을 업로드하는 경우에는 PUT을 사용합니다. 영어 단어 Put의 밀어낸다는 의미와 같이 클라이언트에서 서버로 파일을 밀어 올린다는 의미입니다. DELETE도 단어가 의미처럼 서버에 있는 파일을 삭제합니다.

POST는 클라이언트가 서버로 길지 않은 정보를 전달할 때 자주 사용합니다. 이전 챕터에서 'add,4,3'을 서버에 전달하고 계산 결과를 가져왔었습니다. 이때 우리는 GET을 사용했지만, 사실 이런 류의 정보 전달은 주로 POST를 사용합니다. 예를 들어, 웹 브라우저를 통해서 웹 사이트에 접속한 후 마우스로 페이지의 버튼을 눌러서 여러 항목 중 하나를 선택하는 경우가 있습니다. 혹은 특정 박스를 선택해서 짧은 문자열을 입력하는 경우도 있습니다. 세부 주소를 입력하는 경우들이지요. 이렇게 선택한 항목이나 입력한 주소를 클라이언트에서 서버로 보내는 경우에는 POST를 주로 사용합니다.

```
6  $ POST / from 127.0.0.1:51258
7  > content-type   : text/plain; charset=utf-8
8  > content-length : 17
9  > content        : item=product#1234
```

6 서버 수행 결과로 다시 돌아오겠습니다. 클라이언트에서 보낸 HTTP POST Request를 서버에서 받은 경우의 내용입니다. POST는 클라이언트에서 서버로 정보를 전달하는 경우에 사용한다고 했으니, 어떤 정보를 클라이언트에서 서버로 보냈는지 알아야 합니다.

7 이전 챕터에서 파일 전송 시 등장했던 contentType이 나타났습니다. POST로 클라이언트가 서버로 보낸 콘텐츠는 일반적인(plain) 글자(text)이며, 코딩 방식은 UTF-8이라는 것을 보여줍니다.

9 이 부분이 바로 클라이언트가 서버로 전달한 내용입니다. 즉, item이라는 항목이 product#1234의 값을 갖는다는 의미입니다. 물론 클라이언트에서 서버로 이 문자열만 보내지는 않습니다. 그러나 수많은 정보가 있지만 핵심적인 것은 바로 이 문자열이며 서버 프로그램은 이 정보를 가지고 작업을 하게 됩니다. 이렇게 클라이언트에서 서버로 전달하는 주된 정보를 '콘텐츠(content)'라고 부릅니다.

8 HTTP POST Request에는 콘텐츠에 관한 부가 정보도 함께 포함되는데, 콘텐츠의 길이(글자 수)도 있습니다.

```
10  $ PUT /timestamp.txt from 127.0.0.1:51258
11  > content-type    : text/plain; charset=utf-8
12  > content-length : 38
13  > content         : created at 2022-01-28 23:10:12.566766.
```

10 클라이언트가 서버로 파일을 전송합니다. 이런 경우는 HTTP PUT Request를 사용합니다. 파일의 이름이 timestamp.txt라는 것과 이 파일을 저장할 위치는 루트(/) 디렉터리라는 것을 알려줍니다.

11 콘텐츠의 타입은 일반적인 UTF-8 코드를 사용한 글자로 이루어져 있습니다.

12 콘텐츠의 길이는 총 38자입니다.

13 파일은 문자열 형태의 콘텐츠입니다.

```
14  $ DELETE /timestamp.txt from 127.0.0.1:51258
```

14 HTTP DELETE Request를 클라이언트에서 서버로 전달한 것으로, 방금 PUT으로 서버에 저장한 timestamp.txt를 지우도록 하고 있습니다.

미리 보는 수행 결과(클라이언트)

클라이언트 수행 결과를 볼 차례입니다. 클라이언트는 서버로 HTTP GET/PUT/POST/DELETE Request를 보내고, HTTP Response를 응답으로 받습니다. 클라이언트의 수행 결과에서는 클라이언트가 서버로 전달하는 HTTP Request 별로 설명을 구분하고자, 각각의 경우를 [step.X]와 같이 표시하였습니다. 그리고 '|->'로 표시한 부분은, 클라이언트에서 서버로 전달하는 내용을 의미하며, '|<-'로 표시한 부분은 서버에서 클라이언트로 전달한 내용입니다.

```
1  (base) $ dart volume-D-chapter-03-client.dart
```

1 CLI 환경에서 클라이언트 프로그램을 수행하는 명령을 보여줍니다. Dart 명령과 실행할 소스 코드의 이름을 타이핑해서 클라이언트 프로그램을 실행합니다. VS Code에서 실행해도 됩니다.

```
2  |-> [step.1] GET /
3  |<- status-code    : 200
4  |<- content-type   : text/plain; charset=utf-8
5  |<- content-length : 13
6  |<- content        : Hello, World!
```

HTTP GET Request의 첫 번째 수행 결과입니다. 이전 챕터와 동일한 사례입니다.

2 루트 디렉터리를 의미하는 '/'를 주소 창에서 타이핑했듯이, HTTP GET Request를 서버로 전달했습니다. 그리고 서버로부터 응답을 받은 내용을 출력합니다.

3 HTTP Response의 상태 코드가 200으로 문제없이 실행되었다는 것을 알려줍니다.

4 콘텐츠는 UTF-8 코드를 사용하는 일반 글자입니다.

5 콘텐츠는 총 13글자입니다.

6 "Hello, World!" 문자열을 콘텐츠로 받았습니다.

```
7  |-> [step.2] GET /add,3,6
8  |<- status-code    : 200
9  |<- content-type   : text/plain; charset=utf-8
10 |<- content-length : 9
11 |<- content        : 3 + 6 = 9
```

HTTP GET Request의 두 번째 수행 결과입니다. 클라이언트가 '/add'를 주소 정보에 포함해서 서버로 전달하면, 서버에서 더하기 연산을 수행하는 경우입니다.

8~**10** 부가적인 정보를 출력하였습니다.

11 이전 챕터처럼 두 개 숫자를 더한 결과를 서버로부터 받아서 화면에 출력하였습니다.

```
12 |-> [step.3] GET /sample.txt
13 |<- status-code    : 200
14 |<- content-type   : text/plain; charset=utf-8
15 |<- content-length : 27
16 |<- content        : [BOF]
17
```

```
18  Hello, World!
19
20  [EOF]
```

HTTP GET Request의 세 번째 수행 결과입니다. 서버의 루트 디렉터리에 있는 sample.txt를 클라이언트에서 다운로드한 것입니다.

13~15 콘텐츠인 파일의 일반 사항이 출력되어 있습니다.

16~20 파일의 내용이 출력되어 있습니다.

```
21  |-> [step.4] POST item=product#1234
22  |<- status-code    : 200
23  |<- content-type   : text/plain; charset=utf-8
24  |<- content-length : 31
25  |<- content        : Product 'product#1234' accepted
```

HTTP POST Request에 관한 사항입니다.

21 클라이언트가 서버로 'item=product#1234'이라는 문자열 콘텐츠를 HTTP POST Request 방식으로 전달합니다.

22~24 이 문자열이 본문에 포함이 되면서 헤더 부분에 추가된 정보가 나타나 있습니다.

25 받은 HTTP Response의 내용으로 서버에서 item이 product#1234임을 알겠다는 것을 알려주는 문자열을 보냈습니다.

```
26  |-> [step.5] PUT /timestamp.txt
27  |<- status-code    : 200
28  |<- content-type   : text/plain; charset=utf-8
29  |<- content-length : 43
30  |<- content        : http:127.0.0.1:4040/timestamp.txt created
```

클라이언트가 서버로 파일을 업로드하는 경우입니다. HTTP PUT Request 메시지의 콘텐츠에 업로드 하고자 하는 파일의 내용을 포함합니다.

26 루트 디렉터리에 timestamp.txt의 이름으로 저장해 달라고 서버에게 요청했습니다.

이 요청에 대한 서버의 HTTP Response를 살펴보겠습니다.

30 저장에 성공했습니다. 앞으로 업로드한 파일에 접근하고 싶으면 콘텐츠로 서버가 보내온 웹 사이트 주소를 사용하라는 내용을 볼 수 있습니다.

27~**29** 헤더 정보가 나타나 있습니다.

```
31  |-> [step.6] DELETE /timestamp.txt
32  |<- status-code    : 200
33  |<- content-type   : text/plain; charset=utf-8
34  |<- content-length : 21
35  |<- content        : timestamp.txt deleted
```

클라이언트가 서버로 업로드한 timestamp.txt 파일을 삭제하는 경우입니다.

31 HTTP DELETE Request와 함께 파일의 위치인 루트(/), 파일의 이름인 timestamp.txt를 서버로 전달하였습니다.

35 결과 중 가장 중요한 내용이 콘텐츠에 있습니다. 파일을 지웠다는 사실을 서버가 클라이언트로 알려왔습니다.

32~**34** 부가적인 헤더 정보가 나타나 있습니다.

사실 HTTP Request와 HTTP Response에는 우리가 살펴본 정보보다 훨씬 많은 정보들이 포함되어 있습니다. 추가로 알아보고 싶은 정보가 있으면 필요할 때마다 공식 사이트를 찾아서 이해하고 사용하면 됩니다. 현재는 수행 결과에서 설명한 정도로도 충분합니다.

소스 코드 설명(서버)

서버 프로그램은 이전 챕터의 서버 프로그램을 기반으로 만들었습니다. 두 가지 변화가 있는데, 첫 번째로 앞서 main 함수만으로 만든 프로그램을 기능적으로 쪼개서 함수들로 재구성했습니다. 독자가 직접 HTTP 서버를 만들 날이 왔을 때 개발에 참조하라는 목적입니다. 두번째는 당연히 GET 외에 새로운 메서드인 PUT, DELETE, POST 메서드를 지원하도록 새롭게 내용을 추가했습니다. 참고로 HTTP의 주요 메서드를 [표 1]에 정리하였습니다.

메서드 이름	주요 기능
GET	서버에서 자원(파일 등)을 클라이언트로 전달하도록 요청함
PUT	클라이언트가 서버에게 전달한 자원을 서버에 저장하도록 요청함
POST	클라이언트가 서버에게 정보(글자, 숫자 등)를 전달함
DELETE	서버에 저장되어 있는 자원을 삭제하도록 클라이언트가 요청함

[표 1] HTTP의 주요 메서드

그리고 이번 챕터에서는 함수별로 설명하겠습니다. 함수들이 추후 재활용 가능하도록 만들어져 있는 만큼 추후 필요한 용도에 맞춰서 수정해서 사용할 수 있도록 만들겠습니다. 이전 챕터에서 이미 설명된 내용들은 별도로 설명하지 않겠습니다.

1. 서버 동작을 위한 기본 코드

서버 프로그램이 동작하기 위한 기본 코드에 대해서 설명합니다.

```
1  import 'dart:io';
2  import 'dart:convert';
3
```

1~2 가장 먼저 HTTP 라이브러리가 포함된 dart:io와 UTF-8에 대한 코드 변환을 할 예정이기에 이를 위한 dart:convert의 import가 필요합니다.

```
36  void printHttpServerActivated(HttpServer server) {
37    var ip = server.address.address;
38    var port = server.port;
39    print('\$ Server activated in ${ip}:${port}');
40  }
41
```

36~40 printHttpServerActivated() 함수는 서버가 제대로 동작하고 있다는 문구와 함께 서버 프로그램의 IP 주소 및 Port 번호를 출력합니다.

```
42 void printHttpRequestInfo(HttpRequest request) async {
43   var ip = request.connectionInfo!.remoteAddress.address;
44   var port = request.conncetionInfo!.remotePort;
45   var method = request.method;
46   var path = request.uri.path;
47   print("\$ $method $path from $ip:$port");
48
49   if (request.headers.contentLength != -1) {
50     print("\> content-type    : ${request.headers.contentType}");
51     print("\> content-length : ${request.headers.contentLength}");
52   }
53 }
54
```

printHttpRequestInfo() 함수가 작성되어 있습니다. 서버 프로그램이 클라이언트로부터 HTTP Request를 받았을 때, 서버 관리자가 보면 도움이 될 만한 정보를 화면에 출력합니다.

47 HTTP Request를 전송한 클라이언트의 IP 주소(ip)와 Port 번호(port)를 출력하면서, 클라이언트가 주소 창에 입력한 정보(path)를 알려줍니다. 그리고 새롭게 HTTP Request가 GET, PUT, DELETE, POST 메서드 중 어떤 것인지(method)를 알려줍니다.

49 모든 HTTP Request 메시지가 콘텐츠를 갖는 것은 아니기에 수신한 HTTP Request 메시지에 콘텐츠가 있는지를 확인합니다.

50~**51** 콘텐츠가 있다면, 클라이언트가 HTTP Request에 포함시킨 콘텐츠의 타입과 길이를 출력합니다.

2. HTTP GET Request 처리 함수

HTTP Get Request 처리를 위한 httpGetHandler() 함수가 작성되어 있습니다.

```
55 void httpGetHandler(HttpRequest request) async {
56   if(request.uri.path == '/') {
57     var content = "Hello, World!";
58     request.response
59       ..headers.contentType = ContentType('text','plain',charset:"utf-8")
60       ..headers.contentLength = content.length
```

```
61          ..statusCode = HttpStatus.ok
62          ..write(content);
63      } else if (request.uri.path.contains('/add')) {
64        var vars = request.uri.path.split(',');
65        var result  = int.parse(vars[1]) + int.parse(vars[2]);
66        var content = "${vars[1]} + ${vars[2]} = $result";
67        request.response
68          ..headers.contentType = ContentType('text','plain',charset:"utf-8")
69          ..headers.contentLength = content.length
70          ..statusCode = HttpStatus.ok
71          ..write(content);
72      } else if (await File(request.uri.path.substring(1)).exists() == true) {
73        var file = File(request.uri.path.substring(1));
74        var content = await file.readAsString();
75        request.response
76          ..headers.contentType = ContentType('text','plain',charset:"utf-8")
77          ..headers.contentLength = content.length
78          ..statusCode = HttpStatus.ok
79          ..write(content);
80      } else {
81        var content = "Unsupported URI";
82        request.response
83          ..headers.contentType = ContentType('text','plain',charset:"utf-8")
84          ..headers.contentLength = content.length
85          ..statusCode = HttpStatus.notFound
86          ..write(content);
87      }
88      await request.response.close();
89    }
90
```

httpGetHandler() 함수는 이전 챕터에서 GET을 기반으로 작성했던 3가지 유형을 처리하는 코드를 별도의 함수로 분리한 후, 일부 개선한 것입니다.

56~62 루트 디렉터리에 대해서 GET을 하여 "Hello, World!"를 클라이언트에게 전달하는 경우입니다. 63~71 숫자 두 개를 더할 때 사용했던 코드입니다.

72~79 파일을 클라이언트로 다운로드한 경우에 사용했던 코드입니다.

80~89 지원하지 않는 기능을 클라이언트에서 요청한 경우에 사용했던 코드입니다.

3. HTTP PUT Request 처리 함수

HTTP Put Request 처리를 위한 httpPutHandler() 함수가 작성되어 있습니다.

```
91  void httpPutHandler(var addr, var port, HttpRequest request) async {
92    var content = await utf8.decoder.bind(request).join();
93    var file = await File(request.uri.path.substring(1)).openWrite();
94    print("\> content          : ${content}");
95    file
96      ..write(content)
97      ..close();
98    content = 'http://$addr:$port${request.uri.path} created';
99    request.response
100     ..headers.contentType = ContentType('text','plain',charset:"utf-8")
101     ..headers.contentLength = content.length
102     ..statusCode = HttpStatus.ok
103     ..write(content);
104   await request.response.close();
105 }
106
```

이번 챕터에서 새롭게 등장한 HTTP PUT Request를 처리하기 위한 함수입니다. 클라이언트에서 서버로 파일을 업로드하는 예제입니다.

92 request를 입력 파라미터로 받은 UTF-8.decoder.bind()가 실행됩니다. 이는 입력 파라미터인 HTTP PUT Request의 콘텐츠, 즉 클라이언트가 업로드하는 파일의 내용을 추출하는 작업입니다. 앞서 File을 다룬 챕터에서 설명한 것처럼, 마치 PUT 메시지를 통해서 받은 콘텐츠에 일종의 물줄기를 빼내기 위한 파이프를 꽂아 추출한 후, 뽑아낸 콘텐츠 정보를 다시 UTF-8 코드로 변환하는 변환기에 집어넣는다고 할 수 있겠습니다. 비슷하게 코드에서는 마치 물이 흐르듯이 HTTP PUT Request 메시지를 통해서 업로드 된 파일에서 글자들을 추출한 후, 줄 끝의 마지막 메서드인 join()을 실행해 글자들을 모두 묶어서 하나로 합치는 작업인 업로드한 정보를 모두 꺼내서 하나의 파일로 만드는 작업을 합니다. 이를 content에 저장합니다.

93 이전 챕터들에서 등장했던 request.uri.path와 substring() 함수가 등장했습니다. 클라이언트가 올린 파일 이름의 시작 부분이 루트 디렉터리를 의미하는 '/' 기호이므로 request.uri.path.substring(1)을 수행하면 파일의 이름만을 추출할 수 있습니다. 이 이름을 사용해서 서버에 저장할 File 객체를 생성합니다.

95~97 생성한 File 객체에 클라이언트로부터 업로드 받은 파일의 내용을 씁니다. 그 후 파일을 닫으면, 결국 HTTP PUT Request를 통해서 클라이언트로부터 업로드 받은 파일을 서버에서 저장하는 작업이 종료됩니다.

98 이렇게 서버에 새롭게 만든 파일을 인터넷에서 바로 접근하고자 할 때 필요한 파일의 웹 주소 값을 담은 응답 메시지를 만듭니다.

99~104 새롭게 만들어진 파일의 주소를 HTTP Response의 콘텐츠로 저장하고, 상태 코드를 반영하는 등의 작업을 한 뒤 클라이언트에게 HTTP Response를 전송합니다.

httpPutHandler() 함수 안의 내용에서 새로운 문법은 없습니다. 이미 우리가 익힌 라이브러리들을 이용해서 파일 업로드를 처리할 수 있습니다.

4. HTTP POST Request 처리 함수

HTTP Post Request 처리를 위한 httpPostHandler() 함수가 작성되어 있습니다.

```
107 void httpPostHandler(HttpRequest request) async {
108   var content = await utf8.decoder.bind(request).join();
109   var product = content.split("=");
110   print("\> content         : ${content}");
111   content = "Product '${product[1]}' accepted";
112   request.response
113     ..headers.contentType = ContentType('text','plain',charset:"utf-8")
114     ..headers.contentLength = content.length
115     ..statusCode = HttpStatus.ok
116     ..write(content);
117   await request.response.close();
118 }
119
```

HTTP POST Request를 전담으로 처리하는 함수입니다. 앞서 HTTP GET Request에서 더하기를 하는 것과 유사한 용도입니다. 차이점은 클라이언트에서 서버로 전달하는 주소 창의 정보를 가지고 계산하지 않고, HTTP Request에 포함된 콘텐츠 정보를 사용하여 계산하는 점입니다.

108 클라이언트가 계산할 정보를 HTTP Request의 콘텐츠에 저장하기 때문에, 아까 살펴본 파일 업로드 처리와 동일하게 UTF-8.decoder.bind(request).join() 메서드로 콘텐츠 본문을 다 읽은 후 content 변수에 저장합니다.

109 수행 결과에서도 나오듯이 "A=B" 형태를 갖는 콘텐츠로부터 A와 B를 구분해 내야 하기 때문에 split() 메서드를 사용합니다.

111 당장은 받은 값을 이해하는 수준으로 작업을 마칩니다. 따라서 추출한 정보를 출력하는 작업만 수행합니다. 제대로 정보를 받았다는 의미의 문자열 콘텐츠를 만들어 줍니다.

112~117 만든 콘텐츠를 HTTP Response 응답에 포함시켜서 클라이언트에게 전달합니다.

5. HTTP DELETE Request 처리 함수

HTTP Delete Request 처리를 위한 httpDeleteHandler() 함수가 작성되어 있습니다.

```
120 void httpDeleteHandler(HttpRequest request) async {
121   var filename = request.uri.path.substring(1);
122   if (await File(filename).exists() == true) {
123     var content = "$filename deleted";
124     File(filename).deleteSync();
125     request.response
126       ..headers.contentType = ContentType('text','plain',charset:"utf-8")
127       ..headers.contentLength = content.length
128       ..statusCode = HttpStatus.ok
129       ..write(content);
130   } else {
131     var content = "$filename not found";
132     request.response
133       ..headers.contentType = ContentType('text','plain',charset:"utf-8")
134       ..headers.contentLength = content.length
135       ..statusCode = HttpStatus.notFound
136       ..write(content);
```

```
137     }
138     await request.response.close();
139   }
```

HTTP DELETE Request를 전담해서 처리하는 함수입니다.

121 먼저 서버에서 삭제할 함수의 이름을 추출합니다. 이 코드는 이전 챕터에서 등장했던 내용과 동일하게 주소 정보로 받은 파일 이름에서 맨 앞에 등장하는 '/' (루트 기호)를 제거하는 방법을 보여줍니다.

122 삭제할 파일이 서버에 존재하는지 File 클래스 객체의 exists() 메서드로 검사합니다. 만약 해당 파일이 있으면 true를, 없으면 false를 리턴합니다. 그리고 파일이 존재하면 File 객체의 deleteSync() 메서드를 사용해서 파일을 삭제합니다. 이 메서드는 File 클래스의 공식 사이트 설명을 확인하면 삭제가 완료될 때까지 동기 방식으로 기다리는 메서드인 것을 알 수 있습니다.

123 삭제가 성공적으로 이루어졌다는 내용을 클라이언트에게 전달할 문자열 콘텐츠를 만듭니다. 125~129 삭제가 성공했음을 알리는 문자열 콘텐츠를 HTTP Response 안에 포함시키는 작업입니다.

131 만약 클라이언트가 삭제를 요청하는 파일이 서버에 없다면, 우선 요청한 파일이 없다는 문자열 콘텐츠를 만들어 줍니다.

132~136 그 후 HTTP Response 메시지의 주요 항목을 채웁니다.

138 콘텐츠를 클라이언트로 전달합니다.

6. main 함수

앞에서 작성한 HTTP Request 처리 함수를 호출하는 main 함수가 작성되어 있습니다.

```
4   Future main() async {
5     var server = await HttpServer.bind(
6       InternetAddress.loopbackIPv4, // ip address
7       4040, // port number
8     );
9     printHttpServerActivated(server);
10
11    await for (HttpRequest request in server) {
```

```
12        printHttpRequestInfo(request);
13        try {
14          switch (request.method) {
15            case 'GET':
16              httpGetHandler(request);
17              break;
18            case 'PUT':
19              httpPutHandler(server.address.address, server.port, request);
20              break;
21            case 'POST':
22              httpPostHandler(request);
23              break;
24            case 'DELETE':
25              httpDeleteHandler(request);
26              break;
27            default:
28              print("Unsupported http method");
29          }
30        } catch(err) {
31          print("\$ Exception in http request processing");
32        }
33      }
34    }
35
```

이전 챕터에서는 main 함수에 모든 것을 넣은 구조였습니다. 이번 챕터에서는 HTTP 메서드마다 전담 함수를 만들었기 때문에, main 함수는 단순한 구조가 되었습니다. 가장 큰 차이점이 있습니다. 이전 챕터에서는 주소 창의 정보를 기준으로 조건문이 동작했습니다. 지금은 클라이언트로부터 받은 HTTP Request의 메서드 타입을 문자열로 저장하고 있는 request.method 정보에 의해서 switch 문이 동작합니다. 따라서 16에서 HTTP Request가 GET이면 httpGetHandler() 함수를 호출하듯이 각각의 메서드에 대해서 작성한 전용의 함수를 호출하면서 클라이언트로부터 받은 HTTP Request 정보를 입력 파라미터로 전달됩니다.

소스 코드 설명(클라이언트)

이전 챕터에서는 HTTP 클라이언트로 웹 브라우저를 사용했습니다. 이번 챕터에서는 HTTP 클라이언트도 Dart 언어와 HTTP 라이브러리로 직접 개발합니다. 그리고 HTTP 클라이언트를 개발하는 것은 처음이기에, 가능하면 main 함수 안에 모든 기능이 포함되도록 하였습니다.

HTTP 클라이언트는 키보드 입력이나 파일 처리가 없기에 VS Code에서 수행이 가능합니다. 궁금한 부분에서 브레이크 포인트를 만들어서 실행해 보기를 권합니다.

1. 클라이언트 동작을 위한 기본 코드

클라이언트 프로그램이 동작하기 위한 기본 코드를 설명하겠습니다.

```
1  import 'dart:io';
2  import 'dart:convert';
3
```

1~2 먼저 HTTP 라이브러리를 위한 dart:io를 import하고, UTF-8 코드를 다루기 위한 dart:convert를 import하는 내용이 나타납니다.

```
4  Future main() async {
5    var serverIp = InternetAddress.loopbackIPv4.host;
6    var serverPort = 4040;
7    var serverPath;
8
```

4 main 함수가 시작됩니다.

5~6 HTTP 클라이언트가 접속할 HTTP 서버의 IP 주소와 Port 번호를 변수에 저장하였습니다. 그런데 코드의 다른 부분을 보아도, 클라이언트의 IP 주소와 Port 번호를 설정하는 코드는 보이지 않습니다. 특별한 이유가 없다면 클라이언트의 Port 번호는 운영체제가 알아서 설정하고 IP 주소는 클라이언트 프로그램이 수행되는 컴퓨터의 IP 주소를 활용하기에 개발자가 직접 설정할 필요는 많지 않기 때문입니다.

7 웹 브라우저의 주소 창에 입력하던 정보를 저장하기 위한 용도로 serverPath 변수를 생성합니다.

```
9     var httpClient = HttpClient();
10    var httpResponseContent;
11    var httpContent;
12
```

9 클라이언트에게 가장 중요한 HttpClient 클래스의 httpClient 객체를 생성합니다. 이후로 클라이언트에서 서버로 HTTP Request를 보낼 때마다 httpClient 객체가 등장할 예정입니다.

10 httpResponseContent는 HTTP Response를 통해서 서버가 클라이언트로 보내온 콘텐츠 정보를 저장하기 위한 임시 변수입니다.

11 httpContent는 반대로 클라이언트에서 서버로 전달할 콘텐츠를 저장하기 위한 임시 변수입니다.

```
13    HttpClientRequest httpRequest;
14    HttpClientResponse httpResponse;
15
```

13~**14** HTTP Request의 객체와 HTTP Response의 객체를 만들었습니다.

이 정도면 HTTP 클라이언트에서 갖춰야 하는 준비 작업은 대부분 마친 셈입니다. 이제 HTTP 메서드별 예제에 해당하는 기능을 알아보겠습니다.

2. HTTP GET Request 생성 함수

이전 챕터에서 웹 브라우저로 실행한 'GET /' 작업을 Dart 언어로 직접 만든 코드입니다.

```
16    print("|-> [step.1] GET /");
17    serverPath = "";
18    httpRequest = await httpClient.get(serverIp, serverPort, serverPath);
19    httpResponse = await httpRequest.close();
20    httpResponseContent = await utf8.decoder.bind(httpResponse).join();
21    printHttpContentInfo(httpResponse, httpResponseContent);
22
```

17 '/'는 루트로 기본이 되는 디렉터리입니다. 루트에만 접근한다면 별도로 개발자가 입력할 정보는 없습니다. 이전 챕터에서 웹 브라우저 주소 창에 127.0.0.1:4040만 타이핑하면 자동으로

127.0.0.1:4040/의 형태로 변환되는 것을 보았습니다. 주소 창을 코드로 구현한 것이 serverPath 변수이며, 현재 아무 내용이 없도록 설정했습니다.

18 httpClient 객체의 get() 메서드를 실행하는 코드입니다. 입력 파라미터로 서버의 IP 주소, 서버의 Port 번호, 원래 웹 브라우저의 주소 창에 적는 웹 주소 정보를 전달합니다. 이 메서드의 수행 결과는 HttpClientRequest 클래스의 객체 타입입니다. 이렇게 해서 서버에 전달할 HTTP GET Request를 생성합니다.

19 이 객체의 close() 메서드를 호출합니다. 이 메서드는 여러 번 등장했습니다. 서버에서 만든 HTTP Response 객체의 경우도 close() 메서드를 실행해서 클라이언트에게 전달하도록 했습니다. 그런데 httpReqeust.close() 메서드에 await의 비동기 구문을 붙여 바로 저장하지 않고 결과가 오기를 기다립니다. 그리고 이 구문의 결과가 저장되는 httpResponse 변수의 타입이 **14**의 HttpClientResponse라는 것을 볼 수 있습니다. 즉, httpReqeust.close() 메서드로 HTTP GET Request를 서버로 보낸 후, 서버로부터의 응답을 기다린다는 의미입니다. 서버에서 HTTP Response를 보내면 이 정보를 HttpClientResponse 객체인 httpResponse에 저장합니다.

20 서버의 소스 코드에서 여러 번 등장한 코드입니다. HTTP Request/Response 메시지 안에 콘텐츠가 있으면 콘텐츠를 추출하는 코드입니다. 그리고는 printHttpContentInfo() 함수를 호출합니다.

```
67 void printHttpContentInfo(var httpResponse, var httpResponseContent) {
68   print("|<- status-code    : ${httpResponse.statusCode}");
69   print("|<- content-type   : ${httpResponse.headers.contentType}");
70   print("|<- content-length : ${httpResponse.headers.contentLength}");
71   print("|<- content        : $httpResponseContent");
72 }
```

소스 코드에서 별도로 작성한 유일한 함수인 printHttpContentInfo() 함수는 서버로부터 받은 HTTP Response 메시지 안의 주요 정보를 추출하여 화면에 출력합니다.

68 서버가 알려준 상태 코드입니다. 클라이언트가 요청한 작업의 성공과 실패에 대해서 '200 ok'와 같은 결과를 보여줍니다.

69 콘텐츠의 타입입니다. 지금까지 주로 UTF-8 코드 기반의 문자들이었습니다.

70 본문 콘텐츠의 글자 수입니다.

71 콘텐츠의 내용을 출력합니다. 앞으로 돌아가 잠시 서버의 소스 코드를 보고 오면, 대부분 HTTP Response에 콘텐츠를 작성한 것을 볼 수 있습니다.

```
23      print("|-> [step.2] GET /add,3,6");
24      serverPath = "/add,3,6";
25      httpRequest = await httpClient.get(serverIp, serverPort, serverPath);
26      httpResponse = await httpRequest.close();
27      httpResponseContent = await utf8.decoder.bind(httpResponse).join();
28      printHttpContentInfo(httpResponse, httpResponseContent);
29
```

웹 브라우저로 주소 창에 'add' 기능과 더하기를 수행할 두 개의 숫자를 포함해서 서버로 전달하는 기능을 Dart 언어로 직접 만들었습니다.

24 주소 창에 입력했던 내용이 문자열로 작성되었습니다.

25~28 step.1과 동일하게 처리합니다.

```
30      print("|-> [step.3] GET /sample.txt");
31      serverPath = "/sample.txt";
32      httpRequest = await httpClient.get(serverIp, serverPort, serverPath);
33      httpResponse = await httpRequest.close();
34      httpResponseContent = await utf8.decoder.bind(httpResponse).join();
35      printHttpContentInfo(httpResponse, httpResponseContent);
36
```

웹 브라우저의 주소 창에 다운로드 받을 파일 이름을 포함해서 서버로 전달하여 서버가 해당 파일을 삭제하는 기능을 직접 Dart 언어로 개발한 만들었습니다. step.1, step.2와 거의 동일한 코드이나 주소 창에 적었던 파일의 위치와 이름을 문자열로 저장하는 점이 차이입니다.

HTTP GET Request 정보를 클라이언트에서 만들어서 서버로 전달한 후, HTTP Response를 받아서 처리하는 작업에 대해서 알아보았습니다. 새로운 문법은 필요하지 않으며 HTTP를 위하여 만들어진 각종 표준 라이브러리의 클래스들을 잘 활용하면 된다는 것을 알 수 있습니다.

GET이 아닌 POST, PUT, DELETE 메서드를 사용하는 경우에도 거의 차이가 없습니다.

3. HTTP POST Request 생성 함수

클라이언트에서 서버에게 POST를 통해서 정보를 전달하는 코드입니다.

```
37    print("|-> [step.4] POST item=product#1234");
38    httpContent = "item=product#1234";
39    serverPath = "/";
40    httpRequest = await httpClient.post(serverIp, serverPort, serverPath)
41      ..headers.contentType = contentType('text', 'plain', charset: "utf-8")
42      ..headers.contentLength = httpContent.length
43      ..write(httpContent);
44    httpResponse = await httpRequest.close();
45    httpResponseContent = await utf8.decoder.bind(httpResponse).join();
46    printHttpContentInfo(httpResponse, httpResponseContent);
47
```

38 먼저 HTTP POST Request의 콘텐츠로 전달할 정보를 설정합니다.

40 HTTP POST Request를 만들어 줍니다. 앞서 HTTP GET Request에서 httpClient.get() 메서드를 호출하듯, POST는 get() 메서드 대신 post() 메서드를 호출하면 됩니다.

41 주요 필드를 콘텐츠에 맞춰서 저장합니다.

42 콘텐츠의 글자 수를 저장합니다. **43**에서 실제 콘텐츠를 저장합니다. 그리고는 앞서 GET의 사례처럼 **44**에서 서버로 전달하고, HTTP Response 응답을 받아서 화면에 출력하는 작업을 진행합니다.

43 write() 메서드를 사용해서, **40**에서 만든 HTTP POST Request에 저장합니다.

4. HTTP PUT Request 생성 함수

PUT 메서드의 경우도 별반 차이가 없습니다.

```
48    print("|-> [step.5] PUT /timestamp.txt");
49    httpContent = "created at ${DateTime.now()}.";
50    serverPath = "/timestamp.txt";
51    httpRequest = await httpClient.put(serverIp, serverPort, serverPath)
52      ..headers.contentType = contentType('text', 'plain', charset: "utf-8")
53      ..headers.contentLength = httpContent.length
54      ..write(httpContent);
55    httpResponse = await httpRequest.close();
56    httpResponseContent = await utf8.decoder.bind(httpResponse).join();
57    printHttpContentInfo(httpResponse, httpResponseContent);
58
```

49 일단 파일 본문으로 사용할 내용을 간단하게 현재 날짜와 시간으로 저장합니다.

50 그리고 업로드하는 파일이 서버에 저장될 위치와 이름을 적습니다.

51 이번에는 httpClient.put() 메서드를 호출합니다. 그리고는 POST의 경우와 동일한 절차를 걸쳐서 HTTP PUT Request를 서버로 전달하고 응답을 받아 처리합니다.

5. HTTP DELETE Request 생성 함수

DELETE 메서드도 GET 메서드의 경우와 거의 유사합니다.

```
59    print("|-> [step.6] DELETE /timestamp.txt");
60    serverPath = "/timestamp.txt";
61    httpRequest = await httpClient.delete(serverIp, serverPort, serverPath);
62    httpResponse = await httpRequest.close();
63    httpResponseContent = await utf8.decoder.bind(httpResponse).join();
64    printHttpContentInfo(httpResponse, httpResponseContent);
65
```

60 삭제할 파일의 위치와 이름을 문자열에 저장합니다.

61 httpClient.delete() 메서드로 HTTP DELETE Request를 생성한 후, GET의 경우와 동일하게 서버로 전송하고 HTTP Response를 처리합니다.

웹 브라우저를 통해서 처리했던 일들이 그렇게 복잡하지 않은 몇 줄의 Dart 프로그램으로 구현되는 것을 확인했습니다. GET / POST / PUT / DELETE와 같이 자주 사용하는 메서드들을 클라이언트에서 거의 비슷한 형태로 개발이 가능했습니다. 새로운 문법은 나타나지 않았고, HTTP의 각종 기능에 부합하는 표준 라이브러리 활용의 중요성을 이해하는 챕터였습니다. 복잡하다거나 어렵다고 여기기보다는, 코드를 실제로 실행해 보고 궁금한 사항은 공식 사이트에서 찾아서 읽어보는 노력을 기울이다 보면 원하는 용도의 코드를 잘 만들 수 있을 겁니다.

핵심 요약

HTTP의 주요 기능 중 GET, PUT, POST, DELETE를 어떻게 구현할지 알아보았습니다. 그리고 HTTP 서버 외에 HTTP 클라이언트도 이제 Dart 언어와 HTTP 라이브러리로 직접 개발하는 것이 가능하게 되었습니다. 결국 HTTP 기술을 이해하고, Dart 언어의 HTTP 라이브러리를 찾아서 사용하는 능력이 중요함을 느끼게 됩니다. 따라서 HTTP 기술에 관심이 있는 독자라면 HTTP에 대한 전문 도서나 자료를 읽고, 해당 지식을 바탕으로 필요한 HTTP 라이브러리를 찾아서 사용하면서 원하는 프로그램을 개발해 나가기 바랍니다.

▶▶ 연습 문제

1. 핵심 내용 복습하기

❶ HttpClient 클래스의 get(), post(), put(), delete() 메서드의 공식 사이트를 방문하여 입력 파라미터와 리턴 값에 대해서 확인합니다.

❷ 위키피디아와 같은 인터넷 사전을 통해서 HTTP의 GET, PUT, POST, DELETE 메서드에 대한 정보를 찾아서 읽어 봅니다.

2. 예제 코드 수정하기

❶ HTTP POST Request에 대한 클라이언트와 서버의 코드를 수정해서 POST를 사용한 더하기 기능이 되도록 합니다. 실행 후 결과를 확인합니다.

❷ HTTP DELETE Request에 대한 예제에서 클라이언트가 서버에 존재하지 않는 파일을 삭제하도록 요청하도록 한 후 서버가 어떻게 동작하는지 확인합니다.

3. 추가 기능 작성하기

❶ 클라이언트의 소스 코드에서 각 step별 코드를 보면, 동일한(혹은 매우 유사한) 코드가 반복적으로 쓰이는 것을 볼 수 있습니다. 동일하거나 유사한 코드를 묶어서 별도의 함수로 작성해 봅니다. 실행 후 결과를 확인합니다.

❷ 클라이언트의 소스 코드에서 각 step별로 별도의 함수를 정의하여 main 함수의 내용이 간략화되도록 만듭니다. 이 경우, 서버의 코드를 참조하는 것도 도움이 될 겁니다. 실행 후 결과를 확인합니다.

CHAPTER. 4

JSON 활용하기

JSON(JavaScript Object Notation)을 알아볼 차례입니다. HTTP 클라이언트와 HTTP 서버는 서로 다른 컴퓨터와 운영체제에서 동작할 수도 있고, 서로 다른 언어로 개발되어 있을 수도 있습니다. 따라서 클라이언트와 서버 간에 정보를 주고받을 때에는 개발한 언어와 동작중인 컴퓨터/운영체제가 다르더라도 같은 의미로 해석할 수 있는 일종의 공통된 약속이 필요합니다. 이런 목적으로 많이 사용하는 기술이 JSON입니다. JSON은 원래 JavaScript라는 프로그래밍 언어의 데이터 표현 방식입니다. 그런데 이 언어는 웹 서비스를 목적으로 만들어져 대부분의 웹 브라우저에서 JavaScript를 이해할 수 있어서, 웹 서비스에서 서버와 클라이언트 간에 데이터를 주고받을 때 JSON 형태로 만들어서 주고받는 것이 일반화되었습니다. 그렇다고 해서 우리가 JavaScript를 배울 필요는 없습니다. Dart 언어로 만들어진 데이터를 JSON 타입으로 변환하여 HTTP 메시지에 넣어서 보내는 작업과 받은 HTTP 메시지 안의 JSON 타입의 데이터를 Dart 언어의 데이터 타입으로 변환하는 작업만 할 줄 알면 됩니다. 그리고 이 작업을 지원하는 Dart 언어의 표준 라이브러리가 이미 있으니 이들을 이해하고 사용하면 됩니다.

이번 챕터에서도 설명의 용이성을 위해서 클라이언트와 서버에 대한 수행 결과와 소스 코드의 설명을 분리하도록 하겠습니다. 이전 챕터와 마찬가지로 클라이언트는 VS Code로 실행하고, 서버는 CLI 환경에서 실행하기를 권장합니다. 클라이언트 실행 시 브레이크 포인트를 설정해서 수행 중인 상태를 확인해 보는 것도 권장합니다.

미리 보는 수행 결과(클라이언트)

이번 예제는 단순합니다. 클라이언트에서 서버로 HTTP POST Request를 하나 전달하고 이에 대한 응답을 받아서 출력했을 뿐입니다.

```
1 (base) $ dart volume-D-chapter-04-client.dart
2 |-> POST JSON Format
3 |<- status-code    : 200
4 |<- content-type   : text/plain; charset=utf-8
5 |<- content-length : 18
6 |<- content        : POST JSON accepted
```

1 먼저 서버 프로그램을 실행한 후 클라이언트를 CLI 환경에서 실행했습니다. 참고로 VS Code에서 실행해도 문제가 없습니다.

2 HTTP POST Request를 클라이언트에서 서버로 전송합니다. 이때 콘텐츠를 JSON 형태에 맞춰서 전송합니다.

이후 서버로부터 받은 HTTP Response의 주요 내용이 나타나 있습니다.

3 상태 코드는 200으로 OK라는 의미입니다.

4 콘텐츠는 UTF-8 코드 기반의 일반 텍스트입니다.

5 콘텐츠의 길이는 18자입니다.

6 "POST JSON accepted"라는 문자열입니다. 이를 통해서 클라이언트가 서버로 전송한 JSON 형태의 데이터를 서버에서 잘 받았다는 것을 알 수 있습니다.

미리 보는 수행 결과(서버)

서버 프로그램은 클라이언트보다 먼저 실행되어야 합니다.

```
1 (base) $ dart volume-D-chapter-04-server.dart
2 $ Server activated in 127.0.0.1:4040
```

1 서버를 CLI 환경에서 실행합니다. 이번 챕터에서는 File 처리를 하지 않기에 VS Code에서 서버 프로그램을 실행해도 문제는 없습니다. 다만 VS Code는 하나의 프로그램만 실행이 가능하므로 서버 혹은 클라이언트 중 하나는 CLI로 실행해야 합니다.

2 서버가 제대로 동작한다는 메시지와 서버의 IP 주소, Port 번호가 출력되었습니다.

```
3  $ POST / from 127.0.0.1:53324
4  > content-type   : application/json; charset=utf-8
5  > content-length : 51
6  > content        : {Korea: Seoul, Japan: Tokyo, China: Beijing}
```

3 클라이언트가 전달한 HTTP POST Request가 서버에 도착했습니다. 접근하는 주소가 루트로 되어 있지만 이번 예제에서는 활용하지 않습니다.

그리고 받은 POST 메시지의 콘텐츠에 대한 주요 정보가 출력되었습니다.

4 POST 메시지의 콘텐츠는 application/json 타입이고 UTF-8 코드 기반입니다.

5 콘텐츠의 길이는 51자입니다.

6 받은 JSON 데이터를 Dart 언어 형태로 다시 복원한 콘텐츠를 출력하였습니다. Dart 프로그래밍 언어의 Map 형태로 변환된 것을 볼 수 있습니다. 즉, 'Korea : Seoul', 'Japan : Tokyo', 'China : Beijing'의 3개 element를 갖는 JSON Map 데이터를 클라이언트에서 전달받아 서버 프로그램이 Dart의 Map 데이터로 변환하여 처리했습니다.

```
7  $ jsonData['Korea'] is Seoul
8  $ jsonData['Japan'] is Tokyo
9  $ jsonData['China'] is Beijing
```

7~9 클라이언트로부터 수신한 JSON 데이터가 제대로 Dart 프로그램의 Map으로 변환되었는지를 알아보기 위해 Map 클래스의 객체인 jsonData의 키워드를 국가 이름으로 주고, 수도 이름이 출력되는지 확인했습니다. 클라이언트가 보낸 정보가 제대로 서버 안에서 Dart 언어의 Map 클래스 객체로 처리되고 있습니다.

소스 코드 설명(클라이언트)

클라이언트 프로그램은 Volume.D 3장의 클라이언트를 재활용합니다. 15~27의 내용은 새로 작성되었습니다. 그 외의 부분은 동일합니다. 동일한 부분을 먼저 살펴봅니다.

```
1  import 'dart:io';
2  import 'dart:convert';
3
```

```
4   Future main() async {
5     var serverIp = InternetAddress.loopbackIPv4.host;
6     var serverPort = 4040;
7     var serverPath;
8
9     var httpClient = HttpClient();
10    var httpResponseContent;
11
12    HttpClientRequest = httpRequest;
13    HttpClientResponse = httpResponse;
14
```

주요 라이브러리를 import합니다. main 함수를 시작해서 서버와의 HTTP 통신을 하기 위한 준비를 마칩니다.

```
28  }
29
30  void printHttpContentInfo(var httpResponse, var httpResponseContent) {
31    print("|<- status-code    : ${httpResponse.statusCode}");
32    print("|<- content-type   : ${httpResponse.headers.contentType}");
33    print("|<- content-length : ${httpResponse.headers.contentLength}");
34    print("|<- content        : $httpResponseContent");
35  }
```

28 여기서 main 함수를 닫습니다.

30~35 HTTP Response에서 콘텐츠 정보를 출력하는 함수인 printHttpContentInfo() 함수가 있습니다.

이제 달라진 부분을 설명하겠습니다.

```
15  // start-of-modification
16    print("|-> POST JSON Format");
17    Map jsonContent = {'Korea': 'Seoul', 'Japan': 'Tokyo', 'China': 'Beijing'};
18    var content = jsonEncode(jsonContent);
```

16 HTTP POST Request를 통한 JSON 콘텐츠의 전송을 하겠다고 화면에 출력하는 코드입니다.

17 JSON으로 전송할 Map 클래스의 객체인 jsonContent를 만듭니다. Dart 언어에서는 JSON 형태로 데이터를 주고받는 경우 Map 클래스의 객체를 사용합니다. jsonContent 객체에 포함된 데이터는 3개 국가의 이름을 key로 대응하는 수도 이름을 value로 갖고 있습니다.

18 가장 중요한 줄입니다. Dart 언어는 Map 데이터를 JSON 형태로 변환하는 jsonEncode() 함수를 제공합니다. 이 함수는 아래와 같이 Map 클래스의 객체인 jsonContent를 입력 파라미터로 주면 JSON으로 변환된 결과를 리턴합니다.

```
var content = jsonEncode(jsonContent);
```

JSON으로 변환된 정보가 저장된 content 변수를 **23**처럼 HTTP POST Request에 write() 메서드를 통해서 저장하면 Map 데이터를 JSON 데이터로 변환하는 과정은 종료됩니다. 간단하지요? JSON이 무엇인지 이해한 후, Map 클래스의 객체를 jsonEncode() 함수로 변환하는 작업만 하면 됩니다.

```
19      serverPath = "/";
20      httpRequest = await httpClient.get(serverIp, serverPort, serverPath)
21        ..headers.contentType = ContentType.json
22        ..headers.contentLength = content.length
23        ..write(content);
24      httpResponse = await httpRequest.close();
25      httpResponseContent = await utf8.decoder.bind(httpResponse).join();
26      printHttpContentInfo(httpResponse, httpResponseContent);
27    // end-of-modification
```

자주 작성한 HTTP Request의 전송과 HTTP Response의 수신에 해당하는 코드입니다.

19 HTTP POST Request의 주소 값을 루트로 설정합니다.

20 서버의 IP 주소, Port 번호 그리고 serverPath에 설정한 주소 값을 사용해서 HTTP POST Request를 생성합니다.

21 콘텐츠의 타입을 설정합니다. HTTP 메시지 안의 콘텐츠가 JSON 형태인 경우 HTTP 콘텐츠의 타입(contentType)을 application/json으로 명시해야 합니다. 이렇게 하면 해당 메시지를 받는 프로그램이 JSON 형태의 데이터를 본인의 프로그래밍 언어의 데이터 타입에 매핑해서 변환할 수 있습니다. Dart 언어는 이를 위해서 ContentType.json이라는 값을 제공합니다.

22 JSON 정보를 저장하고 있는 content 변수의 길이를 HTTP POST Request의 콘텐츠 길이 필드에 저장합니다.

24 HTTP POST Request 객체의 close() 메서드로 메시지 작성을 마치고 서버로 전송합니다. 그리고 서버로부터 HTTP Response가 도착하기를 await 구문으로 기다린 후, 서버로부터 받은 HTTP Response 결과를 HttpClientResponse 클래스의 객체인 httpResponse에 저장합니다.

25 이전 챕터들에서 한 것처럼 HTTP Response 객체의 콘텐츠를 꺼내는 작업을 합니다. UTF-8 타입의 정보를 Dart 언어가 처리할 수 있도록 추출한 후, join() 메서드를 사용해서 모두 합치면 하나의 문자열로 변환된 HTTP Response의 콘텐츠 결과가 httpResponseContent에 저장됩니다. 이렇게 추출한 HTTP Response의 콘텐츠를 이전 챕터에서 만든 printHttpContentInfo() 함수를 사용하여 화면에 출력하면 됩니다.

결국 이전 코드와 비교해서 달라진 핵심 부분은 17에서 Map 클래스의 객체를 만든 부분, 18에서 Map 클래스의 객체를 JSON 형태로 변환한 부분, 그리고 21에서 콘텐츠 타입을 JSON으로 작성한 부분 뿐이라고 할 수 있습니다.

소스 코드 설명(서버)

이번 서버 프로그램은 이전 챕터의 서버 소스 코드를 재활용합니다. main 함수의 일부만 고쳐 개발하였습니다. 14~28이 달라진 부분이며 다른 코드는 동일합니다. 동일한 코드부터 간단히 살펴보겠습니다.

```
1  import 'dart:io';
2  import 'dart:convert';
3
```

1~2 라이브러리를 포함하기 위한 import 구문이 있습니다.

```
4  Future main() async {
5    var server = await HttpServer.bind(
6      InternetAddress.loopbackIPv4, // ip address
7      4040, // port number
8    );
9    printHttpServerActivated(server);
10
```

```
11    await for (HttpRequest request in server) {
12      printHttpRequestInfo(request);
13      try {
```

4~13 main 함수의 시작 부분으로, 서버를 설정하고 실행하는 부분과 HTTP Request를 받아서 처리하는 무한 반복 구문의 시작 부분 코드가 작성되어 있습니다.

```
29      } catch(err) {
30        print("\$ Exception in http request processing");
31      }
32    }
33  }
34
```

29~33 main 함수의 후반부는 무한 반복 중인 작업의 오류 처리를 위한 catch 구문과 main 함수를 닫는 괄호들로 되어 있습니다.

```
35  void printHttpServerActivated(HttpServer server) {
36    var ip = server.address.address;
37    var port = server.port;
38    print('\$ Server activated in ${ip}:${port}');
39  }
40
41  void printHttpRequestInfo(HttpRequest request) async {
42    var ip = request.connectionInfo!.remoteAddress.address;
43    var port = request.conncetionInfo!.remotePort;
44    var method = request.method;
45    var path = request.uri.path;
46    print("\$ $method $path from $ip:$port");
47
48    if (request.headers.contentLength != -1) {
49      print("\> content-type   : ${request.headers.contentType}");
40      print("\> content-length : ${request.headers.contentLength}");
51    }
52  }
53
```

35~**41** 서버의 실행 관련 정보를 보여주는 printHttpServerActivated() 함수와 HTTP Request의 정보를 보여주는 printHttpRequestInfo() 함수가 있습니다.

```
14  // start-of-modification
15          var content = await utf8.decoder.bind(request).join();
16          var jsonData = jsonDecode(content) as Map;
```

15 클라이언트로부터 수신한 HTTP Request 메시지의 콘텐츠를 utf8.decoder.bind() 메서드를 통해서 추출하고 join() 메서드를 통해서 하나의 문자열로 합칩니다. 이 코드로 HTTP POST Request 메시지에 포함된 JSON 콘텐츠를 추출합니다. 이 함수는 이미 여러 번 등장했던 코드입니다.

16 새로운 코드인 jsonDecode() 함수입니다. 아래와 같은 코드로, 클라이언트에서 사용한 jsonEncode() 함수에 반대되는 역할을 합니다.

```
var jsonData = jsonDecode(content) as Map;
```

HTTP POST Request 메시지에서 추출한 콘텐츠인 content를 jsonDecode() 함수의 입력 파라미터로 전달합니다. 그리고 Dart 언어의 데이터형으로 변환하기 위해서 as Map을 추가합니다. 이 과정을 통해서 HTTP POST Request에 JSON 형태로 저장된 content를 Dart 언어에서 이해할 수 있는 Map 데이터 형태로 변환한 후 jsonData 객체에 저장합니다.

```
17          print("\> content          : $jsonData");
18          print("\$ jsonData['Korea'] is ${jsonData['Korea']}");
19          print("\$ jsonData['Japan'] is ${jsonData['Japan']}");
20          print("\$ jsonData['China'] is ${jsonData['China']}");
```

17 변환이 제대로 되었는지 확인하기 위해 Map 타입인 jsonData를 출력합니다.

18~**20** key 값을 주고 그에 따른 value를 추출해 봅니다. 결과를 보면 JSON 타입의 데이터가 Map 타입으로 제대로 변환되는 것을 알 수 있습니다.

```
21          content = "POST JSON accepted";
22          request.response
23            ..headers.contentType = contentType('text', 'plain', charset:
              "utf-8")
24            ..headers.contentLength = httpContent.length
```

```
25            ..statusCode = HttpStatus.ok
26            ..write(content);
27          await request.response.close();
28    // end-of-modification
```

22~27 HTTP Response를 작성한 후, 클라이언트로 전달합니다.

핵심 요약

JSON 데이터 구조는 웹 서비스나 HTTP로 정보를 주고받는 경우에 많이 사용하는 기술입니다. 이번 챕터에서는 JSON 설명을 주로 했지만, 사실 Dart 언어의 Map 데이터 객체를 JSON으로 변환하고 다시 역변환하는 작업은 변환 한 번마다 함수를 한 번 호출하면 끝나는 모습을 보았습니다. 여러 번 강조하고 있듯 이번 챕터에서도 소프트웨어를 개발하고 싶은 분야의 이론적인 공부를 한 후, 그 분야에서 제공하는 표준 라이브러리를 사용하는 것이 매우 중요함을 이해할 수 있습니다.

▶▶ 연습 문제

1. 핵심 내용 복습하기

❶ Google에서 "dart jsonencode"와 "dart jsondecode"를 키워드로 검색해서 각각 jsonEncode() 함수와 jsonDecode() 함수에 대한 Dart 언어의 공식 사이트를 찾아봅니다. 그리고 공식 사이트를 방문하여 각 함수에 대한 설명을 읽어 봅니다.

❷ 위키피디아 등 인터넷 사전에서 JSON에 대한 정보를 찾아서 읽어 봅니다.

2. 예제 코드 수정하기

❶ JSON으로 주고받는 정보에 추가적인 국가와 수도 정보를 포함합니다. 이에 맞춰서 서버와 클라이언트를 수정한 후 결과를 확인합니다.

❷ jsonEncode된 후의 변수 값과 jsonDecode하기 전의 변수 값을 출력하도록 서버와 클라이언트를 수정한 후 JSON 데이터 값이 어떤 형태인지 눈으로 확인해 봅니다.

3. 추가 기능 작성하기

❶ Volume.B의 2장에서 다룬 Map 데이터를 주고받을 수 있도록 서버와 클라이언트를 작성합니다. 실행 후 결과를 확인합니다.

❷ Volume.B의 2장에서 다룬 Map 데이터의 처리 동작인 추가, 삭제, 확인 등을 HTTP GET, PUT, POST, DELETE를 사용해서 구현합니다. 즉, 클라이언트의 요청에 의해서 서버가 Map의 element를 추가, 삭제, 확인할 수 있도록 개발합니다. 이 경우 서버와 클라이언트는 필요시 JSON 형태로 데이터를 주고받습니다. 실행 후 결과를 확인합니다.

CHAPTER. 5

REST API 기반 CRUD 개발하기

HTTP 기반 웹 서비스가 활발하게 사용되면서 웹 서비스를 지원하는 소프트웨어의 구조에 관한 논의가 많았습니다. 시간이 흘러 웹 서비스를 제공하는 경우에 HTTP 프로토콜을 어떻게 사용할지를 정한 일종의 묵시적 합의가 이루어졌는데, 이것이 REST(REpresentational State Transfer)입니다. REST는 구현 가능한 수준의 세부적인 내용이 아닌 철학이며, 이 철학에 맞춰서 개발할 수 있는 구체적인 내용을 정하고 개발을 하면 RESTful하다고 합니다. 즉 REST 철학에 부합한다고 합니다. 회사들은 추상적인 REST 철학을 실제로 구현 가능하도록 만들기 위해서, 자체적인 구현 방침을 정하게 됩니다. 보통은 함수와 유사하게 HTTP를 통한 입력 값과 출력 값을 정한 API를 만들어 REST에 부합하는 형태로 구현하는데, 이를 RESTful API라고 합니다. 따라서 개발자 입장에서는 우선 일반적인 철학인 REST를 이해한 후, 특정 회사가 만든 REST 기능을 사용할 때 해당 회사의 RESTful한 API를 찾아봅니다. 그리고 이에 맞춰서 입력을 주고 출력을 가져와서 사용하면 되는 겁니다.

REST와 RESTful 관련 이론에 관해서는 많은 이야기를 할 수 있지만 구현 측면에서 핵심이 되는 이야기만 한다면 다음의 내용 정도로 줄일 수 있습니다.

① JSON 포맷으로 데이터를 주고받음
② 통상 CRUD라고 부르는 아래의 원칙에 따라서 HTTP 메서드를 사용
  - **Create** : POST를 사용하여 새로운 데이터를 생성
  - **Read** : GET을 사용하여 정보를 읽음
  - **Update** : PUT을 사용하여 기존에 이미 만들어진 정보를 수정(혹은 업데이트)
  - **Delete** : DELETE를 사용하여 이미 만들어진 정보를 삭제
③ 웹 주소(URL)를 /{기능 이름}/{Key 값}의 형태로 작성하여 서버가 제공하는 기능 중 특정 기능을 요청하고, 기능의 대상이 되는 데이터는 Key에 의해 식별
  - 예를 들어, /membership/0001이면 가입자 '멤버십(membership)'에 관한 서비스이며, '0001' 가입자에 C/R/U/D 작업을 수행

이 원칙에 따라 클라이언트가 /membership/0001 주소로 POST Request를 서버에 전달하면, 서버는 0001을 key 값으로 사용하는 정보를 POST가 의미하는 Create에 따라서 생성합니다. 이때 key 값인 0001에 해당하는 value는 HTTP POST Request의 콘텐츠인 JSON 정보를 사용합니다. JSON에 대응하는 Dart 언어의 데이터 형태는 Map이니 당연히 만들어지는 데이터 객체는 Map이 되며, 0001은 Map 안의 element의 key 값이 되고 JSON에서 추출 가능한 정보는 key 값인 0001에 대응하는 value가 됩니다.

이번 챕터의 소스 코드에서는 지금까지 이해한 HTTP 이론과 프로그래밍 기술을 토대로 REST의 CRUD를 어떻게 클라이언트와 서버에서 구현할 수 있는지 설명합니다.

이번 챕터의 프로그램도 VS Code로 클라이언트를 실행하고 CLI 환경에서 서버를 실행하기를 권장합니다. 클라이언트의 실행 시 브레이크 포인트를 설정해서 수행 중인 상태를 확인해 보는 것도 권장합니다.

미리 보는 수행 결과 (서버)

서버 프로그램은 클라이언트보다 먼저 실행되어야 합니다. 이번 챕터의 코드는 File이나 키보드 입력 기능을 사용하지 않으므로 VS Code를 사용하여 실행해도 동일하게 동작합니다. 다만 VS Code는 하나의 프로그램만 실행이 가능하니, 서버나 클라이언트 중 하나는 CLI로 실행해야 합니다.

```
1  (base) $ dart volume-D-chapter-05-server.dart
2  $ Server activated in 127.0.0.1:4040
```

1 서버 프로그램을 CLI 환경에서 수행합니다.

2 그러면 서버가 제대로 동작한다는 내용과 함께 IP 주소와 Port 번호를 출력합니다.

```
3  $ POST / from 127.0.0.1:56792
4  > content-type   : application/json; charset=utf-8
5  > content-length : 16
6  > content         : {"0001": "Seoul"}
```

서버가 관리하는 정보가 전혀 없는 상태에서 하나의 정보를 추가하겠습니다.

3 클라이언트가 /api/0001 주소로 서버에 api라는 이름의 RESTful 서비스를 요청함을 알렸습니다. 그리고 key 값이 0001인 정보를 새롭게 생성해달라는 의미로 POST 메서드를 사용했습니다. 이

때 클라이언트의 IP 주소는 127.0.0.1이고 Port 번호는 56792입니다.

4 ~ 6 은 HTTP POST Request의 콘텐츠 정보를 출력합니다.

4 JSON 형태이고, UTF-8 코드로 작성된 콘텐츠입니다.

5 콘텐츠는 총 16자입니다.

6 새로 만들게 될 key 값이 "0001"인 항목의 value는 "Seoul"입니다.

```
7  $ Success < {0001 : Seoul} created >
8  > current DB       : {0001: Seoul}
```

7 서버는 클라이언트에게 HTTP Response를 보내면서 성공적으로 항목을 만들었다는 의미의 내용을 보냅니다.

8 현재 서버에서 관리 중인 정보를 출력합니다. 0001을 key로 하고, Seoul을 value로 하는 정보를 하나 가지고 있는 Map입니다.

```
9  $ POST /api/0002 from 127.0.0.1:56793
10 > content-type   : application/json; charset=utf-8
11 > content-length : 16
12 > content         : {"0002":"Busan"}
```

동일한 방법으로 서버에 새로운 정보를 추가합니다.

9 클라이언트가 /api/0002 주소로 서버에 api라는 이름의 RESTful 서비스를 요청함을 알렸습니다. 그리고 key 값이 0002인 정보를 새롭게 생성해달라는 의미에서 POST 메서드를 사용했습니다. 클라이언트의 IP 주소는 127.0.0.1이고 Port 번호는 56793입니다.

10 ~ 12 는 HTTP POST Request의 콘텐츠 정보를 출력합니다.

10 JSON 형태이고, UTF-8 코드로 작성된 콘텐츠입니다.

11 콘텐츠는 총 16자입니다.

12 새로 만들 key 값인 '0002'의 value는 'Busan'입니다.

```
13  $ Success < {0002 : Busan} created >
14  > current DB        : {0001: Seoul, 0002: Busan}
```

13 서버에서 클라이언트로 보낸 결과입니다. 클라이언트에게 HTTP Response를 보내면서 생성된 내용을 담아 보냅니다.

14 현재 서버에서 관리 중인 정보를 모두 출력합니다. 0002를 key로 하고 Busan을 value로 하는 정보가 Map에 추가됩니다.

```
15  $ GET /api/0001 from 127.0.0.1:56793
16  $ Success < {0001 : Seoul} retrieved >
17  > current DB        : {0001: Seoul, 0002: Busan}
```

이번에는 서버에 저장한 정보를 클라이언트에서 읽는 작업을 해 보겠습니다.

15 서버가 HTTP GET Request를 받았습니다. URL 주소는 /api/0001이고 key 값이 0001인 정보를 대상으로 하는 RESTful의 Read 작업 요청입니다.

16 이에 따라 서버가 클라이언트에게 '0001 : Seoul'이라는 정보를 찾아서 보낸다는 내용을 출력합니다.

17 서버가 관리 중인 정보를 출력합니다.

```
18  $ PUT /api/0001 from 127.0.0.1:56792
19  > content-type    : application/json; charset=utf-8
20  > content-length : 18
21  > content         : {"0001":"Sungnam"}
22  $ Success < {0001 : Sungnam} updated >
23  > current DB        : {0001: Sungnam, 0002: Busan}
```

이번에는 서버에 저장된 정보 중 하나를 수정(업데이트)하고자 합니다.

18 URL 주소가 /api/0001인 HTTP PUT Request를 서버가 수신했습니다. 따라서 서버는 key 값이 0001인 정보의 value를 업데이트한다고 출력합니다.

기존의 value를 업데이트할 정보가 필요한데, 이 정보가 HTTP PUT Request의 콘텐츠에 JSON 형태로 포함되어 있습니다.

19~20 콘텐츠의 추가 정보를 출력합니다.

21 0001을 key 값으로 하는 정보는 원래 Seoul이었으나 Sungnam으로 바꾸도록 합니다.

22 0001을 key 값으로 하는 value가 기존 Seoul에서 Sungnam으로 변경되었음을 출력합니다.

23 서버가 관리 중인 Map 객체의 전체 정보를 출력해서, 정보가 성공적으로 업데이트되었음을 보여줍니다.

```
24  $ DELETE /api/0001 from 127.0.0.1:56793
25  $ Success < {0001 : Sungnam} deleted >
26  > current DB          : {0002: Busan}
```

다음은 CRUD의 마지막 작업으로, 기존 정보를 삭제해 보겠습니다.

24 HTTP DELETE Request의 URL 주소가 /api/0001입니다. 0001을 key 값으로 하는 정보를 삭제하기 위함입니다.

25 서버가 클라이언트에게 '0001 : Busan' 정보가 삭제되었음을 알려줍니다.

26 서버가 관리 중인 모든 정보를 출력하였습니다. 0001을 key 값으로 하는 정보는 삭제되어 보이지 않습니다.

```
27  $ GET {ERROR: Unsupported API}
28  > current DB          : {0002: Busan}
```

다음은 일부러 에러를 유발해 보도록 하겠습니다. 첫 번째로 '/api/'로 시작하는 RESTful API가 아닌 다른 유형의 HTTP Request를 요청했습니다.

27 지원하지 않는 API를 요청하여 서버 동작에 에러가 발생했다는 문장이 출력되었습니다.

28 서버에서 관리 중인 정보가 출력되었습니다.

```
29  $ GET /api/0001 from 127.0.0.1:56793
30  $ Fail < 0001 not-exist >
31  > current DB          : {0002: Busan}
```

두 번째로 서버에서 관리 중인 정보에는 존재하지 않는 정보를 클라이언트에서 요청했습니다. 이미 삭제한 key 값이 '0001'인 정보를 찾는 HTTP GET Request READ가 서버에 도착한 경우입니다.

29 URL인 '/api/0001'을 출력합니다.

30 서버에 없는 정보에 대한 접근이니 "클라이언트에게 해당 정보가 존재하지 않는다"는 에러 메시지를 전달합니다.

31 그리고 다시 한 번 서버가 관리 중인 전체 정보를 출력합니다.

미리 보는 수행 결과(클라이언트)

클라이언트의 수행 결과를 살펴보겠습니다. 클라이언트의 실행에 앞서 서버 프로그램을 먼저 실행해야 합니다.

```
1  (base) $ dart volume-D-chapter-05-client.dart
```

1 클라이언트 프로그램을 실행합니다.

서버의 실행 결과에서 봤듯이 총 7개의 HTTP Request를 서버에 보내고 그에 대한 HTTP Response를 받습니다. HTTP를 이미 여러 번 설명했기에 클라이언트의 수행 결과는 간단하게 언급하도록 하겠습니다.

```
2  |-> [Step.1] Create by POST
3  |<- status-code    : 200
4  |<- content-type   : text/plain; charset=utf-8
5  |<- content-length : 33
6  |<- content        : Success < {0001: Seoul} created >
```

첫 번째는 HTTP POST Request를 서버로 전달하는 경우입니다.

2 HTTP POST Request를 서버로 전달합니다. 그리고 **3**~**6**에서 응답을 출력합니다.

3 응답 코드는 200으로 성공적인 작업이었습니다.

4 HTTP Response의 콘텐츠는 일반적인 텍스트입니다.

5 콘텐츠의 길이는 33자입니다.

6 전달한 '0001 : Seoul' 정보가 서버에 추가되었습니다.

```
7   |-> [Step.2] Create by POST
8   |<- status-code    : 200
9   |<- content-type   : text/plain; charset=utf-8
10  |<- content-length : 33
11  |<- content        : Success < {0002: Busan} created >
```

두 번째는 첫 번째와 같은 작업을 해서 '0002 : Busan' 정보를 클라이언트에서 서버로 전달하고 새롭게 저장하도록 한 경우입니다. 7~11에 해당하는 내용입니다.

```
12  |-> [Step.3] Read by GET
13  |<- status-code    : 200
14  |<- content-type   : text/plain; charset=utf-8
15  |<- content-length : 35
16  |<- content        : Success < {0001: Seoul} retrieved >
```

세 번째는 HTTP GET Request를 서버로 전달하는 경우입니다.

12 HTTP GET Request를 서버로 전달했습니다. 그리고 13~16에서 응답을 출력했습니다.

13 응답 코드는 200으로 성공적인 작업이었습니다.

14 HTTP Response의 콘텐츠는 일반적인 텍스트입니다.

15 콘텐츠의 길이는 35자입니다.

16 서버가 전달해 준 '0002 : Busan' 정보의 내용을 확인하였습니다.

```
17  |-> [Step.4] Update by PUT
18  |<- status-code    : 200
19  |<- content-type   : text/plain; charset=utf-8
20  |<- content-length : 35
21  |<- content        : Success < {0001: Sungnam} updated >
```

네 번째는 HTTP PUT Request를 서버로 전달하는 경우입니다.

17 HTTP PUT Request를 서버로 전달했습니다. 그리고 18~21에서 응답을 출력했습니다.

18 응답 코드는 200으로 성공적인 작업이었습니다.

19 HTTP Response의 콘텐츠는 일반적인 텍스트입니다.

20 콘텐츠의 길이는 35자입니다.

21 '0001 : Seoul' 정보가 '0001 : Sungnam'으로 변경되었습니다.

```
22  |-> [Step.5] Delete by DELETE
23  |<- status-code    : 200
24  |<- content-type   : text/plain; charset=utf-8
25  |<- content-length : 35
26  |<- content        : Success < {0001, Sungnam} deleted >
```

다섯 번째는 HTTP DELETE Request를 서버로 전달하는 경우입니다.

22 HTTP DELETE Request를 서버로 전달했습니다. 그리고 **23**~**26**에서 응답을 출력했습니다.

23 응답 코드는 200으로 성공적인 작업이었습니다.

24 HTTP Response의 콘텐츠가 일반 글자임을 보여줍니다.

25 콘텐츠의 길이가 35자입니다.

26 '0001 : Sungnam' 정보가 서버에서 삭제되었습니다.

```
27  |-> [Step.6] Unsupported API
28  |<- status-code    : 200
29  |<- content-type   : text/plain; charset=utf-8
30  |<- content-length : 28
31  |<- content        : GET {ERROR: Unsupported API}
```

여섯 번째는 비정상적인 작업을 서버로 요청하는 경우입니다. 서버의 소스 코드에서 보겠지만, 제대로 된 '/api/'의 형태가 아닌 잘못된 문자열이 주소 정보에 포함되어서 서버로 전달된 경우입니다. 이에 대해서 **28**의 200 OK의 의미에 오해가 있을 수 있습니다. 서버에서 200 OK라고 응답이 왔지만, RESTful API를 정의한 서버 측에서 에러로 취급하여 서버가 에러를 제대로 처리했다는 의미로 200 OK를 보내기로 했다면 이 규칙에 따라야 합니다.

```
32  |-> [Step.7] Unsupported Read
33  |<- status-code    : 200
34  |<- content-type   : text/plain; charset=utf-8
35  |<- content-length : 23
36  |<- content        : Fail < 0001 not-exist >
```

일곱 번째는 서버에서 관리하지 않는 정보를 요청하는 경우입니다.

33~35 HTTP Response의 콘텐츠 관련 정보가 출력되어 있습니다.

36 key 값이 0001인 정보는 서버에 없습니다.

소스 코드 설명(서버)

이번 챕터 코드에서 다루는 내용에서 새로운 문법이나 라이브러리가 나오지는 않습니다. CRUD를 구현하기 위한 논리가 새로운 내용이라고 보면 됩니다. 따라서 대부분의 기술은 이전 챕터의 코드들에서 다룬 내용이기에, CRUD의 구현 부분에 집중해서 설명하도록 하겠습니다.

1. 서버 동작을 위한 기초 코드

서버가 동작하기 위한 기본적인 코드들은 다음과 같습니다.

```
1  import 'dart:io';
2  import 'dart:convert';
3
```

1~2 먼저, 필요한 라이브러리를 import합니다.

```
44  void printHttpServerActivated(HttpServer server) {
45    var ip = server.address.address;
46    var port = server.port;
47    print('\$ Server activated in ${ip}:${port}');
48  }
49
```

main 함수와 CRUD 처리 함수 외에 3가지 유용한 함수가 포함되어 있습니다. 일단 이 함수들을 살펴보겠습니다.

44~48 이전에 작성한 printHttpServerActivated() 함수입니다. 서버의 동작이 시작되어 IP 주소와 Port 번호를 화면에 출력합니다.

```
50  void printHttpRequestInfo(HttpRequest request) async {
51    var ip = request.connectionInfo!.remoteAddress.address;
52    var port = request.conncetionInfo!.remotePort;
53    var method = request.method;
54    var path = request.uri.path;
55    print("\$ $method $path from $ip:$port");
56
57    if (request.headers.contentLength != -1) {
58      print("\> content-type    : ${request.headers.contentType}");
59      print("\> content-length : ${request.headers.contentLength}");
60    }
61  }
62
```

printHttpRequestInfo() 함수입니다. 서버로부터 전달받은 HTTP Request에 포함된 정보를 화면에 출력합니다.

```
63  void printAndSendHttpResponse(var db, var request, var content) async {
64    print("\$ $content \n current DB         : $db");
65    request.response
66      ..headers.contentType = contentType('text', 'plain', charset: "utf-8")
67      ..headers.contentLength = httpContent.length
68      ..statusCode = HttpStatus.ok
69      ..write(content);
70    await request.response.close();
71  }
```

printAndSendHttpResponse() 함수입니다. 서버에서 HTTP Response를 클라이언트에게 전달하기 위한 용도로 사용하는 함수입니다.

63 두 번째 입력 파라미터인 request 안에 세 번째 입력 파라미터인 content를 포함시킨 HTTP Response를 클라이언트에게 전달합니다.

64 입력 파라미터에서 알 수 있듯이, 서버에서 관리 중인 데이터의 정보를 화면에 출력합니다. 관리중인 데이터의 정보가 클라이언트의 요청으로 변경되었을 때 바로 화면에서 확인하기 위한 용도입니다.

2. main 함수

이제 main 함수와 CRUD에 직접적으로 연관된 함수들을 알아보도록 하겠습니다.

```
4   Future main() async {
5     var db = <dynamic, dynamic>{};
6
7     var server = await HttpServer.bind(
8       InternetAddress.loopbackIPv4, // ip address
9       4040, // port number
10    );
11
12    printHttpServerActivated(server);
13
14    await for (HttpRequest request in server) {
```

4 main 함수가 시작됩니다.

5 이전 챕터의 HTTP 서버와 대부분 동일한 기능이지만 추가된 부분입니다. 서버에서는 Map 클래스의 객체를 만들어서 key 값에 따른 value 값을 관리할 겁니다. 이를 위해서 db라는 이름의 Map 클래스 객체를 만들었습니다. key와 value를 모두 문자열로만 저장하겠지만 편의상 모두 dynamic 타입으로 정의하였습니다.

14 무한 반복하는 for 구문이 있습니다. 따라서 클라이언트에서 전달하는 HTTP Request를 반복 처리합니다.

```
41      }
42  }
43
```

41 main 함수 안의 무한 반복문을 닫는 괄호입니다.

42 main 함수를 닫는 괄호입니다.

이제 main 함수 안의 무한 반복 작업을 알아보도록 합니다.

```
15      if(request.uri.path.contains('/api/') == true) {
16      printHttpRequestInfo(request);
17      try {
18        switch (request.method) {
19          case 'POST': // Create
20            createDB(db, request);
21            break;
22          case 'GET': // Read
23            readDB(db, request);
24            break;
25          case 'PUT': // Update
26            updateDB(db, request);
27            break;
28          case 'DELETE': // Delete
29            delete(db, request);
30            break;
31          default:
32            print("\$ Unsupported http method");
33        }
34      } catch (err) {
35        print("\$ Exception in http request processing");
36      }
37    } else {
38      printAndSendHttpResponse(
39          db. request, "${request.method} {ERROR: Unsupported API}");
40    }
```

15 서버가 수신한 HTTP Request의 웹 주소 정보(URL 주소)가 '/api/' 문자열을 포함하는 RESTful API을 호출하는 주소가 맞는지 확인합니다.

16~30 맞다면 switch 구문에 따라서 CRUD에 부합하는 작업을 수행합니다. switch 구문이 시작되며, case 구문들을 보면 CRUD에 상응하는 작업을 HTTP Request의 method 값을 통해서 선택합니다. 그리고 이전 서버 예제에서 나타난 것처럼, 각각의 메서드 별로 전담 함수를 정의하였습니다.

31~32 POST/GET/PUT/DELETE 이외의 메서드가 서버로 전달되면, 지원하지 않는다는 내용의 문구를 화면에 출력하고 전달받은 메서드는 무시합니다.

34~**36** CRUD에 따른 처리를 하다가 예상하지 못한 오류가 발생하면 오류 처리 구문이 실행됩니다.

37~**40** 제대로 된 주소 정보('/api/' 문자열 형태)가 아니라면, 지원하지 않는 API라는 의미의 정보를 클라이언트에게 전달합니다.

CRUD의 기능을 처리하는 각각의 전담 함수에 대해서 알아보도록 합니다.

3. Create 작업 함수

73 Create 작업은 createDB() 함수를 통해서 수행합니다.

```
73  void createDB(var db, var request) async {
74    var content = await utf8.decoder.bind(request).join();
75    var transaction = jsonDecode(content) as Map;
76    var key, value;
77
78    print("\> content         : $content");
79
80    transaction.forEach((k, v) {
81      key = k;
82      value = v;
83    });
84
85    if (db.containsKey(key) == false) {
86      db[key] = value;
87      content = "Success < $transaction created >";
88    } else {
89      content = "Fail < $key already exist >";
90    }
91    printAndSendHttpRespose(db, request, content);
92  }
93
```

74~**75** 클라이언트가 보낸 JSON 정보를 Map 객체인 transaction으로 변환합니다.

80~**83** transaction 객체의 메서드인 forEach를 실행하는 코드입니다. 입력 파라미터는 이름이 없는 함수입니다. 입력 파라미터는 k와 v라는 이름으로 transaction 객체의 모든 항목에 이 파라미터를 적용합니다. 예제에서는 클라이언트에서 하나의 'key : value' 항목만 서버로 전달하므로 transaction

객체에는 클라이언트가 새롭게 생성하도록 요청한 항목이 하나만 있습니다. 이로 인하여 이 함수는 하나 밖에 없는 항목에 적용되어 결국 클라이언트가 전달한 항목인 k와 v를 각각 key 변수와 value 변수에 저장합니다.

85 key 변수의 값이 서버에서 관리 중인 db 안에 저장된 항목인지를 확인합니다. 즉, db.containsKey(key)는 Map 객체인 db에 입력 파라미터로 수신한 key 변수 값이 포함되어 있는지 확인하여 이미 존재하면 true를, 그렇지 않으면 false를 리턴합니다.

86 클라이언트에서 받은 정보가 db 객체 안에 없는 정보라면 서버가 새롭게 관리할 수 있도록 db 객체 안에 저장합니다.

89 이미 저장된 값이라면 Fail 처리를 합니다.

4. Read 작업 함수

94 Read 작업은 readDB() 함수를 통해서 수행합니다.

```
94  void readDB(var db, var request) async {
95    var key = request.uri.pathSegments.last;
96    var content, transaction;
97
98    if (db.containsKey(key) == true) {
99      transaction = {};
100     transaction[key] = db[key];
101     content = "Success < $transaction retrieved >";
102   } else {
103     content = "Fail < $key not-exist >";
104   }
105   printAndSendHttpRespose(db, request, content);
106 }
107
```

95 클라이언트가 전달한 웹 주소 정보의 마지막 부분을 추출합니다. '/' 글자 단위로 웹 주소를 분리하기 때문에, 추출한 정보는 '0001'과 같은 key 값입니다.

98 먼저 서버가 관리하는 Map 객체인 db 안에서 클라이언트가 요청한 정보가 존재하는지 확인합니다.

99 만약에 존재한다면, 클라이언트가 원하는대로 value 값을 추출한 후 HTTP Response에 저장해서 보내기 위해 Map 객체를 만듭니다. 그리고 100번 줄에서 클라이언트가 요청한 정보를 해당 객체에 저장한 후 105를 통해서 클라이언트에 전달합니다.

5. Update 작업 함수

108 Update 작업은 updateDB() 함수를 통해서 수행합니다.

```
108 void updateDB(var db, var request) async {
109   var content = await utf8.decoder.bind(request).join();
110   var transaction = jsonDecode(content) as Map;
111   var key, value;
112 
113   print("\> content         : $content");
114 
115   transaction.forEach((k, v) {
116     key = k;
117     value = v;
118   });
119 
120   if (db.containsKey(key) == true) {
121     db[key] = value;
122     content = "Success < $transaction updated >";
123   } else {
124     content = "Fail < $key already exist >";
125   }
126   printAndSendHttpRespose(db, request, content);
127 }
128 
```

업데이트할 정보를 찾는 과정, 클라이언트가 보낸 정보를 추출하는 과정은 앞서 Create 작업과 동일합니다.

121 차이점은 서버가 관리 중인 정보를 클라이언트에서 보낸 정보로 업데이트 하는 부분뿐입니다.

6. Delete 작업 함수

129 Delete 작업은 deleteDB() 함수를 통해서 수행합니다.

```
129  void deleteDB(var db, var request) async {
130    var key = request.uri.pathSegments.last;
131    var content, value;
132
133    if (db.containsKey(key) == true) {
134      value = db[key];
135      db.remove(key);
136      content = "Success < $value delete >";
137    } else {
138      content = "Fail < $key not-exist >";
139    }
140    printAndSendHttpRespose(db, request, content);
141  }
142
```

앞서 나온 readDB() 함수와 거의 동일한 내용인 것을 볼 수 있습니다.

135 차이점은 이 부분입니다. 서버가 관리하는 db의 remove() 메서드를 사용하여 클라이언트가 요청한 정보를 서버에서 삭제합니다.

```
143  //Server - dart:io
144  //https://api.dart.dev/stable/dart-io/HttpRequest-class.html
145
146  // 'Fetch fdata dynamically'
147  // https://dart.dev/tutorials/web/fetch-data
```

143~147 HTTP 기반 서버를 개발할 때 도움이 되는 정보의 웹 사이트 주소를 포함하였습니다. HTTP Request 클래스에 대한 세부 정보 및 HTTP 기반으로 데이터를 주고받는 기술의 설명을 확인할 수 있는 Dart 언어의 공식 사이트 주소입니다. 필요시 참조하도록 합니다.

소스 코드 설명(클라이언트)

서버와 마찬가지로 클라이언트 쪽 소스 코드의 내용에서도 새로운 문법이나 라이브러리가 나오지는 않습니다. 서버와 마찬가지로 CRUD를 구현하기 위한 논리가 새로운 내용이라고 보면 됩니다.

일단 CRUD를 지원하는 클라이언트의 요구사항은 간단합니다. 첫 번째는 HTTP Request 메시지의 웹 주소(URL)이 RESTful 규칙에 맞도록 '/api/'를 포함하고, 이 뒤에 '0001'과 같은 key 값에 해당하는 정보를 적기만 하면 됩니다. 두 번째로 클라이언트에서 서버로 JSON 정보를 저장해야 하는 경우 Map 클래스의 객체를 만들고 전달할 정보를 jsonEncode() 함수를 사용해서 변환한 후, 이를 포함하는 HTTP Request를 서버로 전달해야 합니다.

클라이언트의 코드는 이전 챕터의 소스 코드를 조금 수정한 수준이기에 자세한 설명은 하지 않도록 하겠습니다. 기능 면에서 같은 그룹에 속한 코드들을 살펴보는 정도로 지나가도록 하겠습니다.

```
1  import 'dart:io';
2  import 'dart:convert';
3
```

1~2 필요한 라이브러리를 import합니다.

```
4  Future main() async {
5    var serverIp = InternetAddress.loopbackIPv4.host;
6    var serverPort = 4040;
7    var serverPath;
8
9    var httpClient = HttpClient();
10   var httpResponseContent;
11
12   HttpClientRequest = httpRequest;
13   HttpClientResponse = httpResponse;
14
```

4 main 함수를 시작합니다.

5~13 클라이언트가 HTTP 통신을 하기 위한 기본적인 설정을 수행합니다.

```
15      var content;
16      var jsonContent = <dynamic, dynamic>{};
17
```

15 HTTP Request/Response의 콘텐츠를 처리하기 위한 용도의 임시 변수를 생성합니다.

16 서버에서 전달할 JSON 콘텐츠를 저장할 Map 클래스의 객체를 생성합니다. 일단 내용은 비어 있도록 설정했습니다.

```
18    // Create : POST
19      print("|-> [Step.1] Create by POST");
20      jsonContent = {'0001': 'Seoul'};
21      content = jsonEncode(jsonContent);
22      serverPath = "/api/0001";
23      httpRequest = await httpClient.post(serverIp, serverPort, serverPath);
24        ..headers.contentType = ContentType.json
25        ..headers.contentLength = content.length
26        ..write(content);
27      httpResponse = await httpRequest.close();
28      httpResponseContent = await utf8.decoder.bind(httpResponse).join();
29      printHttpContentInfo(httpResponse, httpResponseContent);
30
```

18~29 POST를 통한 Create 기능입니다. Create할 항목을 생성한 후 JSON으로 변환하여 서버로 전달합니다.

```
31    // Create : POST
32      print("|-> [Step.2] Create by POST");
33      jsonContent = {'0002': 'Busan'};
34      content = jsonEncode(jsonContent);
35      serverPath = "/api/0002";
36      httpRequest = await httpClient.post(serverIp, serverPort, serverPath);
37        ..headers.contentType = ContentType.json
38        ..headers.contentLength = content.length
39        ..write(content);
40      httpResponse = await httpRequest.close();
41      httpResponseContent = await utf8.decoder.bind(httpResponse).join();
```

```
42     printHttpContentInfo(httpResponse, httpResponseContent);
43
```

31~42 POST를 통한 Create 기능입니다. Create할 항목을 생성한 후 JSON으로 변환하여 서버로 전달합니다.

```
44  // Read : GET
45    print("|-> [Step.3] Read by GET");
46    serverPath = "/api/0001";
47    httpRequest = await httpClient.get(serverIp, serverPort, serverPath);
48    httpResponse = await httpRequest.close();
49    httpResponseContent = await utf8.decoder.bind(httpResponse).join();
50    printHttpContentInfo(httpResponse, httpResponseContent);
51
```

44~50 GET을 통한 Read 기능입니다.

46 Read할 항목의 key 값을 지정했습니다.

```
52  // Update : PUT
53    print("|-> [Step.4] Update by PUT");
54    jsonContent = {'0001': 'Sungnam'};
55    content = jsonEncode(jsonContent);
56    serverPath = "/api/0001";
57    httpRequest = await httpClient.put(serverIp, serverPort, serverPath);
58      ..headers.contentType = ContentType.json
59      ..headers.contentLength = content.length
60      ..write(content);
61    httpResponse = await httpRequest.close();
62    httpResponseContent = await utf8.decoder.bind(httpResponse).join();
63    printHttpContentInfo(httpResponse, httpResponseContent);
64
```

52~63 PUT을 통한 Update 기능입니다.

54 기존의 0001 항목의 value를 Sungnam으로 변경하고자 jsonContent에 값을 설정했습니다.

```
65 // Delete : Delete
66   print("|-> [Step.5] Delete by DELETE");
67   serverPath = "/api/0001";
68   httpRequest = await httpClient.delete(serverIp, serverPort, serverPath);
69   httpResponse = await httpRequest.close();
70   httpResponseContent = await utf8.decoder.bind(httpResponse).join();
71   printHttpContentInfo(httpResponse, httpResponseContent);
72
```

65~71 DELETE를 통한 Delete 기능입니다.

67 삭제할 항목으로 0001을 선택했습니다.

```
73 // Read : GET {ERROR}
74   print("|-> [Step.6] Unsupported API");
75   serverPath = "/apiX/0001";
76   httpRequest = await httpClient.get(serverIp, serverPort, serverPath);
77   httpResponse = await httpRequest.close();
78   httpResponseContent = await utf8.decoder.bind(httpResponse).join();
79   printHttpContentInfo(httpResponse, httpResponseContent);
80
```

73~79 일부러 에러를 유발한 첫 번째 경우입니다.

75 API의 이름이 '/api/'가 되어야 하는데, 일부러 '/apiX/'로 잘못 지정하였습니다.

```
81 // Read : GET {ERROR}
82   print("|-> [Step.7] Unsupported Read");
83   serverPath = "/api/0001";
84   httpRequest = await httpClient.get(serverIp, serverPort, serverPath);
85   httpResponse = await httpRequest.close();
86   httpResponseContent = await utf8.decoder.bind(httpResponse).join();
87   printHttpContentInfo(httpResponse, httpResponseContent);
88 }
89
```

81~88 제대로 된 API이지만, 서버에서 이미 삭제한 항목의 값을 Read하고자 하는 경우의 코드입니다.

83 여기서 이미 삭제한 0001 항목을 요청합니다.

88 main 함수를 닫는 괄호입니다.

```
90 void printHttpContentInfo(var httpResponse, var httpResponseContent) {
91   print("|<- status-code    : ${httpResponse.statusCode}");
92   print("|<- content-type   : ${httpResponse.headers.contentType}");
93   print("|<- content-length : ${httpResponse.headers.contentLength}");
94   print("|<- content        : $httpResponseContent");
95 }
```

90~95 HTTP Response의 세부적인 정보를 보여주는 printHttpContentInfo() 함수입니다.

핵심 요약

HTTP의 개념을 웹 브라우저와 웹 서버를 통해서 알아본 후, RESTful한 API를 통해서 컴퓨터 간에 정보를 주고받는 것까지 알아보았습니다. 책의 시작부터 지금까지의 내용을 단계별로 정리해 보면, 첫째로 Dart 언어에 대해서 알아보았습니다. 둘째로 HTTP 클라이언트와 HTTP 서버에 대한 이론 공부를 하였습니다. 셋째로 Dart 언어가 제공하는 HTTP 관련 표준 라이브러리들을 알아보면서, 이론에서 살펴본 GET, PUT, POST, DELETE 등의 메서드가 실제로 어떻게 표준 라이브러리에서 구현되는지를 코드를 통해서 이해했습니다. 이때 Dart 언어의 공식 사이트에서 HTTP 표준 라이브러리에 대한 정보를 찾아보고 개발에 반영하였습니다. 넷째로 JSON과 REST 기술이 무엇인지 이해하고, 새로운 문법보다는 논리적으로 필요한 내용을 개발하는 관점으로 CRUD 기술을 지원하는 프로그램을 만들고 실행해 보았습니다. 이번 챕터에서 거친 과정을 본인이 관심 있어 하는 분야나 해결해야 하는 문제에 적용한다면 시행착오를 줄이는 효과를 보게 될 겁니다.

그리고 이번 챕터의 코드는 단순하지만 완벽하게 동작하는 클라이언트와 서버의 사례였습니다. 이후로 HTTP 클라이언트의 코드는 모바일 앱, 데스크톱 컴퓨터 등에서 사용하게 됩니다. HTTP 서버의 경우는 말 그대로 서버 프로그램을 개발하는 경우에 사용하게 됩니다. 이번 챕터를 통해서 간단하지만 Full-Stack 개발자로서 첫 걸음을 내디뎌 보았다고 할 수 있습니다.

혹시 본인의 진로를 HTTP 서버 개발로 생각하고 있다면, 바로 넘어가지 말고 HTTP 이론에 관한 자료를 추가로 읽어보면서 HTTP 라이브러리 관련 내용을 더 찾아본 뒤 직접 구현해 보도록 합니다.

▶▶ 연습 문제

1. 핵심 내용 복습하기

❶ 위키피디아와 같은 인터넷 사전에서 CRUD에 대한 내용을 찾아서 읽어 봅니다.

❷ 진로에 부합하는 회사의 CRUD 혹은 RESTful API 개발 가이드라인이 있는지 인터넷에서 찾아서 읽어 봅니다.

2. 예제 코드 수정하기

❶ API를 개선하여, 클라이언트가 서버에서 두 개 이상의 항목을 GET 할 수 있도록 수정하고, 실행 후 결과를 확인합니다.

❷ API를 개선하여, 클라이언트가 서버에서 두 개 이상의 항목을 DELETE 할 수 있도록 수정하고, 실행 후 결과를 확인합니다.

3. 추가 기능 작성하기

❶ 클라이언트 소스 코드에서 중복적으로 발생하는 코드들을 전용의 함수로 작성하여 main 함수를 효율적으로 개선해 봅니다. 실행 후 결과를 확인합니다.

❷ 클라이언트 소스 코드를 서버와 유사하게 Create, Read, Update, Delete 함수의 형태로 개선해 봅니다. 실행 후 결과를 확인합니다.

VOLUME.

E

Flutter로 Mobile App 개발

CHAPTER. 1

DartPad를 이용한 Hello World 프로그램 개발하기

Dart 언어가 유명해진 이유를 하나만 꼽으라고 한다면, Flutter라는 기술을 꼽는 개발자들이 많습니다. Flutter는 Dart 언어로 만들어진 라이브러리로 스마트폰과 태블릿 컴퓨터에서 동작하는 모바일 앱, MS Windows와 애플 macOS 및 리눅스 운영체제에서 동작하는 데스크톱 컴퓨터용 소프트웨어, 웹 서비스 그리고 가전제품 및 각종 기계에서 동작하는 임베디드 소프트웨어를 그래픽 기반으로 쉽게 만들 수 있도록 도와줍니다. 특히 서로 다른 운영체제인 iOS, macOS, 안드로이드, Windows, 리눅스에서도 같은 코드로 동일한 결과를 만들 수 있습니다. 하드웨어 구조가 다른 인텔 CPU와 ARM CPU에서도 Dart 언어와 Flutter로 만든 프로그램은 동일하게 동작합니다. 이렇게 소스 코드를 한 번만 개발하면 서로 다른 운영체제와 CPU에서 모두 동작할 수 있는 프로그램을 개발하는 기술을 플랫폼(platform)을 가로지른다는 의미로 "크로스 플랫폼(cross-platform)"이라고 부릅니다. 또는 하나의 소스 코드로 여러 실행 환경을 지원한다는 의미로 "원 소스 멀티 플랫폼(one-source multi-platform)"이라고 부르기도 합니다. 이번 챕터에서는 Flutter를 알아보는 첫 과정으로서, Flutter가 무엇인지를 가장 단순한 예제를 통해서 알아보려 합니다.

모바일 앱 개발은 관심 없고, 데스크톱 소프트웨어를 만드는 데에만 관심이 있으니 이번 Volume은 그냥 넘어가겠다고 생각하는 독자가 있다면 잘못된 생각입니다. 이번 Volume에서 스마트폰을 주제로 삼지만 다루는 내용은 스마트폰, 데스크톱, 웹 서비스에서 동일하게 사용하는 기술이기 때문입니다. 그러므로 모바일 앱 개발에 관심이 없더라도 이번 Volume의 내용을 차분하게 따라와 주기 바랍니다.

미리 보는 수행 결과

이번 챕터는 다시 DartPad를 사용합니다. DartPad는 Dart가 이름에 포함되어 있지만, Flutter 기반 소프트웨어를 개발하는 것도 가능합니다. DartPad의 편안하고 쉬운 환경에서 충분히 Flutter의 기초 개념을 이해하고 실습합니다. 향후 VS Code 기반의 프로페셔널한 환경을 사용해서 실제 스마트폰에서 동작하는 모바일 앱 소프트웨어를 실행하게 될 겁니다.

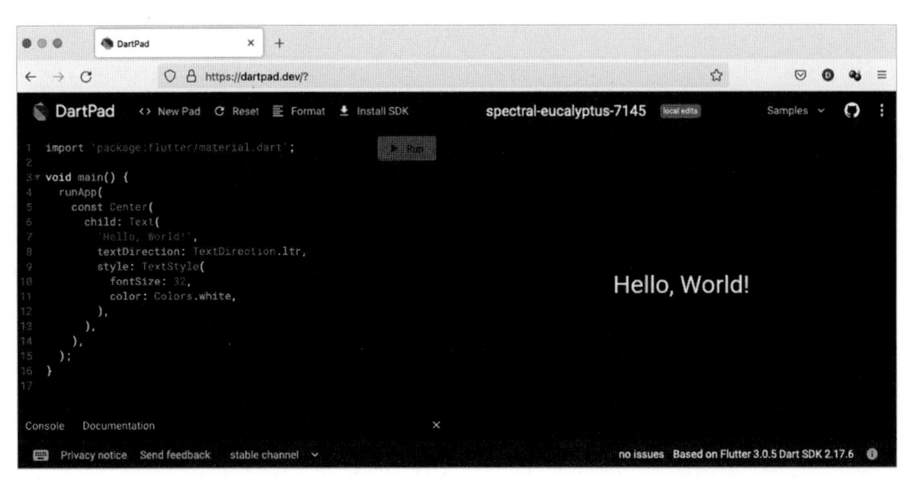

[그림 1] DartPad에서의 "Hello, World!" 수행 결과

이번 챕터에서 알아볼 소프트웨어를 수행하면, 그림 1의 오른쪽 화면과 같이 전체 화면의 정중앙 부분에 "Hello, World!" 글자를 흰색으로 출력합니다. 벌써 세 번째 만나는 "Hello, World!" 프로그램입니다. 첫 번째는 간단하게 글자만 출력하는 Dart 언어 기반 프로그램이었습니다. 두 번째는 HTTP 클라이언트가 HTTP 서버에서 전달받은 간단한 글자를 웹 브라우저에서 출력한 프로그램이었습니다. 이번 챕터의 프로그램은 이전과 다르게 글자 출력 위치가 정중앙이고, 글자에 폰트/크기/색상이 적용되어 나름 시각적으로 발전된 모습입니다.

소스 코드 설명

소스 코드 개발은 Dart 언어의 문법을 배우기 위해서 사용한 DartPad를 다시 활용합니다. Dart 언어가 아닌 Flutter를 사용하는 환경으로 사용하기 위한 설명을 하겠습니다. 먼저 DartPad 사이트(https://dartpad.dev/)로 접속합니다. 그리고 화면 위의 메뉴 중 "New Pad" 메뉴를 선택하면 그림 2의 화면이 나타납니다.

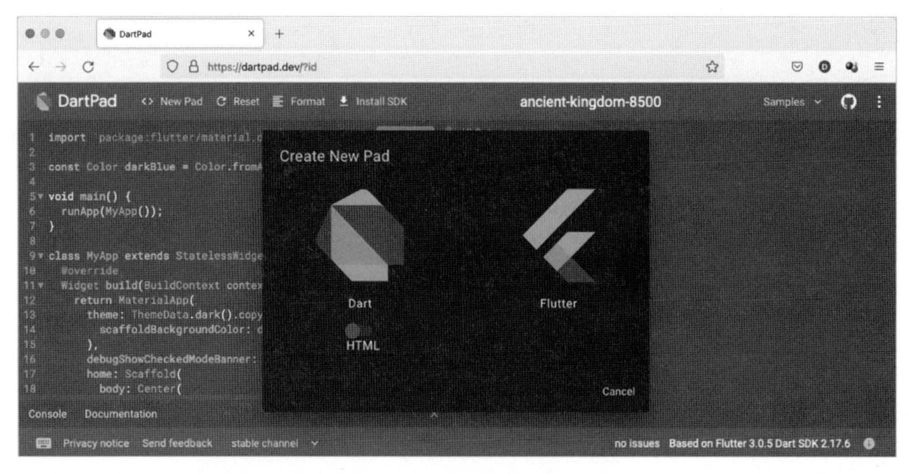

[그림 2] DartPad에서 Pad 유형 선택

어떤 유형의 프로그램을 개발할 것인지 묻습니다. 우리는 이제 Flutter를 사용한 앱 개발을 할 것이므로, 오른쪽의 Flutter를 선택합니다.

[그림 3] DartPad에서 새로운 Pad 생성

그림 2의 화면이 바로 나타나지 않고, 그림 3과 같이 작업 중인 소스 코드를 삭제하는 것에 동의하는지 묻는 경우도 있습니다. 이 경우는 OK를 클릭합니다.

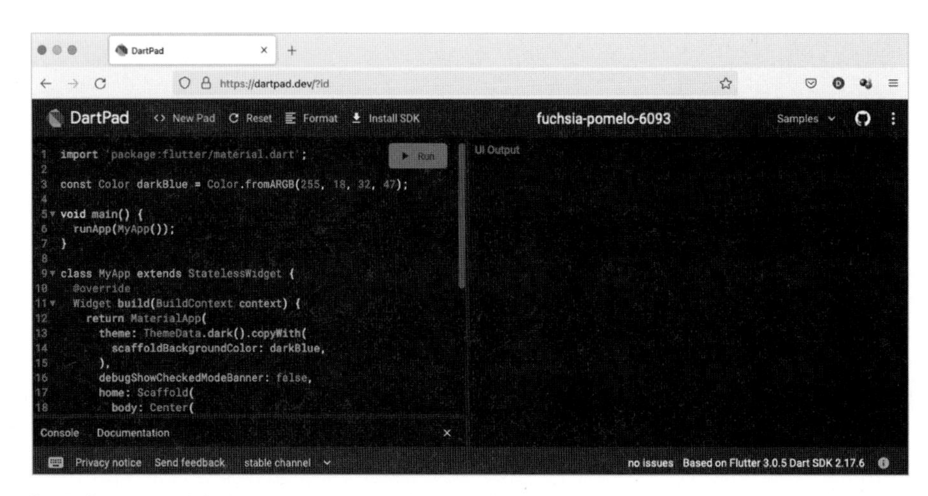

[그림 4] DartPad에서 신규 Flutter 프로그램 개발 기본 화면

다음으로 그림 4와 같은 화면이 열렸을 겁니다. DartPad에서 Flutter 개발 시에 가장 기초적인 코드를 미리 만들어 준 모습입니다. 어떤 내용인지 궁금하다면 Run 메뉴로 실행해 봅니다.

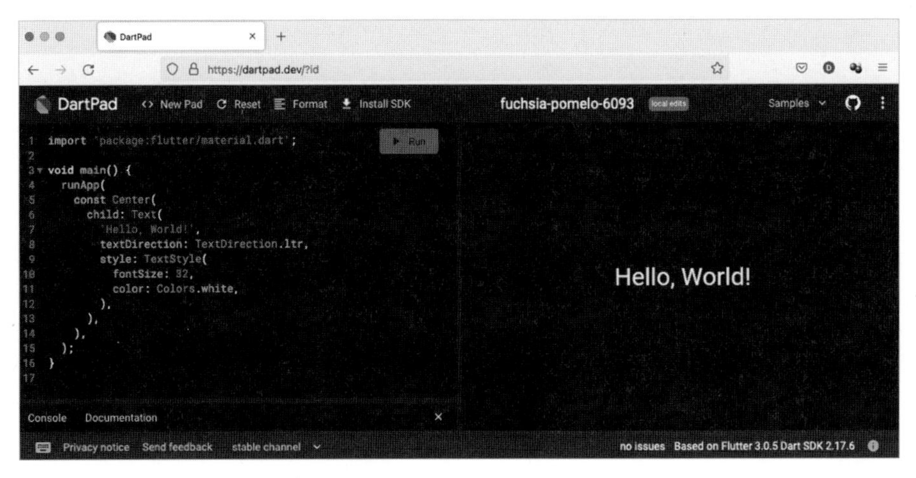

[그림 5] 이번 챕터의 소스 코드 입력 및 실행

DartPad에서 제공하는 기존 코드를 모두 삭제하고 이번 챕터의 소스 코드를 그림 5와 같이 타이핑합니다. 타이핑을 마치고 Run 버튼을 눌러 실행하면 그림 1 및 그림 5와 같이 실행 결과 화면의 정중앙에 흰색 글씨로 "Hello, World!"가 출력됩니다.

수행 결과는 Flutter를 사용하는 가장 간단한 예제입니다. 소스 코드도 길지는 않습니다. 하지만 소스 코드를 살펴보면 지금까지 배워온 것과는 다르게 잘 알 수 없는 내용들로 채워져 있습니다. 처음 만나는 Flutter의 내용이라서 낯설 겁니다. 당황하지 말고 HTTP 클라이언트와 HTTP 서버를 만들기 위해 라이브러리를 사용하던 경험을 되새겨 봅니다. Flutter도 모바일 앱 등을 만드는데 쓰는 그래픽 기반의 라이브러리이므로, 어떤 기능이 있고 어떻게 사용하는지를 잘 이해한 후 내가 만들고 싶은 프로그램에 잘 활용하면 될 뿐입니다. 이번 챕터의 소스 코드는 16줄의 짧은 소스 코드입니다. 이 정도면 Flutter가 어떤 기술이고 어떻게 활용하는지에 대한 감을 가지기에는 충분합니다. 복잡한 프로그램도 결국 간단한 기술들이 모여 있을 뿐입니다. 시작 부분에서 기초 내용을 탄탄하게 이해해 두고, 조금씩 지식을 추가해 나가면 크게 어렵지 않게 Flutter를 다룰 수 있게 될 겁니다.

그럼 소스 코드 설명을 하겠습니다. 처음 만나는 Flutter의 소스 코드이기에 전체적인 형태를 한눈에 볼 겸 코드 전체를 다음과 같이 표시하였습니다.

```
1  import 'package:flutter/material.dart';
2
3  void main() {
4    runApp(
5      const Center(
6        child: Text(
7          'Hello, World!',
8          textDirection: TextDirection.ltr,
9          style: TextStyle(
10           fontSize: 32,
11           color: Colors.white,
12         ),
13       ),
14     ),
15   );
16 }
```

익숙한 import, main 함수 등이 보입니다. 하지만 낯선 runApp, Center, Text 등도 보입니다. 낯선 부분들이 Flutter 라이브러리가 제공하는 함수들과 클래스들입니다. 모르는 부분은 공식 사이트를 찾아서 이해하면 되니 편안한 마음으로 시작하도록 합니다.

```
1  import 'package:flutter/material.dart';
```

1 Flutter 라이브러리를 import하는 문장입니다. Flutter는 많은 라이브러리들을 제공하는데, 이번에 사용할 라이브러리는 Material이라고 부르는 안드로이드 운영체제 전용 그래픽 라이브러리입니다.

그런데 "package:" 문장이 좀 낯설게 느껴질 겁니다. 설명드리겠습니다. 개발자들이 Dart 언어로 코드를 개발하여 사용하다가 개발한 자신의 코드를 전세계의 Dart 개발자들과 함께 나눠 쓰고 싶은 마음이 들면, 다른 개발자들이 사용하기 쉬운 형태와 방법으로 배포하게 됩니다. pub.dev(https://pub.dev/) 사이트에 접속하면, Dart와 Flutter로 개발되고 개발자들 사이에서 공유되는 많은 라이브러리들을 보게 됩니다. 이들을 package(패키지)라고 부릅니다. Flutter도 Dart 언어로 만들어진 '공식 패키지' 중 하나이기에, import의 문장에도 패키지임을 명시하는 표현이 들어가 문장이 길어지게 되었습니다.

앞에서 간단하게 언급했지만 Flutter는 매우 많은 기능을 제공합니다. 그중 가장 자주 활용되는 기능은 안드로이드 운영체제용 모바일 앱의 개발에서 많이 활용되는 Material Design 라이브러리입니다. 3차원으로 만들어져 있는 모바일 앱의 아이콘 등이 Material Design을 적용한 예입니다. 2차원 화면에 그린 그림이지만 가상의 불빛이 있는 것처럼 아이콘에 그림자를 나타내고, 아이콘 자체도 3차원처럼 질감을 표현하여 자칫 밋밋할 수 있는 스마트폰 화면을 입체적으로 표현하는 디자인 기법입니다. 구글이 안드로이드 운영체제에서 동작하는 모바일 앱의 화면 구성을 강화하기 위하여 발표한 기법으로, 원래는 안드로이드 운영체제의 모바일 앱을 위해서 구현되었으나 시간이 흘러 iOS와 안드로이드를 모두 지원해야 하는 회사들이 iOS 앱에서도 동일하게 지원하게 되면서 현재 널리 사용되고 있습니다.

1 을 설명하면서 이렇게 길게 이야기한 이유는 1 의 의미를 정확하게 전달하기 위한 목적입니다. 1 은 공식 패키지(package) 중에서 flutter의 material design 관련 기능을 import합니다. 그렇다면 안드로이드에서 시작한 Material Design이 아닌 Apple의 Design 방식을 지원하는 표준 패키지와 라이브러리는 없을까요? 당연히 있습니다. 만일 이 라이브러리를 import하려면 1 을 다음과 같이 바꾸면 됩니다.

```
import 'package:flutter/cupertino.dart';
```

Apple의 Design 방식은 Cupertino이며 이렇게 하면 우리가 만드는 모바일 앱이 Apple의 Design 방식에 맞춰진 기능을 사용하게 됩니다.

```
3  void main() {
```

```
16  }
```

3 에서 main 함수가 시작해서, 16 에서 끝납니다.

그런데 main 함수 안을 보면, runApp() 함수를 호출하기만 합니다. 함수 하나를 호출하는데 4 ~ 15 만큼 사용한 것입니다. 이해가 편하도록 소스 코드를 다음과 같이 해체해 보겠습니다.

```
runApp( 표현 1, );
표현 1 = const Center( child : 표현 2, )
표현 2 = Text( 'Hello, World!', textDirection: TextDirection.ltr, style: 표현 3, )
표현 3 = TextStyle( fontSize: 32, color: Colors.white, )
```

아래에서 위로 설명하는 것이 이해에 도움이 될 것 같아 표현 3을 먼저 설명하겠습니다. TextStyle은 Flutter의 표준 클래스로서, 화면에 글자를 출력해야 하는 경우 글자의 형태를 어떻게 나타낼 지에 관한 정보를 저장합니다. 예를 들어 글자를 굵게 할지, 기울여서 나타낼지, 색상은 어떻게 할지, 글자의 색상과 바탕의 조화를 위한 글자의 투명도는 어떻게 할지, 크기는 어떻게 할지 등을 상세하게 정할 수 있습니다. 클래스의 세부 사항은 지금 바로 TextStyle 클래스를 설명하는 공식 사이트인 다음 주소로 접속해서 간단히 살펴보도록 합니다.

TextStyle **공식 사이트 :** https://api.flutter.dev/flutter/painting/TextStyle-class.html

배경 지식을 이해하고 나서 표현 3을 읽어 보면 어딘가에 적용할 글자의 외형적인 특성을 정의한 코드임을 알 수 있습니다. 글자의 크기(fontSize)는 32이고, 글자의 색상(color)은 Colors.white인 것으로 보아 흰색입니다. 정확한 의미를 알고 싶다면 TextStyle의 생성자(constructor)의 입력 파라미터를 확인하면 됩니다.

```
9          style: TextStyle(
10           fontSize: 32,
11           color: Colors.white,
12         ),
```

9~**12** 이렇게 설정된 표현 3, 즉 TextStyle은 style이라는 Named Parameter로 주어집니다. 이 style은 표현 2인 Text 클래스의 Named Parameter입니다. 여기서 우리가 정한 폰트 크기와 색상이 Text 클래스의 글자에 대한 스타일 정보로 주어집니다. 아울러 그림 5의 Hello, World! 글자의 크기와 색상을 여기서 정했음을 유추할 수 있습니다. 이렇게 표현 3은 표현 2에 적용됩니다.

표현 2를 보면 Text()의 형태입니다. 이미 Dart 언어의 문법을 이해하고 있는 우리들은 Text() 함수를 호출하거나 Text라는 이름의 클래스의 생성자를 호출한다고 유추할 수 있습니다. 이번에는 후자입니다. Dart 언어에서 대문자로 시작하는 함수 호출은 거의 대부분 클래스의 생성자라고 봐도 됩니다. 그렇다면 Flutter에 실제로 Text라는 이름의 클래스가 있는지 확인해 봐야겠지요. 직접 확인해 보도록 합니다. 아래의 Flutter SDK 공식 사이트에 접속합니다.

Flutter SDK **공식 사이트 :** https://api.flutter.dev/

그림 6과 같이 오른쪽 위의 검색 창에 Text라고 써 봅니다. Text 라는 글자를 타이핑하자마자 Flutter SDK 사이트의 Text 관련 정보가 자동으로 나타납니다.

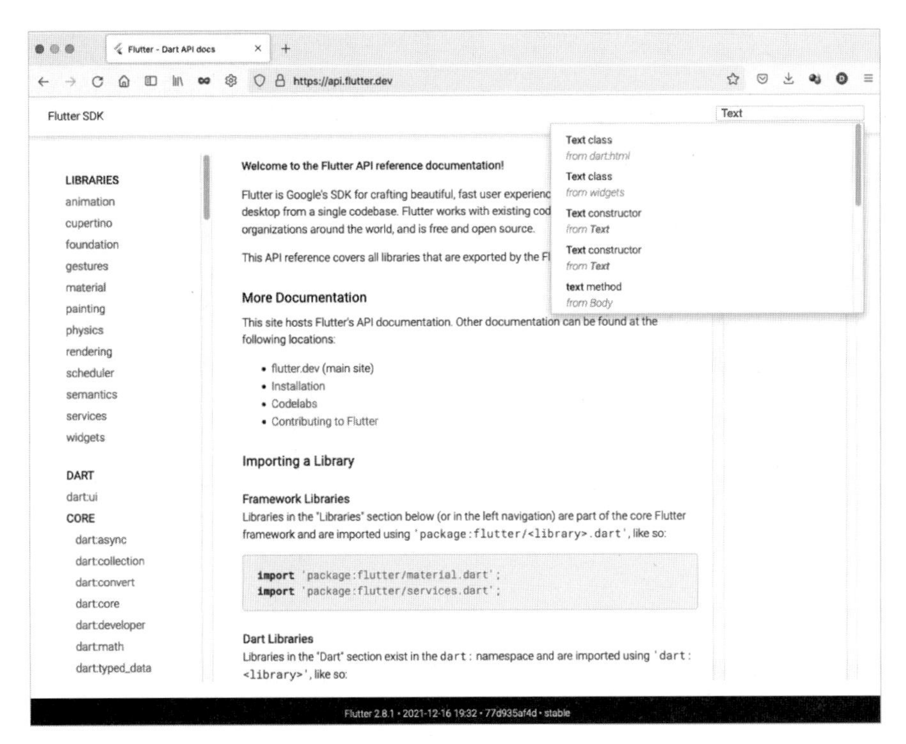

[그림 6] Flutter SDK 공식 사이트에서 Text 클래스 검색(출처: http://api.dart.dev/)

첫 번째 추천 정보를 클릭해서 해당 페이지로 접속하면 왼쪽 위에 "Flutter 〉 dart:html 〉 Text class"로 카테고리가 표시됩니다. Flutter의 라이브러리 중 dart:html에 속한 라이브러리이며, Text 클래스에 대한 내용이라는 뜻입니다. 그리고 두 번째 추천 정보를 클릭해서 해당 페이지로 접속하면 "Flutter 〉 widgets 〉 Text class"로 표시되어 있습니다. 이전에 Dart 언어의 라이브러리를 설명할 때, dart:html은 웹 서비스 관련 표준 라이브러리라고 짧게 소개한 바 있습니다. 우리는 웹 서비스를 만드는 상황은 아니므로 첫 번째 정보가 아닌 두 번째 정보가 Flutter에서 제공하는 Text 클래스입니다. 우리가 소스 코드에서 다루는 Flutter SDK의 Text 클래스(두 번째 정보)의 공식 사이트 주소는 다음과 같습니다.

Flutter의 Text 클래스 공식 사이트 : https://api.flutter.dev/flutter/widgets/Text-class.html

결국 표현 2는 Flutter에서 widgets 라이브러리에 속한 Text 클래스를 기반으로 문자열을 만들겠다는 의미입니다. 그리고 이 문자열의 속성을 표현 3으로 만든 것입니다. Flutter는 수행 결과에서도 보았듯이 기본적으로 화면에 그림을 그립니다. 따라서 이 문자열도 다양한 그래픽 요소가 들어갑니다.

7 먼저 첫 번째 입력 파라미터 'Hello, World!'를 저장했다가 화면에 출력합니다. 이 파라미터는 Text 클래스의 생성자의 필수 입력 파라미터인 것을 공식 사이트의 생성자 정보에서 확인할 수 있습니다. 따라서 Named Parameter를 적용하지 않았습니다.

8 다음으로 textDirection은 Named Parameter입니다. 이 파라미터에 TextDirection.ltr라는 값을 할당합니다. TextDirection.ltr은 글자(text)의 방향(direction)이 왼쪽에서 오른쪽으로 쓰여진다(left-to-right)는 의미로 Flutter가 관리하는 상수 값입니다.

style도 표현 3이 Named Parameter로써 적용되었으니, 결론적으로 표현 2는 "문자열 'Hello, World!'를 저장하는 Text 객체를 만든다. 이 Text가 가지고 있는 문자열 출력 시, 왼쪽에서 오른쪽으로 쓰고, 글자 크기는 32이며, 색상은 흰색이다"라는 의미입니다. 수행 결과에서 화면 정중앙에 하얀색으로 나타난 'Hello, World!'의 정체가 이 Text 클래스의 객체입니다.

이 표현 2를 다시 표현 1에 넣었습니다. 표현 1부터 표현 3이 합쳐진 **5**~**14**가 완성됩니다.

```
5        const Center(
6          child: Text(
7            'Hello, World!',
8            textDirection: TextDirection.ltr,
9            style: TextStyle(
10             fontSize: 32,
11             color: Colors.white,
12           ),
13         ),
14       ),
```

표현 1은 Center 클래스의 생성자를 통해서 객체를 만듭니다.

표현 2까지 작업해서 만든 Text 클래스의 객체를 Center 클래스 객체의 생성자에 입력 파라미터로 줍니다. child라는 Named Parameter에게 주는데, Center 클래스의 공식 사이트 설명을 읽어 보겠습니다.

Flutter의 Center 클래스 공식 사이트 : https://api.flutter.dev/flutter/widgets/Center-class.html

가장 먼저 Center 클래스를 다음 한 줄로 정의하고 있습니다.

'A widget that centers its child within itself.'

Flutter를 구성하는 모든 요소들은 대부분 Widget입니다(Widget은 다음 챕터에서 배웁니다). 일종의 Flutter를 구성하는 레고 블록과 유사한 개념으로, 라이브러리들을 잘 사용하여 Dart 프로그램을 개발할 수 있듯이 Flutter는 이미 만들어진 다양한 Widget을 목적에 맞게 선택하고 배치하여 프로그램을 개발합니다. Widget 개념을 토대로 Center 클래스 설명을 읽어 보면, Center 클래스는 child 파라미터에 주어지는 무언가를 화면 정중앙에 배치한다는 의미입니다. Center 라는 영어 단어의 의미가 정중앙인 것처럼 이름 그대로 child로 주어지는 항목을 화면 중앙에 위치시키도록 동작하는 Widget 입니다. 'Hello, World!' 문자열이 왜 화면의 정중앙에 위치했는지 궁금증이 풀렸습니다.

마지막 남은 것은 이 모든 것이 모인 Center 클래스의 객체를 입력 파라미터로 하는 runApp() 함수 입니다.

```
4    runApp(
5      const Center(
```

```
14       ),
15   );
```

4~15 runApp 함수는 오로지 하나의 입력 파라미터인 Center 클래스 객체를 상수 값으로 받아서 실행합니다. 15는 runApp 함수의 함수 호출이 끝나는 지점으로 세미콜론이 있습니다.

Flutter SDK 공식 사이트에서 Text 클래스를 검색한 것처럼, 검색 창에 runApp를 입력하면 하나의 정보가 나옵니다. 다음 주소로 이동해도 됩니다.

Flutter의 runApp() 함수 공식 사이트 : https://api.flutter.dev/flutter/widgets/runApp.html

앞서 표준 라이브러리를 설명할 때 대문자로 시작하면 클래스 혹은 클래스의 생성자를 의미한다고 말했습니다. 함수는 runApp()처럼 소문자로 시작하는 것이 일반적인 규칙입니다. runApp() 함수의 설명은 다음과 같이 되어 있습니다.

"Inflate the given widget and attach it to the screen. The widget is given constraints during layout that force it to fill the entire screen. If you wish to align your widget to one side of the screen (e.g., the top), consider using the Align widget. If you wish to center your widget, you can also use the Center widget."

한글로 번역하면 다음과 같습니다.

"주어진 위젯(widget)을 부풀게 하여 화면에 붙입니다. 위젯은 레이아웃 중에 전체 화면을 채우도록 강제하는 제약 조건이 부여됩니다. 위젯을 화면의 원하는 위치에 정렬하려면 Align 위젯을 사용합니다. 만약 화면 중앙에 위치하도록 하려면 Center 위젯을 사용합니다."

부풀리게 한다는 표현이 어색하지만, 주어진 위젯에 따라서 화면을 출력한다고 생각하면 됩니다. 물론 지금은 화면 출력으로 끝나지만 이름인 runApp이 이야기하듯 다양한 기능이 들어간 위젯을 실행하는 역할입니다. Dart 언어의 main 함수가 Dart 프로그램의 시작 지점이라면 main 함수 안의 runApp 함수 호출은 위젯들로 구성된 Flutter 애플리케이션을 시작하는 지점으로, Flutter 프로그램의 main 함수라고 이해하면 됩니다. 이러한 이유로 지금부터 살펴볼 Flutter 프로그램은 대부분 다음과 같이 main 함수를 runApp 함수를 호출하는 내용으로 간략화했습니다.

```
main() => runApp(MyApp());
```

즉, main 함수에서는 runApp 함수를 호출하는 일 외에는 할 일이 없습니다. main 함수는 단순하게 Flutter 애플리케이션을 시작하는 기능만 수행합니다. 여기서 MyApp()이 개발자가 만들고 싶은 Flutter 위젯들의 집합체가 되는 것이지요.

소스 코드 설명을 마쳤습니다. 처음에는 복잡해 보였지만 사실상 Flutter의 표준 라이브러리들을 모아 놓은 집합체임을 알게 되었습니다. 새로운 Dart 언어 문법이 나온 것도 아닙니다. 소스 코드 설명에서 해 본 것처럼 Flutter의 위젯 혹은 라이브러리를 찾아보면서 의미를 파악해 나가면 큰 문제없이 이해할 수 있습니다.

다음으로 문자열의 색상, 크기, 글자의 출력 방향 등을 조정해 보면서 프로그램이 어떻게 바뀌는지 경험해 보기 바랍니다.

핵심 요약

Flutter는 그래픽 기반의 사용자 인터페이스를 쉽고 편하게 개발하도록 만들어진 라이브러리입니다. 모바일 앱, 데스크톱 컴퓨터 소프트웨어, 임베디드 소프트웨어, 웹 서비스 프로그램을 개발할 수 있습니다. Dart 언어와 Flutter 라이브러리로 만든 프로그램은 하나의 소스 코드만 만들면, 다양한 운영체제와 하드웨어에서 그대로 동작하는 크로스 플랫폼 기술을 지원합니다. 실제로 애플의 iOS와 macOS, 구글의 안드로이드, 마이크로소프트의 Windows, 리눅스 운영체제에서 동작할 수 있고, 인텔 CPU 및 ARM CPU에서도 동일하게 동작하도록 만들어 줍니다.

소스 코드에서 살펴본 것처럼 Flutter는 많은 라이브러리를 제공하고 있습니다. 계속해서 말하지만 어떤 라이브러리가 있는지 미리 알아보고 본인의 프로그램을 개발하면서 필요한 라이브러리를 찾아본 후, 적재 적소에 사용하는 능력이 중요합니다.

▶▶ 연습 문제

1. 핵심 내용 복습하기

❶ Center, Text, TextStyle 클래스의 공식 사이트를 방문하여 사용한 파라미터에 대한 설명을 확인합니다.

❷ Flutter 공식 사이트를 방문하여 첫 화면에 무슨 내용들이 있는지 확인합니다.

2. 예제 코드 수정하기

❶ TextStyle의 크기와 색상을 변경한 후 실행해서 결과를 확인합니다.

❷ TextStyle의 특성 중 소스 코드에서 사용하지 않은 특성을 공식 사이트에서 찾아서 적용하고 실행해서 결과를 확인합니다.

3. 추가 기능 작성하기

❶ Dart 문법을 사용해서 문자열 변수를 만들고, 해당 문자열 변수의 내용이 "Hello, World!" 문장 대신 출력되도록 변경합니다.

❷ Dart 문법을 사용해서 숫자를 더하는 코드를 만들고, 해당 더하기 연산 결과의 내용이 "Hello, World!" 문장 대신 출력되도록 변경합니다.

CHAPTER. 2

Hello World 프로그램 진화시키기 Part.1

Flutter를 사용하는 이유는 미리 만들어져 있는 라이브러리를 사용해서 편리하게 크로스 플랫폼이 되는 소프트웨어를 개발하기 위함입니다. Flutter를 이용한 소프트웨어 개발은 이미 잘 만들어져 있는 소프트웨어의 화면 구성에 본인이 필요로 하는 내용을 채워 넣는 방식으로 개발합니다. 이번 챕터에서는 구글의 Material Design을 적용한 간단한 소프트웨어를 개발합니다. 개발 과정에서 모바일 앱과 데스크톱 소프트웨어를 개발할 때 반드시 적용해야 하는 Stateless Widget과 MaterialApp을 알아보겠습니다.

미리 보는 수행 결과

진화한 “Hello, World!” 프로그램의 수행 결과를 그림 1과 같이 볼 수 있습니다.

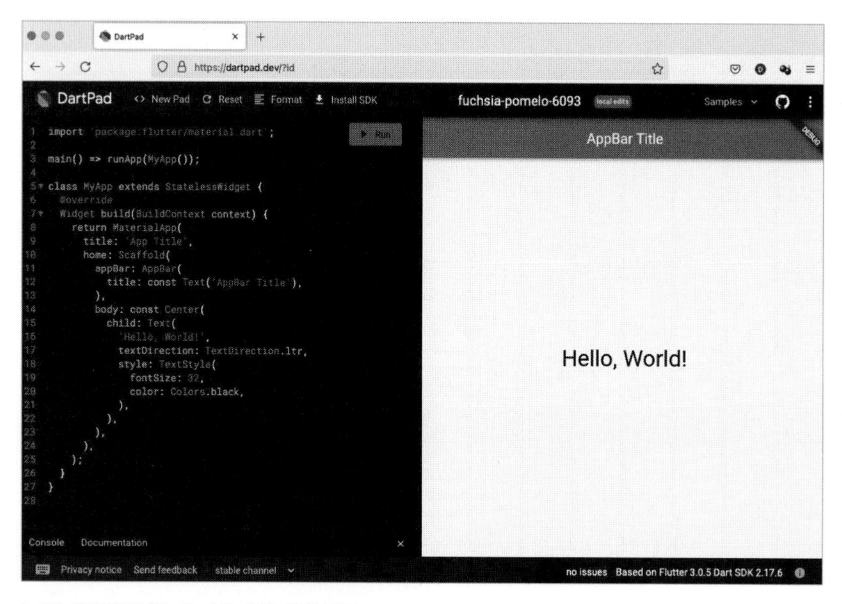

[그림 1] 진화한 “Hello, World!” 출력 화면

화면 정중앙에 'Hello, World!' 글자가 출력된 것은 이전 프로그램과 같지만 바탕 색상이 하얀색으로 바뀌었기에 글자 색상은 검정색으로 변경되었습니다. 그리고 화면의 위쪽에 이전 챕터에서는 없던 파란색 박스가 생겼고, 중앙에 AppBar Title이라는 제목이 생겼습니다. 이제 모바일 앱 혹은 데스크탑 소프트웨어의 사용자 인터페이스 화면처럼 화면 구성의 영역이 나뉘어지게 되었습니다. 이 챕터에서 다루는 내용은 대부분의 Flutter 기반 소프트웨어 개발 시에 적용되는 사항이므로 잘 이해하기 바랍니다.

소스 코드 설명

소스 코드를 보면 일단 이전 챕터의 소스 코드와 같은 코드들이 보입니다.

```
1  import 'package:flutter/material.dart';
2
3  main() => runApp(MyApp());
4
```

1 import는 동일합니다.

3 main 함수는 이전 챕터에서 언급한 것처럼, runApp() 함수만 호출합니다. MyApp() 클래스 객체를 만들어서 runApp() 함수에 입력 파라미터로 전달하는 한 줄로 간단하게 작성되었습니다.

```
14          body: const Center(
15            child: Text(
16              'Hello, World!',
17              textDirection: TextDirection.ltr,
18              style: TextStyle(
19                fontSize: 32,
20                color: Colors.black,
21              ),
22            ),
23          ),
```

14~23 이전 챕터의 Center() 클래스 객체가 동일하게 사용되었습니다.

20 글자 색상을 검정색으로 바꾸기 위해 프로그램이 바뀌었습니다. 이전 프로그램과 다른 부분은 다음과 같습니다.

```
5  class MyApp extends StatelessWidget {
6    @override
7    Widget build(BuildContext context) {
8      return MaterialApp(
9        title: 'App Title',
10       home: Scaffold(
11         appBar: AppBar(
12           title: const Text('AppBar Title'),
13         ),
14         body: const Center(
```

```
24       ),
25     );
26   }
27 }
```

이전 챕터처럼 Flutter 위젯을 이해하는 것이 소프트웨어를 이해하는 방법입니다. 새롭게 등장한 위젯들은 StatelessWidget, MaterialApp, Scaffold, AppBar입니다.

먼저 프로그램의 흐름을 살펴보면, 아래와 같은 구조를 가지고 있습니다.

```
main() → runApp() → StatelessWidget.build() [ = MyApp().build() ]
```

사실상 이 프로그램의 유일한 실행 내용은 StatelessWidget.build()입니다. 따라서 이 메서드가 어떤 의미인지 아는 것이 중요합니다.

1. StatelessWidget과 StatefulWidget 이해하기

StatelessWidget은 Flutter에서 가장 중요하다고 할 수 있는 대표적인 두 개의 위젯 중 하나입니다. 다른 하나는 StatefulWidget입니다. 둘 모두 모바일 앱이 갖춰야 하는 많은 기능을 이미 내장하고 있는 위젯입니다. 수행 결과에서 볼 수 있듯이, 모바일 앱의 화면 구성에 필요한 다양한 요소를 제공하고 있습니다. 개발자는 두 위젯에서 필요한 요소를 골라서 사용하면 됩니다. 수행 결과에서는 일반적인 모바일 앱의 화면 구성처럼 화면 위쪽의 파란색 영역을 사용해서 프로그램의 이름과 기본 메뉴를 보여주도록 적용했습니다. 그리고 화면 아래쪽의 흰색 영역은 프로그램의 콘텐츠를 채우는 영역입니다. 수행 결과에서는 프로그램의 이름은 "AppBar Title" 형태로, 콘텐츠는 "Hello, World!" 문자열로 간단히 표현하였습니다. 앞으로 프로그램의 목적에 맞는 내용들을 이곳에 채우면서 모바일 앱의 완성도를 올려 간다고 보면 됩니다.

StatelessWidget과 StatefulWidget에 대해서 조금 더 알아봅니다.

개발자는 프로그램을 개발하기 전에 StatelessWidget 혹은 StatefulWidget 중 하나를 선택해야 합니다. 둘의 차이점은 프로그램이 사용자에게 보여주거나 관리하는 콘텐츠의 변경 여부뿐입니다. 프로그램이 사용자로부터 정보를 받고, 이를 토대로 화면 구성이나 콘텐츠 내용이 바뀌어야 한다면 StatefulWidget을 사용합니다. 그렇지 않고 고정된 내용을 사용자에게 일방적으로 보여주기만 한다면 StatelessWidget을 사용합니다. 조금 지나면 사실 두 위젯을 하나의 프로그램에서 모두 사용하지만, 지금은 이 정도 기준으로 판단하면 충분합니다.

NOTE

이번 챕터에서 StatelessWidget을 먼저 알아보고, 같은 Volume의 후반부의 챕터에서 StatefulWidget를 사용하여 변하는 데이터를 처리하는 방법을 다룹니다.

소스 코드에서 사용한 StatelessWidget은 고정된 정보(혹은 콘텐츠)를 제공하는 모바일 앱이 가지고 있어야 하는 대부분의 기능을 이미 내장한 위젯입니다. 우리의 소스 코드도 “Hello, World!” 문자열만 보여주는 고정된 정보를 제공하는 프로그램임을 상기하기 바랍니다. 따라서 우리는 대부분의 모바일 앱이 가져야 하는 기능을 이미 가지고 있는 StatelessWidget을 확장한 후, 우리가 만드는 프로그램에 필요한 부분만 추가시키는 방향으로 개발하겠습니다. 대부분의 Flutter 기반 소프트웨어 개발은 이렇게 이루어집니다.

```
5  class MyApp extends StatelessWidget {
```

5 이러한 이유로 StatelessWidget을 base 클래스로 하는 MyApp 클래스를 만들며 프로그램 개발을 시작합니다. StatelessWidget에서 만들어진 기능은 유전의 법칙으로 받아서 재사용하겠지만, 결국 우리가 만드는 프로그램은 StatelessWidget에는 없는 우리의 문제에 국한한 정보와 기능을 가져야 하기에 StatelessWidget을 extends한 우리 만의 MyApp 클래스를 만들어서 사용하게 됩니다. StatelessWidget에 대한 상세 정보는 다음의 Flutter SDK 공식 사이트 주소에서 얻을 수 있습니다.

StatelessWidget 공식 사이트 주소 : https://api.flutter.dev/flutter/widgets/StatelessWidget-class.html

StatelessWidget 클래스를 extends하는 경우 반드시 오버라이드해야 하는 메서드가 있습니다. 바로 build() 메서드입니다. 이 메서드는 운영체제가 앱을 실행하면서 화면에 출력해야 하는 내용들을 준비하고, 화면에 나타나도록 하는 핵심 기능을 하는 메서드입니다.

```
6    @override
7    Widget build(BuildContext context) {
```

6~7 오버라이드하여 MyApp 클래스의 build() 메서드를 만듭니다. 우리가 개발하는 MyApp 클래스 만의 화면 내용 정보를 이 메서드 안에서 작성해야 합니다.

8 build() 메서드의 안으로 들어가면, 의미상으로는 단 한 줄의 실행 구문이 있으니 바로 다음의 구문입니다.

```
return MaterialApp( … );
```

결국 프로그램이 실행되는 기본적인 흐름은 다음과 같습니다.

```
main() → runApp() → MyApp.build() → return MaterialApp( … );
```

2. MaterialApp 클래스 이해하기

이제 MaterialApp 클래스를 이해할 차례입니다. Flutter SDK에서 MaterialApp 클래스를 검색하면 다음의 공식 사이트 주소를 찾을 수 있습니다.

MaterialApp 공식 사이트 : https://api.flutter.dev/flutter/material/MaterialApp-class.html

설명을 읽어 보면, MaterialApp은 Material Design을 사용하는 애플리케이션이라고 쓰여 있습니다. 그리고 Material Design을 사용하는 애플리케이션에서 공통적으로 요구되는 다수의 위젯들을 감싸주는 편리한 위젯이라고 설명되어 있습니다. 그렇습니다. 편리한 위젯입니다. 이해할 수만 있다면 모바일 앱을 만들 때 편리하게 사용하는 도구로서 큰 도움이 됩니다. 공식 사이트의 설명을 아래로 스크롤해 보면 수행 결과의 위쪽 파란색 부분과 같은 그림과 설명이 나옵니다.

여기까지 StatelessWidget 기반으로 고정된 콘텐츠를 제공하는 프로그램들이 공통적으로 작성해야 하는 코드를 설명했습니다. 이제 우리가 원하는 수행 결과가 나오도록 이 MaterialApp을 우리 입맛에 맞추어 적용하는 작업으로 넘어갑니다. 소스 코드에서 MaterialApp 클래스 객체의 생성자를 실행할 때, 입력 파라미터는 2개입니다. 하나는 소스 코드 9의 title이고 다른 하나는 소스 코드 10의 home입니다.

```
9         title: 'App Title',
10        home: Scaffold(
```

첫 번째 입력 파라미터인 title은 운영체제가 이 프로그램을 알아보기 위한(혹은 식별하기 위한) 프로그램의 이름입니다. 일단 예쁘지는 않지만 'App Title'이라고 하였습니다. 실제로 이 프로그램을 스마트폰에 설치하게 되면, 이 이름이 앱의 아이콘 하단에 나타납니다.

두 번째 입력 파라미터인 home은 말 그대로 이 프로그램의 기본 화면이 될 내용에 해당합니다. 현재는 Scaffold() 클래스의 객체를 부여했습니다.

3. Scaffold 클래스 이해하기

Scaffold 클래스에 대한 정보를 공식 사이트에서 찾아봅시다. Flutter SDK 공식 사이트에서 검색하면 아래 링크로 가게 됩니다.

Scaffold 공식 사이트 : https://api.flutter.dev/flutter/material/Scaffold-class.html

설명을 보면 "Implements the basic material design visual layout structure."라고 쓰여 있습니다. 즉, Scaffold는 Material Design으로 만든 모바일 앱이 화면에 어떻게 나타날지를 표현하는 클래스입니다. 수행 결과의 그림에서 등장한 'AppBar Title'이나 'Hello, World!' 문자열을 아직까지 설명하지 않은 이유가 여기 있습니다. 이런 화면 출력에 관련한 사항은 MaterialApp() 클래스의 객체에서 home 부분을 Scaffold 클래스의 객체로 설정해야 하기 때문입니다.

Material Design 기반으로 만들어지는 모바일 앱들의 기본적인 화면 구성이 이미 Scaffold 클래스에 반영이 되어 있으니, 변경을 원하는 구성 요소를 선택하고 내용을 채우기만 하면 됩니다. 우리는 아래의 두 가지 요소를 채웁니다.

appBar : scaffold 화면의 상단에 보여줄 애플리케이션 바 내용(또는 타이틀과 메뉴)
body : scaffold 화면의 메인 컨텐츠 출력 내용

```
11          appBar: AppBar(
12            title: const Text('AppBar Title'),
13          ),
14          body: const Center(
```

먼저 body에 전달하는 파라미터는 이미 익숙한 내용입니다. 이전 챕터에서 화면 정중앙에 'Hello, World!'를 표현한 Center 클래스 객체입니다.

```
20            color: Colors.black,
```

20 그런데 color가 기존의 Colors.white에서 Colors.black으로 바뀌어 있습니다. 이 부분 때문에 수행 결과에서 글자가 검정색으로 표시되었습니다.

appBar의 입력 파라미터는 AppBar 클래스의 객체입니다. Flutter에서는 Material Design을 따르는 모바일 앱의 상단 메뉴를 위하여 AppBar 클래스를 표준 클래스로 지원하고 있습니다. Flutter SDK에서 검색하면 다음의 공식 사이트 주소에서 찾아볼 수 있습니다.

AppBar 공식 사이트 : https://api.flutter.dev/flutter/material/AppBar-class.html

소스 코드에서는 화면의 appBar 영역에 단순히 'AppBar Title' 문장만 출력했습니다. AppBar 공식 사이트를 방문하여 설명을 읽어 보면, appBar 영역의 크기를 더 크게 만들 수도 있고 다양한 아이콘을 보여준 후 선택하게 할 수도 있는 등 여러 용도로 활용 가능함을 알 수 있습니다. 공식 사이트에서는 짧지만 다양한 예제를 제공하여 어떻게 활용할 지 방향성도 제시하고 있습니다.

결론적으로 이번 소스 코드의 동작을 살펴보며 전형적인 StatelessWidget 속성의 Material Design 기반 모바일 앱의 기초적인 동작을 이해할 수 있었습니다. 아래와 같은 4단계의 작업이었고, 이 작업은 앞으로도 자주 활용될 가장 기초적인 작업들입니다.

① main 함수에서 StatelessWidget을 확장한 클래스의 생성자를 실행(runApp())

② StatelessWidget를 extends한 나만의 클래스를 생성(소스 코드에서는 MyApp), build() 메서드를 오버라이드해서 나만의 MaterialApp 클래스 객체를 리턴

③ MaterialApp 클래스 객체의 title을 설정하여 모바일 앱의 타이틀이 화면에 보이도록 하고, 운영체제가 앱을 식별할 수 있도록 함

④ MaterialApp 클래스 객체의 home을 설정하여 화면에 콘텐츠가 보이도록 함

이전 챕터와 이번 챕터에서는 새로운 문법보다 Flutter에서 제공하는 클래스와 위젯을 이해하고 필요한 기능을 활용하는 능력이 중요하다는 것을 알 수 있었습니다. 앞으로 이런 간단한 기능들을 모아 복잡하고 큰 소프트웨어를 만들어 나가며 소스 코드가 점점 더 길어질 예정입니다. 기초 단계에 해당하는 이전 챕터와 이번 챕터의 내용을 반드시 이해하고 넘어가길 바랍니다. 그리고 두 챕터에서 보여준 것처럼 모바일 앱의 개발은 일반적으로 Flutter의 SDK에서 제공하는 기능을 찾아서 활용하

는 형태가 많습니다. 따라서 Flutter SDK의 공식 사이트를 찾아가서 공식 설명을 읽고, 필요하다면 제공되는 예제 코드를 실행해 보는 노력을 병행하기 바랍니다. Flutter를 잘 다루기 위해서는 결국 제공되는 라이브러리를 얼마나 많이 정확하게 알고 있고, 본인이 원하는 소프트웨어의 개발을 위해서 얼마나 잘 활용하는지가 중요합니다.

핵심 요약

본격적으로 모바일 앱을 개발하기 시작합니다. 두려워할 필요는 없습니다. 우리는 Dart 언어를 공부하여 이해해 두었으며, HTTP를 통해서 표준 라이브러리를 찾아보고 활용하는 방법을 알았습니다. 이렇게 체험한 개발 방법은 모바일 앱 개발에서도 그대로 이어집니다.

Flutter라는 Dart 언어 기반의 아주 훌륭한 라이브러리(통상 패키지)가 있고, 이미 모바일 앱들이 필요로 하는 많은 기능을 구현해 놓은 상태입니다. 개발자는 Flutter가 제공하는 라이브러리들 중에서 필요한 것들을 선택하고 용도에 맞도록 조정하는 작업을 주로 합니다. 이번 챕터의 소스 코드는 비록 짧지만, HTTP를 배울 때 접했던 개발 방법이 그대로 적용된다는 것을 상세하게 설명한 챕터였습니다.

Flutter로 개발하는 모바일 앱은 크게 두 종류라는 점도 알아보았습니다. 사용자와의 상호 작용을 통해서 정보가 바뀌는 경우는 주로 StatefulWidget을 사용하여 모바일 앱을 개발하고, 정적인 콘텐츠를 일방적으로 사용자에게 전달만 한다면 StatelessWidget을 사용하여 모바일 앱을 개발한다는 것도 알아보았습니다.

그리고 짧은 코드지만 스마트폰의 화면을 채울 수 있는 Flutter 기반 'Hello, World!' 프로그램을 StatefulWidget 위젯을 사용해서 개발해 보았습니다.

▶▶ 연습 문제

1. 핵심 내용 복습하기

❶ 소스 코드에서 사용한 클래스에 대한 정보를 공식 사이트를 방문하여 확인합니다.

❷ 본인의 스마트폰에 설치한 모바일 앱들의 모양을 보고 어느 부분이 title에 상응하는 내용이고, 어느 부분이 home에 해당하는 내용인지 유추해 봅니다.

2. 예제 코드 수정하기

❶ AppBar의 내용을 변경해 봅니다. 상수로 정의된 문자열과 숫자 그리고 이모티콘 등을 삽입해 보고, 실행 후 결과를 확인합니다.

❷ Scaffold의 body 부분의 내용을 변경해 봅니다. 상수로 정의된 여러 문자열과 숫자, 그리고 이모티콘 등을 삽입해 보고, 실행 후 결과를 확인합니다.

3. 추가 기능 작성하기

❶ Scaffold의 body 부분의 내용을 변경해 봅니다. 상수 문자열 외에 변수의 값을 출력하도록 코드를 수정하고, 실행 후 결과를 확인합니다.

❷ Scaffold의 body 부분의 내용을 변경해 봅니다. 글자의 출력 방향, 폰트 크기, 색상 등의 정보를 수정하고, 실행 후 결과를 확인합니다.

CHAPTER. 3

Hello World 프로그램 진화시키기 Part.2

흔히 우스갯소리로 프로그래밍을 '첨단 가내 수공업'이라고 하기도 합니다. 분명 최첨단 기술을 사용하여 개발하는 일이지만, 사람의 손으로 한 줄 한 줄 개발해야 하므로 가내 수공업이라는 단어를 붙일 만하다는 이야기입니다. 이 시점에서 이런 이야기를 하는 이유가 있습니다. 우선 자주 접하는 모바일 앱의 화면을 미리 보는 수행 결과에서 볼 겁니다. 그리고 익숙한 모바일 앱 화면을 만들기 위해서 개발자가 어떤 일을 해야 하는지를 확인할 겁니다. 이 과정에서 왜 개발자에게 인내심이 필요한지도 이해할 수 있을 겁니다. 시작은 이전 챕터의 'Hello, World!'로 이 프로그램을 22회에 걸쳐서 수정을 하게 됩니다. 마라톤을 달리듯이 침착하게 완주하기 바랍니다. 집요한 수정 과정을 마치고 나면 이후 모바일 앱의 화면을 볼 때마다 화면이 그저 그림으로 보이지 않고, 각각의 위젯이 유기적으로 동작하는 생동감 넘치는 모습으로 보이게 될 겁니다.

미리 보는 수행 결과

최종적으로 우리가 만들 프로그램의 수행 결과는 그림 1의 오른쪽 화면과 같습니다. 가게의 소개와 만족도 점수(별점) 등을 표시하는 화면입니다.

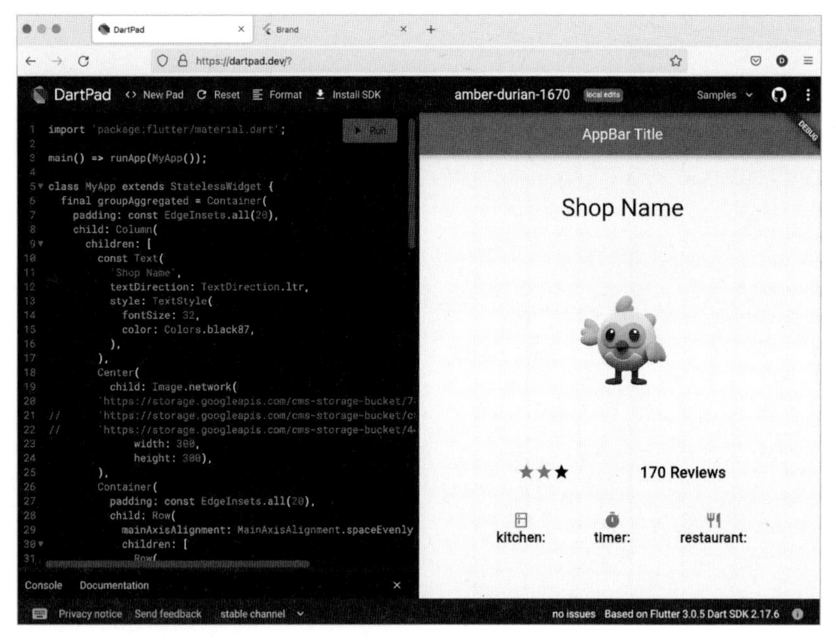

[그림 1] 가게 소개 화면 예시

먼저 화면 중앙에 가게 그림을 보여줍니다. 그리고 그림 위에 가게의 이름을 나타냅니다. 현재는 Flutter의 공식 마스코트인 Dash(https://flutter.dev/brand)를 나타냈습니다. 그림 밑에는 가게의 만족도 점수와 몇 명이 리뷰한 것인지 나타내는 숫자를 표시합니다. 그리고 추가 정보 제공을 위한 아이콘과 아이콘의 이름이 3가지 표시됩니다. 지금은 아이콘을 눌러도 동작하지는 않습니다. 깔끔하지는 않지만, 모바일 앱에서 가게 혹은 물건을 보여주는 페이지와 매우 유사한 형태입니다.

소스 코드 설명

우리가 시작할 출발점은 이전 챕터에서 만든 Flutter 기반의 'Hello, World!' 프로그램입니다. DartPad의 코드 화면에 이전 챕터의 'Hello, World!' 프로그램의 소스 코드를 복사합니다. 앞으로 수정할 부분은 **14**의 body에 해당하는 내용입니다. 이 챕터에서는 최종 프로그램의 전체 소스 코드를 표시하지 않을 겁니다. 'Hello, World!' 프로그램을 시작으로, 바뀌는 부분만 설명합니다. 따라서 여러분도 'Hello, World!' 프로그램에 책에서 설명하는 변화를 적용해 가면서, 본인이 만든 최종 프로그램과 미리 보는 수행 결과의 화면이 동일하게 만들어지는지 확인하길 바랍니다. 중간 과정의 수행 결과를 참조를 위해 포함할 예정이니 중간 과정에서 다른 결과가 나타나면 무시하지 말고 꼭 문제점을 찾은 뒤 수정하기 바랍니다. 따라서 전체 코드를 보여주지는 않지만, 중간 결과 화면을 보고 본인이 제대로 하고 있는지를 확인하면 길을 잃지 않고 최종 단계까지 무사히 도착할 수 있을 겁니다. 앞으로 Flutter에서 제공하는 여러 위젯을 만날 예정이며, 새로운 위젯이 나오면 이에 대한 설명을 바로 하겠습니다. 그리고 오로지 미리 보는 수행 결과의 화면을 만드는 것이 목적이 아니고 새롭게 등장하는 위젯에 대해서 잘 알아가는 것이 목적이기에 이전 단계의 소스 코드로 돌아가서 개선을 하기도 할 겁니다. 단계별로 만든 소스 코드를 별도의 파일로 저장해 두었다가 이전 단계로 이동하는 경우에 활용하는 방법을 추천드립니다.

1. Icon 위젯 적용하기

1단계로 Icon 위젯을 적용해 보겠습니다. 가장 먼저, 'Hello, World!' 문자열을 아이콘으로 바꿔 볼까 합니다. 이를 위해서 Icon 위젯을 사용합니다. body 부분을 다음과 같이 변경합니다.

```
body: const Center(
  child: Icon(Icons.star, color: Colors.black),
),
```

문자열 대신 child에 Icon이 삽입되었습니다. 아이콘의 종류는 Icons.star로 Flutter에 내장된 별 모양 아이콘입니다. 색상은 검정색으로 설정합니다. 수행 결과가 그림 2에 나타나 있습니다.

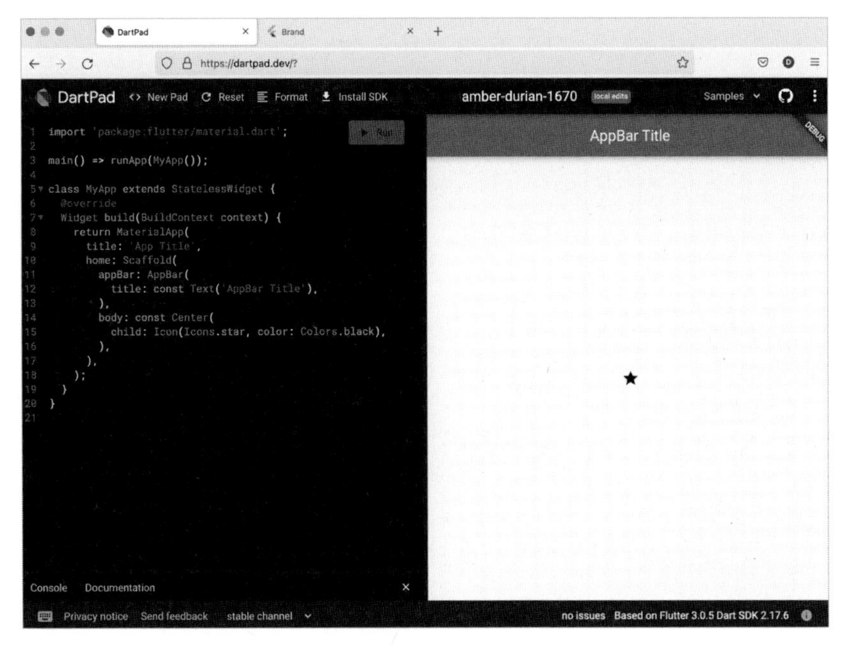

[그림 2] Icon 위젯 적용하기

2. Image 위젯 적용하기

2단계에서는 그림을 삽입하는 방법으로 Image 위젯을 사용해 보겠습니다. 그리고 network 메서드를 사용합니다. 인터넷을 통해서 실시간으로 그림을 다운로드 한 후, 화면에 출력하기 위한 목적입니다. 이를 위해서 body 부분을 다음과 같이 변경합니다.

```
body: Center(
  child: Image.network(
    'https://storage.googleapis.com/cms-storage-bucket/780e0e64d323aad2cdd5.png',
//    'https://storage.googleapis.com/cms-storage-bucket/c823e53b3a1a7b0d36a9.png',
//    'https://storage.googleapis.com/cms-storage-bucket/4cdf1c5482cd30174cfe.png',
  ),
),
```

현재 Flutter 공식 사이트의 브랜드 소개 내용에 있는 공식 마스코트인 Dash의 이미지 주소를 Image.network() 메서드의 입력 파라미터로 주었습니다. 이런 식으로 인터넷 어딘가의 이미지 혹은 본인의 컴퓨터에 있는 이미지를 프로그램의 화면에 삽입할 수 있습니다. 이를 수행한 결과가 그림 3에 나타나 있습니다.

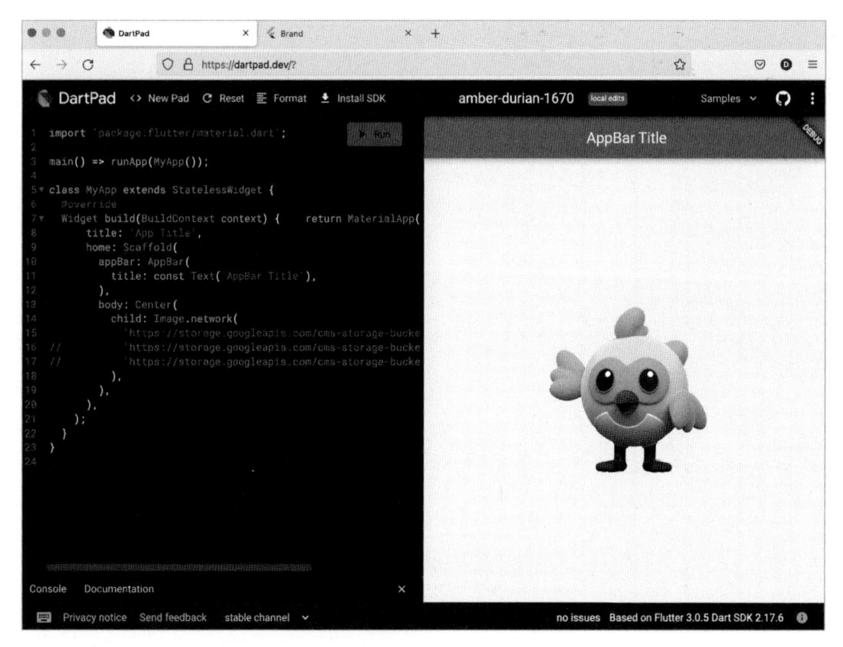

[그림 3] 네트워크에서 가져온 이미지 표시하기

Image.network() 메서드 안에 3개의 웹 주소를 적었는데, 둘째와 셋째는 주석 처리하였습니다. 두 가지 목적이 있습니다. 첫 번째 목적은 혹시나 발생 가능한 에러에 대한 대비입니다. 이미지를 가져오는 웹 사이트가 개편되는 경우, 이미지가 없어질 수 있습니다. 그렇게 되면, 실행 화면에는 이미지를 보여줘야 하는 부분에 에러 메시지가 나타나게 됩니다. 이런 경우를 대비해서 첫째 이미지가 Flutter 공식 사이트에서 사라지는 경우에 대체 이미지로 사용할 둘째와 셋째의 Flutter 공식 로고 이미지의 웹 주소도 포함하였습니다. 따라서 첫째 이미지의 실행에서 '이미지가 없다는 에러'를 겪으면, 첫째 이미지의 웹 주소 대신 둘째와 셋째의 주소 중 하나를 사용해 봅니다.

두 번째 목적은 다른 이미지로 프로그램을 실행해 보기 위한 실습 용도입니다. 일부러 첫째 이미지의 웹 주소를 주석 처리한 후, 둘째 혹은 셋째 이미지의 웹 주소를 사용해서 실행해 보고 어떤 결과가 나오는지 경험하기 바랍니다. 인터넷에서 구할 수 있는 다른 이미지의 웹 주소를 적용해 보는 것도 추천합니다. 책에서 제시한 방법 외의 다른 방법을 시도하며 이것저것 하다 보면 점점 위젯들에 익숙해집니다.

3. Image 크기 조정하기

3단계는 이미지의 크기 조정입니다. 지금은 이미지가 너무 커 보입니다. Image.network() 메서드의 파라미터 중 width와 height를 사용하고 각각에 100의 값을 주겠습니다. body 부분을 다음과 같이 변경합니다.

```
body: Center(
  child: Image.network(
    'https://storage.googleapis.com/cms-storage-bucket/780e0e64d323aad2cdd5.png',
    width: 100,
    height: 100),
),
```

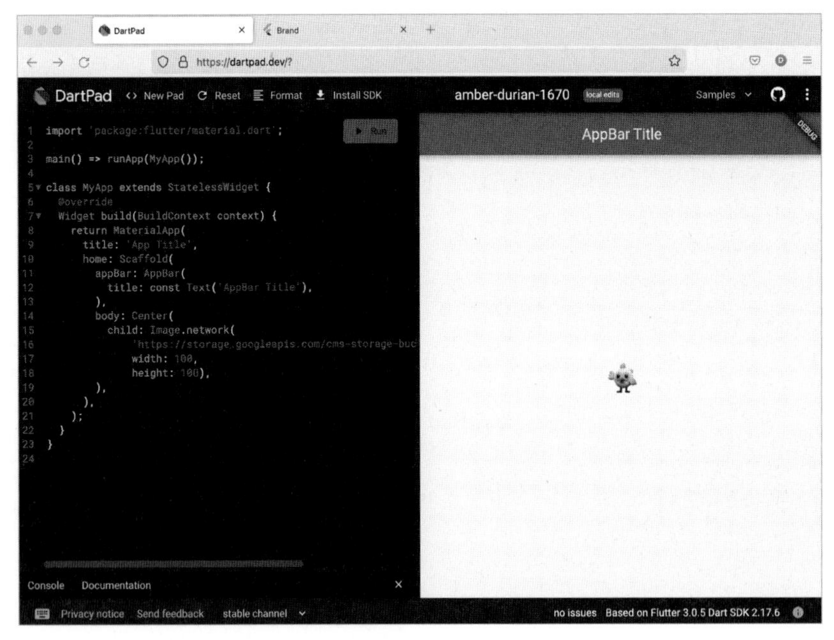

[그림 4] 네트워크에서 가져온 이미지의 크기 조정하기

작아진 이미지가 화면 정중앙에 위치하고 있습니다.

4. Row 및 Column 위젯 적용하기

4단계로 Row 위젯을 사용하겠습니다. Row는 수평적인 형태로 내부 항목 요소들을 표현합니다. 포함하는 요소는 children 프로퍼티에 설정하면 됩니다. body 부분을 다음과 같이 변경합니다.

```
body: Row(
  mainAxisAlignment: MainAxisAlignment.spaceEvenly,
  children: const [
    Icon(Icons.star, color: Colors.black),
    Icon(Icons.star, color: Colors.black),
    Icon(Icons.star, color: Colors.black),
  ]),
```

검은색 별표 아이콘 3개가 담긴 리스트를 만들었습니다. mainAxisAlignment는 요소들을 어떻게 배치할지 나타내며 spaceEvenly라는 단어가 의미하듯이 요소 간의 공백을 균등하게 분배하도록 설정했습니다. 이를 수행한 결과가 그림 5에 나타나 있습니다.

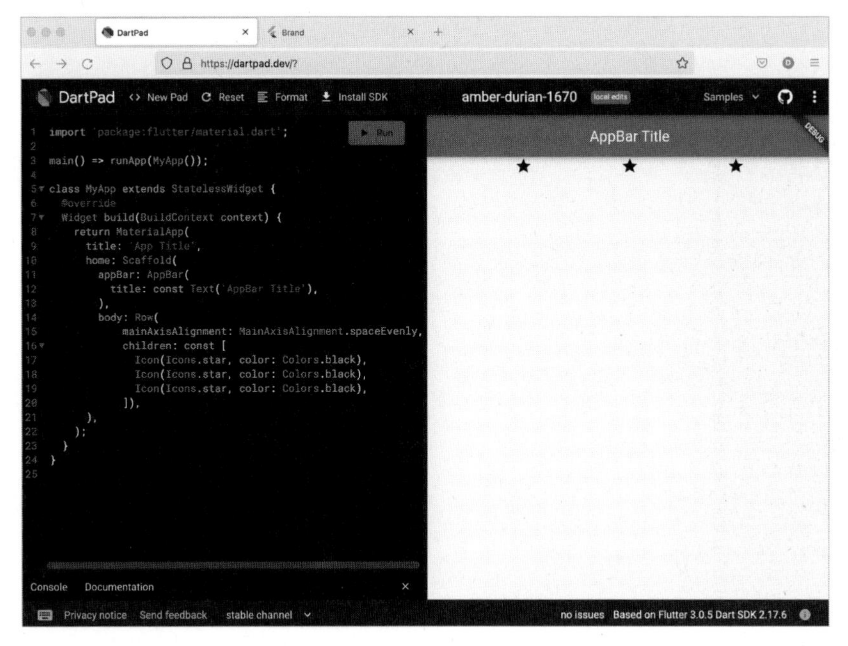

[그림 5] 아이콘을 Row로 표현하기

5단계에서는 Row 위젯을 Column 위젯으로 변경하겠습니다. 다른 내용은 코드 4와 동일합니다. body 부분을 다음과 같이 변경합니다.

```
body: Column(
  mainAxisAlignment: MainAxisAlignment.spaceEvenly,
  children: const [
    Icon(Icons.star, color: Colors.black),
    Icon(Icons.star, color: Colors.black),
    Icon(Icons.star, color: Colors.black),
  ]),
```

Row 위젯을 Column 위젯으로 바꾼 결과가 그림 6에 나타나 있습니다.

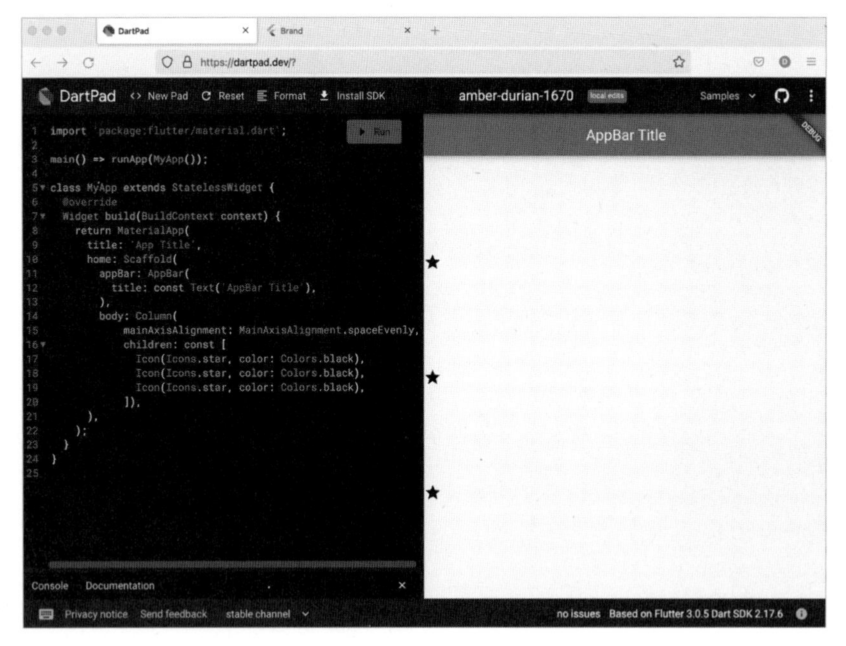

[그림 6] 아이콘을 Column으로 표현하기

수직으로 3개의 검정색 별표 아이콘이 균등한 거리를 두고 배치됩니다.

5. 네트워크를 통해서 실시간으로 이미지 읽어 오기

6단계에서는 앞서 배운 네트워크에서 실시간으로 이미지를 읽어온 후 화면에 출력하는 기능을 활용하여 Row 위젯에 적용했습니다. body는 다음과 같이 변경됩니다.

```
body: Row(mainAxisAlignment: MainAxisAlignment.spaceEvenly, children: [
  Image.network(
    'https://storage.googleapis.com/cms-storage-bucket/780e0e64d323aad2cdd5.png'),
  Image.network(
    'https://storage.googleapis.com/cms-storage-bucket/780e0e64d323aad2cdd5.png'),
  Image.network(
    'https://storage.googleapis.com/cms-storage-bucket/780e0e64d323aad2cdd5.png'),
]),
```

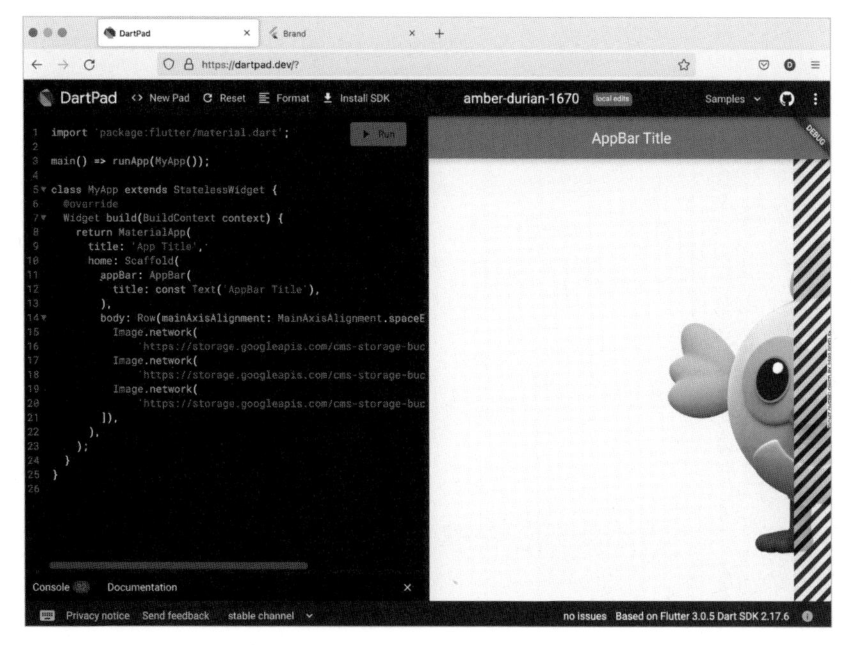

[그림 7] 큰 이미지 삽입을 통한 Row 위젯 에러 유발

그림 7을 보면 소스 코드에서는 3개의 이미지를 Row에 넣었지만, 하나의 이미지만 출력되었습니다. 그리고 화면의 오른쪽에 노랑과 검정으로 된 화면이 나타납니다. 그리고 글자로 "RIGHT OVER-FLOWED" 문장이 나타났습니다. 뭔가 이상하다 싶을 겁니다. 맞습니다. 에러 상황입니다. 이미지의 크기가 너무 커서 하나의 화면에 들어가지 않는 바람에 에러가 난 것입니다.

6. Expanded 클래스 활용하기

7단계에서는 Row 위젯의 요소를 Expanded 클래스의 객체로 변경합니다. 그리고 Expanded 객체의 child로 인터넷에서 읽은 이미지를 설정합니다. 이렇게 하면 Expanded 클래스가 화면의 크기에 맞추어 child로 설정한 요소의 크기를 자동으로 조절합니다. body를 다음과 같이 변경하면 됩니다.

```
body: Row(mainAxisAlignment: MainAxisAlignment.spaceEvenly, children: [
Expanded(
    child: Image.network(
      'https://storage.googleapis.com/cms-storage-bucket/780e0e64d323aad2cdd5.
       png'),
  ),
Expanded(
    child: Image.network(
```

```
        'https://storage.googleapis.com/cms-storage-bucket/780e0e64d323aad2cdd5.
        png'),
  ),
Expanded(
    child: Image.network(
        'https://storage.googleapis.com/cms-storage-bucket/780e0e64d323aad2cdd5.
        png'),
  ),
]),
```

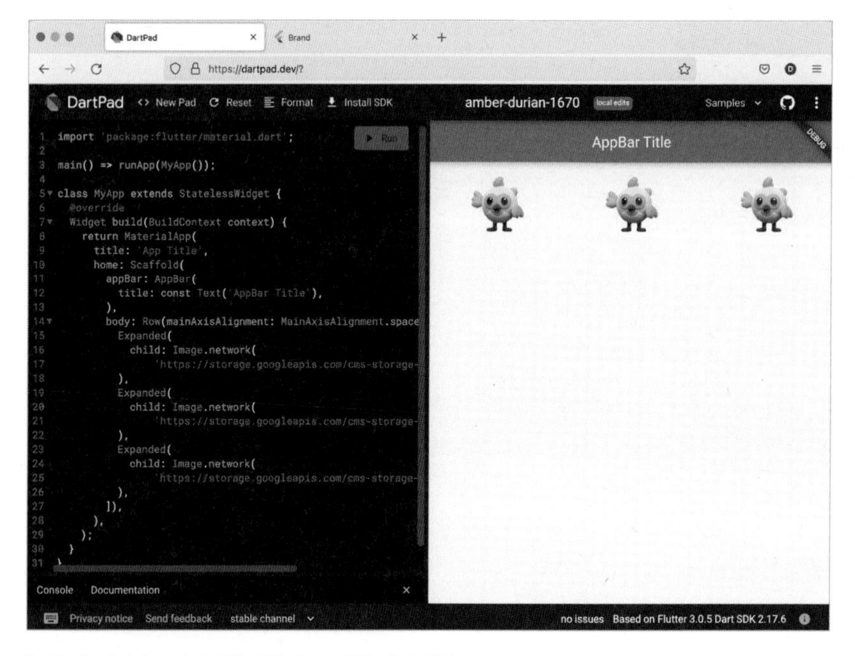

[그림 8] 이미지 크기 조정을 통한 Row 위젯 에러 해결

화면의 크기에 맞춰서 이미지 3개가 연속으로 나타났습니다.

8단계에서는 Expanded의 프로퍼티인 flex를 사용합니다. 이 값은 이미지의 크기를 상대적으로 늘리거나 줄이는 효과를 줍니다. 2로 설정하면 다른 이미지 대비 두 배로 크게 한다는 의미입니다. 나중에 앱을 개발하다가 어떤 이유나 조건에 의해서 이미지가 크게 나타나야 하는 경우에 활용하면 좋은 기법입니다. body는 다음과 같이 변경됩니다.

```
body: Row(mainAxisAlignment: MainAxisAlignment.spaceEvenly, children: [
  Expanded(
      child: Image.network(
```

```
        'https://storage.googleapis.com/cms-storage-bucket/780e0e64d323aad2cdd5.
         png'),
  ),
  Expanded(
    flex: 2,
    child: Image.network(
        'https://storage.googleapis.com/cms-storage-bucket/780e0e64d323aad2cdd5.
         png'),
  ),
  Expanded(
    child: Image.network(
        'https://storage.googleapis.com/cms-storage-bucket/780e0e64d323aad2cdd5.
         png'),
  ),
]),
```

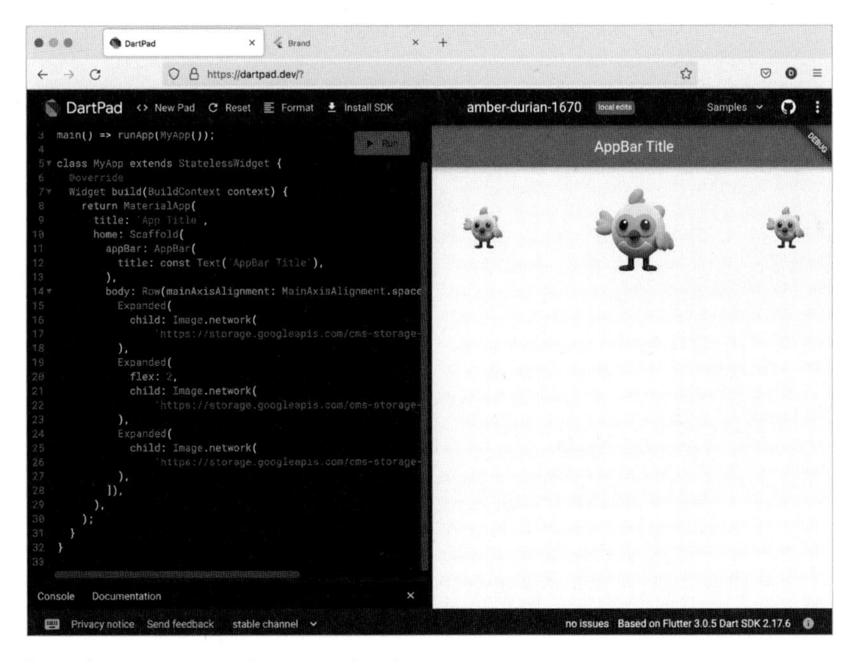

[그림 9] Flex 값을 통한 중간 이미지 크기 조정

가운데 이미지의 크기가 다른 이미지 대비 2배로 커졌습니다.

9단계에서는 6단계의 소스 코드로 돌아가서 Row 위젯 대신 Column 위젯을 적용해 보겠습니다. 다만 Expanded가 아닌 Image 상태이기에, 인터넷에서 읽어 들인 크기 그대로입니다. 따라서 그림 7과 동일한 에러가 상하 방향에서 발생합니다. body를 다음과 같이 변경했습니다.

```
body:
  Column(mainAxisAlignment: MainAxisAlignment.spaceEvenly, children: [
    Image.network(
      'https://storage.googleapis.com/cms-storage-bucket/780e0e64d323aad2cdd5.
       png'),
    Image.network(
      'https://storage.googleapis.com/cms-storage-bucket/780e0e64d323aad2cdd5.
       png'),
    Image.network(
      'https://storage.googleapis.com/cms-storage-bucket/780e0e64d323aad2cdd5.
       png'),
]),
```

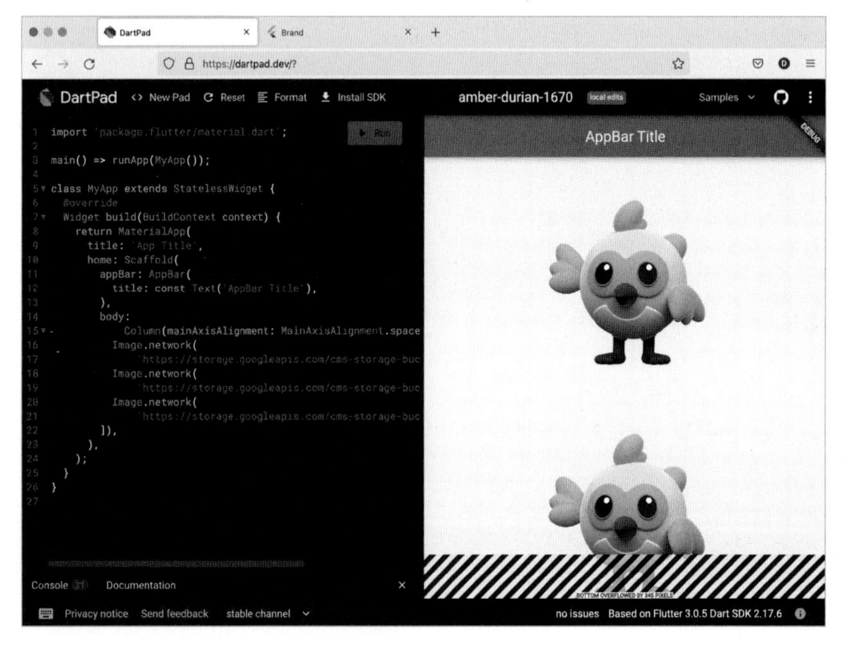

[그림 10] 큰 이미지 삽입을 통한 Column 위젯 에러 유발

화면 아래에 "BOTTOM OVERFLOWED" 에러가 표시되었습니다.

10단계에서는 7단계와 마찬가지로 Column 위젯에 Expanded 클래스를 적용합니다. 적용 방법은 동일하며, body는 다음과 같이 변경됩니다.

```
body:
  Column(mainAxisAlignment: MainAxisAlignment.spaceEvenly, children: [
```

```
    Expanded(
      child: Image.network(
        'https://storage.googleapis.com/cms-storage-bucket/780e0e64d323aad2cdd5.
         png'),
    ),
    Expanded(
      child: Image.network(
        'https://storage.googleapis.com/cms-storage-bucket/780e0e64d323aad2cdd5.
         png'),
    ),
    Expanded(
      child: Image.network(
        'https://storage.googleapis.com/cms-storage-bucket/780e0e64d323aad2cdd5.
         png'),
    ),
]),
```

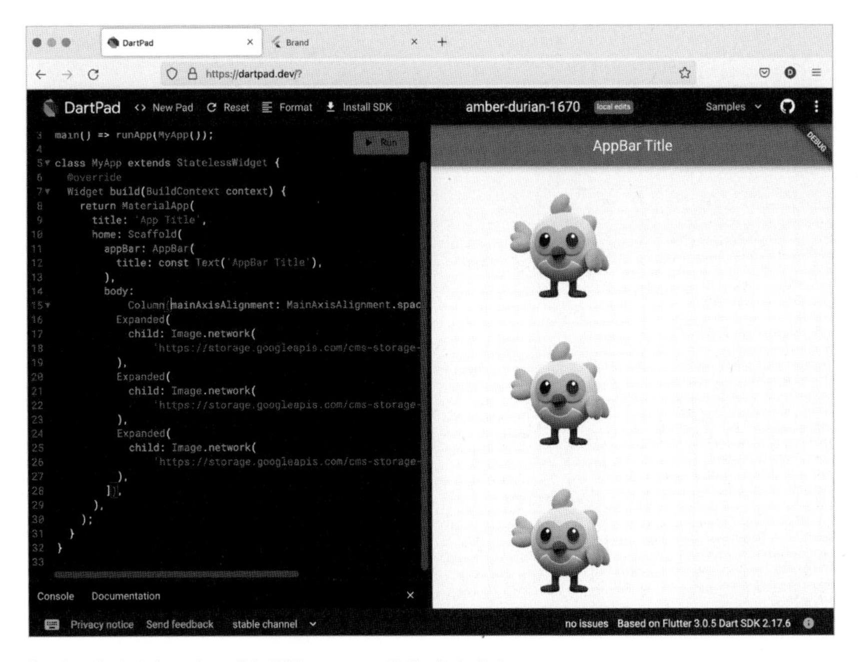

[그림 11] 이미지 크기 조정을 통한 Column 위젯 에러 해결

화면의 상하 크기에 맞춰서 이미지의 크기가 조절되었습니다.

11단계에서는 8단계처럼 Column 위젯에 Expanded를 적용한 후, 중간 이미지의 크기를 2배로 만들어 보겠습니다. 8단계와 동일하게 flex 프로퍼티를 사용합니다. body는 다음과 같이 변경됩니다.

```
body:
  Column(mainAxisAlignment: MainAxisAlignment.spaceEvenly, children: [
    Expanded(
      child: Image.network(
          'https://storage.googleapis.com/cms-storage-bucket/780e0e64d323aad2cdd5.
          png'),
    ),
    Expanded(
      flex: 2,
      child: Image.network(
          'https://storage.googleapis.com/cms-storage-bucket/780e0e64d323aad2cdd5.
          png'),
    ),
    Expanded(
      child: Image.network(
          'https://storage.googleapis.com/cms-storage-bucket/780e0e64d323aad2cdd5.
          png'),
    ),
]),
```

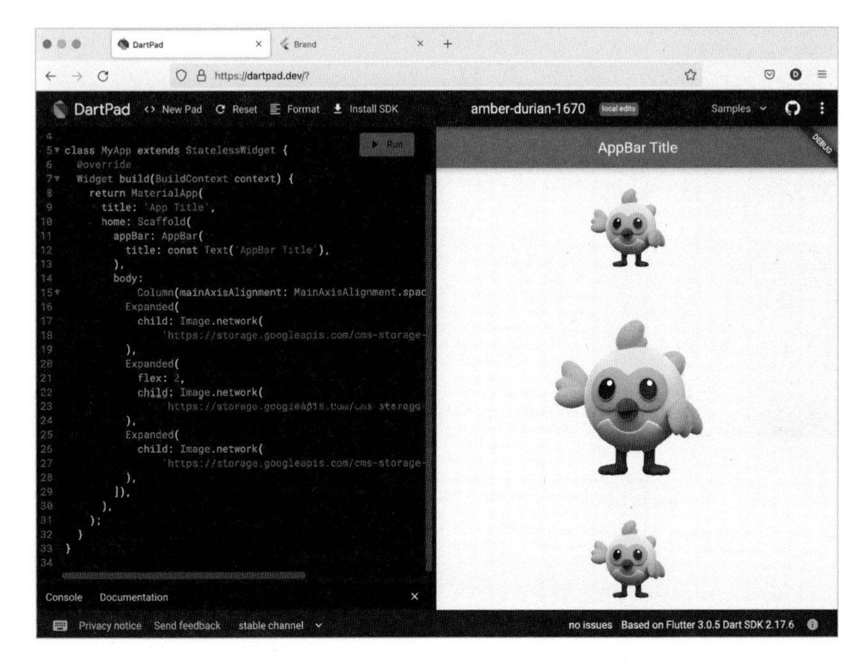

[그림 12] Flex 값을 통한 중간 이미지 크기 조정

중간 이미지의 크기가 2배로 증가했습니다.

7. 이미지 사이의 간격 조정하기

12단계에서는 앞서 아이콘 사이의 간격을 균등하게 만든 후 화면에 출력했던 것을 응용하여, 작아진 이미지를 한 줄에 균등한 간격으로 배치하고자 합니다. body를 다음과 같이 변경하면 됩니다.

```
body: Row(mainAxisAlignment: MainAxisAlignment.spaceEvenly, children: [
  Image.network(
    'https://storage.googleapis.com/cms-storage-bucket/780e0e64d323aad2cdd5.
     png',
    width: 100, height: 100),
  Image.network(
    'https://storage.googleapis.com/cms-storage-bucket/780e0e64d323aad2cdd5.
     png',
    width: 100, height: 100),
  Image.network(
    'https://storage.googleapis.com/cms-storage-bucket/780e0e64d323aad2cdd5.
     png',
    width: 100, height: 100),
]),
```

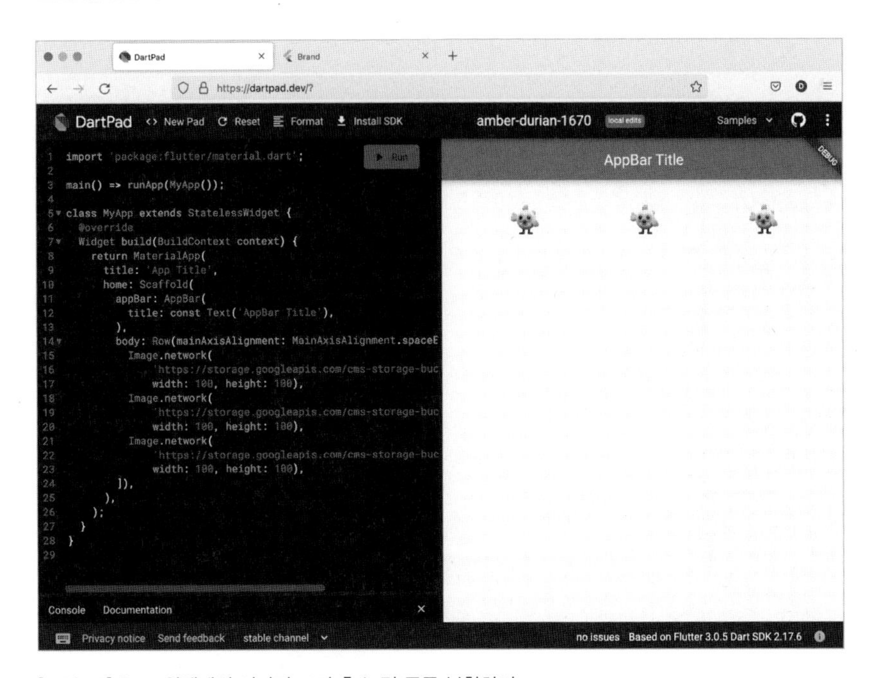

[그림 13] Row 위젯에서 이미지 크기 축소 및 균등 분할하기

앞서 배치했던 아이콘과 같은 모양으로 출력되었습니다.

13단계는 Row 객체의 mainAxisSize 값을 min으로 설정해서 이미지 간의 간격을 최소 공간으로 구분하고자 합니다. body는 다음과 같이 변경하면 됩니다.

```
body: Row(mainAxisSize: mainAxisSize.min, children: [
  Image.network(
    'https://storage.googleapis.com/cms-storage-bucket/780e0e64d323aad2cdd5.
     png',
    width: 20, height: 20),
  Image.network(
    'https://storage.googleapis.com/cms-storage-bucket/780e0e64d323aad2cdd5.
     png',
    width: 20, height: 20),
  Image.network(
    'https://storage.googleapis.com/cms-storage-bucket/780e0e64d323aad2cdd5.
     png',
    width: 20, height: 20),
]),
```

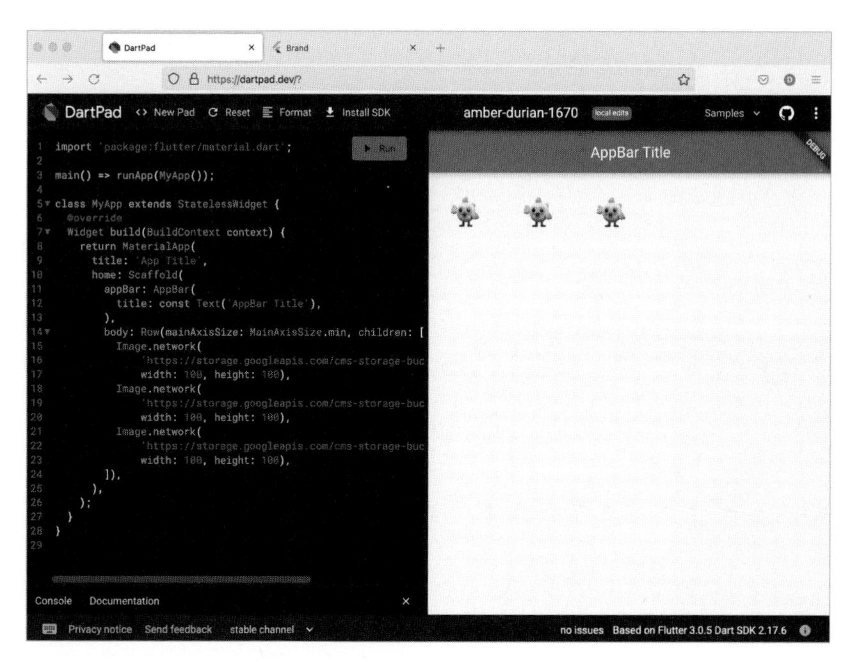

[그림 14] MainAxisSize.min을 통한 Row 위젯의 아이콘 간격 조정하기

이미지들이 이전과 다르게 매우 가까이 붙어 있습니다.

지금 뭘 하고 있는 건가 싶은 독자가 있을지 모르겠습니다. 우리는 화면의 상하좌우에 그림이나 아이콘이나 글자를 배치하는 방법에 대해서 학습한 겁니다. 기본기를 익혔다고 보면 됩니다. 그리고 이제 최종 수행 결과를 만들기 위한 위젯들을 대부분 알아보았습니다.

8. 최종 화면 구성을 위한 항목 포함하기

14단계에서는 본격적으로 미리 보는 수행 결과의 화면을 채우는 작업을 시작합니다. 화면을 보면 home 영역에 총 10개의 항목이 포함되어 있습니다. 각각 그림, 글자, 아이콘 등의 형태였습니다. 이번 단계에서는 이 중 8개의 항목을 나타냅니다. 가장 먼저 body는 다음과 같이 변경됩니다. 혹시 앞서 한 작업으로 인해 혼란스러운 상태라면, 이전 챕터의 'Hello, World!' 프로그램을 복사하여 초기화한 후, 단계별로 수정 사항을 반영하면 됩니다.

```
body:
  Column(mainAxisAlignment: MainAxisAlignment.spaceEvenly, children: [
    item1,
    item2,
    item3,
    item4,
    item5,
    item6,
    item7,
    item8,
]),
```

body 영역에 item1부터 item8까지의 항목이 들어가 있습니다. 각각의 항목에 관해 알아봅니다.

item1은 별 모양 아이콘 3개를 포함하고 있는 Row 위젯입니다. 아이콘 간의 간격은 최소화되어 있으며 아이콘 중 첫째와 둘째는 녹색이고 마지막은 검은색입니다. 앞서 알아본 내용으로 새로운 내용은 없습니다.

```
final item1 = Row(
  mainAxisSize: MainAxisSize.min,
  children: [
    Icon(Icons.star, color: Colors.green[500]),
    Icon(Icons.star, color: Colors.green[500]),
    const Icon(Icons.star, color: Colors.black),
  ],
);
```

item2는 '170 Reviews'라는 문자열입니다. TextStyle 클래스의 객체이며, style에서 검은색의 색상과 글자 크기 등의 여러 항목을 설정하였습니다. 프로퍼티의 정확한 의미를 알고 싶다면 Text 클래스의 공식 사이트를 방문하면 도움이 될 겁니다.

```
final item2 = const Text(
  '170 Reviews',
  style: TextStyle(
    color: Colors.black,
    fontWeight: FontWeight.w800,
    fontFamily: 'Roboto',
    letterSpacing: 0.5,
    fontSize: 20,
  ),
);
```

item3부터 item5는 아이콘입니다. 색상은 모두 녹색으로 설정했습니다. 각각의 아이콘이 의미하는 이름을 보면 어떤 아이콘인지 알 수 있습니다. 부엌(kitchen), 타이머(timer), 레스토랑(restaurant) 모양의 아이콘들입니다.

```
final item3 = Icon(Icons.kitchen, color: Colors.green[500]);
final item4 = Icon(Icons.timer, color: Colors.green[500]);
final item5 = Icon(Icons.restaurant, color: Colors.green[500]);
```

item6부터 item8은 문자열입니다. 각각 item3부터 item5의 아이콘 이름으로 만들어진 Text 클래스의 객체들입니다.

```
final item6 = const Text('kitchen:');
final item7 = const Text('timer:');
final item8 = const Text('restaurant:');
```

이렇게 MaterialApp의 home 영역에 속한 콘텐츠인 body를 총 8개의 항목으로 이루어진 Column 위젯으로 작성하였습니다.

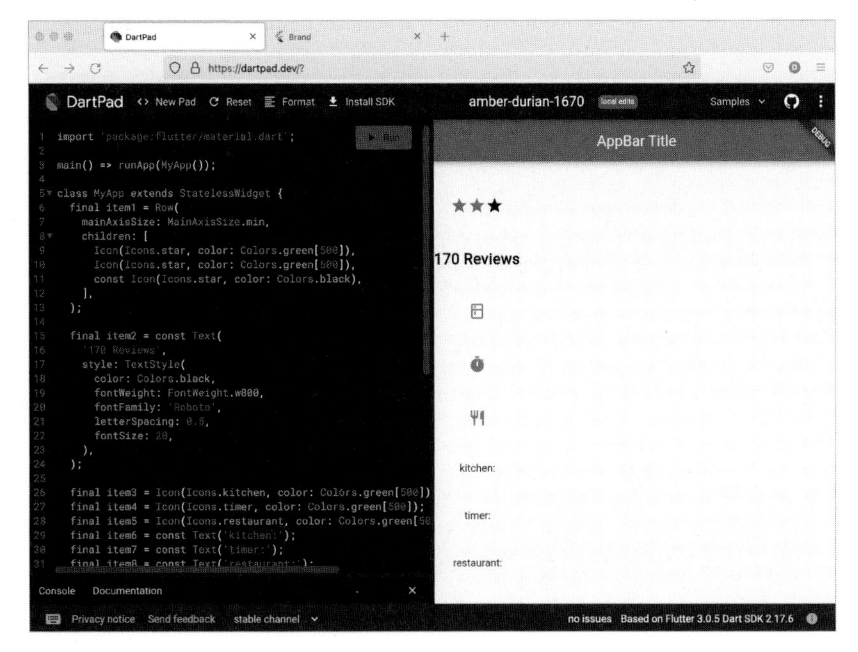

[그림 15] 최종 수행 결과 제작을 위한 8개 항목 나열하기

그림 15를 보면 총 8개의 아이콘과 글자들이 나타나 있습니다.

9. 연관된 항목들을 그룹으로 묶기

15단계에서는 item1과 item2를 하나의 그룹으로 만들어서 Row 위젯으로 묶었습니다. 최종적인 형태로 만드는 과정의 시작입니다. body의 코드는 다음과 같이 수정합니다.

```
body:
  Column(mainAxisAlignment: MainAxisAlignment.spaceEvenly, children: [
    group1,
    item3,
    item4,
    item5,
    item6,
    item7,
    item8,
  ]),
```

group1은 item1과 item2를 통합한 위젯으로, 다음과 같이 작성됩니다.

```
final group1 = Row(
  mainAxisAlignment: MainAxisAlignment.spaceEvenly,
  children: [
    Row( … ),
    const Text( … ),
  ],
};
```

Row(⋯)가 item1의 내용이며, Text(⋯)가 item2입니다.

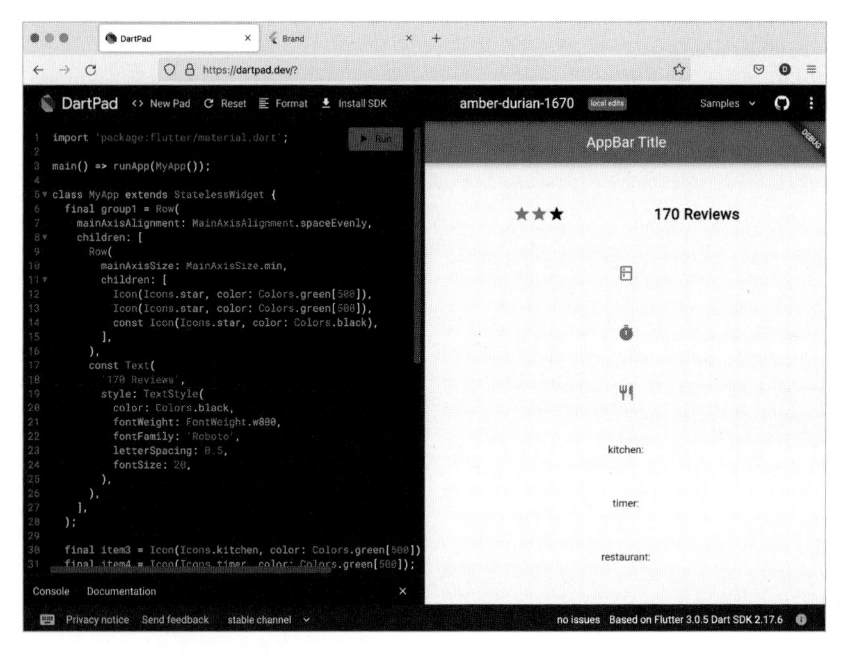

[그림 16] 1차 그룹화 작업 (별점/리뷰 항목)

이제 한 줄로 별점을 나타내는 별표 3개와 '170 Reviews' 문자열이 좌우로 정렬됩니다.

16단계에서는 item3과 item6을 그룹화하여 Column 위젯으로 묶습니다. body의 코드는 다음과 같이 수정합니다.

```
body:
  Column(mainAxisAlignment: MainAxisAlignment.spaceEvenly, children: [
    group1,
    group2,
    item4,
```

```
      item5,
      item7,
      item8,
    ]),
```

group2에는 Column 위젯으로 2개의 항목을 묶었습니다. 다른 작업은 하지 않았습니다.

```
final group2 = Column(
  mainAxisAlignment: MainAxisAlignment.spaceEvenly,
  children: [
    Icon(Icons.kitchen, color: Colors.green([500]),
    const Text('kitchen: '),
  ],
};
```

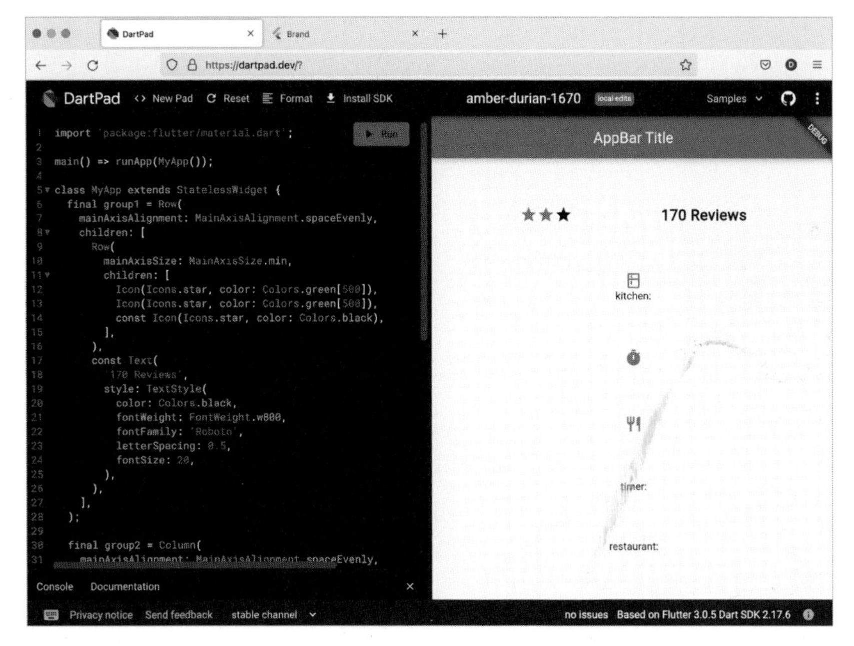

[그림 17] 2차 그룹화 작업 (kitchen 아이콘/제목 항목)

kitchen 아이콘과 'kitchen' 글자가 하나로 묶였습니다.

17단계는 다른 2개의 아이콘과 이들의 이름을 그룹으로 묶는 작업입니다. 즉 timer와 restaurant의 아이콘과 이들의 이름인 문자열을 16단계와 동일한 방법으로 Column 위젯으로 각각 묶어줍니다. 코드에서는 body에 새로운 그룹인 group3와 group4를 만들어 구현하였습니다. group3과 group4의 코드는 16단계의 group2와 유사하므로 굳이 보여 주지 않겠습니다.

```
body:
  Column(mainAxisAlignment: MainAxisAlignment.spaceEvenly, children: [
    group1,
    group2,
    group3,
    group4,
  ]),
```

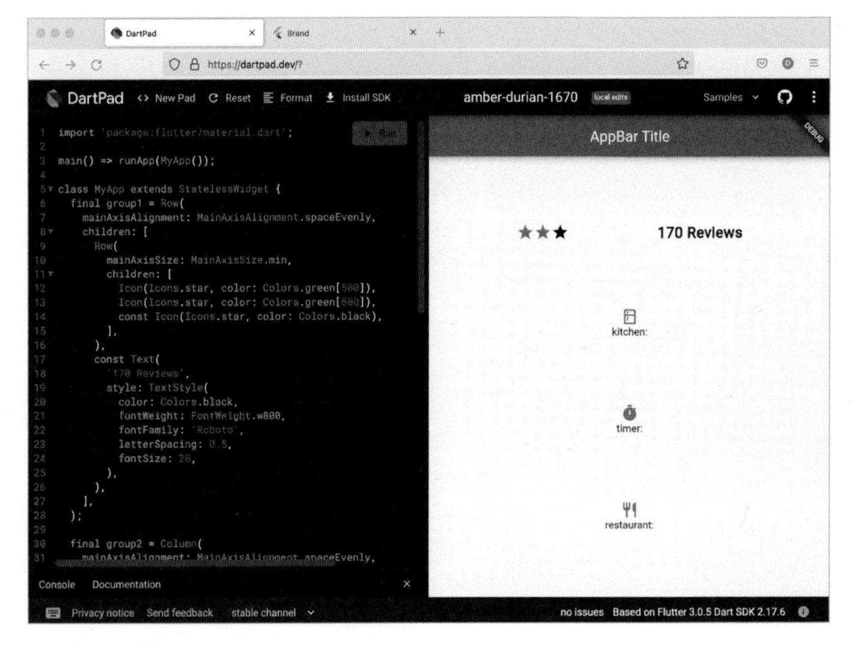

[그림 18] 3/4차 그룹화 작업 (timer/restaurant 아이콘/제목 항목)

timer와 restaurant의 아이콘과 글자가 묶였습니다.

18단계에서는 아이콘과 제목으로 그룹화된 3개의 항목을 다시 하나의 Row 위젯으로 묶겠습니다. group2부터 group4의 코드를 하나의 Row 위젯으로 통합한 후, group2의 이름으로 body 영역에 다음과 같이 반영하면 됩니다.

```
body:
  Column(mainAxisAlignment: MainAxisAlignment.spaceEvenly, children: [
    group1,
    group2,
]),
```

그리고 group2는 이제 3개의 아이콘과 제목의 항목을 통합한 형태가 됩니다.

```
final group2 = Row(
  mainAxisAlignment: MainAxisAlignment.spaceEvenly,
  children: [
    Column(...),
    Column(...),
    Column(...),
  ],
),
```

children의 항목들은 이전 단계의 group2, group3, group4의 내용입니다.

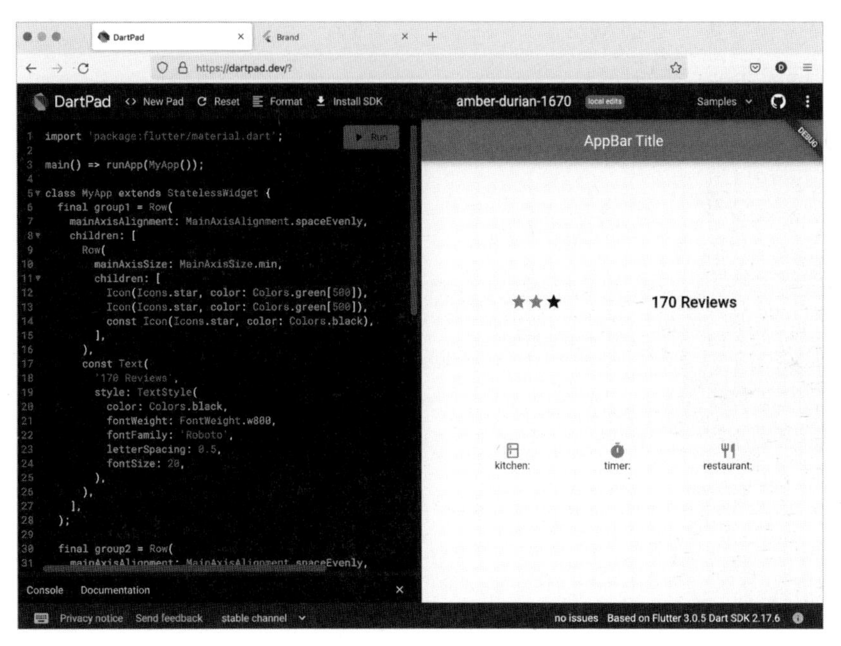

[그림 19] 5차 그룹화 작업 (아이콘/제목 항목 통합)

아이콘과 제목인 3개의 항목이 한 줄로 묶여 있고 아이콘 간의 간격은 균등하게 분리되어 있습니다.

10. 항목 형태 일치 시키기

19단계에서는 "별점 리뷰" 부분과 "아이콘 및 제목" 부분을 통합하기 전에 아이콘 제목의 글자 형태를 별점 리뷰의 글자 형태와 동일하게 맞추는 작업을 하겠습니다. 작업은 간단합니다. group1에서 리뷰 부분에 해당하는 Text 클래스 객체의 style 설정을 group2의 Text 클래스 객체들에 적용하면 됩니다. group2의 kitchen 아이콘의 제목에 적용한 코드는 다음과 같습니다.

```
Column(
mainAxisAlignment: MainAxisAlignment.spaceEvenly,
children: [
    Icon(Icons.kitchen, color: Colors.green[500]),
    const Text(
      'kitchen:',
      style: TextStyle(
        color: Colors.black,
        fontWeight: FontWeight.w800,
        fontFamily: 'Roboto',
        letterSpacing: 0.5,
        fontSize: 18,
      ),
    ),
  ],
),
```

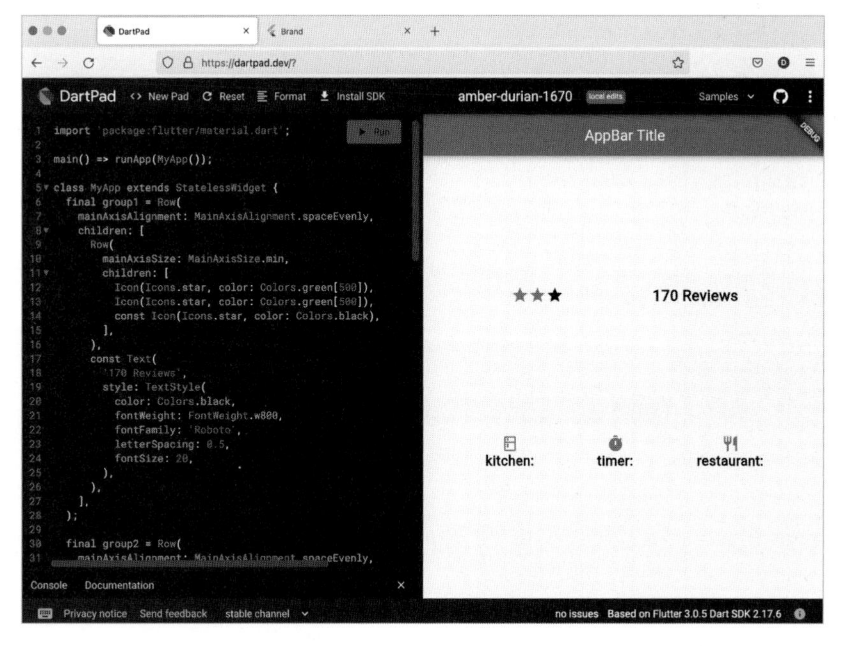

[그림 20] 아이콘 제목 항목 폰트 통합하기

폰트 크기만 18로 조금 줄였고 그 외 항목은 별점 리뷰의 Text와 동일하게 유지했습니다. 아이콘 제목의 크기는 18로 조금 작지만, 모든 글자들이 동일한 글자체와 색상으로 통일성을 갖게 되었습니다.

Text 클래스의 객체마다 매번 설정을 하기는 번거롭습니다. 편리한 방법이 있지 않을까요? 다행히 있습니다. 20단계에서 사용할 DefaultTextStyle.merge() 메서드입니다. 메서드 호출 이후에 만들어지는 모든 Text 클래스 객체의 글자 특성을 통일합니다. 각각의 Text 클래스 객체마다 글자 특성을 부여할 DefaultTextStyle.merge() 메서드로 style을 한 번만 부여하면 이후의 모든 Text 클래스 객체의 특성이 같아집니다.

group2에 DefaultTextStyle.merge() 메서드를 사용하는 방법은 다음과 같습니다. 첫 번째 아이콘 그룹 내용만 보여주었습니다. 어려운 내용이 아니니 그 외 아이콘 그룹도 동일하게 작성하면 됩니다.

```
final group2 = DefaultTextStyle,merge(
  style: const TextStyle(
    color: Colors.black,
    fontWeight: FontWeight.w800,
    fontFamily: 'Roboto',
    letterSpacing: 0.5,
    fontSize: 18,
  ),
  child: Row(
    mainAxisAlignment: mainAxisAlignment.spaceEvenly,
    children: [
      Column(
        mainAxisAlignment: mainAxisAlignment.spaceEvenly,style: TextStyle(
        children: [
          Icon(Icons.kitchen, color: Colors.green[500]),
          const Text('kitchen:'),
        ],
      ),
      Column(...),
      Column(...),
    ],
  ),
);
```

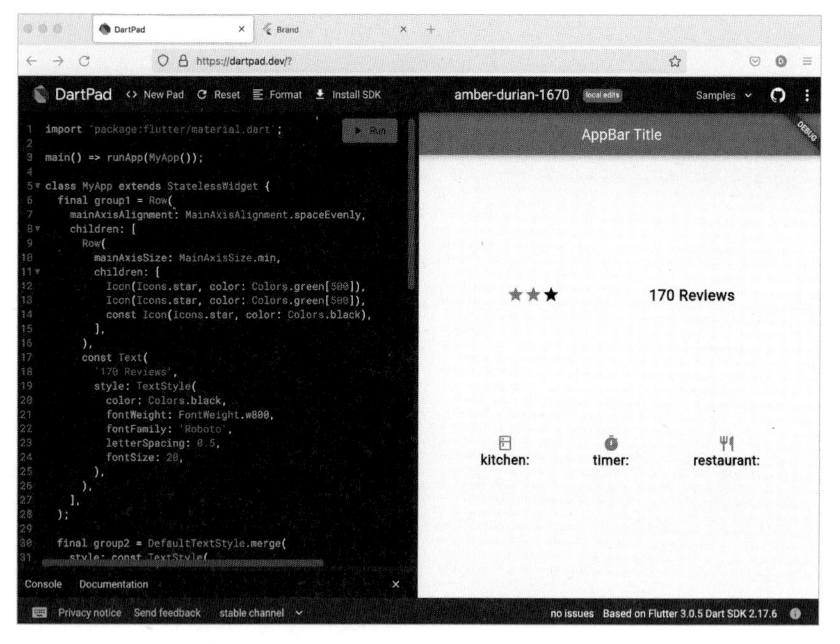

[그림 21] DefaultTextStyle 위젯으로 아이콘 제목 항목 폰트 통합하기

19단계의 수행 결과와 다르지 않습니다. 하나씩 설정한 수작업인지 자동으로 처리한 작업인지의 차이일 뿐, 결과는 동일합니다.

11. 모든 항목 통합하기

21단계는 2개의 그룹을 마지막으로 묶는 과정입니다. 이 과정에서 별점 리뷰 그룹과 아이콘 제목 그룹 사이의 간격 등을 조절하여 보기 편하게 하고 싶습니다. 이런 경우에 사용하는 위젯이 Container 위젯입니다. Container 위젯의 padding 속성을 사용하여 묶인 그룹 안쪽의 요소 간의 간격을 조정할 수 있습니다.

NOTE

> Container 위젯은 여러 위젯들을 하나로 묶은 후, 위치 및 크기 조정 등의 시각적인 부분을 처리하는 편리한 위젯입니다. 나중에 프로그램 개발 시에 여백, 간격, 테두리, 배경색을 추가하고 싶을 때 사용을 추천합니다.

8개의 항목이 모두 하나의 그룹으로 묶인 궁극의 groupAggregated 객체가 다음과 같이 작성됩니다.

```
final groupAggregated = Container(
  padding: const EdgeInsets.all(20),
  child: Column(
    children: [
```

```
      Container(
        padding: const EdgeInsets.all(20),
        child Row( mainAxisAlignment: ...,
          children: [
            Row(...),
            const Text(...),
          ],
        ),
      ),
      DefalutTextStyle.merge(
        style: const TextStyle(...),
        child: Container(
          padding const EdgeInsets.all(20),
          child: Row( mainAxisAlignment: ...,
            children: [
              Column(...),
              Column(...),
              Column(...),
            ],
          ),
        ),
      ),
    ],
  ),
);
```

코드의 여기 저기에 포함된 padding 속성으로 8개의 항목 간의 간격을 조정하고 있습니다. 숫자를 바꿔보고 공식 사이트를 방문해서 설명을 읽어보는 등 추가 학습을 한 후 다음 단계로 넘어가기를 권합니다.

body 항목은 다음과 같이 모든 항목이 통합된 groupAggregated 객체 하나만 포함하게 됩니다.

```
body:
  Column(mainAxisAlignment: MainAxisAlignment.spaceEvenly, children: [
  groupAggregated,
]),
```

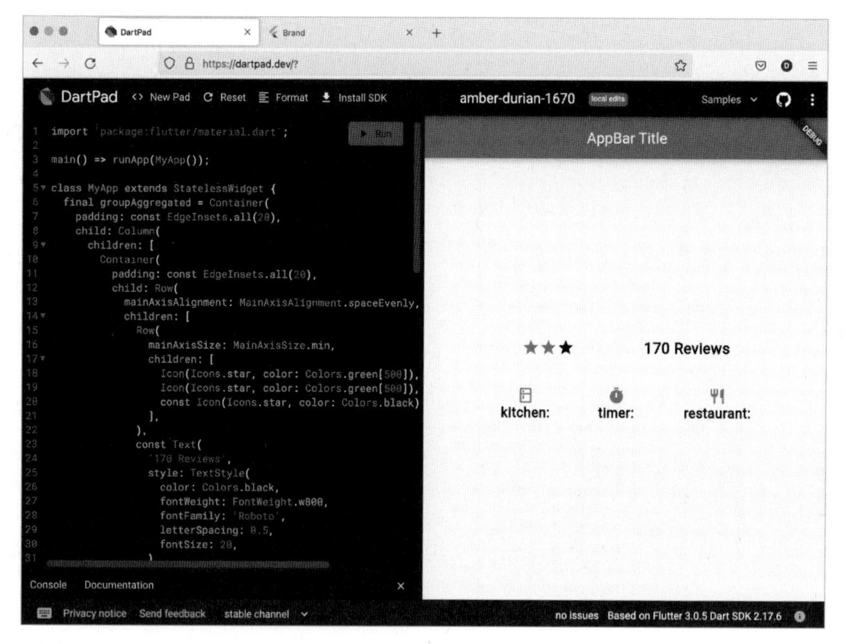

[그림 22] Container 위젯을 통한 총 8개 항목 통합하기

총 8개의 항목을 하나로 묶는 작업을 마쳤습니다.

마지막 단계입니다. 미리 보는 최종 결과와 그림 22를 비교하면, 가게 이름과 가게 그림이 아직 포함되지 않았습니다. 최종 결과에서는 위에서 아래로 가게 이름, 가게 그림, 리뷰 사항, 아이콘 그룹이 나타나는 것을 볼 수 있습니다. 다행히 마지막 작업은 그다지 어렵지 않습니다. 지금까지 만든 소스 코드를 보면 이미 Column 위젯으로 리뷰 사항과 아이콘 그룹이 나열되어 있습니다. 그 위에 가게 이름과 가게 그림을 추가하기만 하면 됩니다. groupAggregated 객체를 마지막으로 다음과 같이 수정합니다.

```
final groupAggregated = Container(
  padding: const EdgeInsets.all(20),
  child: Column(
    children: [
      const Text(
        'Shop Name',
        textDirection: TextDirection.ltr,
        style: TextStyle(
          fontSize: 32,
          color: Colors.black87,
        ),
```

```
      ),
      Center(
        child: Image.network(
            'https://storage.googleapis.com/cms-storage-bucket/...',
            width: 300,
            height: 300),
      ),
      Container(...),
      DefalutTextStyle.merge(...),
    ],
  ),
);
```

12. 결과 확인하기

이제 결과를 확인할 시간입니다. 'Hello, World!' 프로그램에서 시작해서 22단계를 거친 결과가 미리 보는 수행 결과와 동일하다면, 성공적으로 과정을 이수한 것입니다. 그러나 미리 보는 수행 결과와 다른 화면이 나타났다면 어딘가에서 실수가 있었다는 의미입니다. 이 경우에는 처음부터 천천히 다시 단계를 거치면서, 본인의 실수를 찾아봅니다. 본인의 실수를 아무리 해도 찾을 수 없다면 교재에서 배포한 소스 코드를 본인의 코드와 비교하면서 문제를 찾아봅니다.

긴 마라톤을 마쳤습니다. Icon, Image와 같이 보여지는 위젯들을 만나 보았습니다. Row, Column과 같이 항목들을 묶어서 배열하는 위젯들도 만나 보았습니다. 그리고 Container와 같이 그룹의 그룹을 만들고 시각적인 사항을 조정하는 위젯도 배웠습니다.

그리고 우리는 Flutter가 제공하는 위젯들이 무엇인지 알아보고, 필요한 위젯을 이용해서 그럴듯한 화면을 만들었습니다. 새로운 문법은 없었습니다. Dart 언어에서 배운 문법과 위젯을 활용하기만 했습니다. 앞으로도 모르는 부분이 나오면 공식 사이트에서 찾아보고, 본인이 필요한 기능이 있다면 일단 공식 사이트에서 비슷한 기능이나 유사한 예제들은 없는지 찾아보고 구현하도록 합니다.

핵심 요약

마법은 없습니다. 미리 보는 수행 결과를 보면서 '익숙하군'이라고 생각했을 그림도, 한 줄 한 줄 손으로 만든 코드라는 사실을 알게 되었습니다. 작은 위젯들과 클래스들이 다양한 용도로 제공됩니다. Flutter SDK에서 어떤 위젯들이 제공되는지 평소에 잘 알고 있다가 만들고 싶은 프로그램이 생기면 기억을 더듬어서 찾아내고 사용하면 됩니다. 아무리 복잡한 기능과 화면도 이번 챕터에서 본 것처럼 결국은 작고 단순한 위젯들이 모여서 만들어낸 결과입니다. 이제 Flutter 기반의 앱이 어떤 구조로 만들어지는지 알게 되었습니다. 그리고 위젯이 무엇이며 어떻게 사용하는지 명확하게 알았습니다.

▶▶ 연습 문제

1. 핵심 내용 복습하기

❶ 22단계를 성공적으로 마쳤다는 가정 하에, 다시 1단계로 돌아가서 전체 단계를 복습하는 마음으로 수행해 봅니다.

❷ 이번 챕터에서 등장한 위젯들의 정보를 공식 사이트에서 찾아 읽어봅니다.

2. 예제 코드 수정하기

❶ 웹 브라우저를 통해서 찾은 이미지의 웹 주소를 확인합니다. 이미지에서 오른쪽 마우스 버튼을 클릭하면, 대부분의 웹 브라우저에서 '새 탭으로 열기'를 지원합니다. 새로 열린 탭에서 이미지의 웹 주소를 확인할 수 있습니다. 이 주소를 소스 코드의 가게 사진으로 적용한 후, 실행 결과를 확인합니다.

❷ Dart/Flutter의 공식 아이콘 사이트를 찾아 방문한 후 소스 코드의 아이콘과 제목에 새로운 아이콘을 적용하고 실행 결과를 확인합니다. 공식 아이콘 사이트는 구글에서 "dart icons"를 검색하면 쉽게 찾을 수 있습니다.

3. 추가 기능 작성하기

❶ 가게 이름 밑에 가게에 대한 설명에 해당하는 장문의 문자열을 포함하도록 소스 코드를 개선합니다. 실행 후 결과를 확인합니다.

❷ 백지 위에 본인 만의 화면 구성을 그려 봅니다. 이때 구성 요소들은 이번 챕터에서 알아본 위젯으로 제한합니다. 그린 화면에 대한 코드를 직접 개발합니다. 실행 후 결과를 확인합니다.

CHAPTER. 4

Flutter 이해하기

Flutter에 대해서 조금 더 자세하게 알아봅니다. 무작정 프로그래밍 기술을 익히기보다는 Dart 언어와 Flutter 프레임워크를 누가 언제 왜 만들었는지 알고 있어야 합니다. 이런 배경 지식이 있어야 이 언어로 제작 가능한 범위를 제대로 이해할 수 있습니다. 또한 앞으로의 기술 발전 방향을 이해할 수 있어 지속 가능한 개발자가 되는 데 도움을 줍니다. 따라서 이번 챕터에서는 프로그래밍 기술에 대한 설명과 실행은 일단 내려놓고, Flutter가 어떤 목적으로 만들어졌으며 어떤 용도로 사용하는 기술인지 알아보도록 합니다.

자세히 알아보기

Flutter는 구글이 만든 그래픽 기반의 애플리케이션 개발 프레임워크입니다. 2015년 처음 Flutter가 개발 중이라는 사실이 알려졌고, 2017년 5월에 개발자를 위한 알파 버전이 공개되었습니다. 그 후 약 1년 반 뒤인 2018년 12월 4일, 최초의 안정적인 버전인 Flutter 1.0이 공식 릴리즈되어 일반 개발자도 쓸 수 있게 되었습니다. Flutter는 구글이 주도하여 개발하고 오픈소스 소프트웨어로 공개되었습니다.

NOTE

> 프레임워크란 특정 목적의 소프트웨어를 개발하기 위한 기능들을 미리 준비해서 개발자가 쉽고 안정적으로 소프트웨어를 개발할 수 있도록 도와주는 프로그램들입니다. 그래서 이런 프레임워크들은 "도구(tool)"라고 흔히 구분합니다.

구글이 Flutter를 출시하면서 꾸준하게 사용하는 문구가 있는데, 다음과 같습니다.

"Flutter is an open source framework by Google for building beautiful, natively compiled, multi-platform applications from a single codebase

(Flutter는 단일 코드베이스에서 아름답고 네이티브로 컴파일된 멀티 플랫폼 애플리케이션을 구축하기 위한 Google의 오픈 소스 프레임워크입니다)."

[출처] https://flutter.dev/

좋은 단어를 참 많이 사용하였습니다. 하나씩 살펴보겠습니다.

open source framework: 이 글의 처음 부분에서 언급한 내용입니다.

by Google: 이 책의 도입부인 첫 번째 챕터에서 강조한 내용입니다.

beautiful: 안드로이드의 최신 디자인 가이드라인인 Material Design에 기반하는 웬만한 화면 구성 요소를 이미 대부분 표준 기능으로 제공하고 있기에 누가 프로그램을 개발하든 상관없이 표준 기능들을 사용하기만 하면 Material Design을 따르는 예쁜 애플리케이션을 만들 수 있다는 의미입니다.

multi-platform applications: Flutter는 처음에는 안드로이드 앱 개발을 위한 프레임워크였으나 지금은 스마트폰 및 태블릿 컴퓨터에서 사용하는 구글 안드로이드와 애플 iOS 운영체제의 앱 개발을 지원합니다. 또한 데스크톱 및 서버 운영체제인 Windows, macOS, Linux 프로그램 개발도 지원합니다. 웹 서비스의 개발도 가능합니다. 웹 브라우저로 서버에서 가져오는 웹 콘텐츠도 Flutter로 개발할 수 있습니다. 구글이 새롭게 개발하고 있는 운영체제인 Fuchsia의 정식 개발 환경으로도 채택되어, 가전기기 등에서 실행하는 임베디드 혹은 IoT(Internet of Things) 소프트웨어 개발을 지원합니다.

natively-compiled: 이 부분은 기술을 조금 알아야 이해가 되는 내용으로, 간단히 이야기하면 실행할 운영체제나 CPU에 최적화된 실행 프로그램을 만들 수 있다고 이해하면 됩니다. 그렇지 않으면 가상 머신이라는 소프트웨어로 만든 가짜 기계에서 프로그램이 실행되는데, 성능이 다소 감소할 수 있고 사용하는 기능이 제한될 수 있습니다.

single codebase: 앞에서 언급한 모든 장점을 누리면서도 운영체제와 하드웨어를 고려하지 않고 하나의 소스 코드만 만들면 된다는 점입니다. 최근애는 같은 프로그램이 안드로이드와 iOS를 동시에 지원하는 것은 기본이고, 태블릿 컴퓨터와 데스크탑에서도 동작하며 심지어 가전기기에서도 동작하는 것을 흔히 볼 수 있습니다. 특히 업무용이나 사무용 프로그램이라면 이런 다양한 실행 환경을 지원하는 것이 필수적이지만, 실행 환경 별로 따로 개발을 하게 되면 개발자가 여러 명 필요하고 모든 프로그램의 디자인과 실행 기능을 맞춰야 하며 여러 프로그램을 동시에 관리하고 운영하는 부담을 줍니다. Flutter로 개발하게 되면 하나의 개발팀, 하나의 프로그램으로 통일되어 문제가 크게 줄어듭니다. 최근에 회사의 업무나 사무 목적의 소프트웨어 개발을 위해 Flutter를 적극적으로 활용하는 이유가 바로 이 부분 때문입니다.

한 가지 더 알고 있어야 할 점이 있습니다. Flutter는 프로그램 개발을 위한 라이브러리만을 의미하지 않습니다. Flutter 공식 사이트에서 자주 사용되는 또 다른 문구인 다음 문구에서 표현됩니다.

"*Flutter transforms the app development process. Build, test, and deploy beautiful mobile, web, desktop, and embedded apps from a single codebase.*"

[출처] https://flutter.dev/

앞에서 소개한 문장과 중복된 내용을 제외하면 "Flutter transforms the app development process. Build, test, and deploy"가 남게 됩니다. 라이브러리를 제공하는 것을 넘어선다는 의미인데, 프로그램을 개발하는 과정, 테스트하면서 문제를 찾는 과정, 그리고 실제 스마트폰/태블릿/데스크톱/서버 등의 서로 다른 환경에 프로그램을 설치하여 동작시키는 과정도 모두 발전시켰다는 의미입니다.

이 장점 중에서 대부분의 개발자가 인정하는 큰 장점이 있으니 'Hot Reload'라고 불리는 기능입니다. 원래 개발 중인 스마트폰 앱을 테스트하기 위해서는 개발용 컴퓨터에 스마트폰을 연결한 후, 개발용 컴퓨터에서 스마트폰으로 앱을 이동시켜야 합니다. 만약 프로그램에서 개선할 점이 있으면 개발용 컴퓨터에서 다시 소스 코드를 수정하고, 앱으로 만들고, 또 다시 스마트폰으로 이동하는 작업을 해야 합니다. 말이 쉽지 소스 코드를 앱으로 만드는 시간도 오래 걸리고, 개발용 컴퓨터에서 스마트폰으로 앱을 복사하는 시간도 의외로 오래 걸립니다. 오타 하나, 그림의 사소한 위치 조정 등의 문제에 이렇게 시간을 보내면 인내심의 한계를 느끼기도 합니다. Flutter의 Hot Reload는 이런 문제를 해결해 줍니다. 개발용 컴퓨터에서 소스 코드를 수정하면 연결된 스마트폰 앱이 실행 중인 상황이라고 하더라도 바로 변경됩니다. 개발자는 어마어마한 시간 및 감정적 이득을 얻을 수 있습니다.

성능 면에서도 뛰어납니다. 원래 크로스 플랫폼을 제공하는 대부분의 프로그래밍 기술이 성능 면에서는 뒤떨어지는 경우가 많은데, Flutter는 운영체제에 최적화된 프로그래밍 언어들에 밀리지 않는 성능을 제공하고 있습니다. 특히 초기 릴리즈 시점 대비 시간이 지나면서 성능이 점점 더 나아지고 있어 매우 인상적입니다. 개발자는 크로스 플랫폼으로 개발하지만 컴파일된 최종 프로그램은 실행되는 기기의 CPU에 최적화된 상태로 만들어지는 점이 성능의 비결입니다.

NOTE

좋은 기술도 사용하는 수요처가 없다면 의미가 없습니다. 정식 버전인 1.0이 나온 지 이제 몇 년 밖에 안된 기술이지만 Flutter 공식 사이트의 community 메뉴를 가면 익히 알려진 기업들의 명단과 사용 사례를 볼 수 있습니다.

Flutter가 프로그래머에게 제공하는 라이브러리/패키지의 가장 큰 특징인 위젯(widget)에 관해서 좀 더 알아보겠습니다. Dart 언어를 이해하고 있다면 Flutter의 위젯을 사용해서 스마트폰 앱의 화면과 같은 사용자 인터페이스를 만들 수 있습니다. 레고 블록을 가지고 무언가를 만들듯이 Flutter의 기본 철학은 위젯들을 레고 블록처럼 다루어 프로그램을 만드는 것입니다. 위젯을 이해하고, 필요한 위젯을 연결하는 작업이 Flutter 프로그래밍의 주 작업입니다. 그래서 Flutter를 기술적으로 이야기할 때, 다음의 한 문장이 많이 언급됩니다.

"Everything is a Widget."

Flutter는 결국 수많은 위젯의 집합체입니다. 이 책을 작성하는 시점에서는 대략 200개 미만의 위젯들이 표준으로 제공되고 있습니다. 이 책의 Volume.A 2장에서 언급한 Flutter의 공식 유튜브를 보면 일주일에 한 번 하나의 표준 위젯을 설명하는 영상 콘텐츠가 있을 정도입니다. 업로드 주기에 맞추어 일주일에 하나씩 보면 3년이 걸리니 그보다는 자주 봐야 하겠지요.

Flutter에서 제공하는 위젯들은 이전 챕터들에서 필요할 때마다 참조할 수 있었을 정도로 매우 잘 정리되어 있습니다. 이 책을 읽다가 소스 코드 안에 있는 위젯이 궁금해질 때 어떻게 공식 사이트로 이동해서 자세한 정보를 얻는지는 이미 여러 번 설명했습니다. 그렇다면 개발자가 풀고자 하는 문제를 해결하는 새로운 코드를 만들고 싶은 경우에는 어떻게 해야 할까요? 개발자가 상상하는 모습을 스케치하면서 이에 맞는 위젯을 찾을 수 있어야 합니다. 이런 개발자를 위해서 Flutter 공식 사이트는 top-down 방식으로 원하는 위젯을 찾을 수 있도록 도와주고 있습니다. 연관된 위젯들을 그룹화해 놓아 개발자가 원하는 기능을 일단 그룹에서 찾아본 후 세부적인 위젯의 설명을 추가로 찾을 수 있도록 만들었습니다.

본인의 취향이나 선호도에 따라서 다음 사이트 중 하나를 선택해서 원하는 위젯을 찾기 바랍니다. 일단 접속하여 어떤 구성인지 슬쩍 확인해 보세요.

첫째는 그룹별 사전식으로 정리한 'Widget catalog'입니다. 아래의 웹 사이트 주소를 통해서 접속할 수 있습니다. 이곳에 접속하면 14개의 항목으로 Flutter의 위젯을 그룹화해서 보여 줍니다.

Widget catalog 사이트 : https://docs.flutter.dev/development/ui/widgets

그룹의 이름을 보면 Accessibility, Animation and Motion, Assets / Images and Icons, Async, Basics, Cupertino (iOS-style widgets), Input, Interaction Models, Layout, Material Components, Painting and effects, Scrolling, Styling, Text 등으로 구성되어 있습니다.

둘째는 문제 중심으로 정리한 'Cookbook'입니다. 아래의 웹 사이트 주소를 통해서 접속할 수 있습니다.

Cookbook 사이트 : https://docs.flutter.dev/cookbook

이 사이트는 해결하고자 하는 문제가 명확한 경우 비슷한 기존 사례를 보면서 어떤 위젯이 있는지 알아보고 흉내내기 좋습니다. 예를 들어 애니메이션에 관심이 있는 사람이 Animation 그룹을 선택하면, 어떤 방식으로 Animation을 사용할 수 있는지 사례가 나옵니다. 이 중 관심 있는 사례를 선택하면 예제 프로그램과 함께 관련된 위젯들이 소개됩니다. Flutter에서 어떤 위젯을 제공하는지 잘 모르지만, 본인이 하고자 하는 일을 명확하게 정리할 수 있다면 하고 싶은 일 중심으로 찾아가기에 좋은 방식입니다. 예제 프로그램까지 제공하니 실제 코딩을 하는데 도움이 될 겁니다.

셋째는 샘플 프로그램 사이트입니다. 다양한 종류의 예제들이 설명과 함께 제공되고 있습니다. 아래의 웹 사이트 주소를 통해서 접속할 수 있습니다.

Sample **프로그램 사이트 :** https://flutter.github.io/samples/#

예를 들어 "Play and pause a video"에서는 안드로이드와 iOS에서 동영상을 재생하는 예제 코드와 함께 주요 부분 설명이 있습니다. 특별히 만들고자 하는 프로그램이 없더라도 틈틈이 샘플 프로그램들을 읽어 보고 실행하다 보면 실력이 늘어나는 본인을 만날 수 있을 겁니다.

넷째는 사전과 같은 방식으로 모든 위젯을 나열한 'Flutter widget index'입니다. 다음의 웹 사이트 주소를 통해서 접속할 수 있습니다. 이곳은 말 그대로 사전처럼 대부분의 위젯이 알파벳 순서로 나열되어 있습니다. 위젯의 이름과 간단한 한 두 줄의 설명, 그리고 위젯을 함축해서 설명하는 그림이 하나씩 있어서 어떤 기능인지는 대충 알 수 있습니다. 바로 알고 싶은 내용을 찾아보고 싶다면 가장 직관적인 방법일 수 있습니다.

Flutter widget index **사이트 :** https://docs.flutter.dev/reference/widgets

설명한 4가지 사이트에 대한 링크를 포함하면서 Flutter 전반에 대한 설명을 다루는 공식 사이트도 있습니다. 그 밖에도 비디오 콘텐츠 등도 모아 놓은 곳이니, 종종 방문하여 살펴보는 것도 좋겠습니다.

Flutter documentation **사이트 :** https://docs.flutter.dev/

Flutter는 twitter 계정도 있습니다. @FlutterDev를 팔로우하면 공식 업데이트나 행사가 있을 때마다 알려줍니다.

핵심 요약

이전 챕터들에서는 주로 코딩을 통해서 Flutter가 무엇인지 직접 경험을 했었습니다. 이번 챕터에서는 Flutter가 무엇이고 누가 언제 어떻게 만들고 있는지 등의 내용을 소개하였습니다. 순서가 바뀐 감이 있지만, 실제 코딩으로 겪어본 다음 Flutter가 무엇인지 소개하였기에 위젯의 의미가 더 직접적으로 다가왔을 것으로 생각합니다. 다음 챕터들에서 Flutter의 심화 내용들을 알아가도록 하겠습니다.

CHAPTER. 5

Flutter 공식 Counter 프로그램 이해하기

Flutter 학습을 시작하면 반드시 만나게 되는 프로그램이 있습니다. 반드시 이해해야 하는 프로그램이기도 합니다. Counter 프로그램이라고 불리는 프로그램입니다. 이 프로그램은 DartPad에서 Flutter를 공부할 때, 기본으로 제공되는 예제 프로그램 중 첫 번째 프로그램입니다. 그리고 Flutter 공식 사이트에서 제공하는 'Get started'에서 Flutter 개발 환경을 개발용 컴퓨터에 설치한 후, 개발 환경이 제대로 동작하는지를 확인하는 작업에서도 사용합니다. 여기에서 끝나지 않습니다. 개발용 컴퓨터에 설치한 개발 환경에서 새로운 프로그램 개발을 위한 설정을 하는 순간, 기본적으로 자동 생성되어 개발자가 참조하도록 하는 프로그램입니다. 마지막으로 Material Design 기반으로 앱을 만드는 경우에 활용하는 Scaffold 클래스의 공식 설명에서 기본 예제로 활용하는 프로그램입니다. 즉, 다음의 웹사이트들에서 공식 샘플 프로그램으로 채택하여 설명하는 아주 유명한 프로그램입니다. 이번 챕터에서는 이 유명한 프로그램을 자세히 이해하도록 하겠습니다.

- DartPad 사이트의 'Counter example' 예제
- https://docs.flutter.dev/get-started/test-drive
- https://api.flutter.dev/flutter/material/Scaffold-class.html

위에서 명시한 사이트 별로 프로그램이 조금씩 차이가 나는 경우가 있는데, 이 챕터에서는 DartPad의 'Counter example' 프로그램을 그대로 가져와서 이 프로그램을 해부해 보겠습니다.

Counter 프로그램을 자세히 이해해야 하는 목적이 있습니다. 이전 챕터에서 배운 StatelessWidget는 물론, StatefulWidget까지 사용하여 사용자와의 상호 작용을 수행하고 결과를 반영해서 화면의 내용이 바뀌는 프로그램입니다. 간단하지만 StatelessWidget과 StatefulWidget 그리고 사용자와의 상호작용에 따른 화면 변화를 포함하는 갖출 건 모두 갖춘 프로그램입니다. 꼼꼼하게 이해하도록 합니다.

미리 보는 수행 결과

DartPad에 접속합니다. 그리고 오른쪽 상단의 'Samples' 메뉴를 클릭한 후, 'Counter'를 선택합니다. 그리고 'Run' 메뉴를 클릭해서 실행합니다. 그러면 그림 1과 같이 출력됩니다.

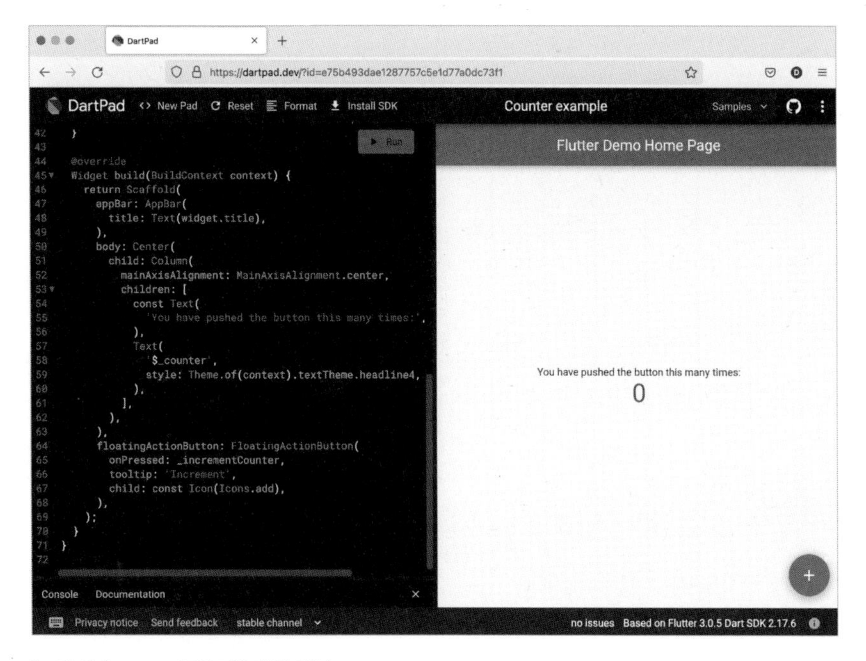

[그림 1] Counter 프로그램 출력 예시

오른쪽의 실행 결과를 살펴보면, 이전에 Flutter에서 'Hello, World!'를 실행했을 때와 유사합니다. 화면 상단에는 AppBar 부분이 파란색으로 나타나 있으며, 'Flutter Demo Home Page' 문자열을 표시하고 있습니다. 아래의 콘텐츠 영역에는 영문으로 '당신이 버튼을 누른 횟수는: 0'이라는 문장이 표시되어 있습니다. 새롭게 추가된 부분은 오른쪽 아래의 '+' 기호가 있는 파란 동그라미입니다. 화면의 '+' 버튼을 누르면 콘텐츠 영역의 0이 1씩 증가합니다. 이전 챕터의 프로그램은 고정된 화면만을 보여 주었지만 이번 챕터의 프로그램은 마우스의 클릭이 가능하고, 이에 반응해서 내부적인 정보를 1씩 증가시키며 증가한 결과 값을 화면에 반영하는 모습을 보여줍니다.

소스 코드 설명

이번 챕터의 소스 코드는 사실 이전 챕터의 'Hello, World!' 프로그램을 발전시킨 형태로 볼 수 있습니다. 따라서 이전 챕터에서 등장했던 위젯들이 많이 등장합니다. 하지만 새로운 위젯들 또한 여럿 등장하기에 앞서 등장했던 위젯들의 설명은 간단히 하고 새로운 위젯들을 주로 설명하겠습니다.

```
1 // Copyright (c) 2019, the Dart project authors. Please see the Authors file
2 // for details. All rights reserved. Use of this source code is governed
  by a
3 // BSD-style license that can be found in the LICENSE file.
```

1~3 이 코드의 개발자가 작성한 저작권 관련 설명입니다. 오픈소스 소프트웨어로서 BSD 라이센스를 따른다는 문구입니다.

NOTE

> BSD 라이센스는 누구나 해당 소프트웨어를 자유롭게 사용할 수 있으나 소프트웨어를 사용하는 경우에는 오픈소스 소프트웨어의 개발자가 누구인지에 대한 정보를 알려야 하는 설명을 하도록 규정하는 라이선스입니다.

내용을 살펴보면, 2019년 Dart 프로젝트 개발자가 작성한 프로그램이라고 명시되어 있습니다. 참고로 이 책의 이번 챕터에서는 이 코드를 그대로 가져와서 설명만 할 뿐, 별도의 수정을 하지는 않습니다. 최초 개발자가 작성한 BSD 라이센스 설명 등이 그대로 포함된 이유입니다.

```
5 import 'package:flutter/material.dart';
6
7 void main() => runApp(MyApp());
8
```

5 Flutter의 Material Design 패키지를 import합니다.

7 main 함수가 Flutter의 runApp() 함수를 호출합니다. runApp()의 입력 파라미터는 MyApp() 클래스에서 생성한 객체입니다. 이전 챕터의 내용과 동일합니다.

```
9  class MyApp extends StatelessWidget {
10   @override
11   Widget build(BuildContext context) {
12     return MaterialApp(
13       title: 'Flutter Demo',
14       debugShowCheckedModeBanner: false,
15       theme: ThemeData(
16         primarySwatch: Colors.blue,
17       ),
18       home: const MyHomePage(title: 'Flutter Demo Home Page');
```

```
19            );
20        }
21    }
22
```

이 프로그램의 실질적인 도입부로 이전 챕터에서 다룬 StatelessWidget 기반의 MyApp 클래스를 정의하고 있습니다.

11 반드시 오버라이드해야 하는 build() 메서드를 정의했습니다.

12 이전 챕터의 예제처럼 MaterialApp() 객체를 생성하여 리턴합니다.

13 이 프로그램이 스마트폰 등에 설치되는 경우에 사용하는 앱의 이름을 'Flutter Demo'로 정의하였습니다.

14 처음 등장하는 내용입니다. MaterialApp 클래스 생성자의 debugShowCheckedModeBanner는 프로그램 실행 화면에 "DEBUG"라는 배너 표시를 나타낼 지를 결정합니다. 참고로 이전 챕터들의 수행 결과에서 오른쪽 상단을 보면 "DEBUG"라는 글자가 사선으로 비스듬하게 표시되어 있습니다. MaterialApp 클래스의 객체가 생성되면 기본적으로 "DEBUG" 표시가 나타나는데 debug-ShowCheckedModeBanner 값이 기본 값인 true로 설정되어 있기 때문입니다. 이를 false로 변경하여 "DEBUG" 표시가 나타나지 않도록 했습니다. 이번 예제에서는 큰 의미가 없지만 개발 중이라는 의미를 나타내기 위한 용도로 사용합니다. 이 값을 false로 하였기에 미리 보는 수행 결과에서 "DEBUG" 표시가 보이지 않습니다.

15~**17** 여기도 처음 등장하는 내용입니다. MaterialApp의 기본 테마 설정을 변경하기 위해 theme를 설정하는 코드입니다. theme는 색상, 폰트, 모양 등의 앱 외관에 해당하는 설정을 보관합니다. 지금은 theme를 설정하기 위하여 ThemeData 위젯을 사용했으며, ThemeData의 primarySwatch를 Colors.blue로 설정하였습니다. 여기서 primarySwatch는 Material Design을 따르는 앱의 색상 정보를 저장하는 파라미터입니다. 간단히 이야기하면 앱의 색상을 파란색 계통으로 바꾼다는 의미입니다. 이 색상을 바꿨을 경우의 효과를 보면 바로 이해가 될 텐데, **16**의 blue를 red, white, purple 등의 다른 색상으로 바꿔 보기 바랍니다. AppBar의 색상이 이에 맞춰 바뀌는 것을 볼 수 있습니다.

NOTE

디자인의 영역은 이 책을 넘어서는 부분이므로, 지금은 Material Design의 color 체계(Primary color와 Color Swatch)를 파란색 계열(Colors.blue)로 설정한다는 정도로만 설명하였습니다. 참고로 추가적인 내용을 확인할 수 있는 공식 사이트를 다음과 같이 남겨 놓겠습니다. theme에 대한 내용이 더 궁금하면 사이트에서 세부 설명을 찾아보도록 합니다.

Material Design 공식 사이트 : https://material.io/

Swatch 설명 : https://material.io/design/color/the-color-system.html#color-theme-creation

18 home이 등장했습니다. 이전 예제에서는 home을 Scaffold 객체로 설정했었는데 지금은 MyHomePage 객체입니다. MyHomePage 객체는 **23**에서 정의합니다. 이전 프로그램과 다른 양상으로 개발되었다고 당황할 필요는 없습니다. 미리 이야기하면, 아래의 흐름에 의해서 최종적으로 **46**에서 Scaffold() 객체(위젯)가 만들어져 화면을 채우는 용도로 사용될 겁니다.

MyHomePage.createState() → _MyHomePageState.build() → return Scaffold()

화면을 채우는 Scaffold가 몇 단계 뒤에 나타난 이유는, **23**에서 새로운 위젯인 StatefulWidget이 등장하기 때문입니다. 이전 챕터에서는 StatelessWidget만 다루었는데, 이번 챕터에서는 프로그램이 사용자와 상호작용하고 변동되는 정보를 저장하며 화면의 출력 내용을 업데이트하는 동적인 작업을 하기 위해서 StatefulWidget을 도입합니다. 사용자와 상호작용이 없고 미리 만들어진 고정적인 정보만 보여주는 StatelessWidget과는 다른 위젯입니다.

StatefulWidget으로 만드는 프로그램의 구조에는 일종의 공식이 있습니다. StatefulWidget은 프로그램의 변경 가능한 "상태(state)"를 가지는 State 위젯을 만들어서 사용합니다. 여기서 상태는 위젯이 프로그램 속에서 존재하는(life-cycle) 동안 변경될 수 있고 위젯이 화면 출력 작업을 하는 build() 메서드에 의해서 동기적으로 읽을 수 있는 정보입니다.

조금 쉽게 설명하면, StatefulWidget의 이름에 Stateful 단어가 있지만 실제 StatefulWidget 클래스의 객체는 변경할 수 없습니다. 프로그램 실행 동안 바뀌는 값은 StatefulWidget 자체에 저장하는 것이 아니고, StatefulWidget이 만드는 State 위젯에 저장하는 겁니다. State 위젯을 생성(create)하는 것이 StatefulWidget의 역할입니다. 변경되는 정보 자체는 StatefulWidget이 만드는 State 위젯의 내용입니다.

이를 위해서 개발자는 StatefulWidget의 createState() 메서드를 오버라이드해야 합니다. 메서드의 이름이 "상태(state)를 생성(create)하라"이듯이, StatefulWidget의 createState() 메서드를 통해서 프로그램 안에서 변경되는 정보를 관리할 State 위젯을 만듭니다.

State 위젯은 변경되는 정보를 저장할 변수를 정의하고, 변수가 화면에 표시될 때의 모습을 구성하는 build() 메서드를 정의합니다. 결국 소스 코드에서 보겠지만, build() 메서드가 Scaffold 위젯을 만드는 작업을 합니다. 생각해 보면 이전 챕터에서도 StatelessWidget의 build() 메서드에서 Scaffold 위젯을 만들었습니다.

여기서 미리 언급하고 넘어갈 사항이 있습니다. 이전 챕터의 StatelessWidget에서는 build() 메서드가 StatelessWidget 안에 있었습니다. 그런데 StatefulWidget을 사용하는 경우에는 build() 메서드가 StatefulWidget이 아닌 State 위젯에 있다고 했습니다. 의아할 수 있는데, build() 메서드가 화면 출력을 만드는 역할을 했다는 점을 기억한다면 이해하는데 문제없을 겁니다. StatefulWidget 입장에서 화면에 출력할 가장 중요한 정보는 '업데이트 되는 정보'입니다. 그런데 이 정보는 StatefulWidget이 생성하는 State 위젯이 가지고 있습니다. 그렇기 때문에 build() 메서드는 StatefulWidget이 아닌 State 위젯 안에서 정의됩니다. 또 언급할 사항이 있습니다. State 위젯은 업데이트 되는 정보를 가지고 있고, 이 정보를 화면에 출력하는 build() 메서드도 가지고 있습니다. 그러나 정보가 업데이트된다고 해서 무조건 화면을 업데이트하지는 않습니다. 언제 화면을 업데이트할지는 결국 개발자가 결정해야 하는데, 이를 위해서 개발자는 State 위젯 안에서 setState() 메서드를 만들어야 합니다. 즉 State 위젯에서 관리하는 정보가 바뀌고 State 위젯의 setState() 메서드를 호출해야 화면의 업데이트 작업을 개시하라는 명령을 하게 됩니다. 이 명령에 따라서 State 위젯의 build() 메서드가 실행되는 구조입니다.

StatefulWidget과 State 위젯의 공식을 말로만 하면 이해가 어려울 수 있으니, 실행되지 않지만 이해를 돕고자 작성한 임시 코드와 함께 설명하도록 하겠습니다. 중요한 내용이기에 다시 한 번 다른 방법으로 설명한다고 이해하면 되겠습니다.

```
class MyStatefulWidget extends StatefulWidget {
  const MyStatefulWidget({
    Key? key,
    this.x = value_of_x,
  }) : super(key : key);

  final X x;

  @override
  State<MyStatefulWidget> createState() => _MyState();
}

class _MyState extends state<MyStatefulWidget> {
```

```
  Y _y;

  void changeMyState() {
    setState(() { _y = value_of_y; });
  }

  @override
  Widget build(BuildContext context) {
    return CredentialsContainer(
      Z: widget.x,
      V: SomeFunction( _y),
    )
  }
}
```

StatefulWidget를 extends한 MyStatefulWidget 클래스가 있고, State를 extends한 _MyState 클래스가 있습니다. 지금까지의 설명을 잘 읽었다면 다음의 동작을 유추할 수 있습니다.

① MyStatefulWidget이 _MyState을 생성하겠지

② _MyState는 변하는 정보를 저장하겠지

③ _MyState는 변하는 정보를 화면에 출력하는 방법을 가지고 있겠지

④ _MyState는 변하는 정보가 언제 출력될지를 결정하는 방법을 가지고 있겠지

결론부터 이야기하면, 맞습니다. _MyState를 생성하기 위해서 MyStatefulWidget 안에는 createState() 메서드가 오버라이드되어 있고 실제로 _MyState 객체를 생성합니다. ②를 위해서, _MyState 클래스 안에는 변수 _y가 있고, changeMyState() 메서드에서 이 값을 변경하는 작업을 합니다. ③을 위해서 _MyState 안에는 build() 메서드가 오버라이드 되어 있고, 메서드 안을 보면 _y 값을 출력 용도로 사용하고 있습니다. 그리고 ④를 위해서 _MyState 클래스의 메서드인 changeMyState() 메서드가 setState()를 호출하고 있습니다.

Counter 프로그램의 소스 코드도 이 공식에 따라서 개발이 되어 있으니, 임시 코드를 한 줄씩 이해해 보도록 합시다. MyStatefulWidget이라는 이름으로 StatefulWidget을 확장한 클래스가 정의되어 있습니다.

StatefulWidget을 확장한 클래스는 3가지 요소를 갖습니다.

```
const MyStatefulWidget({
  Key? key,
  this.x = value_of_x,
}) : super(key : key);
```

첫 번째 요소는 생성자입니다. MyStatefulWidget 생성자의 입력 파라미터를 살펴볼 필요가 있습니다. 먼저 Key 타입의 입력 파라미터가 정의는 되어 있지만, 이 값을 개발자가 직접 부여할 일은 없습니다. 이 값은 프로그램 내부적으로 만들어지는 객체들의 고유 식별자입니다. Flutter는 성능 개선을 위해서 반드시 새롭게 만들어져야 하는 정보만 새로 만들고, 그렇지 않으면 기존에 만들어진 정보들을 최대한 재사용합니다. 이를 위해서 각각의 객체들(혹은 프로그램을 구성하는 요소들)을 구별하고자 고유한 식별자를 부여합니다. 개발자가 직접 성능 개선을 추구하는 단계에 도달할 때까지는 Key 값을 깊게 파고들지는 않을 겁니다. Key에 대해서 조금 더 알고 싶다면 위에서 표시한 Widget 동작 개요 공식 사이트를 방문하는 것을 권합니다.

MyStatefulWidget 생성자의 두 번째 입력 파라미터는 this.x인데, 생성자를 통해서 받은 입력 파라미터를 활용해서 내부의 값을 설정하는 일반적인 절차입니다. 코드에서는 MyStatefulWidget가 가지고 있는 final X x의 값을 생성자를 통해서 설정합니다. StatefulWidget도 상수 혹은 final 타입의 값을 가질 수 있으니 이들 값을 설정하는 용도입니다.

```
final X x;
```

두 번째 요소는 StatefulWidget 클래스를 확장한 MyStatefulWidget 클래스가 자체적으로 저장하고 싶은 정보입니다. 임시 코드에서는 final X x가 여기에 해당합니다. 이 정보는 첫 번째 요소인 MyStatefulWidget 생성자를 통해서 초기화하는 것이 일반적이며, 필요하다면 MyStatefulWidget 클래스 안에서 상수 값으로 초기화하거나 final 변수의 값으로 초기화하면 됩니다. 자칫 StatefulWidget이라는 이름 때문에 혼란을 겪을 수 있는데, 강조하지만 이 요소는 '사용자와 상호작용하여 변동 가능한 값'이 아닙니다. MyStatefulWidget 클래스 안에서 정의하는 정보는 final이나 const로 선언되며, 프로그램이 실행 중인 동안 동적으로 변동되지 않습니다. 일반적으로 프로그램 전체에서 동일하게 요청하는 문자열, 색상 등의 정보를 저장합니다. 첫 번째 요소인 생성자를 통해서 특정 값으로 정해지면, 프로그램 종료시까지 같은 값을 유지합니다. Counter 프로그램의 소스 코드에서는 AppBar의 title 이름을 저장합니다. AppBar의 title 이름을 MyStatefulWidget의 생성자 호출시에 받아 이를 x에 한번 저장한 후, 프로그램의 종료 시까지 유지하게 됩니다.

```
@override
State<MyStatefulWidget> createState() => _MyState();
```

세 번째 요소는 createState() 메서드의 오버라이드 작업입니다. 바로 이 부분이 '사용자와 상호작용하여 동적으로 변경되는 값'과 '동적으로 변경되는 값으로 인해서 필요한 화면의 업데이트 작업'을 하는 State 위젯을 만들게 됩니다. 이때 createState() 메서드가 리턴하는 State 위젯은 이미 형태가 정해져 있는데, "MyStatefulWidget의 State"라는 의미에서 State〈MyStatefulWidget〉 타입이어야 합니다.

MyStatefulWidget은 State 위젯을 생성하기 위한 관문 역할을 합니다. State 위젯은 별도의 클래스로 정의되며, State〈MyStatefulWidget〉를 확장하여 정의합니다.

State 클래스를 확장해서 만들어지는 클래스는 4가지 요소를 갖습니다.

```
Y _y;
```

첫 번째 요소는 사용자와의 상호작용을 통해서(혹은 프로그램의 내부적인 계산 작업을 통해서) 동적으로 변동되는 값을 저장하는 변수 영역입니다. 소스코드에서 Y _y 라고 표시한 내용이며, 네 요소 중 가장 중요합니다.

```
void changeMyState() {
  setState(() { _y = value_of_y; });
}
```

두 번째 요소는 첫 번째 요소인 변수를 실제로 변경하는 영역입니다. changeMyState()라는 이름을 쓴 것과 같이 _MyState 클래스 안의 어딘가에서 값이 변하는 부분이 있습니다. 이 경우에 가장 중요한 코드는 setState() 메서드를 호출하는 코드입니다. 실제 y 값을 변경하는 코드를 setState() 메서드의 입력 파라미터로 전달하여 호출하면 이 객체의 내부 상태가 변경되어 화면을 업데이트할 필요가 발생했음을 Flutter 프레임워크에게 알리는 역할을 합니다. 따라서 State 객체의 내부 상태가 변경되어 화면의 업데이트를 요구해야 하는 경우, setState() 메서드의 입력 파라미터로 정의하는 함수에서 상태 값을 변경합니다. 여기서 한 가지 사항을 강조하자면 setState() 메서드 안에서는 화면에 영향을 주는 변수의 값만 변경하도록 합니다. setState() 메서드의 역할은 화면에 영향을 주는 변수가 바뀐 것을 Flutter 프레임워크에게 알리는 것이지, 이 메서드 안에서 프로그램이 수행해야 하는 계산을 하지는 말라는 의미입니다. 이렇게 하는 데에는 여러 이유가 있지만, setState() 함수는 동기 방식으로 동작하므로 이 안에서 계산을 하면 자칫 성능 저하의 원인이 될 수 있기 때문입니다.

```
@override
Widget build(BuildContext context) {
  return CredentialsContainer(
```

세 번째 요소는 build() 메서드와 이 메서드의 오버라이드 작업입니다. 이 메서드의 역할과 의미는 이전 챕터의 설명과 동일합니다. 즉, 변경된 상태 정보로 인한 화면의 변화를 계산하고 화면을 다시 만드는 작업을 합니다.

한 가지 보충 설명을 하겠습니다. setState() 메서드를 호출하면 StatefulWidget.createState()로 만들어진 State들 중 사용자에게 보여지는 부분의 변경이 필요한지 확인하는 과정이 먼저 이루어집니다. 화면 변경이 필요한 경우, Flutter 프레임워크에게 'build() 메서드'를 실행할 수 있도록 예약하는 역할이 setState()의 역할입니다. StatelessWidget의 경우는 사용자에게 전달하는 정보가 바뀌지 않으니 setState()와 같은 메서드가 없었습니다. 하지만 StatefulWidget에서는 동적으로 변하는 값이 있어 사용자에게 보여지는 화면을 '다시 그려서' 보여줘야할 필요가 있습니다. 정보가 바뀌면 화면을 다시 그려 달라는 의미에서 setState() 메서드를 필요한 곳에서 호출하는 겁니다. 그러면 build() 메서드가 호출되어 필요한 부분의 화면을 다시 그리게 됩니다. 만일 setState()를 호출하지 않고 State에 해당하는 변수 값만 변경하면 Flutter 프레임워크가 build() 작업을 예약하지 않아 변경점이 반영되어야 하는 화면이 업데이트되지 않을 수 있습니다.

```
final X x,

Widget build(BuildContext context) {
  return CredentialsContainer(
    Z: widget.x,
    V: SomeFunction( _y),
  )
}
```

네 번째 요소는 MyStatefulWidget이 만든 State 위젯이 반대로 MyStatefulWidget의 정보를 접근하는 방법입니다. State〈MyStatefulWidget〉 클래스를 확장한 _MyState 객체가 MyStatefulWidget 클래스 객체 안의 정보를 접근하는 방법이 필요한 경우가 있습니다. 설명을 위해서 MyStatefulWidget 클래스에 final X x를 정의했습니다. 복잡한 방법은 아닙니다. _MyState build() 메서드 안의 widget.x처럼 "widget." 접두사를 사용하면 State 위젯에서 StatefulWidget의 정보에 접근할 수 있습니다. State〈〉 클래스가 MyStatefulWidget를 기반으로 만들어진 클래스이기에, 당연히 x에 해당하는 정보가 있습니다. State 클래스의 객체는 MyStatefulWidget 객체의 정보를 widget이라 불리는 프로퍼티에 저장합니다. 따라서 MyStatefulWidget에 해당하는 객체의 정보는 widget.{MyStatefulWidget 객체의 상수(혹은 final의) 이름}의 문법으로 접근 가능합니다.

StatefulWidget과 State 위젯의 관계, 그리고 State 위젯 안의 setState() 메서드와 build() 메서드의 의미를 설명하였습니다. 어려울 수 있어 개발자 입장에서 프로그래밍하는데 지장이 없을 수준의 설명만 하였습니다. 일단 소스 코드를 이해할 수 있는 수준으로 설명하였다고 보면 됩니다. 사실 이 부분에 대한 내용은 매우 복잡하고 심오한 내용으로, 추후 개발자의 실력과 경험이 증가하면 반복해서 읽으며 이해해야 하는 내용입니다. 다음의 StatefulWidget와 State의 공식 사이트를 방문하면 Flutter가 내부적으로 어떻게 동작하는지에 관한 매우 상세한 정보를 얻을 수 있습니다.

StatefulWidget 공식 사이트 : https://api.flutter.dev/flutter/widgets/StatefulWidget-class.html
State 공식 사이트 : https://api.flutter.dev/flutter/widgets/State-class.html
Widget 동작 개요 공식 사이트 : https://docs.flutter.dev/development/ui/widgets-intro

이제 다시 소스 코드로 돌아와서 설명을 이어 가겠습니다.

```
23  class MyHomePage extends StatefulWidget {
24    final String title;
25
26    const MyHomePage({
27      Key? key,
28      required this.title,
29    }) : super(key : key);
30
31    @override
32    State<MyHomePage> createState() => _MyHomePageState();
33  }
34
```

StatefulWidget 클래스를 확장한 MyHomePage 클래스가 정의되어 있습니다. 그리고 앞서 설명한 3가지 요소를 포함하고 있습니다.

26~**29** MyHomePage 클래스의 첫 번째 요소인 생성자는 이 프로그램이 실행될 때 화면 맨 위의 AppBar에 표시할 문자열을 전달받습니다. 실제 이 값은 StatetelessWidget의 home을 정의한 **18**에서, MyHomePage 생성자를 호출하면서 'Flutter Demo Home Page'로 설정하였습니다. 그리고 이후 MyHomePage 클래스가 createState() 메서드로 생성할 _MyHomePageState 클래스의 build() 메서드에서 AppBar에 출력하는 용도로 사용됩니다.

24 두 번째 요소는 title 변수입니다. 앞서 첫 번째 요소인 생성자의 입력 파라미터를 받아서 내부적으로 저장하는 용도입니다. StatefulWidget이 저장하는 값은 상수 혹은 final 타입이라고 했습니다. title 변수도 final 타입인 것을 볼 수 있습니다.

32 세 번째 요소는 createState() 메서드의 오버라이드 작업입니다. 앞으로 정의할 State〈MyHomePage〉 클래스를 확장한 _MyHomePageState 객체의 생성자를 호출하고 있습니다. State〈MyHomePage〉 클래스의 객체를 리턴받게 되고 State〈MyHomePage〉 클래스의 객체 안에서 동적으로 변하는 값의 정의와 변경, 그리고 화면 변경 기능을 수행합니다.

StatefulWidget이 동적으로 변하는 값을 저장하는 State 클래스는 35~71에 정의되어 있습니다.

```
35  class _MyHomePageState extends state<MyHomePage> {
```

```
71  }
```

35 앞서 정의한 StatefulWidget 클래스의 상태(state) 정보를 저장한다는 의미에서, State〈MyHomePage〉 클래스를 base 클래스로 하는 _MyHomePageState 클래스를 정의하고 있습니다.

71 _MyHomePageState 정의가 종료됩니다.

_MyHomePageState 클래스도 앞서 설명한 4가지 요소를 포함하고 있습니다.

```
36    int _counter = 0;
37
```

36 첫 번째 요소는 동적인 정보를 저장하는 변수의 정의입니다. _counter 변수입니다. 이 변수는 처음에는 초깃값인 0을 출력합니다. 그리고 화면 오른쪽 밑의 "+" 기호의 단추를 클릭하면 1씩 증가합니다.

```
38    void _incrementCounter() {
39      setState(() {
40        _counter++;
41      });
42    }
43
```

38~42 두 번째 요소는 _counter 변수의 값을 1씩 증가시키는 _incrementCounter() 메서드입니다. setState() 메서드의 입력 파라미터로 전달하는 함수가 () { _counter++; } 형태로 _counter의 값을 1만큼 증가시킵니다. 그렇다면 이 함수는 언제 실행이 되는 걸까요? 잠시 후 build() 메서드 설명에서 다루도록 하겠습니다. 미리 간단히 이야기하면 화면의 "+" 버튼은 FloatingActionButton 위젯인데, 이 위젯이 눌리면 onPressed 설정에 따라서 _incrementCounter() 메서드를 호출합니다. 이로 인해서 "+" 단추를 누르면 _counter 값이 하나씩 증가합니다.

```
44    @override
45    Widget build(BuildContext context) {
46      return Scaffold(
47        appBar: AppBar(
48          title: Text(widget.title),
49        ),
50        body: Center(
51          child: Column(
52            mainAxisAlignment: MainAxisAlignment.center,
53            children: [
54              const Text(
55                'You have pushed the button this many times:',
56              ),
57              Text(
58                '$_counter',
59                style: Theme.of(context).textTheme.headline4,
60              ),
61            ],
62          ),
63        ),
64        floatingActionButton: FloatingActionButton(
65          onPressed: _incrementCounter,
66          tooltip: 'Increment',
67          child: const Icon(Icons.add),
68        ),
69      );
70    }
71  }
```

44~**71** 세 번째 요소는 State 클래스의 build() 메서드입니다. 이 메서드의 의미는 앞서 나온 StatelessWidget의 build() 메서드와 동일합니다. 즉, 출력 내용에 맞춰서 화면을 그리는 기능입니다.

46 이전 챕터에서 등장했던 Scaffold 위젯을 볼 수 있습니다. Scaffold 위젯을 생성하면서 3가지 항목을 설정하고 있습니다.

47~**49** 첫 번째 항목은 이전 챕터에서도 등장한 appBar입니다. 앞서 설명한 StatefulWidget인 MyHomePage의 title 값을 사용하여 화면 상단에 'Flutter Demo Home Page' 문자열을 출력합니다. 이때 State 위젯이 StatefulWidget의 값에 접근하는 방식이기에, "widget." 접두사를 사용했습니다.

50 두 번째 항목도 이전 챕터에서 등장했던 body입니다. 현재 Center 위젯으로 설정했습니다. 화면 정중앙에 뭔가 출력한다는 의미로 이미 사용해 본 위젯입니다.

51~**52** 그런데 이 위젯의 child 프로퍼티를 보면, 또 다시 여러 번 사용한 Column 위젯이 등장합니다. 그리고 Column 위젯의 콘텐츠를 mainAxisAlignment로 정렬하여 center에 위치시킵니다.

53 그리고 children의 내용을 보면, 2개의 Text 위젯을 출력하는 것을 볼 수 있습니다.

54~**56** 바뀌지 않는 안내 문구입니다.

57 두 번째 Text 위젯을 정의합니다.

58 출력하는 값이 동적으로 변하는 _counter 변수의 값이 있습니다.

59 좀 더 강조를 하고자 headline4의 형태인 헤드라인 형태로 정의한 모습입니다. 미리 보는 수행 결과에서 _counter 변수의 값이 상대적으로 큰 크기로 출력된 이유입니다.

64 마지막으로 세 번째 항목인 floatingActionButton이 FloatingActionButton 위젯으로 설정되어 있습니다. 화면 맨 아래 마치 풍선처럼 떠 있는 버튼을 Scaffold 클래스의 객체에 등록한 것입니다. 이 객체에 3가지 프로퍼티를 설정했는데, onPressed는 이 버튼이 마우스 등으로 클릭을 받으면 실행되는 함수 혹은 메서드를 설정하는 부분입니다. tooltip은 마우스가 이 버튼위로 이동하게 되면 팝업으로 표시할 문자열입니다. 마우스를 "+" 버튼 위로 올리면 이 글자가 출력됩니다. 마지막으로 child는 버튼에 추가할 내용에 해당하는 위젯입니다. 원래 FloatingActionButton 위젯은 단순한 형태의 둥근 원입니다. 여기에 더하기 기호에 해당하는 아이콘을 추가했습니다.

48 네 번째 요소는 widget.title입니다. 이미 build() 메서드의 설명해서 언급한 것처럼, StatefulWidget인 MyHomePage의 title 값을 사용하여 화면 상단에 'Flutter Demo Home Page' 문자열을 출력하게 됩니다. 이때 State 위젯이 StatefulWidget의 값에 접근하는 방식이기에 "widget." 접두사를 사용합니다.

핵심 요약

이번 챕터를 시작하면서 이야기했지만, Flutter와 DartPad에서 가장 기본적으로 제공하는 소스 코드인 Counter 프로그램은 생각보다 많은 것을 담고 있습니다. 특히 StatelessWidget과 StatefulWidget을 모두 포함하는 등 기술적인 면에서도 발전된 형태입니다. 그리고 개발용 컴퓨터에서 Flutter 앱 개발을 위한 프로젝트를 생성하면 Flutter 프레임워크가 이 코드를 기본적으로 만들어서 제공하기 때문에, 보통 개발자가 Flutter 앱을 개발하는 최초의 시작 지점 및 기반이 되는 코드입니다. 따라서 이번 챕터의 내용에서 이해가 되지 않는 부분이 없도록 코드를 한 줄 한 줄 복기한 후 다음 챕터로 넘어가도록 합니다.

▶▶ 연습 문제

1. 핵심 내용 복습하기

❶ StatefulWidget 위젯의 공식 사이트를 방문하여 소스 코드에서 사용한 메서드 및 프로퍼티를 확인합니다.

❷ State 위젯의 공식 사이트를 방문하여 소스 코드에서 사용한 메서드 및 프로퍼티를 확인합니다.

2. 예제 코드 수정하기

❶ 소스 코드 16번 줄의 blue를 red, white, purple로 바꿔서 실행하여 색상 변경에 따른 실행 화면의 변화를 확인합니다.

❷ 소스 코드 66번 줄의 tooltip에서 보여주는 문자열을 수정하고 실행 후 결과를 확인합니다.

3. 추가 기능 작성하기

❶ home 영역의 화면에 이전 챕터에서 만들었던 아이콘, 이미지 등을 추가로 포함시키는 코드를 작성하고, 실행 후 결과를 확인합니다.

❷ 변수의 값을 1씩 증가시키는 작업이 아닌 다른 작업을 생각해 보고, 마우스를 클릭하는 경우에 다른 작업의 결과가 화면에 출력되도록 추가 기능을 작성합니다.

CHAPTER. 6

Stateless Widget 활용하기

우리가 배우는 Flutter의 기술 수준이 점점 깊어지고 범위가 넓어지고 있습니다. 이번 챕터에서는 Flutter의 StatelessWidget 기반 화면 구성에 대해서 지금까지 알아본 내용을 다시 한번 확인하고자 합니다. 아울러 몇 가지 새로운 내용을 추가해서 완성도 있는 화면 구성을 해 보도록 합니다.

미리 보는 수행 결과

StatelessWidget을 사용하여 조금 더 의미 있는 프로그램을 만들고자 합니다. 이를 위해서 가상의 프로젝트를 생각해 봅시다. 예를 들어 누군가 Flutter 기술을 더욱 확산시키고 싶어서 Flutter 공식 사이트의 콘텐츠를 보다 쉽게 볼 수 있는 스마트폰 앱을 만든다고 합시다. Flutter 공식 사이트 중 'Flutter on Mobile' 화면의 콘텐츠를 사용하여, 스마트폰 앱 화면 구성을 해 보겠습니다. 주소는 다음과 같습니다.

Flutter on Mobile 공식 사이트 : https://flutter.dev/multi-platform/mobile

사이트에 접속하면, 안드로이드 혹은 iOS 운영체제를 사용하는 스마트폰과 태블릿 컴퓨터를 위한 콘텐츠를 그림 1과 같이 제공하고 있습니다.

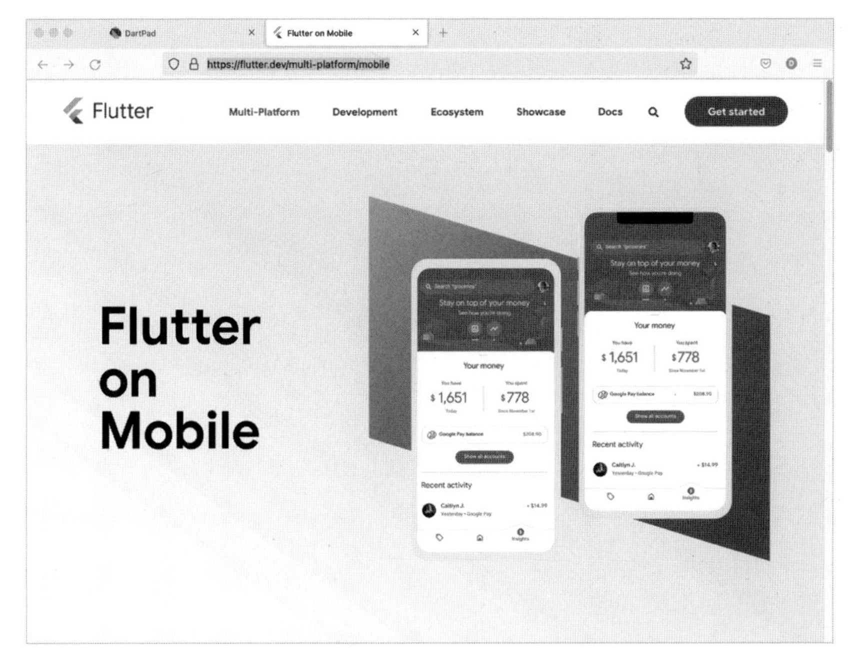

[그림 1] Flutter on Mobile 공식 사이트 화면(출처: https://flutter.dev/)

이 사이트의 이미지와 콘텐츠를 사용하여 모바일 앱의 화면을 구성한다고 가정합니다. 사이트에서 제공하는 정보를 기본으로 모바일 앱으로 정보를 보는 경우에 자주 사용되는 사항을 몇 가지 더하여 그림 2와 같은 모바일 앱 화면을 StatelessWidget을 사용해서 만들어 봅니다.

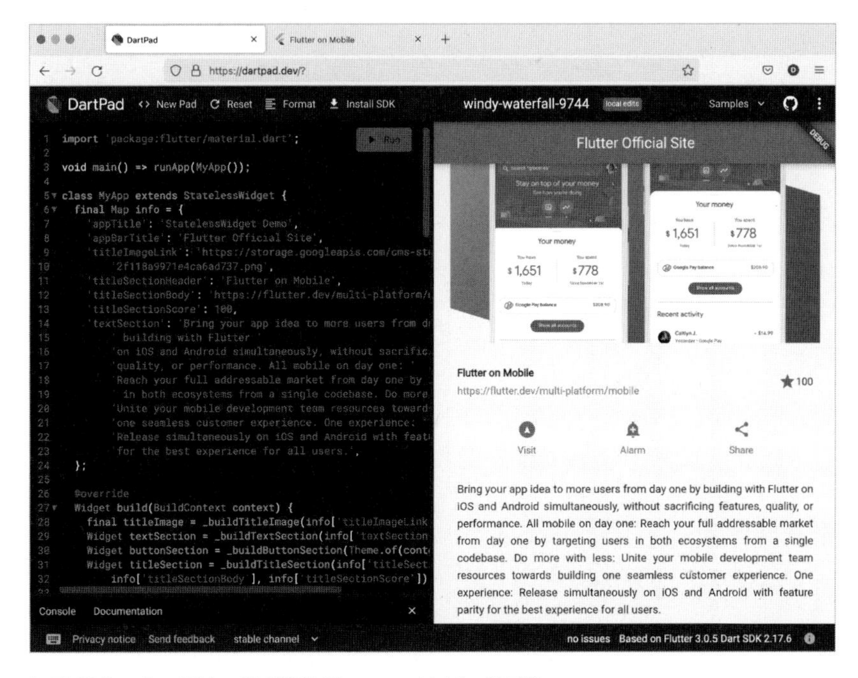

[그림 2] StatelessWidget을 이용한 Flutter on Mobile 앱 개발

나름 자주 사용하는 앱들의 화면과 비교하여도 쓸만한 화면 구성이라고 볼 수 있습니다.

화면 최상단의 텍스트는 Flutter 공식 사이트의 정보를 소개한다는 의미에서 "Flutter Official Site"라고 표시했습니다. 그리고 Flutter 공식 사이트 중 "Flutter on Mobile"에 대한 대표 이미지를 활용했습니다. 그 아래 텍스트란에는 이 사이트의 이름인 "Flutter on Mobile"과 사이트 주소, 그리고 이 정보가 만약 앱 형태로 제공된다면 개발자들의 선호도를 나타낼 수 있도록 '좋아요' 별표와 선호도 숫자를 표시해 보았습니다. 그 아래에는 공식 사이트를 직접 방문할 수 있도록 하는 'Visit' 버튼, 신규 정보 업데이트시 앱이 알려주도록 하는 'Alarm' 버튼과 사이트에 대한 정보를 타인과 공유하는 'Share' 버튼을 아이콘과 설명 제목으로 나타냈습니다. 마지막으로 'Flutter on Mobile' 사이트에서 설명하는 대표 내용들을 볼 수 있도록 하였습니다. 가상의 화면이지만 Flutter의 공식 사이트를 앱으로 개발한다면 이런 모습이 될 것입니다. 이렇게 StatelessWidget을 사용하여 제대로 된 화면 구성을 해 보았습니다. 앞으로 이런 스타일의 화면을 구성하고 싶다면 이번 챕터의 코드를 잘 살펴보기 바랍니다.

소스 코드 설명

수행 결과를 보면 지금까지의 수행 결과 대비 나름 완성도를 높였습니다. 하지만 실제 소스 코드를 살펴보면 대부분은 지금까지 다룬 내용들을 활용하고 있고 새로운 내용은 극히 일부일 뿐입니다. 따라서 이번 챕터에서는 지금까지 제대로 학습을 했는지 복습하는 의미에서 소스 코드 라인별 설명은 줄이고 전체적인 개요만 설명하겠습니다. 그리고 새롭게 등장한 내용을 중심으로 설명하겠습니다.

코드를 설명하기 전에 언급하고 싶은 부분이 있습니다. 이미 사용해 본 Image, Column, Text 위젯들이 재등장했는데, 이 위젯들의 프로퍼티 중 설명하지 않았던 것들이 이번 챕터에서 사용되고 있다는 점입니다. Image.fit, Column.crossAxisAlignment, Text.softWrap 등입니다. 각 위젯의 공식 사이트를 찾아가서 해당 프로퍼티의 설명을 찾아보도록 합니다.

```
1  import 'package:flutter/material.dart';
2
3  void main() => runApp(MyApp());
4
```

1 Material Design 패키지를 import합니다.

3 main 함수 부분입니다.

그 다음에는 StatelessWidget을 확장한 MyApp이 정의되어 있습니다. MyApp의 코드는 두 부분으로 나뉘어지는데, 첫 번째 부분은 데이터 부분입니다.

```
5  class MyApp extends StatelessWidget {
6    final Map info = {
7      'appTitle': 'StatelessWidget Demo',
8      'appBarTitle': 'Flutter Official Site',
9      'titleImageLink':
10       'https://storage.googleapis.com/cms-storage-bucket/'
11       '2f118a9971e4ca6ad737.png',
12     'titleSectionHeader': 'Flutter on Mobile',
13     'titleSectionBody': 'https://flutter.dev/multi-platform/mobile',
14     'titleSectionScore': 100,
15     'textSection': 'Bring your app idea to more users from day one by'
16       ' building with Flutter '
17       'on iOS and Adnroid simultaneously, without sacrificing features, '
18       'quality, or performance. All mobile on day one: '
19       'Reach your full addressable market from day one by targeting users'
20       ' in both ecosystems from a single codebase. Do more with less: '
21       'Unite your mobile development team resources towards building '
22       'one seamless customer experience. One experience: '
23       'Release simultaneously on iOS and Android with feature parity '
24       'for the best experience for all users.',
25   };
26
```

Map 타입의 info는 모바일 앱에서 화면을 구성하기 위해서 사용할 정보를 저장하고 있습니다. appTitle에는 앱의 이름을, appBarTitle은 AppBar에 표시할 문자열을, titleImageLink에는 미리 보는 수행 결과의 콘텐츠 영역에 나타낸 이미지의 웹 주소를, titleSectionHeader는 이미지 하단의 콘텐츠 이름을, titleSectionBody는 콘텐츠의 기반이 되는 'Flutter on Mobile' 공식 사이트 웹 주소를, titleSectionScore는 개발자들의 선호도 숫자를, 마지막으로 textSection은 'Flutter on Mobile' 공식 사이트에서 제공하는 설명을 포함하도록 했습니다. 그리고 고정된 정보를 사용자에게 제공할 목적이기에 이 Map 타입의 info는 final로 선언해서 한번 설정이 되면 프로그램이 수행되는 동안에는 변경이 불가능하도록 만들었습니다.

MyApp의 코드의 두 번째 부분은 데이터를 화면에 표시하는 형태를 설정하는 build() 메서드입니다.

```
27    @override
28    Widget build(BuildContext context) {
29      final titleImage = _buildTitleImage(info['titleImageLink']);
30      Widget textSection = _buildTextSection(info['textSection']);
31      Widget buttonSection =
32        _buildButtonSection(Theme.of(context).primaryColor);
33      Widget titleSection = _buildTitleSection(info['titleSectionHeader'],
34          info['titleSectionBody'], info['titleSectionScore']);
35
36      return MaterialApp(
37        title: info['appTitle'],
38        home: Scaffold(
39          appBar: AppBar(
40            title: Text(info['appBarTitle']),
41          ),
42          body: ListView(
43            children: [
44              titleImage,
45              titleSection,
46              buttonSection,
47              textSection,
48            ],
49          ),
50        ),
51      );
52    }
53  }
54
```

이전 챕터에서는 Scaffold 위젯의 안에서 모든 코드를 작성했다면, 이번 챕터의 코드에서는 화면을 구성하는 각각의 영역을 별도의 함수로 만들었습니다. 이에 맞추어 각각의 함수들이 만든 결과인 titleImage, titleSection, buttonSection, textSection을 사용하여 MaterialApp의 Scaffold 위젯을 생성하도록 하였습니다. 그리고 이 build() 메서드에서 새로운 내용이 있습니다. 낯설게 느껴질 것으로 예상되는 부분은 크게 두 곳입니다. 하나는 buttonSection을 만드는 **32**에서 사용한 Theme.of(context).primaryColor입니다. 그리고 다른 하나는 Scaffold 위젯의 body를 작성하는데 사용한 **42**의 ListView입니다. 각 기능을 설명하는 공식 사이트 주소는 다음과 같습니다.

Theme 공식 사이트 : https://api.flutter.dev/flutter/material/Theme-class.html
ListView 공식 사이트 : https://api.flutter.dev/flutter/widgets/ListView-class.html

32 Theme.of(context).와 같은 표현은 StatelessWidget의 build() 메서드나 State<> 클래스의 build() 메서드 안에서 종종 볼 수 있습니다. build() 메서드가 호출되면 입력 파라미터로 context가 주어지는데, 이 context는 상위 위젯의 정보가 포함됩니다. 코드에서처럼 Theme.of(context).primaryColor라고 작성하면 현재의 위젯이 속해 있는 상위 위젯의 정보 중 주 색상을 가져옵니다. 이 프로그램에서는 Default 색상을 사용하고 있어 이 경우 primaryColor는 파란색이 됩니다. 미리 보는 수행 결과 중 3개의 아이콘과 제목이 있는 줄의 색상이 파란색인 이유입니다. 수행 결과에서 볼 수 있듯이 AppBar의 색상과 아이콘 및 제목의 색상이 같습니다.

42~**49** ListView 위젯은 Row 위젯처럼 위에서 아래로 항목들을 나열하는데 사용합니다. 하지만 차이가 있습니다. ListView 위젯은 가장 일반적으로 사용되는 스크롤 위젯으로, 마우스나 사용자의 손가락으로 화면을 위와 아래로 이동할 수 있습니다. 즉, 스크롤 방향으로 포함되어 있는 위젯들을 차례대로 표시합니다. 소스 코드의 ListView 안에 총 4개의 위젯이 포함되어 있고, 수행 결과에 AppBar를 제외한 4개의 위젯이 위에서 아래로 나타난 모습을 볼 수 있습니다. 지금은 StatelessWidget으로서 고정된 한 화면을 보여주고 있지만 보통 ListView는 화면이 길어서 한번에 볼 수 없을 만큼의 항목이 있어 상하 방향으로 스크롤하며 항목 중 하나를 선택하는 사용자 인터페이스를 구현하기 위해 많이 사용됩니다. 공식 사이트를 방문하면 그림과 간단한 예제가 제시되어 있으니 시간을 내서 읽어 보기 바랍니다.

```
55  Image _buildTitleImage(String imageName) {
56    return Image.network(
57      imageName,
58      width: 600,
59      height: 240,
60      fit: BoxFit.cover,
61    );
62  }
63
```

콘텐츠 영역에 이미지를 보여주는 _buildTitleImage() 함수는 내부적으로 Image.network() 메서드를 호출하는 작업만을 수행하고 있습니다.

```
64  Container _buildTitleSection(String name, String addr, int count) {
65    return Container(
66      padding: const EdgeInsets.all(32),
67      child: Row(
68        children: [
69          Expanded(
70            child: Column(
71              crossAxisAlignment: CrossAxisAlignment.start,
72              children: [
73                Container(
74                  padding: const EdgeInsets.only(bottom: 8),
75                  child: Text(
76                    name,
77                    style: const TextStyle(
78                      fontWeight: FontWeight.bold
79                    ),
80                  ),
81                ),
82                Text(
83                  addr,
84                  style: TextStyle(
85                    color: Colors.grey[500],
86                  ),
87                ),
88              ],
89            ),
90          ),
91          Icon(
92            Icons.star,
93            color: Colors.red[500],
94          ),
95          Text('$count')
96        ],
97      ),
98    );
99  }
100
```

"Flutter on Mobile"이라는 이름과, 이에 대한 공식 웹 사이트의 주소, 그리고 선호도에 대한 별 표시와 선호도 점수는 _buildTitleSection() 함수에 의해서 만들어집니다. 함수 내부를 보면 Container 속에서 Row와 Column으로 3개의 항목을 묶는 코드를 확인할 수 있습니다.

```
101 Widget _buildButtonSection(Color color) {
102   return Row(
103     mainAxisAlignment: MainAxisAlignment.spaceEvenly,
104     children: [
105       _buildButtonColumn(color, Icons.assistant_navigation, 'Visit'),
106       _buildButtonColumn(color, Icons.add_alert_sharp, 'Alarm'),
107       _buildButtonColumn(color, Icons.share, 'Share'),
108     ],
109   );
110 }
111
```

3개의 아이콘과 제목을 표시하는 _buildButtonSection() 함수가 정의되어 있습니다. Row 위젯을 사용하며 3개의 항목을 포함합니다. 이전 챕터에서 보았듯이 아이콘과 제목을 묶어주는 기능은 자주 활용되므로 _buildButtonColumn() 함수로 분리했고, 여기서 리턴되는 아이콘과 제목을 사용하도록 하였습니다.

```
112 Column _buildButtonColumn(Color color, IconData icon, String label) {
113   return Column(
114     mainAxisSize: MainAxisSize.min,
115     mainAxisAlignment: MainAxisAlignment.center,
116     children: [
117       Icon(icon, color: color),
118       Container(
119         margin: const EdgeInsets.only(top: 8),
120         child: Text(
121           label,
122           style: TextStyle(
123             fontSize: 13,
124             fontWeight: FontWeight.w400,
125             color: color,
126           ),
127         ),
```

```
128          ),
129        ],
130      );
131    }
```

아이콘과 제목을 하나로 묶어주는 _buildButtonColumn() 함수입니다. 아이콘과 제목, 그리고 색상을 입력 파라미터로 받아서 이들을 Column으로 묶습니다.

```
133  Container _buildTextSection(String section) {
134    return Container(
135      padding: const EdgeInsets.all(32),
136      child: Text(
137        section,
138        softWrap: true,
139        textAlign: TextAlign.justify,
140        style: const TextStyle(height: 1.5, fontSize: 15),
141      ),
142    );
143  }
```

마지막으로 화면 아래의 설명문에 해당하는 부분은 _buildTextSection() 함수에 의해서 만들어집니다. Text 위젯에 추가적으로 padding을 주기 위한 Container가 적용되어 있습니다.

핵심 요약

Flutter로 화면 구성을 하는 경우의 두 가지 큰 축인 StatelessWidget과 StatefulWidget 중 Stateless-Widget을 제대로 활용하여 완성도 있는 화면을 구성하는 작업을 하였습니다. 이제 필요한 일은 본인이 만들고 싶은 프로그램을 스케치하고, 이를 채우기 위한 표준 위젯의 유무를 찾아보는 일입니다. 본인이 만들고 싶거나 평소 인상 깊었던 앱이 있었다면, 시간을 내서 한번 만들어 보는 도전을 하길 바랍니다.

▶▶ 연습 문제

1. 핵심 내용 복습하기

❶ 새롭게 등장한 ListView 위젯에 대한 공식 사이트를 방문하고, 설명을 확인합니다.

❷ build() 메서드가 입력 파라미터로 전달받는 context에는 어떤 정보들이 포함되어 있는지 공식 사이트를 방문하고, 설명을 확인합니다.

2. 예제 코드 수정하기

❶ Visit, Alarm, Share 외의 아이콘과 제목을 추가하거나, 혹은 다른 항목으로 변경해 봅니다. 실행 후 결과를 확인합니다.

❷ 화면에 나타난 정보의 글자들에 대해서 폰트, 색상, 크기를 본인이 좋아하는 취향을 반영해서 수정합니다. 실행 후 결과를 확인합니다.

3. 추가 기능 작성하기

❶ Flutter on Mobile 웹 사이트에는 미리 보는 수행 결과에 포함한 내용 외에도 많은 정보가 있습니다. 이들을 소스 코드에 추가해서 내용 면에서 더욱 완성도 있도록 추가로 작성해 봅니다. 실행 후 결과를 확인합니다.

❷ Flutter 공식 사이트에서 Flutter on Mobile 외의 분야를 다루는 페이지를 방문합니다. 그리고 이번 챕터와 유사한 작업을 거쳐서 해당 분야에 맞는 화면을 직접 만들어 봅니다. 실행 후 결과를 확인합니다.

CHAPTER. 7

Stateful Widget 활용하기

StatelessWidget으로 나름 제대로 된 화면 구성을 만들었던 이전 챕터의 프로그램을 StatefulWidget을 활용하여 개선합니다. 단일 페이지로 동작하는 앱을 만드는 경우에는 이번 챕터의 개발 내용이 의미 있는 개발의 시작 지점이 될 수 있습니다.

미리 보는 수행 결과

일단 프로그램의 외관은 그림 1과 같이 이전 챕터의 실행 화면과 동일합니다. 완전히 새로운 프로그램을 만드는 것이 아니고 이전 챕터의 소스 코드에 수정만을 합니다.

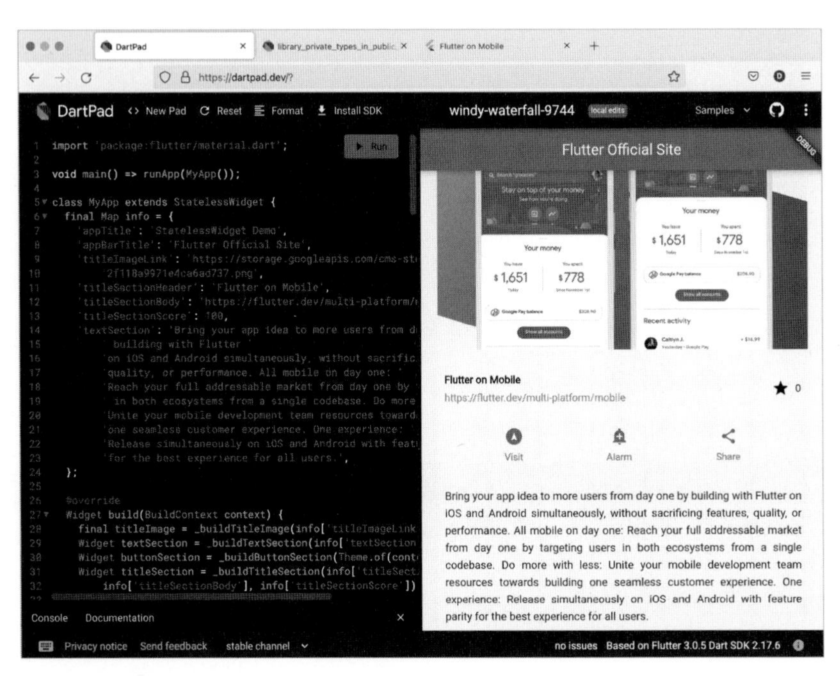

[그림 1] 기본 실행 화면

이전 챕터의 StatelessWidget만 사용한 프로그램과 비교해서 다른 부분은 다음과 같습니다. 첫째로 프로그램 실행 시 별표 오른쪽의 선호도 숫자는 0으로 하고 별표는 검정색으로 시작합니다. 둘째로 별표를 클릭하면 숫자가 1로 바뀌고, 별표는 빨강색이 됩니다. 이렇게 색상과 숫자가 바뀐 상태의 화면은 그림 2와 같습니다. 셋째로 별표를 다시 클릭하면 숫자는 다시 0으로 바뀌고, 별표는 다시 검은색으로 변경됩니다.

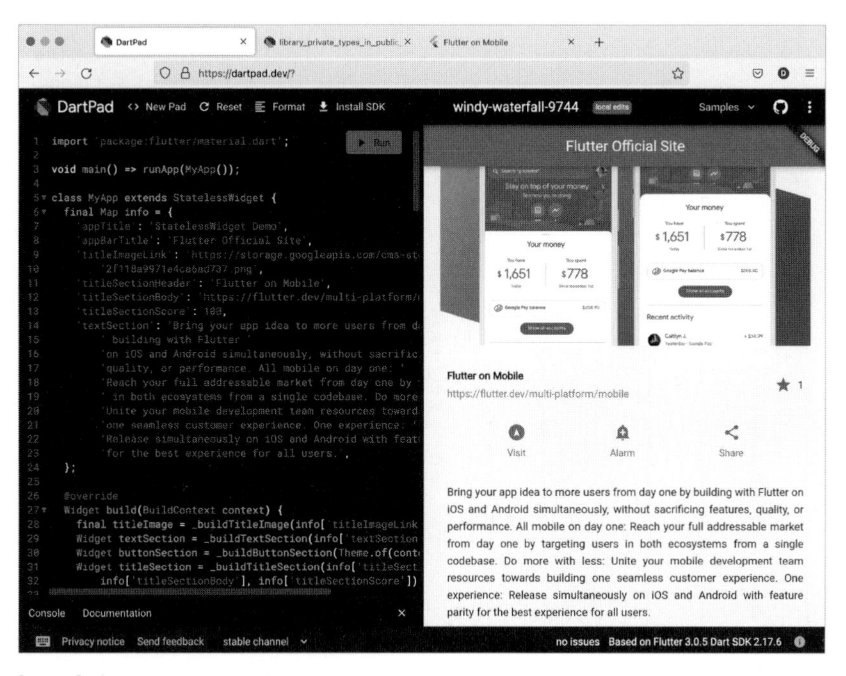

[그림 2] StatefulWidget을 적용한 실행 화면

지금까지는 제시한 요구 사항에 맞추어 프로그램을 개발해 본 적이 없었습니다. 이번 챕터에서는 연습 문제를 해결하는 마음으로 직접 개발해 봅시다. Volume.E 5장의 Counter 프로그램에서 등장했던 소스 코드의 FloatingActionButton 내용을 참고하는 것도 좋은 접근 방법입니다. 이전 챕터인 Volume.E 6장의 소스 코드를 DartPad에 복사한 후, 앞서 언급한 차이점을 StatefulWidget과 State 위젯으로 구현해 봅니다. 실행 결과가 제대로 나온 뒤 소스 코드 설명을 읽어 주세요.

소스 코드 설명

일단 이전 챕터인 Volume.E 6장의 소스 코드를 그대로 복사한 후 시작합니다. _buildTitleSection() 함수에서 기존의 아이콘과 제목을 고정적으로 보여주는 부분을 변경 가능한 동적인 형태로 바꾸었습니다.

```
Container _buildTitleSection(String name, String addr, int count) {
  return Container(
    padding: const EdgeInsets.all(32),
    child: Row(
      children: [
        Expanded(...),
/* old
        Icon(
          Icons.star,
          color: Colors.red[500],
        ),
        Text('$count');
*/
// New #1 : Start
        const Counter(),
// New #1 : End
      ],
    ),
  );
}
```

_buildTitleSection() 함수에서 기존 코드는 /* old … */ 부분입니다. 원래는 미리 수치가 정해진 별표와 숫자를 고정적으로 표시하였습니다. 이 부분을 const Counter(), 코드로 변경했습니다. Counter는 StatefulWidget으로 새롭게 추가한 코드입니다.

이전 챕터 대비 두 번째 수정 사항으로 별표를 클릭하면 별표의 색상을 바꾸고, 선호도의 숫자를 바꾸는 동적 작업(StatefulWidget과 State 위젯)을 새로 추가했습니다. 사용자의 클릭에 반응해서 별표의 색상과 별표 옆의 숫자를 변경하도록 하려면 StatelessWidget만으로는 안됩니다. StatefulWidget이 필요합니다.

```
150 // New #2 : Start
151
152 class Counter extends StatefulWidget {
153   const Counter({
154     Key? key,
155   }) : super(key: key);
```

```
156
157   @override
158   State<Counter> createState() => CounterState();
159 }
160
```

Counter 클래스를 정의하고 있습니다. 당연히 StatefulWidget을 확장해서 정의합니다. 이전 챕터에서 StatefulWidget을 만드는 공식을 이야기했는데, Counter 클래스도 생성자와 createState() 메서드 정의 수준의 간단한 공식에 따라서 만들어졌습니다.

```
161 class CounterState extends State<Counter> {
162   int _counter = 0;
163   bool _boolStatus = false;
164   Color _statusColor = Colors.black;
165
166   void _buttonPressed() {
167     setState(() {
168       if (_boolStatus == true) {
169         _boolStatus = false;
170         _counter--;
171         _statusColor = Colors.black;
172       } else {
173         _boolStatus = true;
174         _counter++;
175         _statusColor = Colors.red;
176       }
177     });
178   }
179
```

State〈Counter〉 클래스를 확장한 CounterState 클래스를 정의하고 있습니다. 먼저 데이터와 버튼 처리 작업을 살펴보겠습니다. CounterState 클래스는 내부적으로 3개의 변수를 가지고 있습니다.

162 _counter 변수는 별표 오른쪽의 숫자에 해당하는 값입니다. 0으로 초기화하였습니다.

163 _boolState 변수는 사용자의 '좋아요' 클릭 여부를 저장하는 플래그 값입니다. 처음에는 누르지 않았기에 false로 초기화하였습니다.

164 _statusColor 변수는 별표의 색상입니다. 처음에는 '좋아요'를 누르지 않은 상태이기에 검정색으로 초기화합니다.

166~178 '좋아요' 버튼 클릭에 반응하는 동적인 변화를 만들어 주는 작업을 한 후, setState() 함수를 호출하기 위한 메서드를 정의하였습니다. 간단하게 색상과 숫자를 '좋아요' 버튼을 클릭할 때마다 반전시키는 기능입니다.

```
180    @override
181    Widget build(BuildContext context) {
182      return Row(
183        children: [
184          IconButton(
185            icon: const Icon(Icons.star),
186            color: _statusColor
187            onPressed: _buttonPressed,
188          ),
189          Text('$_counter'),
190        ],
191      );
192    }
193  }
194
195  // New #2 : End
```

Counter 클래스의 남은 부분은 build() 메서드의 정의 부분 뿐입니다. 이전 챕터에서는 고정적인 별표 모양과 선호도 숫자를 보여주었지만, State 위젯의 build() 메서드를 통해서 수시로 바뀌는 색상과 숫자를 표시하도록 변경했습니다.

187 onPressed를 보면 166에서 만든 _buttnPressed() 함수가 호출되도록 해서 '좋아요' 버튼 클릭 시 반응합니다.

StatefulWidget과 State 위젯은 공식에 맞춰서 정의했고, 기본적인 골격도 Counter 프로그램에서 FloatingActionButton을 사용하여 클릭에 따라 숫자를 증가시킨 코드와 거의 유사합니다.

NOTE

이번 챕터에서 만든 프로그램은 StatelessWidget으로 먼저 모양을 만들고, 여기에 버튼 클릭시 해야 할 동작을 StatefulWidget으로 삽입한 정도입니다. 만약에 프로그램의 궁극적인 목표가 StatefulWidget을 통한 동적인 콘텐츠 제공이라면, 설계부터 달라져야 합니다. 따라서, 지금은 StatelessWidget과 StatefulWidget의 활용 사례 정도로 이해하고 넘어가도록 하겠습니다.

핵심 요약

새로운 문법은 없었습니다.

새로운 위젯도 없었습니다.

해결하려는 문제를 충분히 이해하고 기존 지식을 활용해서 정적인 StatelessWidget 기반 프로그램을 수정하여 사용자의 클릭을 받아 화면에 동적으로 숫자와 색상을 바꾸는 기능을 포함하는 그럴듯한 프로그램으로 만들었습니다.

단일 화면만으로 충분한 프로그램을 만들고 싶다면, 이 소스 코드를 시작으로 하여 화면 구성을 목적에 맞춰 수정하고, 필요한 데이터를 추가하고, 사용자와의 상호작용을 개선하며 만들어 보는 것도 좋습니다.

▶▶ 연습 문제

1. 핵심 내용 복습하기

❶ StatefulWidget과 State 위젯을 사용하는 경우의 공식을 다시 읽어서 복습합니다.

❷ 앞서 학습한 Counter 프로그램의 소스 코드를 다시 읽어 보고 이번 챕터의 프로그램 과의 차이점을 설명합니다.

2. 예제 코드 수정하기

❶ Visit, Alarm, Share 버튼을 클릭하면 아이콘의 색상이 바뀔 수 있도록 수정하고 실행 후 결과를 확인합니다.

❷ 이미지를 클릭하면 Flutter 공식 사이트의 다른 이미지로 바뀌도록 수정하고 실행 후 결과를 확인합니다.

3. 추가 기능 작성하기

❶ StatelessWidget에 있는 콘텐츠의 내용(info 등)을 StatefulWidget과 State 위젯으로 이동하는 형태로 프로그램을 재작성 합니다. 실행 후 결과를 확인합니다.

❷ 이전 챕터의 연습 문제에서 다른 콘텐츠를 보여주는 화면 구성을 작성하도록 했습니다. 해당 화면 구성도 이번 챕터와 동일하게 동적으로 반응하는 좋아요 버튼과 선호도 숫자를 포함하도록 합니다. 실행 후 결과를 확인합니다.

CHAPTER. 8

두고두고 활용할 레퍼런스 프로그램 개발하기

지금까지 Flutter 기반 앱의 기본 구조인 StatelessWidget과 StatefulWidget을 이해하였습니다. 그리고 Flutter를 구성하는 패키지와 위젯들을 이해하고, 만들고자 하는 프로그램에서 필요한 위젯을 찾아서 활용하는 행위의 중요성을 알아보았습니다. Flutter를 다루는 이번 Volume을 마치기 전에, 앞으로 Flutter로 앱을 만들 때 언제든 개발 작업의 시작 프로그램으로 활용할 수 있는 레퍼런스 용도의 소스 코드를 만들고자 합니다. 대부분의 앱에서 자주 접하는 형태의 기본 골격을 만든 후, Volume.E에서 개발한 내용들이 어떻게 활용될 수 있는지 확인합니다.

미리 보는 수행 결과

이번 챕터에서는 소스 코드가 2개 등장합니다. 첫째는 “기본 레퍼런스 프로그램”으로, 모바일 앱이 가지는 공통적인 형태를 구현하여 프로그램 개발 시에 가장 기본이 될 만한 프로그램입니다. 추후 프로그램을 개발할 때 최초로 시작하는 소스 코드를 이 프로그램으로 하면 별다른 문제 없이 시작할 수 있을 겁니다. 둘째는 “통합 프로그램”으로, 기본 레퍼런스 프로그램에 Volume.E에서 개발한 프로그램들을 모두 통합한 프로그램입니다.

수행 결과에서 보여주고자 하는 그림은 9가지입니다. 그림 1부터 그림 3까지는 기본 레퍼런스 프로그램의 스크린샷입니다. 그리고 그림 4부터 그림 9까지는 Volume.E에서 개발한 내용을 기본 레퍼런스 프로그램에 통합한 프로그램의 스크린샷입니다.

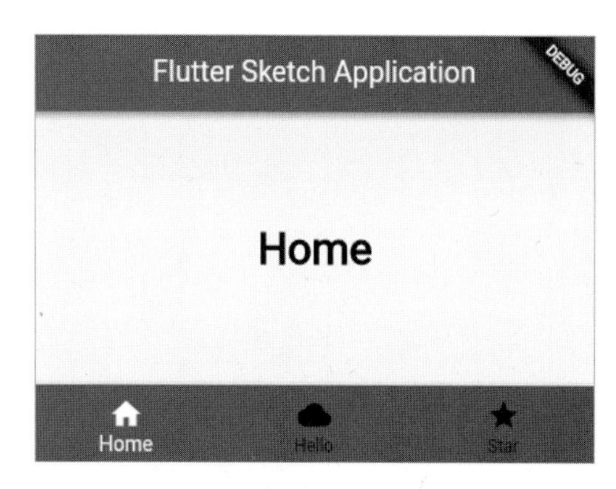

[그림 1] Home 화면 (기본 레퍼런스 프로그램)

기본 레퍼런스 프로그램이 수행된 후 기본 화면입니다. 화면 위쪽에 프로그램 이름이 "Flutter Sketch Application"으로 표시되어 있습니다. 그리고 아래쪽에 메뉴가 세 개 보입니다. 각각 Home, Hello, Star입니다. 현재 Home 화면이기에 Home의 아이콘과 제목은 흰색으로 되어 있습니다. 그리고 화면 중앙의 'Hello, World!'와 유사하게 'Home'이 표시되어 있습니다.

[그림 2] Hello 화면 (기본 레퍼런스 프로그램)

Hello 메뉴를 클릭한 화면입니다. Hello의 아이콘과 제목이 흰색으로 변경되고, Home의 아이콘과 제목은 어두운 색으로 반전되었습니다. 그리고 화면 중앙은 기존의 'Home' 글자에서 'Hello' 글자로 바뀌었습니다.

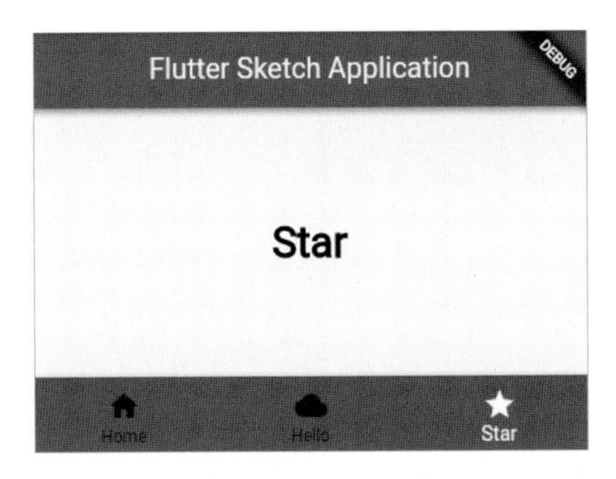

[그림 3] Star 화면 (기본 레퍼런스 프로그램)

Star 메뉴를 클릭한 화면입니다. Star의 아이콘과 제목이 흰색으로 변경되고, Hello의 아이콘과 제목은 어두운 색으로 반전되었습니다. 그리고 화면 중앙은 기존의 'Hello' 글자에서 'Star' 글자로 바뀌었습니다.

기본 레퍼런스 프로그램은 대부분의 앱에서 볼 수 있는 3~4개의 대표 메뉴 화면을 갖는 형태입니다. 그리고 대표 메뉴 화면에 띄운 콘텐츠는 가장 기본적인 형태로, 'Hello, World!'에서 실습한 글자를 출력하는 기능으로 만들어져 있습니다. 가장 기초적인 형태의 레퍼런스 프로그램이라고 할 수 있습니다. 앱 개발을 할 때마다, 일단 이 기본 레퍼런스 프로그램의 소스 코드를 복사한 후 내용을 채워가는 것을 권장합니다.

기본 레퍼런스 프로그램의 콘텐츠 영역을 어떻게 채울지 막막한 독자를 위해서, 3개의 대표 메뉴 화면을 Volume.E에서 다뤘던 내용으로 채워볼까 합니다. 그림 4부터 그림 9는 대표 메뉴 화면을 Volume.E에서 개발한 내용으로 채운 통합 프로그램의 화면들입니다.

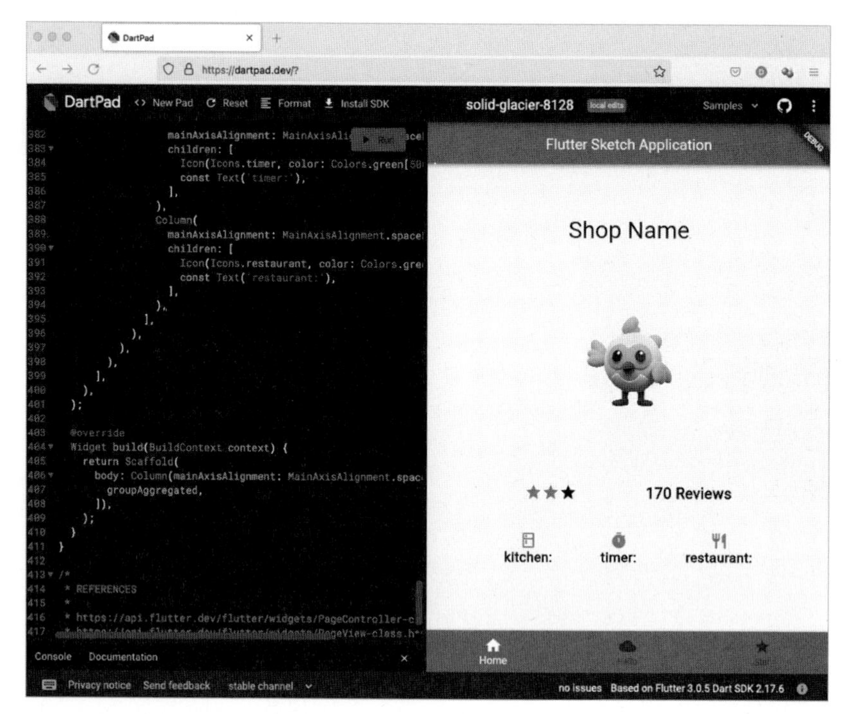

[그림 4] Home 화면 (통합 프로그램)

DartPad에서 통합 프로그램을 개발하고, 실행한 스크린샷입니다. Home 화면을 앞서 만든 가게 소개 화면으로 채웠습니다. 소스 코드에서 설명하겠지만, 이렇게 하기 위해 새롭게 개발해야 하는 내용은 없습니다.

[그림 5] Hello 화면 (통합 프로그램)

Hello 메뉴 화면입니다. 글자가 바뀌긴 했지만, 'Hello, World!' 코드를 그대로 복사한 후 일부만 수정했을 뿐입니다. 수정을 하는 이유는 사용자에게 선택을 통한 입력을 하도록 하는 Alert Dialog 기능을 소개하기 위한 목적입니다. 그래서 'Hello, World!' 글자가 있던 부분이 'Hello, Press Here!'로 바뀌었습니다. 통합 프로그램에서 해당 부분을 수정할 때, 어떤 부분이 어떻게 바뀌는지 보게 됩니다.

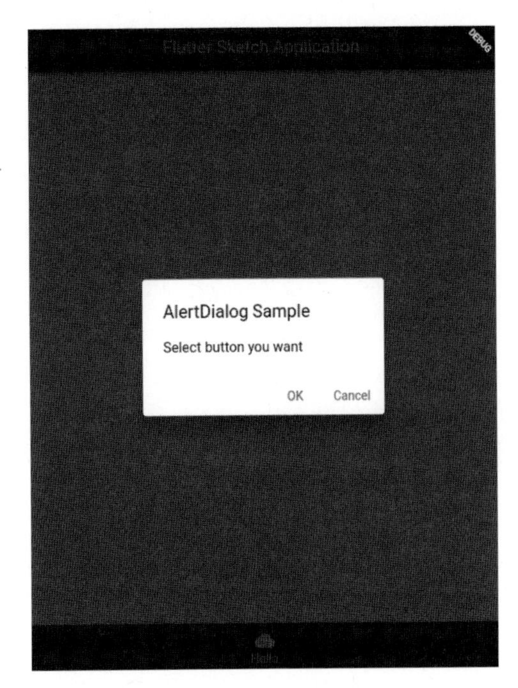

[그림 6] AlertDialog 실행 화면 (통합 프로그램)

'Hello, Press Here!' 문구를 클릭한 경우 나타나는 Flutter의 AlertDialog 실행 화면입니다. 'AlertDialog Sample'이라는 대표 문구가 나타나고, 'Select button you want'라는 작은 글자의 소개 문구를 넣을 수 있습니다. 그리고 사용자가 선택할 수 있는 버튼을 표시할 수 있는데, 지금은 가장 자주 보는 형태에 맞춰서 'OK'와 'Cancel'을 표시했습니다.

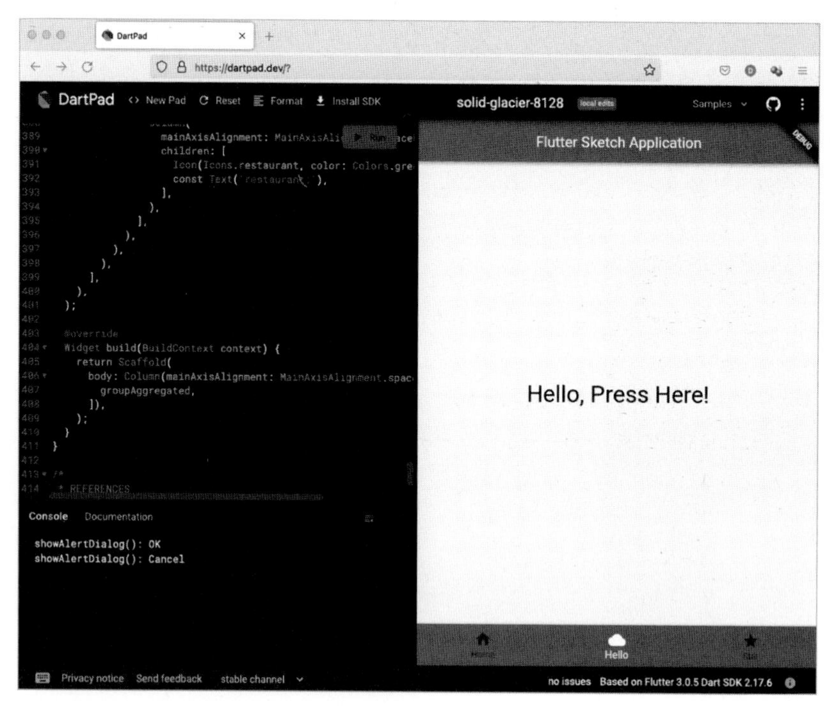

[그림 7] AlertDialog 실행 결과 확인 화면 (통합 프로그램)

AlertDialog를 두 번 실행하여 처음은 OK를 선택하고 그 다음 Cancel을 선택한 후 선택 결과를 DartPad 왼쪽 밑의 Console 화면에 표시했습니다. 가장 대표적인 사용자 입력 방법의 예를 보여주고자 'Hello, World!' 프로그램을 조금 수정하였습니다.

[그림 8] Star 화면 – 비활성화 상태 (통합 프로그램)

'Flutter on Mobile' 개발 내용을 Star 메뉴의 콘텐츠로 통합한 화면입니다. 앞서 개발한 내용에서 추가로 개발한 부분은 없습니다.

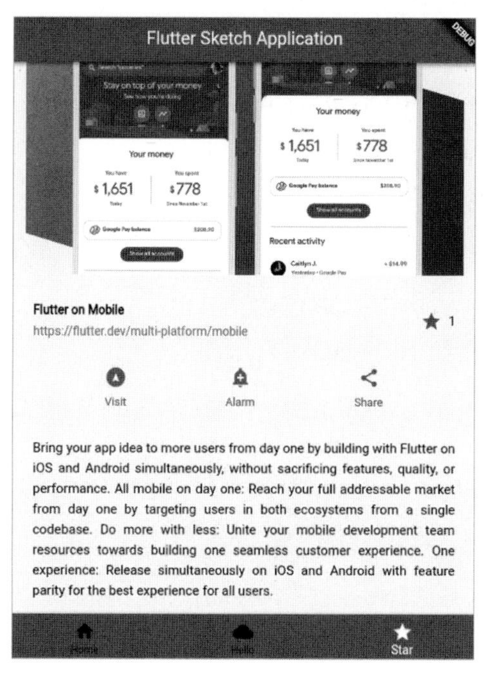

[그림 9] Star 화면 – 활성화 상태 (통합 프로그램)

그림 8의 화면에서 '좋아요'를 의미하는 별표를 클릭하여 활성화한 화면입니다.

소스 코드 설명에서 언급하겠지만, 앞서 개발했던 내용들이 그대로 기본 레퍼런스 프로그램 안으로 들어갔습니다.

소스 코드 설명(코드 1: 기본 레퍼런스 프로그램)

기본 레퍼런스 프로그램의 가장 큰 특징은 화면의 아래 부분에 3개의 대표 메뉴가 있는 점입니다. 대표 메뉴를 선택하면 화면 중앙의 콘텐츠가 대표 메뉴에 맞춰서 채워지는 것을 볼 수 있었습니다. 이 내용이 이번 챕터에서 유일하게 등장하는 새로운 기술입니다. 따라서 소스 코드의 설명은 이 부분을 중심으로 하겠습니다.

```
1   import 'package:flutter/material.dart';
2
1   void main() => runApp(MyApp());
4
```

1 ~ 3 Material Design 패키지를 import하고 main 함수에서 runApp() 함수를 실행합니다.

```
5  class MyApp extends StatelessWidget {
6    final _title = 'Flutter SketchApp';
7
8    @override
9    Widget build(BuildContext context) {
10     return MaterialApp(
11       title: _title,
12       home: const MyStatefulWidget(),
13     );
14   }
15 }
16
```

5 ~ 15 StatelessWidget을 확장한 MyApp 클래스가 작성되어 있습니다. 앱의 이름을 설정하기 위해 MaterialApp의 title을 설정하고, StatefulWidget인 MyStatefulWidget으로 MaterialApp의 home을 설정하고 있습니다.

```
17 class MyStatefulWidget extends StatefulWidget {
18   const MyStatefulWidget({Key? key}) : super(key: key);
19
20   @override
21   State<MyStatefulWidget> createState() => MyStatefulWidgetState();
22 }
23
```

17 ~ 22 StatefulWidget을 확장한 MyStatefulWidget이 작성되어 있습니다. MyStatefulWidgetState의 State 위젯을 createState() 함수로 생성하는 작업만 수행합니다.

```
24 class MyStatefulWidgetState extends State<MyStatefulWidget> {
```

24 State<MyStatefulWidget>을 확장한 MyStatefulWidgetState 코드가 시작합니다.

```
99  }
100
101 /*
```

```
102    * REFERENCES
103    *
104    * https://api.flutter/widgets/PageController-class.html
105    * https://api.flutter/widgets/PageView-class.html
106    * https://api.flutter/widgets/BottomNavigationBarItem-class.html
107    */
```

99 MyStatefulWidgetState의 코드가 종료되는 지점입니다.

104~106 이번 챕터에서 새롭게 등장하는 위젯들을 설명하는 공식 사이트 주소를 적었습니다. 이후의 설명을 보면서 추가로 궁금증이 생기면 해당 공식 사이트를 방문하기 바랍니다.

이제 MyStatefulWidgetState을 자세히 설명하겠습니다.

```
32    static const List<Widget> _widgetOptions = <Widget>[
33      Text(
34        'Home',
35        style: optionStyle,
36      ),
37      Text(
38        'Hello',
39        style: optionStyle,
40      ),
41      Text(
42        'Star',
43        style: optionStyle,
44      ),
45    ];
46
```

32~45 대표 메뉴가 선택된 경우, 화면 중앙의 콘텐츠 영역을 채울 내용을 위젯의 리스트로 만들었습니다. 32의 〈Widget〉[ ]을 보면 위젯을 element로 갖는 리스트임을 알 수 있습니다. 그리고 리스트는 3개의 Text 위젯으로 채워져 있습니다. 각 위젯은 대표 메뉴에 대한 단어 하나를 화면 중앙에서 보여주는 Text 위젯입니다. 이렇게 대표 메뉴의 콘텐츠를 만들었습니다. 코드에서 이 위젯들은 _widgetOptions이라는 이름으로 저장하였습니다.

```
25    final PageController _pageController = PageController();
26
```

25 대표 메뉴를 선택하는 기능을 제공하는 Flutter의 PageController 클래스의 객체를 만듭니다. Flutter의 PageController 클래스는 사용자가 대표 메뉴 중 하나를 선택하면 사용자의 선택을 받은 메뉴에 맞춰서 콘텐츠를 보여주고, 메뉴들의 상태(색상 등)를 변경해주는 기능을 합니다. 개발자가 일일이 메뉴 선택 처리를 하지 않아도 편하게 개발이 가능하도록 도와주는 기능입니다. PageController 클래스의 객체를 만들었으며, _pageController라는 이름으로 저장하였습니다.

```
27    int _selectedIndex = 0;
28
29    static const TextStyle optionStyle =
30        TextStyle(fontSize: 30, fontWeight: FontWeight.bold);
31
```

27 대표 메뉴 중 현재 어떤 메뉴가 선택되어 있는지 저장하는 변수가 필요하여 _selectedIndex라는 이름으로 정수 변수를 만들었고, 프로그램의 최초 실행 시 자동으로 보여지는 기본 화면이 첫 번째 화면이 되도록 0으로 설정했습니다.

29~30 프로그램에서 추가로 필요한 정보가 있어 반영했습니다. 현재는 화면 중앙에 출력하는 단어의 TextStyle을 지정하는 정보가 포함되어 있습니다.

이렇게 해서 기본 준비는 마쳤습니다. 이제 가장 중요한 작업인 State 위젯의 build() 메서드를 작성할 시간입니다. 앱의 화면을 채울 실질적인 작업을 시작합니다.

```
59    @override
60    Widget build(BuildContext context) {
61      return MaterialApp(
62        home: Scaffold(
63          appBar: AppBar(
64            title: const Text('Flutter Sketch Application'),
65          ),
```

60~65 build() 메서드의 시작 부분입니다. 앞서 개발해 온 코드들과 다르지 않습니다. AppBar에서 이번 프로그램의 이름을 나타내도록 합니다.

```
66          body: PageView(
67            controller: _pageController,
```

66 State 위젯의 build() 메서드를 통해서 최종적으로 화면에 보여지는 내용인 body 부분으로 가면 PageView라는 새로운 위젯이 나타납니다. 대표 메뉴를 보여주고, 이 중 선택된 메뉴에 따라 콘텐츠를 보여주는 방식이 워낙 많이 사용되는 방식이기에, 이런 작업을 제공하기 위해 만들어진 전용 위젯입니다. 대표 메뉴 형태로 앱을 개발하면, PageView 위젯의 사용법을 읽고, 이에 맞춰서 코드를 작성하기만 하면 됩니다.

67 PageView의 controller 프로퍼티를 25에서 정의한 _pageController로 설정하였습니다. 이렇게 실질적인 작업을 수행할 PageController 객체를 만들어서 PageView에 설정해줘야 합니다.

```
68            children: <Widget>[
69              Scaffold(
```

68 PageView의 body 프로퍼티를 〈Widget〉[ ]으로 채우기 시작했습니다.

69 현재 Scaffold 위젯 하나만 들어간 상태지만, 여러 개의 위젯이 들어갈 수 있도록 리스트로 정의해 두었습니다. 다음 단계는 코드의 Scaffold 내부를 채우는 일입니다.

```
70                body: Center(
71                  child: _widgetOptions.elementAt(_selectedIndex),
72                ),
```

Scaffold의 body 프로퍼티를 채워 사용자가 선택한 대표 메뉴의 콘텐츠를 화면에 보여주는 기능입니다.

70 화면 중앙에 위젯을 보여주는 Center가 있습니다.

71 child를 보면 앞서 32에서 작성한 대표 메뉴에 맞춰서 단어 하나를 보여주는 콘텐츠인 _widgetOptions이 있습니다. 그리고 elementAt 메서드를 사용해서 _widgetOptions 리스트 중 하나를 보여줍니다. 인덱스 역할을 하는 변수는 27에서 작성한 _selectedIndex입니다. 최초 실행 시에는 _selectedIndex이 0으로 설정되어 있으므로, Home 메뉴가 기본 메뉴가 되어 'Home'이라는 글자가 보이게 됩니다. 만약 사용자의 메뉴 선택에 의해서 _selectedIndex 값이 바뀌면 이에 맞춰서 메뉴에 대응하는 콘텐츠가 화면에 출력됩니다.

```
73            bottomNavigationBar: BottomNavigationBar(
74              items: const <BottomNavigationBarItem>[
75                BottomNavigationBarItem(
76                  icon: Icon(Icons.home),
77                  label: 'Home',
78                ),
79                BottomNavigationBarItem(
80                  icon: Icon(Icons.wb_cloudy),
81                  label: 'Hello',
82                ),
83                BottomNavigationBarItem(
84                  icon: Icon(Icons.star),
85                  label: 'Star',
86                ),
87              ],
88              currentIndex: _selectedIndex,
89              selectedItemColor: Colors.white,
90              backgroundColor: Colors.blueAccent,
91              onTap: _onItemTapped,
92            ),
93          ),
94        ],
95      ),
96    ),
97  );
98 }
```

새롭게 등장한 Scaffold의 bottomNavigationBar 프로퍼티와 이 프로퍼티를 채우는 코드입니다. 이 위젯이 결국 화면 아랫쪽의 대표 메뉴 3개를 보여주는 기능을 하는 위젯입니다. 기본적으로 채울 프로퍼티를 요약하여 설명하겠습니다.

이름인 bottomNavigationBar에서 알 수 있듯이 아래(bottom)에 있는 메뉴 선택(navigation) 막대기(bar)라는 의미입니다. 이런 위젯을 이미 Flutter가 사용하기 쉽도록 이미 제공하고 있으므로 개발자의 용도에 맞춰서 설정하여 사용하면 됩니다. 소스 코드에서는 기본적으로 총 5개의 항목을 설정하여 사용하고 있습니다.

74~78 items는 실제 화면에 표시할 메뉴입니다. BottomNavigationBarItem 객체의 리스트로 만들었습니다. Home 메뉴는 BottomNavigationBarItem 객체이고, icon은 Flutter에서 제공하는 Icons.home을 사용합니다. 그리고 아이콘 밑에 표시할 제목은 label로 설정하며, 'Home'입니다.

79~86 같은 방식으로 Hello와 Star 메뉴도 아이콘과 제목을 설정했습니다.

items로 화면에 표시할 메뉴들을 설정했다면, 아이콘과 제목의 색상도 선택한 메뉴에 맞춰서 표시해야 합니다. 이때 필요한 변수가 바로 currentIndex입니다. 우리는 이 항목을 _selectedIndex 변수의 값으로 설정했습니다. 따라서 프로그램의 최초 실행 시에는 0으로 설정되어 Home 메뉴가 선택되고, 화면에 'Home' 단어가 표시됩니다.

사용자가 선택한 항목의 색상을 지정하려면 selectedItemColor의 값을 설정하면 됩니다. 현재 하얀색을 의미하는 Colors.white로 설정하였습니다. 그리고 BottomNavigationBar의 기본 색상은 backgroundColor를 설정하여 바꿀 수 있습니다. 현재 파란색을 의미하는 Colors.blueAccent로 설정하였습니다.

사용자가 대표 메뉴를 선택하면 메뉴의 색상과 화면 중앙의 콘텐츠를 바꾸는 작업을 해야 합니다. 이런 작업을 onTap 항목에서 수행합니다. 91 처럼 _onItemTapped() 메서드를 실행합니다.

```
53    void _onItemTapped(int index) {
54      setState(() {
55        _selectedIndex = index;
56      });
57    }
58
```

53~57 74 에서 정의한 BottomNavigationBarItem 객체가 사용자가 선택한 대표 메뉴 번호인 BottomNavigationBarItem의 인덱스 값을 onTap 항목에서 설정한 _onItemTapped() 메서드의 입력 파라미터로 전달합니다. Home을 누르면 0을, Hello를 누르면 1을, 그리고 Star를 누르면 2를 입력 파라미터로 전달합니다. _onItemTapped() 메서드는 이 값을 받아서 _selectedIndex 변수의 값을 사용자가 선택한 값으로 설정합니다. 그리고 익숙한 메서드인 StatefulWidget의 setState() 메서드 안에서 이 작업을 합니다. setState() 함수는 build() 메서드를 실행하여 화면을 업데이트합니다.

```
47    @override
48    void dispose() {
49      _pageController.dispose();
50      super.dispose();
51    }
52
```

47~48 dispose() 메서드를 오버라이드하고 있습니다.

49 우리가 만든 PageController 객체의 dispose() 메서드를 실행합니다.

50 dispose 메서드가 속한 _MyStatefulWidgetState의 base 클래스에서 dispose() 메서드를 호출합니다. 이 과정은 화면에서 제거되어야 하는 부분이 있을 때 사용하는 용도로, 특별한 작업을 할 필요가 없다면 현재 있는 코드를 그대로 사용하면 됩니다.

이렇게 해서 가장 기본적인 레퍼런스 프로그램을 만들었습니다. 종종 하단 메뉴가 4~5개인 경우도 있는데, 메뉴 개수만큼 BottomNavigationBar의 항목들과 _widgetOptions의 위젯들을 추가하면 됩니다. 그리고 스스로 _widgetOptions의 위젯을 본인이 원하는 프로그램의 기능과 내용에 맞춰서 작성하면 됩니다. 여러분이 새로운 프로그램을 만들 때 이 기본 레퍼런스 프로그램을 복사해서 사용하기를 권장합니다.

아직도 Flutter에 대해서 자신이 없는 독자에게 자신감을 불어넣는 차원에서, 지금까지 Flutter 관련 챕터에서 다룬 내용을 통합한 프로그램을 준비했습니다. 또한 사용자의 입력을 받는 가장 흔한 예제인 Dialog 박스의 사용을 통합 프로그램에서 보여드리겠습니다.

소스 코드 설명(코드 2 : 실습 내용 통합 프로그램)

기본 레퍼런스 프로그램에 Volume.E에서 개발한 코드들을 모두 통합합니다. Home 메뉴의 콘텐츠는 Volume.E 3장의 마지막 코드를 그대로 사용합니다. Star 메뉴의 콘텐츠도 Volume.E 7장의 코드를 그대로 사용합니다. Hello 메뉴의 콘텐츠는 화면 중앙에 'Hello, World!' 글자만 출력하던 예전의 코드를 수정해서 화면 중앙의 문장을 클릭하면 Alert Dialog가 화면에 나타나 사용자의 입력을 받을 수 있도록 수정합니다.

통합 프로그램의 소스 코드는 일일이 설명하지 않습니다. 기본 레퍼런스 프로그램에 설명하는 내용을 반영한 후 통합 프로그램의 소스 코드와 비교해 보기 바랍니다.

시작은 기본 레퍼런스 프로그램입니다. 기본 레퍼런스 프로그램에서 유일하게 변경하는 부분은 _widgetOptions으로 다음과 같습니다.

```
final List<Widget> _widgetOptions = <Widget>[
  HomeWidget(),
  HelloWidget(),
  StarWidget(),
];
```

대표 메뉴를 선택한 경우에 나타나는 콘텐츠를 각각의 전담 함수를 사용해서 만듭니다. 아울러 각각의 함수 안에 이전 챕터의 코드를 포함했습니다.

첫째로 Home 메뉴 화면을 바꾸는 작업입니다. Volume.E 3장의 마지막 코드를 기본 레퍼런스 프로그램의 끝 부분에 그대로 복사합니다. 그리고 import 부분과 main 함수 부분의 두 줄은 삭제합니다. import는 기본 레퍼런스 프로그램과 중첩되고, main 함수도 이미 기본 레퍼런스 프로그램에 있으니 필요 없습니다. 그 후 원래 MyApp인 StatelessWidget 기반 클래스의 이름을 HomeWidget으로 변경하고 기본 레퍼런스 프로그램의 _widgetOptions 리스트의 첫 번째 항목을 HomeWidget()로 변경합니다. 마지막으로 한 가지 작업을 더 합니다. 원래 Volume.E 3장에서 작성한 MyApp의 build() 메서드를 다음과 같이 MaterialApp() 객체를 리턴하도록 수정합니다.

```
@override
Widget build(BuildContext context) {
  return MaterialApp(
    home: Scaffold(
      appBar: AppBar(
        title: const Text('Flutter Sketch Application'),
      ),
      body:
        Column(mainAxisAlignment: MainAxisAlignment.spaceEvenly,
          children: [
            groupAggeregated,
      ]),
    ),
  );
}
```

하지만 기본 레퍼런스 프로그램의 _MyStatefulWidgetState 클래스에 이미 MaterialApp() 객체를 생성하는 코드가 있습니다. 따라서 build() 메서드가 MaterialApp() 객체가 아닌 그 안의 Scaffold() 객체를 리턴하도록 합니다. 그리고 이미 기본 레퍼런스 프로그램에서 AppBar가 설정되어 있으므로 Volume.E 3장에서 가져온 build() 메서드에서 AppBar() 부분을 제거합니다. 이렇게 수정한 코드가 다음과 같이 단순화된 코드입니다.

```
  @override
  Widget build(BuildContext context) {
    return Scaffold(
      body: Column(mainAxisAlignment: MainAxisAlignment.spaceEvenly,
children: [
        groupAggeregated,
      ]),
    );
  }
```

둘째로 Star 메뉴의 콘텐츠를 Volume.E 7장의 코드로 변경합니다. import 구문과 main 함수를 삭제합니다. MyApp 클래스 이름도 StarWidget으로 변경하고 _widgetOptions의 세 번째 항목을 StarWidget()로 변경합니다. build() 메서드도 Home 메뉴 변경 시 수정했던 것과 유사하게 수정합니다.

마지막으로 Hello 메뉴의 콘텐츠를 변경합니다. Volume.E 2장의 'Hello, World!' 코드를 삽입한 후 import 구문과 main 함수를 삭제합니다. MyApp 클래스 이름은 HelloWidget로 바꾸고 _widgetOptions의 두 번째 항목을 HelloWidget()로 변경합니다. 그리고 build() 메서드의 내용을 appBar를 제거한 Scaffold 객체만으로 채우면 'Hello, World' 개발 내용을 그대로 반영한 프로그램으로 재탄생합니다.

그런데 아쉬운 느낌이 남습니다. 많이 사용하는 사용자의 입력 방법 중 하나인 Dialog 박스를 화면에 나타내고 싶습니다. 이렇게 구현하려면 화면 중앙의 글자가 일반 글자가 아니고 '사용자가 클릭할 수 있는 글자'로 바뀌어야 합니다. 이런 용도로 사용하는 위젯이 TextButton입니다. 화면 중앙에 출력하는 글자를 Text 위젯에서 TextButton 위젯으로 변경하고 글자의 색상은 검정, 크기는 32로 설정합니다. 그 후 onPressed 항목으로 showAlertDialog() 함수를 호출하도록 합니다. 설명한 대로 작성하면 HelloWidget은 다음의 코드처럼 됩니다.

```
class HelloWidget extends StatelessWidget {
  @override
  Widget build(BuildContext context) {
    return Scaffold(
      body: Center(
        child: TextButton(
          style: TextButton.styleFrom(
            primary: Colors.black,
            textStyle: const TextStyle(
              fontSize: 32,
            ),
          ),
          onPressed: () {
            showAlertDialog(context);
          },
          child: const Text('Hello, Press Here!'),
        ),
      ),
    );
  }
}
```

showAlertDialog() 함수는 이전에는 등장하지 않은 함수입니다. 소스 코드는 다음과 같습니다.

```
void ShowAlertDialog(BuildContext context) async {
  String result = await showDialog(
    context: context,
    barrierDismissible: false,
    builder: (BuildContext context) {
      return AlertDialog(
        title: const Text('AlertDialog Sample'),
        content: const Text("Select button you want"),
        actions: <Widget>[
          TextButton(
            child: const Text('OK'),
            onPressed: () {
              Navigator.pop(context, "OK");
```

```
                },
              ),
              TextButton(
                child: const Text('Cancel'),
                onPressed: () {
                  Navigator.pop(context, "Cancel");
                },
              ),
            ],
          );
        },
  );

  print("showAlertDialog(): $result");
}
```

showAlertDialog() 함수 내부에서 호출하는 showDialog() 함수는 Material Design 앱의 화면 상단에 개발자가 설정한 대로 다이얼로그 박스를 나타내는 함수입니다. 이 함수는 여러 named parameter들을 받습니다. context 입력 파라미터는 이 함수의 입력 파라미터로 받아서 그대로 전달하면 됩니다. barrierDismissible는 다이얼로그 박스 밖의 화면을 클릭했을 때 다이얼로그 박스를 없앨지 결정하는 항목입니다. false로 설정하여 반드시 다이얼로그 안의 단추를 선택하도록 했습니다. 화면에 다이얼로그 박스를 나타내고 사용자의 입력에 맞춰 동작하는 내용은 builder에서 설정합니다. 지금은 간단하게 AlertDialog() 객체를 만들어서 리턴하도록 되어 있습니다.

builder가 리턴하는 AlertDialog를 살펴보겠습니다. 다이얼로그 박스의 맨 상단에 표시할 제목을 title에서 정의합니다. 그리고 사용자에게 안내할 내용을 content에서 정의합니다. 그리고 사용자의 선택에 맞춰서 반응할 메뉴는 actions에서 정의합니다. 〈Widget〉[…]으로 정의해서 여러 위젯을 넣을 수 있는데, 지금은 TextButton 두 개를 넣었습니다. 하나는 'OK' 글자와 표시되고, 다른 하나는 'Cancel' 글자와 표시됩니다. 각각의 버튼을 클릭하였을 때 수행할 동작을 onPressed에서 정의합니다. 지금은 가장 일반적인 Navigator.pop() 메서드를 사용하였습니다. 특별한 행동을 하지 않는다는 뜻입니다.

이렇게 다이얼로그 박스를 화면에 나타내는 이유는 당연히 사용자가 OK와 Cancel 중 어떤 값을 선택하는지 알고자 함입니다. 선택한 값은 String result = await showDialog() 코드로 showDialog()의 결과를 result 변수에 넘깁니다. 넘긴 값은 print 구문을 통해서 화면에 출력됩니다. 이렇게 화면에 띄운 위젯으로 사용자의 입력을 받고, 호출한 지점에서 넘겨준 값(사용자의 입력)을 받아서 프로그램이 원하는 작업을 하면 됩니다.

기본 레퍼런스 프로그램에 Volume.E에서 작업한 모든 내용을 통합하였습니다. 설명한 대로 잘 반영했다면, 미리 보는 수행 결과와 동일한 화면을 만들 수 있을 겁니다. 만약 다른 내용이나 오류가 있다면 천천히 다시 한번 통합해 보기 바랍니다. 배포한 통합 프로그램의 소스 코드와 본인의 소스 코드를 비교하여 차이점을 살펴보는 것도 좋은 공부가 됩니다.

핵심 요약

Flutter 이야기를 하면서 자주 “새로운 문법은 없다. 수많은 위젯 중 어떤 것이 본인의 앱에서 필요한지 찾고, 사용법을 익혀서 사용하면 된다”는 말을 했습니다. 이번 챕터에서도 그런 부분을 강조하고 싶었습니다. 또한 Volume.E의 이전 챕터에서 개발한 코드들이 그냥 한번 지나가는 의미 없는 코드가 아니고, 나중에 본인의 프로그램에서 요긴하게 활용 가능한 코드임을 보여주고자 했습니다. 이제 기본 레퍼런스 프로그램과 (독자의 경험이 가득한)통합 프로그램이 있으니, 향후에 새로운 프로그램을 개발할 때가 되면 두려워 말고 편안하게 개발을 시작하길 바랍니다.

▶▶ 연습 문제

1. 핵심 내용 복습하기

❶ 이번 챕터에서 새롭게 등장한 PageController와 PageView의 공식 사이트를 방문하고, 소스 코드에서 사용한 메서드 및 프로퍼티를 확인합니다.

❷ AlertDialog 위젯의 공식 사이트를 방문하고, 소스 코드에서 사용한 메서드 및 프로퍼티를 확인합니다.

2. 예제 코드 수정하기

❶ PageController와 PageVIew 위젯의 기능 혹은 프로퍼티 중 소스 코드에서 사용하지 않는 내용을 공식 사이트에서 확인한 후 소스 코드에 반영해 봅니다. 실행 후 결과를 확인합니다.

❷ AlertDialog를 통해서 받은 값을 print 구문이 아닌 Dialog 형태로 사용자에게 보여주도록 코드를 수정합니다. 실행 후 결과를 확인합니다.

3. 추가 기능 작성하기

❶ Volume.E 3장의 연습 문제에서 추가 기능으로 작성한 사항을 이번 챕터의 통합 프로그램에 반영합니다. 실행 후 결과를 확인합니다.

❷ Volume.E 7장의 연습 문제에서 추가 기능으로 작성한 사항을 이번 챕터의 통합 프로그램에 반영합니다. 실행 후 결과를 확인합니다.

CHAPTER. 9

스마트폰에서 Flutter 프로그램 실행하기

Flutter를 사용해서 개발한 앱을 스마트폰에서 실행합니다. 구글 안드로이드 운영체제가 동작하거나 Apple iOS 운영체제가 동작하는 실제 스마트폰에서 우리가 만든 Flutter 앱이 동작하는 모습을 확인합니다. 앱을 실행하고 싶은 운영체제의 스마트폰이 없거나 본인이 소유하지 않은 스마트폰 모델에서 앱이 동작하는 모습을 확인하고 싶다면, 에뮬레이터(Emulator)라고 불리는 기술을 이용할 수 있습니다. 개발용 컴퓨터에서 스마트폰이 소프트웨어로 동작하도록 하는 기술입니다. 에뮬레이터는 실제 스마트폰과 비교하면 기능적인 제약이 일부 있지만 대부분의 기능은 문제없이 동작합니다. 개발한 앱을 실제 스마트폰에서 동작시키기 위해서는 설치해야 하는 프로그램이 꽤 많습니다. 이번 챕터에서는 스마트폰(혹은 에뮬레이터)에서 프로그래머가 개발한 앱을 실행하기 위한 환경을 구축하고, 우리가 만든 앱을 직접 실행하는 과정을 설명하겠습니다.

자세히 알아보기

이번 챕터에서는 여러 시행착오를 겪게 될 지도 모릅니다. 프로그래밍 기술을 이해하는 것도 힘들고 중요한 과정이지만, 개발 환경을 설치하고 제대로 동작하는지 확인하는 것도 만만치 않게 힘들고 중요한 과정입니다. 지금까지 우리는 다음의 개발 환경을 경험했습니다.

① **DartPad** : 개발용 컴퓨터에 설치하는 사항 없음

② **Flutter SDK 기반 CLI 환경** : 개발용 컴퓨터에 Flutter 개발 프로그램 설치 및 환경 설정

③ **Microsoft Visual Studio Code 환경** : 개발용 컴퓨터에 VS Code 프로그램 설치 및 Dart 플러그인 추가 설치

이 책에서는 초보자에게 개발 환경 구축이 쉽지 않은 점을 감안하여 매우 쉬운 환경인 DartPad부터 시작하여 서서히 난이도가 높은 환경으로 옮겨 왔습니다. 이제 마지막으로 스마트폰 앱을 개발하고, 실행할 수 있는 환경을 구축해야 합니다. 발생 가능한 가장 힘든 경우는 개발자의 컴퓨터 환경과 설치된 소프트웨어 및 운영체제에서 각각 다른 문제가 발생하는 경우입니다. 분명히 설명에서 하라는 대로 했는데, 문제가 발생하는 경우가 있습니다. 이때 구글링이 왜 그렇게 개발자에게 중요한 덕목인지를 느끼게 될 겁니다. 혹시라도 설명대로 진행했음에도 문제가 생기면 침착하게 인터넷 검색을 하여 유사한 사례를 찾고, 그 사례에서는 어떻게 해결했는지 참조합니다. 처음 프로그래밍을 입문하는 경우에는 당황스러운 충고일 수 있으나, 분명히 같은 기종의 컴퓨터에 같은 운영체제이고 설치한 프로그램도 같은데 한 쪽에서는 문제가 안 생기고 한 쪽에서는 문제가 생기는 경우를 볼 수 있습니다. 하지만 분명히 이유는 있습니다. 차분하게 문제를 이해한 후, 유사 사례를 찾아보고 해결책을 찾아보면서 개발자의 능력도 자라납니다.

이번 챕터에서는 크게 두 가지 작업을 하게 됩니다. 첫째로 Flutter SDK를 설치하면서 방문했던 Flutter 공식 사이트의 Get started를 완주합니다. 지난번에는 Flutter SDK를 설치하고 프로그램을 실행하기 위한 경로(Path) 설정만 하였습니다. 그리고 바로 Dart 프로그램을 CLI 환경에서 실행하는 단계에서 멈췄습니다. 하지만 이번에는 Flutter의 공식 Get started를 완주해야 합니다.

둘째로 우리가 Volume.E의 8장에서 만든 프로그램을 스마트폰과 에뮬레이터에서 실행합니다. Flutter의 공식 Get started를 완주했다면 전혀 문제가 없을 겁니다. 그렇지 않다면 불가능한 과정이니 반드시 Flutter의 공식 Get started를 완주해야 합니다.

1. Flutter 공식 사이트의 Get started 완주하기

이 책에서는 소스 코드를 줄 단위로 설명하는 등 가능하면 세부적인 내용까지 세세하게 설명하고자 노력하고 있습니다. 하지만 이번 과정은 독자 여러분이 스스로의 힘으로 통과해야 하는 과정입니다. 도움이 될 만한 사항을 여러 가지 설명하겠지만 말 그대로 도움에 그칠 것입니다. 왜 상세한 설명을 하지 않냐고 의문이 들 수 있습니다. Flutter 공식 사이트의 Get started를 세세하게 설명할 수도 있습니다. 하지만 그렇게 하지 않는 이유가 있습니다.

시간이 지나면서 개발 환경 구축 과정이 자주 바뀝니다. 새로운 버전의 Flutter가 나오고, 설치해야 하는 프로그램이 변경되면 설치 과정 자체가 종종 바뀝니다. 따라서 너무 상세하게 설치 과정을 설명해 봐야 조금만 시간이 지나도 무의미하거나 잘못된 정보로 변할 수 있습니다.

그리고 공식 사이트의 설치 방법 설명이 가장 정확한 정보이기 때문입니다. 공식 사이트의 정보를 일부만 전달하거나 줄여서 작성하면, 그로 인하여 잘못된 정보나 부정확한 정보를 줄 수 있습니다. 공식 설치 방법을 기준으로 독자 스스로 이해하고 실행하면서 이 책에 쓰여진 조언을 활용하고 추가로 인터넷에서 검색하며 해결하는 것이 가장 효율적인 방법입니다.

또한 개발 환경은 한번 설치를 마쳤다고 끝나지 않습니다. 버전이 업그레이드되어 기능이 추가되거나 삭제되면 수시로 변경 사항을 확인하고, 이에 맞춰서 개발 환경을 업데이트(혹은 업그레이드) 해야 합니다. 따라서 설치 방법을 설명하는 공식 사이트는 앞으로도 정기적으로 방문해야 하는 사이트입니다.

또 다른 이유는 Flutter의 Get started가 Flutter를 만든 개발자들이 제시한 '사실상의 공식적인 오리엔테이션 과정'이기 때문입니다. 이제 본격적으로 Flutter 프로그래머의 길을 시작하는 여러분에게 있어 한번쯤 통과해야 하는 의미 있는 과정입니다.

결론적으로 Flutter 공식 사이트의 Get started를 통한 개발 환경 구축을 사이트에서 설명하는 대로 따라서 진행합니다. 이 과정에서 이 책의 내용을 먼저 읽도록 합니다. 그렇게 하면 공식 사이트에서 설명하는 과정이 어떤 작업을 하는 지를 이해할 수 있고, 주의해야 하는 사항을 미리 알 수 있습니다. 이제 본격적으로 공식 사이트의 Get started를 시작하도록 합니다.

Flutter 공식 사이트에 접속한 후, Get started 메뉴를 찾아 클릭합니다. 공식 사이트의 주소는 다음과 같습니다.

Flutter **공식 사이트** : https://flutter.dev/
Flutter **공식 사이트의** Get started : https://docs.flutter.dev/get-started/install

본인의 개발용 컴퓨터에 부합하는 운영체제 환경을 선택합니다. Flutter는 현재 Microsoft Windows, macOS, Linux 및 Chrome OS에서 설치 가능합니다. 우리는 이미 Flutter SDK를 설치했고, CLI 환경에서 실행하도록 경로 설정까지는 마친 상태입니다.

이제 1.1부터 1.10까지의 글을 읽으며 Get started의 단계를 하나 하나 천천히 그리고 꼼꼼하게 진행하도록 합니다.

1.1. Flutter Doctor 수행하기

CLI 환경에서 'flutter doctor' 명령을 실행하는 과정을 보게 될 겁니다. flutter docter는 개발 도구들의 설치 여부와 준비된 스마트폰과 에뮬레이터로 앱 개발과 실행이 가능한지를 확인합니다. Flutter

의 기능을 수행하는 명령이 'flutter'이고, 그중 Flutter 개발 환경의 상태를 확인하라는 추가 명령이 'doctor'입니다.

시험 삼아 CLI 환경에서 'flutter'만 실행하면, 그림 1과 같이 긴 설명이 나오는데, 그림 1의 중간 부분에 doctor에 대한 설명도 나타납니다. 설치한 도구(installed tooling)에 대해서 점검을 한다는 의미의 문장입니다. 그림1은 macOS에서 실행한 화면이지만, MS Windows에서 실행해도 같은 화면을 볼 수 있습니다.

[그림 1] flutter 명령 실행 결과

flutter doctor 명령으로 우리가 확인하고자 하는 것은 '필요한 개발 도구(프로그램)들이 제대로 설치되어 있는지'입니다. CLI 환경에서 flutter doctor 명령을 실행합니다. 그러면 시간이 조금 걸리면서 그림 2와 같은 화면이 나옵니다. 실행 결과에서 프로그램별 버전 숫자는 시간에 따라 달라질 수 있으니 신경 쓰지 않아도 됩니다. 보여지는 줄 갯수도 개발용 컴퓨터의 운영체제 종류 등에 따라서 일부 다를 수 있습니다.

```
drsungwon — -zsh — 97×13
drsungwon~$ flutter doctor
Doctor summary (to see all details, run flutter doctor -v):
[✓] Flutter (Channel stable, 3.0.5, on macOS 12.4 21F79 darwin-arm, locale ko-KR)
[✓] Android toolchain - develop for Android devices (Android SDK version 32.1.0-rc1)
[✓] Xcode - develop for iOS and macOS (Xcode 13.4.1)
[✓] Chrome - develop for the web
[✓] Android Studio (version 2021.1)
[✓] VS Code (version 1.70.0)
[✓] Connected device (2 available)
[✓] HTTP Host Availability

• No issues found!
drsungwon~$
```

[그림 2] flutter doctor 명령 실행 결과 (macOS 환경)

위에서 아래로 항목들을 살펴봅니다. 먼저 Flutter SDK가 제대로 설치되었는지 확인합니다. 이미 우리는 Flutter SDK는 설치해 두었습니다. 실습 과정에서 문제가 없었다면 위의 예시처럼 체크 기호가 있을 겁니다. Android toolchain은 안드로이드 운영체제를 사용하는 앱을 개발하기 위한 도구들입니다. Get started의 Android setup 과정을 통해서 설치할 겁니다. Xcode는 Apple에서 제공하는 macOS용 소프트웨어 개발 도구입니다. iOS 개발 환경 설치 과정 중 Install Xcode 명령으로 설치할 겁니다. Chrome은 말그대로 크롬 브라우저입니다. Android Studio는 안드로이드 운영체제를 지원하는 앱 개발을 위한 도구로서, VS Code와 같은 에디터를 포함하여 다양한 기능을 제공합니다. Android 개발 환경 설치 과정 중 Install Android Studio 명령으로 설치할 겁니다. VS Code는 우리가 이미 설치한 Microsoft Visual Studio Code입니다. Connected device는 Flutter로 만든 프로그램을 실행할 디바이스들입니다. HTTP Host Availability는 앞서 알아본 HTTP 관련 개발 환경으로, Get started의 '1. Install' 과정을 통해서 설치가 됩니다.

MS Windows 운영체제에서 flutter doctor를 수행한 결과 화면은 그림 3과 같습니다. 참고로 PowerShell에서 실행한 화면입니다. macOS의 경우와 마찬가지로 실행 결과에서 프로그램별 버전 숫자는 시간에 따라 달라질 수 있으니, 신경 쓰지 않아도 됩니다. 보여지는 줄 갯수도 개발용 컴퓨터의 운영체제 종류 등에 따라서 일부 다를 수 있습니다.

```
Windows PowerShell
PS C:\Users\drsun> flutter doctor
Doctor summary (to see all details, run flutter doctor -v):
[√] Flutter (Channel stable, 3.0.5, on Microsoft Windows [Version 10.0.22000.675], locale ko-KR)
[√] Android toolchain - develop for Android devices (Android SDK version 33.0.0-rc1)
[√] Chrome - develop for the web
[√] Visual Studio - develop for Windows (Visual Studio Community 2019 16.11.11)
[√] Android Studio (version 2021.1)
[√] VS Code (version 1.61.0)
[√] Connected device (3 available)
[√] HTTP Host Availability

• No issues found!
PS C:\Users\drsun>
```

[그림 3] flutter doctor 명령 실행 결과 (MS Windows 환경)

macOS의 실행 결과와 비교하면, 대부분의 내용은 동일합니다. 다만, Visual Studio가 Xcode 대신 들어가 있습니다. Microsoft Visual Studio는 Microsoft Visual Studio Code와는 다른 프로그램입니다. C/C++와 같은 프로그래밍 언어로 Windows 전용 프로그램을 만들 때 주로 사용하는 도구입니다.

개발용 컴퓨터의 운영체제가 달라도 flutter와 flutter doctor의 동작은 동일합니다. 그리고 flutter doctor를 실행하였을 때, 모든 개발 도구에 '[✓]' 기호가 나타나면 문제가 없다는 의미입니다. 그렇지 않은 기호가 나타나거나 붉은 글자가 나타나면 해당 프로그램에 문제가 있다는 것입니다. '[−]' 기호는 설치가 안되어 있어서 반드시 설치가 필요한 경우에 대해서 나타나며, '[!]' 기호는 오래된 버전을 업그레이드하라는 경고의 의미로 나타납니다. 친절한 flutter 프로그램은 문제가 있으면 문제의 이유와 해결책도 제시하니 너무 걱정하지 말기 바랍니다.

1.2. Get started 설명을 한국어로 읽기

영어 설명이 부담스러우면 두 가지 방법 중 하나를 고려할 수 있습니다.

첫 번째 방법은 국내 개발자가 번역한 공식 사이트입니다. 다음의 주소를 통해서 접근할 수 있습니다.

Flutter 한국어 공식 사이트 : https://flutter-ko.dev/
Flutter 한국어 Get started 사이트 : https://flutter-ko.dev/docs/get-started/install

NOTE

갑자기 '한국어' 사이트라고 하니 놀랄 수 있습니다. 굳이 한국어 사이트가 있는데 왜 영어 사이트를 설명한 것인지 의문을 품는 독자도 있겠지만, 해당 사이트에 접속해 보면 이유를 알게 됩니다. 한국어 사이트는 공식 영어 사이트가 나온 후, 국내 개발자 분들이 자발적으로 번역하여 만들어진 사이트이기 때문입니다. 당연히 버전의 차이도 있고, 다들 바쁘다 보니 한국어로 번역한 정보의 버전이 오래되거나, 한국어 사이트에서 연결한 프로그램들이 (대부분 오래되어서)링크가 끊어져서 찾아갈 수 없는 경우가 있습니다. 따라서 한국어 사이트는 영어 사이트를 보면서 참고용으로만 사용하기를 권합니다.

두 번째 방법은 크롬 브라우저의 번역 기능입니다. 크롬 브라우저는 웹 페이지 내용 안에서 오른쪽 마우스 버튼을 누르면, '한국어(으)로 번역' 메뉴가 나타납니다. 이 번역 기능을 사용하면, 의외로 의미가 잘 전달되는 한국어로 표시해 줍니다.

1.3. 개발 도구 프로그램별 공식 사이트 방문하기

Get started에서는 설치해야 하는 프로그램이 워낙 많다 보니 핵심적인 내용만 설명이 되어 있습니다. 처음 접하는 사람은 앞뒤 문맥이 끊어진 듯한 인상을 느낄 수 있습니다. 이를 위해서 각 프로그램의 공식 사이트로 직접 이동할 수 있는 웹 사이트 주소가 Get started의 본문에 하늘색 글자로 표시되어 있습니다. Get started의 내용만으로는 어떻게 해야 할지 잘 모르겠으면 중간 중간에 등장하는 하늘색 단어를 클릭해서 해당 프로그램의 공식 사이트로 이동합니다. 그러면 보다 상세하고 자세하게 나와있는 설명을 참조할 수 있습니다. 예를 들어 Get started의 Install 과정에서 설치하는 주요 프로그램들의 공식 사이트들은 다음과 같습니다. 그리고 이들은 모두 공식 한국어 사이트를 운영합니다.

Apple Xcode : https://developer.apple.com/xcode/
Android Studio : https://developer.android.com/studio
Microsoft Visual Studio : https://visualstudio.microsoft.com/ko/downloads/

공식 한국어 사이트를 운영하므로 편하게 상세한 정보를 얻을 수 있습니다. 특히 Android Studio에서 실제 스마트폰을 등록하거나, 에뮬레이터를 위한 환경 설정을 하는 과정 등은 생소하여 어렵게 다가올 수 있는데, 'VM acceleration', 'hardware acceleration', 'Managing AVDs' 등의 하늘색 단어를 클릭하면 한국어로 깔끔하게 정리되어 있는 Android Studio의 공식 설명을 볼 수 있을 겁니다.

1.4. 스마트폰을 개발자 모드로 사용하기

스마트폰을 앱 개발 용도로 사용하려면 스마트폰을 개발자 모드가 되도록 설정해야 합니다. Get started에서도 설명되지만 결국 본인이 사용하는(혹은 개발용으로 사용할) 스마트폰의 개발자 모드 활성화 방법은 인터넷에서 검색할 수 밖에는 없습니다. 본인의 스마트폰 메이커와 모델에 맞는 개발자 모드 전환 방법을 찾아 개발자 모드를 활성화합니다.

대부분 설정 메뉴의 어딘가를 여러 번 누르면 개발자 모드가 활성화되는 것이 일반적입니다. 어딘가라고 애매하게 표현한 이유는, 실제로 '개발자 모드 활성화'라고 하는 메뉴가 정식으로 제공되는 경우도 있지만 대부분은 휴대폰의 고유한 기기 번호가 나타난 화면에서 해당 번호를 몇 번 누르면 개발자 모드 메뉴가 나타나게 하는 등 숨겨진 기능으로 제공하는 경우가 많기 때문입니다.

1.5. 애플 개발자 프로그램 가입하기

Apple의 아이폰과 아이패드에서 프로그램을 실행하기 위해서는 설치 과정 중에 Apple ID를 만들고, Apple 개발자 프로그램에 가입하는 등의 절차가 필요합니다. Get started 설명 중에 'Choosing a Membership' 등의 하늘색 단추를 클릭하면 보다 상세한 설명이 나타나는데, 본인이 만든 앱을 본인의 스마트폰에서 구동하는 정도는 무료 ID를 사용해도 가능하니 겁먹지 말고 가이드대로 차분하게 Apple ID를 생성하면 됩니다.

Get started에서는 전체적인 설명을 스마트폰 앱 개발 기준으로 하고 있지만 태블릿 컴퓨터도 방법은 동일합니다.

1.6. 에뮬레이터 환경 이해하기

안드로이드 스튜디오와 Xcode 설치 과정에서 각각 안드로이드 에뮬레이터와 아이폰 에뮬레이터를 설치하게 됩니다. 본인이 보유한 실제 디바이스에서만 개발과 실행을 하겠다면 굳이 에뮬레이터가 필요 없습니다. 하지만 가능하다면 에뮬레이터를 설치해서 경험하는 것을 권합니다.

macOS 개발 환경에서 iOS 스마트폰 외에 안드로이드 스마트폰 및 에뮬레이터를 사용하는 것은 문제가 없습니다. 하지만 Windows 개발 환경에서는 Xcode를 설치할 수 없기에, 안드로이드 스마트폰과 에뮬레이터만 사용할 수 있는 제약이 있습니다. 따라서 iOS 운영체제를 목표로 앱 개발을 하기 위해서는 macOS가 동작하는 애플 컴퓨터가 필요합니다.

에뮬레이터는 개발용 컴퓨터의 성능을 많이 사용합니다. 오래된 CPU나 RAM의 용량이 작다면 에뮬레이터의 동작 시간이 오래 걸리는 등의 불편함을 겪을 수 있습니다.

1.7. Default 설정 값 활용하기

생소한 프로그램을 설치하면서 다양한 설정 메뉴를 보게 될 겁니다. 대부분 default 설정이나 기본 설정을 사용하면 문제 없습니다. 나중에 설정 값의 의미를 이해한 뒤 수정해도 되니 너무 걱정하지 말고 기본 값으로 설정하고 넘어가기 바랍니다.

1.8. 안드로이드 스튜디오 추가 기능 설치하기

Android 설정 관련하여 'SDK Manager …' 혹은 'Command Line Tool …'와 같은 메시지와 함께 무언가를 추가로 설치하지 않으면 안 된다고 flutter doctor가 메시지를 출력하는 경우가 있습니다. 이런 경우에는 일단 Android Studio를 실행하고, 다음의 공식 사이트 링크로 들어가서 SDK Manager로 도구를 업데이트하는 메뉴의 내용을 참조합니다. 그리고 flutter doctor가 설치하라고 알려준 프로그램을 선택하여 설치하면 됩니다.

Android Studio SDK 업데이트 : https://developer.android.com/studio/intro/update?hl=ko

예를 들어 Android SDK의 "Command Line Tool"이 없다고 하면, Android Studio SDK 업데이트 사이트에서 제시하는 방법처럼 Android Studio의 추가 기능 설치 화면을 찾아 갑니다. 그리고 Android Studio SDK 업데이트 사이트의 예시 화면에 나온 대로 'Android SDK'를 찾은 후 'SDK Tool' 등의 항목을 선택하면 추가할 수 있는 프로그램의 리스트가 나타납니다. 그중 "Command Line Tool"을 선택하면 끝입니다.

Android Studio를 실행해서 해당 화면을 캡처하여 삽입하지 않고, 위처럼 공식 사이트의 링크만 적은 이유가 있습니다. Android Studio를 포함한 프로그램들은 지속적으로 업데이트됩니다. 그러면서 사용자 인터페이스의 메뉴 체계도 종종 바뀝니다. 하지만 어딘가에는 해당 기능이 있을 겁니다. 공식 사이트는 새로운 버전이 나오고 화면이 바뀌면 해당 화면에 맞춰서 내용이 업데이트되니 공식 사이트의 정보를 참조하는 것이 헤매지 않는 가장 빠른 길이기에 화면 캡처를 하지 않았습니다.

1.9. Flutter 개발 환경 최종 확인하기

Get started의 Install 과정을 진행하면서, 중간에 'flutter doctor'를 실행해 보고 프로그램이 하나씩 제대로 설치되었다는 기호가 나타나면 은근한 희열을 느낄 수 있을 겁니다.

프로그램을 설치하면서 설치한 프로그램별로 어떻게 업데이트(혹은 업그레이드)하는지 찾아보고, 한 번씩 실행해 보기 바랍니다. 결국 시간이 흐르면 각각의 프로그램들을 주기적으로 업데이트하거나 업그레이드해야 하는 시점이 올 텐데 미리 방법을 알아 두면 마음이 편할 겁니다.

NOTE

flutter는 'flutter upgrade' 명령으로 업그레이드를 합니다. 나중에 시간이 흘러 flutter doctor를 실행해 보면, 프로그램별 현황을 보여주기 전에 flutter를 업그레이드하라는 큰 화면과 함께 이 명령어를 flutter doctor가 안내해 줄 겁니다.

flutter doctor가 모든 프로그램의 설치에 대해서 이상이 없다고 판단하면, 그림 2와 그림 3의 마지막 줄처럼 "no issues found!" 메시지를 출력합니다. 이 메시지가 출력된다면 Get Started의 5단계 중 1단계인 Install을 마친 겁니다. 운영체제별 Install을 마친 후 공식 사이트의 왼쪽 위를 보면, 그림 4와 같이 Get started의 5단계가 나타나 있습니다. 여기서 "2. Step up an editor"를 클릭해서 다음 단계로 이동합니다. 혹은 운영체제별 Install 화면의 맨 아래 내용까지 왔다면, Next step이라는 문장과 'Set up an editor' 안내가 있을 겁니다. 이 문장을 클릭해서 다음 단계인 '2. Setup an editor'로 이동할 수 있습니다.

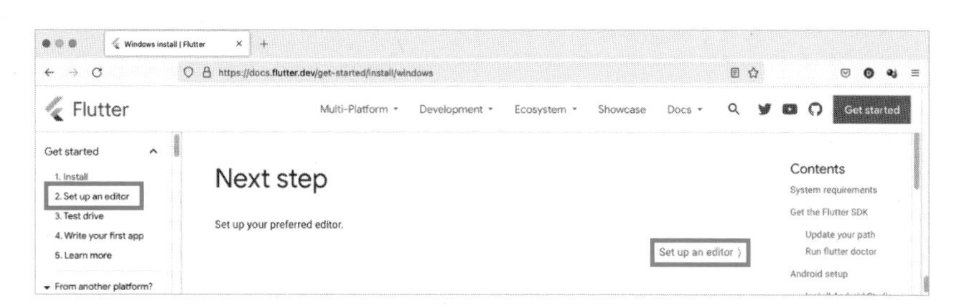

[그림 4] 운영체제별 Install 종료 후, Set up an editor 단계로 이동 메뉴(출처 : http://docs.flutter.dev/)

1.10. Get started의 남은 과정 수행하기

Get started의 '2. Setup an editor' 단계에서는 이미 우리가 설치한 VS Code를 기반으로 진행하기를 권합니다. VS Code 외에 앞에서 설치한 Android Studio나 IntelliJ와 같은 추가 프로그램을 설치할 수 있지만 이 책을 학습하는 입장에서는 굳이 그럴 필요는 없습니다.

이제 VS Code에 Flutter 플러그인을 설치합니다. Dart 플러그인은 이미 우리가 설치했습니다. 따라서 Dart 플러그인을 설치하는 방법과 동일하게 Flutter 플러그인을 찾아서 설치하면 됩니다. 그리고 공식 사이트의 설명대로 flutter doctor로 상태 확인을 해 주면 마무리됩니다. 그러면 다음 단계인 'Test drive'로 이동합니다.

우리가 설치한 Flutter 플러그인도 Dart 플러그인의 개발 단체인 Dart Code가 만든 플러그인입니다.

Get started의 '3. Test drive' 단계에서는 VS Code에서 새로운 프로젝트를 만드는 과정을 다룹니다. 우리는 지금까지 소스 코드 파일 하나로 이루어진 예제들만 보았습니다. 그러나 스마트폰에 들어가는 앱을 만든다는 것은 그렇게 간단하지 않으며 하나의 앱에 많은 파일들이 필요합니다. 다행인 점은 상당량의 파일을 Flutter가 자동으로 생성해 준다는 점입니다. 내가 작성하는 파일 외에 Flutter가 자동으로 생성하는 파일이 많다면 관리를 위해서라도 하나로 묶어 주어야 하는데, 이것을 프로젝트라고 합니다. 이후에 우리가 만드는 프로그램에서 그림, 파일 및 소스 코드들을 하나의 프로젝트로 관리하는 모습을 보게 될 겁니다.

Test drive 단계에서는 VS Code에서 프로젝트를 만들고, 프로젝트 생성과정에서 자동으로 제공되는 기본 프로그램을 구경하고, 실제 스마트폰이나 에뮬레이터에서 실행하고, 필요시 수정해 보는 과정을 알려줍니다. 이 과정에서 등장하는 프로그램이 앞서 우리가 살펴본 Counter 프로그램입니다. 화면 중앙에 숫자가 있고 화면 오른쪽 아래에 있는 '+' 버튼을 누르면 숫자가 증가하는 프로그램을 기억할 겁니다. 이 Counter 프로그램이 Flutter로 새로운 프로젝트를 생성할 때마다 기본으로 설치됩니다. 이미 여러분은 이 프로그램을 잘 알고 있으니 편안한 마음으로 진행하면 되겠습니다. Counter 프로그램의 프로젝트를 만들고 문제없이 프로그램이 동작하는 것을 확인했다면, 마지막 단계인 4단계로 넘어갑니다.

Get started의 '4. Write your first app' 단계는 부수적인 과정입니다. 이 과정은 직접 'Hello, World!' 프로그램을 실행해 보고 StatelessWidget 기반의 간단한 프로그램을 만들어서 실행해 보는 과정입니다. 이미 여러분은 DartPad에서 고수준의 앱을 만들어 보았으니 넘어가도 됩니다. 하지만 ListView 위젯을 다시 한번 경험해 보는 것도 좋은 경험이 될 겁니다. 여기까지의 과정을 마쳤다면 여러분은 Flutter 개발자들이 거쳐야 하는 공식 오리엔테이션을 마친 겁니다.

Get started의 다음 단계는 '5. Learn more'라는 이름처럼 분야별로 더 깊이 있는 자료들을 구경하라고 안내합니다. Flutter를 사용하여 스마트폰 앱을 개발하고자 이 책을 읽는 독자라면, 잠깐 멈추어서 'Learn more'에서 제시하는 Flutter basics를 살펴보는 것도 좋습니다. 우리가 알아보고 만들어 본 내용과 겹치는 부분들도 있으니 크게 낯설지는 않을 겁니다.

2. 개발한 앱을 스마트폰과 에뮬레이터에서 실행하기

Flutter 프로그램을 실제 스마트폰과 에뮬레이터에서 실행할 수 있는 환경을 구축했으니 Volume.E의 8장에서 만든 volume-E-chapter-08-code-02.dart 프로그램을 안드로이드 스마트폰에서 직접 실행해 보고 iOS는 에뮬레이터에서 실행해 보겠습니다.

개발용 컴퓨터에 앱을 실행할 수 있는 디바이스를 flutter devices 명령으로 확인합니다.

```
(base) $ flutter devices
3 connected devices:

ANE LX3 (mobile)    • 0000...    • android-arm64      • Android ... (API ...)
macOS (desktop)     • macos      • darwin-x64         • Mac OS X ...
Chrome (web)        • chrome     • web-javascript     • Google Chrome ...
```

macOS에서 실행한 경우 출력되는 모습의 예시입니다. ANE LX3라는 안드로이드 스마트폰이 연결되어 있고, macOS 데스크톱과 크롬 브라우저에서 Flutter 프로그램의 수행이 가능하다는 것을 보여주고 있습니다. 본인의 컴퓨터 환경에 따라서 다른 결과가 나올 겁니다.

NOTE

다음의 flutter 명령들은 자주 사용하는 명령이니 반드시 기억합니다.

flutter : flutter 명령에서 실행 가능한 세부 명령들과 이에 대한 설명을 간략하게 보여줌
flutter doctor : Flutter 관련 도구의 설치 상태를 확인
flutter devices : Flutter 프로그램을 실행할 수 있는 디바이스들을 확인
flutter upgrade : Flutter SDK의 업그레이드를 실시

2.1. 안드로이드 스마트폰에서 개발한 앱 실행하기

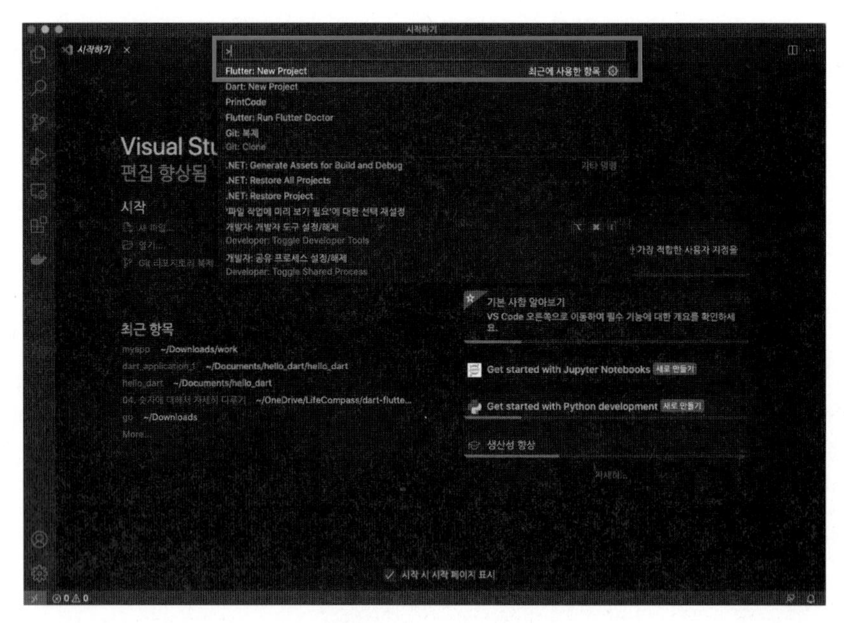

[그림 5] VS Code에서 신규 Flutter 프로젝트 생성

VS Code를 사용하여 실제 안드로이드 스마트폰에서 앱을 실행하겠습니다. 먼저 VS Code 프로그램을 실행합니다. 보기 메뉴를 선택한 후 그림 5와 같이 명령 팔레트에서 Flutter: New Project 메뉴를 선택합니다.

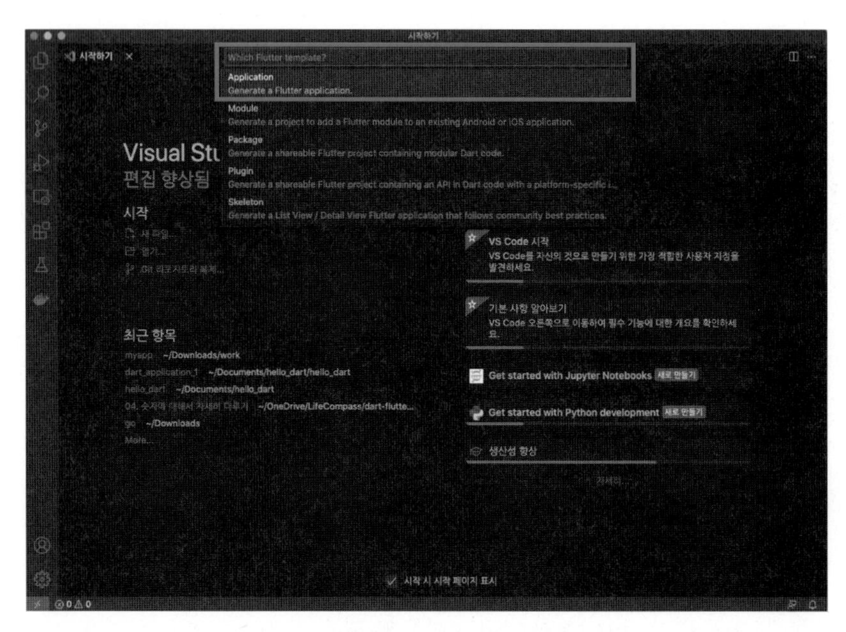

[그림 6] VS Code에서 신규 Flutter 프로젝트의 Application 모드 선택

그리고 앱을 만들기 위한 설정인 Application 메뉴를 그림 6과 같이 선택합니다. 이렇게 하면 Flutter 프로젝트를 기본 설정에 따라서 만들어 줍니다.

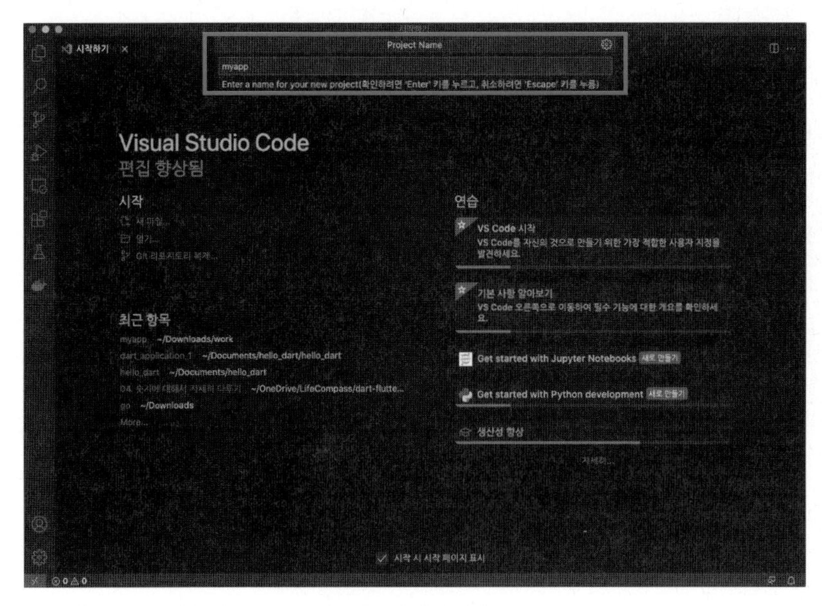

[그림 7] VS Code에서 신규 Flutter 프로젝트의 이름 설정

신규 프로젝트를 생성할 디렉터리를 새롭게 만들거나 기존에 이미 만들어져 있는 디렉터리를 선택하라는 메뉴가 나타나면 둘 중에 하나를 선택합니다. 지금은 myapp이라는 이름으로 새로운 디렉터리를 생성하겠습니다. 디렉터리를 선택하면, 그림 7과 같이 프로젝트 이름을 부여하라는 메뉴가 나타납니다. Flutter가 flutter_application_1와 같은 이름을 추천할 텐데, 지금은 myapp으로 설정하겠습니다.

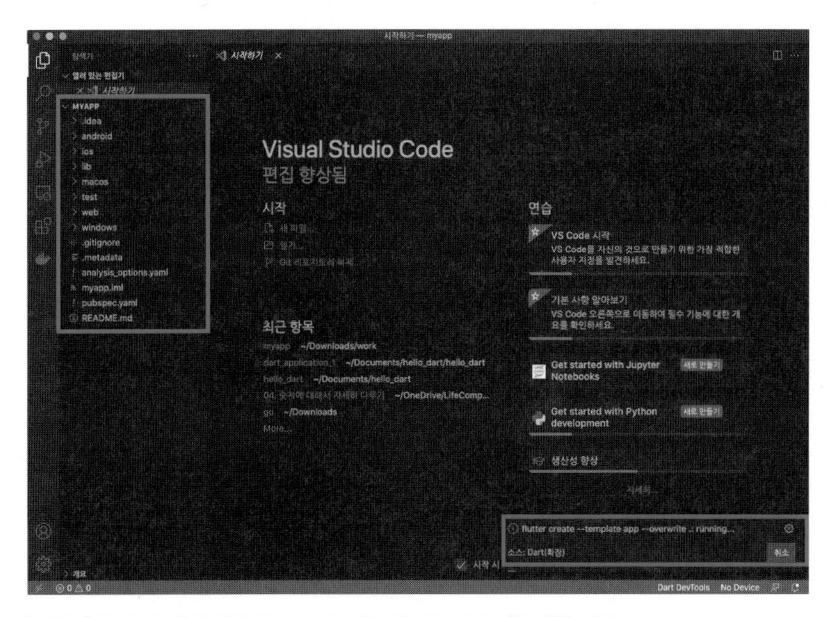

[그림 8] VS Code에서 신규 Flutter 프로젝트의 구성 요소 자동 생성 과정

운영체제에 따라서 VS Code가 파일을 생성하는 것을 허용할지 묻기도 하는데 허용한다고 하면 됩니다. 그러면 그림 8과 같이 VS Code 화면 오른쪽 아랫부분에 프로젝트를 생성하는 작업이 진행 중이라는 메시지가 나타납니다. 그리고 작업이 완료되면 그림 8의 화면 왼쪽과 같이 프로젝트의 구성 요소들이 자동으로 생성되는 과정을 볼 수 있습니다.

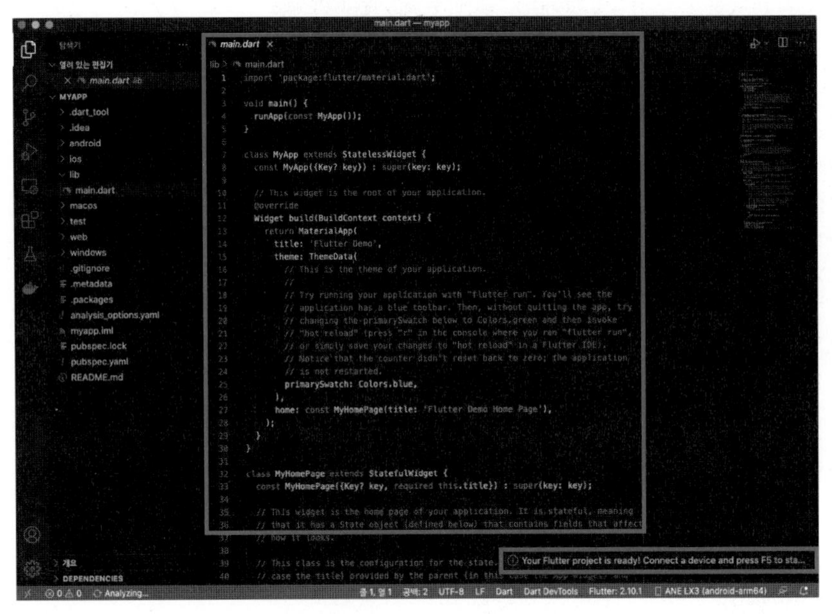

[그림 9] VS Code에서 신규 Flutter 프로젝트 생성 완료 후 기본 화면

신규 프로젝트 생성이 완료되면, 그림 9와 같이 프로젝트의 구성 요소 중 자동 생성된 lib/main.dart 소스 코드가 열립니다. Get stared에서 배운 것처럼 이 소스 코드의 내용을 개발자가 원하는 작업을 하도록 수정하면 됩니다. 이때 화면의 오른쪽 밑에 프로젝트 생성 완료 메시지("Your flutter project is ready!")가 나타나고, 그 밑에 재활용 컴퓨터에 연결된 디바이스가 표시된 것을 볼 수 있습니다. ANE LX3는 제가 사용한 디바이스이며, 해당 위치를 마우스로 클릭하면 여러분의 개발용 컴퓨터에서 사용 가능한 디바이스들을 확인할 수 있습니다. VS Code는 이제 선택한 디바이스에서 프로젝트의 앱을 동작시킬 준비를 마쳤습니다.

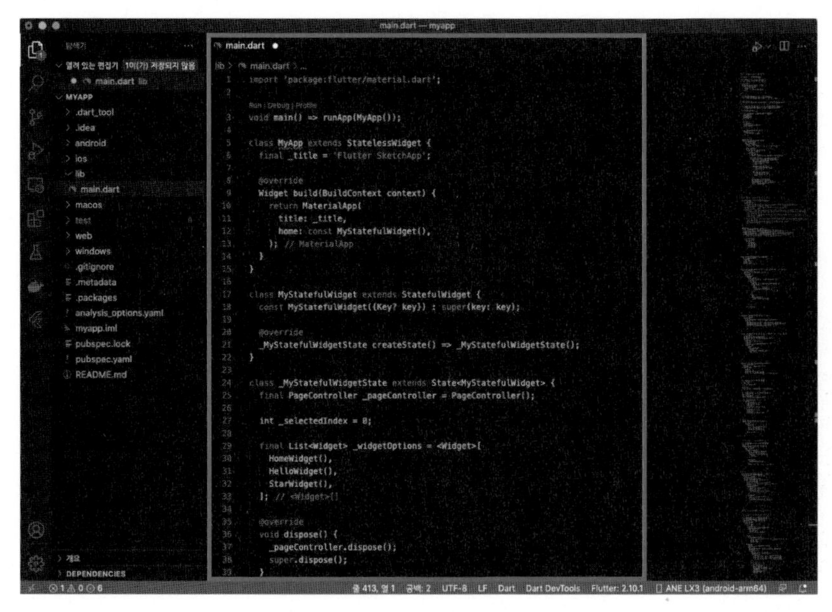

[그림 10] main.dart 소스 코드의 내용을 Volume.E 8장의 소스 코드로 교체

현재 자동으로 열린 lib/main.dart 소스 코드의 내용을 volume-E-chapter-08-code-02.dart의 내용으로 전부 교체합니다.

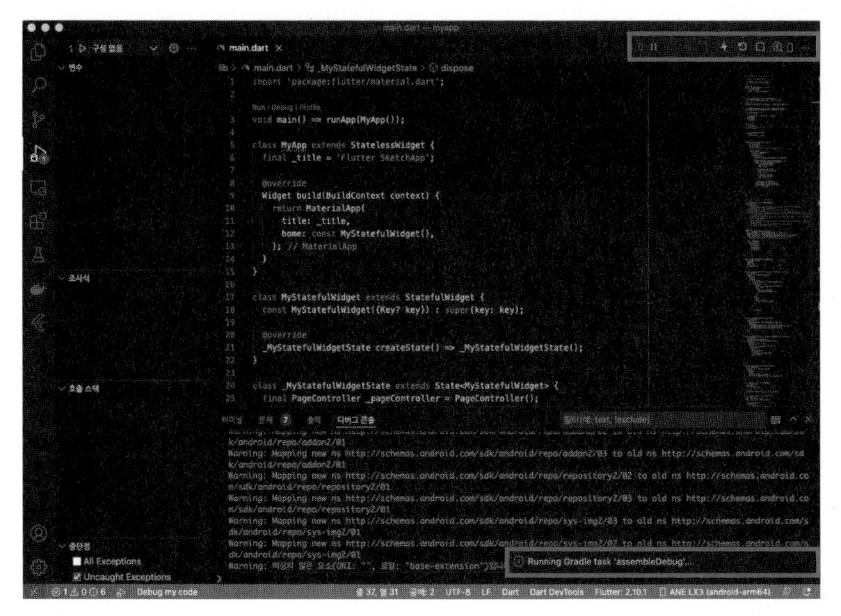

[그림 11] 안드로이드 스마트폰을 타깃으로 한 앱 실행

이제 '실행 및 디버그'를 수행할 차례입니다. 왼쪽 탭에서 디버그 탭을 클릭한 후, '실행 및 디버그' 단추를 클릭하면, 그림 11과 같이 화면 오른쪽 밑에 실행 중(running)을 나타내는 상태 정보가 나타나면서 프로그램이 수행됩니다. 그리고 화면 위쪽에 디버그를 위한 아이콘들이 나타납니다.

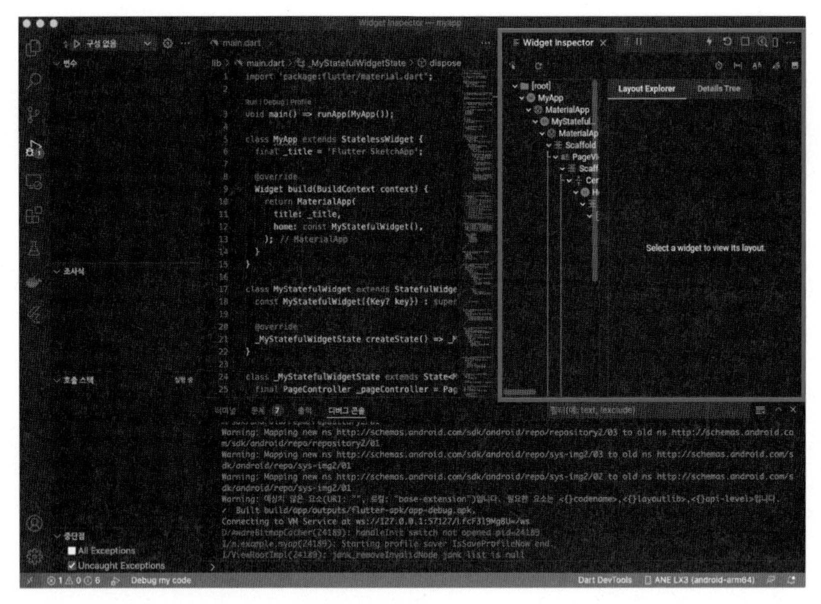

[그림 12] 디버그 상태에서의 VS Code 화면 구성

실행이 완료되어 앱이 디버그 상태에 진입하면, 프로그램의 위젯들의 상태를 추적할 수 있는 Widget Inspector가 열립니다. 그리고 디버그 콘솔에서는 프로그램의 동작에 따른 정보가 개발용 컴퓨터의 VS Code로 실시간 보고됩니다. Widget Inspector의 실행을 허용할지 묻는 경우도 있습니다. 이 경우 허용 버튼을 클릭하여 실행되도록 하면 됩니다. Volume.E 8장의 앱을 실제 안드로이드 스마트폰에서 실행한 화면은 그림 13부터 그림 18과 같습니다.

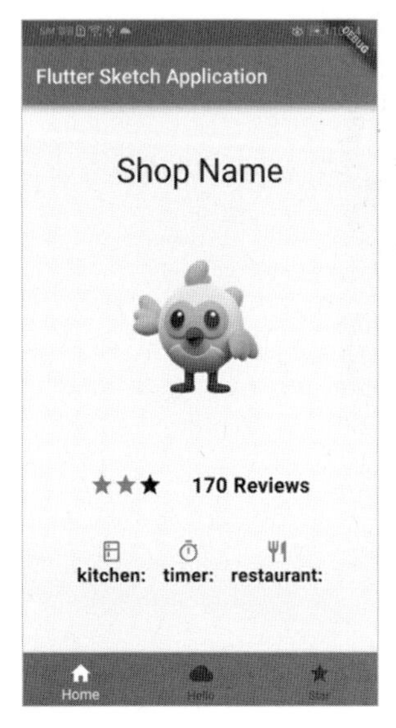

[그림 13] 안드로이드 스마트폰에서 실행 중인 Home 화면

Home 화면입니다.

[그림 14] 안드로이드 스마트폰에서 실행 중인 Hello 화면

Hello 화면입니다.

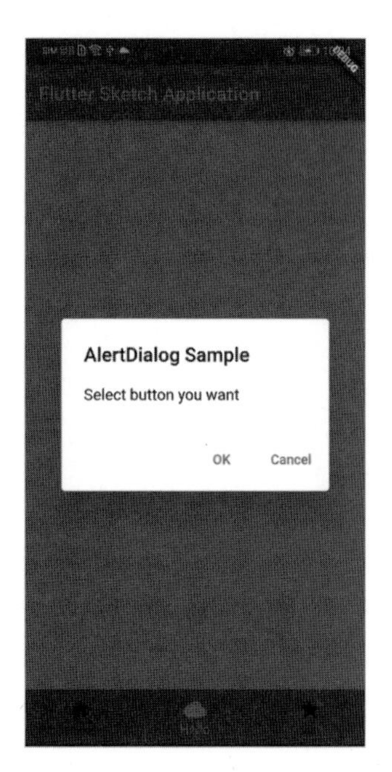

[그림 15] 안드로이드 스마트폰에서 실행 중인 Hello 화면의 AlertDialog 활성화 상태

Hello 화면에서 글자를 클릭하여 AlertDialog를 활성화한 화면입니다.

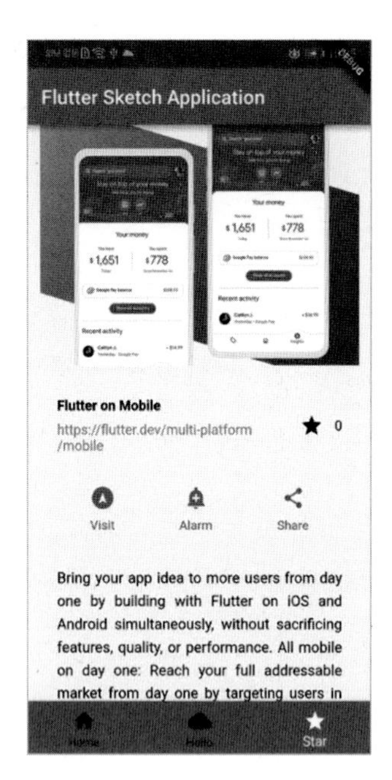

[그림 16] 안드로이드 스마트폰에서 실행 중인 Star 화면

Star 화면입니다.

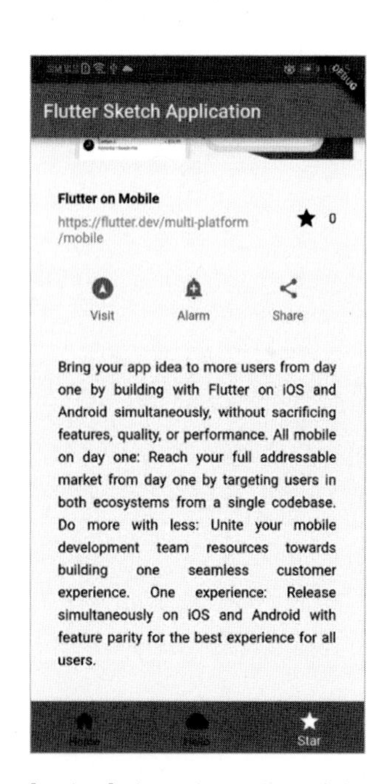

[그림 17] 안드로이드 스마트폰에서 실행 중인 Star 화면의 스크롤 상태

Star 화면을 아래로 스크롤하여 출력 내용의 아랫부분을 확인하는 화면입니다.

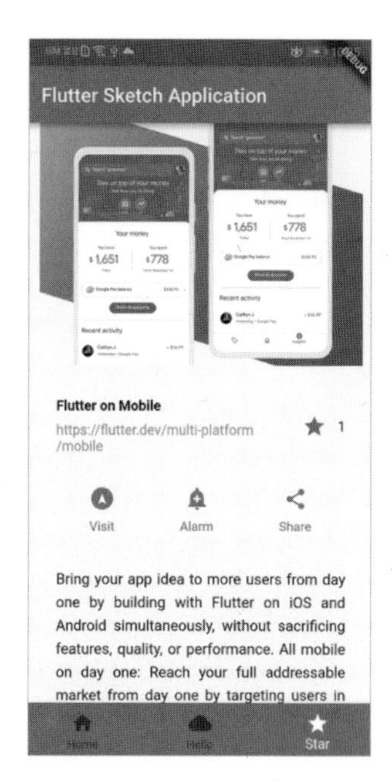

[그림 18] 안드로이드 스마트폰에서 실행 중인 Star 화면의 별표 활성화 상태

Star 화면의 '좋아요' 별표 버튼을 클릭하여, 활성화 상태로 바뀌는 것을 확인하는 화면입니다. Volume.E의 8장에서 개발한 소스 코드가 스마트폰에서도 제대로 동작하는 것을 볼 수 있습니다.

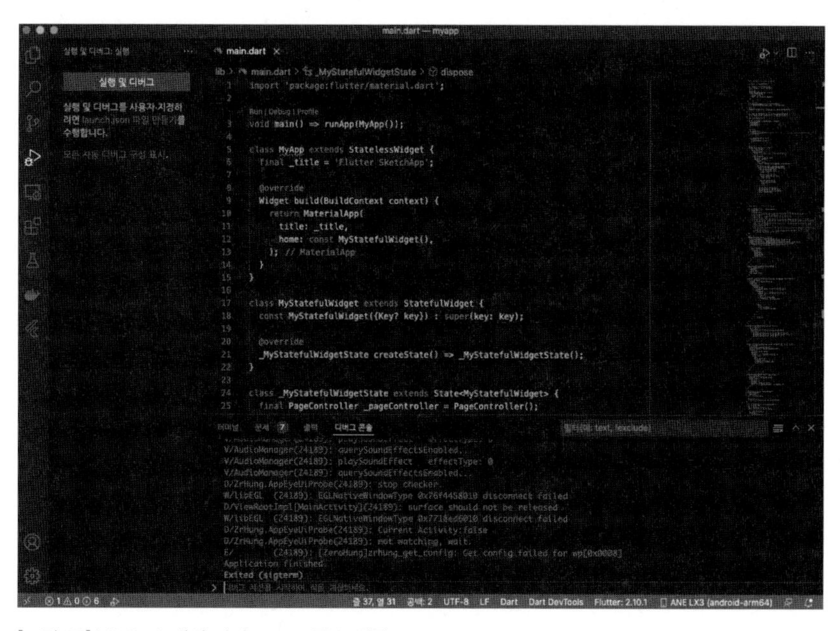

[그림 19] VS Code에서 디버그 모드 종료 화면

VS Code에서 디버그 모드를 종료한 화면입니다.

우리가 Volume.E에서 만든 코드들이 성공적으로 스마트폰에서 동작하는 것을 확인하였습니다. 그리고 스마트폰에도 우리가 만든 프로그램이 설치되었습니다. 참고로 안드로이드 스마트폰에 설치된 프로그램은 계속 사용이 가능합니다. 본인이 사용하는 스마트폰에 앱을 설치했다면, 개발용 컴퓨터와 연결된 케이블을 제거합니다. 그리고 스마트폰의 앱을 실행해 보면서 지금까지의 고통에 대한 보상을 즐겨봅니다.

3. 아이폰에서 개발한 앱 실행하기

macOS를 사용하는 개발용 컴퓨터에서 Xcode를 사용하여 iOS 운영체제가 동작하는 아이폰 에뮬레이터에서 앱을 실행하겠습니다. 앞서 안드로이드 디바이스에서 앱을 실행하는 모습을 확인하였기에, 이번에는 에뮬레이터에서 동작하는 모습을 보여드리겠습니다. iOS 앱을 개발하기 위해서는 애플 컴퓨터가 있어야 합니다. 아이폰 에뮬레이터가 아닌 실제 아이폰에서 프로그램을 실행할 때도 과정은 동일하며, 앱 실행 전에 에뮬레이터가 아닌 실제 디바이스를 선택하면 됩니다.

먼저 터미널 프로그램을 사용해서 myapp 디렉터리로 이동합니다. 그리고 터미널 프로그램에서 다음 명령을 수행합니다.

```
open ios/Runner.xcworkspace
```

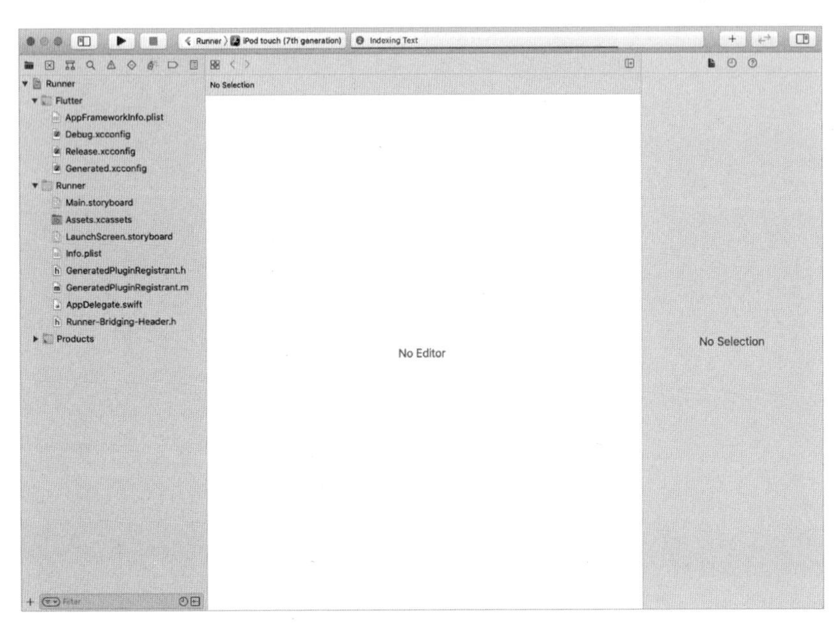

[그림 20] Xcode 실행 화면

Xcode가 실행됩니다.

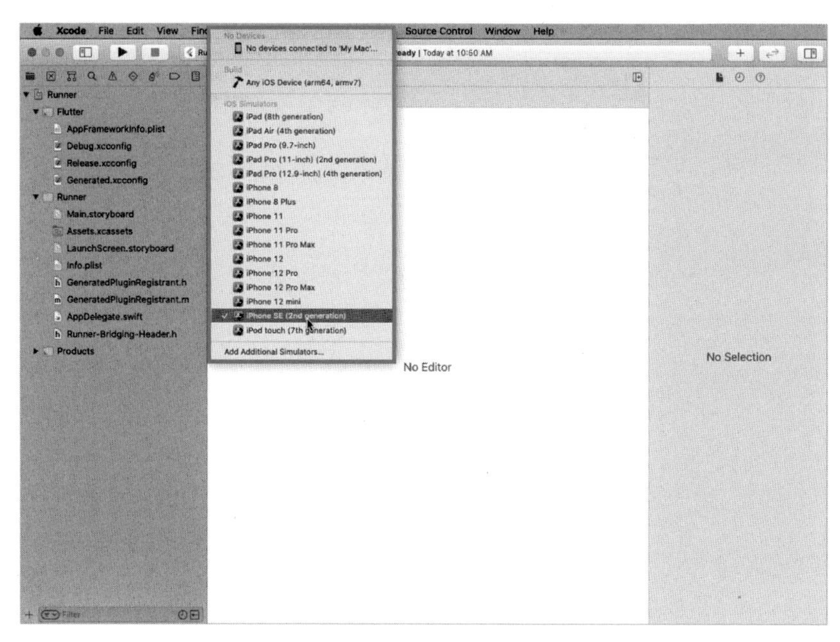

[그림 21] Xcode 실행 화면에서 타깃 디바이스 선택(iPhone SE)

VS Code와 마찬가지로 실행할 디바이스를 선택해야 하는데, 이번에는 에뮬레이터를 선택하고자 합니다. 가장 작은 화면의 아이폰인 SE를 선택할까 합니다. Runner 메뉴에서 희망하는 디바이스를 선택하는 화면이 그림 21에 나타나 있습니다.

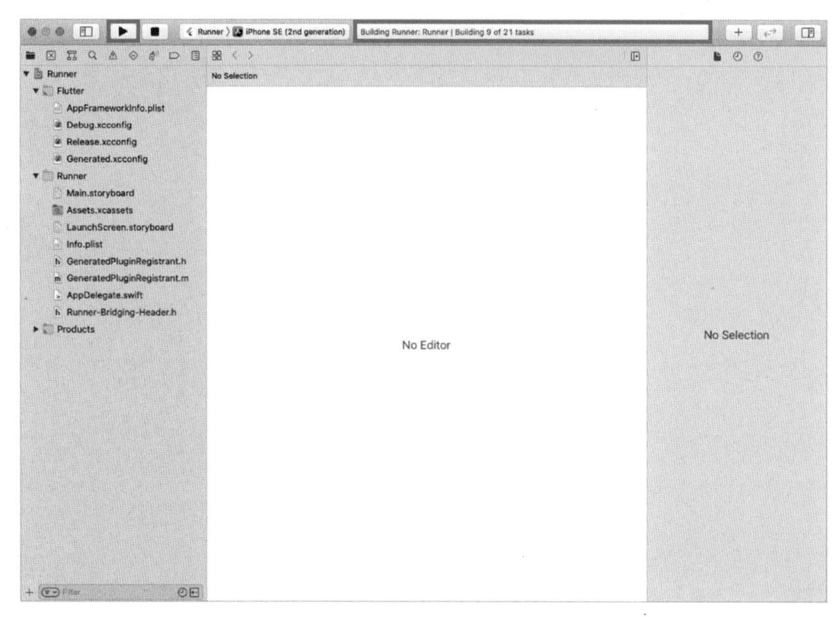

[그림 22] Xcode 실행 화면에서 타깃 디바이스를 통한 앱 실행

이제 실행 버튼을 클릭해서 앱을 에뮬레이터에서 실행하도록 합니다. 삼각형 모양의 실행 버튼을 클릭해서 앱을 실행합니다. Xcode 화면의 위쪽에 그림 22와 같이 진행중인 상황을 알리는 메시지들이 표시됩니다.

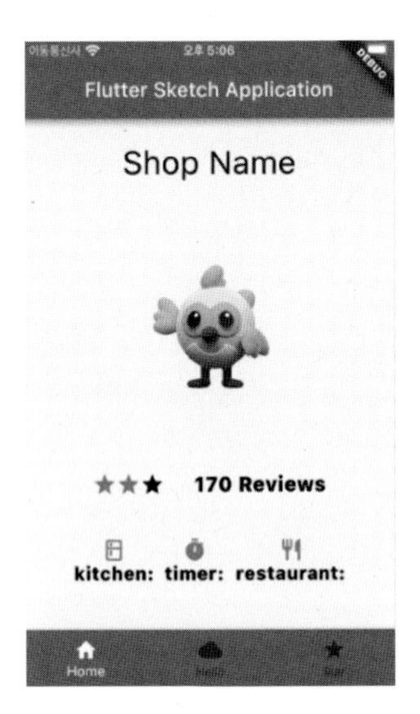

[그림 23] 아이폰 에뮬레이터에서 실행 중인 Home 화면

앞서 안드로이드 스마트폰에서 동작한 프로그램과 동일한 화면으로 아이폰 에뮬레이터에서 동작합니다. 아이폰 SE 에뮬레이터에서 실행되는 Volume.E 8장의 앱 화면을 준비했습니다. 그림 23은 Home 화면입니다.

[그림 24] 아이폰 에뮬레이터에서 실행 중인 Hello 화면

Hello 화면입니다.

[그림 25] 아이폰 에뮬레이터에서 실행 중인 Hello 화면의 AlertDialog 활성화 상태

Hello 화면에서 글자를 클릭하여 AlertDialog를 활성화한 화면입니다.

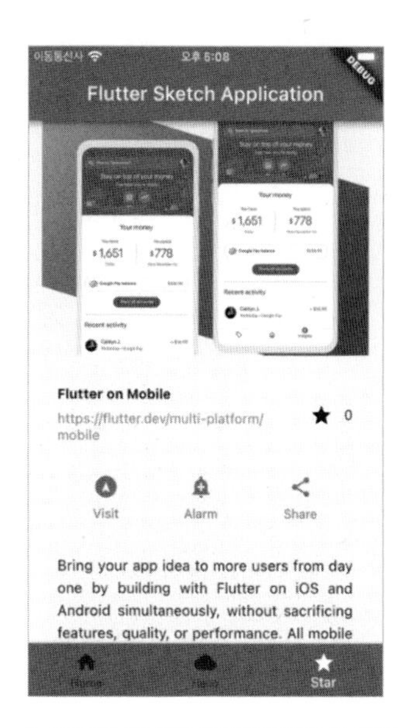

[그림 26] 아이폰 에뮬레이터에서 실행 중인 Star 화면

Star 화면입니다.

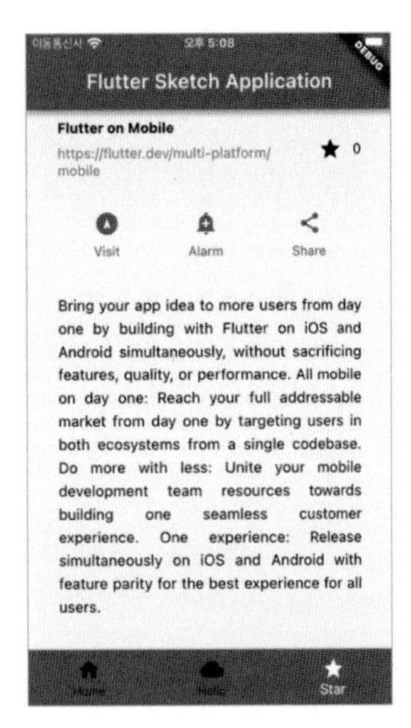

[그림 27] 아이폰 에뮬레이터에서 실행 중인 Star 화면의 스크롤 상태

Star 화면을 아래로 스크롤하여 화면의 아랫부분을 확인하는 모습입니다.

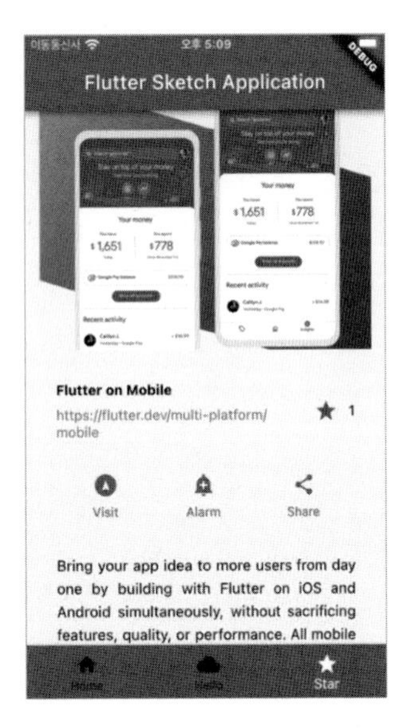

[그림 28] 아이폰 에뮬레이터에서 실행 중인 Star 화면의 별표 활성화 상태

Star 화면의 '좋아요' 별표 버튼을 클릭하여, 활성화 상태로 바뀌는 것을 확인하는 모습입니다. Volume.E 8장에서 개발한 코드가 아이폰 에뮬레이터에서도 제대로 동작하는 것을 볼 수 있습니다.

동일한 방법으로 실제 아이폰과 안드로이드 에뮬레이터에서도 Volume.E 8장의 앱을 실행할 수 있습니다. 그리고 우리는 크로스 플랫폼의 의미를 직접 경험하게 되었습니다. 하나의 소스 코드로 두 개의 운영체제에서 동작하는 프로그램을 개발한 것입니다.

NOTE

Xcode가 아닌 VS Code를 사용하여 아이폰 에뮬레이터에서 앱을 실행하는 것도 가능합니다. 아이폰 에뮬레이터를 실행한 상태에서 VS Code의 앱 실행 대상 디바이스로 아이폰 에뮬레이터를 선택합니다. 그리고 프로젝트를 실행하면 아이폰 에뮬레이터에서 앱이 실행됩니다. 안드로이드 스마트폰에서 앱을 실행하는 절차와 같은 방법이라고 이해하면 됩니다. 단, 이 경우에도 개발용 컴퓨터에는 Xcode가 반드시 설치되어 있어야 합니다. Get started를 제대로 완료했다면 문제 없이 실행됩니다.

4. 개발한 앱 배포하기

안드로이드와 iOS 운영체제에서 동작하는 프로그램을 만들었다면 이 프로그램을 다른 사람에게 배포하고 싶은 마음이 생길 겁니다. 구글 플레이 스토어나 애플 앱 스토어에 본인이 만든 소프트웨어를 업로드하려면 개발자 등록, 요구사항 만족 등 다양한 추가 작업을 해야 합니다. 이에 대해서는 이 책의 마지막 부분에서 간략하게 다룰 예정입니다. 만일 스마트폰 앱 개발을 위해 이 책을 읽고 있고 이번 Volume을 마친 후 바로 직접 스마트폰 앱 개발과 배포에 뛰어들고 싶다면 Flutter로 개발한 스마트폰 앱의 배포를 위한 정보를 설명하는 다음 사이트들을 방문하기를 권합니다.

구글 플레이 스토어 등록 : https://docs.flutter.dev/deployment/android
애플 앱 스토어 등록 : https://docs.flutter.dev/deployment/ios

원래 구글 플레이 스토어와 애플 스토어에 앱을 등록하는 방법은 각각의 스토어에서 제공하는 사이트에 가야 설명을 볼 수 있습니다. 하지만 Flutter로 만든 프로그램을 보다 편리하게 등록할 수 있도록 두 사이트가 만들어졌습니다. Flutter로 만든 앱을 등록하는 방법을 익히는 가장 빠른 지름길이 되는 사이트라고 할 수 있습니다.

핵심 요약

여러분들이 이번 챕터까지 한 경험들을 간단하게 요약해 보겠습니다.

첫째로 Dart와 Flutter로 프로그램을 개발하기 위한 최종 개발 환경을 구축했습니다. 그리고 개발 환경에 속한 다양한 개발 도구를 설치하는 경험을 하였습니다.

둘째로 이번 Volume에서 Flutter 기반의 앱 개발을 하게 되었고, 실제 스마트폰에서 수행할 수 있는 능력을 갖추었습니다. 그리고 우리는 이미 HTTP 클라이언트와 HTTP 서버를 어떻게 만드는지 알고 있습니다. 따라서 이제 HTTP 서버와 HTTP 클라이언트 기능을 포함하는 앱 개발을 할 수 있게 되었습니다. 기본적인 Full-Stack 개발자의 길을 걷기 시작한 것입니다.

셋째로 안드로이드와 iOS에서 실행되는 앱을 하나의 소스 코드로 만들었습니다. 크로스 플랫폼 혹은 one–source–multi–platform 기술이 어떤 것인지를 실제 경험을 통해서 알게 되었습니다.

이 책을 읽는 목적이 Flutter와 HTTP 기반의 앱을 만들기 위해서이거나 HTTP 기반의 앱과 서버를 만드는 것이라면, 잠시 독서를 멈추고 Flutter 공식 사이트에서 관련된 세부 내용을 깊이 있게 찾아보는 시간을 갖는 것도 권장합니다.

이 책을 크게 두 가지 부분으로 나눈다면 이제 우리는 전반부를 마쳤다고 할 수 있겠습니다. 다음 페이지부터는 지금까지 성취한 내용을 토대로 한발 더 깊이 있는 내용을 소개하는 후반부로 들어가겠습니다.

VOLUME.

F

Flutter로 Desktop App 개발

CHAPTER. 1

Flutter for Desktop 이해하기

Flutter를 사용하여 데스크톱 프로그램을 만드는 일은 두 가지 의미를 갖습니다. 첫 번째는 이전 볼륨에서 Flutter로 만든 소스 코드 하나를 안드로이드 운영체제와 iOS 운영체제에서 동일하게 실행했을 때와 같은 의미입니다. 스마트폰 용으로 만든 앱을 데스크톱 운영체제인 Microsoft Windows, Apple macOS 그리고 Linux 운영체제에서도 수정 없이 그대로 실행할 수 있다는 뜻입니다. Flutter가 지향하는 one-source multi-platform, 크로스 플랫폼을 보여주는 사례입니다. 두 번째는 필요시 데스크톱에 특화된 기능을 구현할 수 있다는 뜻입니다. 이 챕터에서는 첫 번째 의미에 관한 설명을 하고, 다음 챕터에서 두 번째 의미를 설명하겠습니다.

자세히 알아보기

Flutter의 크로스 플랫폼 지원 덕에 하나의 소스 코드로 만든 프로그램이 안드로이드, iOS 및 Windows, macOS, Linux 운영체제에서 수정 없이 실행됩니다. 이번 챕터에서는 스마트폰에서 동작한 앱을 그대로 데스크톱에서 실행하는 방법을 알아보겠습니다.

본격적으로 시작하기 전에 Volume.E 9장에서 VS Code를 사용하여 새로운 프로젝트를 만들었던 과정을 다시 한번 해보기 바랍니다. 충분히 익숙해지지 않았다면 문제가 생길 수도 있습니다.

이전 챕터에서는 자동으로 생성된 main.dart의 내용을 Volume.E 8장의 소스 코드로 교체했지만 이번에는 자동으로 생성된 그대로 실행하고자 합니다. 단, 실행 대상 디바이스를 데스크톱으로 하려고 합니다. 사전에 flutter doctor 혹은 flutter devices를 실행해서 다음 중 하나가 있는지 확인합니다.

```
macOS (desktop)        • macos        • darwin-x64        • Mac OS X …
Windows (desktop)      • windows      • windows-x64       • Microsoft Windows
[Version …]
```

첫 줄은 macOS이고, 다음 줄은 Windows입니다. 둘 중 하나를 선택할 예정입니다. 참고로 Linux도 위의 두 경우에 공통으로 보이는 "(desktop)" 표시가 있을 겁니다.

사용 가능한 데스크톱 디바이스가 있다면, VS Code에서 실행 시 실행 대상 디바이스로 macOS나 Windows를 선택합니다. 그리고 프로그램을 바로 실행합니다.

[그림 1] VS Code를 이용한 Counter 프로그램의 데스크톱 실행

Volume.E 9장을 무사히 마쳐 본인의 컴퓨터에 개발 환경이 제대로 구축되어 있다면 문제없이 실행되어 그림 1의 화면이 나타날 겁니다.

매력적인 Flutter는 소스 코드에 손을 대지 않았음에도 이렇게 스마트폰을 위해서 만든 앱을 데스크톱 위에서 제대로 실행해 줍니다. '+' 버튼을 클릭하면 화면 중앙의 숫자가 증가하는 것도 확인할 수 있습니다. 이렇게 원활히 동작하므로 이미 개발한 스마트폰 앱을 데스크톱 환경에서 실행하는 방법을 길게 설명할 필요는 없습니다.

이번 챕터에서는 두 가지 방법을 설명하겠습니다.

첫째는 VS Code가 아닌 CLI 환경에서 작업하는 방법을 설명하고자 합니다. 'VS Code가 이렇게 편한데, 왜 불편한 CLI 환경에 대해서 더 알아야 하지?'라고 생각할 수 있지만 실제 앱을 만들고, 디버그 하고, 배포하는 과정에서는 CLI 환경을 더 많이 사용합니다. 그러므로 데스크톱 프로그램을 만드는 방법보다는 Flutter 프로그램을 CLI 환경에서 개발하는 방법에 중심을 두어 설명하겠습니다.

둘째는 프로그램 안에 파일을 추가하는 방법을 설명하고자 합니다. Volume.E 8장의 프로그램도 이미지를 보여주고 있지만, 이 이미지는 네트워크에서 실시간으로 다운로드하여 보여주는 이미지입니다. 그러나 실제로 프로그램을 개발하다 보면 내가 만들거나 보유한 이미지를 자주 사용합니다. DartPad 환경에서는 컴퓨터의 파일을 사용할 수 없기 때문에 인터넷에 있는 이미지를 다운로드하였습니다. 하지만 이번 챕터에서는 컴퓨터에 저장된 이미지를 내가 만드는 프로그램에 포함하려 합니다. 이미지 외에도 폰트나 데이터 파일 등을 어떻게 내가 만드는 프로그램에 넣을 수 있는지를 알게 하기 위함입니다.

이번 챕터의 목적은 사실 Flutter로 만든 앱을 데스크톱 환경에서 돌아가도록 다시 개발하는 것은 아닙니다. 이 목적은 이미 Flutter가 크로스 플랫폼이기에 의미가 없는 목적입니다. 그보다는 전문적인 개발자로 나아가기 위해서 CLI 환경에 더욱 익숙해지고, 본인이 개발하는 프로그램에 이미지 파일, 데이터 파일, 폰트 파일, 아이콘 파일 등을 포함시키는 방법을 배우고자 합니다.

CLI 환경에서 작업하지만 그렇게 복잡하거나 어렵지는 않을 겁니다. 차분하게 따라하면 VS Codc를 사용하는 것만큼 수월하게 작업할 수 있을 겁니다. 이 책에서는 macOS와 Windows 운영체제 기준으로만 설명합니다. Linux 운영체제도 동일한 방법으로 개발 및 실행이 가능하니 공식 사이트의 내용(https://docs.flutter.dev/desktop)을 참조해서 시도해 보기를 바랍니다.

1. CLI 환경에서 데스크톱 프로그램 개발하기

이미 만든 앱을 데스크톱에서 실행하는 경우, 소스 코드 레벨에서 수정할 부분은 없다고 반복해서 이야기했습니다. 따라서 이미 만든 앱을 데스크톱 환경에서 실행하는 방법과 개발한 데스크톱 프로그램의 실행 파일을 만들어서 배포하는 방법에 중점을 두고 설명하겠습니다.

1.1. CLI 명령을 사용하여 신규 Flutter 프로젝트 생성하기

1단계 작업으로 CLI 명령을 실행하기 위한 터미널을 실행합니다.

2단계 작업으로 VS Code에서 명령 팔레트로 했던 신규 프로젝트 생성을 CLI에서 다시 하겠습니다. 다음의 명령을 수행하면, 터미널의 현재 위치(디렉터리)에서 mydesktopapp 디렉터리를 만들고 그 안에 Flutter가 자동으로 프로젝트와 파일을 만들어 줍니다. 앞서 VS Code에서 명령 팔레트로 Flutter Project를 Application 형태로 신규 생성한 작업과 동일합니다.

```
flutter create mydesktopapp
```

문제없이 프로젝트가 만들어지면, 다음과 비슷한 메시지가 나타날 겁니다.

```
drsungwon@ flutter create mydeskktopapp
Signing iOS app for device deployment using developer identity: …
Creating project mydesktopapp...
Running flutter pub get in mydesktopapp...                          1,313ms
Wrote 127 files.

All done!
In order to run your application, type:

    $ cd mydesktopapp
    $ flutter run

Your application code is in mydesktopapp/lib/main.dart.

drsungwon@
```

CLI 환경에 익숙해지는 것을 이 챕터의 목표로 했으니, 출력 메시지가 안내하는 대로 해 보겠습니다. 출력 메시지를 보면 cd mydesktopapp으로 디렉터리를 이동하라고 되어 있고, flutter run으로 자동 생성된 프로젝트를 실행해 보라고 합니다. Flutter가 해 보라는 대로 해 보겠습니다.

먼저 새롭게 만든 mydesktopapp 디렉터리 안으로 다음의 명령을 사용해서 이동합니다.

```
cd mydesktopapp/
```

이 명령은 디렉터리를 바꾸는 것이니 별다른 문제가 없을 겁니다. 다음으로 현재 위치한 디렉터리의 프로젝트를 실행하라는 의미인 flutter run 명령을 실행합니다. 바로 실행이 될 수도 있지만, 대부분의 경우 다음과 같은 출력을 보여주면서 입력을 기다리고 있을 겁니다.

```
drsungwon@ flutter run
Multiple devices found:
macOS (desktop)    • macos    • darwin-arm64      • macOS 12.5 21G72 darwin-arm
Chrome (web)       • chrome   • web-javascript    • Google Chrome 104.0.5112.79
[1]: macOS (macos)
[2]: Chrome (chrome)
Please choose one (To quit, press "q/Q"):
```

어려워 말고 출력된 내용을 읽어 봅니다. 복수의 디바이스를 찾았다고 알려주고 있습니다. flutter doctor를 실행하면 대부분의 경우 데스크톱 운영체제, 크롬 브라우저, 그리고 USB로 연결한 스마트폰을 사용할 수 있는 것을 확인할 수 있습니다. 이런 상황에서 flutter run 명령으로 프로그램을 실행하라고 했으니, 어떤 디바이스에서 실행을 할 것인지 선택하라고 물어 본 것입니다. 이번 챕터의 목적은 데스크톱 환경에서 실습할 목적이므로 1번을 선택합니다. 참고로 Windows라면 앞서 설명한대로 Windows가 메뉴에 있으므로 Windows를 선택하면 됩니다. 그러면 그림 1의 화면이 나오는 것을 볼 수 있습니다. 일단 프로그램을 종료하고 다음 단계로 이동합니다.

3단계 작업은 Flutter 프로젝트를 통해서 만드는 프로그램이 실행되기를 원하는 환경을 추가하는 작업입니다. 지금은 데스크톱 환경을 목적으로 하고 있으니 본인이 희망하는 데스크톱 운영체제에 맞춰 다음 중 하나의 명령을 실행합니다.

```
flutter config --enable-macos-desktop
flutter config --enable-windows-desktop
flutter config --enable-windows-uwp-desktop
```

첫 번째 명령은 macOS 운영체제용 프로그램을 만들고자 할 때 실행합니다. 두 번째는 Windows의 일반 데스크톱 운영체제용 프로그램을 개발하려고 할 때 실행합니다. 세 번째는 Windows의 UWP(Universal Windows Platform) 기반 프로그램 개발을 위한 용도입니다.

참고로 본인이 고려하지 않을 개발 환경을 지정할 수도 있습니다. 이에 대한 명령은 다음과 같습니다.

```
flutter config --no-enable-macos-desktop
flutter config --no-enable-windows-desktop
flutter config --no-enable-windows-uwp-desktop
```

명령에서 enable이 no-enable로 바뀌었습니다. 이렇게 하면 Flutter에게 개발중인 프로그램이 no-enable로 설정한 환경을 고려하지 않아도 된다고 알려주어 고려하지 않아도 되는 환경에 대한 파일 생성이나 설정 작업을 하지 않게 됩니다. 굳이 왜 고려하지 않는 환경을 사용하지 않도록 설정해야 하는지 의문이 들겠지만, 프로젝트에서 지원하는 환경이 늘어날수록 프로젝트 디렉터리의 파일이 커지고, 프로젝트의 설정도 복잡해지기 때문입니다. 일반적으로는 목표로 하는 환경만 enable 하는 것이 좋습니다.

NOTE

3단계는 2단계에서 데스크톱 프로그램이 제대로 동작했다면 필요 없는 작업입니다. 하지만 2단계에서 데스크톱 프로그램의 실행에 문제가 있다면, 추가 조치로서 필요한 작업입니다. Flutter의 이전 버전에서는 반드시 해야 하는 작업이었는데, 최근에 반드시 할 필요는 없는 작업으로 변경되었습니다. 2단계를 성공적으로 수행했어도 3단계에서 언급하는 명령을 실행해도 되지만 굳이 할 필요는 없습니다.

1.2. Flutter 개발 환경 확인하기

4단계 작업은 데스크톱 환경 추가에 따른 개발 환경 재점검입니다. 필수적이지는 않지만 새로운 환경에 대한 프로그램을 개발하기로 했으니 돌다리를 두드리는 마음으로 하겠습니다. 여러 번 등장했던 다음 명령을 실행합니다.

```
flutter update
flutter doctor
```

5단계 작업은 3단계에서 개발 목표 환경인 데스크톱을 추가했을 때 우리가 만드는 프로그램을 실행할 디바이스에 데스크톱이 자동으로 추가되었는지 확인하는 작업입니다. 다음의 명령을 실행해서 현재 사용 가능한 디바이스를 확인합니다.

```
flutter devices
```

이 명령의 수행 결과로 실행 가능한 데스크톱에 환경이 다음처럼 나타납니다.

```
macOS (desktop)      •macos      •darwin-x64     •Mac OS X …
Windows (desktop)    •windows    •windows-x64    •Microsoft Windows [Version …]
```

첫 번째 줄은 macOS에서 수행한 결과이고, 두 번째 줄은 Windows에서 수행한 결과입니다. 각각의 디바이스 명은 두 번째 칸인 macos와 windows입니다.

1.3. 신규 Flutter 프로젝트 실행하기

6단계는 새롭게 만든 프로젝트를 CLI 명령을 사용해서 실행하는 작업입니다. 예상했겠지만 Counter 프로그램이 등장합니다. CLI 환경에서 현재 디렉터리의 프로젝트를 실행하는 명령은 flutter run임을 2단계에서 경험했는데, 이번에는 다음과 같은 명령으로 디바이스를 지정해서 실행합니다.

```
flutter run -d macos
flutter run -d windows
```

첫 번째 명령은 macOS에서 실행할 때 사용하고, 두 번째 명령은 Windows 운영체제에서 실행할 때 사용합니다. 명령에서 run은 실행하라는 의미이며 –d는 어떤 디바이스에서 실행하는 지를 결정하는 명령입니다. macos 혹은 windows를 디바이스로 지정하였습니다. 실행하고자 하는 데스크톱 컴퓨터의 운영체제에 맞춰서 디바이스를 선택하고 실행하면 됩니다.

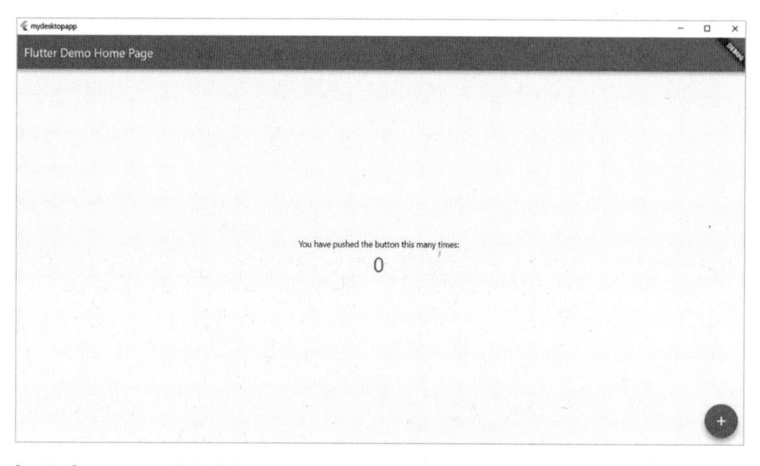

[그림 2] Windows 환경에서 Counter 프로그램 실행 화면

문제없이 진행했다면, 프로그램 실행 화면이 나타났을 겁니다. macOS에서의 실행 화면은 그림 1과 같습니다. 그림 2는 Windows에서의 실행 화면입니다.

크로스 플랫폼이라는 단어가 의미하듯이 한번 만들어진 프로그램은 다양한 운영체제와 다양한 디바이스에서 수정 없이 실행이 가능합니다. 물론 개발자가 원하는 형태로 데스크톱 프로그램의 코드를 수정하는 것도 가능합니다. 데스크톱에서는 넓어진 화면과 다양한 입출력 디바이스가 가능한 만큼, 프로그램의 특성에 맞춰서 데스크톱에 차별화된 형태와 기능을 추가하는 것이 일반적입니다.

1.4. Flutter 프로젝트 프로그램 배포하기

마지막 7단계는 개발한 데스크톱 프로그램을 배포하는 작업입니다. 데스크톱 프로그램은 특정 목적에 맞춰서 개발한 후, 필요한 컴퓨터에 복사하여 사용하는 경우가 종종 있습니다. 이런 경우라면 아래와 같이 build 명령을 사용하여 실행 파일을 만들도록 합니다. 첫 번째 명령은 macOS를 위한 명령이고, 두 번째 명령은 Windows를 위한 명령입니다.

```
flutter build macos
flutter build windows
```

빌드로 만들어지는 실행 파일은 작업 중인 프로젝트 안에 포함되어 있습니다. macOS인 경우는 다음의 디렉터리에서 mydesktopapp.app 프로그램을 찾을 수 있습니다. 이 프로그램을 복사하여 사용하면 됩니다.

```
mydesktopapp/build/macos/Build/Products/Release/
```

Windows의 경우는 다음의 디렉터리에 있는 모든 파일을 복사해서 사용하면 됩니다.

```
mydesktopapp/build/windows/runner/release/
```

Windows 운영체제는 DLL(Dynamic Link Library)이라는 기술을 사용하기에, 하나의 실행 파일이 만들어지기는 하지만 이 실행 파일이 단독으로 작동하지 못하고 다른 파일을 필요로 하므로 해당 디렉터리의 모든 파일을 복사해서 사용해야만 프로그램이 제대로 실행됩니다.

이제 여러분은 VS Code와 CLI 환경에서 Flutter 프로젝트 생성과 코드 수정은 물론 희망하는 데스크톱 환경에서 실행도 할 수 있게 되었습니다. 참고로 CLI를 통해서 프로그램을 실행하는 방법은 스마트폰에서도 동일하게 사용할 수 있습니다. Flutter에서 사용하는 모든 도구와 과정은 대부분 (크로스 플랫폼 철학에 따라서)모바일 앱과 데스크톱 프로그램에 대해서도 동일하게 적용합니다.

2. Flutter 프로그램에 이미지 파일 포함하기

Flutter가 자동으로 만들어주는 Counter 프로그램만 실행하는 것은 재미가 덜하니, 우리가 만든 프로그램을 데스크톱에서 실행합니다. 실행할 프로그램은 바로 volume-E-chapter-08-code-02.dart 프로그램으로, 두고두고 활용하겠다는 의미로 만든 프로그램입니다.

성급한 분이라면 이미 데스크톱에서 실행한 Counter 프로그램의 소스 코드인 main.dart의 내용을 volume-E-chapter-08-code-02.dart 소스 코드로 변경한 후 실행했을 겁니다. 그리고 에러를 겪고 있을 겁니다. volume-E-chapter-08-code-02.dart 소스 코드는 네트워크를 통하여 이미지를 가져와서 화면에 출력하는 기능이 있습니다. 성급한 독자가 겪고 있는 문제가 바로 이 부분에서 발생한 문제입니다. 데스크톱 프로그램은 보안에 매우 민감합니다. 모바일 앱도 보안이 중요하지만, 데스크톱에서는 유달리 바이러스와 해킹 사고가 많은 것을 들었을 겁니다. 따라서 프로그램이 실행되면서 네트워크를 통하여 무언가를 가져오는 행위는 매우 조심스럽게 다루어져야 합니다. 그렇다고 해서 네트워크에서 가져온 이미지를 화면에 나타내는 작업이 불가능한 것은 아닙니다. 프로젝트에 일부 설정을 하면 됩니다. 하지만 이번 챕터에서는 본인의 개발용 컴퓨터에 있는 이미지를 프로그램에 포함시키는 경험을 하고자 합니다.

2.1. 신규 이미지 작성하기

1단계로 volume-E-chapter-08-code-02.dart 소스 코드에서 사용한 2개의 이미지를 독자가 직접 만든 이미지로 변경하겠습니다. 이미지를 직접 만들기 위해서, 아래의 사이트에 접속합니다.

DashAtar 사이트 : https://dashatar-dev.web.app/

DashAtar라는 사이트인데, Flutter를 상징하는 마스코트의 이름이 Dash라는 이름의 세라는 것을 이전의 챕터에서 알아보았습니다. DashAtar 사이트는 개발자 스스로 본인이 만들고 싶은 Dash 마스코트를 만들어 보고, 이 이미지를 다운받아서 사용하는 사이트입니다. 개발자/디자이너/매니저 중에서 하나를 고른 후, 본인이 만든 Dash에게 능력치를 항목별로 부여합니다. 그리고 Run을 누르면 독자가 만든 Dash가 이미지로 나타납니다. 여기서 Download 버튼을 누르면 이미지를 다운로드해 줍니다.

[그림 3] DashAtar에서 만든 이미지 1(flutter_00.png)

[그림 4] DashAtar에서 만든 이미지 2(flutter_01.png)

저는 그림 3과 그림 4와 같이 두 개의 이미지를 만들었습니다.

2.2. Flutter 프로젝트에 작성한 이미지 포함하기

2단계로 방금 만든 두 개의 이미지를 각각 flutter_00.png와 flutter_01.png로 이름을 변경합니다. 그리고 mydesktopapp 디렉터리 밑의 images 서브 디렉터리를 만들어서 이곳으로 파일들을 복사합니다. 따라서 다음과 같이 두 개의 파일이 제대로 저장되어 있어야 합니다.

```
mydesktopapp/images/flutter _ 00.png
mydesktopapp/images/flutter _ 01.png
```

3단계는 아래의 pubspec.yaml 파일을 VS Code로 엽니다. 이 파일은 mydesktopapp 디렉터리에 있습니다.

```
mydesktopapp/pubspec.yaml
```

이 파일에는 개발자가 만드는 프로젝트에 대한 다양한 환경 설정이 들어있습니다. 이 파일에 우리가 이미지 파일을 사용하겠다는 정보를 적어야 합니다.

파일 안을 보다 보면, assets:라는 문구가 주석 처리되어 있습니다. 이 문구는 이미지 파일 등의 자원을 프로젝트에 포함하겠다는 의미입니다. 일단 주석 처리를 제거합니다. 그리고 assets: 문구 밑에 이미지 파일을 어떻게 표현할지 예시가 있습니다. 이를 보고 다음과 같이 우리의 이미지 파일에 맞춰 작성하면 됩니다.

```
  assets:
    - images/flutter _00.png
    - images/flutter _01.png
```

주의할 점으로, assets: 문구의 주석 처리를 지우는 과정에서 실수가 있으면 안 됩니다. assets: 문구 위를 보면, flutter: 문구가 있습니다. 그리고 assets: 문구는 반드시 flutter: 문구보다 오른쪽으로 위치해야 합니다. 즉, 왼쪽에 공란(인덴트)이 더 있어야 한다는 의미입니다. 따라서 flutter: 문구까지 고려했을 때 다음과 같이 되어야 합니다. 실수로 이 부분을 건드리지 않도록 주의하기를 바랍니다.

```
flutter:
  assets:
    - images/flutter _ 00.png
    - images/flutter _ 01.png
```

3. 신규 이미지에 맞춰서 Flutter 프로젝트 수정하기

4단계는 Counter 프로그램의 소스 코드를 우리가 개발한 프로그램의 소스 코드로 대체하는 과정입니다. lib/main.dart 파일을 열고 이 안의 내용을 모두 지운 후, volume-E-chapter-08-code-02.dart 파일의 내용으로 채웁니다.

5단계는 직접 만든 이미지를 사용하도록 소스 코드를 일부 수정하는 과정입니다. main.dart의 HomeWidget 중 다음의 [수정 전]에 해당하는 내용을 찾아서 [수정 후]와 같이 변경하여 줍니다.

수정 전

```
Center(
  child: Image.network(
    'https://image.flaticon.com/icons/png/512/25/25231.png',
    width: 300,
    height: 300),
),
```

수정 후

```
Center(
  child: Image.asset(
```

```
      'images/flutter _01.png',
      width: 300,
      height: 150),
  ),
```

수정 내용은 명확합니다. Image.network() 메서드를 사용해서 인터넷에서 실시간으로 가져온 이미지를 Image.asset() 메서드를 사용하여 프로젝트에 속한 이미지를 사용하도록 바꿔 줍니다. 이렇게 하면 프로젝트 안에 포함되어 있는 이미지를 화면에 출력할 수 있습니다. 이와 함께 이미지의 크기를 화면에 맞춰서 조금 줄였습니다. 스마트폰 앱은 세로로 길지만, 데스크톱 프로그램은 가로로 긴 형태가 일반적이기 때문에 맞춘 겁니다.

6단계도 직접 만든 이미지를 사용하도록 소스 코드를 일부 수정하는 과정입니다. main.dart의 Star-Widget 중 다음의 [수정 전]에 해당하는 내용을 찾아서 [수정 후]와 같이 변경합니다.

수정 전

```
'titleImageLink ':
    'https://storage.googleapis.com/cms-storage-bucket/2f118a9971e4ca6ad737.png',
```

수정 후

```
'titleImageLink ':
  'images/flutter _00.png',
```

7단계로 main.dart의 _buildTitleImage 함수의 [수정 전]에 해당하는 내용을 [수정 후]와 같이 변경합니다.

수정 전

```
return.Image.network(
  ImageName,
  width: 600,
  height: 240,
  fit: BoxFit.cover,
);
```

수정 후

```
return Image.asset(
  ImageName,
  width: 600,
  height: 400,
  fit: BoxFit.cover,
);
```

5단계와 마찬가지로 앱 안에 포함한 이미지를 사용하도록 바꾸고, 이미지의 길이를 조절했습니다. 이미지가 잘리지 않고 전체가 잘 보이도록 조정한 것입니다.

4. Flutter 프로젝트 실행 및 결과 확인하기

8단계로 flutter run 명령을 실행하고, 결과를 확인해 봅니다. 제대로 수행했다면 Volume.E 8장의 프로그램에서 이미지만 바뀐 실행 결과를 볼 수 있을 겁니다.

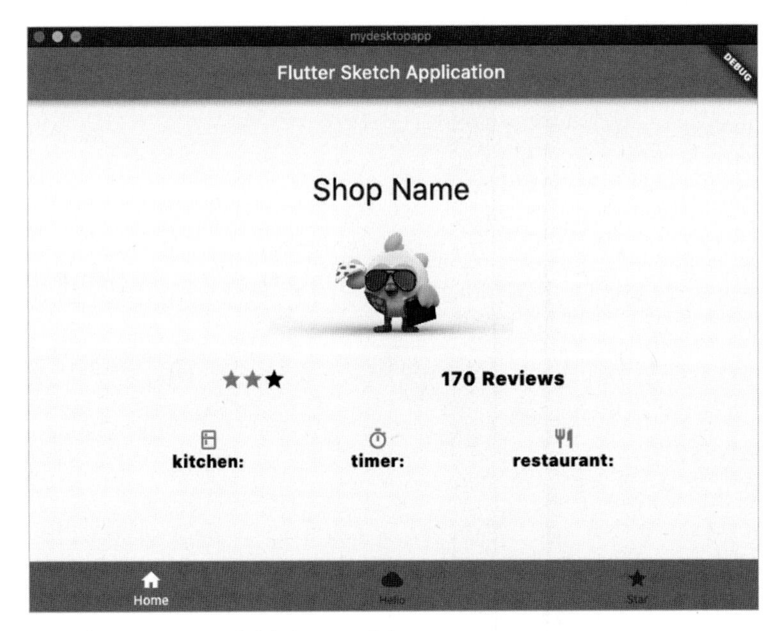

[그림 5] 데스크톱 프로그램에서의 Home 화면

그림 5는 Home 화면입니다. 데스크톱 화면 안에 바뀐 이미지를 포함한 내용이 출력됩니다.

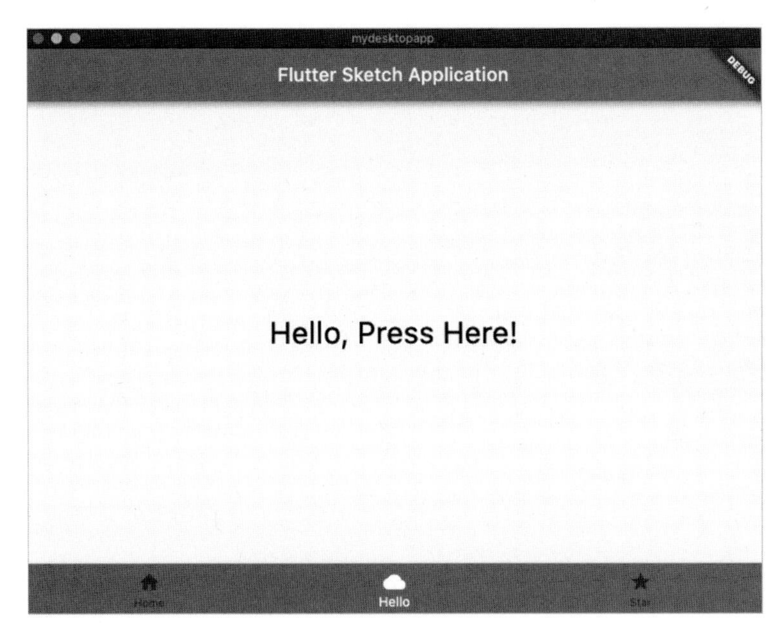

[그림 6] 데스크톱 프로그램에서의 Hello 화면

그림 6은 Hello 화면입니다. 가로로 길어진 것 외에 스마트폰 앱과 동일합니다.

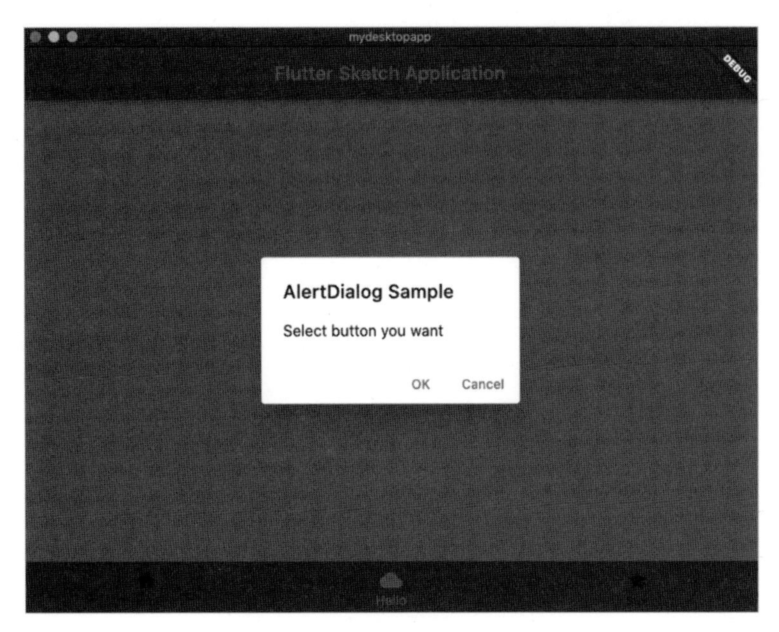

[그림 7] 데스크톱 프로그램에서의 Alert Dialog 화면

그림 7은 Hello 화면에서 Alert Dialog를 띄운 화면입니다.

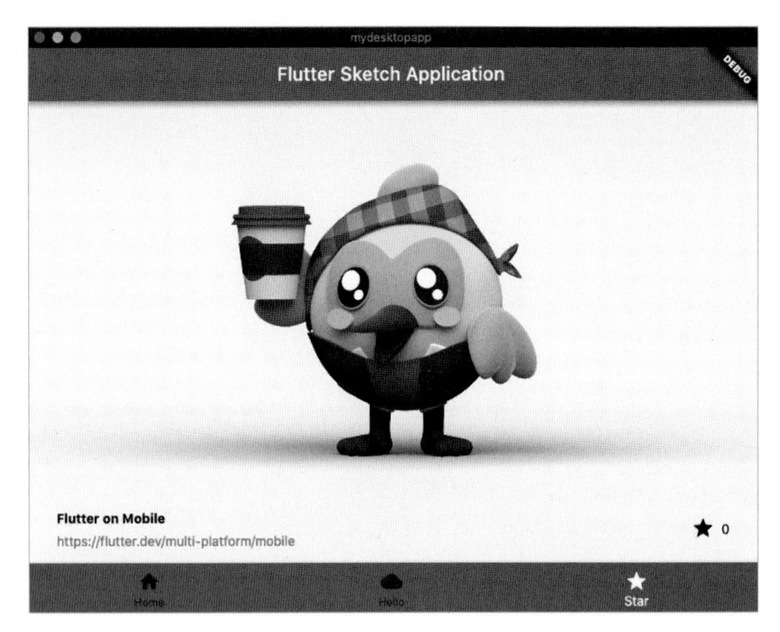

[그림 8] 데스크톱 프로그램에서의 Star 화면

그림 8은 Star 화면입니다. 공들여 만든 Dash 마스코트가 화면에 잘 나타나도록 크기를 키운 보람이 있습니다.

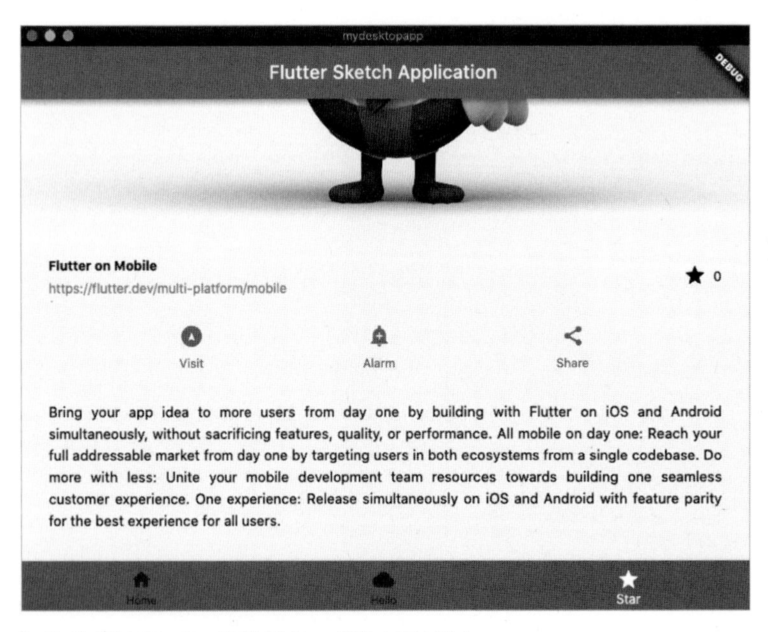

[그림 9] 데스크톱 프로그램에서의 Star 화면 스크롤 결과

데스크톱 프로그램도 스마트폰 앱과 동일하게 화면이 스크롤됩니다. 따라서 화면을 아래로 스크롤해서 그림 9와 같이 안보이던 내용을 확인합니다.

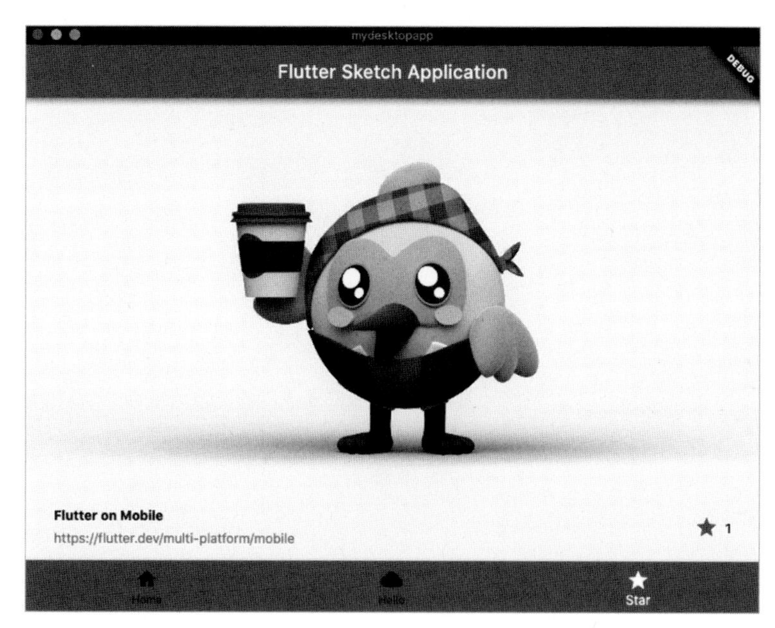

[그림 10] 데스크톱 프로그램에서의 Star 화면의 별 표 클릭 결과

그림 10에서는 '좋아요'를 의미하는 별표를 클릭하여 색상을 바꾸는 작업이 스마트폰 환경과 동일하게 동작하는 것을 확인하였습니다.

핵심 요약

Flutter의 장점을 크게 느낄 수 있는 챕터입니다. 공들여 만든 소스 코드가 안드로이드와 iOS에서 동작하더니, 이제는 macOS와 Windows에서 그대로 동작하고 있습니다. 다시 한번 크로스 플랫폼과 one-source multi-platform의 의미를 피부로 느낄 수 있을 겁니다. 모바일 앱이 일반 대중에게 익숙한 소프트웨어라면, 데스크톱 프로그램은 기업 및 사무 환경에서 꼭 필요한 소프트웨어입니다. Flutter를 이용한 데스크톱 프로그램 개발이 주 목적인 독자는 공식 사이트를 방문하여 데스크톱 개발에 관한 내용들을 더 살펴보기를 권합니다.

CHAPTER. 2

Flutter 아키텍처 이해하기

Flutter를 사용하여 데스크톱 프로그램을 만들다 보면, 크로스 플랫폼의 한계를 느낄 수 있습니다. 이 부분은 모바일 앱에서도 동일하게 느낄 수 있는 문제입니다. 특정 운영체제 혹은 특정 기계에 특화된 기능을 개발하고 싶은 경우가 있습니다. 예를 들면, Microsoft Windows 운영체제에서만 지원하는 기능을 사용하는 프로그램을 인텔 CPU 혹은 엔비디아 GPU에 특화된 기능으로 구현하고 싶은 경우입니다. 이렇게 특정 운영체제 혹은 특정 하드웨어(CPU, GPU 등)에 특화된 기능을 개발하는 것은 크로스 플랫폼의 목직에 부합하기 어렵습니다. 이런 경우에는 Flutter로 개발할 프로그램으로 크로스 플랫폼에 부합하는 기능을 개발하고, 특정 운영체제 혹은 하드웨어에 특화된 기능은 이에 맞는 언어와 도구로 개발한 후 둘을 통합하는 것이 일반적입니다. 개발에 적절한 언어와 도구를 고르기 위해서는 Flutter가 무엇이고 어떻게 동작하는지에 대해서 보다 깊은 이해가 필요합니다.

이번 챕터에서는 Flutter가 어떤 기술인지 깊이 있게 알아보고자 합니다. Flutter가 크로스 플랫폼을 가능하게 하는 기술적인 이유를 알게 되면, Flutter를 제대로 활용할 수 있게 될 것입니다. 또한 Flutter가 할 수 없는 부분이 무엇인지 명확하게 이해하면 특정 운영체제와 하드웨어에 특화된 기능을 어떻게 구현하는 것이 좋을지도 고민할 때 도움이 될 것입니다. Flutter가 하지 못하는 부분에 대해서 너무 걱정하지 않아도 됩니다. 책의 후반부에서는 Flutter로 만든 소프트웨어와 Flutter가 아닌 다른 언어로 만든 소프트웨어를 연결하는 내용을 다룰 예정입니다. Flutter의 장점에 맞는 소프트웨어를 개발하고, Flutter가 할 수 없는 부분을 해결할 수 있도록 다른 언어로 소프트웨어를 만들어 둘을 연결하면 됩니다.

자세히 알아보기

Flutter가 무엇이길래 Dart 언어로 만든 프로그램을 다양한 운영체제의 스마트폰과 데스크톱 컴퓨터에서 소스 코드의 수정 없이 실행할 수 있을까요?

Flutter는 그림 1과 같은 계층 구조를 가지는 매우 많은 소프트웨어들의 조합입니다.

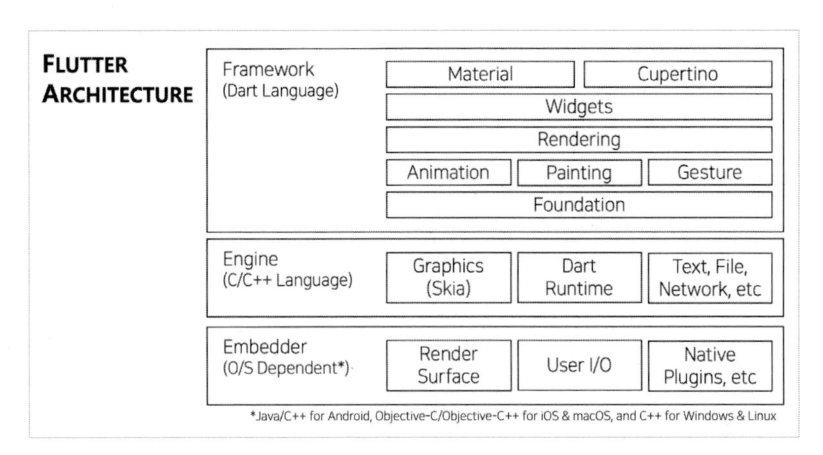

[그림 1] Flutter 계층 구조 (데스크톱 환경)

계층 구조란 아래에서 위로 소프트웨어들이 차곡차곡 쌓인 구조를 의미합니다. 상위 계층의 소프트웨어는 하위 계층 소프트웨어의 도움을 받아서 보다 사람에 가까운 위치에서 다양한 기능을 제공합니다. 맨 위의 Flutter Framework 중 가장 높은 위치의 Material과 Cupertino는 Flutter로 만든 애플리케이션이 사용자의 눈에 보여지는 디자인을 정의합니다. 앞서 Material Design을 따르는 화면 구성을 Material 패키지를 사용해서 만든 것을 기억하면 됩니다.

Material 디자인을 따르는 앱을 만들 때 우리는 여러 위젯을 사용했습니다. 그림 1에서 Material 바로 밑에 Widgets이 있는 것을 보면 이해가 됩니다. 그리고 이 위젯들은 화면에 출력되기 위해서 Rendering의 지원을 받는데, 통상 소프트웨어에서 이미지를 인위적으로 만들어내는 작업을 Rendering(렌더링)이라고 합니다.

Rendering은 다시 밑의 Animation(애니메이션)과 Painting(페인팅)의 지원을 받아서 화면에 이미지를 표시합니다. 그리고 사용자의 입력인 터치, 탭, 드래그 등을 지원하는 Gesture(제스처)가 제공됩니다. 그리고 이들의 가장 기반이 되는 기능을 제공하는 소프트웨어인 Foundation(파운데이션)이 Flutter Framework의 맨 밑에 존재합니다. 그리고 이들을 묶어서 Flutter Framework(프레임워크)라고 부르는데, Flutter Framework는 Dart 언어로 만들어져 있습니다.

Flutter Framework가 Dart 언어를 사용해서 사용자 인터페이스를 만드는 것을 주 목적으로 한다면, 이 목적을 고성능으로 제공하는 기반 기술이 Flutter Engine입니다. 예를 들면, 화면에 인위적인 이미지를 만들어내는 컴퓨터 그래픽 기능이 있습니다. 모니터 등 출력 장치의 화면에 무언가를 나타내는 핵심 기술이라고 보면 됩니다. Flutter는 Skia라는 오픈소스 2D(2차원) 그래픽 라이브러리를 사용합니다. 이 오픈소스 소프트웨어는 현재 구글 크롬 브라우저, 구글 크롬 운영체제, 안드로이드 운영체제 등의 많은 소프트웨어들이 사용하는 기술입니다. 그리고 파일 처리, 네트워크 송수신 등 다양한 기술을 Flutter Engine에서 제공하고 있습니다. 특히 우리가 앱을 build(빌드)할 때 최종 결과물은 결국 실행 파일로 만들어지는데, 이에 대한 개발 도구들도 대부분 Flutter Engine에 포함됩니다. Flutter Engine은 성능 상의 이유와 운영체제의 깊은 부분을 접근해야 하는 등의 이유로 C나 C++ 언어로 만들어져 있습니다.

개발자 입장에서는 목표로 하는 환경과 상관없이 Dart 언어와 Flutter Framework을 사용해서 편안하게 프로그램을 만들면 됩니다. 이 프로그램이 제대로 돌아가도록 하는 역할은 C/C++로 만들어진 Flutter Engine이 담당하고 있습니다.

Flutter Framework와 Flutter Engine은 프로그램이 실행되어야 하는 운영체제 및 디바이스와 무관하게 만들어집니다. 따라서 스마트폰, 데스크톱, 안드로이드, iOS 등의 운영체제는 달라도 같은 Framework/Engine 소프트웨어들이 동작한다고 보면 됩니다. 하지만 모든 일이 그렇게 수월한 것은 아닙니다. 결국 하드웨어와 운영체제에 무관하게 Framework와 Engine이 동작하도록 그 밑에서 묵묵히 일을 하는 소프트웨어가 있으니 바로 Flutter Embedder입니다.

Flutter Embedder는 Flutter Engine이 특정 운영체제와 하드웨어(예를 들어 CPU 등)에서 동작할 수 있도록 하며, 특히 특정 운영체제와 하드웨어에서 최적의 성능을 제공할 수 있게 하는 등의 작업을 수행합니다. 따라서 운영체제에 특화된 소프트웨어로 개발됩니다. 사용되는 개발 언어도 구글 Android에서는 C++와 Java를 사용합니다. 애플 iOS와 macOS에서는 Objective-C와 Objective-C++을 사용합니다. Microsoft Windows와 Linux에서는 C++을 사용합니다.

결국 Dart와 Flutter를 만들고 개선하는 개발자들은 Flutter Framework, Flutter Engine, Flutter Embedder를 다양한 운영체제와 하드웨어에 대응하도록 개발하고 있는 것입니다. 우리가 지금까지 개발했던 프로그램들은 모두 이 위에서 동작했습니다. 당연히 이러한 사실을 몰랐습니다. 그저 편한 개발 환경에서 즐겁게 개발을 했을 뿐입니다. 하지만, "소프트웨어에서 마법은 없다"는 이야기를 증명하듯이, 많은 분들의 수고와 노력에 의한 결과물을 사용하고 있는 것을 잊으면 안 됩니다.

또한 우리가 Flutter에서 만들 수 있는 것은 바로 이들 Flutter Framework, Flutter Engine, Flutter Embedder가 지원하는 기능들의 범위 안으로 한정됩니다. 이들이 지원하지 않는 부분은 다른 방법을 모색해야 합니다. 만약 여러분의 능력이 전문가의 수준에 도달하면, 이 도구들의 코드를 보고 수정하여 개선할 수 있을 겁니다. 더불어 Dart와 Flutter의 공식 오픈소스 코드로 기여하여 채택이 될 수도 있습니다.

Flutter의 내부 구조에 대한 상세한 설명은 Flutter 공식 사이트 중 아래의 글에서 잘 설명되어 있습니다. 이 책을 처음 접하는 경우에는 아직 이렇게까지 깊이 있는 내용을 이해하기 보다는 Flutter의 활용에 더 관심이 많을 겁니다. 하지만 본인이 만들고자 하는 기능을 구현하다 보면 언젠가 성능 등의 이슈에 관심을 갖게 될 테니 그때에는 아래의 사이트를 한번 방문하기 바랍니다.

'Flutter architectural overview'

https://docs.flutter.dev/resources/architectural-overview

Flutter로 데스크톱 프로그램을 개발하는 방법은 모바일 앱을 개발하는 방법과 다르지 않았습니다. 다만 데스크톱 프로그램은 스마트폰보다 상대적으로 큰 화면을 쓸 수 있고, 더욱 다양한 입출력 장치를 사용할 수 있습니다. 따라서 데스크톱 프로그램에 차별화된 화면 구성과 입출력을 사용할지를 결정하는 것이 중요한 차이점이 됩니다. 아울러 데스크톱 프로그램을 개발하는 경우에는 기존에 만들어진 소프트웨어를 사용하여야 하거나, 데스크톱 컴퓨터의 강력한 성능을 활용해야 하는 경우들이 있습니다. 이런 기능들이 Flutter의 범위 안에 있다면 문제가 없으나 Flutter의 목적과는 달라 지원하지 않는 경우라면 다른 방법을 찾아야 합니다. 이런 식으로 데스크톱에서는 모바일 앱 대비 상대적으로 Flutter가 할 수 있는 일과 할 수 없는 일을 정확하게 이해해야 하는 경우가 더 많습니다. 하지만 할 수 없는 일이라고 해서 크게 걱정할 필요는 없습니다. 이에 대한 해결책도 미리 Dart 언어에 반영되어 있으며, 책의 후반부에서 다루는 Dart 언어의 FFI(Foreign Function Interface)와 같은 기술을 통해서 자세하게 알아볼 예정입니다.

NOTE

구글 안드로이드와 애플 iOS에는 비교적 처음부터 제대로 된 Flutter 소프트웨어를 제공했지만, 데스크톱 분야에서는 가장 먼저 공식 릴리스를 제공한 운영체제는 Microsoft Windows입니다. Flutter 2.10이 2022년 2월 초 출시되면서 기능과 성능 면에서 안정적인 Flutter for Windows가 출시되었습니다. 이후 macOS와 Linux 운영체제에 대해서 지원이 강화되었습니다.

핵심 요약

짧은 글이지만 Flutter가 기술적으로 어떤 소프트웨어이고, 내부적으로 어떤 구조를 가지고 있는지 설명하였습니다. 특히 운영체제 및 하드웨어와 상관없이 크로스 플랫폼으로 동작할 수 있는 비밀의 뒤에는 Flutter Framework와 Flutter Engine이 있음을 알았습니다. 그리고 이 모든 일은 마법이 아니며, 결국 Flutter Embedder가 운영체제와 하드웨어가 다르더라도 동일하게 동작할 수 있도록 하부에서 열심히 동작하고 있다는 점도 알게 되었습니다. 그리고 Flutter가 제공하는 것과 제공하지 않는 것을 명확하게 이해하고, 제공하지 않는 부분에 대해서 어떻게 해결할지를 고민해야 한다는 사실도 알게 되었습니다.

VOLUME.

G

Flutter로 Web 서비스 개발

CHAPTER. 1

Flutter for Web 이해하기 Part.1

Flutter를 이용하여 웹 서비스를 만드는 방법을 알아봅니다. 여기서의 웹 서비스는 사용자가 웹 브라우저를 사용하여 체험하는 서비스입니다. 이전에도 Flutter를 이용하여 만든 스마트폰 앱을 소스 코드 수정 없이 그대로 데스크톱에서 실행하였는데, 이번에도 소스 코드의 수정 없이 웹 브라우저로 서비스를 실행하며 시작합니다.

자세히 알아보기

스마트폰 앱과 데스크톱 프로그램을 만들 때, Flutter가 자동으로 생성해 주는 기본 프로그램인 Counter 프로그램으로 시작하였습니다. 가장 기본적인 과정은 이전 데스크톱 프로그램과 거의 동일한 과정입니다. 지난 번과 같이 CLI 환경에서 작업합니다.

1단계로 새로운 프로젝트를 만들겠습니다. 원하는 위치에서 다음의 명령으로 새로운 Flutter 프로젝트를 생성합니다.

```
flutter create mywebapp
```

2단계로 프로젝트 안으로 이동합니다.

```
cd mywebapp
```

3단계로 개발 환경에 Web(웹)을 추가합니다. 앞서 데스크톱에서 등장했던 것과 동일한 flutter config 명령으로 데스크톱이 아닌 웹을 개발 환경에 추가하는 다음 명령을 수행합니다.

```
flutter config --enable-web
```

반대로 프로젝트에서 웹을 지원하지 않도록 하는 명령은 다음과 같습니다.

```
flutter config --no-enable-web
```

NOTE

3단계의 과정은 Flutter 개발 도구가 발전되면서 점점 없어지는 과정입니다. 이 작업을 수행하지 않아도 이후의 과정들에 문제가 없다면 굳이 수행할 필요는 없습니다.

새로운 개발 환경을 추가했으니 4단계로 필요한 소프트웨어와 환경을 재점검하도록 아래의 명령을 실행해 봅니다.

```
flutter upgrade
flutter doctor
```

5단계에서는 웹을 위한 디바이스를 다음의 명령으로 확인합니다.

```
flutter devices
```

이 책에서 설명한 개발 환경을 제대로 구축했다면 당연히 크롬 브라우저가 설치되어 있을 겁니다. 따라서 디바이스 확인 명령 결과에 다음의 크롬 브라우저가 반드시 있어야 합니다.

```
Chrome (web)        • chrome       • web-javascript      • Google Chrome ...
```

크롬 브라우저의 디바이스 명칭은 'chrome'입니다.

6단계로 웹 서비스를 실행합니다. 명령은 다음과 같습니다.

```
flutter run -d chrome
```

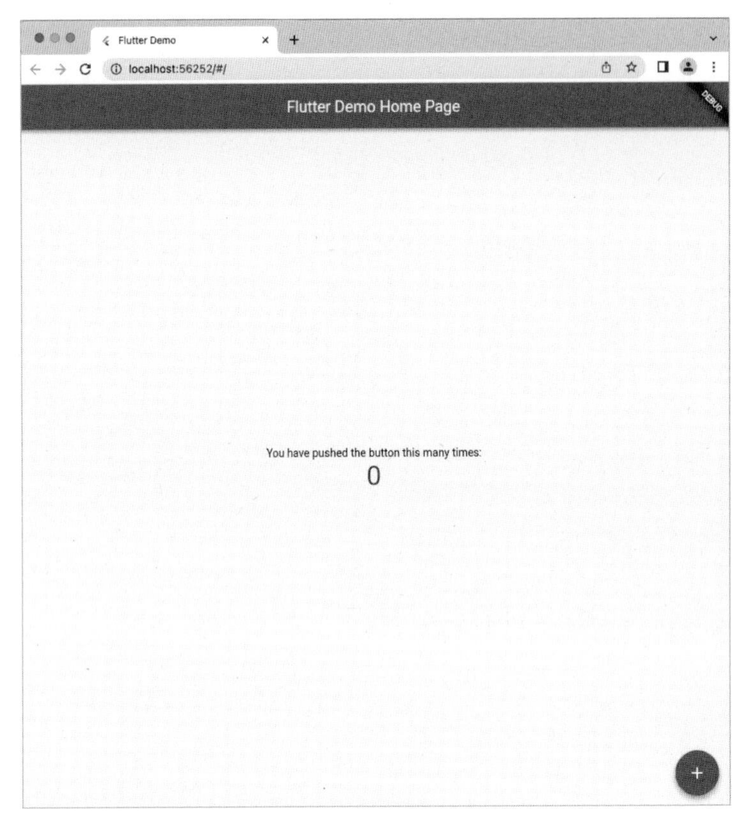

[그림 1] Flutter 기반 Counter 웹 서비스 실행 화면

아주 익숙한 Counter 프로그램이 이번에는 웹 브라우저에서 웹 서비스 형태로 실행되었습니다. 오른쪽 밑의 '+' 기호를 클릭하면 앞서 개발한 스마트폰과 데스크톱에서와 동일하게 숫자가 증가합니다.

다시 한번 Flutter의 위력을 확인했습니다. 같은 코드가 스마트폰과 데스크톱에 이어서 이제는 웹 브라우저에서도 실행됩니다.

참고로 이전 챕터에서 VS Code를 사용하여 모바일 앱과 데스크톱 프로그램을 실행했던 것을 기억할 겁니다. CLI가 아닌 VS Code를 사용한 실행도 가능합니다. CLI와 다른 부분은 동일하고 실행 대상 디바이스를 크롬 브라우저로 선택하는 부분만 다릅니다.

핵심 요약

Flutter를 이용하여 웹 서비스를 만드는 과정은 이전 챕터에서 알아본 스마트폰 앱이나 데스크톱 프로그램을 만드는 과정과 별반 다르지 않습니다. 혹시 전통적인 웹 서비스 개발 방법인 HTML/CSS/JavaScript를 다뤄본 독자라면 의아하다는 생각이 들지 모릅니다. Flutter의 크로스 플랫폼 철학은 웹 서비스에서도 그대로 이어져 전통적인 웹 서비스 개발 기술을 모르더라도 웹 서비스를 만들 수 있습니다.

CHAPTER. 2

Flutter for Web 이해하기 Part.2

기본 Counter 프로그램을 실행해 보았으니 이제 다시 한번 우리가 만든 레퍼런스 프로그램을 웹 서비스 환경에서 실행해 보겠습니다. 데스크톱 프로그램 개발에서 진행했던 작업을 이번에는 웹 서비스 환경에서 비슷하게 다시 한 번 진행합니다.

자세히 알아보기

이전 챕터에서 만든 mywebapp 프로젝트에 앞서 데스크톱 프로그램 개발에서 했던 작업을 동일하게 적용해 봅니다. 다음 과정대로 프로젝트를 업데이트하면 됩니다.

1단계로 lib/main.dart 파일의 내용을 Volume.F 1장에서 했던 작업대로 변경합니다. 만약 Volume.F 1장의 main.dart 파일을 가지고 있다면, 내용을 그대로 복사합니다.

2단계로 images 디렉터리를 만들고, Volume.F 1장에서 만든 flutter_00.png과 flutter_01.png 파일을 복사합니다.

3단계로 pubspec.yaml 파일의 내용을 Volume.F 1장에서 했던 작업대로 변경합니다. 만약 Volume.F 1장의 pubspec.yaml 파일을 가지고 있다면 내용을 그대로 복사합니다.

4단계로 다음의 명령을 웹 브라우저에서 실행합니다.

```
flutter run -d chrome
```

실수가 없었다면 문제없이 크롬 브라우저를 통해서 우리의 레퍼런스 프로그램이 실행되는 것을 확인할 수 있을 겁니다.

독자 여러분의 이해를 위해서 주요 화면을 캡처하였습니다. 이미 자주 접한 화면이니 별도의 설명은 하지 않습니다.

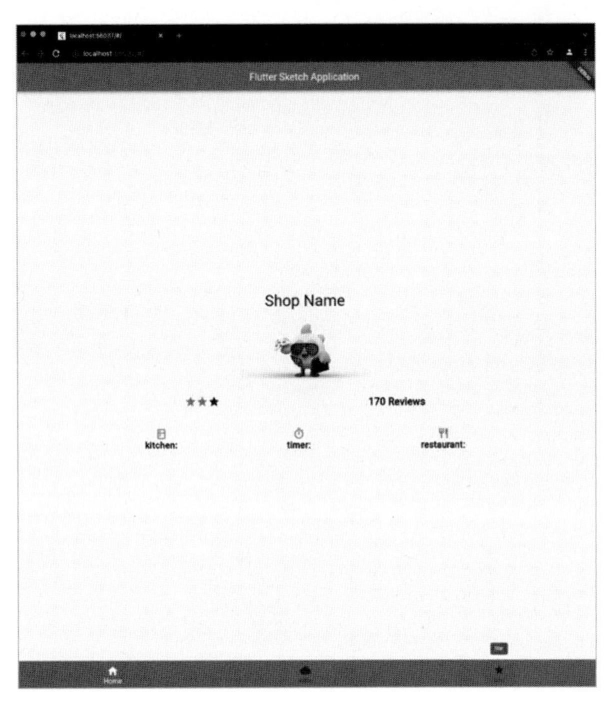

[그림 1] 웹 서비스의 Home 화면

[그림 2] 웹 서비스의 Hello 화면

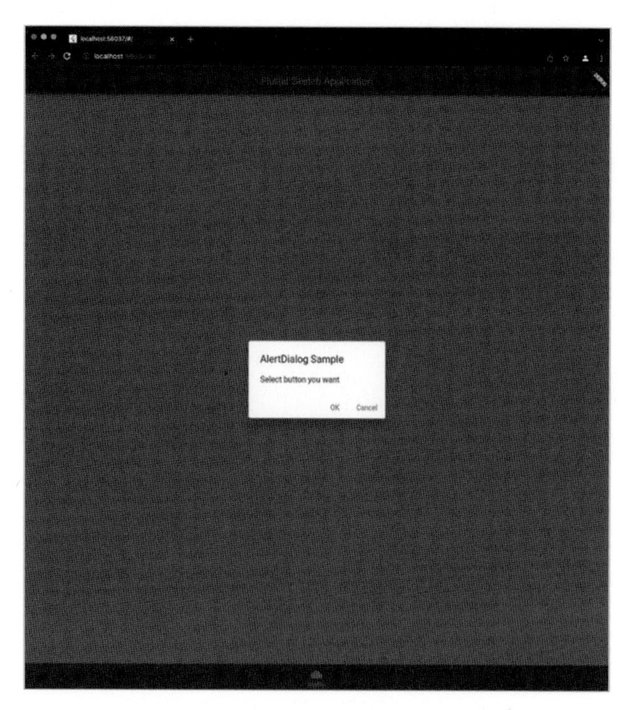

[그림 3] 웹 서비스의 Hello 화면 중 AlertDialog 실행 상태

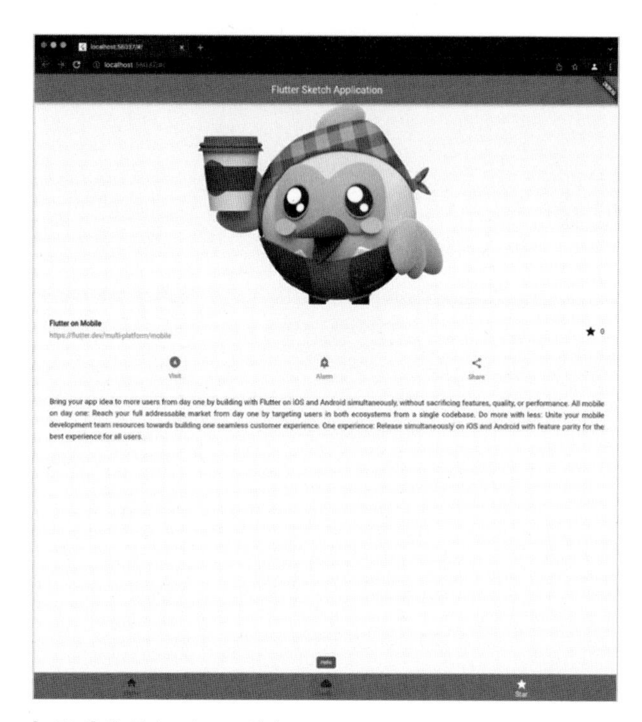

[그림 4] 웹 서비스의 Star 화면

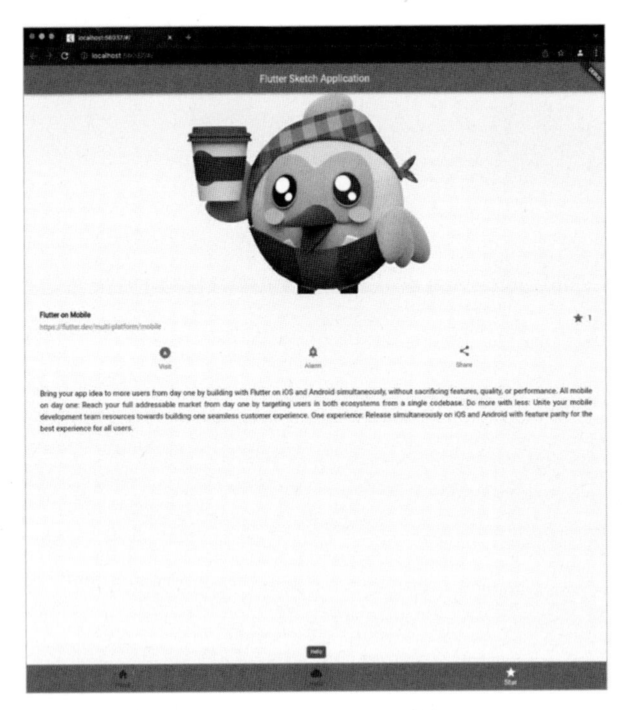

[그림 5] 웹 서비스의 Star 화면 중 별표 활성화 상태

웹 브라우저 환경에서 동작하는 프로그램은 굳이 HTTP 클라이언트와 HTTP 서버가 아니더라도 사용자에게 익숙한 웹 브라우저를 사용자 인터페이스로 사용하기도 합니다. 또한 이번 챕터에서 실행한 것처럼 한 대의 컴퓨터에서 실행되는 프로그램의 모습으로 개발하기도 합니다.

핵심 요약

다시 한번 Flutter가 플랫폼과 독립적으로 소프트웨어를 개발할 수 있는 크로스 플랫폼 프레임워크라는 의미를 이해할 수 있었습니다. 특히 웹 서비스 개발은 HTML/CSS/JavaScript 등의 기술을 알고 있어야 가능했는데, Dart 언어와 Flutter로 만들 수 있다는 점이 매우 놀랍습니다.

CHAPTER. 3

Flutter for Web 개발하기

웹 서비스는 기본적으로 웹 브라우저를 통해서 멀리 떨어진 웹 서버에 접속하여, 그래픽 기반의 사용자 인터페이스로 경험하는 서비스입니다. 이를 위해서 우리는 Volume.D에서 웹 서비스를 가능하게 하는 HTTP 클라이언트와 HTTP 서버를 이해하고 직접 만들어 보았습니다. 이번 챕터에서는 우리가 만든 레퍼런스 프로그램 기반 웹 서비스를 웹 서버를 통해서 웹 브라우저에게 제공하기 위한 마지막 준비 작업을 하겠습니다.

자세히 알아보기

Volume.D에서 알아본 것처럼 HTTP 서버에서 HTTP 클라이언트로 우리가 만든 웹 서비스를 전달하게 만들려면, Flutter로 만든 프로그램을 HTTP 서버에서 네트워크를 통해 전달할 수 있는 웹 서비스의 형태로 변환해야 합니다. 이 작업은 Volume.F 1장에서 알아본 flutter build 명령으로 수행합니다. mywebapp 프로젝트의 디렉터리에서 다음의 명령을 실행해서, 우리가 만든 레퍼런스 웹 서비스를 HTTP 서버가 전달할 수 있는 형태로 빌드합니다.

```
flutter build web
```

실행 후 다음과 같은 디렉터리가 생겨 이 곳에 웹 서비스를 위한 레퍼런스 프로그램의 빌드 결과물이 만들어집니다.

```
mywebapp/build/web
```

만들어진 파일 중 중요한 파일들은 다음과 같습니다.

```
mywebapp/build/web/index.html
mywebapp/build/web/main.dart.js
```

index.html 파일은 HTTP에 대한 내용을 공부할 때 알아본 파일입니다. 통상 웹 브라우저로 웹 서버에 접속하는 경우 HTTP GET Request 요청 시 가장 기본적으로 전달되는 파일입니다.

main.dart.js 파일이 우리가 만든 Flutter 프로그램의 변형된 버전입니다. 추후 Flutter for Web 아키텍처 설명 시 언급하겠지만, Flutter로 만든 프로그램을 웹 브라우저가 이해하는 JavaScript로 번역한 결과입니다. 이렇게 JavaScript로 번역하여 Flutter로 만든 프로그램을 웹 서버가 웹 브라우저에 HTTP를 통해서 전달하는 것이 가능합니다. 그리고 스마트폰 앱이나 데스크톱 프로그램과 거의 동일한 외관과 동일한 기능으로 동작합니다.

아직 한 가지 더 작업할 내용이 있습니다. VS Code로 index.html 파일을 엽니다. 파일 안에는 자동으로 생성된 코드들이 있는데, 혹시 다음의 코드가 있는지 확인합니다.

```
<base href="/">
```

만약 이 코드가 있다면, 다음과 같이 주석 처리합니다.

```
<!--
<base href="/">
-->
```

이 내용은 HTTP 서버가 동작하는 경우 HTTP 클라이언트에게 전달할 파일들의 위치에 대한 내용을 정의하는 부분으로, 우리가 작업하는 내용에는 맞지 않기에 주석 처리하였습니다. 확장자가 .html인 파일에서 주석 처리를 하려면, 시작 전에 〈!-- 기호로 시작하고 주석 처리가 끝나는 지점에서 --〉 기호를 사용해야 합니다.

이제 우리가 만든 레퍼런스 프로그램을 HTTP 서버로 동작하는 웹 서버에서 인터넷 어딘가에서 접속하는 웹 브라우저에게 전달하여 실행시킬 준비를 마쳤습니다.

핵심 요약

Dart와 Flutter로 만든 웹 서비스는 웹 브라우저에서 실행되기 위해 웹 브라우저가 이해하는 언어인 JavaScript로 번역됩니다. 그리고 이 번역된 파일을 웹 브라우저가 제대로 읽도록 하기 위해서 추가적인 파일들이 자동으로 만들어지게 됩니다. 이렇게 만들어진 파일들은 HTTP 서버에 의해서 웹 브라우저에게 전달됩니다.

CHAPTER. 4

Flutter for Web 운영하기

웹 브라우저가 웹 서버에 접속하여 Flutter 기반의 웹 서비스를 가져오는 시나리오를 직접 경험해 보도록 합니다. Volume.D에서 개발한 HTTP 서버를 재활용하며, Dart 언어로 직접 만든 HTTP 기반의 웹 서버가 Flutter 프레임워크로 직접 만든 웹 서비스를 일반 웹 브라우저에 제공하게 됩니다.

미리 보는 수행 결과

이번 챕터에서는 Volume.D에서 했던 방식으로 HTTP 클라이언트와 HTTP 서버를 같은 컴퓨터에서 동작시킵니다. 우리가 직접 만든 HTTP 서버가 웹 서버로 동작하고 이 웹 서버에 웹 브라우저로 접속하면 우리가 만든 Flutter 기반의 레퍼런스 웹 서비스가 웹 서버를 통해서 웹 브라우저로 전달됩니다. 새롭게 개발한 내용이 없기에 스크린샷은 윤곽만 확인할 수 있을 크기로 삽입했습니다. 직접 실행하면서 자세한 내용을 확인하길 바랍니다. 특히 웹 브라우저를 개발자 모드로 동작시켜서 우리가 만든 웹 서버와 웹 브라우저가 주고받는 내용을 확인하도록 합니다.

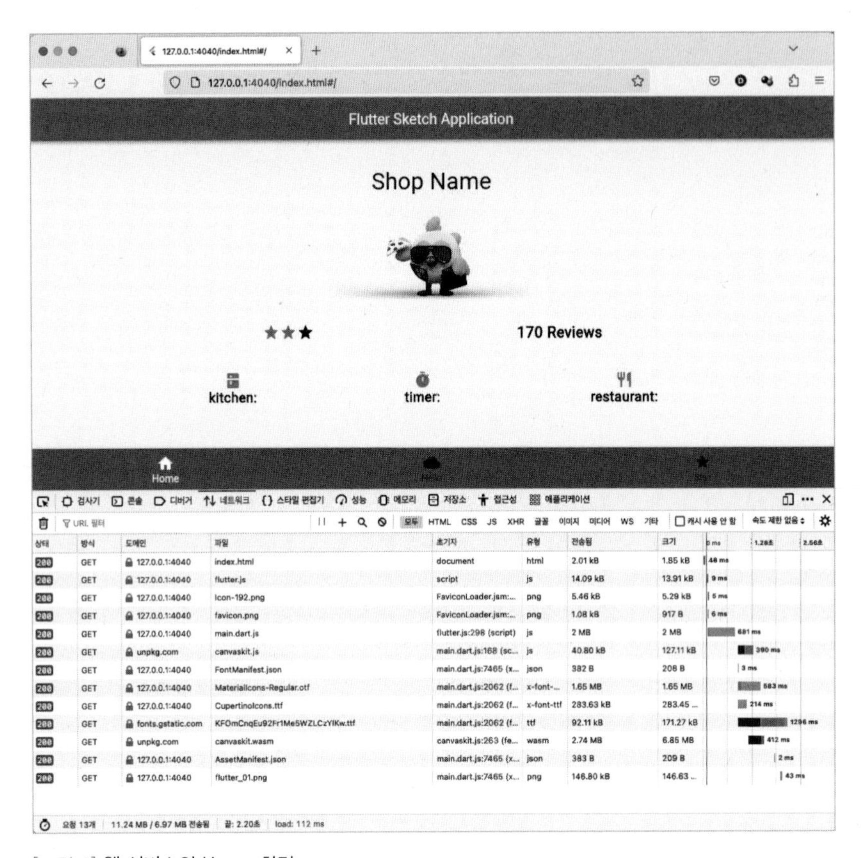

[그림 1] 웹 서비스의 Home 화면

웹 브라우저에서 웹 서버에 최초로 접속한 화면입니다. 웹 브라우저 실행 전에 미리 웹 서버를 구동했으며, 웹 브라우저 주소 창에 127.0.0.1:4040/index.html을 입력하여 웹 서버로 접속합니다. 그러면 그림 1과 같이 익숙한 레퍼런스 프로그램의 화면이 웹 브라우저 안에서 동작하는 모습을 볼 수 있습니다. 웹 브라우저에서 개발자 모드를 활성화한 상태이기 때문에, 네트워크를 통해서 웹 브라우저가 웹 서버와 주고받는 HTTP Request와 HTTP Response의 상태가 표시되었습니다. 모든 GET Request의 응답 상태는 "200 OK"로 문제가 없습니다. 웹 브라우저와 웹 서버가 주고받는 파일들을 보면 이전 챕터에서 build 과정을 통해서 생성한 mywebapp/build/web 디렉터리와 그 밑의 서브 디렉터리에 있는 파일들인 것을 알 수 있습니다.

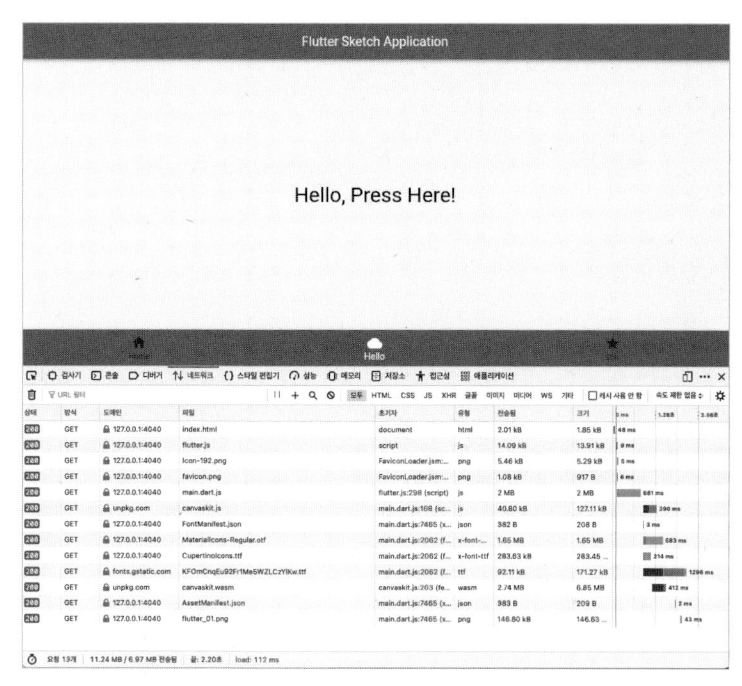

[그림 2] 웹 서비스의 Hello 화면

Hello 화면입니다.

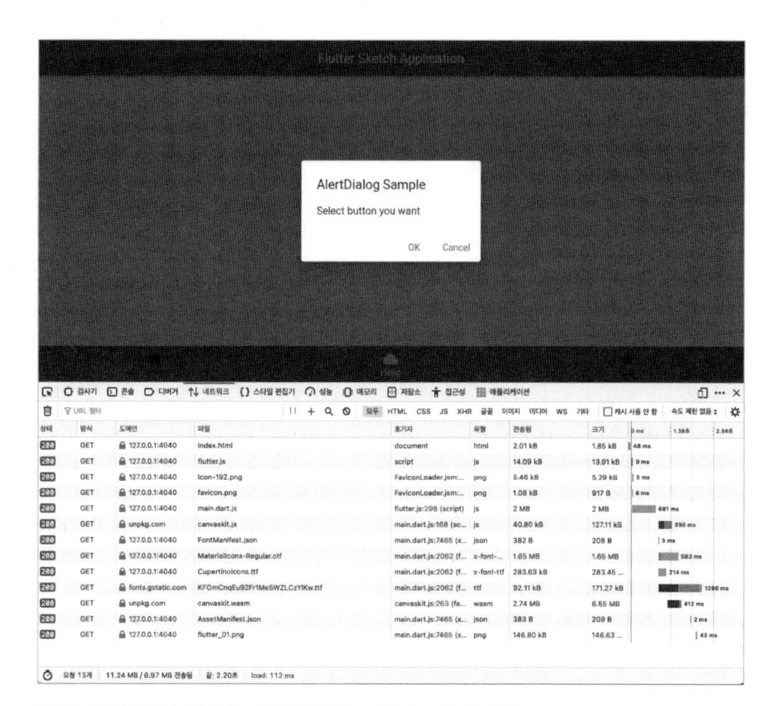

[그림 3] 웹 서비스의 Hello 화면에서 AlertDialog 활성 상태

Hello 화면에서 글자를 클릭하여 AlertDialog를 활성화한 화면입니다.

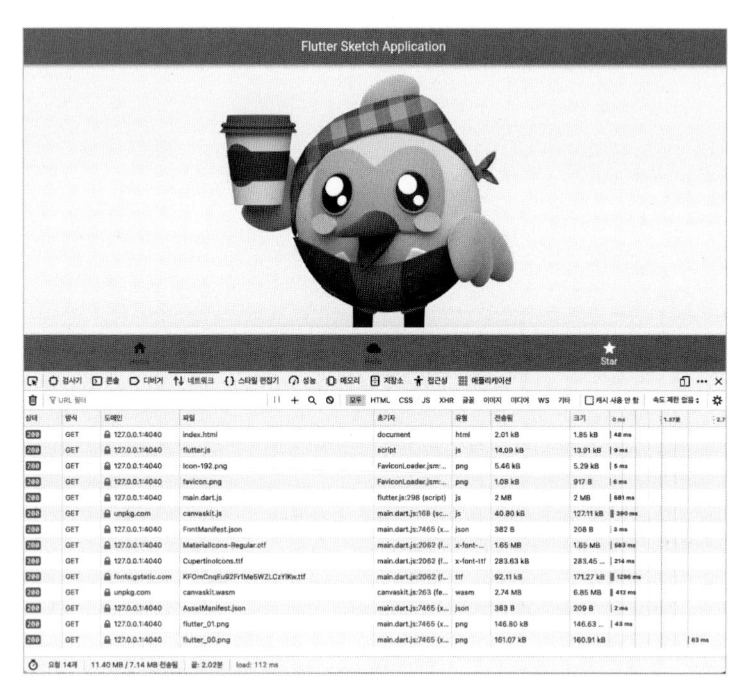

[그림 4] 웹 서비스의 Star 화면

Star 화면입니다.

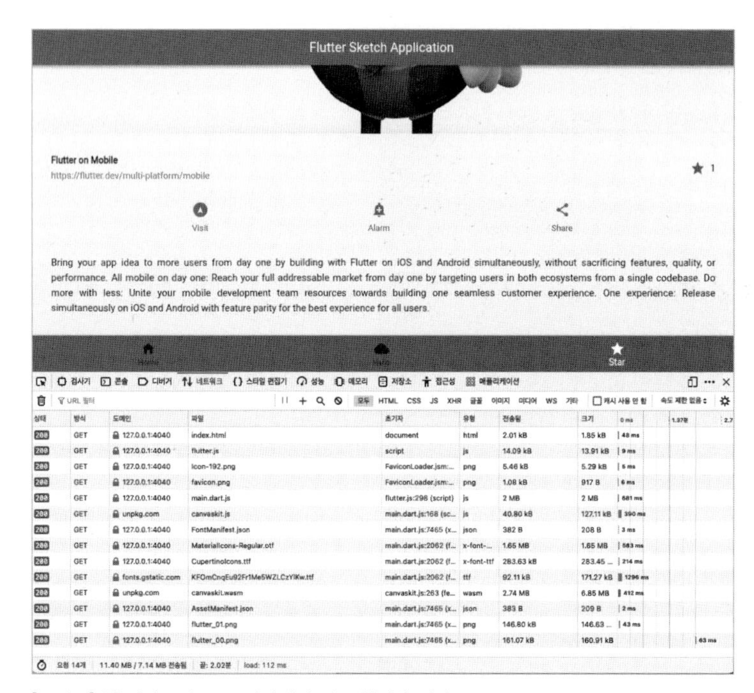

[그림 5] 웹 서비스의 Star 화면에서 별표 활성화 상태

Star 화면에서 별표를 클릭하여, '좋아요'의 의미를 활성화한 화면입니다.

참고로 웹 브라우저에서 웹 서비스를 실행하는 경우, 웹 서버인 HTTP 서버의 화면에 출력되는 내용은 다음과 같습니다.

```
$ Server activated in 127.0.0.1:4040
$ GET /index.html from 127.0.0.1:50411
$ Get /flutter_service_worker.js from 127.0.0.1:50411
$ GET / from 127.0.0.1:50411
$ GET /main.dart.js from 127.0.0.1:50412
$ GET /index.html from 127.0.0.1:50413
$ GET /assets/NOTICES from 127.0.0.1:50414
$ GET /assets/AssetManifest.json from 127.0.0.1:50415
$ GET /assets/FontManifest.json from 127.0.0.1:50416
$ GET /main.dart.js from 127.0.0.1:50412
$ GET /assets/FontManifest.json from 127.0.0.1:50412
$ GET /assets/fonts/MaterialIcons-Regular.otf from 127.0.0.1:50412
$ GET /assets/packages/cupertino_icons/assets/CupertinoIcons.ttf from
  127.0.0.1:50413
$ GET /assets/AssetManifest.json from 127.0.0.1:50412
$ GET /assets/images/flutter_01.png from 127.0.0.1:50412
$ GET /assets/images/flutter_00.png from 127.0.0.1:50412
```

이 웹 서버 프로그램은 Volume.D에서 우리가 만든 Dart 언어 기반의 HTTP 서버입니다. 따라서 이전과 동일한 형태의 로그 정보가 출력되었습니다. 출력된 내용에서 알 수 있듯이, 웹 브라우저가 처음에 index.html을 가져간 후 mywebapp/build/web 및 서브 디렉터리에 속한 파일들을 가져갔습니다.

소스 코드 설명

Flutter로 만든 웹 서비스를 웹 브라우저로 전달하는 데 다른 소프트웨어의 힘을 빌리지 않고 우리가 만든 HTTP 서버 프로그램을 사용하여 직접 해결하겠습니다. Dart 언어와 Flutter만으로 직접 웹 서버와 웹 서비스를 만들어서 제공하는 작지만 나름 보람찬 작업입니다.

웹 서버에서 웹 브라우저로 전달할 웹 서비스는 Chapter. 3에서 flutter build로 개발한 레퍼런스 소프트웨어 기반의 웹 서비스를 그대로 사용합니다. 따라서 웹 서비스를 제공할 파일들은 mywebapp/build/web 및 서브 디렉터리에 있는 파일들입니다.

이제 이 웹 서비스를 웹 브라우저로 전달할 웹 서버가 필요합니다. 이 웹 서버는 Volume.D 3장에서 개발한 volume-D-chapter-03-server.dart 프로그램을 수정하여 만들겠습니다. 총 5단계에 걸쳐서 수정하고 실행합니다.

1단계로 우리가 만드는 프로그램을 오로지 웹 브라우저에서 요청하는 GET Request에만 반응하도록 만듭니다. 그리고 이 GET Request도 mywebapp/build/web 디렉터리에 속한 웹 서비스 관련 파일만을 전달하도록 만들겠습니다. volume-D-chapter-03-server.dart 파일을 mywebapp/build/web 디렉터리에 복사한 후, 파일 이름을 simpleHttpFileServer.dart로 변경합니다.

2단계로 프로그램 안에서 파일 전송을 위한 HTTP GET Request와 상관없는 기능을 삭제합니다. main 함수, printHttpServerActivated() 함수, printHttpRequestInfo() 함수, httpGetHandler() 함수를 제외한 함수들은 삭제합니다.

3단계로 main 함수의 switch 구문에서 PUT, POST, DELETE 명령에 대한 case 구문들은 모두 삭제합니다. 다시 이야기하지만 우리 프로그램은 GET Request를 통해 웹 서비스에 속한 파일을 전송하는 역할만 합니다.

4단계로 httpGetHandler() 함수를 수정합니다. 이번 챕터에서 만들 새로운 httpGetHandler() 함수를 살펴보겠습니다.

```
45  void httpGetHandler(HttpRequest request) async {
46    var fileName = request.uri.path.substring(1);
47    var fileType = request.uri.path.split('.').last;
48
```

46 이전 volume-D-chapter-03-server.dart에서도 등장했던 코드로, 웹 서버가 읽을 파일의 이름을 저장하는 용도입니다.

47 새롭게 등장한 파일의 확장자를 저장하는 코드입니다. 만약 파일의 이름이 index.html이라면 html을 저장합니다. 이런 기능이 필요한 이유는 volume-D-chapter-03-server.dart와 다르게 이번에는 다양한 형태의 파일을 전달해야 하고, 이 파일들에 적합한 content type(콘텐츠 타입)을 추후 HTTP Response에 저장해야 하기 때문입니다. 파일의 확장자를 별도로 저장해서 관리를 편하게 할 수 있습니다.

```
49    var contentType = {
50      'html': 'text/html',
51      'js': 'application/javascript',
52      'json': 'application/json',
53      'wasm': 'application/wasm',
54      'otf': 'application/x=font-opentype',
55      'ttf': 'application/x-font-ttf',
56      'png': 'image/png',
57    };
58
```

49~57 확장자에 따른 content type 값입니다. 이 값이 제대로 부여되지 않으면, 웹 서버가 웹 브라우저에게 전달한 파일을 웹 브라우저에서 제대로 처리할 수 없습니다. 참고로 우리의 웹 서버는 레퍼런스 프로그램 기반 웹 서비스만 제공하기에, 이 용도에 국한한 확장자만 등록해 두었습니다. 혹시 나중에 직접 서비스를 만들면서 이 웹 서버 코드를 재활용한다면, 본인이 만든 웹 서비스에 속한 파일의 확장자들을 확인하고 추가해야 할 확장자를 이 부분에 추가하면 됩니다.

```
59    try {
60      if (await File(fileName).exists() == true) {
61        request.response.statusCode = HttpStatus.ok;
62        request.response.headers.contentType =
63            ContentType.parse(contentType[fileType]!);
64        var file = new File(fileName);
65        file.readAsBytes().then((List<int>bytes) {
66          bytes.forEach((int b) => request.response.writeCharCode(b));
67          request.response.close();
68        });
69      } else {
70        var content = "File Not found";
71        request.response
72          ..headers.contentType = ContentType('text', 'plain', charset: "utf-8")
73          ..headers.contentLength = content.length
74          ..statusCode = HttpStatus.notFound
75          ..write(content);
76         await request.response.close();
77      }
78    } catch (err) {
```

```
79        print("\$ Exception in httpGetHandler()");
80      }
81  }
```

60~68 웹 브라우저에서 요청한 파일을 웹 서버가 읽어서 HTTP GET Response로 전달하는 코드입니다.

70~76 원래 volume-D-chapter-03-server.dart 프로그램에 있던 코드로, 존재하지 않는 파일을 웹 브라우저가 요청한 경우 응답하는 코드입니다. 그리고 59와 78~80은 웹 서버 프로그램을 범용으로 쓰다 보면 예상치 못한 오류가 발생할 수 있어 이에 대응하기 위한 예외 처리 작업입니다.

60 파일이 존재하는지 확인합니다.

61 미리 HTTP GET Response의 상태 코드를 200 OK로 설정합니다.

62~63 파일의 확장자를 기반으로 정확한 content type을 HTTP GET Response 헤더에 설정합니다.

64 웹 브라우저에게 전달할 파일을 오픈합니다.

65~68 반복문이 동작하여 파일의 내용을 readAsBytes()로 읽고 List〈int〉로 변환한 후 각각의 int를 writeCharCode() 메서드로 HTTP GET Response의 본문에 포함하여 웹 브라우저에게 전송합니다.

원래 volume-D-chapter-03-server.dart에서는 파일을 readAsString() 함수를 사용하여 파일 전체를 한 번에 읽어서 HTTP GET Response 메시지의 본문으로 전송했습니다. 하지만 이런 방법은 전송할 파일이 크거나 전송할 파일이 이미지 파일과 같이 텍스트로 이루어지지 않은 경우에는 사용하기 어렵습니다. 웹 서버가 전송할 파일의 종류가 많고, PNG와 같은 이미지 파일이 섞인 이번과 같은 경우에는 이에 맞는 방법을 써야 합니다. 다소 복잡하지만, 일종의 스트림 형태를 사용해서 웹 서버에서 웹 브라우저로 큰 파일과 이미지 파일의 전송이 가능하도록 수정하였습니다.

5단계는 실행입니다. simpleHttpFileServer.dart 파일이 위치한 mywebapp/build/web 디렉터리에서 다음의 명령으로 웹 서버를 실행합니다.

```
dart simpleHttpFileServer.dart
```

웹 브라우저를 실행하고 주소창에 127.0.0.1:4040/index.html을 입력하면, 우리가 만든 웹 서버가 레퍼런스 웹 서비스의 콘텐츠를 제공하는 모습을 확인할 수 있습니다.

핵심 요약

Flutter for Mobile(스마트폰), Flutter for Desktop(데스크톱)에 이어서 Flutter for Web(웹 서비스)까지 알아보았습니다. Flutter를 사용해서 웹 서비스를 개발하고 운영한다는 것이 어떤 의미인지 알아보았습니다. 가장 보람 있는 부분은 Dart 언어와 Flutter 프레임워크만 사용해서, 나름 제대로 동작하는 웹 서버와 웹 서비스를 직접 만든 부분입니다. 통상 이런 경우에는 제 3자가 만든 웹 서버 프로그램을 사용해서 우리가 만든 웹 서비스를 전달하는 방법만을 선택합니다. 하지만 우리는 HTTP를 공부하면서 우리 손으로 만들었던 HTTP 서버를 개선해서 직접 Dart 언어로 웹 서버를 만들었고, 이 웹 서버로 Flutter로 만든 웹 서비스를 제대로 지원하였습니다. 작은 결과물이지만, 이를 위해서 지나온 길과 알아야 했던 지식들을 생각한다면 충분히 기쁨을 느낄 수 있는 작업이었습니다.

CHAPTER. 5

Flutter for Web 아키텍처 이해하기

이전에 데스크톱 프로그램을 개발할 때 Flutter의 내부 아키텍처를 설명했습니다. 스마트폰과 데스크톱은 운영체제가 있다는 공통 특징을 가지고 있기에 동일한 아키텍처로 동작합니다. 하지만 웹 서비스에서 사용하는 웹 브라우저에는 운영체제가 없습니다. 따라서 Flutter로 웹 서비스를 개발하는 경우에는 스마트폰 및 데스크톱과는 다른 내부 아키텍처를 갖습니다. Flutter가 웹 서비스를 어떻게 동작시키는 지 알아보도록 하겠습니다.

자세히 알아보기

웹 서비스를 개발하면서 우리는 스마트폰과 데스크톱에서 활용한 레퍼런스 프로그램을 계속해서 사용했습니다. 따라서 여러분은 데스크톱 환경에서 Flutter의 아키텍처를 설명한 내용을 떠올리며 가장 상위 계층인 Flutter 프레임워크는 동일하게 유지가 될 것이라고 짐작할 겁니다. 맞습니다. 운영체제별 차이점을 하위 계층에서 해결한 것처럼, Flutter로 만든 웹 서비스에서도 비슷한 방법을 사용합니다.

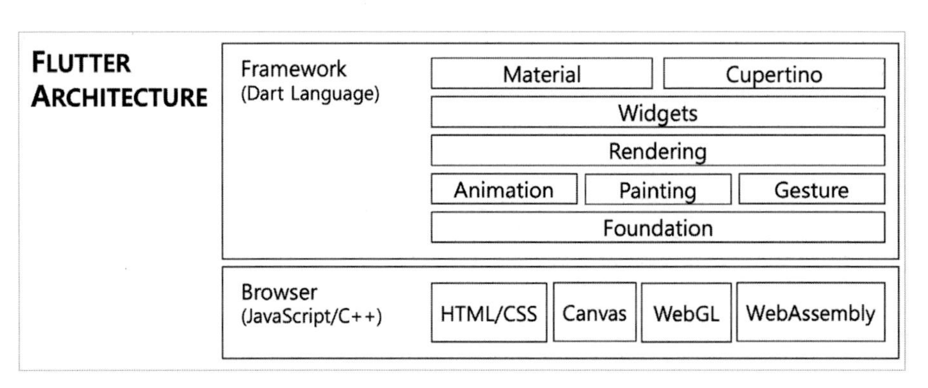

[그림 1] Flutter for Web 아키텍처

그림 1은 Flutter로 만든 프로그램이 웹 서비스로서 웹 브라우저를 통해서 실행될 때 어떻게 동작하는 지를 보여줍니다. 스마트폰과 데스크톱의 아키텍처와 비교하면 개발자가 사용하는 Flutter 프레임워크는 동일하지만 그 밑의 계층은 웹 브라우저인 것을 알 수 있습니다.

결론부터 이야기하면 Dart와 Flutter로 만들어진 프로그램은 기존의 웹 브라우저가 이해하는 JavaScript로 번역됩니다. 이렇게 번역된 프로그램은 기존의 웹 브라우저에서 그대로 실행할 수 있습니다. 사용자는 스마트폰 및 데스크톱에서 동작할 때와 같은 경험을 하지만 실제 웹 브라우저에서는 JavaScript로 번역된 프로그램이 동작하는 겁니다.

앞서 웹 서비스용으로 빌드(build)한 파일들을 웹 서버를 통해서 웹 브라우저에게 전달하는 과정 중에 어떤 파일들이 전달되는지 웹 브라우저를 개발자 모드로 동작시켜서 살펴보았습니다. 분명 스마트폰과 데스크톱에서 동작시켰을 때와 동일한 모양과 기능으로 웹 서비스가 동작했지만, 웹 브라우저가 받은 파일 중에는 확장자가 .dart인 파일이 없습니다. 끝에 .js가 붙은 main.dart.js만이 있을 뿐입니다. 이 파일이 바로 main.dart를 flutter build 과정에서 JavaScript로 번역한 파일입니다.

웹 기술에 관심이 많은 독자라면 이 즈음에서 잠시 멈추고 다음의 Flutter 공식 사이트에서 dart2js라는 도구의 설명을 읽어 보기 바랍니다.

Dart2js **공식 사이트** : https://dart.dev/tools/dart2js

Dart-to-JavaScript compiler라는 이름의 이 프로그램은 이름이 의미하듯이, Dart 언어와 Flutter 프레임워크를 사용해서 만든 프로그램을 기존의 웹 브라우저가 이해하는 JavaScript 언어의 코드로 변환해 줍니다.

NOTE

Dart-to-JavaScript는 최근 dart 명령에 통합되었습니다. dart compile js라는 명령으로 동작합니다.

웹 서비스에 대해서 이미 알고 있기에 Dart 언어를 JavaScript 언어로 변환한다는 점에서 당황하는 독자가 있을 수 있습니다. 이런 분이라면 다음의 Google Ads 개발자 사이트로 방문하여 Flutter로 만들어진 Google Ads에 관한 정보를 확인하길 바랍니다.

Google Mobile Ads for Flutter : https://pub.dev/packages/google_mobile_ads

구글을 통해서 광고를 하고 수익을 올리는 소프트웨어인 Google Ads는 이 챕터에서 설명한 방법으로 만들어진 매우 유명한 상용 목적의 서비스입니다. 낯설 수 있지만 이미 상용 수준의 서비스에도 도입이 된 기술이라고 이해하면 되겠습니다.

핵심 요약

이미 몇 번은 등장한 이야기지만, 소프트웨어에서 마법은 없습니다. 결국은 누군가가 손으로 한 땀 한 땀 만든 소프트웨어들이 모여서 거대한 시스템을 일궈냅니다. Flutter가 스마트폰, 데스크톱, 웹 서비스, 심지어 임베디드 장치에서도 같은 소스 코드로 동일한 외관을 유지하면서 동작할 수 있는 이유는 누군가가 Flutter 프레임워크를 서로 다른 운영체제와 장치에서 동작할 수 있도록 만들었기 때문입니다. 특히 HTML/CSS/JavaScript를 반드시 알아야 개발이 가능했던 웹 서비스를 Dart 언어와 Flutter 프레임워크만으로도 만들 수 있다는 점은 개발자에게 매우 큰 장점입니다. 아울러 매우 귀찮고 번거로운 작업인 웹 서비스의 외관 개발을 Flutter의 깔끔한 사용자 인터페이스를 사용해서 직관적이고 고급스럽게 제공할 수 있는 점도 큰 장점입니다.

VOLUME.

지속 가능한 개발자로 첫걸음 내딛기

CHAPTER. 1
Dart for Embedded 알아 두기

Flutter로 개발할 수 있는 소프트웨어 실행 환경은 스마트폰, 데스크톱, 웹 서비스 외에 임베디드(embedded)가 있습니다. 임베디드는 일반적으로는 초소형 컴퓨터를 뜻한다고 할 수 있는데 쉽게 이야기하면 TV/냉장고/세탁기/에어컨과 같은 가전기기와 프린터 등의 사무기기 그리고 광고판/센서/스마트워치 등의 사물인터넷(Internet-of-Things) 장치 등을 의미합니다. 이런 임베디드 환경에서도 Flutter를 사용하여 소프트웨어를 개발할 수 있습니다.

자세히 알아보기

Flutter 공식 홈페이지를 가면 Flutter for Embedded Devices라는 단어를 종종 볼 수 있습니다. 아무래도 일반적으로 사용하는 안드로이드, iOS, Microsoft Windows, macOS, Linux 운영체제가 아닌 만큼 사용하는 하드웨어가 일반적인 컴퓨터가 아닌 경우가 많습니다.

이런 환경에서는 일반적으로 Linux 운영체제를 하드웨어 환경에 맞춰서 재구성한 버전을 사용하거나, 1990년대 말에 만들어진 Microsoft Windows 98 운영체제의 임베디드 버전을 사용합니다. 최근에는 흔히 라즈베리파로 대표되는 SBC(Single Board Computer) 하드웨어에 Linux 계열의 운영체제를 사용하는 경우가 많아지고 있습니다. 혹은 구글이 인터넷 접속 전용 장치를 위하여 크롬 브라우저 밑에 작은 Linux 운영체제를 넣은 크로미움(Chromium) 운영체제 등을 사용하는 기기도 있습니다. 대부분 "낮은 CPU 성능, 작은 크기의 주기억 장치와 보조 기억 장치"를 특징으로 합니다.

1. CFEE

임베디드 환경에서 Flutter를 사용하여 프로그램을 개발하는 노력이 지속해서 이루어지고 있습니다. 일반적으로 사용하는 범용 하드웨어와 운영체제가 아닌 임베디드 환경에서 Flutter를 실행하기 위해서 'Custom Flutter Engine Embedders' 라는 글을 참조할 필요가 있습니다.

CFEE 위키 사이트 : https://github.com/flutter/flutter/wiki/Custom-Flutter-Engine-Embedders

NOTE

> 이전 챕터에서 설명한 Flutter의 아키텍처처럼 이 아키텍처의 아래 계층인 하드웨어에 의존적인 부분을 어떻게 수정해야 하는지 기준이 되는 가이드라인이 CFEE라고 보면 됩니다.

임베디드 환경에서의 Dart/Flutter 사용 사례는 일반적이지 않은 하드웨어를 다루는 경우에 해당하는 기술이기에 대부분 자체적으로 개발하여 사용하고 공개는 하지 않는 경우가 많습니다.

그러나 오픈소스 소프트웨어 개발이 자리를 잡아가면서 사례가 공유되고 기술을 공개하는 경우도 늘고 있습니다. 일부 사례를 들어보겠습니다.

2. 소니의 사례

일본의 소니(Sony)사는 2020년 말에 자사의 임베디드 환경에 Linux를 구축하고, 이 위에서 Flutter의 Embedder를 개발한 후 Flutter SDK를 수정하였습니다. 그리고 아래의 GitHub 사이트를 통해서 개발한 기술을 공개하였습니다.

Sony의 Embedder 공식 사이트 : https://github.com/sony/flutter-embedded-linux
Sony의 Flutter 확장 기능 공식 사이트 : https://github.com/sony/flutter-elinux

3. 토요타의 사례

일본의 토요타(Toyota)사는 자동차 내부에서 스크린을 통해서 입력과 출력을 수행하는 사용자 인터페이스를 Flutter로 개발한다고 발표하였습니다. 자세한 사항은 아래의 Flutter 공식 사이트에 공개되어 있습니다.

Toyota의 Flutter 도입 사례 설명 : https://flutter.dev/showcase/toyota

4. 구글의 Fuchsia 운영체제

무엇보다 개발자들의 관심을 받고 있는 사례는 구글이 새롭게 만들고 있는 운영체제인 Fuchsia의 Dart/Flutter 도입입니다. Fuchsia 운영체제는 아직 구글이 제한된 정보만 공식적으로 제공하고 있어서 많이 알려져 있지는 않습니다. 다만 임베디드 및 사물 인터넷 기기들을 위한 구글의 첫 운영체제가 될 것이라고 알려져 있고 일부에서는 안드로이드와 유사한 수준으로 발전할 것이라고 기대하기도 합니다. 궁금한 독자라면 아래의 Fuchsia 운영체제 공식 사이트를 방문하면 더 많은 정보를 얻을 수 있습니다.

Fuchsia 운영체제 공식 사이트 : https://fuchsia.dev/

재미있는 것은 구글이 이 운영체제를 제대로 다루기 위한 개발용 언어를 몇 가지 지정했는데 그 언어는 C, C++, Rust, Dart, Go입니다. 특히 사용자 인터페이스에서는 Flutter를 권장하고 있습니다. 추가적인 정보는 Fuchsia 개발 방법 중 Dart 언어에 대한 아래의 사이트를 참조하기 바랍니다.

Fuchsia의 Dart 설명 : https://fuchsia.dev/fuchsia-src/development/languages/dart

Fuchsia가 성공할지는 지켜봐야 할 일이지만, 이를 제외하더라도 임베디드 환경에서 그래픽 기반의 깔끔한 사용자 인터페이스를 제공하는 개발 환경이 많지 않았다는 점을 고려한다면 Flutter를 이용한 임베디드 개발은 추후 꽤나 확산할 가능성이 높을 것으로 보입니다. 특히 Linux에서 Dart와 Flutter를 도입하려는 시도와 노력이 확산 중이기에, Linux 기반의 임베디드 환경에서 Dart와 Flutter의 영역이 점점 넓어질 전망입니다.

핵심 요약

스마트폰, 데스크톱, 웹 서비스 이외에도 Flutter를 사용하는 임베디드가 있다는 점을 설명하였습니다. 아직까지는 큰 성과를 보이고 있지 않지만, 임베디드 환경에 대한 소프트웨어를 개발해야 하는 개발자라면 꾸준히 관심을 갖고 시도해 보기를 권장합니다. 특히 Linux 운영체제와 Flutter가 시간이 지날 수록 밀접하게 발전하는 추세이기에 Linux 운영체제를 사용하여 소프트웨어를 개발하는 개발자들은 지속적으로 관심을 가질 만합니다.

CHAPTER. 2

추가 패키지 활용하기

'최선의 소프트웨어 개발은 소프트웨어를 개발하지 않는 것'이라는 이야기가 있습니다. Flutter 개발에 이 이야기를 적용하면, 일단 Dart 언어와 Flutter Framework가 제공하는 기능을 충분히 사용하고 그럼에도 부족한 부분이 있다면 이미 만들어져 있는 소프트웨어를 충분히 찾아보고 활용하라는 의미라고 할 수 있겠습니다. 기쁘게도 Dart와 Flutter는 매우 훌륭한 생태계(ecosystem)가 구축되어 있습니다. 바로 pub.dev 사이트입니다. 이번 챕터에서는 Dart와 Flutter의 공식 소프트웨어 공유 사이트인 pub.dev에 대해서 알아보겠습니다.

자세히 알아보기

우리가 지금까지 Dart와 Flutter에 대해서 알아 오면서 가장 많이 언급한 웹 사이트는 아래의 Dart 언어 공식 사이트와 Flutter 프레임워크 공식 사이트입니다.

Dart **언어 공식 사이트 :** https://dart.dev/
Flutter **프레임워크 공식 사이트 :** https://flutter.dev/

이제 이 책을 마치고 초보 Full-Stack 개발자의 길을 걷기 시작하면 한 웹 사이트를 위의 공식 사이트들만큼 자주 방문하게 됩니다. 그 사이트가 바로 pub.dev입니다.

pub.dev **사이트 :** https://pub.dev/

이 사이트는 전세계의 Dart와 Flutter로 소프트웨어를 개발하는 프로그래머들이 서로 본인들이 만든 소프트웨어를 공유하는 웹 사이트입니다. 통상 소스 코드 자체는 GitHub 사이트에 업로드하여 공개합니다. 하지만 GitHub는 무수히 많은 언어들과 프레임워크를 사용하는 소프트웨어들입니다. pub.

dev는 Dart 언어와 Flutter 프레임워크를 사용하는 소프트웨어들로 범위를 좁혀서 필요한 소프트웨어를 찾아볼 수 있고, 세세한 정보를 제공하며 쉽게 내 컴퓨터에 설치할 수 있도록 도와주는 사이트입니다. 이 사이트를 활용할 수 있도록 flutter에서도 flutter pub라는 세부 명령을 제공하고 있습니다. 이 명령을 사용하면 pub.dev에 있는 소프트웨어의 설치를 매우 쉽게 할 수 있습니다.

1. 메인 화면 이해하기

[그림 1] pub.dev 사이트 메인 화면(출처: https://pub.dev/)

pub.dev 사이트에 접속하면 가장 먼저 그림 1과 같은 메인 화면이 나타납니다. 구글이 제공한다는 큼지막한 문장 위에 Dart와 Flutter로 만든 앱의 공식 패키지 저장소라고 쓰여 있습니다. 그리고 그 위에는 구글 홈페이지에서 항상 보아 익숙한 검색 창이 있습니다.

참고로 Dart 언어와 Flutter 프레임워크의 표준 라이브러리와 패키지에 속한 소프트웨어들도 이 사이트를 통해서 제공됩니다.

2. 개발에 필요한 소프트웨어 검색하기

앞으로 본인이 개발하는 소프트웨어에 표준 라이브러리나 표준 패키지에서 제공하지 않지만 꼭 필요한 기능이 있을 때는 pub.dev에서 검색을 해서 찾아보는 것을 권합니다. 직접 개발하는 것도 좋지만, 시간과의 싸움을 해야 하는 개발자의 입장에서 이미 만들어져 있고 검증된 소프트웨어라면 마다할 이유는 없습니다.

pub.dev에서 개발자가 필요로 하는 소프트웨어를 찾고, 설치하는 방법을 쉽게 설명할 수 있도록 tflite라는 소프트웨어를 사례로 들어 설명하려 합니다. 동일한 과정과 방법으로 본인이 필요로 하는 소프트웨어를 찾고 설치하는 것이 가능합니다.

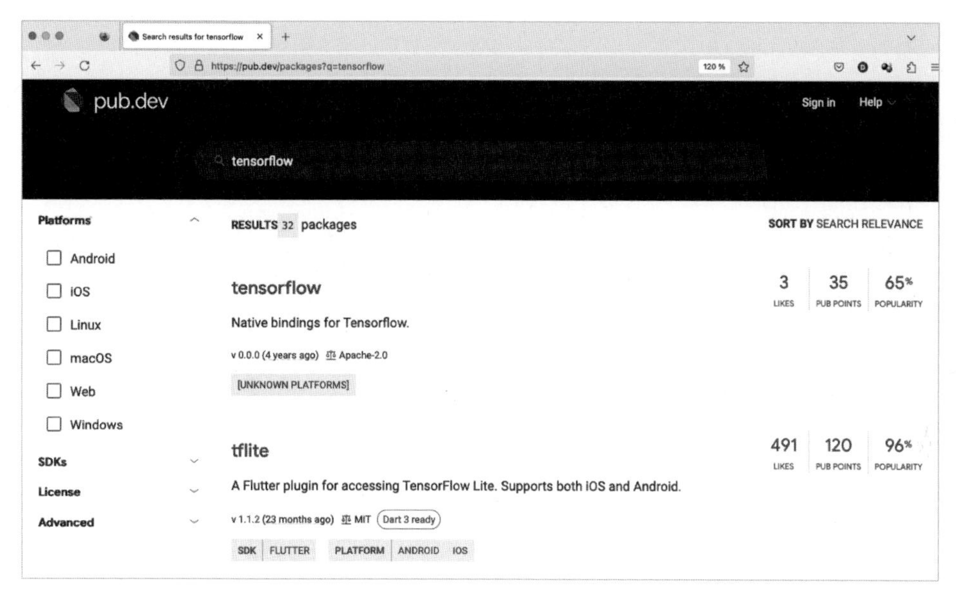

[그림 2] Tensorflow 검색 결과 예시(출처: https://pub.dev/)

최근 인공지능의 인기에 힘입어 가장 널리 사용되는 인공지능 소프트웨어로 떠오른 Tensorflow를 검색하면 Tensorflow에 관련된 소프트웨어들이 나타납니다.

tflite
A Flutter plugin for accessing TensorFlow Lite. Supports both iOS and Android.
v 1.1.2 (16 months ago) MIT
[UNKNOWN PLATFORMS]
421 LIKES
110 PUB POINTS
96% POPULARITY

[그림 3] Tensorflow 검색 결과 중 tflite 세부 정보(출처: https://pub.dev/)

검색 결과 중 tflite 소프트웨어를 살펴보면 다양한 정보를 제공하고 있습니다. 시간이 지나면서 소프트웨어의 상태도 바뀌기에 독자 여러분이 확인한 시점의 내용과는 일부 다를 수 있습니다. 하지만 pub.dev에서 소프트웨어에 대한 정보를 제공하는 구성 방식은 같습니다. 구성 방식을 이해한다는 측면으로 받아들이기를 바랍니다.

일단 제목이 tflite입니다. 그리고 제목 밑에 한 줄로 iOS와 Android에서 Tensorflow Lite에 접근할 수 있도록 하는 플러그인 소프트웨어라고 설명되어 있습니다. 이 소프트웨어의 버전은 v.1.1.2이며, 최근 업데이트는 23개월 전이라고 합니다. 또 411명의 개발자가 좋아요(LIKES)를 표시했으며 인기도(POPULARITY)는 96%입니다. 이미 많은 개발자들이 사용했고 꽤 높은 수준으로 만족하고 있는 것을 볼 수 있습니다. PUB POINTS는 개발자들이 보고 도움을 받을 수 있는 수준으로 잘 정리된 문서와 정보를 얼마나 제공하는지 알려주는 점수인데, 120은 높은 수준입니다. 숫자 120을 클릭하면 어떤 부분에서 우수하고 부족한 부분은 무엇인지 확인 가능합니다.

NOTE

참고로 tflite는 인기가 상승하는 소프트웨어라 당분간 없어질 일은 없어 보이지만, 혹시라도 tflite가 나타나지 않는다면 관심있는 단어를 하나 검색한 후 비슷하게 따라하면 됩니다.

3. 검색 조건 세분화하기

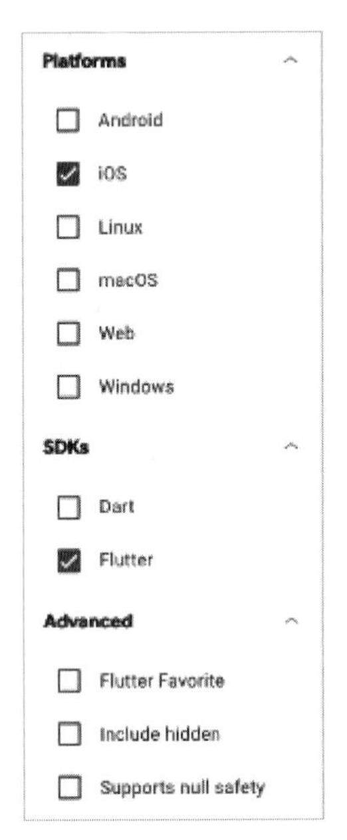

[그림 4] iOS와 Flutter에 관한 조건적 검색 설정 예시(출처: https://pub.dev/)

검색하는 소프트웨어가 구체적이라면, 이에 맞춰 검색 조건을 조정하면 됩니다. 화면 왼쪽에 Platforms, SDKs, Advanced 등의 메뉴가 있고, 원하는 정보를 선택할 수 있습니다. 그림 4는 iOS 운영체제에 대해서 Flutter 관련 소프트웨어만 찾겠다고 선택한 경우입니다.

4. 검색한 소프트웨어 이해하기

제목인 tflite를 마우스로 클릭하면, tflite 소프트웨어의 상세 정보를 확인할 수 있습니다.

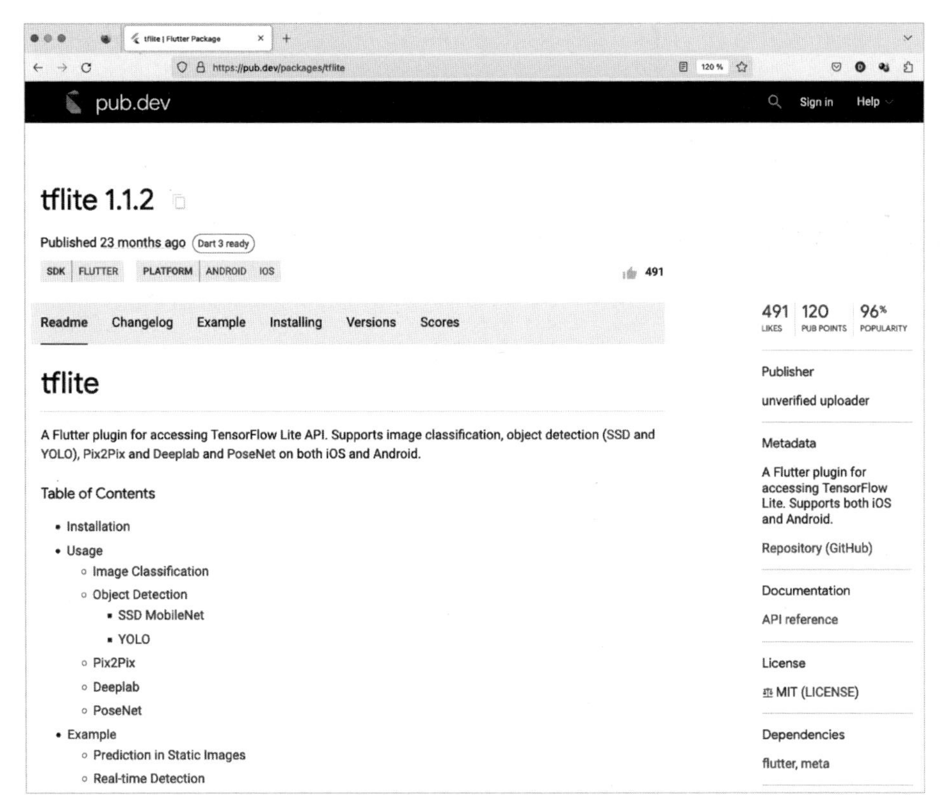

[그림 5] tflite 상세 정보 메인 화면(출처: https://pub.dev/)

먼저 오른쪽을 보면, 추가 정보가 보입니다. Publisher는 개발자입니다. Documentation의 'API Reference'에서는 이 소프트웨어를 구성하는 클래스나 함수 등의 정보를 제공합니다. 소프트웨어를 개발하고 등록한 개발자의 취향에 따라서, 상세하고 깊은 정보와 예제들이 제공되기도 합니다.

License는 이 소프트웨어의 저작권을 설명하는 항목입니다. tflite는 오픈소스 소프트웨어 라이센스 중 매우 자유로운 라이센스인 MIT LICENSE를 따르는 것을 볼 수 있습니다. 마찬가지로 LICENSE를 클릭하면, 이 프로그램을 사용하는 개발자가 준수해야 하는 사항이 설명되어 있습니다. Dependencies는 이 소프트웨어에 영향을 주는 패키지 혹은 문서 등을 기입한 것입니다.

tflite 제목 아래를 보면, "Readme, Changelog, Example, Installing, Versions, Scores"의 메뉴가 있고 마우스로 선택 가능합니다. 그 중 가장 먼저 나타나는 그림 5의 기본 화면이 Readme입니다. tflite 소프트웨어의 개발자가 이 소프트웨어를 찾아온 다른 개발자에게 가장 먼저 알려주고 싶은 이야기들이 담겨 있습니다. Changelog는 이 소프트웨어가 시간이 지나면서 어떻게 변경되어 왔는지를 설명합니다. Example은 이 소프트웨어를 어떻게 사용하는지를 보여주는 간단한 예제들이 제시됩니다. 아무래도 개발자는 글보다는 코드를 선호하기에, 좋은 오픈소스 소프트웨어라면 좋은 예제들이 많이 담겨 있습니다.

Metadata에는 추가적인 개발 관련 설명이 있는데, Repository(Github) 단어를 클릭하면 tflite의 GitHub 사이트로 이동합니다.

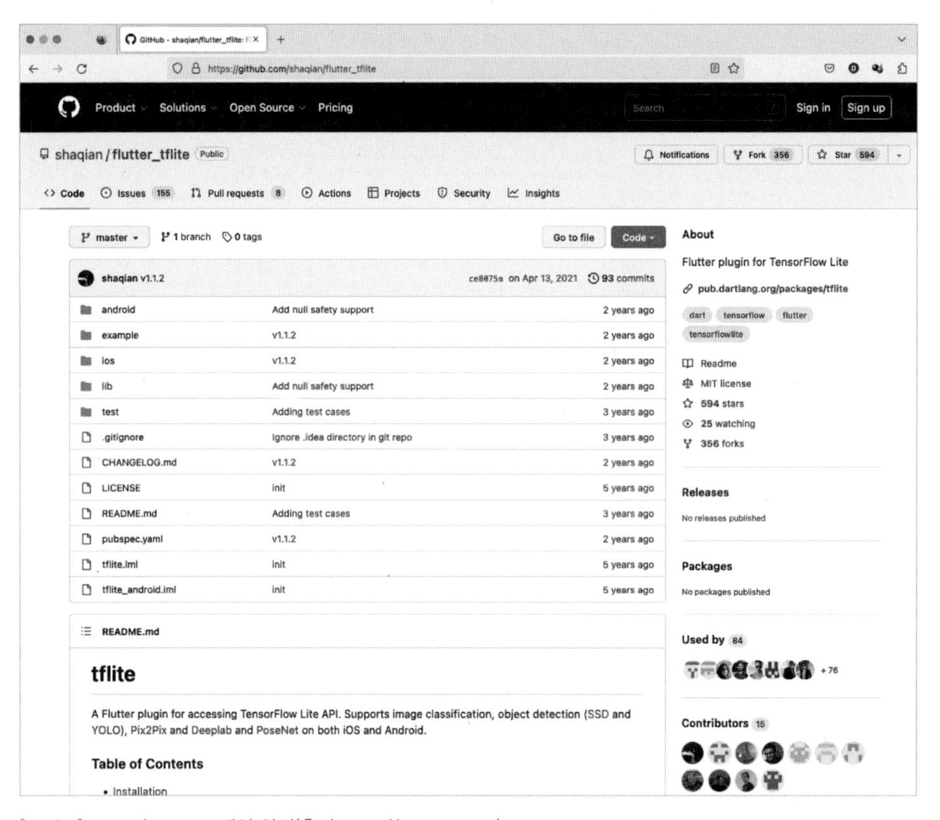

[그림 6] tflite의 GitHub 메인 화면(출처: http://github.com)

Github 사이트에서는 이 소프트웨어의 소스 코드 및 자세한 정보를 얻을 수 있습니다. 여러분이 직접 버그를 보고하고 개발에 기여하는 것도 가능하며, 질문을 하고 답변을 들을 수도 있습니다.

우리가 살펴보고 있는 tflite는 인공지능 기반으로 이미지를 다루는 부분에 특화된 소프트웨어입니다. TensorFlow Lite API로 불리는 함수를 주로 호출하는데, 이 API 함수는 안드로이드 혹은 iOS 운영체제를 지원하는 스마트폰과 태블릿 컴퓨터에서, 이미지 안에 있는 물건이나 글자를 인식하는 작업에 많이 쓰입니다. 컴퓨터 비전이라는 분야가 이렇게 이미지에서 물건이나 글자를 인식하는 전문 분야인데, 이 분야에 해당하는 소프트웨어입니다. tflite의 API Reference를 클릭하면, tflite에서 제공하는 기능의 기술적인 설명을 확인할 수 있습니다.

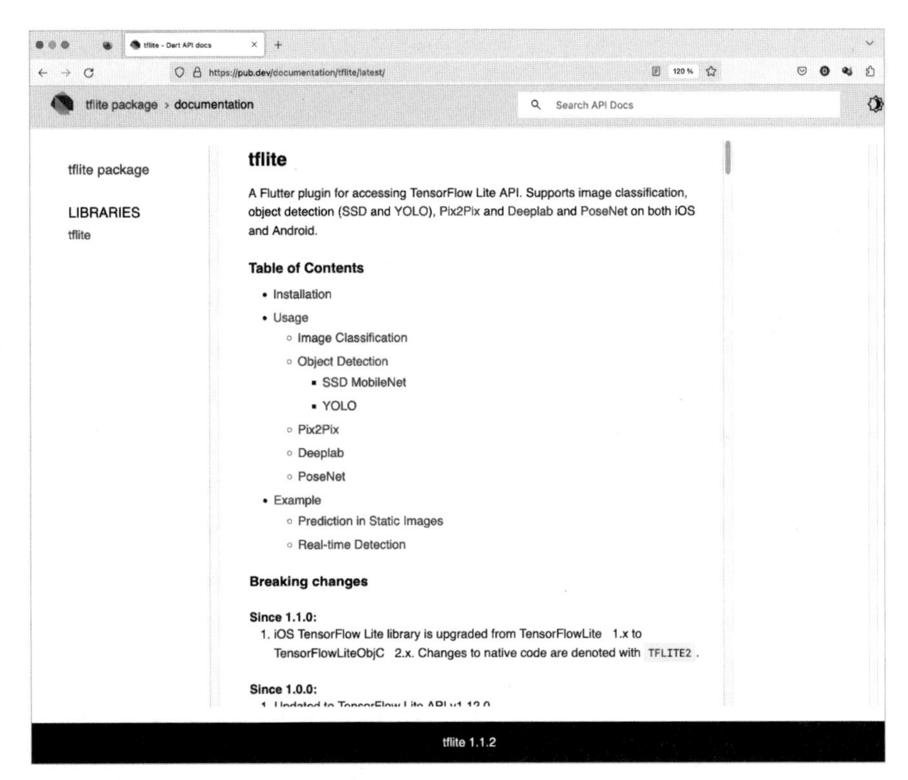

[그림 7] tflite의 API Reference 화면(출처: http://pub.dev/)

5. 검색한 소프트웨어 설치하기

그림 5의 Installing 메뉴는 이 소프트웨어를 사용하려면 어떻게 해야 하는지를 보여줍니다. 이 책의 작성 시점에서 tflite의 Installing은 그림 8과 같이 되어 있습니다.

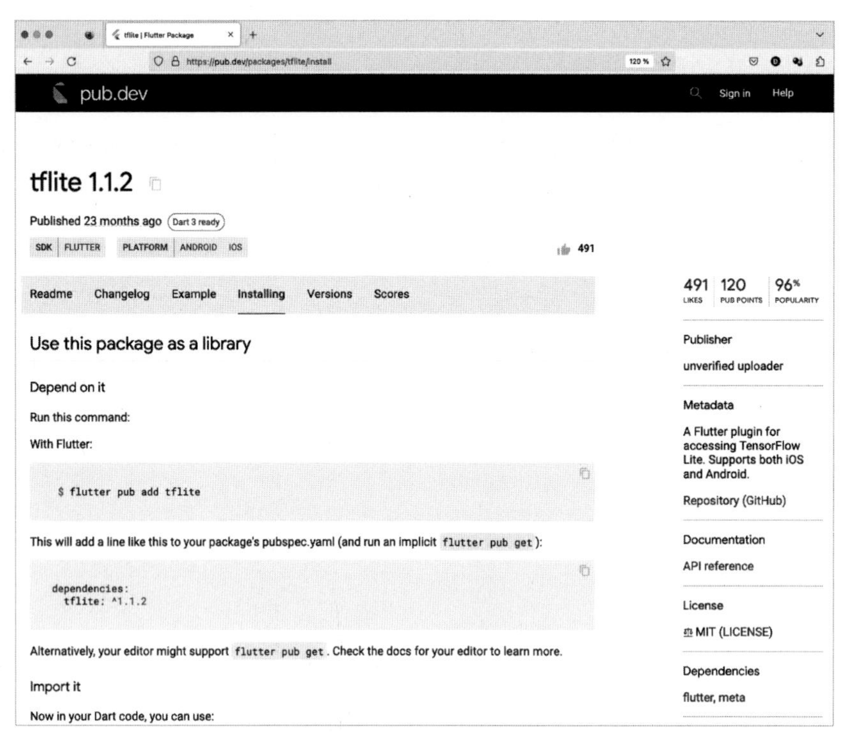

[그림 8] tflite의 Installing 화면(출처: http://pub.dev/)

가장 일반적인 형태의 설치 방법입니다. 먼저 'Depend on it'에 적힌 작업을 해야 합니다. CLI 터미널에서 우리가 flutter doctor를 수행한 것과 동일하게 flutter pub add tflite 명령을 실행하라고 적혀 있습니다. 명령을 풀어서 설명하면 "Flutter(flutter)에게 pub.dev에 등록된(pub) 소프트웨어 중 tflite를 가져와서 개발용 컴퓨터 안에 추가(add)하라"는 의미입니다. 이 명령을 tflite를 사용하고자 하는 프로젝트의 디렉터리에서 실행하면 프로젝트 안에 포함되어 있는 pubspec.yaml 파일에 다음의 문장이 포함될 거라고 설명하고 있습니다.

```
dependencies:
  tflite: ^1.1.2
```

만약 프로젝트의 pubspec.yaml 파일에 이 문장이 보이지 않으면 VS Code 등의 에디터로 직접 타이핑해서 포함시키면 됩니다. pubspec.yaml 화면 안에 dependencies:라는 부분이 있을 텐데, 이 곳의 밑에 두 칸의 공란을 추가한 후 tflite: ^1.1.2를 타이핑하면 됩니다. 이 줄은 프로젝트를 실행할 때에 tflite 소프트웨어가 필요하고 이 프로그램의 버전이 1.1.2 이상이여야 한다는 것을 Flutter에게 알려주는 역할입니다. 혹시 추후 pubspec.yaml에 많은 작업을 해야 하는 소프트웨어를 만난다면 pubspec.yaml 파일의 dependencies만 집중적으로 설명하는 공식 문서를 다음의 주소에서 확인하세요.

Pubspec.yaml의 Dependencies 공식 사이트 : https://dart.dev/tools/pub/dependencies

6. 설치한 공개 소프트웨어 사용하기

개발을 위해서는 'Import it'에 해당하는 작업을 해야 합니다. 설명에 나와 있듯이 tflite 소프트웨어에 속한 클래스나 함수를 사용하는 소스 코드에 다음과 같이 import 구문을 넣어서 해당 기능을 tflite 패키지에서 가져왔음을 Flutter에게 알려줍니다.

```
import 'package:tflite/tflite.dart';
```

그림 5의 Version 메뉴는 Changelog와 연결되는 경우 이 프로그램이 시간의 흐름에 따라 어떻게 변해 왔는지를 보여줍니다. 특히 과거 버전의 코드를 다운로드할 수 있는 경우가 있는데, 이는 여러분이 만든 프로그램이 이 소프트웨어의 최신 버전을 사용했을 때 문제가 있다면 과거 버전의 소프트웨어를 다운로드해서 해결하라는 의미입니다.

NOTE

프로그램을 개발하다 보면, 오래된 소프트웨어의 기능을 사용해야 하는 경우가 있습니다. 어떤 경우에 필요한 걸까요? 이미 만들어 놓은 소프트웨어가 제대로 잘 동작하고 있다고 합시다. 그런데 기술이나 표준이 바뀌는 등의 변화가 발생할 수도 있습니다. 물론 내가 만든 소프트웨어를 새로운 표준에 맞춰서 새롭게 개선하는 것도 가능하지만, 이미 문제없이 잘 동작하는 경우라면 굳이 그렇게 해야 할 필요는 크지 않습니다. 개발에 시간도 필요하고, 개발하다가 버그가 발생할 수 있으며 개발자의 여력이 없을 수 있습니다. 이 경우 굳이 새로운 표준의 소프트웨어를 사용하기 보다는 검증되고 안전하며 오래되어도 문제가 없는 과거 버전을 사용하기도 합니다. Versions 메뉴에서 제공하는 정보와 과거 버전의 소프트웨어가 유용할 겁니다.

7. 설치한 공개 소프트웨어에 대한 평가도 이해하기

마지막으로 Score는 PUB POINTS에 대한 자세한 설명입니다. 이 책을 집필하는 현시점에는 그림 9와 같이 tflite의 문서 제공 수준이 다소 미흡하다고 판단되었나 봅니다. 그렇지만 그 외의 기술적인 부분에서는 만점이거나 높은 점수를 받아, 나름 믿고 사용할 수 있는 소프트웨어임을 보여줍니다.

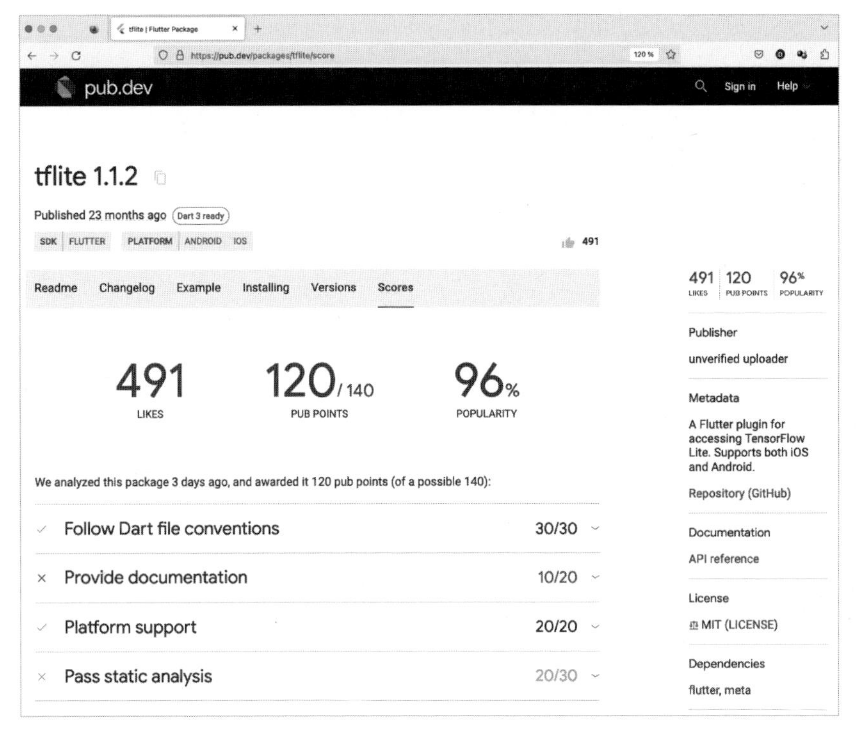

[그림 9] tflite의 Scores 화면(출처: http://pub.dev/)

pub.dev에서 원하는 프로그램을 검색하는 방법, 검색 결과 중 소프트웨어를 선택하는 방법, 선택한 소프트웨어의 상세 정보를 이해하는 방법을 알아보았습니다. 그러면 다시 그림 1의 pub.dev의 최초 화면으로 이동합니다.

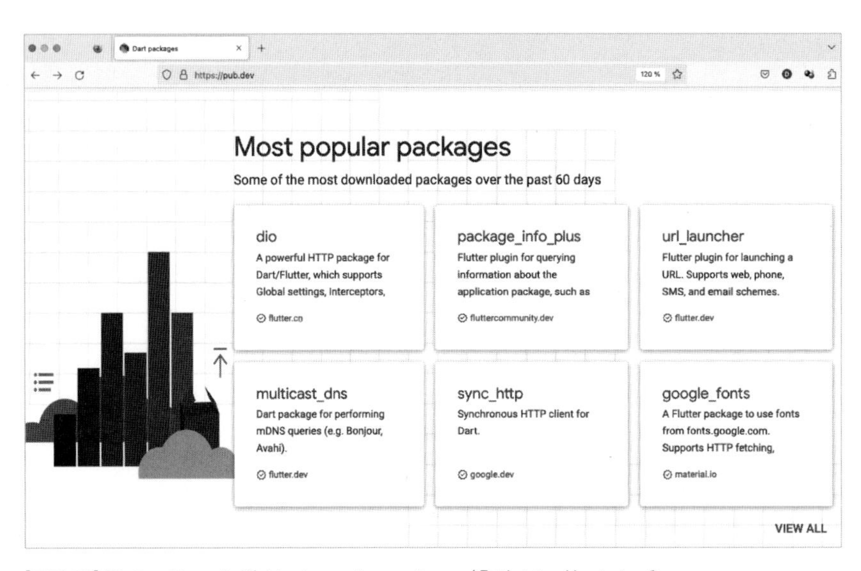

[그림 10] Flutter Favorite와 Most popular packages(출처: http://pub.dev/)

마우스를 아래로 스크롤하면 다음의 문장들을 볼 수 있습니다.

Flutter Favorites
Most popular packages
Top Flutter packages
Top Dart packages
Package of the Week

Flutter Favorites에서는 Flutter 개발자들이 매우 요긴하게 사용할 것으로 보이고 개발 수준도 매우 높은 프로그램들을 엄선하여 추천합니다. 'VIEW ALL'을 클릭해서 어떤 소프트웨어들이 여기에 속했는지 확인할 수 있습니다. 일반적으로 높은 LIKES/POPULARITY와 만점에 가까운 PUB POINTS를 가졌으며 업데이트 주기가 짧고 제공하는 플랫폼이 풍부한 소프트웨어들입니다.

Most popular packages에서는 이름 그대로 최근에 매우 잦은 다운로드가 이루어지거나 혹은 인기 급상승 중인 소프트웨어들을 보여줍니다. 많은 개발자들이 사용하면서 여러모로 개선될 가능성도 높은 소프트웨어의 목록입니다.

Top Flutter packages에서는 Flutter의 기능을 확장하는 패키지들을 보여줍니다. VIEW ALL로 어떤 것들이 있는지 살펴보면 HTTP를 처리하는 http 패키지, 이미지를 선택하고 보여주는 image_picker, 구글의 공개 폰트를 사용할 수 있도록 하는 google_fonts 등 누구나 한 번쯤 본인의 Flutter 앱에서 사용하면 도움이 될 패키지들을 정리해서 보여줍니다.

Top Dart packages에서는 Flutter 패키지는 아니지만 Dart 언어로 소프트웨어를 개발하는 경우 요긴하게 사용할 만한 인기도 높은 패키지를 소개합니다.

Package of the Week는 pub.dev에 있는 패키지들 중에서 선별된 패키지들을 2분 남짓의 짧은 YouTube 영상으로 소개하는 메뉴입니다. 압축된 내용의 영상이기에 실제 화면에서 어떻게 동작하는지와 어떤 위젯을 어떻게 코드에 넣어야 할지를 족집게 과외처럼 설명합니다.

핵심 요약

Dart와 Flutter를 구글이 만들고 지원한다는 의미에는 Dart와 Flutter에 포함된 소프트웨어들을 구글이 주도적으로 개발한다는 의미도 포함되지만, pub.dev 사이트처럼 체계적인 소프트웨어 공유 사이트가 구글의 주도하에 만들어지고 관리된다는 의미도 상당히 큽니다. 특히 최근에는 오픈소스 소프트웨어가 소프트웨어 개발 패러다임을 장악하고 있습니다. 그리고 프로그래머의 큰 역량 중 하나로서 오픈소스 소프트웨어의 활용 및 기여를 강조하고 있습니다. 따라서 pub.dev를 통하여 원하는 소프트웨어를 찾아보고 활용하는 능력을 꾸준히 향상시키면 생산성이 높은 개발자가 될 수 있습니다. 더 나아가서 "오픈소스 소프트웨어를 사용하는 입장에서 벗어나 기여하는 개발자"로 변신한다면, 해당 분야에서 세계적으로 손에 꼽히는 개발자의 지위에 오를 수도 있습니다.

CHAPTER. 3

Flutter 공식 사이트 레퍼런스와 샘플 활용하기

Dart 언어와 Flutter 프레임워크는 이미 너무나도 많은 기능을 제공하고 있습니다. 따라서 직접 코드를 개발하거나 혹은 pub.dev에서 검색하기 전에 "내가 원하는 기능이 이미 Dart 언어와 Flutter 프레임워크에서 제공되는 건 아닐까?"라고 생각할 수 있습니다. Dart와 Flutter는 개발자의 편의를 위해서 표준 라이브러리와 패키지에서 제공하는 기능과 위젯을 다양한 방법으로 찾아보고 활용할 수 있도록 지원하고 있습니다. 이 방법들을 알아보겠습니다.

자세히 알아보기

소프트웨어 개발을 위해 Dart 언어와 Flutter 프레임워크에서 제공하는 기능을 찾아보다 보면 직접 눈으로 보고 싶을 때가 있습니다. 식당에서 메뉴를 글로만 표현하면 이해가 잘 안 되지만, 메뉴가 사진으로 되어 있으면 바로 이해할 수 있는 것과 같은 맥락입니다. 그리고 기능에 대한 설명을 읽어도 그 기능을 어떻게 구현해야 하는지 이해가 안 되는 경우가 많습니다. 분명 함수와 클래스가 있지만 소스 코드에서 어떻게 호출하고 결과 값은 어떻게 받아야 하는지 이해가 안 되는 경우가 많습니다. 따라서 함수와 클래스에 대한 활용 예제 샘플 프로그램은 많으면 많을수록 좋습니다.

Dart와 Flutter 공식 사이트는 이 점을 고려해서 매우 많은 정보를 제공하고 있습니다. 프로그램 개발자로서 새로운 클래스와 함수를 사용하면서 겪는 시행 착오를 줄이고, 개발에 필요한 시간을 아끼기 위한 목적으로 이런 정보들을 활용하는 것은 매우 유용한 일입니다. 도움이 될 만한 사이트를 하나하나 알아보겠습니다.

1. Flutter Gallery

Flutter Gallery는 무엇이라고 정의하기 애매한 Flutter만의 특이하고 독창적인 샘플입니다. 먼저 Google Play Store를 가서 Flutter Gallery를 검색하면 다음의 앱을 찾을 수 있습니다.

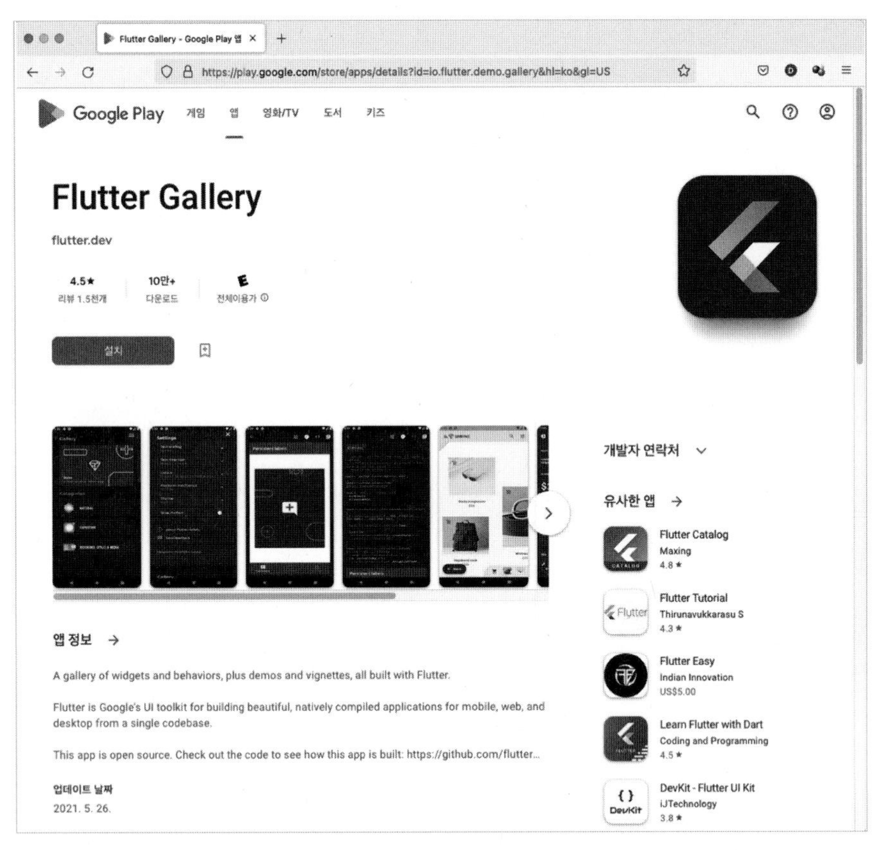

[그림 1] Google Play Store에서 Flutter Gallery 검색(출처: https://gallery.flutter.dev/)

앱을 다운로드해서 실행해 보면 완벽하게 실행됩니다. 그리고 다음 사이트에 접속하면 Flutter Gallery의 자세한 설명을 볼 수 있습니다. 앱 외에 웹 브라우저를 통한 프로그램의 체험도 제공하고 있습니다.

Flutter Gallery 사이트 : https://gallery.flutter.dev/

앱을 사용해 보면 Flutter에서 제공하는 각종 기능들을 보여주는 앱임을 알 수 있습니다. 이 프로그램의 목적 자체가 Flutter가 제공하는 위젯들을 소개하는 것이기에, 표준으로 제공되는 기능과 위젯들은 대부분 이 앱의 실행 화면에서 찾아볼 수 있습니다.

이렇게 안드로이드 스마트폰에서 앱으로 실행하기도 하고 웹 브라우저에서 웹 서비스로 실행하기도 하는 이 프로그램의 소스 코드는 다음의 GitHub 사이트에서 확인할 수 있습니다.

Flutter Gallery 소스 코드의 GitHub 사이트 : https://github.com/flutter/gallery

Flutter 공식 사이트에서 제공하는 라이브러리와 위젯들은 사이트 내에서는 글자와 그림으로 설명되기에 이 정도로는 아무래도 감이 잘 오지 않는다면, Flutter Gallery 프로그램을 실제로 실행해 보면서 본인이 필요한 기능을 찾아보기를 권합니다.

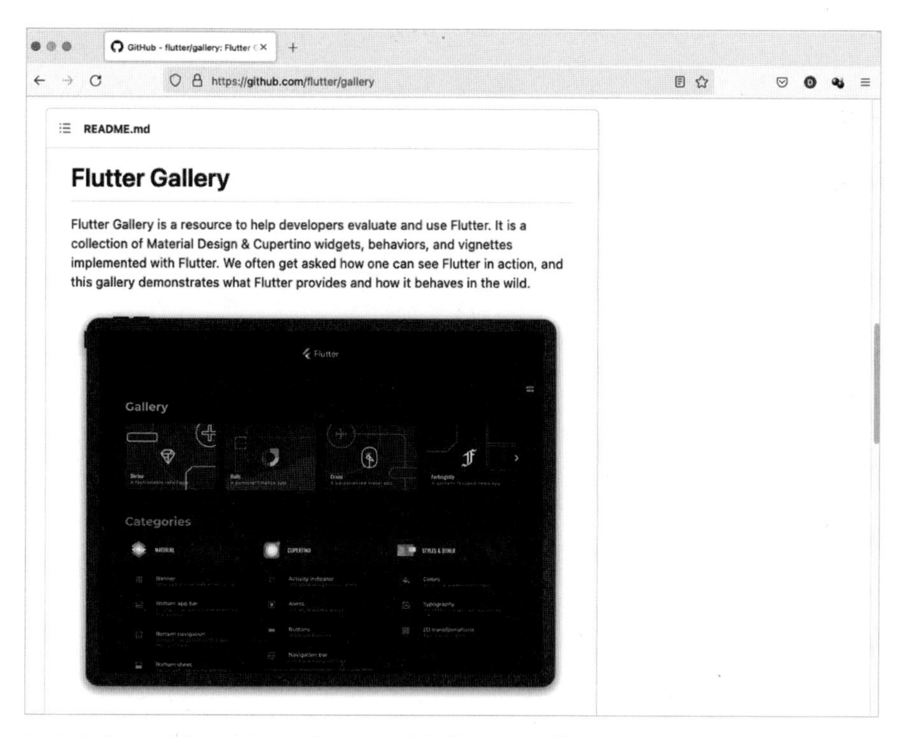

[그림 2] Flutter Gallery 소스 코드의 GitHub 사이트(출처: https://github.com/flutter/gallery)

GitHub 사이트에 접속하면 그림 2와 같이 Flutter Gallery 앱과 웹 서비스의 소스 코드를 공개하고 있습니다. 안드로이드 앱과 웹 서비스를 직접 사용하면서 마음에 드는 기능이나 사용자 인터페이스를 선택합니다. 그리고 선택한 소스 코드를 GitHub에서 찾아서 어떻게 구현했는지 참조하면 됩니다. 자세한 설치 방법과 소스 코드에 대한 설명도 친절하게 제공하고 있습니다.

2. Flutter Samples

Flutter Samples 사이트는 Flutter의 각종 위젯 등을 그림으로 확인하고, 필요하면 샘플 코드를 찾아 본인의 프로그램에 포함할 수 있도록 도와주는 사이트입니다. Flutter Samples 사이트의 주소는 다음과 같습니다.

Flutter Samples 사이트 : https://flutter.github.io/samples/

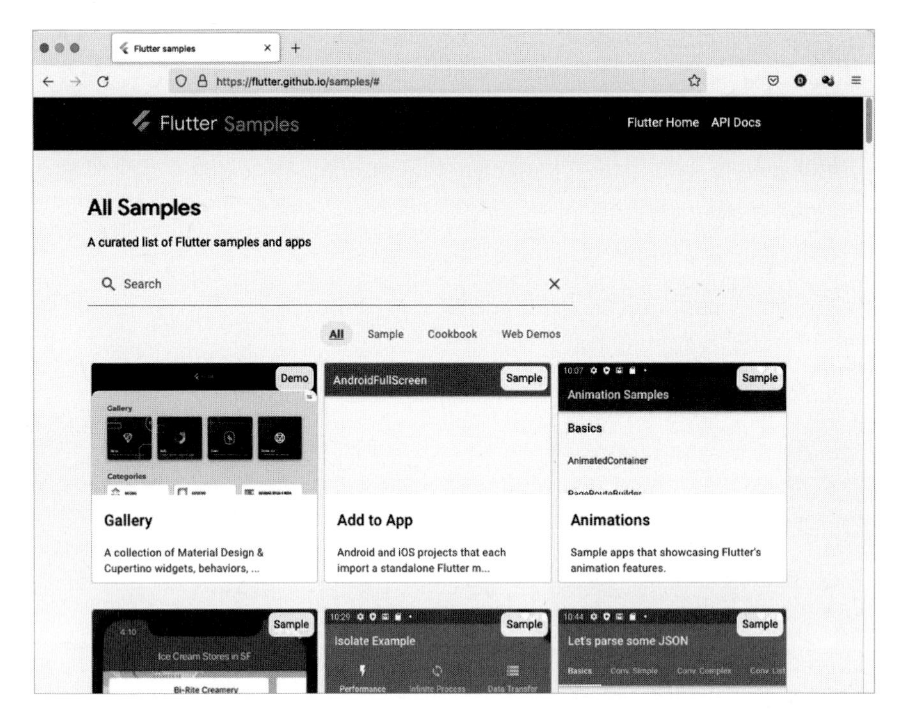

[그림 3] Flutter Samples 사이트 메인 화면(출처: https://flutter.github.io/samples/)

접속하면 pub.dev와 유사하게 원하는 키워드로 위젯을 검색할 수 있는 화면이 그림 3처럼 나타납니다. 이 곳에는 위젯을 사용한 샘플 프로그램들의 실행 화면이 그림으로 제공되므로 본인이 필요한 화면을 찾은 후, 샘플 코드를 다운 받아서 개발에 활용하면 됩니다.

3. Widget Index

Widget Index 사이트는 Flutter Samples 사이트처럼 그림으로 위젯들을 보여주는 것은 유사하지만, 대부분의 위젯들에 기능을 설명하는 YouTube 동영상이 제공되고 있습니다. Widget Index 사이트의 주소는 다음과 같습니다.

Widget index **사이트** : https://docs.flutter.dev/reference/widgets

그림을 보고 마음에 들었다면 추가로 동영상을 확인할 수 있습니다. 사실 이 책에서 위젯에 대한 공식 설명으로 가장 많이 언급한 사이트이기도 합니다.

4. Cook Book

Cookbook 사이트에서는 마치 요리책을 보는 것처럼 키워드를 통해서 원하는 분야를 찾은 후 이에 대한 상세한 설명을 볼 수 있습니다. Cookbook 사이트의 주소는 다음과 같습니다.

Flutter Cookbook 사이트 : https://docs.flutter.dev/cookbook

Animation, Design, Effects, Forms, Gestures, Images, Lists, Maintenance, Navigation, Networking, Persistence, Plugins, Testing 등으로 구분된 항목을 선택하면 분야별 예제들이 정리되어 있습니다. 이렇게 Top-down으로 찾다 보면 단계별로 상세한 설명과 예제 프로그램을 확인할 수 있습니다.

5. Codelabs

Codelabs은 기본적인 수준이 아닌 보다 깊이 있는 내용을 튜토리얼의 형태로 공부할 수 있는 사이트입니다. Codelabs 사이트의 주소는 다음과 같습니다.

Codelabs 사이트 : https://docs.flutter.dev/codelabs

대충 읽어서 이해할 수 있는 내용이라고 보기는 어렵고, 별도로 시간을 갖고 공부하면서 보다 심화된 내용을 학습하기 위한 목적으로 찾아보기 바랍니다.

6. API Reference

API Reference는 말 그대로 Flutter가 제공하는 모든 라이브러리와 패키지를 사전처럼 나열한 참조 사이트입니다. API Reference 사이트의 주소는 다음과 같습니다.

API Reference 사이트 : https://api.flutter.dev/

사전의 형태를 따르고 있는데, 일단 패키지 이름이 나타납니다. 이 중 원하는 패키지를 선택하면, 패키지 안의 모든 라이브러리가 알파벳 순서대로 나열됩니다. 이름을 기준으로 원하는 기능을 찾아가는 용도로 사용하는 사이트입니다.

핵심 요약

혹시 프로그래밍 언어를 처음 접하는 독자라면 체감이 잘 안되겠지만 이렇게까지 친절하면서도 대량의 정보를 그것도 다양한 방법으로 제공하는 개발자 생태계는 극히 드뭅니다. 이 책에서 다룬 내용은 Dart 언어와 Flutter 프레임워크를 사용하여 Full-Stack 개발자가 되기 위한 입구 역할을 할 뿐이라고 생각하고 본인이 관심있는 분야의 자료를 지속적으로 읽고 예제 프로그램들을 활용하다 보면 어느 순간 전문가로 변해가는 본인을 느낄 수 있습니다.

CHAPTER. 4

Flutter CLI 명령 이해하기

Flutter SDK의 핵심 구성요소 중 하나는 CLI 환경에서 동작하는 flutter 명령입니다. 이 책에서는 flutter 명령을 사용하여 Flutter 프로젝트를 생성하고 실행하였습니다. 추가 패키지를 설치하고 실행 파일을 만들기도 하였습니다. 하지만 이 외에도 더 많은 기능을 제공하고 있습니다. 지금 단계에서 알아 두면 도움이 될 만한 명령들에 대해서 알아보겠습니다.

자세히 알아보기

Dart 언어에서 Flutter로 넘어가면서 flutter 명령을 자주 실행하였습니다. 자주 등장한 flutter 명령을 정리하면 다음과 같습니다.

```
flutter doctor
flutter upgrade
flutter devices
flutter create <project-name>
flutter config --enable-<platform-id>
flutter config --noenable-<platform-id>
flutter run -d <target-platform-name>
flutter pub add <package-name>
```

지금까지 이 책에서 사용한 서브 명령들 외에도 다양한 서브 명령이 있습니다. 이 명령들의 정보는 CLI에서 추가 문구 없이 'flutter'만 입력하여 실행하였을 때 나타나는 출력을 읽거나 다음의 flutter 명령 공식 사이트에서 확인할 수 있습니다.

Flutter 명령 공식 사이트 : https://docs.flutter.dev/reference/flutter-cli

우리가 사용하지 않았던 명령들 중에서 지금 알아 두면 유용하게 사용할 만한 서브 명령들을 소개하겠습니다.

1. analyze 명령 활용하기

analyze 명령의 실행 방법은 다음과 같습니다.

```
flutter analyze -d <device-id>
```

이렇게 하면 프로젝트를 실행되는 디바이스에서의 프로젝트 실행 상태를 분석하여 줍니다. 예를 들어 크롬 브라우저를 사용하는 웹 서비스라면, flutter analyze -d chrome 명령으로 실행합니다. 어려운 명령이 아니니 우리가 만들어 본 프로젝트 중 하나에서 바로 실행해 보기 바랍니다.

2. channel 명령 활용하기

다행히 우리가 책에서 다룬 Flutter for Mobile, Flutter for Desktop, Flutter for Web은 모두 공식적으로 발표된 안정적인 단계의 코드들입니다. Flutter에서는 패키지나 라이브러리에 개발 단계의 수준에 맞춰서 등급을 정합니다. 안정적(stable)이라는 의미는 해당 소프트웨어가 믿고 신뢰할 수 있는 수준이라는 의미입니다. 안정적인 등급 외에도 여러 등급이 있는데, 개발이 완료되지 않았기에 에러의 가능성이 있다고 명시되는 등급도 있습니다. 따라서 pub.dev 등에서 패키지를 찾아서 사용하려고 하면 프로그램의 상태가 안정적이지 않으니 개발 수준 혹은 베타 상태에서 활용하라는 설명이 있을 수 있습니다. 이런 경우에 channel 명령을 사용합니다. 먼저 CLI 환경에서 flutter channel을 실행해 봅니다. 그러면 기본적으로 이렇게 출력이 될 겁니다.

```
Flutter channels:
  master
  beta
* stable
```

Flutter로 개발하는 소프트웨어의 상태는 stable, beta, master의 3가지 상태로 구분할 수 있는데, 출력에서는 프로젝트가 stable 상태로 설정되어 있습니다. 즉, 안정적인 등급의 소프트웨어를 사용해서 개발하도록 설정되어 있다는 의미입니다. 따라서 설치하고자 하는 패키지가 beta 상태에서 안 동작한다고 하면, 프로젝트의 상태를 beta로 변경해야 할 수도 있습니다. 이 경우 다음과 같이 명령을 실행하면 됩니다.

```
flutter channel beta
```

만약 beta 상태에서 다시 stable 상태로 변경하고 싶다면, 아래와 같이 실행하면 됩니다.

```
flutter channel stable
```

Flutter는 이렇게 개발 등급에 대한 상태를 변경하는 과정에서 변경된 등급에 필요한 소프트웨어가 있다면 자동으로 다운로드하기도 합니다. 그리고 상태 변경에 따른 flutter upgrade를 실행하라고 개발자에게 요청하기도 합니다.

3. pub 명령 활용하기

pub 명령은 앞서 pub.dev 사이트와 추가 패키지 설명에서 언급했었습니다. pub.dev 사이트에 등록된 소프트웨어를 가져와서 설치할 수 있고 반대로 지울 수도 있으며 업그레이드도 할 수 있습니다. 다음의 링크로 가면 pub 명령의 공식 설명을 확인할 수 있습니다.

pub 명령어 공식 사이트 : https://dart.dev/tools/pub/cmd

4. clean 명령 활용하기

clean 명령은 build 혹은 run 과정에서 만들어진 많은 작업 파일을 전부 삭제합니다. 작업 파일은 대부분 임시 파일인 경우가 많습니다. 여러 번의 build와 run 작업을 수행하다가 프로젝트를 청소하고 싶다면 clean 명령을 통해서 임시 파일을 포함한 결과 파일들을 전부 삭제할 수 있습니다.

이외의 다양한 flutter 세부 명령의 좀 더 구체적인 정보를 –h(––help) 옵션을 사용하여 확인해 볼 수 있습니다. 필요한 기능을 인터넷에서 검색하기 전에 일단 flutter 명령의 help 기능으로 충분히 확인해 보기 바랍니다.

핵심 요약

Dart와 Flutter는 유용한 도구들을 많이 제공하고 있습니다. 그 중에서 flutter 명령 프로그램은 이 책에서도 자주 사용했던 만큼 가장 기본적이면서도 다양한 기능을 제공합니다. 서브 명령으로 실행할 수 있는 기능들이 지금 당장은 필요하지 않다고 느껴지더라도 경험 삼아 한 번씩 사용해 보기를 권합니다. 그러다 보면 어떤 기능인지 감을 잡게 되고, 규모가 있는 프로그램을 개발하는 단계에서 많은 도움을 얻을 수 있을 겁니다.

CHAPTER. 5

Dart와 Flutter 최신 정보 신청하기

한 권의 책에서 Dart 언어와 Flutter 프레임워크의 방대한 내용을 모두 다룬다는 것은 말이 되지 않습니다. 따라서 이 책에서는 독자가 필요로 하는 정보를 찾고 활용할 수 있는 방법을 자주 설명하였습니다. 그리고 현재의 Dart와 Flutter에는 없지만 미래에는 새롭게 등장할 기술도 지속 가능하게 학습할 수 있도록 대책을 수립해 두어야 합니다. 소프트웨어 개발을 업으로 삼아 살기 위해서는 끊임없는 공부와 새로운 기술 학습이 필요로 합니다. 매번 정보를 확인하러 가는 것도 어려우니 새로운 정보가 업데이트되면 자동으로 나에게 도착할 수 있도록 하는 방법을 알아봅니다.

자세히 알아보기

Dart와 Flutter는 다른 프로그래밍 언어들과 비교했을 때, 상대적으로 최근에 만들어진 언어에 속하여 기술에 대한 홍보를 매우 적극적으로 하는 성향이 있습니다. 이미 이 책에서 참조한 수많은 사이트들과 샘플들이 이를 증명하고 있습니다. 따라서 귀찮더라도 반드시 다음의 작업을 해 두기 바랍니다.

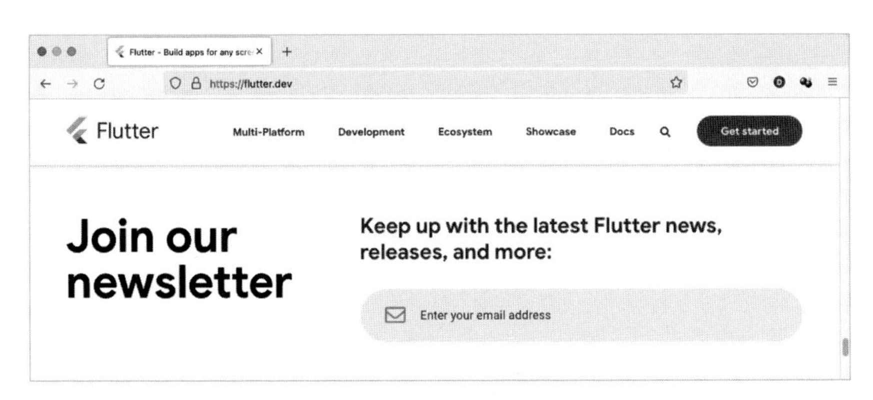

[그림 1] Flutter 공식 사이트의 뉴스레터 신청 화면(출처: http://flutter.dev/)

첫째로 Flutter 공식 사이트에 접속하여 화면을 아래로 스크롤하면, 이메일을 등록해서 뉴스 레터를 받을 수 있습니다. 이메일 주소를 등록해서 새로운 정보가 공지되면 꼭 확인하도록 합니다.

둘째로 Dart와 Flutter의 공식 사이트에 가서 트위터 아이콘을 클릭하거나 다음의 트위터 아이디를 찾으면 Dart와 Flutter의 트위터 계정을 팔로우할 수 있습니다. Dart와 Flutter의 공식 정보 외에 Dart와 Flutter를 사용하는 전세계 개발자들과 단체들의 정보를 수시로 확인할 수 있습니다.

https://twitter.com/dart_lang
https://twitter.com/flutterdev

셋째로 이 책에서도 몇 번 언급된 YouTube의 Flutter 계정을 공식 구독합니다. 새로운 위젯 설명이나 개발자 사이트에서의 영상이 올라오면 본인의 YouTube 화면에 추천 영상으로 나타날 테니 시간이 날때마다 확인하면 됩니다.

넷째로 책의 도입부에서 "알아 두면 좋은 사이트"로 설명한 Medium 사이트에 가입하고, Dart와 Flutter에 대한 기사를 검색한 후 작가들을 팔로우합니다. 주 관심 키워드에도 Dart와 Flutter를 등록합니다. 그 후 뉴스레터를 신청하면 관련 기사가 나올 때마다 등록한 이메일로 알려줍니다. 특히 이 책의 시작 부분에서 언급했듯이 Medium 사이트에서는 Dart와 Flutter의 공식 릴리즈 기사가 실리는 만큼 반드시 뉴스레터를 신청합니다.

핵심 요약

이 책을 읽으며 처음으로 프로그래밍에 도전한 분들도 이제 Dart 언어와 Flutter 프레임워크를 사용해서 스마트폰 앱, 데스크톱 소프트웨어, 웹 서비스를 개발할 수 있게 되었습니다. 그리고 HTTP 기술을 사용하는 클라이언트와 웹 서버도 개발할 수 있게 되었습니다. 특히 Dart 언어와 Flutter 프레임워크만으로 직접 웹 서비스를 만들고 웹 서버로 운영할 수 있는 Full-Stack 개발자의 첫 한 발짝을 내디딜 수 있었다는 점에서 의미가 큽니다.

개발 방법뿐만이 아니라 개발자로 성장하기 위한 방법들도 배웠습니다. 앞으로 더 크고 더 복잡한 프로그램을 개발하기 위해서 표준에서 제공하는 라이브러리와 위젯들을 어떻게 찾고 활용할지 알아보고, 전세계 개발자들이 만든 소프트웨어를 함께 공유하는 방법도 알아보았습니다. 마지막으로 지금은 존재하지 않는 Dart 언어와 Flutter 프레임워크의 미래 기술에 대한 정보를 어떻게 지속 가능하게 학습할 수 있는지도 알아보았습니다.

남은 일은 하나입니다. 직접 실제 세상에 존재하는 문제를 찾고, 이를 해결하기 위한 소프트웨어를 개발하는 일입니다.

VOLUME.

I

알아 두면 요긴한 분야별 노하우

CHAPTER. 1

Alfred 웹 서버 프레임워크 사용하기 서버

대상 독자

HTTP 기반 웹 서버를 전문적으로 개발하고자 하는 독자

이 책의 Volume.D에서 알아본 HTTP는 클라이언트와 서버, 그리고 서버 간의 통신에 핵심적인 소프트웨어 기술입니다. 너무나도 많은 소프트웨어와 서비스에서 HTTP를 사용하고 있습니다. 그런데 Dart 언어가 제공하는 HTTP 패키지를 그냥 사용하기 보다는 HTTP 기반 웹 서버에 특화된 소프트웨어를 사용하는 것이 일반적입니다. Dart 언어를 지원하는 웹 서버 전문 소프트웨어 중에서 Shelf와 Alfred를 소개하도록 하겠습니다.

미리 보는 수행 결과

```
|-> [Step.1] Create by POST
|<- status-code    : 200
|<- content-type   : text/plain; charset=utf-8
|<- content-length : 33
|<- content        : Success < {0001: Seoul} created >
|-> [Step.2] Create by POST
|<- status-code    : 200
|<- content-type   : text/plain; charset=utf-8
|<- content-length : 33
|<- content        : Success < {0002: Busan} created >
|-> [Step.3] Read by GET
|<- status-code    : 200
|<- content-type   : text/plain; charset=utf-8
|<- content-length : 35
|<- content        : Success < {0001: Seoul} retrieved >
|-> [Step.4] Update by PUT
|<- status-code    : 200
|<- content-type   : text/plain; charset=utf-8
|<- content-length : 35
|<- content        : Success < {0001: Sungnam} updated >
|-> [Step.5] Delete by DELETE
|<- status-code    : 200
|<- content-type   : text/plain; charset=utf-8
|<- content-length : 35
|<- content        : Success < {0001, Sungnam} deleted >
|-> [Step.6] Unsupported API
|<- status-code    : 404
|<- content-type   : text/plain; charset=utf-8
|<- content-length : -1
|<- content        : 404 not found
|-> [Step.7] Unsupported Read
|<- status-code    : 200
|<- content-type   : text/plain; charset=utf-8
|<- content-length : 23
|<- content        : Fail < 0001 not-exist >
```

[그림 1] HTTP 클라이언트 수행 결과

이번 챕터의 목적은 전문적인 HTTP 기반 서버 개발이므로 클라이언트는 volume-D-chapter-05-client.dart를 그대로 사용합니다. 특히 서버의 동작도 volume-D-chapter-05-server.dart가 수행하는 동작을 그대로 유지하면서, 패키지만 표준 HTTP 패키지를 활용하던 방식에서 Alfred 패키지를 사용하는 방식으로 바꿀 예정입니다. 따라서 클라이언트의 수행 결과는 이 책의 Volume.D Chapter5의 클라이언트 결과와 동일합니다. 클라이언트의 수행 결과는 그림 1과 같습니다.

```
flutter: ... - info - POST - /api/0001
flutter: > content        : {"0001":"Seoul"}
flutter: $ Success < {0001: Seoul} created >
> current DB     : {0001: Seoul}
flutter: ... - info - POST - /api/0002
flutter: > content        : {"0002":"Busan"}
flutter: $ Success < {0002: Busan} created >
> current DB     : {0001: Seoul, 0002: Busan}
flutter: ... - info - GET - /api/0001
flutter: $ Success < {0001: Seoul} retrieved >
> current DB     : {0001: Seoul, 0002: Busan}
flutter: ... - info - PUT - /api/0001
flutter: > content        : {"0001":"Sungnam"}
flutter: $ Success < {0001: Sungnam} updated >
> current DB     : {0001: Sungnam, 0002: Busan}
flutter: ... - info - DELETE - /api/0001
flutter: $ Success < {0001, Sungnam} deleted >
> current DB     : {0002: Busan}
flutter: ... - info - GET - /apiX/0001
flutter: ... - info - GET - /api/0001
flutter: $ Fail < 0001 not-exist >
> current DB     : {0002: Busan}
```

[그림 2] HTTP 서버 수행 결과

HTTP 서버의 수행 결과가 그림 2에 나타나 있습니다. 수행 결과는 Volume.D Chapter. 5의 서버 결과와 거의 동일합니다. CRUD 작업의 출력 부분은 동일하며, 서버가 클라이언트에서 받은 HTTP Request 메시지의 정보를 보여주는 부분이 다른 형태로 되어 있습니다.

HTTP 서버는 volume-D-chapter-05-server.dart의 main 함수 부분만 수정합니다. 클라이언트의 결과는 Volume.D Chapter. 5와 동일하며, 서버는 main 함수에서 수정한 부분에 대한 출력만 다르게 나타나고, 수정하지 않은 부분은 Volume.D Chapter. 5와 동일합니다.

소스 코드 설명

Dart 언어를 사용하여 HTTP 서버를 쉽게 혹은 전문적으로 만들 수 있는 소프트웨어로는 Shelf가 대표적입니다. pub.dev에서 shelf를 검색하면 쉽게 찾을 수 있으며, 아래의 사이트를 통해서 바로 접속 가능합니다.

Shelf 웹 서버 미들웨어 : https://pub.dev/packages/shelf

Shelf는 많은 Dart 기반 웹 서버 개발자들이 사용하고 있고, 안정적인 단계로 접어들고 있습니다. Dart 언어에 대해서 충분한 경험을 갖추고 HTTP에 대한 추가적인 이론 공부를 하면 잘 활용해 볼 만한 소프트웨어입니다.

하지만 Shelf보다 쉽고 간편하게 웹 서버를 만들 수 있는 소프트웨어들도 계속 만들어지고 있습니다. 최근 지지층이 넓어지고 있는 소프트웨어 중에 하나가 Alfred입니다. pub.dev에서 Alfred를 검색하면 바로 찾을 수 있으며, 아래의 사이트를 통해서 바로 접속 가능합니다.

Alfred 웹 서버 프레임워크 : https://pub.dev/packages/alfred

Alfred는 CRUD 철학을 따르는 웹 서비스 혹은 GET/POST/DELETE/PUT 등의 기본적인 HTTP 명령들을 주로 사용하는 웹 서버 개발 시에 각광을 받고 있습니다. 사용법이 워낙 직관적이기도 하고, 원하는 기능을 쉽고 빠르게 구현할 수 있기 때문입니다. Shelf와 비교하면 아직 부족한 부분이 여럿 있지만 지지층과 기여자가 점점 확대되고 있어 나름 의미 있는 위치를 차지할 것으로 보입니다.

NOTE

> 이 챕터의 목적이 Alfred만을 사용하라는 메시지를 전달하는 것은 아닙니다. Shelf 혹은 Alfred처럼 웹 서버 개발을 전문적으로 지원하는 소프트웨어들도 있으니 잘 찾아보고 본인의 목적에 맞으면 사용해 보라는 의미입니다.

volume-D-chapter-05-server.dart 프로그램은 Dart 언어의 표준 기능만으로 구현하였기에 CLI 환경에서 dart 명령으로 바로 실행이 되었지만 Alfred를 사용하는 경우 프로젝트를 만들어서 개발을 해야 합니다. 따라서 다음과 같이 프로젝트를 생성하고, Alfred의 installation 절차에 따라서 Alfred 패키지를 프로젝트에 추가하였습니다. 프로젝트 이름은 alfredserver로 하였습니다.

```
flutter create alfredserver
cd alfredserver
flutter pub add alfred
```

그리고 lib/main.dart의 내용을 전부 volume-D-chapter-05-server.dart 파일의 내용으로 교체합니다. 가장 먼저 import 부분에 Alfred의 installation에서 요구하는 다음의 구문을 추가합니다.

```
import 'package:alfred/alfred.dart';
```

import 구문은 다음과 같이 변경됩니다.

```
1  import 'dart:io';
2  import 'dart:convert';
3  import 'package:alfred/alfred/dart';
4
```

그리고 main 함수는 Alfred 패키지를 사용하기 위해 다음과 같이 바꿔줍니다.

```
5  Future main() async {
6    var db = <dynamic, dynamic>{};
7
8    final app = Alfred();
9
10   app.post('/api/*', (req, res) => createDB(db, req));
11   app.get('/api/*', (req, res) => readeDB(db, req));
12   app.put('/api/*', (req, res) => updateDB(db, req));
13   app.delete('/api/*', (req, res) => deleteDB(db, req));
14
15   await app.listen(4040);
16 }
17
```

동일한 작업을 하는 volume-D-chapter-05-server.dart의 main 함수가 총 39줄이었는데, Alfred를 사용하고 12줄로 줄어들었습니다.

6 volume-D-chapter-05-server.dart에도 있는 코드로 내부적인 데이터 베이스를 만드는 코드입니다.

8 Alfred 기반의 HTTP 서버 클래스 객체를 생성하는 작업입니다.

10~**13** Alfred 객체에 POST, GET, PUT, DELETE에 해당하는 HTTP Request를 받으면 각각 createDB(), readDB(), updateDB(), deleteDB() 함수를 호출하도록 등록하는 과정입니다.

15 Alfred 객체가 4040 포트를 통해서 동작하도록 실행시킵니다.

소스 코드 수정의 마지막은 printHttpServerActivated() 함수와 printHttpRequestInfo() 함수를 삭제하는 작업입니다. Alfred 패키지 사용으로 인해서 의미가 없어졌기 때문입니다. createDB(), readDB(), updateDB(), deleteDB() 함수 및 printAndSendHttpResponse() 함수는 그대로 수정 없이 사용합니다.

Alfred 도입에 따른 변경은 main 함수의 수정으로 국한하였습니다.

이제 HTTP 서버를 실행할 차례입니다. 익숙한 다음의 명령으로 실행합니다. macOS에서 사용하여 뒤에 'macos'가 추가되었습니다. Windows에서는 'windows'로 바꾸면 됩니다.

```
flutter run -d macos
```

결과적으로 Alfred를 사용하였더니 동일한 작업을 하는 프로그램인데도 길었던 main 함수가 단순해졌습니다. 클라이언트가 보내온 메시지를 열어서 일일이 정보를 확인하던 수많은 조건문과 반복문들이 사라지고, 보기에도 바로 이해가 갈 수 있도록 코드가 단순해진 겁니다. 즉, HTTP Request가 매우 직관적으로 변경되었습니다. 예를 들면, 다음의 구문은 클라이언트가 보낸 HTTP POST Request의 URL 주소가 '/api/'로 시작하는 경우 createDB() 함수를 시작한다는 의미입니다.

```
app.post('/api/*', (req, res) => createDB(db, req));
```

개발자는 웹 서버의 동작에 관련한 부분에 해당하는 HTTP 처리에 집중해서 코드를 작성할 수 있게 되었고, 메시지의 내용을 일일이 확인하고 만드는 작업 등은 Alfred가 알아서 처리하게 되었습니다.

이보다 더 극적인 예를 찾아본다면, Volume.G 4장의 simpleHttpFileServer.dart 프로그램입니다. 이 프로그램은 우리가 만든 레퍼런스 프로그램 기반 웹 서비스를 제공하기 위해 HTTP GET Response에 응답하여 파일을 전송하는 목적의 프로그램이었습니다. 그리고 이 프로그램의 길이는 81줄이었습니다. 이 프로그램을 Alfred로 개발하면, 다음과 같이 빈칸을 제외하고 총 8줄로 만들 수 있습니다.

```
1  import 'dart:io';
2  import 'package:alfred/alfred/dart';
3  import "package:path/path.dart" show dirname;
4
5  void main() async {
6    final app = Alfred();
7    app.get('/*', (req, res) => Directory('build/web'));
8    await app.listen(4040);
9  }
```

7 HTTP GET Request가 '/' 디렉터리로 오면, 'build/web' 디렉터리에서 요청 받은 파일 이름에 해당하는 파일을 찾아서 HTTP Response로 돌려주라는 의미입니다. 사실상 이 한 줄이 우리가 작

성한 81줄의 기능을 수행합니다.

이 파일 전송 프로그램을 실제 수행해 보고자 하는 분에게 말할 주의사항이 한 가지 있습니다. Alfred를 사용해서 개발한 프로그램을 실행하면, 실행 디렉터리가 운영체제에 따라 달라질 수 있습니다. 따라서 본인이 실행하는 Alfred 기반 웹 서버의 위치를 알고 나서 이 위치에 업로드나 다운로드하고자 하는 파일들이 위치하도록 설정해야 합니다. 예를 들어 Volume.G 4장에서 웹 용도로 build한 프로그램 코드를 저장한다고 합시다. main 함수 안에 다음의 코드를 삽입하여 미리 실행해 봅니다.

```
app.get('/pwd', (req, res) => dirname(Platform.script.toString()));
```

그리고 클라이언트에서 HTTP GET Request의 웹 주소를 '127.0.0.1/pwd'와 같이 작성하여 웹 서버로부터 결과를 얻어 봅니다. Platform.script.toString() 메서드는 이전에 알아본 내용으로 프로그램이 실행되는 위치를 출력합니다. 따라서 이 결과 값을 보면 Alfred 기반 웹 서버 프로그램의 실행 위치를 알 수 있습니다. 이렇게 찾아낸 위치에 업로드 혹은 다운로드할 파일들이 저장될 수 있도록 해야 합니다. Alfred 공식 사이트의 설명 등을 읽어보면 더 자세한 정보를 얻을 수 있습니다.

HTTP 표준 패키지로 직접 HTTP 서버를 만들다가, Shelf나 Alfred 기반으로 개발하는 내용을 설명한다고 해서 우리가 직접 만든 HTTP 서버들이 의미가 없다는 이야기가 아닙니다. 우리가 만들고자 하는 프로그램은 주로 HTTP를 이용해서 특정 작업을 하는 프로그램이 될 겁니다. 따라서 특정 작업을 위한 프로그램 개발에 더 많은 시간을 할애할 수 있도록 HTTP 관련 기능은 이에 전문화된 소프트웨어를 사용하여 시간을 단축하고 안정성을 향상시키겠다는 의미입니다.

만약 HTTP로 수행하는 일이 많지 않다면, HTTP 패키지를 가지고 직접 개발하는 것이 당연히 프로그램의 크기를 줄이고 성능을 향상시킵니다.

핵심 요약

Alfred와 같은 Dart 언어에 기반하는 웹 서버 개발 전문 패키지들이 있는 것을 확인해 보았습니다. 우리가 이미 만들어 본 프로그램을 Alfred로 변경하니 매우 적은 분량의 코드만으로도 동일한 기능을 제공할 수 있었습니다. 개발 시간이 단축되고 줄어든 코드로 인하여 버그의 가능성이 줄어드는 효과도 기대할 수 있습니다. Alfred가 계속 성공적으로 발전한다는 가정하에 Alfred의 사용을 권해봅니다. 그리고 이미 안정권에 접어든 소프트웨어인 Shelf도 권해 봅니다. 하지만 이번 챕터의 목적은 "Alfred와 Shelf만을 권장"이 아니라 "HTTP 기반의 전문 소프트웨어도 있다"이기에 Shelf 혹은 Alfred가 아닌 새로운 Dart/Flutter 기반 웹 전문 소프트웨어들에게도 꾸준히 관심을 기울이기 바랍니다.

▶▶ 연습 문제

1. 핵심 내용 복습하기

❶ Alfred 공식 사이트에 접속해서 Readme를 중심으로 설명을 읽어봅니다.

❷ Shelf 공식 사이트에 접속해서 Readme를 중심으로 설명을 읽어봅니다.

2. 예제 코드 수정하기

❶ Alfred 공식 사이트의 API Reference에서 File 업로드 관련 내용을 읽어 봅니다. 본문에서 volume-D-chapter-05-server.dart 프로그램을 수정한 코드에 웹 브라우저를 통한 File 업로드 기능이 가능하도록 수정합니다. 실행 후 결과를 확인합니다.

❷ Alfred 공식 사이트의 API Reference에서 File 다운로드 관련 내용을 읽어 봅니다. 본문에서 volume-D-chapter-05-server.dart 프로그램을 수정한 코드에 웹 브라우저를 통한 File 다운로드 기능이 가능하도록 수정합니다. 실행 후 결과를 확인합니다.

3. 추가 기능 작성하기

❶ Shelf를 사용하는 방식으로 volume-D-chapter-05-server.dart 프로그램을 수정합니다. 클라이언트와 서버를 같이 수행하고 결과를 확인합니다.

❷ Shelf를 사용하는 방식으로 Volume.G 4장의 simpleHttpFileServer.dart 프로그램을 수정합니다. 클라이언트와 서버를 같이 수행하고 결과를 확인합니다.

CHAPTER.2

데이터베이스 활용하기 서버

대상 독자

서버 프로그램에 데이터베이스 기능이 필요한 독자

데이터베이스는 대량의 데이터를 빠르고 안정적으로 관리하는 소프트웨어를 의미합니다. 대부분의 서버들은 데이터를 지속적으로 유지하고 관리해야 합니다. HTTP 서버에서 CRUD가 수행한 기능도 곰곰이 생각해 보면 데이터의 추가/검색/삭제/변경 작업이었습니다. 서버에서 데이터베이스가 필요한 경우 크게 두 가지 방법으로 개발합니다. 첫째는 전문적인 데이터베이스 프로그램인 MySQL, MariaDB, MongoDB, Oracle 등을 사용하는 방법입니다. 둘째는 서버에서 직접 데이터베이스를 만들어서 사용하는 방법입니다. 이번 챕터에서는 이 두 가지 개발 방법 모두 알아보겠습니다.

자세히 알아보기

전문적인 데이터베이스 프로그램을 사용하는 경우와 서버가 직접 데이터베이스를 구현하는 경우 둘 다 Dart 언어는 이미 안정적인 기술들을 제공하고 있습니다. 첫째로 전문적인 데이터베이스 프로그램을 사용하는 경우에 사용할 기술을 알아봅니다.

전문적인 데이터베이스 프로그램이란 대용량의 데이터를 안정적이고 빠르게 처리할 목적으로 만들어진 프로그램입니다. 대표적으로 많이 쓰이는 데이터베이스 프로그램은 MySQL, MariaDB, 그리고 MongoDB입니다. 그리고 이들은 모두 오픈소스 소프트웨어입니다. 상용 소프트웨어인 Oracle(오라클)도 유명하지만, 이 책에서는 오픈소스 데이터베이스 소프트웨어를 중심으로 설명하겠습니다. 프로그래밍에 대해서 관심이 있었던 독자라면 이 프로그램들의 이름을 아마도 한 번쯤은 들어 봤을 겁니다. 데이터베이스 프로그램들의 공식 사이트 주소는 다음과 같습니다.

MySQL 공식 사이트 : https://www.mysql.com/

MariaDB 공식 사이트 : https://mariadb.org/

MongoDB 공식 사이트 : https://www.mongodb.com/ko-kr

전문적인 데이터베이스 프로그램을 사용하는 경우에는 데이터를 저장하고 관리하는 데이터베이스 프로그램과 데이터를 가지고 계산이나 작업을 하는 프로그램들을 서로 다른 프로그램으로 분리하고 별도의 컴퓨터에서 실행하는 것이 일반적입니다. 구글이나 네이버 같은 인터넷 기업을 생각하면 이해가 쉽습니다. 이들이 가지고 있는 데이터는 어마어마하게 방대합니다. 따라서 데이터 자체도 매우 많은 저장장치들에 분산되어 있고, 이들을 전문적으로 관리하는 데이터베이스 프로그램도 여러 대의 컴퓨터에서 동작하고 있습니다.

웹 브라우저를 사용하는 사용자가 구글이나 네이버의 웹 사이트에 접속하면, 웹 브라우저의 접속을 받아주는 컴퓨터는 이와 별도로 존재합니다. 전세계의 수많은 사용자의 접속을 HTTP 기반으로 동작하는 웹 서버들이 매우 많은 컴퓨터를 사용하여 웹 브라우저의 HTTP Request를 받아 처리합니다. 이렇듯이 웹 브라우저나 HTTP 기술로 서버에 접속하는 클라이언트들은 대부분 HTTP 서버 소프트웨어들이 응대를 해 줍니다. 가입자가 많으면 많을 수록 더 많은 HTTP 서버들이 여러 컴퓨터에서 동시에 실행되고 있습니다. 그러다가 클라이언트가 요청하는 정보를 데이터베이스에서 가져와야 하는 경우 HTTP 서버들이 (대부분 다른 컴퓨터에서 실행되고 있는)데이터베이스 프로그램에게 정보 요청을 합니다. 정보 요청을 하기 위해서는 두 가지 일을 해야 하는데, 첫째로 네트워크를 통해서 다른 컴퓨터에서 실행되는 데이터베이스 프로그램에 접속해야 합니다. 둘째로 데이터베이스가 이해할 수 있는 언어로 데이터를 요청해야 합니다. 이런 목적으로 가장 유명하고 많이 쓰는 언어는 SQL(Structured Query Language)입니다.

MySQL, MariaDB, 그리고 MongoDB와 같은 전문적인 데이터베이스 프로그램과 함께 동작해야 하는 프로그램은 네트워크를 통해서 SQL 언어로 데이터베이스와 대화할 수 있어야 합니다. Dart와 Flutter에서 이를 위한 기능을 아직은 표준 라이브러리나 패키지에서 제공하지 않습니다. 그렇다면 어떻게 해야 할까요?

pub.dev에서 MySQL 혹은 MariaDB를 검색하면 우리가 필요로 하는 목적의 패키지를 찾을 수 있습니다. 전세계의 서버 개발자가 동일하게 겪는 문제이니 결국 누군가가 해결책을 준비해둔 것입니다.

1. 공개 소프트웨어를 통한 MySQL 및 MongoDB 데이터베이스 활용하기

검색 결과를 읽어 보면 나름대로 인지도를 형성하고 있는 패키지는 그림 1과 같이 검색되는 mysql1으로 파악됩니다.

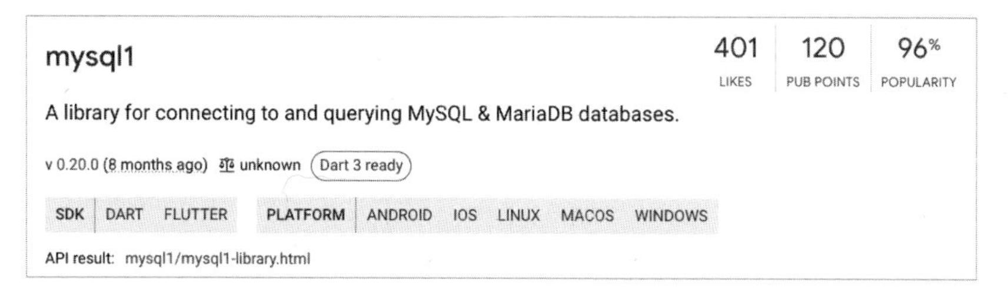

[그림 1] pub.dev 사이트 내 mysql1 페이지(출처: http://pub.dev/)

참고로 mysql1 패키지의 페이지 주소는 다음과 같습니다.

mysql1 **데이터베이스 접속 라이브러리 :** https://pub.dev/packages/mysql1

이렇게 pub.dev에는 완성도에 차이는 있지만 전문 데이터베이스 프로그램에 Dart 언어를 사용하여 연결하기 위한 패키지들이 있습니다. 오픈소스 소프트웨어의 특성상 본인의 목적에 100% 부합하는지는 실제로 본인의 프로그램에 포함시켜 실험해 봐야 합니다. 본인의 목적에 부합한다면, 이제부터 데이터베이스에 접속해야 하는 전문적인 서버 프로그램 개발에서 사용하면 됩니다.

MySQL과 MariaDB는 같은 종류의 데이터를 다루기에 같은 그룹으로 묶는 경향이 있습니다. 이와 다르게 MongoDB는 SQL이 아닌 NoSQL이라는 방식으로 데이터를 다르게 취급합니다. 따라서 MongoDB 데이터베이스에 연결해야 하는 경우라면 pub.dev에 MongoDB를 검색해 봅니다. 그러면 그림 2와 같은 mongo_dart를 포함한 검색 결과가 나타납니다.

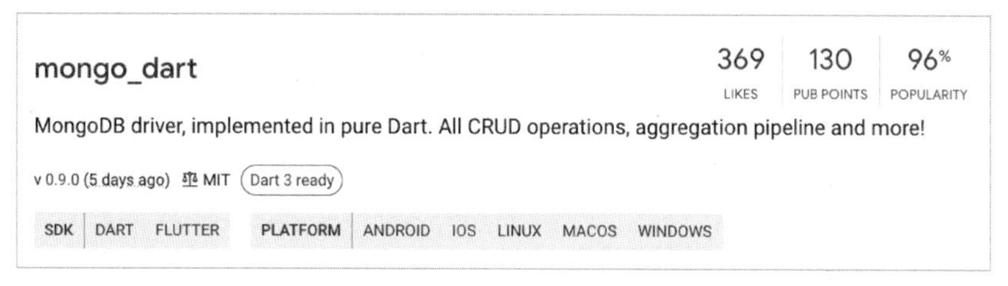

[그림 2] pub.dev 사이트 내 mongo_dart 페이지(출처: http://pub.dev/)

참고로 mongo_dart 패키지의 페이지 주소는 다음과 같습니다.

mongo_dart **데이터베이스 접속 라이브러리 :** https://pub.dev/packages/mongo_dart

2. Hive 패키지를 활용하여 데이터베이스 구현하기

전문 데이터베이스 프로그램에 연결하는 방법을 설명하였으니 이제 두 번째 방법인 직접 데이터베이스를 서버 프로그램에서 구현하는 방법을 설명합니다.

다루는 데이터가 전문 데이터베이스 프로그램을 사용해야 할 만큼 크지 않은 경우 서버 프로그램에서 직접 데이터베이스를 구현합니다. 직접 데이터베이스 프로그램을 개발하지만 전문 데이터베이스 프로그램처럼 HTTP 서버와 분리하여 독립적으로 실행할 수도 있습니다. 혹은 다루는 데이터의 크기가 그다지 크지 않고 접속하는 클라이언트의 개수가 많지 않다면 HTTP 서버 프로그램과 데이터베이스 프로그램을 통합해서 하나의 프로그램으로 만들 수도 있습니다. 이는 프로그램이 해결해야 하는 문제의 특성을 반영하여, 프로그램의 설계 시에 적합한 방법을 선택하면 됩니다. 우리의 관심사는 데이터베이스를 어떻게 Dart 언어로 직접 구현할 수 있는가입니다. 이번에도 결국 답은 pub.dev 사이트입니다.

Dart 언어로 직접 데이터베이스를 만들 때 사용하는 가장 유명한 패키지는 hive이며, 페이지 주소는 다음과 같습니다.

hive 데이터베이스 페이지 : https://pub.dev/packages/hive

그리고 직접 pub.dev에서 hive를 검색하면 그림 3과 같이 hive 데이터베이스 패키지의 정보를 확인할 수 있습니다.

[그림 3] pub.dev 사이트 내 hive 페이지(출처: http://pub.dev/)

LIKES가 4624로 매우 높고, POPULARITY도 100%로 개발자들의 선호도가 매우 높습니다. 지원하는 플랫폼도 Dart와 Flutter로 개발 가능한 전 분야입니다.

말보다는 코드를 보는 것이 빠른 이해에 좋습니다. hive를 이해하기 위해서 간단한 두 개의 프로그램을 개발해서 실행해 보겠습니다. 첫 번째 프로그램을 다음의 과정을 통해서 실행합니다.

이번 챕터의 예제 프로그램은 Flutter가 아닌 Dart 환경에서 실행합니다. HTTP 클라이언트와 HTTP 서버를 알아보는 챕터들의 프로그램은 모두 Dart 언어만으로 개발했습니다. 굳이 그래픽 기반의 사용자 인터페이스가 필요 없기 때문에 Flutter 없이 Dart 언어만으로 프로젝트를 만들고 실행하겠습니다.

CLI 환경에서 터미널을 열고, 다음의 명령으로 hellohive의 이름을 갖는 Dart 프로젝트를 새롭게 만듭니다. 그리고 만들어진 프로젝트 디렉터리 안으로 이동합니다. flutter 명령으로 프로젝트를 생성할 때와 동일한 방식입니다.

```
dart create hellohive
cd hellohive
```

생성한 프로젝트에 hive를 위한 패키지를 설치하고 환경 설정을 하기 위해서 다음의 명령을 수행합니다.

```
dart pub add hive
```

다음으로 flutter create 명령으로 만든 프로젝트의 소스 코드를 수정한 것처럼 lib/main.dart를 수정하려고 lib 디렉터리로 이동하면, main.dart가 없습니다. 그 대신 hellohive.dart 프로그램이 있습니다. 이 파일을 열어 보면 다음처럼 되어 있습니다.

```
1 int calculate() {
2   return 6 * 7;
3 }
```

lib 디렉터리에 main.dart도 없고, 프로젝트 이름과 동일한 dart 파일에는 처음 보는 곱하기 함수가 있습니다. 이 상황에서 다음의 명령으로 hellohive 프로젝트를 실행합니다.

```
dart run
```

실행 결과가 다음과 같이 출력되는 것을 볼 수 있습니다.

```
Building package executable...
Built hellohive:hellohive.
Hello world: 42!
```

일단 lib/hellohive.dart 안에 있는 calculate() 함수가 6 곱하기 7을 계산하는 모습을 보면 42라는 숫자는 이 함수에서 만들어진 것 같습니다. 그러면 main 함수는 도대체 어디 있을까요? 이 궁금증을 풀기 위해서 hellohive 프로젝트의 bin 디렉터리 밑의 hellohive.dart 파일을 열어 봅니다. 이 파일의 내용은 다음과 같습니다.

```
import 'package:hellohive/hellohive.dart' as hellohive;

void main(List<String> arguments) {
  print('Hello world: ${hellohive.calculate()}!');
}
```

1 import 구문을 사용해서 lib/hellohive.dart를 가져오는 역할의 코드입니다. package:hellohive/의 의미를 lib/로 이해해도 됩니다.

3 main 함수가 있습니다.

4 이 부분에서 calculate() 함수를 실행합니다. 출력 결과에서 숫자 42 앞에 나타난 Hello, World 문장도 여기서 출력했습니다.

이 부분이 flutter create 명령으로 만든 프로젝트와 dart create 명령으로 만든 프로젝트의 차이점입니다. dart create 명령으로 프로젝트를 만들면 bin/{프로젝트 이름}.dart가 main 함수를 갖습니다. 그러면 일반적으로 lib/{프로젝트 이름}.dart에서 실제 작업할 코드를 작성한 후, bin/{프로젝트 이름}.dart에서 실행하는 구조로 프로그램을 개발하게 됩니다.

이제 bin/hellohive.dart의 내용을 volume-I-chapter-02-hellohive_bin.dart 소스 코드의 내용으로 다음과 같이 변경합니다.

```
import 'package:hellohive/hellohive.dart' as hellohive;

void main(List<String> arguments) {
  hellohive.runHelloHive();
}
```

4 main 함수가 실행되면 lib/hellohive.dart의 runHelloHive() 함수를 호출하도록 하였습니다. 다음으로 lib/hellohive.dart의 내용을 volume-I-chapter-02-hellohive_v1_lib.dart 소스 코드의 내용으로 다음과 같이 변경합니다.

```
import 'dart:io';
import 'package:hive/hive.dart';

void runHelloHive() async {
```

```
5       var path = Directory.current.path;
6       Hive.init(path);
7       var box = await Hive.openBox('studentDB');
9
9       box.put('STUD#0001', 'Dart');
10      box.put('STUD#0002', 'Flutter');
11
12      print('STUD#0001 : ${box.get('STUD#0001')}');
13      print('STUD#0002 : ${box.get('STUD#0002')}');
14  }
```

2 hive 패키지를 사용하기 위한 import입니다.

5~**6** hive를 사용하기 위한 환경 설정입니다. 프로그램이 실행되는 디렉터리를 알아본 후, 이 값으로 hive를 초기화합니다.

7 'studentDB' 라는 이름의 데이터베이스를 생성했습니다. 비동기 방식이기에 await 구문이 있으며, 이로 인하여 **1**의 runHelloHive() 함수 정의 시에도 async가 포함되었습니다.

9~**10** hive의 put 메서드로 데이터베이스에 레코드를 추가한 경우입니다. 각각 "STUD#0001"과 "STUD#0002"를 Key 값으로 갖으면서, "Dart"와 "Flutter"를 Value로 갖는 데이터베이스 레코드입니다.

12~**13** 이 레코드들의 값을 get 메서드로 읽어 온 경우입니다. 입력 파라미터로 Key 값을 주고 Value를 리턴받아 출력합니다.

데이터베이스에서는 각 항목을 레코드라고 하고, 레코드를 식별하기 위한 식별자를 Key라고 합니다. 앞서 Dart 문법의 딕셔너리와 사용하는 단어가 같습니다. 이제 다음의 명령으로 프로젝트를 실행합니다.

```
dart run
```

그러면 **12**와 **13**으로 인하여 아래와 같이 두 레코드의 Key 값과 Value 값이 출력됩니다.

```
Building package executable...
Built hellohive:hellohive.
STUD#0001 : Dart
STUD#0002 : Flutter
```

이제 두 번째 프로그램을 실행할 차례입니다. 첫 번째 프로그램과 같은 과정을 거치지만 한 가지만 다릅니다. 차근차근 설명할 테니 우선 lib/hellohive.dart의 내용을 volume-I-chapter-02-hellohive_v2_lib.dart 소스 코드의 내용으로 변경합니다. 이 소스 코드를 알아보겠습니다.

```
1  import 'dart:io';
2  import 'package:hive/hive.dart';
3
```

import하는 패키지는 dart:io와 hive 관련 패키지입니다.

```
4  class Student {
5    Student({required this.id, required this.name, required this.dept});
6
7    String id;
8    String name;
9    String dept;
10
11   @override
12   String toString() {
13     return '$id: $name - $dept';
14   }
15 }
16
```

다음으로 Student 클래스의 정의가 있습니다. 예제 프로그램으로는 학생 관리 프로그램을 만들겠습니다. 클래스의 이름은 Student이며 멤버 데이터로서 학생 번호에 해당하는 id, 학생 이름인 name, 그리고 소속을 의미하는 dept를 갖습니다.

5 생성자가 있습니다.

12 toString() 메서드를 오버라이드해서 print 구문에서 클래스 객체의 내용을 출력할 수 있도록 했습니다.

의도는 단순합니다. 나름 데이터베이스라고 했는데, 첫 번째 프로그램은 단지 번호와 이름만 있으니 이를 나름 의미 있는 레코드처럼 보이게 바꾼 것입니다. 그리고 hive 데이터베이스는 이제 Student 클래스의 객체를 관리하게 됩니다.

```
17  void runHelloHive() async {
18    var path = Directory.current.path;
19    Hive.init(path);
20    Hive.registerAdapter(StudentAdapter());
21    var box = await Hive.openBox('studentDB');
22
23    var student1 = Student(
24      id: 'STUD#0001',
25      name: 'Dart',
26      dept: 'Seoul',
27    );
28
29    var student2 = Student(
30      id: 'STUD#0002',
31      name: 'Flutter',
32      dept: 'Bundang',
33    );
34
35    await box.put('STUD#0001', student1);
36    print('STUD#0001 : ${box.get('STUD#0001')}');
37
38    await box.put('STUD#0002', student2);
39    print('STUD#0002 : ${box.get('STUD#0002')}');
40  }
41
```

데이터베이스를 만들고 레코드를 저장한 뒤, 다시 읽어서 출력하는 runHelloHive() 함수가 정의되어 있습니다.

18~**21** hive를 초기화합니다.

23~**27** 첫째 학생의 레코드를 만듭니다.

29~**33** 둘째 학생의 레코드를 만듭니다.

35 첫째 학생의 레코드를 데이터베이스에 삽입합니다

36 데이터베이스에서 첫째 학생의 레코드를 읽은 후, print 구문으로 화면에 출력합니다.

38 둘째 학생의 레코드를 데이터베이스에 삽입합니다.

39 데이터베이스에서 둘째 학생의 레코드를 읽은 후, print 구문으로 화면에 출력합니다.

결과는 다음과 같이 출력됩니다.

```
Building package executable...
Built hellohive:hellohive.
STUD#0001 : STUD#0001: Dart - Seoul
STUD#0002 : STUD#0002: Flutter - Bundang
```

20 설명을 하지 않은 부분입니다. StudentAdapter() 객체를 입력 파라미터로 주어 Hive 클래스의 registerAdapter() 메서드를 실행하고 있습니다. 개발자가 만든 클래스를 hive 데이터베이스에서 다루기 위해서는 Adapter라는 클래스를 만들고 이 클래스를 hive 객체에 등록해야 합니다. Student 클래스를 만들었으니, 이에 대한 StudentAdapter 클래스를 만들었고, 이를 registerAdapter() 메서드의 입력 파라미터로 전달했습니다. StudentAdapter 클래스의 내용은 다음과 같습니다.

```
42  class StudentAdapter extends TypeAdapter<Student> {
43    @override
44    final typeId = 0;
45
46    @override
47    Student read(BinaryReader reader) {
48      var x = reader.readDouble().toString();
49      var y = reader.readDouble().toString();
50      var z = reader.readDouble().toString();
51
52      return Student(id: x, name: y, dept: z);
53    }
54
55    void write(BinaryWriter writer, Student obj) {
56      writer.write(obj.id);
57      writer.write(obj.name);
58      writer.write(obj.dept);
```

```
59        }
60    }
```

42 Student 클래스에 대응하는 Adapter를 정의하고 있습니다. 일단 TypeAdapter<> 클래스를 Student 클래스에 맞춰서 만들도록 한 후, 이를 확장해서 StudentAdapter 클래스를 만들었습니다. 44 내부에서 이 클래스를 식별하기 위한 식별자를 오버라이드했습니다.

47~53 read 메서드는 입력을 받아서 Student 클래스의 내부를 채웁니다.

55~59 write 메서드는 Student 클래스의 멤버 변수 3개를 write합니다.

TypeAdapter도 같은 규칙에 따라서 만들면 됩니다. 본인의 데이터베이스 레코드 이름을 Student 대신 사용하고, 멤버들로 Student 클래스의 멤버들의 자리를 대체하면 됩니다.

핵심 요약

Dart 언어로 전문 데이터베이스 프로그램에 접속하여 정보를 주고받는 방법을 알아보았고, Hive 패키지를 사용해서 직접 데이터베이스를 서버 프로그램 안에서 생성하고 사용하는 방법을 알아보았습니다.

▶▶ 연습 문제

1. 핵심 내용 복습하기

❶ 위키피디아 등의 인터넷 검색을 통해서 SQL과 NoSQL이 무엇인지 이해합니다.

❷ Hive 사이트를 방문하여 이번 챕터의 예제 프로그램에서 사용한 클래스와 메서드에 대한 공식 설명을 읽어봅니다.

2. 예제 코드 수정하기

❶ Student 클래스에 추가적인 필드를 만들고, 실행 후 결과를 확인합니다.

❷ Hive 공식 사이트를 방문하여, 데이터베이스에 레코드를 추가하고 읽는 put/get 외의 메서드를 확인합니다. 이 중 하나를 이번 챕터의 두번째 프로그램에 적용하고, 실행 후 결과를 확인합니다.

3. 추가 기능 작성하기

❶ Dart 언어의 딕셔너리 데이터 타입을 학습한 챕터의 예제를 Hive 패키지로 유사하게 작성하고, 실행 후 결과를 확인합니다.

❷ HTTP 서버에서 CRUD를 구현한 챕터의 예제 프로그램에 대해서, 서버 내부에 Hive 패키지 기반의 데이터베이스를 생성한 후, CRUD에 따라서 데이터베이스에 작업을 하는 것으로 코드를 작성하고, 실행 후 결과를 확인합니다.

CHAPTER.3

Docker를 이용한 컨테이너 기반 서비스 개발하기 서버

대상 독자

Docker 컨테이너 환경에서 Dart 언어로 서버 프로그램을 개발하려는 독자

"Docker Hub에 Dart 개발팀이 등록한 공식 Dart 이미지가 있습니다"

어쩌면, 이 한 줄로 이 챕터에서 이야기하고자 하는 의미는 모두 전달될 수 있습니다. 데이터센터는 구글이나 네이버처럼 어마어마하게 많은 컴퓨터가 있는 건물이며, 컨테이너는 수천 수만개의 컴퓨터 중에서 필요할 때 필요한 만큼의 컴퓨터를 사용할 수 있도록 하는 기술입니다. 이런 기술 중에서 가장 유명한 기술인 Docker(도커)에서 Dart 언어 기반으로 프로그램을 개발하고 실행할 수 있는 기술이 공식적으로 제공되고 있습니다.

자세히 알아보기

이번 챕터는 부득이하게 Docker를 이해하고 있는 분을 대상으로 작성되었습니다. Docker에 대해서 전혀 지식이 없으신 분은 일단 다음 챕터로 넘어가기를 권합니다. 다음 기회에 누군가가 Docker, Kubernetes(쿠버네티스), Micro-service(마이크로 서비스) 등의 단어를 이야기하면, 그때 이번 챕터를 읽어도 늦지 않습니다. Docker 기술은 워낙 급성장하고 있는 큰 기술이기에, 몇 줄의 설명으로 초보자를 이해시키기는 어렵습니다. 따라서 이번 챕터를 이해하려면 Docker가 무엇인지에 대한 최소한의 이해가 있거나 Docker를 실행해 본 경험이 있어야 합니다. 당장은 Docker에 대한 지식이 없지만 이번 챕터의 내용을 꼭 실습해 보고 싶은 독자라면 다음의 Docker 사이트를 방문하여 Docker가 무엇인지 간단한 소개 글을 읽어 보고 Docker 소프트웨어를 본인 컴퓨터에 설치해 봅니다. 그 후 본문을 따라서 수행해 보면 기초적인 감은 가질 수 있을 겁니다.

Docker 공식 사이트 주소 : https://www.docker.com/

현재 Docker Hub에는 Docker 공식 이미지(DOCKER OFFICIAL IMAGE)로 Dart 이미지가 제공되고 있습니다. 다음의 사이트를 통해서 공식 이미지에 대한 정보를 볼 수 있습니다.

Docker Hub의 Dart 이미지 공식 주소 : https://hub.docker.com/_/dart

Docker Hub의 공식 이미지는 이 책의 저술 시점 기준으로 100만 이상의 다운로드를 기록하고 있습니다. 그리고 페이지에는 Dart 기반 HTTP 서버 이미지를 만들고 실행하는 방법이 설명되어 있습니다.

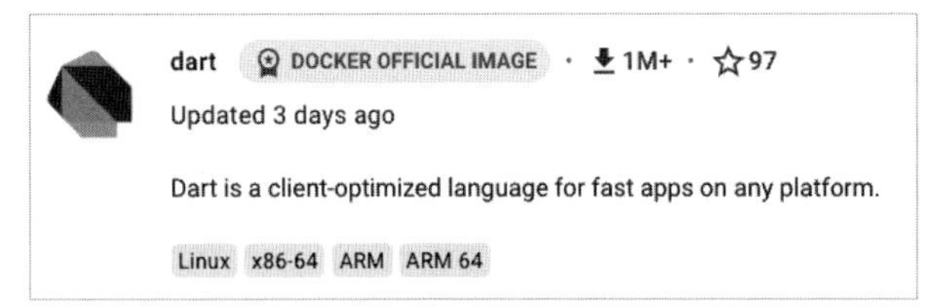

[그림 1] Docker Hub의 Dart 이미지 공식 홈페이지 화면(출처: https://hub.docker.com/)

이번 챕터의 전제 조건을 Docker를 이해하고 있는 독자로 설정하였으니 바로 Dart 기반의 HTTP 서버를 Docker에서 실행해 보겠습니다. 실습을 위해서 본인의 개발용 컴퓨터에 Docker가 설치되어 있어야 합니다.

1. Docker에서 실행할 프로젝트 생성하기

다음의 명령으로 dart-server라는 이름의 Dart 프로젝트를 생성합니다. -t server-shelf 옵션을 사용해서 이전에 알아본 Shelf 패키지를 사용하는 신규 프로젝트를 만들 겁니다. 이렇게 하면 HTTP를 위한 환경이 기본적으로 프로젝트에 포함되며, Shelf 기반의 간단한 HTTP 서버 프로그램도 샘플로 포함됩니다.

```
dart create -t server-shelf dart-server
```

2. Docker에서 실행할 프로젝트 확인하기

일단 프로젝트를 만들었으니, 무슨 기능을 하는지 구경하는 시간을 갖겠습니다. 다음의 명령을 실행해서 방금 만든 Shelf 기반의 HTTP 서버 프로젝트의 샘플 프로그램을 실행합니다.

```
cd dart-server
dart run bin/server.dart
```

수행 결과로 다음 한 줄이 간단하게 출력됩니다.

```
Server listening on port 8080
```

Shelf 기반으로 만들어진 HTTP 서버가 8080 포트에서 대기 중이라는 의미입니다. 그렇다면 웹 브라우저로 접속해 봅시다. 주소는 http://localhost:8080/입니다.

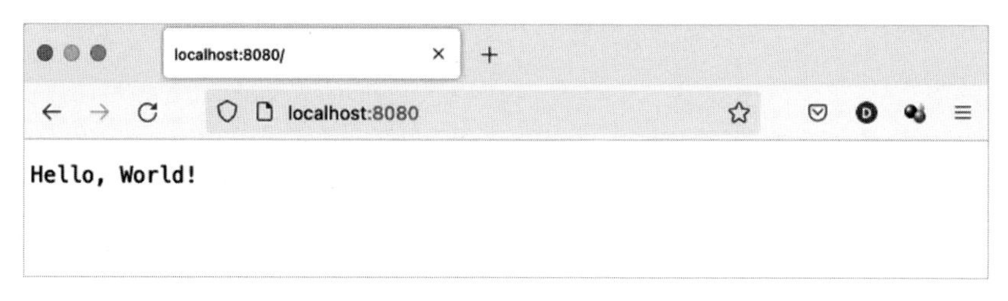

[그림 2] Shelf 기반의 HTTP 서버 접속 결과

Shelf 기반의 Hello, World! 웹 서버라는 것을 알 수 있습니다.

3. Docker 이미지 빌드하기

실행중인 서버 프로그램을 'Ctrl+C' 명령으로 중지합니다. 그리고 다음의 명령으로 신규로 만든 Shelf 기반의 Hello, World! 프로그램을 Docker에서 실행하기 위한 이미지로 만드는 작업을 수행합니다.

```
docker build -t dart-server-image .
```

명령의 마지막이 '.'로 끝나는 것에 주의해야 합니다. 이 명령은 현재 디렉터리 '.'에 있는 Dockerfile이라는 이름의 파일을 사용해서 dart-server-image의 이름을 갖는 Docker 이미지 파일을 만드는(build) 작업입니다. 이 작업을 마치면 본인의 컴퓨터에 설치한 Docker의 Dashboard 화면에 그림 2와 같이 dart-server-image가 Images 메뉴에 나타납니다.

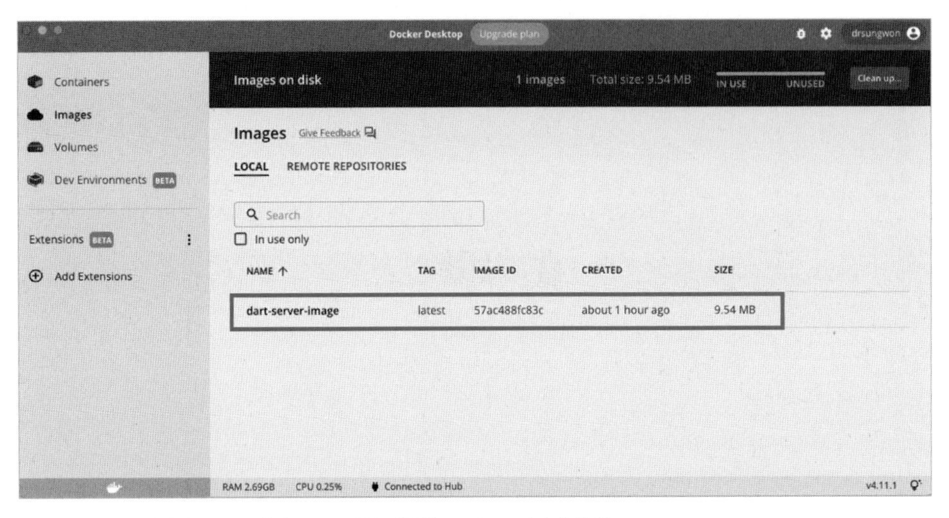

[그림 3] Shelf 기반의 HTTP 서버 프로그램을 이용한 Docker 이미지 생성

4. Docker 이미지 실행하기

이제 만들어진 Docker 이미지를 실행해 봅시다. 다음의 명령을 수행하여 방금 만든 dart-server-image를 실행합니다.

```
docker run -it --rm -p 8080:8080 --name httpserver dart-server-image
```

이 명령은 dart-server-image라는 이름의 Docker 이미지 파일을 실행(run)하라는 의미입니다. 그리고 Docker에서 실행되는 이 프로그램의 이름은 httpserver로 설정합니다. 중요한 정보로, 사용자가 포트 번호 8080을 사용하여 접속하면 Docker 이미지로 실행하는 프로그램도 8080 포트 번호를 사용하여 통신한다는 의미입니다. 명령이 실행되면 다음의 메시지가 화면에 출력됩니다.

```
Server listening on port 8080
```

이제 Docker 환경에서 Shelf의 Hello, World! 프로그램이 동작하고 있습니다. 이 서버에 웹 브라우저로 접속합니다. 접속 결과는 그림 3과 같습니다.

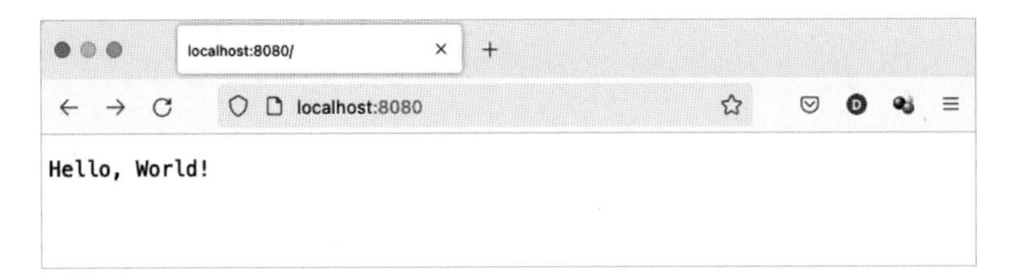

[그림 4] Docker에서 수행 중인 Shelf 기반의 HTTP 서버 접속 결과

그림 3은 그림 1과 같은 화면이지만, 분명히 Docker 환경에서 동작하는 서버가 응답한 결과입니다. 실제로 Docker의 Dashboard 화면에서 Containers 메뉴를 선택하면, 그림 4와 같이 httpserver라는 이름의 컨테이너가 실행 중인 모습과, 이 컨테이너는 dart-server-image를 사용해서 실행했다는 정보를 확인할 수 있습니다.

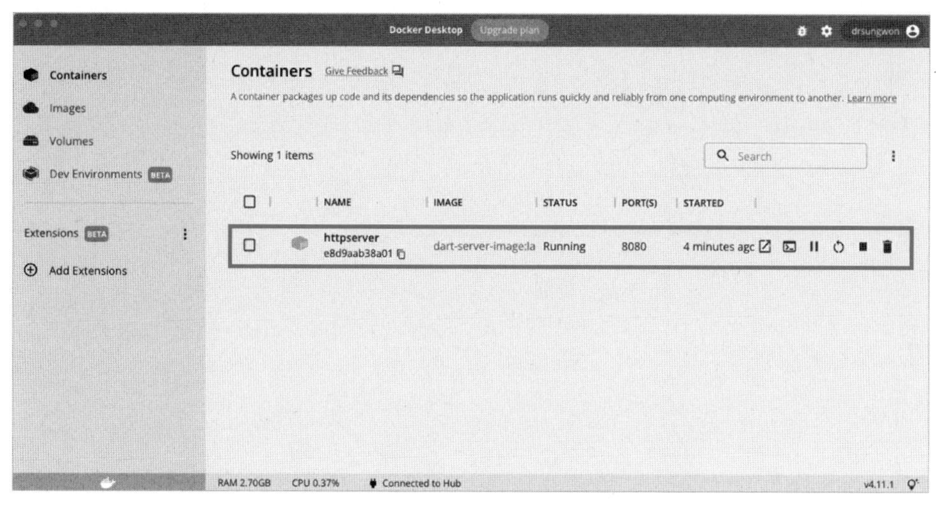

[그림 5] Shelf 기반의 HTTP 서버 프로그램을 이용한 Docker 컨테이너 실행

자동으로 생성된 Shelf 기반의 HTTP 서버를 Docker에서 실행해 보았습니다. 하지만 남이 만든 소프트웨어를 실행하는 것은 개발자에게 감흥을 주기 어렵습니다. 이제 우리가 만든 프로그램을 Docker에서 실행해 보겠습니다.

5. 직접 개발한 프로그램으로 프로젝트 수정하기

dart-server 프로젝트는 그대로 사용하겠습니다. 다만 Volume.D 2장의 예제인 volume-D-chapter-02.dart 파일의 내용으로 프로젝트의 bin/server.dart 파일의 내용을 대체합니다. 이때 소스 코드에서 한 줄은 수정이 필요합니다. 원래 4번 줄은 이렇게 작성되어 있습니다.

```
var ip = InternetAddress.loopbackIPv4;
```

이 줄을 다음과 같이 변경합니다.

```
var ip = InternetAddress.anyIPv4;
```

6. 직접 개발한 Docker 이미지 실행하기

그리고 다음의 명령들을 수행해서 Docker 이미지를 만들고 Docker에서 실행합니다.

```
docker build -t dart-server-image .
docker run -it --rm -p 8080:4040 --name httpserver dart-server-image
```

Shelf의 Hello, World! 프로그램을 Docker에서 실행할 때와 다른 부분이 있습니다. -p 8080:4040입니다. 우리가 만든 volume-D-chapter-02.dart 프로그램에서는 웹 브라우저가 접속하는 서버의 포트 번호를 4040으로 설정하여 8080으로는 접속할 수 없는 상황인데, 이런 문제를 해결해 주는 역할입니다. -p 8080:4040은 Docker 외부에서 8080 포트 번호로 접속하는 HTTP Request를 Docker 안의 4040 포트 번호를 사용하는 프로그램에게 전달하라는 의미로, 웹 브라우저로 서비스에 접속할 때는 8080 포트로 접속하지만 Docker로 접속하면 Docker가 알아서 4040 포트 번호로 동작하는 우리의 HTTP 서버에게 전달해 줍니다. 이 명령을 사용할 생각이었기 때문에 volume-D-chapter-02.dart의 소스 코드에서 4040 포트 번호를 사용하도록 그대로 둔 것입니다. 따라서 Docker를 사용하지 않았던 Volume.D 2장에서 http://localhost:4040/ 주소로 접속하면 그림 5와 같이 에러가 발생합니다. 우리의 웹 서버는 Docker 안에서 동작하고 있기에, 4040 포트는 Docker 밖에서는 의미가 없습니다.

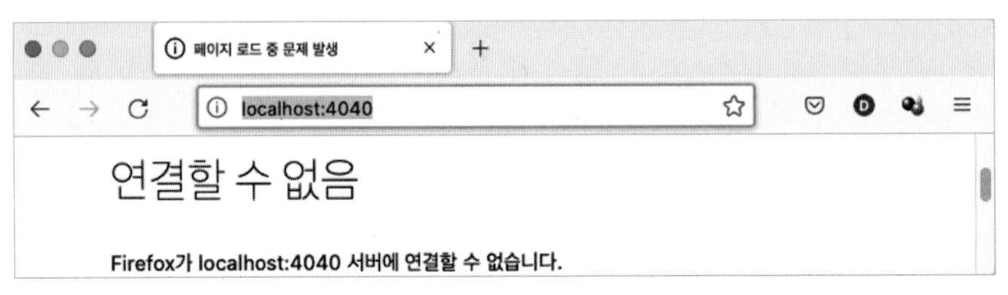

[그림 6] Docker에서 수행 중인 Volume.D 2장 프로그램 접속 시 에러 화면

그러면 이번에는 http://localhost:8080/ 주소를 사용해서 접속해 봅니다. 그러면 그림 6과 같이 제대로 된 결과를 볼 수 있습니다.

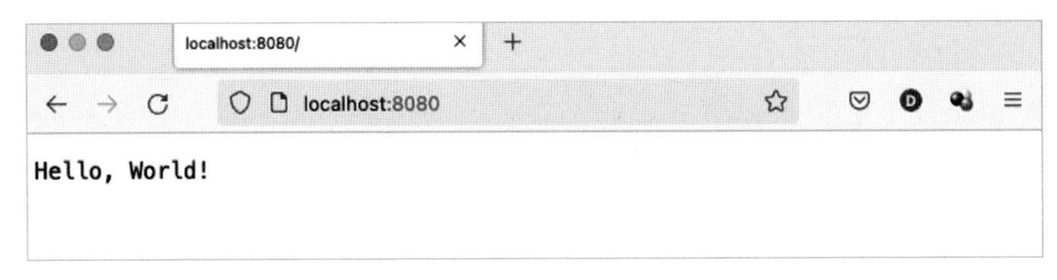

[그림 7] Docker에서 수행 중인 Volume.D 2장 프로그램 접속 시 정상 동작 화면

Volume.D 2장의 HTTP 서버는 더하기 기능도 제공합니다. http://localhost:8080/add,100,200 주소로 접속해 봅니다. 그러면 그림 7과 같이 제대로 된 연산 결과가 표시됩니다.

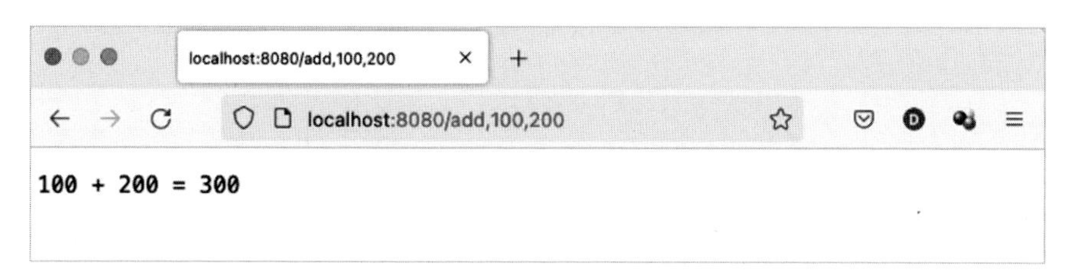

[그림 8] Docker에서 수행 중인 Volume.D 2장 프로그램의 더하기 연산 결과 화면

Docker 환경에서 우리가 만든 HTTP 서버 프로그램이 문제없이 잘 동작하고 있는 것을 확인할 수 있습니다.

Dart 언어를 사용해서 서버 프로그램을 개발하고, Docker를 활용하여 동작시켰습니다. Docker는 데이터센터에서 사용되는 주요 기술인 만큼, Dart를 이용한 데이터센터 운용 가능성도 확인해 보았습니다. Docker와 같은 컨테이너 기술 기반의 마이크로 서비스를 개발하고자 하는 독자들이라면, Dart 언어를 사용하여 적극적으로 서비스를 개발해 보기 바랍니다.

핵심 요약

서버 프로그램의 개발과 운영에서 Docker가 차지하는 비중은 날이 지날수록 커지고 있습니다. Dart 기반의 서버 개발 프로그램의 공식 이미지가 Docker Hub에 있다는 것은 Dart가 서버 프로그램 분야에서도 충분히 인정받고 있다는 의미이기도 합니다. 특히 Docker는 Native 운영체제에서 바로 실행되는 기술까지 지원하며 성능 면에서도 점점 더 빨라지고 안정화되고 있습니다. 여러분은 이 책에서 Dart라는 하나의 언어를 배웠을 뿐이지만 언젠가는 이 Dart만으로도 Full-Stack 개발자로서 인정받을 수 있는 환경이 차근차근 갖춰지고 있습니다.

▶▶ 연습 문제

1. 핵심 내용 복습하기

❶ Docker Hub의 Dart 공식 이미지에 대한 내용을 살펴봅니다.

❷ Docker 사이트를 방문하여, 개발용 컴퓨터에 설치한 Docker의 dashboard 화면 구성 및 사용법을 숙지하도록 합니다.

2. 예제 코드 수정하기

❶ volume-D-chapter-02.dart 프로그램의 sample.txt 파일 다운로드가 정상 동작할 수 있도록 sample.txt 파일을 생성하고, Dockerfile에서 sample.txt 파일을 제대로 Docker 이미지 안에 포함할 수 있도록 수정합니다. 실행 후 결과를 확인합니다.

❷ volume-D-chapter-02.dart 프로그램의 포트 번호를 다른 번호로 변경하고, 이에 맞춰서 docker run의 -p 옵션을 변경해 봅니다. 실행 후 결과를 확인합니다.

3. 추가 기능 작성하기

❶ Volume.I 1장의 Alfred 기반 HTTP 서버가 Docker에서 실행될 수 있도록 프로젝트를 개발합니다. 실행 후 결과를 확인합니다.

❷ Volume.I 1장의 연습 문제에서 개발한 Shelf 기반 HTTP 서버가 Docker에서 실행될 수 있도록 프로젝트를 개발합니다. 실행 후 결과를 확인합니다.

CHAPTER.4

서로 다른 디바이스 간에 통신하기 네트워크

대상 독자

네트워킹에 대해서 잘 모르지만 두 대의 컴퓨터 간에 통신을 하고 싶은 독자

네트워킹을 이해하는 독자라면, 클라이언트와 서버가 같은 컴퓨터에서 실행되는 경우만이 아니라 서로 다른 컴퓨터에서 실행되는 경우에도 통신하도록 할 수 있을 겁니다. 하지만 초보자라면 쉽지 않습니다. 이번 챕터에서는 유무선 공유기를 통해서 통신이 가능한 컴퓨터들이 있을 때, 서로 다른 컴퓨터에서 실행되는 클라이언트와 서버를 통신시키는 방법을 설명하고자 합니다.

자세히 알아보기

서로 다른 컴퓨터 간에 통신을 하기 위해서는 크게 2가지 준비가 필요합니다. 첫째는 다른 컴퓨터의 프로그램과 통신이 가능하도록 설정되어 있어야 합니다. 둘째는 통신을 하고자 하는 상대방 컴퓨터의 네트워크 정보를 알아야 합니다.

다른 컴퓨터의 프로그램과 통신하려면 어떻게 해야 하는지 알아보도록 합니다. 사실 특별하거나 어려운 내용은 아닙니다. 앞서 우리가 만든 서버 프로그램에서 네트워크 주소 설정은 다음과 같이 했었습니다.

```
var server = await HttpServer.bind(
    InternetAddress.loopbackIPv4, // ip address
    4040, // port number
);
```

그리고 클라이언트에서는 다음처럼 서버의 정보를 저장해 두었다가 서버와의 통신을 하기 위해서 사용하였습니다.

```
var serverIp = InternetAddress.loopbackIPv4.host;
var serverPort = 4040;
```

그리고 코드 설명을 할 때 InternetAddress.loopbackIPv4는 같은 컴퓨터 안에서 실행되는 프로그램들 간에 사용하는 주소라고 이야기했습니다. 실제로 같은 컴퓨터에서는 실행되지만, 서로 다른 네트워크 주소 체계를 사용하는 Docker에서는 이 부분을 수정했었습니다. 이제 우리가 만든 서버 프로그램이 다른 컴퓨터에서 실행되는 클라이언트의 접속 요청을 받을 수 있도록 수정해야 합니다. 그리고 클라이언트 프로그램도 서버 프로그램의 네트워크 주소를 알고 이에 맞춰 통신을 할 수 있도록 설정해야 합니다.

먼저 서버 쪽에서 다른 컴퓨터로부터의 통신 요청을 수락할 수 있게 만들려면 아래와 같이 bind에서의 IP 주소 부분을 수정해야 합니다. "어떤 IP 주소에서 접속을 해도 받아 주겠다"는 의미로 이해하면 됩니다.

```
var server = await HttpServer.bind(
     InternetAddress.anyIPv4, // ip address
     4040, // port number
);
```

이제 클라이언트에서 서버의 네트워크 주소를 알고, 이 주소를 활용해서 서버에 접속하게 해 줘야 합니다. 제일 먼저 서버 프로그램이 실행되고 있는 컴퓨터의 네트워크 주소를 확인해야 합니다. 운영체제 별로 다음의 방법을 통해서 알 수 있습니다.

1. macOS IP 주소 확인 방법

macOS에서의 IP 주소 확인 방법을 알아보겠습니다. '시스템 환경설정'을 실행한 후, '네트워크'를 선택합니다. 그러면 그림 1과 같은 화면이 나타납니다.

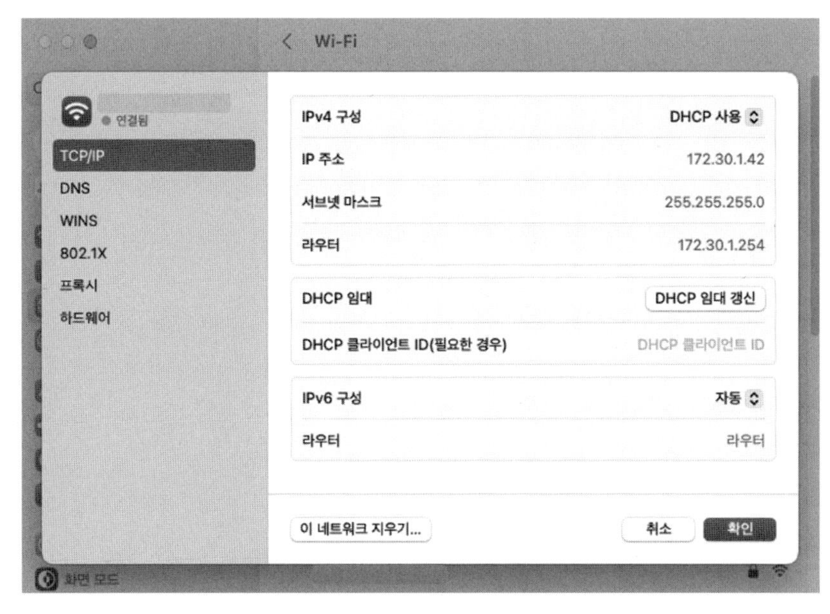

[그림 1] macOS 네트워크 주소 확인

왼쪽에 있는 항목들은 컴퓨터에서 제공하는 네트워크 기술들을 의미합니다. 이중 초록색으로 표시된 항목이 있을 겁니다. 이 항목이 현재 이 컴퓨터에서 통신을 하고 있는 기술입니다. 그림 1 기준으로는 Wi-Fi를 사용하고 있습니다. 이 때 오른쪽을 보면, IP 주소라는 문구를 확인할 수 있습니다. 여기서 OOO.OOO.OOO.OOO 부분이 유무선 공유기에서 이 컴퓨터에게 부여한 네트워크 주소, 즉 IP 주소입니다. 같은 유무선 공유기를 사용하는 컴퓨터 혹은 스마트폰이 있다면, 이제 이 주소를 사용하여 서로 통신할 수 있습니다.

2. Windows IP 주소 확인 방법

Microsoft Windows의 경우는 '설정'에 들어가서 그림 2와 같이 '네트워크 및 인터넷'을 선택합니다. 그러면 오른쪽과 같이 현재 네트워킹을 위해서 사용하는 기술이 나타납니다. 이 그림으로는 Wi-Fi(무선 랜)입니다.

[그림 2] Microsoft Windows 네트워크 주소 확인

이때, 바로 밑의 '속성'을 마우스로 클릭해 봅니다. 그러면 그림 3과 같은 화면이 나타납니다. 그리고 IPv4 주소라고 쓰인 부분이 보입니다. 이 주소가 유무선 공유기에서 이 컴퓨터에게 부여한 네트워크 주소입니다.

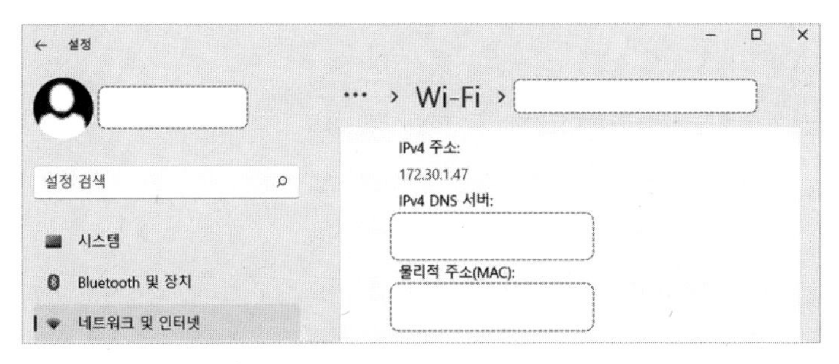

[그림 3] Microsoft Windows 네트워크 주소 확인 (계속)

같은 유무선 공유기를 사용하는 컴퓨터 혹은 스마트폰이 있다면 이제 이 주소를 사용하여 서로 통신할 수 있습니다.

3. 서버-클라이언트 통신

이제 서버에서는 이 주소를 입력하여 본인의 프로그램을 실행합니다. 예를 들어 이 주소가 172.30.1.14이면 다음처럼 작성하면 됩니다.

```
var server = await HttpServer.bind(
    '172.30.1.14', // ip address
    4040, // port number
);
```

참고로 서버는 클라이언트들이 접속해 오면 이를 받아주는 입장이기에 앞서 InternetAddress.anyIPv4로 설정한 상태를 유지해도 상관없습니다. 하지만 이 서버에 접속하는 클라이언트에서는 다음과 같이 서버의 네트워크 주소를 반드시 설정해 줘야 합니다.

```
var server = '172.30.1.14';
var serverPort = 4040;
```

이 방법은 같은 유무선 공유기를 사용하는 경우에 대한 예제입니다. 같은 유무선 공유기로 연결되지 않은 장치들 간의 통신은 다른 이야기가 됩니다. 이번 Volume의 12장에서 설명할 컴퓨터 네트워크에 관한 책을 구비하여 IP 주소를 충분히 이해해 보기를 권장합니다.

클라이언트에서 서버의 IP 주소를 알게 되었으니, 서로 다른 컴퓨터의 프로그램끼리 통신해 보겠습니다. 먼저 이전 챕터인 Volume.I 3장에서 실행한 두 가지 방식의 서버를 macOS 운영체제가 동작하는 애플 컴퓨터에서 실행합니다. 그리고 Microsoft Windows 운영체제에서 실행하는 웹 브라우저를 사용해서 서버에 접속합니다.

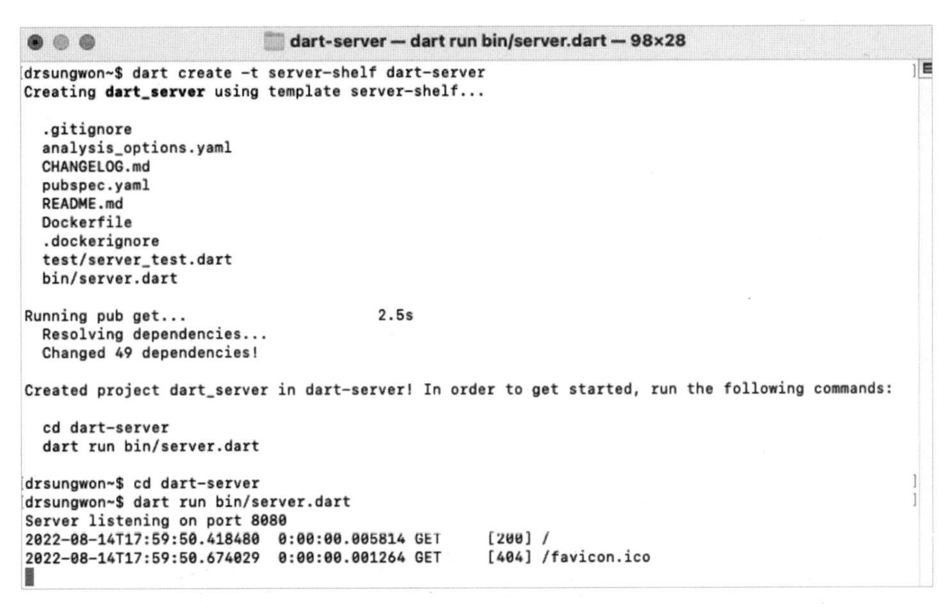

[그림 4] macOS에서의 Shelf 기반 웹 서버 실행

Volume.I 3장의 Shelf 기반 "Hello, World!" 웹 서버 예제를 그대로 실행하였습니다. 이제 Microsoft Windows 운영체제에서 실행하는 웹 브라우저로 접속해 봅니다. 현재 서버의 IP 주소는 172.30.1.56로 변경된 상태입니다.

[그림 5] Microsoft Windows에서의 Shelf 기반 웹 서버 접속 화면

Microsoft Windows의 웹 브라우저에서 주소를 http://172.30.1.56:8080/로 설정하여 접속한 화면이 그림 5와 같습니다. 성공적으로 접속했고, 웹 서버가 응답으로 전달한 "Hello, World!" 문구를 웹 브라우저의 화면에 출력하였습니다.

Volume.I 3장의 두 번째 서버 예제였던 Volume.D 2장의 HTTP 서버를 Docker로 실행합니다. 그림 4와 마찬가지로 애플 컴퓨터에서 실행합니다. 실행 화면은 그림 6과 같습니다. 그림 6에는 Microsoft Windows에서 실행하는 클라이언트가 접속한 결과도 함께 출력되어 있습니다.

[그림 6] macOS에서 Docker 기반의 웹 서버 실행

Microsoft Windows의 웹 브라우저에서 주소를 http://172.30.1.56:4040/로 변경하여 접속합니다. 성공적으로 접속했고, 그림 7에서 웹 서버가 응답으로 전달한 "Hello, World!" 문구를 웹 브라우저의 화면에 출력하였습니다.

[그림 7] Microsoft Windows에서 Docker 기반의 웹 서버 접속 화면

마지막으로 Microsoft Windows의 웹 브라우저에서 주소를 http://172.30.1.56:4040/add,200,200으로 변경하여 접속합니다. 그림 8에서 웹 서버가 200 + 200 = 400의 결과를 전달한 것을 확인할 수 있습니다.

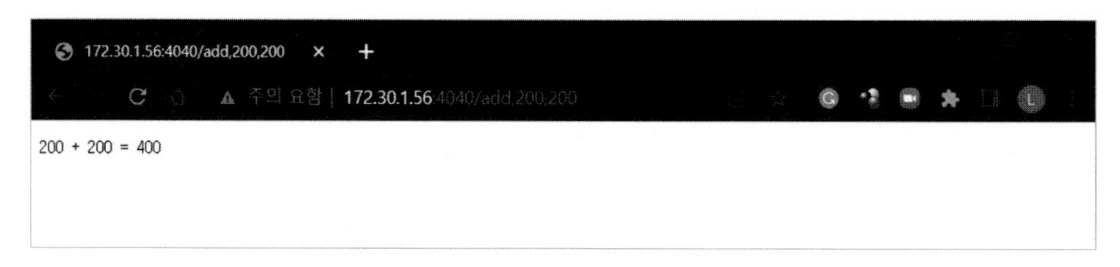

[그림 8] Microsoft Windows에서 Docker 기반의 웹 서버 접속 화면 (계속)

클라이언트가 다른 컴퓨터에서 실행중인 서버에 접속할 수 있고, Docker에서 실행중인 서버 프로그램을 다른 컴퓨터의 클라이언트에서 성공적으로 접속할 수 있음을 확인하였습니다.

핵심 요약

이 책에서 개발한 클라이언트와 서버 프로그램을 서로 다른 컴퓨터에서 동작시켜 서로 통신하도록 만들고 싶은 마음은 당연한 것입니다. 하지만 이를 위해서는 프로그래밍이 아닌 컴퓨터 네트워크 라는 이론 공부가 필요합니다. 당장 이론 공부를 하기 어렵다면, 이번 챕터에서 다룬 유무선 공유기 내부 망의 장치들 간의 통신을 실습하며 서로 다른 컴퓨터의 프로그램들이 서로 정보를 주고받게 하는 Full-Stack 환경을 경험하기 바랍니다.

▶▶ 연습 문제

1. 핵심 내용 복습하기

❶ Volume.D 1장의 내용을 다시 읽어서 IP 주소와 포트 번호의 의미를 다시 생각합니다.

❷ 위키피디아와 같은 인터넷 사전에서 DHCP(Dynamic Host Configuration Protocol), NAT/PAT(Network Address Translation / Port Address Translation)에 대한 정보를 검색한 후, 어떤 기술이고 어떻게 동작하는지 이해합니다.

2. 예제 코드 수정하기

❶ 컴퓨터의 전원을 종료했다가 다시 켭니다. IP 주소가 바뀌었는지 확인하고, 바뀐 IP 주소를 사용하여 클라이언트와 서버를 연결합니다. 실행 후 결과를 확인합니다.

❷ 서버의 포트 주소를 변경합니다. 클라이언트에도 바뀐 서버의 포트 번호를 반영한 후, 클라이언트와 서버를 연결합니다. 실행 후 결과를 확인합니다.

3. 추가 기능 작성하기

❶ Volume.D 4장의 클라이언트와 서버를 서로 다른 컴퓨터에서 실행합니다. 실행 후 결과를 확인합니다.

❷ Volume.D 5장의 클라이언트와 서버를 서로 다른 컴퓨터에서 실행합니다. 실행 후 결과를 확인합니다.

CHAPTER. 5

WebSocket 기반 네트워킹 기능 개발하기 네트워크

대상 독자

프로그램 간에 실시간 양방향 통신을 구현하고 싶은 독자

이 책에서는 HTTP 클라이언트와 HTTP 서버의 통신을 주로 다뤘습니다. 그리고 HTTP는 요청하면 응답하는 방식입니다. 역설적으로 요청하지 않으면 응답도 없습니다. HTTP 이전에는 TCP라는 방식을 주로 사용했습니다. 이 방식은 두 개의 프로그램이 있을 때, 서로 보내고 싶은 정보가 있으면 바로 상대방에게 보내는 방식입니다. HTTP가 주로 묻고 답하는 방식으로 사용한다면, TCP는 상대방에게 보낼 필요가 있는 정보가 있을 때 바로 전달하는 양방향 통신을 개발하는 용도로 주로 사용합니다. Dart 언어에서는 이런 방식의 통신 기능을 구현하기 위한 방법으로 웹 소켓(Web Socket) 기술을 제공합니다. Dart 언어의 표준 라이브러리로서 어렵지 않게 사용할 수 있습니다.

자세히 알아보기

두 프로그램이 통신하고 있을 때 정보 전송이 필요하다고 판단되면 바로 상대방에게 전달하는 특징을 가진 양방향 통신 기술이 소켓(Socket)입니다. 1970년대 인터넷의 시작 시점부터 유지된 오래된 네트워크 프로그래밍 기술인 TCP(Transmission Control Protocol)에서 유래되었습니다. 오랫동안 TCP를 사용해서 이런 방식의 네트워크 프로그래밍을 했습니다. 그러다가 HTTP가 나타나면서 많은 통신 프로그램이 HTTP를 사용했습니다. 그러나 HTTP 만으로는 부족함을 느껴 웹 브라우저에서 양방향 실시간 네트워킹을 가능케 하는 기술인 웹 소켓이 만들어지게 되었습니다. 특히 Dart 언어는 표준 라이브러리로 웹 소켓을 제공합니다. 그리고 Flutter는 공식 사이트에서 웹 소켓을 사용하여 간단한 채팅 프로그램을 구현하는 예제도 제공하고 있습니다.

이번 챕터에서는 처음부터 프로그램을 만들지 않고 공식 사이트들에서 제공하는 소프트웨어를 가져와서 간단한 형태의 채팅 프로그램을 구현합니다. 클라이언트는 Flutter 앱으로 만들어집니다. 그리고 Shelf 기반의 채팅 서버를 만듭니다.

Dart 언어의 웹 소켓 기능을 설명하는 공식 사이트 주소는 다음과 같습니다. 본격적인 제작 전 읽어 보기를 권장합니다.

WebSocket **공식 사이트** : https://api.dart.dev/stable/dart-io/WebSocket-class.html

먼저 웹 소켓 기반의 채팅 서버를 만들어 보겠습니다. Shelf에 기반하는 간단한 채팅 서버 예제를 pub.dev를 통해서 확인할 수 있습니다. 사이트 주소는 다음과 같습니다.

shelf_web_socket **사이트** : https://pub.dev/packages/shelf_web_socket

이 프로그램을 이용한 웹 소켓 서버를 만들기 위해서 Dart 프로젝트를 새롭게 생성합니다. 서버는 사용자 인터페이스가 없으니 굳이 Flutter 프로젝트로 만들지 않고 Dart 프로젝트로만 만들어도 충분합니다.

```
dart create wsserver
```

shelf_web_socket의 Installing 가이드라인에 따라서, 다음의 명령을 수행하여 shelf_web_socket 패키지를 wsserver 프로젝트에 추가합니다.

```
cd wsserver
dart pub add shelf_web_socket
```

이제 환경 구성은 마쳤습니다. wsserver 프로젝트의 bin/wsserver.dart 소스 코드를 shelf_web_socket 사이트에서 제공하는 코드로 변경합니다. 웹 소켓 서버는 shelf_web_socket 사이트의 예제 코드를 그대로 사용하며 수정하지 않습니다.

```
1 import 'package:shelf/shelf_io.dart' as shelf_io;
2 import 'package:shelf_web_socket/shelf_web_socket.dart';
3 import 'package:web_socket_channel/web_socket_channel.dart';
4
5 void main() {
6   var handler = webSocketHandler((webSocket) {
7     webSocket.stream.listen((message) {
8       webSocket.sink.add("echo $message");
9     });
10  });
11
12  shelf_io.serve(handler, 'localhost', 8080).then((server) {
13    print('Serving at ws://${server.address.host}:${server.port}');
14  });
15 }
```

[그림 1] shelf_web_socket 예제 프로그램(출처: https://pub.dev/packages/shelf_web_socket)

웹 소켓 서버 준비를 완료했습니다. 이제 서버를 다음의 명령으로 실행합니다.

```
dart run
```

다음과 같은 화면 출력이 나타나면서 서버가 준비되어 있음을 알려줍니다.

```
Building package executable...
Built wsserver:wsserver.
Serving at ws://localhost:8080
```

웹 소켓 서버 프로그램은 아주 간단한 작업을 합니다. **8**이 핵심인데, 클라이언트가 보내온 정보를 그대로 다시 클라이언트에게 돌려줍니다.

혹시 여러 사용자가 채팅을 하는 프로그램을 개발하고 싶다면 웹 소켓 서버 프로그램을 일부 수정해서 구현할 수 있습니다. 복수의 클라이언트가 접속하도록 한 후, 한 클라이언트가 보내온 정보를 다른 클라이언트들에게 모두 보내도록 하는 겁니다. 이렇게 만들면 간단하지만 완전한 채팅 서버를 개발할 수 있습니다.

이제 클라이언트를 준비할 차례입니다. 클라이언트는 Flutter 사이트에서 제공하는 웹 소켓 예제 프로그램을 그대로 사용하려 합니다. 이 프로그램은 다음의 페이지에서 확인할 수 있습니다.

공식 사이트 Work with WebSockets **페이지** : https://docs.flutter.dev/cookbook/networking/web-sockets

클라이언트는 그래픽 기반의 사용자 인터페이스가 필요하여 Flutter 프로젝트로 만들겠습니다. 다음의 명령으로 생성합니다.

```
flutter create wsclient
```

pub.dev에서 제공하는 웹 소켓 클라이언트 프로그램을 실행하려면 web_socket_channel 라이브러리를 설치해야 합니다. web_socket_channel의 pub.dev 페이지는 다음과 같습니다.

pub.dev web_socket_channel **페이지** : https://pub.dev/packages/web_socket_channel

web_socket_channel 페이지의 Installing 가이드라인에 따라 클라이언트의 프로젝트에 다음과 같이 패키지를 설치합니다.

```
cd wsclient
flutter pub add web_socket_channel
```

그리고 wsclient 프로젝트의 lib/main.dart 파일 내용을 공식 사이트 WebSocket 페이지의 예제 코드로 변경합니다. 클라이언트 실행 전에 한 가지 수정할 중요한 부분이 있습니다. 이 예제 프로그램은 인터넷 상의 웹 소켓 서버로 정보를 보내도록 되어 있는데 이 부분을 수정해서 앞서 실행한 웹 소켓 서버로 정보를 보내겠습니다. 이를 위해서 다음과 같은 코드를 찾습니다.

```
Uri.parse('wss://echo.websocket.events'),
```

wss://로 시작하는 주소가 종종 바뀌는 경우가 있는데, 이 경우에는 Uri.parse() 코드를 찾으면 됩니다. 이 코드의 입력 파라미터를 앞에서 실행한 웹 소켓 서버의 주소로 다음과 같이 변경합니다.

```
Uri.parse('ws://localhost:8080'),
```

클라이언트의 코드는 Flutter로 만들어졌기에 서버와 비교했을 때 상대적으로 긴 편입니다. 또한 Uri.parse() 외에 수정 사항이 없기에, 별도로 책에 소스 코드를 포함하지 않겠습니다. 이제 클라이언트를 다음과 같이 실행합니다.

```
flutter run -d chrome
```

다음과 같이 웹 소켓 클라이언트 프로그램의 실행됩니다.

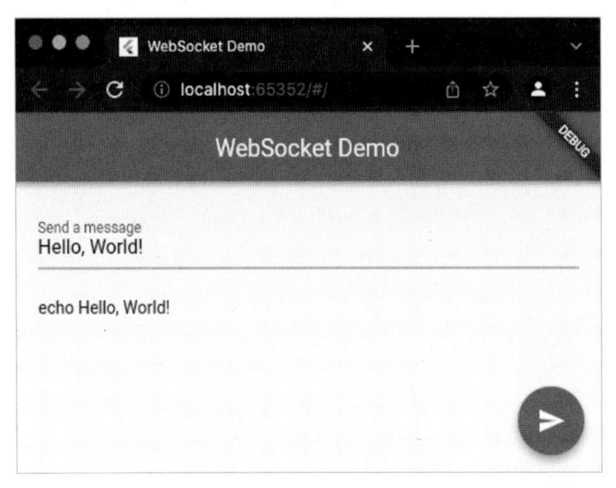

[그림 2] Flutter 기반 웹 소켓 채팅 클라이언트 프로그램 실행 화면

"Send a message" 문자열 밑에 키보드를 사용하여 글자를 타이핑할 수 있는 입력 창이 있습니다. 이곳에 웹 소켓 서버로 보낼 문장을 작성합니다. 그리고 오른쪽 아래의 편지 모양 단추를 누르면, 타이핑한 문자열을 웹 소켓 서버에게 전달합니다. 웹 소켓 서버는 받은 메시지에 간단하게 'echo ' 단어를 받은 메시지의 앞에 추가해서 웹 소켓 클라이언트에게 다시 전달합니다. 이러한 이유로 타이핑한 글자인 'Hello, World!' 밑에 웹 소켓 서버로부터 받은 'echo Hello, World!'가 출력된 것입니다.

핵심 요약

Dart 언어가 제공하는 표준 네트워킹 기술은 HTTP와 웹 소켓입니다. 웬만한 소프트웨어라면 이 두 가지 기술만으로도 충분히 만족스러울 겁니다. 이외에도 최근에 새롭게 만들어진 네트워킹 기술들은 HTTP/2, HTTP/3, QUIC, gRPC가 있습니다. 하지만 아직 Dart 언어에는 표준으로 포함되지 않아 외부 패키지를 추가로 설치해야 합니다. 지금도 새로운 네트워킹 기술들이 계속 나타나고 있기에, 최신 기술을 더 공부하고 싶은 독자가 있다면 관련 공식 사이트를 찾아보고 pub.dev에서 관련 패키지를 찾아서 개발에 도전해 보기 바랍니다.

▶▶ 연습 문제

1. 핵심 내용 복습하기

❶ pub.dev 사이트의 WebSocket 페이지를 방문하여 "Work with WebSockets"라는 제목의 글을 확인합니다.

❷ 위키피디아와 같은 인터넷 사전 사이트에서 WebSocket을 검색하고 어떤 기술인지를 확인합니다.

2. 예제 코드 수정하기

❶ 클라이언트가 2개 이상이 되도록 환경을 구축합니다. 실행 후 결과를 확인합니다.

❷ 웹 소켓 서버에 클라이언트가 접속하면 서버가 클라이언트의 네트워크 정보를 화면에 출력하고, 서버 내부적으로 저장하도록 합니다. 실행 후 결과를 확인합니다.

3. 추가 기능 작성하기

❶ 클라이언트들의 네트워크 정보를 저장하도록 한 서버 프로그램에서 클라이언트 중 하나가 서버로 보낸 메시지를 모든 클라이언트들에게 보내도록 구현합니다. 실행 후 결과를 확인합니다.

❷ 클라이언트 프로그램을 스마트폰에서 실행하고 같은 유무선 공유기를 통해서 웹 소켓 서버에 접속하여 채팅이 이루어지도록 구현합니다. 실행 후 결과를 확인합니다.

CHAPTER.6

Dart for Web 활용하기 웹서비스

대상 독자

HTML/CSS/JavaScript를 사용하는 웹 페이지 개발에 관심이 있는 독자

HTML/CSS/JavaScript는 웹 페이지를 제작하는 전통적인 기술입니다. 이 책의 이전 챕터에서는 HTML/CSS/JavaScript를 사용하지 않고 Flutter로 웹 서비스를 제작하는 방법을 설명했습니다. 하지만 Dart 언어를 사용해서 HTML/CSS를 제어하는 것도 가능합니다. 따라서 HTML/CSS로 개발한 전통적인 방식의 웹 페이지에 Dart로 동적인 기능을 추가할 수 있습니다. 이번 챕터에서는 Dart 언어와 HTML/CSS를 어떻게 혼합해서 사용하는지 알아봅니다.

자세히 알아보기

우리가 완성하고자 하는 모습을 미리 보겠습니다.

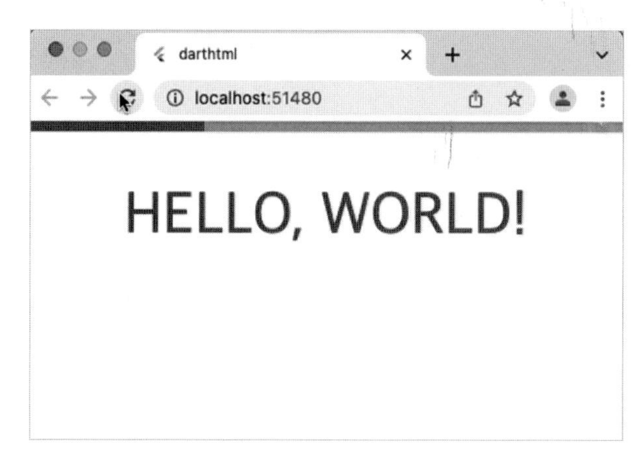

[그림 1] 웹 페이지 최초 실행 화면

완성된 Flutter 프로젝트를 크롬 브라우저로 실행한 결과입니다. 웹 페이지가 열리면 화면 중앙에 초록색으로 'HELLO, WORLD!' 문자열이 나타납니다.

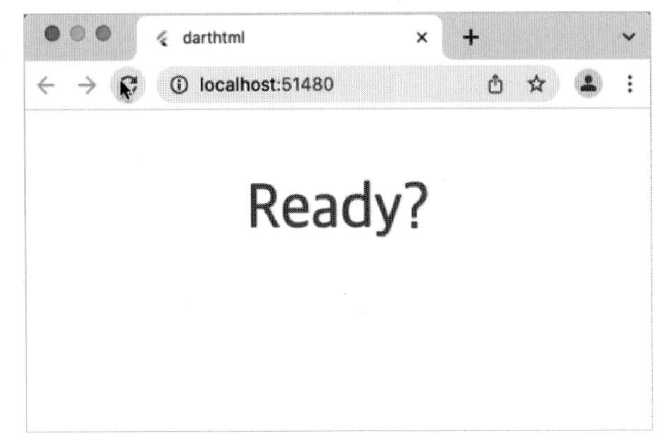

[그림 2] 웹 페이지 실행 후 카운트 다운 준비 화면

시간이 지나면 'HELLO, WORLD!' 문자열이 'Ready?' 문자열로 변경됩니다.

[그림 3] 웹 페이지 실행 후 카운트 다운 시작 화면

다시 시간이 지나면, 'Ready?' 문자열이 숫자 '5'로 변경되고 카운트 다운을 하여 1초마다 숫자가 1씩 감소합니다.

[그림 4] 웹 페이지 실행 최종 화면

0이 되는 순간에 화면 중앙의 문자는 'F.I.R.E.!'로 바뀌고 더 이상 바뀌지 않습니다.

이렇게 하기 위해서는 Flutter 프로젝트를 생성한 후 가장 먼저 lib/main.dart 프로그램의 내용을 다음의 내용으로 변경합니다.

```
import 'dart:html';
import 'dart:core';

void main() async {
  final header = querySelector('#target');
  header?.text = "Ready?";
  await Future.delayed(Duration(seconds: 2), () => {});

  for (var count = 5; count > 0; count--) {
    header?.text = "$count";
    await Future.delayed(Duration(seconds: 1). () => {});
  }

  header?.text = "F.I.R.E.!";
}
```

그리고 web/index.html 파일의 마지막(〈/script〉와 〈/body〉 사이)에 다음의 〈center〉 … 〈/center〉 코드를 추가합니다.

```
</script>
  <center>
    <font size ="20em" color="green">
      <p id="target">
          HELLO, WORLD!
      </p>
    </font>
  </center>
</body>
</html>
```

추가로 web/index.html의 시작 부분에 있는 〈base …〉 코드를 다음처럼 주석 처리합니다.

```
<!-
<base href="$FLUTTER_BASE_HREF">
-->
```

마지막으로 flutter run -d chrome 명령으로 웹 서비스를 실행하면 그림 1부터 그림 4처럼 화면이 동적으로 변화하는 모습을 볼 수 있습니다.

1 import 부분에 새로운 패키지인 dart:html이 있습니다.

```
1   import 'dart:html';
```

이 패키지를 사용하면, JavaScript로 HTML/CSS 파일을 다루는 것과 비슷하게 Dart로 HTML/CSS 파일을 다룰 수 있습니다. dart:html 라이브러리를 설명하는 공식 사이트 주소는 다음과 같습니다.

dart:html 공식 사이트 주소 : https://api.dart.dev/stable/dart-html/dart-html-library.html

5~**6** dart:html 라이브러리 덕분에 HTML 파일에서 #target를 ID로 갖는 부분을 찾아서, 이 부분의 글자(text)를 변경할 수 있는 것입니다.

```
5     final header = querySelector('#target');
6     header?.text = "Ready?";
```

이렇듯 JavaScript가 수행할 수 있는 일들은 대부분 Dart를 사용해서 할 수 있습니다. 어떻게 Dart가 JavaScript가 해오던 HTML/CSS의 동적 제어를 할 수 있는 걸까요? 비밀의 답은 이전 챕터에서 소개한 Flutter for Web 아키텍처에서 찾을 수 있습니다. 우리는 Dart와 Flutter로 만든 프로그램이 JavaScript로 번역된다는 사실을 알았습니다. 그리고 우리가 만든 레퍼런스 웹 서비스 프로그램도 main.dart.js라는 파일로 변경되어 웹 서버에서 웹 브라우저로 전달되었습니다. 마찬가지로 우리가 HTML/CSS를 제어하기 위해서 만든 Dart와 Flutter 프로그램도 번역 과정을 거쳐 JavaScript 파일이 된 것입니다. HTML/CSS 그리고 Dart(Flutter)로 개발했지만 실제 수행 시에는 HTML/CSS/JavaScript로 실행됩니다. 기존 웹 브라우저에서도 Dart와 Flutter로 개발한 프로그램이 HTML/CSS를 동적으로 제어하는 것이 가능한 이유입니다.

이미 HTML/CSS/JavaScript에 대한 경험을 가진 독자인 경우, 바로 dart:html 패키지로 달려가서 필요한 부분을 찾아볼 수 있을 겁니다. HTML/CSS에 대한 지식이 아직 없지만 앞으로 HTML/CSS를 다루고 싶은 독자라면 HTML과 CSS 공부가 별도로 필요합니다. 이 책은 Dart와 Flutter가

HTML/CSS를 제어할 수 있는 능력에 대해서만 간략하게 설명하여 이 분야에 관심있는 독자들에게 길을 열어주는 역할만 하기 때문입니다.

이번 챕터를 마치기 전에 아주 요긴한 도구를 알려드리고자 합니다. 이 책 초반에서 열심히 사용한 DartPad는 HTML/CSS를 Dart로 제어하는 작업도 웹 브라우저를 사용해서 편안하게 할 수 있도록 도와주고 있습니다. 일단 DartPad 사이트로 접속하여 새로운 프로젝트를 생성하는 메뉴를 클릭합니다.

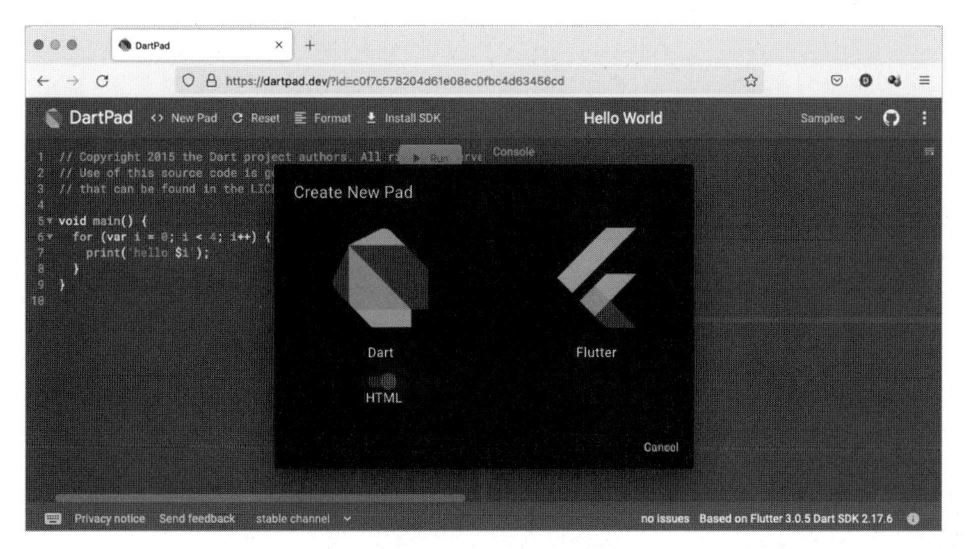

[그림 5] DartPad의 신규 프로젝트 생성 시 HTML/CSS/Dart 활성화하기

DartPad에서 새로운 프로젝트를 만들 때 보는 익숙한 화면입니다. Dart 아이콘 밑을 보면, 흐리게 되어 있는 HTML 단추가 있습니다. 이 단추를 클릭하여 파란색으로 활성화됩니다. 이렇게 하면 DartPad로 HTML/CSS 및 Dart를 한 번에 모두 개발할 수 있습니다. 그리고 화면 구성도 깔끔하여 3가지 기술을 혼용해서 프로그램을 개발하기에 편리합니다.

신규 프로젝트를 생성하면, 이전과 다르게 Dart/HTML/CSS의 3개 탭이 만들어집니다.

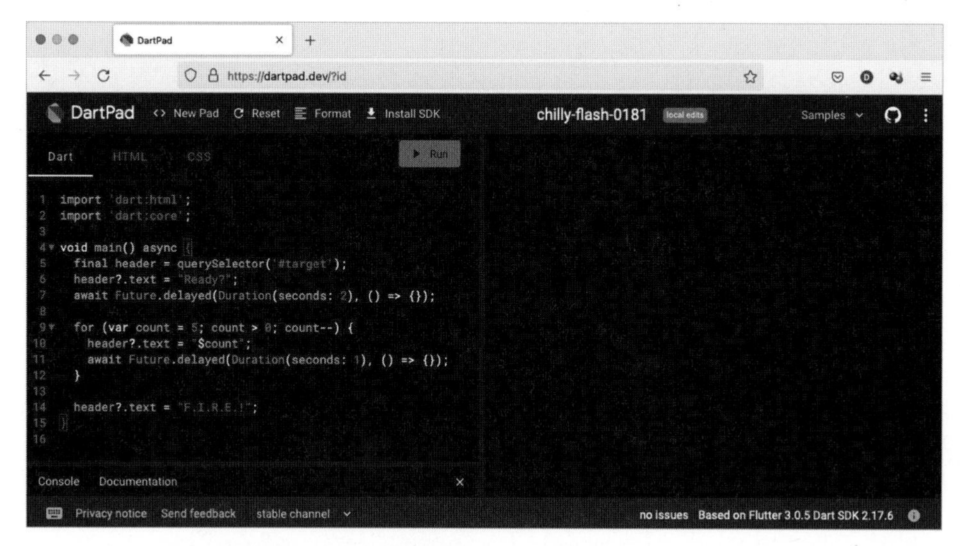

[그림 6] DartPad의 Dart 창에 main.dart 내용 작성하기

이렇게 만든 탭 중 Dart 탭에 본문에서 설명한 main.dart를 작성한 화면입니다.

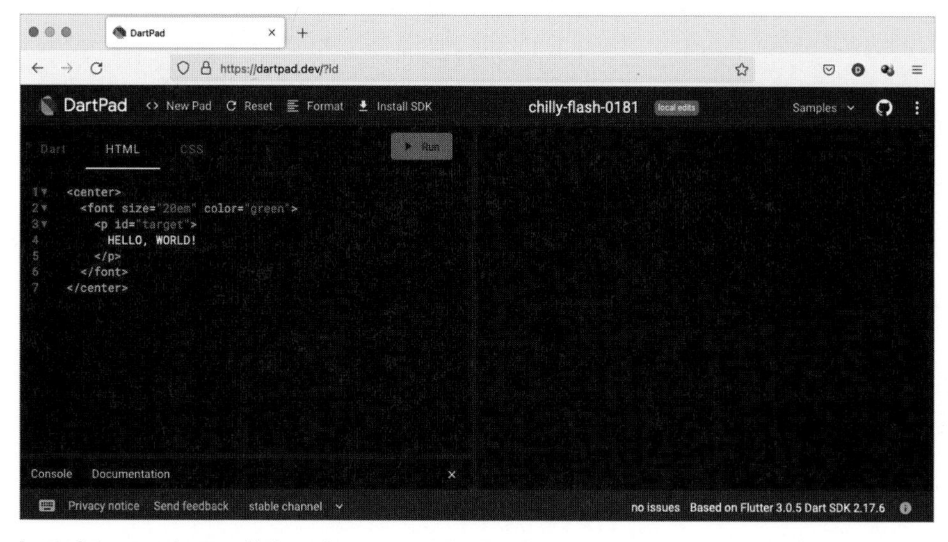

[그림 7] DartPad의 HTML 창에 web/index.html에 추가한 내용 작성하기

web/index.html 파일에 우리가 직접 추가한 부분만 HTML 탭에 작성한 화면입니다.

실행을 위한 준비는 모두 마쳤습니다. 이제 RUN 단추를 클릭하면, 앞서 flutter run -d chrome으로 수행했을 때와 동일한 결과가 웹 브라우저를 통해서 나타납니다.

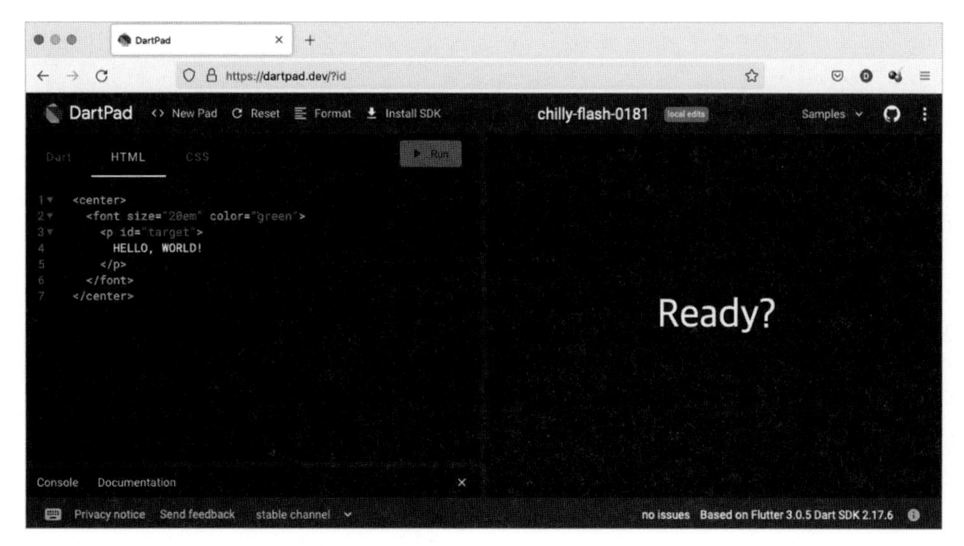

[그림 8] DartPad 실행 중 'Ready?' 문자열 출력 화면

DartPad 화면에 'Ready?' 문자열이 표시되었습니다.

[그림 9] DartPad 실행 중 카운트 다운 시작 화면

카운트다운도 정상적으로 진행됩니다.

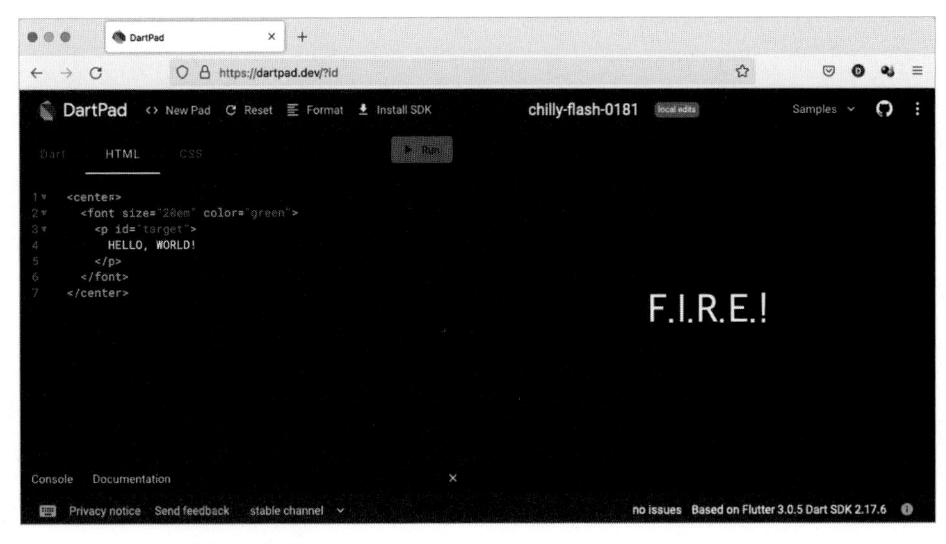

[그림 10] DartPad 실행 완료 화면

카운트다운이 끝나고 'F.I.R.E.!' 문자열이 출력되었습니다.

핵심 요약

전통적인 웹 페이지를 만드는 기술인 HTML/CSS를 Dart 언어를 사용해서 동적으로 다룰 수 있다는 것은 웹 서비스를 개발하는 입장에서 매우 매력적인 일입니다. Flutter를 통한 웹 서비스 개발이 가능하지만 오랜 역사와 많은 기존 서비스를 보유한 HTML/CSS를 무시할 수는 없기 때문입니다. 이미 만들어진 사이트를 개선하거나 Flutter가 지원할 수 없는 웹 서비스의 영역이라면 이 챕터에서 설명한 내용을 훌륭한 후보 기술로 고려해 보시기 바랍니다.

▶▶ 연습 문제

1. 핵심 내용 복습하기

❶ 공식 사이트 dart:html 설명 페이지를 방문해서 어떤 라이브러리가 있는지 확인합니다.

❷ dart:html 공식 가이드 문서를 읽고 HTML/CSS를 다루는 예제들을 확인합니다.
※ 공식 가이드 주소 : https://dart.dev/guides/libraries/library-tour#darthtml

2. 예제 코드 수정하기

❶ main.dart 소스 코드에서 지연 시간 값과 text 문장을 변경합니다. 실행 후 결과를 확인합니다.

❷ dart:html 공식 사이트의 라이브러리 중 main.dart나 HTML 파일에 적용할 만한 함수를 하나 선택하여 코드에 반영합니다. 실행 후 결과를 확인합니다.

3. 추가 기능 작성하기

❶ HTML을 이해하는 독자라면, HTML에 새로운 항목(element)를 추가합니다. 그리고 main.dart에서 새로운 항목의 속성(색상, 크기 등)을 변경합니다. 실행 후 결과를 확인합니다.

❷ CSS를 이해하는 독자라면, 비어 있는 CSS에 새로운 항목을 추가하고 이에 맞추어 HTML을 수정합니다. 그리고 main.dart에서 새로운 CSS 항목의 속성을 변경합니다. 실행 후 결과를 확인합니다.

CHAPTER. 7

FFI로 C 언어 연결하기 네이티브

대상 독자

- 스마트폰/데스크톱의 운영체제(혹은 하드웨어)에 직접 접근하는 프로그램을 개발하는 독자
- C 언어로 만들어진 소프트웨어를 Dart/Flutter 프로그램에 연결하고 싶은 독자

C/C++로 만든 라이브러리를 Dart로 만든 프로그램에서 사용하고 싶을 때, dart:ffi를 사용합니다. 운영체제(혹은 하드웨어)의 기능에 접근하는 소프트웨어들은 C/C++로 만들어지는 경우가 일반적이기에 직접 운영체제에 접근하기 어려운 Dart를 dart:ffi로 C/C++ 소프트웨어와 연결해서 운영체제에 접근합니다. 또한 성능을 중시하는 소프트웨어들은 C/C++로 만들어지는 경우가 많은데 이런 소프트웨어를 반드시 사용해야 하는 프로그램을 개발한다면 C/C++로 만든 소프트웨어와 Dart 프로그램의 연동이 가능하다는 점은 큰 장점입니다. 만일 불가능하다면 C/C++로 이미 만들어 둔 소프트웨어를 Dart로 새롭게 개발해야 합니다. 이렇듯 C/C++ 소프트웨어를 Dart 프로그램에 직접 연결하는 기능은 개발과 시험에 필요한 시간과 인적자원을 줄일 수 있고, 안정성과 성능까지 올릴 수 있습니다.

자세히 알아보기

이번 챕터는 C/C++를 이미 이해하고 있는 독자, 그리고 C/C++로 만든 프로그램을 실행하기 위해서 CMake 및 make 프로그램을 사용해 본 독자에게 권장합니다. 그렇지 않은 독자는 비록 직접 실행하지 못하고 눈요기만 할 수 있겠지만 흥미 있는 챕터가 될 겁니다. 시작에 앞서 개발용 컴퓨터에는 C로 만든 프로그램을 컴파일하고 링크할 수 있는 환경이 이미 구축되어 있어야 합니다.

1. 신규 Dart 프로젝트 생성하기

Dart 프로그램의 개발을 위한 프로젝트를 생성하기 위하여 다음 명령을 실행합니다. 일단 프로젝트 이름은 임의로 sum_ffi를 사용했습니다.

```
dart create sum_ffi
```

만들어진 sum_ffi 프로젝트의 디렉터리 구조와 파일들은 그림 1과 같이 만들어졌을 겁니다.

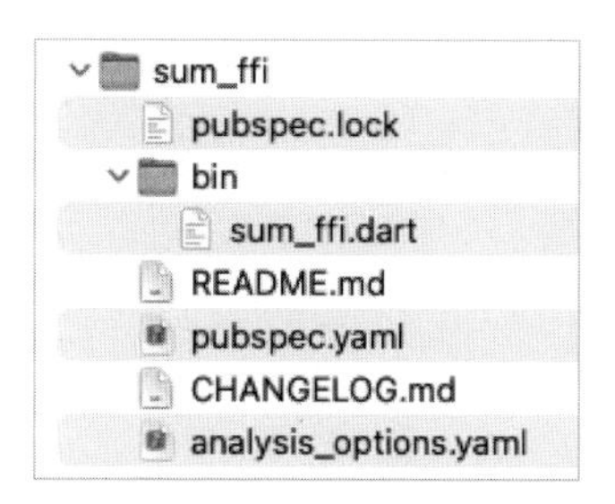

[그림 1] sum_ffi 프로젝트 내부 구조 및 구성 파일

2. Dart에서 호출할 C언어 프로그램 작성하기

이제부터 일부 파일을 새롭게 추가하고 몇몇 파일의 내용을 변경합니다.

첫째로 sum_ffi 프로젝트의 서브 디렉터리로 sum_ffi_library를 생성합니다. 이름은 정해진 이름이 아닌 제가 지어 준 이름입니다.

둘째로 sum_ffi_library 디렉터리에 .sum_ffi.c 파일을 작성합니다. 코드는 다음과 같습니다.

sum_ffi_library/sum_ffi.c

```
1  #include <stdlib.h>
2  #include <stdio.h>
3  #include <stdarg.h>
4  #include "sum _ ffi.h"
5
6  int main()
7  {
8      printf("3 + 5 = %d\n", sum(3, 5));
9      return 0;
10 }
11
12 int sum(int a, int b)
13 {
14     return a + b;
15 }
```

sum_ffi_library/sum_ffi.c는 C로 만들어진 간단한 프로그램입니다. 제일 중요한 부분은 12~15에 있는 sum() 함수의 정의입니다. 정수 두 개를 입력 파라미터로 받아서 두 값을 더한 후 결과를 리턴합니다. main 함수도 있지만, 중요하지 않습니다. 우리는 sum() 함수를 Dart로 만든 프로그램에서 호출하는 것이 목적입니다.

셋째로 sum_ffi_library 디렉터리에 다음 내용으로 sum_ffi.h 파일을 작성합니다.

sum_ffi_library/sum_ffi.h

```
1 int sum(int a, int b);
```

sum_ffi_library/sum_ffi.h 코드는 sum_ffi.c 코드의 sum() 함수에 대한 선언(declare) 부분으로 간단하게 이루어져 있습니다.

넷째로 sum_ffi_library 디렉터리에 코드 3의 내용으로 sum_ffi.def 파일을 작성합니다. 내용은 다음과 같습니다.

sum_ffi_library/sum_ffi.def

```
1 LIBRARY  structs
2 EXPORTS
3     sum
```

sum_ffi_library/sum_ffi.def 파일은 링커(linker)를 통해서 연결할 프로그램에 대한 특성 정보를 제공하고 동적 라이브러리의 형태로 결과를 만들도록 LIBRARY 문법을 사용하고 있습니다. 그리고 이 라이브러리를 사용하는 외부 소프트웨어에서 접근할 대상이 sum() 함수임을 EXPORTS 구문으로 표시해 두고 있습니다.

다섯째로 sum_ffi_library 디렉터리에 CMakeLists.txt 파일을 작성합니다.

sum_ffi_library/CMakeLists.txt

```
1 cmake_minimum_required(VERSION 3.7 FATAL_ERROR)
2 project(sum_ffi_library VERSION 1.0.0 LANGUAGES C)
3 add_library(sum_ffi_library SHARED sum_ffi.c sum_ffi.def)
4 add executable(sum_ffi_test sum_ffi.c)
5
6 set_target_properties(sum_ffi_library PROPERTIES
7     PUBLIC_HEADER sum_ffi.h
```

```
8        VERSION ${PROJECT_VERSION}
9        SOVERSION 1
10       OUTPUT_NAME "sum_ffi"
11       XCODE_ATTRIBUTE_CODE_SIGN_IDENTITY "Hex_Identity_ID_Goes_Here"
12   )
```

내용을 살펴보면 우리가 만든 파일들과 디렉터리들이 포함되어 있는 것을 볼 수 있습니다. sum_ffi_library/CMakeLists.txt는 CMake를 사용하여 프로젝트를 구성하는 파일 간의 의존성이나 변경 사항 등의 관리를 자동으로 하기 위한 용도의 파일입니다. 이렇게 C로 만든 프로그램인 sum() 함수를 cmake와 make를 통해서 컴파일/링크하면 최종적으로 라이브러리 형태의 결과물이 만들어지게 됩니다.

3. C언어 프로그램을 호출할 Dart 프로그램 작성하기

여섯째로 bin/sum_ffi.dart 코드의 내용을 다음의 내용으로 변경합니다.

bin/sum_ffi.dart

```
1   import 'dart:ffi';
2   import 'dart:io';
3
4   import 'package:path/path.dart' as path;
5
6   typedef SumFunc = Int32 Function(Int32 a, Int32 b);
7   typedef Sum = int Function(int a, int b);
8
9   void main() {
10      // Open the dynamic library
11      var libraryPath =
12          path.join(Directory.current.path, 'sum_ffi_library', 'libsum_ffi.so');
13      if (Platform.isMacOS) {
14          libraryPath = path.join(
15              Directory.current.path, 'sum_ffi_library', 'libsum_ffi.dylib');
16      }
17      if (Platform.isWindows) {
18          libraryPath = path.join(
19              Directory.current.path, 'sum_ffi_library', 'Debug', 'sum_ffi.dll');
20      }
21
```

```
22      final dylib = DynamicLibrary.open(libraryPath);
23
24      // calls int sum(int a, int b);
25      final sumPointer = dylib.lookup<NativeFunction<SumFunc>>('sum');
26      final sum = sumPointer.asFunction<Sum>();
27      print('3 + 5 = ${sum(3, 5)}');
28  }
```

C로 만든 라이브러리의 함수를 Dart 프로그램이 호출하도록 합니다. C로 만든 sum() 함수에 입력 파라미터로 정수 2개를 전달하고, 결과 값을 정수 타입으로 가져오는 작업입니다. 이 작업을 바로 Dart 언어의 FFI(Foreign Function Interface) 라이브러리가 해결합니다. 정식 명칭은 dart:ffi 라이브러리입니다. 이 라이브러리를 설명하는 Dart 공식 사이트 내 페이지는 다음과 같습니다.

Dart FFI 설명 : https://api.dart.dev/dev/dart-ffi/dart-ffi-library.html

그러면 bin/sum_ffi.dart 코드의 설명을 하겠습니다.

```
1  import 'dart:ffi';
2  import 'dart:io';
3
4  import 'package:path/path.dart' as path;
```

1 dart:ffi 라이브러리를 import합니다.

2 dart:io 라이브러리를 import합니다. Platform과 Directory 관련 기능을 사용하기 위한 목적입니다.

4 디렉터리 경로 관련 path 기능을 사용하고자 path.dart를 import합니다.

그 후 C로 만든 함수를 호출하기 위한 사전 조치를 수행합니다.

```
6  typedef SumFunc = Int32 Function(Int32 a, Int32 b);
7  typedef Sum = int Function(int a, int b);
```

6 C로 만든 함수의 '형태'를 Dart가 이해할 수 있는 '형태'로 정의했다고 볼 수 있습니다. 함수 자체가 아닌 '형태'라고 이야기한 이유는 **25**에서 설명하겠습니다.

7 실제로 C의 sum() 함수를 호출하기 위한 용도입니다. 호출한 함수는 26에서 사용됩니다. 'Function' 글자 자리에 'sum'이 들어가게 될 예정이라고 생각하면 "int sum(int a, int b)" 모습의 C의 sum() 함수가 바로 연상될 겁니다.

간단하게 이야기하면, 6은 C 언어 라이브러리에서 sum() 함수를 찾는 용도이고 7은 Dart 언어에서 sum() 함수를 실제로 호출하기 위한 용도입니다. 6이 많이 낯설 텐데 Dart 언어에서 C 언어의 int와 가장 비슷한 타입으로 정의한 겁니다. 하드웨어에 대한 의존성이 높은 C 언어의 특성을 반영하여 32비트 정수라는 의미의 Int32를 사용하였습니다. 함수를 찾은 후에는 Dart 언어의 문법에 맞추어 int 클래스 객체 2개를 입력 파라미터로 설정하고 리턴 타입도 int 클래스 객체로 설정한다는 의미입니다. "탐색, 호출"의 두 단계로 작업을 하는게 다소 불편해 보이지만, 꼭 필요한 단계입니다.

```
11      var libraryPath =
12          path.join(Directory.current.path, 'sum_ffi_library', 'libsum_ffi.so');
13      if (Platform.isMacOS) {
14          libraryPath = path.join(
15              Directory.current.path, 'sum_ffi_library', 'libsum_ffi.dylib');
16      }
17      if (Platform.isWindows) {
18          libraryPath = path.join(
19              Directory.current.path, 'sum_ffi_library', 'Debug', 'sum_ffi.dll');
20      }
```

11~20 앞서 cmake와 make로 만든 C 라이브러리를 찾는 작업을 합니다. 11과 12는 Linux 운영체제를 기본으로 하여 처리했습니다. Linux가 아닌 운영체제에 대해서는 13과 17처럼 다른 처리를 합니다.

```
22      final dylib = DynamicLibrary.open(libraryPath);
```

22 라이브러리를 찾게 되면 DynamicLibrary를 사용하여 라이브러리를 엽니다.

```
25      final sumPointer = dylib.lookup<NativeFunction<SumFunc>>('sum');
26      final sum = sumPointer.asFunction<Sum>();
27      print('3 + 5 = ${sum(3, 5)}');
```

25 동적 라이브러리인 dylib 안에서 sum() 함수를 검색(lookup)합니다. 검색 대상은 함수(NativeFunction)이며 함수의 형태는 32비트 정수 값을 두 개 입력으로 받은 후 결과를 32비트 정수로 리턴하는 SumFunc 타입 함수입니다. 6에서 정의한 타입입니다. 그리고 찾는 함수의 이름은 'sum'입니다. 이는 동적 라이브러리를 사용하는 전형적인 방식입니다. 이렇게 탐색하여 함수에 접근할 수 있는 일종의 열쇠(주소 값)를 찾습니다.

26 이제 이 열쇠를 사용하여 7에서 정의한 'Sum' 타입으로 함수를 호출하도록 준비합니다. 왼쪽의 sum은 함수(asFunction)인데, 이 함수는 Dart 언어로 표현하면 int 타입의 변수 2개를 입력 파라미터로 받아서 int 타입의 결과를 리턴하는 함수입니다.

27 마지막으로 sum() 함수를 호출합니다. 7에서 Dart 언어에서의 형태를 정했고, 26에서 이를 실제로 동적 라이브러리에서 접근한 함수에 적용하기로 했으니 편안하게 Dart 함수인 것처럼 'sum(3,5)' 형태로 사용하면 됩니다.

4. pubspec.yaml 파일 작성하기

일곱째로 pubspec.yaml 파일의 dependencies 부분에 ffi와 path 사항을 추가해 줍니다.

pubspec.yaml

```
1  name: sum_ffi
2  description: A simple command-line application.
3  version: 1.0.0
4  # homepage: https://www.example.com
5
6  environment:
7    sdk: '>=2.16.1 <3.0.0'
8
9
10 dependencies:
11   ffi: ^1.0.0
12   path: ^1.8.0
13
14 dev_dependencies:
15   lints: ^1.0.0
```

pubspec.yaml에 추가한 내용은 앞서 외부 패키지를 설치할 때 자주 등장한 내용입니다. 이 프로젝트를 실행할 때 이 프로젝트가 사용하고 있는 외부 패키지를 정의하는 dependencies에 ffi와 path를 사용하기 위해 11~12를 추가하였습니다.

5. C 언어 프로그램 빌드하기

여덟째로 sum_ffi_library 디렉터리에서 다음의 두 명령을 순차적으로 실행합니다. 본인의 개발용 컴퓨터에 설치한 C언어 컴파일/링크 환경이 다르다면 이에 맞추어 동일한 목적의 작업을 수행하기 바랍니다.

```
cmake .
make
```

아래의 내용은 위의 명령을 macOS에서 실행했을 때 출력되는 내용입니다. cmake와 make는 운영체제가 달라도 같은 작업을 수행합니다. 따라서 Microsoft Windows에서도 수행 결과가 유사하게 출력됩니다.

```
(base)  $ cmake .
-- The C complier identification is AppleClang …
-- Detecting C complier ABI info
-- Detecting C complier ABI info - done
-- Check for working C complier:
/Library/Developer/CommandLineTools/usr/bin/cc - skipped
-- Detecting C compile features
-- Detecting C compile features - done
-- Configuring done
-- Generating done
-- Build files have been written to:
/Users/drsungwon/Downloads/sum_ffi/sum_ffi_library

(base)  $ make
[ 25%] Buliding C object CMakeFiles/sum_ffi_library.dir/sum_ffi.c.o
[ 50%] Linking C shared library libsum_ffi.dylib
[ 50%] Built target sum_ffi_library
[ 75%] Building C object CMakeFiles/sum_ffi_test.dir/sum_ffi.c.o
[100%] Linking C executable sum_ffi_test
[100%] Built target sum_ffi_test
```

6. 프로그램 실행 및 결과 확인하기

아홉째로 sum_ffi 디렉터리에서 다음의 명령을 실행합니다.

```
dart run
```

아래의 내용은 위의 명령을 macOS에서 실행한 결과입니다. 주목해야 하는 부분은 "3 + 5 = 8"입니다. 즉, 두 개의 숫자를 더한 값을 출력한 내용입니다.

```
(base)  $ dart run
Building package executable...
Built sum _ ffi:sum _ ffi.
3 + 5 = 8
```

긴 여정을 통해서 Dart 언어로 만든 프로그램이 C 언어로 만든 함수를 호출하였습니다. 함수를 호출, 입력 파라미터 전달, 결과 값 리턴까지 모두 가능합니다.

핵심 요약

UNIX 운영체제를 만들기 위해서 세상에 나온 C 언어는 나온 지 벌써 50여년이 되었습니다. 하지만 여전히 넓은 사용자 폭을 가지고 있습니다. C/C++ 정도 만이 운영체제를 만들 수 있는 언어라는 이유도 있지만 가장 어려운 언어 중에 하나로 손 꼽히던 C 언어가 아두이노(Arduino) 개발 언어로 선정되어 문법 중 간단한 일부만을 사용하면서, 최근에는 초중고 학생들이 가장 많이 사용하는 언어 중 하나로 선정되기도 합니다. 특히 객체지향 프로그래밍이라는 기술을 사용하는 현대의 프로그래밍 언어들은 언어 간에 직접 연결이 어렵지만, C 언어는 객체지향 프로그래밍을 하지 않는 언어로 다소 간단한 언어 체계를 가지고 있습니다. 따라서 우리가 이번 챕터에서 본 것처럼 언어간 직접 연결이 용이합니다. 혹시 Dart 언어와 Flutter 프레임워크 만으로는 본인의 문제를 해결하는 데에 어려움을 느낀다면, C 언어를 부수적인 목적의 두 번째 언어로 공부해 보기를 권장해 봅니다. 너무 두려워 말고 시간이 흘러 Dart 언어와 Flutter 프레임워크에 대해서 어느 정도 안정적인 실력을 갖추었다고 생각했을 때, 이 조언을 떠올려 보기를 바랍니다.

▶▶ 연습 문제

1. 핵심 내용 복습하기

❶ dart:ffi 공식 사이트를 방문하여, 제공하는 라이브러리들을 확인합니다.

❷ 운영체제별로 FFI 개발 방법을 설명하는 공식 사이트를 찾아서 방문한 후, 보다 구체적인 FFI 개발 방법에 대해서 읽어봅니다. 예를 들어, dart:ffi ios와 같이 구글 검색을 하면 docs.flutter.dev 사이트에서 제공하는 공식 문서들을 찾을 수 있습니다.

2. 예제 코드 수정하기

❶ 더하기 함수가 아닌 빼기 함수를 minus라는 이름으로 만듭니다. 실행 후 결과를 확인합니다.

❷ 내부 동작과 상관없이 sum() 함수에 입력 파라미터를 하나 더 문자열 타입으로 받도록 하고, 리턴 결과도 문자열 타입이 되도록 수정합니다. 실행 후 결과를 확인합니다.

3. 추가 기능 작성하기

❶ 반복문을 사용하여, 곱하기 계산을 심하게 하는 함수를 각각 Dart 언어와 C 언어로 만듭니다. C 언어로 만든 함수도 Dart 언어에서 호출한다는 가정하에 두 함수의 실행 시간을 비교해 봅니다.

❷ 반복문을 사용하여, 파일에 같은 데이터를 매우 많이 저장하는 함수를 각각 Dart 언어와 C 언어로 만듭니다. C 언어로 만든 함수도 Dart 언어에서 호출한다는 가정하에 두 함수의 실행 시간을 비교해 봅니다.

CHAPTER. 8

라즈베리 파이에서 Dart와 Flutter 활용하기 임베디드

대상 독자

라즈베리 파이(Raspberry-Pi)를 사용하여 임베디드 소프트웨어 개발을 하고 싶은 독자

라즈베리 파이에서 Dart 언어와 Flutter 프레임워크를 사용하는 것은 일부 제약이 있지만, 나름 편리하게 설치해서 활용할 수 있습니다. 특히 라즈베리 파이는 임베디드 분야에서의 활용이 확대되고 있는 개발 플랫폼이기도 합니다. 최근 라즈베리 파이를 이용한 Dart와 Flutter 소프트웨어 개발도 확대되고 있는 점을 고려해 손쉽게 라즈베리 파이에서 Dart 언어와 Flutter 프레임워크를 실행할 수 있는 방법을 소개합니다.

자세히 알아보기

라즈베리 파이의 성능은 시간이 지날수록 거듭 발전하고 있습니다. 이제는 왠만한 저사양의 노트북 수준의 성능으로 동작합니다. 그래픽 사용자 인터페이스를 제거한 서버용 운영체제를 설치해서 사용하는 경우에는 저사양의 웹 서버로도 손색없이 사용할 수 있습니다.

가장 좋은 점은 Linux 운영체제 중 인기가 많고, 관련 자료도 풍성한 편에 속하는 Ubuntu 운영체제가 제대로 동작한다는 점입니다. 따라서 이번 챕터에서는 라즈베리 파이에 Ubuntu Desktop을 설치하는 것으로 시작합니다. Ubuntu Desktop 중 라즈베리 파이를 위한 버전은 아래의 Ubuntu 공식 사이트에서 확인 가능합니다.

Ubuntu의 라즈베리 파이 지원 공식 사이트 : https://ubuntu.com/download/raspberry-pi

라즈베리 파이에 Ubuntu Desktop 운영체제를 설치했다면 이제 남은 일은 많지 않습니다. 일단 Linux에서 프로그램을 설치하기 전에 하는 일반적인 작업인 업데이트/업그레이드를 다음의 명령으로 수행합니다. 이는 Dart 및 Flutter와 관련 없는 일반적인 작업입니다.

```
sudo apt update
sudo apt upgrade
```

추가로 라즈베리 파이에 Dart와 Flutter를 설치하고자 합니다. 이번에는 snap이라는 기술을 사용합니다. 이 기술은 Ubuntu 운영체제를 위한 소프트웨어 배포 및 관리 시스템이라고 이해하면 됩니다. 간단하게 설명하면 한 줄의 명령으로 프로그램을 설치하도록 도와주는 기술입니다. snap을 이용한 다음의 명령을 실행해서 Flutter를 설치할 수 있습니다.

```
sudo snap install core
sudo snap install flutter --classic
```

간단한 두 줄의 명령으로 Flutter의 설치가 가능했습니다. 문제없이 설치가 된 경우, 실제로 터미널을 열고 dart와 flutter 명령을 실행하면 동작합니다. 문제는 flutter devices를 지원하는 디바이스가 아직은 하나도 없다는 점입니다. 따라서 가장 기본적으로 크롬 브라우저를 설치해야 합니다. 그런데 문제는 라즈베리 파이에서는 크롬 브라우저가 아닌 크로미움(chromium) 브라우저를 사용해야 한다는 점입니다. 크롬 브라우저와 핵심 소스 코드는 공유하지만, 크롬 브라우저는 아닙니다. 이는 라즈베리 파이의 CPU가 인텔이 아닌 ARM 프로세서인 것도 한 몫 합니다. 따라서 다음의 명령으로 크로미움 브라우저를 설치합니다.

```
sudo snap install chromium
```

여기에 한 가지 작업을 더 해야 합니다. 크로미움은 정확하게 크롬은 아니기 때문에, 어떤 프로그램이 운영체제에게 크롬 브라우저의 실행을 요청할 경우 크로미움을 대신 실행하도록 해야 합니다. 아래의 명령을 터미널에서 실행하면 크롬 브라우저 대신 크로미움을 실행합니다.

```
CHROME_EXECUTABLE=/snap/bin/chromium
export CHROME_EXECUTABLE
```

CHROME_EXECUTABLE은 '누군가 크롬 브라우저를 요구한다면'의 의미로 이 경우 '/snap/bin/' 디렉터리에 위치한 chromium 프로그램을 실행하라는 의미입니다.

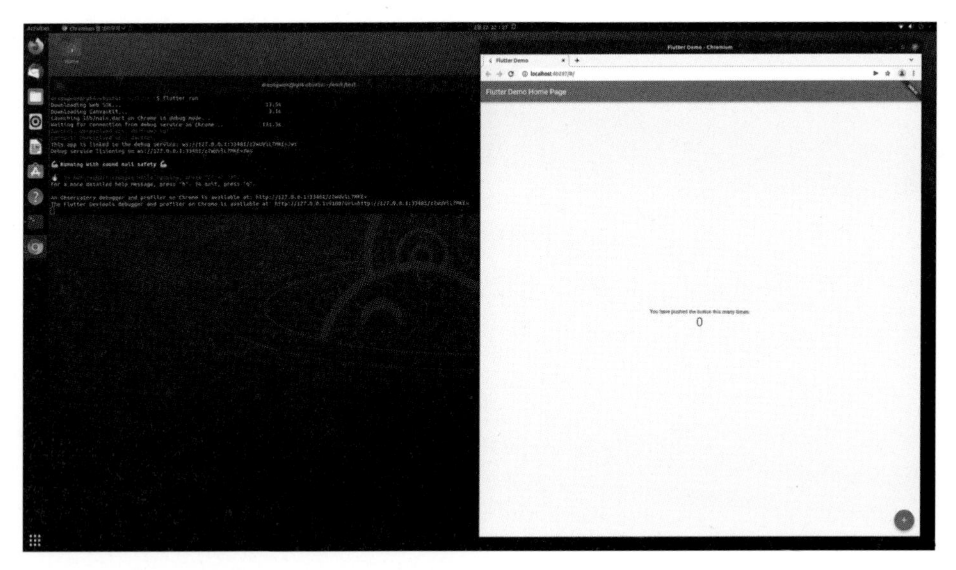

[그림 1] 라즈베리 파이에서 Flutter Counter 예제 프로그램 실행 화면

실제로 제대로 동작하는지 확인하고자 flutter create와 flutter run으로 실행해 보면 라즈베리 파이에서 익숙한 Counter 프로그램이 제대로 동작하는 모습을 볼 수 있습니다.

혹시 Ubuntu 운영체제가 아닌 운영체제를 라즈베리 파이에서 실행한다면 snap 프로그램 사용이 가능하다는 가정하에 앞에서 사용한 명령들을 그대로 사용하면 됩니다. 만약 snap의 설치가 불가능하다면 snap 외에도 다양한 방법으로 라즈베리 파이에서 Dart와 Flutter를 실행하는 방법이 있으니 구글링의 힘을 빌려야 할 것 같습니다. 특별한 이유가 없다면 Ubuntu 계열의 운영체제 사용을 권합니다.

핵심 요약

라즈베리 파이가 ARM의 CPU를 사용하기에 안드로이드 스튜디오 등의 도구 설치 시에 애를 먹을 수는 있습니다. 따라서 라즈베리 파이를 가지고 안드로이드 앱을 개발하는 등의 방법은 많이 불편할 수 있습니다. 하지만 라즈베리 파이가 임베디드 환경에서 핵심 디바이스 역할을 맡고 있기에 많은 개발자들의 기여가 있을 것으로 예상합니다. 또한 개발은 Windows 혹은 macOS에서 수행하고 라즈베리 파이에서는 실행만 한다면 큰 문제가 없다고도 볼 수 있습니다. 추후 라즈베리 파이를 응용한 제품이나 서비스를 구상한다면 Dart와 Flutter가 큰 도움을 주리라 믿습니다.

▶▶ 연습 문제

1. 핵심 내용 복습하기

❶ 라즈베리 파이 공식 사이트(https://www.raspberrypi.org/)를 방문하여 누가 어떤 목적으로 활용하는지 살펴봅니다.

❷ 위키피디아 같은 인터넷 사전을 통해서 SBC(Single Board Computer)가 무엇을 의미하는지 찾아서 읽어봅니다.

2. 예제 코드 수정하기

❶ Volume.D 5장의 CRUD 서버를 라즈베리 파이에서 실행될 수 있도록 합니다. 클라이언트는 별도의 컴퓨터에서 동작하도록 한 후, 실행 결과를 확인합니다.

❷ Volume.I 5장의 웹 소켓 클라이언트가 라즈베리 파이에서 실행될 수 있도록 합니다. 웹 소켓 서버는 별도의 컴퓨터에서 동작하도록 한 후, 실행 결과를 확인합니다.

3. 추가 기능 작성하기

❶ 라즈베리 파이에 Docker를 설치할 수 있습니다. 인터넷을 통해서 Docker의 설치 방법을 익힌 후, Docker를 설치합니다. 그리고 Volume.I 3장에서 실행했던 예제들을 라즈베리 파이를 이용해서 실행하고 결과를 확인합니다.

❷ Volume.C 10장의 Platform 패키지 관련 예제와 예제에서 사용하지 않은 추가적인 메서드들을 라즈베리 파이에서 실행하고 결과를 확인합니다.

CHAPTER. 9

XD2Flutter로 디자인 개선하기 앱

대상 독자

전문적인 디자인 도구를 사용하여 앱의 사용자 인터페이스를 향상시키고 싶은 독자

Flutter는 Adobe XD나 Figma와 같은 UI/UX 디자인 프로그램으로 만든 결과물을 Flutter 소스 코드로 자동 변환하여 Flutter 프로젝트에 포함시킬 수 있습니다. 디자이너가 작성한 디자인 결과물을 Flutter 코드로 그대로 변환하므로 디자이너의 요구사항을 정확하고 빠르게 반영할 수 있습니다.

세부 설명

Adobe XD는 Adobe사가 개발한 UI/UX 디자인 프로그램입니다. 유명한 PhotoShop이 이미지를 작성하고 수정하는 프로그램이라면, Adobe XD는 앱의 이미지를 만들고 이미지 상의 버튼이 클릭되면, 이에 상응하는 다음 단계의 이미지를 동적으로 변환해 가면서 보여주는 기능을 합니다. 통상 프로토타입(prototype)이라고 불리는 것으로, 앱이 제대로 구현되면 어떻게 동작할지 미리 보여주는 용도로 제작됩니다. 프로토타입을 이용하면 앱 개발 이전에 구체적인 모습을 눈으로 볼 수 있습니다. 보통은 디자이너들이 사용하는 도구인데 이전에는 이 프로그램의 결과물을 보고 개발자가 다시 코드로 모사해서 만들었습니다. 하지만 이제 XD2Flutter와 같은 변환 도구를 사용하여 디자이너의 결과물을 직접 Flutter 코드로 변환할 수 있습니다. 공식 사이트 내 XD2Flutter 플러그인 페이지는 다음과 같습니다.

XD to Flutter Plugin : https://github.com/AdobeXD/xd-to-flutter-plugin

이번 챕터에서는 Adobe XD에서 만든 디자인 결과물을 Flutter 프로젝트의 코드로 삽입하는 간단한 예제를 보여주려고 합니다. Adobe XD라는 소프트웨어 자체도 이미 많은 디자이너가 사용하는 훌륭한 도구로 자리매김할 정도로 기능이 풍부하기에 자세한 기능 설명은 Adobe XD를 전문으로 다룬 책을 통해서 학습해야 합니다. 따라서 Adobe XD를 어떻게 설치하고 사용하는지는 공식 사이트나 별도의 도서를 참조하기 바랍니다.

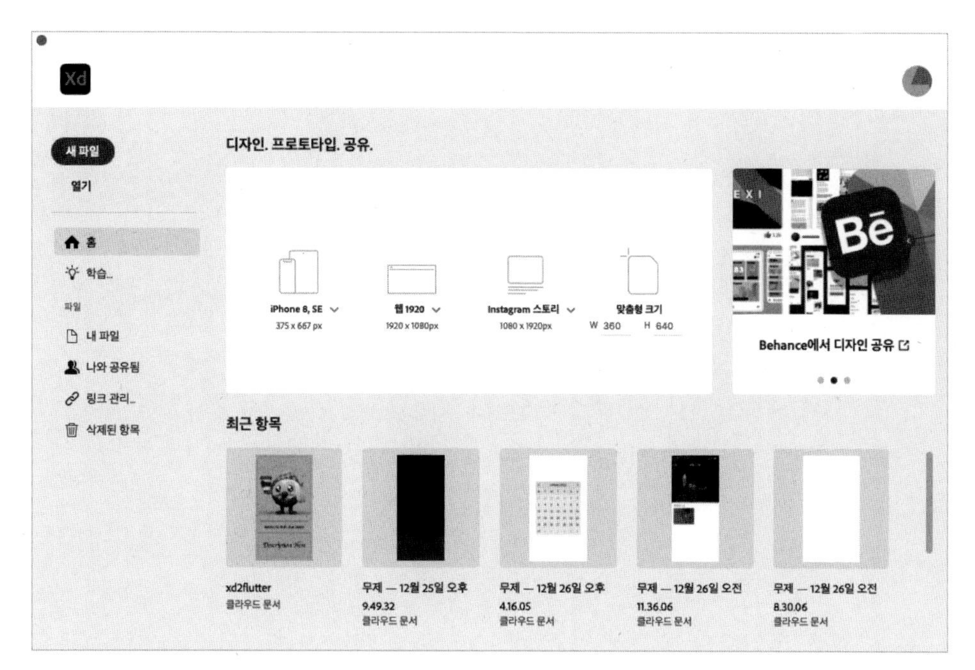

[그림 1] Adobe XD 메인 화면

Adobe XD의 메인 화면입니다.

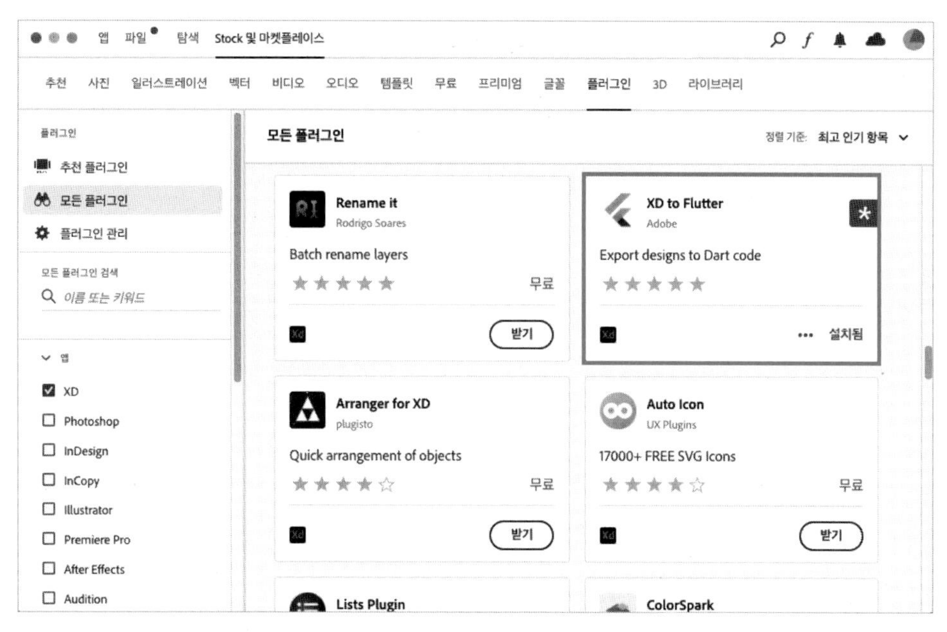

[그림 2] Adobe XD의 XD to Flutter 플러그인 설치

프로젝트를 시작하기에 앞서 플러그인 설치 화면으로 들어가서 'XD to Flutter'를 찾아 설치합니다.

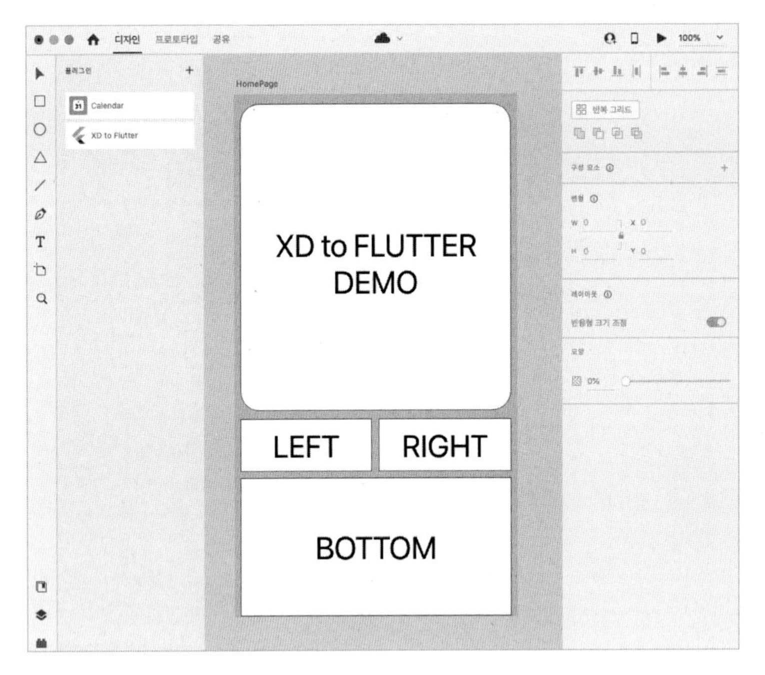

[그림 3] Adobe XD를 통한 화면 구성 예제

이제 Adobe XD에서 같이 간단하게 스마트폰 앱의 외관을 만들어 보겠습니다.

다음 단계로는 이 디자인 결과물을 반영할 Flutter 프로젝트가 필요합니다. 다음과 같이 Flutter 프로젝트를 생성하겠습니다. 그리고 프로젝트 안으로 이동합니다. 프로젝트의 이름은 xd2flutter라고 지었습니다.

```
flutter create xd2flutter
cd xd2flutter
```

XD to Flutter를 사용하려면 Flutter 프로젝트의 pubspec.yaml 파일을 수정해야 합니다. 우선 다음의 environment 값을 수정합니다.

```
environment:
  sdk: ">=2.12.0 <3.0.0"
```

이 값을 공식 사이트의 설치 가이드 라인에 맞춰서 조정해야 합니다. 이 부분은 여러분이 설치하는 시점의 XD2Flutter 최신 버전에 맞춰서 설정하면 됩니다.

그 다음으로 XD to Flutter에 관련한 소프트웨어를 사용한다는 의미로 dependencies 영역에 adobe_xd를 추가합니다. 이 버전 역시 XD2Flutter 공식 사이트의 권장 정보에 맞춰서 조정하면 됩니다.

```
dependencies:
  adobe _ xd: ^2.0.0
```

[그림 4] XD to Flutter 플러그인 기능 수행 화면

Adobe XD의 플러그인 중 XD to Flutter를 클릭하면 XD to Flutter 기능을 선택할 수 있습니다. 여기서는 단순히 'Export All Widgets'를 선택하는 정도로 하겠습니다.

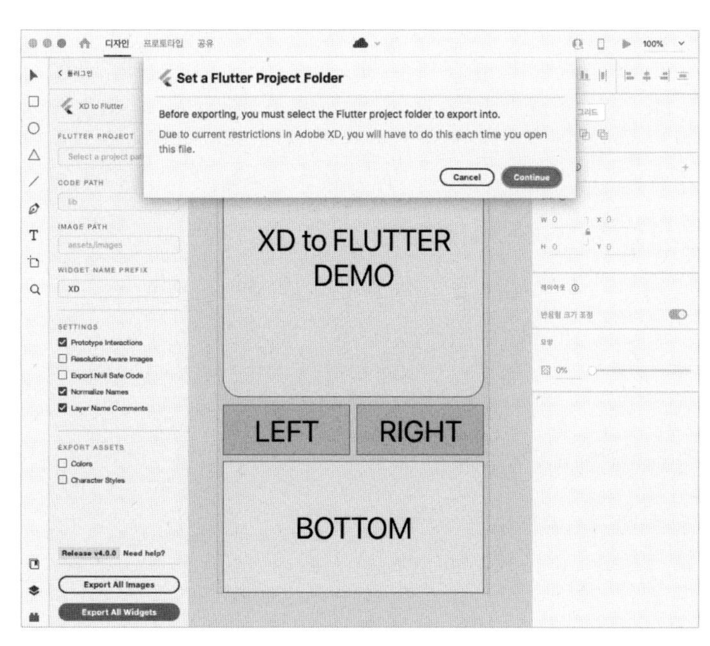

[그림 5] XD to Flutter의 Export 기능 실행 화면

'Export All Widgets'를 선택하면 Adobe XD로 작업한 위젯을 삽입할 Flutter 프로젝트를 선택하라고 합니다. 이때 앞서 생성한 xd2flutter 디렉터리를 선택하면 됩니다.

Adobe XD에서는 작업을 마쳤습니다. xd2flutter 프로젝트의 lib 디렉터리 안을 보면, main.dart 외에 Adobe XD에서 만든 HomePage.dart 파일이 있을 겁니다.

이제 lib/main.dart에서 Adobe XD가 만든 HomePage.dart를 사용하도록 설정하면 됩니다. lib/main.dart의 내용을 다음과 같이 수정합니다. MaterialApp의 home 화면을 Adobe XD가 만든 HomePage의 StatelessWidget으로 변경하였습니다.

```
1  import 'package:flutter/material.dart';
2  import 'HomePage.dart';
3
4  void main() {
5    runApp(MyApp());
6  }
7
8  class MyApp extends StatelessWidget {
9    @override
10   Widget build(BuildContext context) {
11     return MaterialApp(
12       home: HomePage(),
13     );
14   }
15 }
```

Adobe XD가 생성한 HomePage.dart 소스 코드에 대한 설명은 이 책에 포함하지 않습니다. 소스 코드를 열어 보면 Adobe XD에서 사용자 화면을 구성하기 위해서 사용한 요소들이 Flutter 위젯으로 변환되어 있는 것을 볼 수 있습니다.

이제 작업을 모두 마쳤으니, flutter run 명령으로 프로젝트를 실행합니다.

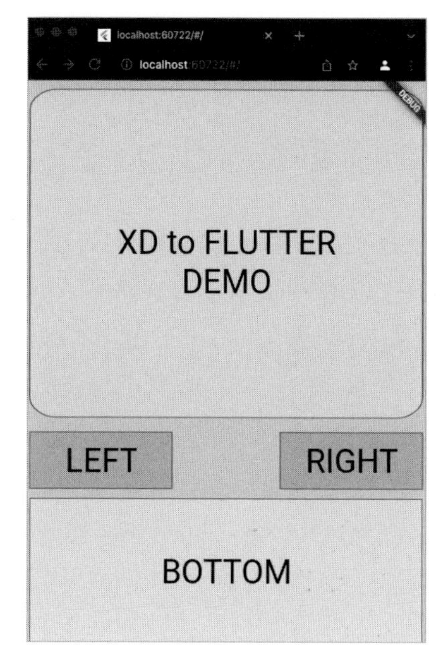

[그림 6] 크롬 브라우저에서의 실행 화면

크롬 브라우저에서 실행한 화면입니다.

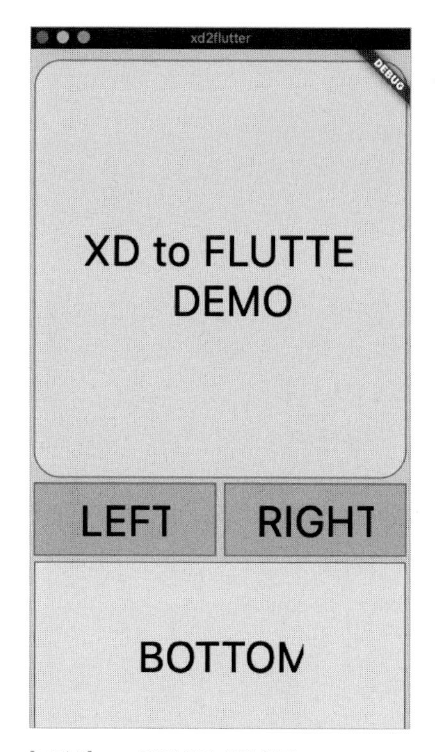

[그림 7] macOS에서의 실행 화면

macOS에서 실행한 화면입니다.

macOS에서 실행한 경우에도 Adobe XD에서 작성한 내용이 잘 나타납니다. 앞서 그림 3과 macOS에서 실행한 그림 7에 일부 차이가 있는데, Adobe XD에서 작업할 때 실행되는 환경의 화면에 맞추어 비율을 자동으로 조정하도록 설정하면 해상도에 따른 차이도 없도록 할 수 있습니다. 이번 챕터는 단순히 Adobe XD의 디자인 결과물을 Flutter 프로젝트의 소스 코드로 변환할 수 있다는 점을 보여주고자 했습니다. 따라서 Adobe XD의 디자인 옵션 등을 포함한 대부분의 설정은 default 설정으로 하였습니다. 이를 조절하면 스마트폰이나 출력 디바이스의 해상도에 맞춘 위젯의 자동 조정도 가능합니다. 물론 Adobe XD가 자동으로 생성한 Flutter 코드에서 직접 수정을 하는 것도 가능합니다.

핵심 요약

디자이너의 작업 결과물을 소스 코드로 변환할 수 있게 되면 개발자가 디자이너의 결과물을 눈으로 보고 다시 만들어야 하는 작업이 없기에 개발 과정이 빨라지고 디자이너의 의도가 정확하게 반영되어 고수준의 소프트웨어를 만들 수 있습니다. 1인 개발자라면 Adobe XD와 같은 전문 도구를 학습하여 직접 디자인도 하고 Flutter 코드로 만드는 개발 작업이 가능합니다. Adobe XD 프로젝트를 Flutter로 변환하는 기술은 계속 진화하고 있습니다. 설명에서 보여준 간단한 예제 이상의 변환이 가능하며 점점 기능이 향상되고 있습니다. Adobe XD가 아닌 Figma로도 유사한 작업이 가능한데, 이 경우에는 Figma2Flutter라는 변환 도구가 있으니 참조하기 바랍니다.

▶▶ 연습 문제

1. 핵심 내용 복습하기

❶ Adobe XD 사이트를 방문하여 어떤 프로그램인지 확인합니다.

❷ Figma 사이트를 방문하여 어떤 프로그램인지 확인합니다.

2. 예제 코드 수정하기

❶ Adobe XD를 설치하고, 예제를 실행할 만큼의 사용 방법을 학습합니다.

❷ Adobe XD에서 예제 수준의 디자인 구성을 수행하고 실제로 Flutter 코드로 자동 변환한 후, 스마트폰과 데스크톱에서 실행합니다.

3. 추가 기능 작성하기

❶ Flutter가 기본으로 제공하는 Counter 프로그램의 외관을 Adobe XD로 디자인합니다. 그리고 Counter 프로그램의 코드와 통합하여 실행 후 결과를 확인합니다.

❷ Volume.E 8장에서 개발한 "두고두고 활용할 레퍼런스 프로그램"의 외관을 Adobe XD로 디자인합니다. 그리고 기존에 만든 레퍼런스 프로그램에서 필요한 코드를 추출하여 통합합니다. 실행 후 결과를 확인합니다.

CHAPTER. 10

Flutter 앱 배포하기 앱

대상 독자

본인이 만든 앱을 타인에게 배포 혹은 판매하고 싶은 독자

개발자의 의도대로 앱이 동작하는 순간 앱 제작이 끝났다고는 할 수 없습니다. 앱 제작 과정 중 한 단계를 마쳤을 뿐입니다. 이 앱을 타인에게 배포하는 작업이 또 다른 단계라고 할 수 있습니다. 특히 상용 목적의 앱이라면 개발만큼의 노력이 필요하기도 합니다. 다행스럽게도 친절한 Flutter는 스토어 별로 어떻게 해야 하는지를 공식 사이트에서 정리하여 알려주고 있습니다.

자세히 알아보기

본인이 개발한 앱을 어떠한 형태로든 타인에게 배포하고자 한다면 다음의 세 단계를 거친 후 앱을 배포하기 바랍니다.

첫 번째로 오픈소스 소프트웨어의 사용 여부를 확인하고 비영리 목적의 배포나 상용화를 고려한 배포에 문제가 없는지 라이센스를 확인해야 합니다. pub.dev를 통해서 설치한 외부 소프트웨어가 있다면 이들을 이용해서 만든 앱의 배포 및 상용화 조건을 반드시 확인해야 합니다. 자칫 조건을 무시하고 상용 소프트웨어로 배포하면 벌어들이는 이익보다 더 큰 손해를 볼 수도 있습니다. 그리고 라이센스 규칙에 따라서 오픈소스 소프트웨어를 사용하고 있음을 앱 안에서 고지하는 메뉴를 만들어야 할 수도 있습니다. 혹은 본인이 개발한 소스 코드를 별도의 홈페이지에서 공개해야 할 수도 있습니다.

두 번째로 Flutter의 공식 사이트에서 스토어별로 정리한 앱 등록 과정을 잘 준수하여 최대한 문제가 없도록 해야 합니다. Flutter 공식 사이트에는 Google Play Store, Apple App Store 및 TestFlight, Apple macOS App Store, Linux Snap Store에 앱을 등록하는 방법을 정리해서 제공하고 있습니다. 물론 각각의 스토어에서 공식적으로 앱을 등록하는 방법을 공지하고 있지만 스토어가 정의한 요구사항을 내가 만든 앱에 반영하는 일은 쉽고 만만한 일은 아닙니다. 따라서 Flutter 앱을 등록해야 한

다면 Flutter에서 제시하는 절차를 먼저 확인하는 것을 권장합니다. 각 스토어별 Flutter의 등록 가이드라인은 다음과 같습니다.

안드로이드 앱 배포하기 : https://docs.flutter.dev/deployment/android
iOS 앱 배포하기 : https://docs.flutter.dev/deployment/ios
macOS 프로그램 배포하기 : https://docs.flutter.dev/deployment/macos
Linux 프로그램 배포하기 : https://docs.flutter.dev/deployment/linux

마지막으로 각각의 스토어에서 공식적으로 공지하고 있는 앱 등록 방법을 확인한 후, 지금까지의 단계에서 채워지지 않은 부분을 채우면 됩니다.

전문적인 스토어에 올릴 필요 없이 데스크톱 프로그램을 타인들과 공유하기 위한 목적이라면 이보다 단순한 방법으로 빌드한 앱을 직접 배포하는 방법도 있습니다. Flutter 프로그램을 빌드하고 실행 파일을 복사해서 배포하는 방법은 이 책의 앞 부분에서 알아보았습니다. Flutter의 공식 가이드라인도 아래의 페이지에서 제공되고 있습니다. 해당 페이지에서는 Windows, macOS, Linux 세 운영체제에서 배포하는 방법을 설명합니다.

데스크톱 앱 배포하기 : https://docs.flutter.dev/desktop#distribution

이 과정들을 수행하면서 반드시 생각해야 하는 부분은 배포할 앱의 영리 여부입니다. Google Play Store와 Apple App Store에서는 공통적으로 등록 비용을 개발자에게 부담하게 합니다. 하지만 비영리 목적이거나 학생인 경우, 또는 수업 등에서 활용하기 위한 목적이라면 배포에 제약을 거는 조건으로 비용이 면제되기도 합니다. 번거로운 과정이지만 본인의 목적을 명확하게 하고 적절한 배포 방법을 선택하기 바랍니다.

핵심 요약

스토어 별로 요구사항이 다르고 시간이 흘러감에 따라 요구 사항도 바뀝니다. 이러한 이유로 각 스토어 별 등록 방법을 세세하게 설명하기 보다는 공식 사이트의 해당 정보를 참조하도록 설명하였습니다. 사실 개발 과정이라고 하기는 어려우며 일종의 사무 처리라고 봐야하는 과정입니다. 그리고 개발한 앱을 스토어에 등록하지 않는다면 큰 의미가 없는 챕터입니다. 하지만 향후 개발한 앱을 판매하거나 비영리 목적으로라도 앱을 배포해야 하는 상황을 고려하고 있다면 마지막 단계인 앱 스토어 등록은 하지 않더라도 첫 번째와 두 번째 과정은 한번 경험해 보기를 권장합니다.

▶▶ 연습 문제

1. 핵심 내용 복습하기

❶ 본인이 관심 있는 스토어에 관한 Flutter의 공식 배포 가이드라인을 읽어봅니다.

❷ Flutter의 데스크톱 프로그램 배포 가이드라인을 읽어봅니다.

2. 예제 코드 수정하기

❶ 이 책의 예제에서 pub.dev 사이트를 통해서 설치한 패키지들의 목록을 정리합니다. 그리고 pub.dev 사이트에서 패키지별 오픈소스 소프트웨어 라이센스를 확인합니다.

❷ 책에서 다룬 예제 프로그램 중 하나를 선택해서 오픈소스 라이센스에 따른 소프트웨어 요구 사항을 반영해 봅니다. 예를 들어 BSD 혹은 MIT 라이센스를 따르는 오픈소스 소프트웨어를 사용한 경우, 예제 프로그램에서 라이센스에서 규정하는 공지문을 나타낼 수 있도록 예제 프로그램을 수정해야 합니다. 반영 전에 여러분의 스마트폰에 설치한 앱들은 어떻게 하고 있는지 벤치마킹 하는 것도 좋은 방법입니다.

3. 추가 기능 작성하기

❶ 여러분이 향후 배포하고 싶은 있는 스토어에 앱을 등록한다고 생각하고 Flutter의 공식 배포 가이드라인을 보고 미리 연습해 볼 부분을 골라 봅니다. 예를 들면, 보통 스토어에 등록하기 위해서는 스토어 화면을 채우는 실행 예시 프로그램 이미지와 설명문 등을 준비하는 작업이 필요합니다. 이런 작업들을 연습하면 됩니다.

❷ 연습하기 위해 고른 부분을 가상의 앱을 가정하고 실제로 스토어에 등록한다는 마음으로 작성해 봅니다. 관심 있는 분야에서 상위 랭킹에 오른 앱들의 정보를 벤치마킹하는 것도 좋은 방법입니다.

CHAPTER. 11

Concurrency 기반 병렬 처리 개발하기 성능

대상 독자

- Multi-thread/process를 이해하고 있으며 이를 Dart 프로그램에서 구현하고 싶은 독자
- 복수 CPU/Core를 가진 컴퓨터에서 프로그램을 CPU/Core들에게 분산하고 싶은 독자

이전 볼륨에서 함수를 호출하고 함수의 종료와 함께 결과 값을 가져오기 위해 비동기 함수를 배웠습니다. 이와 다르게 Isolate(아이솔레이트) 기술을 사용하면 내가 만든 프로그램이 두 개 이상의 일꾼으로 나눠지고, 각각의 일꾼들이 서로 정보를 주고받으면서 작업을 합니다. 이전에 하나의 작업을 여러 함수가 쪼개서 처리하도록 한 적이 있습니다. 차이점은 "서로 정보를 주고받으면서 작업"한다는 부분입니다. 이 일꾼들은 CPU나 코어(Core)가 여러 개인 작업이 컴퓨터에서 서로 다른 CPU와 코어에서 동작하도록 합니다. 따라서 Isolate 기술을 사용하면 같은 작업을 하는 프로그램이라도 더 많은 CPU와 코어가 있는 컴퓨터에서는 더 빠르게 결과를 계산하도록 할 수 있습니다.

미리 보는 수행 결과

이 프로그램의 흐름을 설명하겠습니다. 먼저 main 함수가 _sendAndReceive() 함수를 호출합니다. 호출된 _sendAndReceive() 함수는 _doCount() 함수를 실행하는데, 이때 실행하는 방식이 isolate 방식입니다. 이렇게 실행하면 _sendAndReceive() 함수와 _doCount() 함수는 동시에 실행됩니다. 여기까지는 async 함수와 유사하다고 볼 수 있습니다. 하지만 _sendAndReceive() 함수와 _doCount() 함수는 서로 양방향으로 정보를 주고받을 수 있습니다. 실은 함수 호출이 아닌 형태로, 통신하는 두 개의 프로그램처럼 서로 작업에 필요한 메시지를 주고 받으며 _sendAndReceive() 함수와 _doCount() 함수가 마치 일종의 독립적인 프로그램인 것처럼 동작합니다. isolate를 이용한 병렬 처리가 여러 가지 작업이 동시에 이루어지도록 만드는 것입니다. 프로그램의 수행 결과는 다음과 같습니다.

```
(base) $ dart run
Building package executable...
Built isolate_example:isolate_example.
Spawned isolate started.
Received from _sendAndReceive(): < _doCount(): 5 seconds >
Received from _sendAndReceive(): < _doCount(): 4 seconds >
Received from _sendAndReceive(): < _doCount(): 3 seconds >
Received from _sendAndReceive(): < _doCount(): 2 seconds >
Received from _sendAndReceive(): < _doCount(): 1 seconds >
Received from _sendAndReceive(): < _doCount(): 0 seconds >
Spawned isolate finished.
```

_sendAndReceive() 함수에서 정수 5에서 0까지의 숫자를 하나씩 순차적으로 doCount() 함수에게 전달합니다. 숫자를 전달받은 _doCount() 함수는 1초간 기다렸다가 "_doCount(): N seconds" 문자열을 만든 후 _sendAndReceive() 함수에게 전달합니다. 전달받은 이 문자열을 _sendAndReceive() 함수가 main 함수에게 전달해서 화면에 문자열을 출력하게 됩니다. 이 작업을 정수 5에서 0까지 숫자를 하나씩 줄여가면서 실행합니다.

소스 코드 설명

이 프로그램을 실행하기 위해서 터미널에 다음 명령어를 한 줄씩 입력하여 Dart 프로젝트를 새롭게 만들고 async 패키지를 프로젝트에 추가합니다.

```
dart create isolate-example
cd isolate-example/
dart pub add async
```

그리고 bin/isolate_example.dart 소스 코드의 내용을 다음과 같이 변경합니다.

```
1 import 'dart:io';
2 import 'dart:convert';
3 import 'dart:async';
4 import 'dart:isolate';
5 import 'package:async/async.dart'
6
```

비동기 작업을 위한 dart:async 라이브러리와 함께 async 패키지가 import되었으며 isolate를 위한 dart:isolate 라이브러리도 import되었습니다.

소스 코드를 살펴보면, 총 3개의 함수가 있습니다. main 함수와 _sendAndReceive() 함수 그리고 _doCount() 함수입니다.

```
7  void main() async {
8    int counter = 5;
9    await for (final msg in _sendAndReceive(counter)) {
7      print('Received from _sendAndReceive(): < $msg >');
7    }
7  }
13
```

main 함수는 상대적으로 간단합니다. main 함수는 _sendAndReceive() 함수를 호출하고, 이 함수가 보내오는 결과들을 비동기적으로 기다리면서, 결과가 올 때마다 화면에 출력하는 작업을 실행합니다.

```
14  Stream<String> _sendAndReceive(int counter) async* {
15    final p = ReceivePort();
16    await Isolate.spawn(_doCount, p.sendPort);
17    final events = StreamQueue<dynamic>(p);
18    SendPort sendPort = await events.next;
19    for (var temp = counter; temp >= 0; temp--) {
18      sendPort.send(temp);
18      String message = await events.next;
22      yield message;
23    }
24    sendPort.send(null);
25    await events.cancel();
26  }
27
```

_sendAndReceive() 함수는 하나의 값을 리턴하는 간단한 방식이 아닙니다.

14 _sendAndReceive() 함수는 정수 하나를 입력 파라미터로 받아서, 문자열을 꾸준하게 리턴하기 위해 타입이 Stream<>으로 선언되어 있습니다.

16 _sendAndReceive() 함수의 가장 중요한 역할은 동시에 같이 동작할 _doCount() 함수를 isolate 모드로 실행하는 것입니다. 이 역할을 위해 Isolate.spawn() 메서드를 사용합니다. Isolate.spawn() 메서드의 첫 번째 입력 파라미터는 isolate 방식으로 동작할 함수의 이름인 _doCount이고, 두 번째는 _doCount() 함수가 _sendAndReceive() 함수에게 정보를 보내는 용도로 사용할 일종의 통신 포트인 p.sendPort입니다. _doCount() 함수 입장에서 메시지를 보내야 하니 p.sendPort라는 이름을 붙였습니다. 그런데 p가 곧 ReceivePort()이니 이 객체를 만드는 _sendAndReceive() 함수 입장에서는 수신용 ReceivePort()가 되는 셈입니다.

17 이렇게 ReceivePort()가 p라는 이름으로 만들어지면 _sendAndReceive() 함수는 p로부터 계속 정보가 오기를 기다립니다. 따라서 p는 변수 하나가 아니고 계속 정보를 수신하는 타입이 되어야 하기에 p를 받아서 처리할 수 있는 타입으로 StreamQueue()를 사용합니다.

22 yield 구문이 있는데, 이 구문은 일종의 파이프를 열고 끊임없이 결과를 전달하는 문법입니다. 이 코드가 **14**에서 함수를 Stream으로 선언한 이유입니다.

```
28  Future<void> _doCount(SendPort p) async {
29    print('Isolate _doCount() started.');
30    final commandPort = ReceivePort();
31    p.send(commandPort.sendPort);
32    await for (final message in commandPort) {
33      if (message is int) {
34        await Future.delayed(Duration(seconds: 1), () => {});
35        final contents = "_doCount(): $message seconds";
36        p.send(contents);
37      } else if (message == null) {
38        break;
39      }
40    }
41    print('Isolate _doCount() completed.');
42    Isolate.exit();
43  }
44
```

_doCount() 함수와 _sendAndReceive() 함수가 탁구처럼 서로 주고받으면서 동작을 하므로, 메시지를 주고받는 부분에 대한 설명은 두 함수를 묶어서 하겠습니다.

35~36 _doCount() 함수가 _sendAndReceive() 함수가 전해준 p.sendPort를 통해 문자열을 _sendAndReceive() 함수에게 전달합니다.

18, 31 _sendAndReceive() 함수가 _doCount() 함수로부터 받는 최초의 정보를 수신합니다. 그리고 이 정보는 처음으로 _doCount() 함수가 p.send()를 통해서 보내는 정보로 _doCount() 함수가 만든 본인의 수신 포트입니다. _sendAndReceive() 함수와 _doCount() 함수는 서로의 ReceivePort()를 주고받은 겁니다.

19~20, 32~36 _sendAndReceive() 함수가 _doCount() 함수의 ReceivePort()를 받은 뒤 반복문으로 진입합니다. 아울러 _doCount() 함수도 본인의 ReceivePort()를 보낸 뒤 반복문 안으로 진입합니다. 반복 작업은 _sendAndReceive() 함수가 주도합니다. 1씩 줄어드는 temp 값을 _sendAndReceive() 함수가 _doCount() 함수에게 보내면, _doCount() 함수가 commandPort를 통해서 temp 값을 받아서 message에 저장합니다. 그리고 이 값이 정수라면 1초 쉽니다. 그리고 문자열을 만든 후 다시 _sendAndReceive() 함수에게 전달합니다.

21~23 _sendAndReceive() 함수는 _doCount() 함수로부터 뭔가를 받기를 대기하다가, 값을 받으면 main 함수로 문자열을 전달합니다. _sendAndReceive() 함수 안의 반복문에서 temp가 0미만이 되면, 반복문은 종료됩니다.

24 반복문 종료 후 _doCount() 함수에게 null 값을 보냅니다.

37 null 값이면 반복문을 빠져나오는 코드입니다. null 값을 받았기에 반복문을 종료하고 빠져나오게 됩니다.

41~42, 25 빠져나온 뒤 텍스트를 출력하고 _doCount 함수를 종료합니다. 아울러 _sendAndReceive() 함수도 종료가 되어 main 함수의 반복문을 종료하게 만듭니다.

main 함수와 _sendAndReceive() 함수, 그리고 _doCount() 함수가 서로 정보를 주고받으면서 독립적으로 동작하는 간단한 예제 소스 코드를 확인했습니다. 이제 다음 명령으로 프로젝트를 실행하면 미리 보는 수행 결과와 같은 결과가 표시됩니다.

```
dart run
```

이렇게 병렬 처리를 하는 'Concurrency' 역시 공식 사이트 내 페이지에서 잘 설명되어 있습니다. 특히 앞서 설명했던 비동기 함수와의 차이점도 다루고 있습니다.

공식 사이트 Concurrency 페이지 : https://dart.dev/guides/language/concurrency

다만 유의할 점이 있습니다. Concurrency는 Isolate라는 기술을 어떻게 사용하는지에 관한 설명일 뿐입니다. 어떤 작업들을 병렬로 동작시켜야 성능이 향상될지 판단하는 것은 개발자의 능력에 달려 있습니다.

핵심 요약

우리가 사용하는 컴퓨터는 'N개의 CPU' 혹은 'N개의 CPU 코어'로 불립니다. 이렇게 여러 개의 머리를 가진 컴퓨터가 주어진다고 무조건 성능이 좋아지는 것은 아닙니다. 결국은 개발자가 하나의 문제를 해결하기 위해서 하나의 코어만 쓰지 않고 여러 코어들이 나눠서 동시에 일을 하게 만들어야 성능이 좋아지는 것입니다. 결국 프로그래밍에서 중요한 것은 개발자의 논리력이라는 점을 다시 한번 강조하겠습니다.

▶▶ 연습 문제

1. 핵심 내용 복습하기

❶ 위키피디아 등 인터넷 사전을 통해서 멀티 프로세스 혹은 멀티 스레드(thread)가 어떤 것인지 확인합니다.

❷ Flutter 공식 사이트 Concurrency 페이지를 방문하여 내용을 읽어봅니다.

2. 예제 코드 수정하기

❶ main 함수에서 총 수행 시간을 지정하는 방식을 수정해서 _sendAndReceive() 함수가 수행 시간을 지정하도록 수정합니다. 실행 후 결과를 확인합니다.

❷ _sendAndReceive() 함수에서 처리하던 시간을 줄여 나가는 작업을 main 함수에서 처리하도록 수정합니다. 실행 후 결과를 확인합니다.

3. 추가 기능 작성하기

❶ _doCount() 함수가 숫자들을 받아서 계산하고 결과를 _sendAndReceive() 함수에게 전달하도록 수정합니다. 실행 후 결과를 확인합니다.

❷ Isolate 함수를 하나 더 실행하도록 만듭니다. 어떤 작업을 수행해야 하는지는 여러분이 직접 판단하여 개발합니다. 실행 후 결과를 확인합니다.

CHAPTER. 12

컴퓨터공학 전문 이론 공부하기 성능

대상 독자

소프트웨어를 학교에서 전공하지 않았지만, 소프트웨어 개발자를 직업으로 삼으려는 독자

소프트웨어를 전공하는 사람에 대한 오해가 있습니다. 프로그래밍이 소프트웨어 전공의 전부이며 학교에서는 프로그래밍하는 법을 주로 가르친다는 오해입니다. 사실 프로그래밍은 대부분 전공 수업 중 1학년 기초 과목입니다. 컴퓨터에서 소프트웨어로 문제를 해결하기 위해서는 해결 도구로서 프로그래밍 능력이 필요하지만, 프로그래밍 자체가 목적은 아닙니다. 또한 같은 프로그래밍 언어를 사용하더라도 소프트웨어 전공자들은 소프트웨어를 '보다 잘' 개발하는 방법을 공부합니다. 이 부분을 설명하겠습니다.

자세히 알아보기

소프트웨어를 전공하는 사람들은 저학년에서 프로그래밍을 배운 이후에도 오랜 시간 전공 수업을 듣습니다. 도대체 무엇을 배우는 걸까요? 전공 커리큘럼에 따라 다르겠지만, 프로그래밍에 국한한다면 최소한 다음과 같은 프로그램을 만들기 위한 수업을 듣습니다.

- 같은 하드웨어와 소프트웨어를 사용한다면 상대적으로 더 빠른 시간 안에 같은 문제를 해결하거나 더 많은 데이터를 처리할 수 있는 프로그램
- 하드웨어 선택권이 있다면 같은 문제를 같은 시간에 해결하더라도 더 적은 메모리와 더 낮은 성능의 부품(CPU 등)을 사용해서 처리할 수 있는 프로그램
- 예상하는 입력에 맞는 예상 결과를 만드는 것은 당연하고, 예상하지 못한 상황이 발생하더라도 절대로 프로그램이 중단되지 않거나 최소한의 중단 시간만으로 해결하는 프로그램 등

전공자들은 이런 목적에 맞춰서 학습하는 대표적인 과목들이 있습니다. 따라서 소프트웨어를 전공하지 않은 독자로서 앞으로도 계속 소프트웨어를 개발하고자 한다면 성능과 안정성을 높이기 위해서라도 소프트웨어 전공 지식을 학습하는 것을 권장합니다. 이런 지식을 함양하기 위해서 반드시 학

교 기관으로 가라는 의미는 아니며 가능하다면 관련 도서 혹은 강연을 들어서 실질적인 지식을 확보하라는 의미입니다.

자료구조(Data Structure): 과거 C와 같은 언어를 사용할 때와 비교하면 중요성이 감소한 것은 사실입니다. 과거에는 Dart 언어의 정수/실수/문자 등의 데이터 타입만 언어에서 제공하고 Map/List/Set과 같은 복잡한 데이터 타입은 언어에서 제공하지 않았기에 직접 개발자가 만들어서 사용하였습니다. 자료구조는 프로그램이 다루어야 하는 데이터의 타입을 직접 만드는 내용을 다루는 분야라고 생각하면 됩니다. 비록 Dart 언어는 다양한 데이터 타입을 제공하기에 직접 데이터 타입을 만들 필요성은 줄어들었지만, 프로그램을 만들다 보면 결국 남들이 다루지 않은 프로그램을 만들며 본인이 직접 효율적인 데이터 타입을 만들어야 할 때가 있습니다. 따라서 자료구조를 학습해 두면 이런 상황에서 효율적인 본인만의 데이터 타입을 만들 수 있습니다. 또한 과거의 자료구조에서 직접 만들던 데이터 구조들이 List/Map/Set 안에 대부분 녹아 들어가 있기에 Dart 언어의 표준 데이터 타입을 제대로 이해하고 활용하는 데에도 도움이 될 겁니다. 데이터 타입이 효율적이라는 것은 문제에 적합하게 타입을 정의하여 메모리를 제대로 사용하고 문제를 더 빠르게 처리할 수 있음을 의미합니다.

알고리즘(Algorithm): 데이터를 순서대로 저장하는 정렬(sorting)이나 원하는 자료를 빠르게 찾아내는 검색(search) 작업 등이 알고리즘의 대표적인 내용입니다. 자료구조에서 정의한 데이터를 실제로 처리하는 작업 과정입니다. 통상 "YouTube 알고리즘이 영상을 추천했다"고 하는 이유도 YouTube 안에 저장된 다양한 데이터를 어떤 '방법', 즉 '알고리즘'에 의해서 추천하도록 프로그램이 개발되어 있기 때문입니다. 이 과목은 주어진 문제를 풀기 위해서 주어진 입력을 토대로 요청 받은 결과를 만드는 과정을 고민하며 논리력을 향상시키는 것이 주 학습 목적입니다. 자료구조와 마찬가지로 데이터 타입을 Dart 언어에서 제공하고, 이들을 다루는 알고리즘도 이미 언어에서 표준으로 제공하기에 과거 대비 개발자가 직접 알고리즘을 고민하고 개발하는 경우는 줄어들었지만, 여전히 남들보다 우수한 소프트웨어를 만들기 위해서는 알고리즘 설계를 위한 논리력 향상은 필요합니다.

최근에는 소프트웨어를 전공하지 않았지만 소프트웨어를 개발하고 싶은 사람들에게 자료구조와 알고리즘을 하나로 합쳐서 가르치는 경우들도 늘고 있습니다. 이 두 분야는 프로그래밍 언어에 특화된 책들을 다수 찾아볼 수 있습니다. 도서 이름에 Data Structure, Algorithm이 포함되어 있는 책을 찾아본다면 자료구조와 알고리즘을 설명한 내용을 다루는 책으로 볼 수 있습니다.

운영체제(Operating System): 운영체제를 전공으로 삼게 되면 Linux와 같은 운영체제의 내부를 공부하고, 필요하다면 개선하는 것을 공부합니다. 하지만 운영체제를 '활용'하는 입장의 개발자라면, 소프트웨어를 더욱 잘 만들기 위한 운영체제의 기술들을 이해하는 것으로 범위를 줄여서 공부하면 됩니다. 여기에 해당하는 기술은 운영체제의 구조와 핵심 소프트웨어에 해당하는 커널(Kernel),

두 개 이상의 프로그램이 하나의 문제를 해결하기 위해서 동시에 동작하도록 하는 멀티 프로세스(multi-process), 멀티 스레드(multi-thread), 병렬 처리(parallel-processing) 등입니다. 이 책에서 다룬 비동기 처리(async)와 concurrency 처리 등이 여기에 해당하는 내용입니다. 운영체제는 임베디드 환경에서 개발할 경우에는 필수적인 지식입니다.

컴퓨터 네트워크(Computer Network): Full-Stack 개발자가 되고자 한다면, "컴퓨터 네트워크"라는 이름의 책은 반드시 한 권 정도 읽어 둬야 합니다. 이 책에서 다룬 HTTP 프로토콜도 컴퓨터 네트워크의 한 분야입니다. 그리고 두 개 이상의 컴퓨터를 사용하는 경우에 알아야 하는 기술은 대부분 컴퓨터 네트워크 사전 지식이 필요합니다. 작게는 이 책에서 자주 등장한 IP 주소가 무엇인지 알아야 하는 정도지만, 수 만에서 수 백만 대의 컴퓨터가 설치된 데이터센터에서 컴퓨터들 간의 네트워킹은 필수이기에 관련 지식이 매우 중요합니다. 매우 전통적인 분야이다 보니 조금 따분할지 모릅니다. 컴퓨터 네트워크 이론 도서는 서점에 다수 있으니 취향에 따라 고르거나, 종종 만화책 형태로도 출간되니 교양서적을 읽는다는 마음으로 침착하게 잘 읽어 두기를 바랍니다.

소프트웨어공학(Software Engineering): 전공자들이 학생일 때에는 '도대체 이런 걸 왜 배우지'라고 불평을 토로하지만, 실제로 실무를 접하면 '아! 이렇게 중요한 과목이구나'라고 생각하게 되는 과목 1순위로 소프트웨어공학이 자주 언급됩니다. 소프트웨어공학은 1970년대를 기점으로, 50여년의 역사를 갖는 소프트웨어 개발 경험이 학문화된 형태입니다. 제대로 된 소프트웨어를 만들기 위한 철학, 방법론, 조직관리 등을 이론으로 집대성한 분야입니다. 특히 시대적인 요구와 분야별로 변화되기도 하며 프로그래머 구인 공고를 보게 되면 회사가 사용하는 소프트웨어 개발 철학이나 방법론, 혹은 방법론을 실현하기 위한 도구들에 대한 경험을 요구하는 등 중요성이 높은 분야입니다. 현대 사회는 웹 기반의 클라이언트/서버, 그리고 스마트폰 앱 중심의 서비스가 매우 중요한 시기입니다. 이런 환경에 적합한 소프트웨어공학 관련 단어들은 애자일(Agile), 스크럼(Scrum), 설계 패턴(Design Pattern), 테스트 기반 개발(TDD, Test Driven Development), Git 및 이력 관리 등입니다. 또한 Full-Stack 프로그래머를 꿈꾸는 입장에서 서버 쪽을 살펴보면 폴리글롯(Polyglot)이나 다중 언어(Multilingual), 마이크로 서비스(Microservice), 데브옵스(DevOps), 서버리스(Serverless) 등이 소프트웨어 공학의 범주에서 설명되는 단어들입니다.

결국 소프트웨어 개발자 혹은 프로그래머가 된다는 것은 하나의 프로그래밍 언어를 다루는 것을 넘어서서 매우 큰 포괄적인 능력이 필요함을 이야기합니다. 이런 능력을 프로그래밍 언어 하나를 시작으로 매번 경험하면서 느끼기보다는 이론적으로 잘 정리된 책들을 읽음으로써 시행 착오를 줄이고, 보다 객관적인 방법으로 이해할 수 있습니다.

핵심 요약

분명 대학에 소프트웨어 전공이 있지만 '학력 불문, 전공 불문, 나이 불문, 성별 불문'이 특징인 대표적인 직업이기도 합니다. 그리고 끊임없는 자기계발로 악명이 높기도 합니다. 하지만 반대로 끊임없이 자기계발을 한다면, 학력/전공/나이/성별과 상관없이 경쟁력을 유지할 수 있다는 의미입니다. 프로그래밍이라는 분야와 직접 관련되어 보이지 않는다고 하더라도 마라톤을 뛴다고 생각하고 이번 챕터에서 설명한 도서들을 찾아서 공부하기를 바랍니다.

CHAPTER. 13

TensorFlow 활용하기 인공지능

대상 독자

TensorFlow와 같은 인공지능 소프트웨어를 사용하거나 개발하는 분야에 관심을 가진 독자

TensorFlow를 필두로 한 인공지능을 개발하는 기술이 프로그래머 입장에서 중요한 분야들이 있습니다. 컴퓨터 비전과 같이 사진에서 특정 사물이나 사람을 추출하는 분야는 한 예입니다. 이런 분야는 최근의 데이터 기반 인공지능의 수혜를 톡톡히 누리고 있습니다. Dart와 Flutter를 사용해서 이런 인공지능 프로그램을 개발할 수 있는지 궁금한 독자들도 있을 겁니다. 이 챕터에서는 TensorFlow를 포함하여 인공지능 소프트웨어의 구현을 어떻게 Dart와 Flutter에서 할 수 있는지 설명합니다.

자세히 알아보기

TensorFlow는 신경망을 모사한 인공지능 기술에서 가장 유명한 소프트웨어 중 하나입니다. 방대한 데이터를 활용하여 주어진 대상이 어느 그룹에 속하는지를 통계적으로 식별하는 등의 기술에 적용하기 적합합니다. 사진에서 특정 목표를 추출하거나, 주어진 데이터를 그룹별로 분류하는 등의 작업에서 탁월한 결과를 보이고 있습니다. 하지만 아쉽게도 공식적으로 지원하는 언어는 Python, Java, Swift, Objective-C, C++ 뿐입니다. Python은 통상 과학 계산이나 데스크톱 프로그램을 개발하기 위해 지원하고, Java/Swift/Objective-C는 스마트폰 계열의 프로그램을 개발하기 위해 지원합니다. C++은 고성능을 필요로 하는 소프트웨어를 위한 용도로, 주로 서버나 데스크톱에서 필요로 합니다. 아쉽지만 Dart 언어는 아직 대상이 아닙니다. 하지만 너무 속상할 필요는 없습니다. Dart 언어에서 TensorFlow를 사용할 수 있는 방법은 몇 가지 있습니다.

첫째 방법은 pub.dev에 공개되어 있는 라이브러리와 패키지를 사용하는 방법입니다. pub.dev에 접속해서 tensorflow를 검색하면 여러 패키지들이 검색됩니다. 그 중에 하나는 Volume.H 2장에서 자세하게 알아본 tflite이기도 합니다. 그 외에도 10여개의 패키지가 존재하는 것을 볼 수 있습니다. 원하는 만큼의 기능을 제공할지 모르겠지만, 나름 세력을 확대하고 있는 소프트웨어들도 있습니다.

둘째 방법은 C 언어를 이해하고 있는 경우, 앞선 챕터에서 설명한 FFI를 사용해서 TensorFlow 중 필요한 부분을 직접 연결해 보는 방법입니다. 사실 첫째 방법에서 찾을 수 있는 패키지들도 FFI를 기반으로 Dart와 TensorFlow를 연결하는 패키지들이 많습니다. 그리고 최근의 신생 언어들은 대부분 FFI 기술을 표준으로 지원하기에 TensorFlow를 대체하는 새로운 소프트웨어를 직접 개발하기 보다는 FFI를 통해 TensorFlow를 연결해서 사용하는 게 일반적인 추세입니다. 스마트폰과 같은 클라이언트뿐만 아니라 서버에도 적용 가능한 방법입니다.

셋째 방법은 C++이나 Python으로 TensorFlow를 사용하는 소프트웨어를 만들고 이 소프트웨어에 입력 값을 주고 결과를 전달받는 프로그램은 Dart와 Flutter로 개발하는 방법입니다. 두 소프트웨어 간의 정보 교환은 HTTP의 CRUD 방식 등으로 구현하면 됩니다. 굳이 Dart 언어로 만든 프로그램을 힘겹게 TensorFlow와 연결하는 작업에 노력과 시간을 쓰지 말고, 둘 사이를 통신 기술로 연결하는 겁니다. 이는 통상 서버에서 많이 쓰는 기법입니다. 최근 마이크로서비스 혹은 서버리스라는 단어들이 광범위하게 쓰이는데, 간단히 이야기하면 어차피 기술 별로 최적인 언어는 따로 있으니 각각의 목적과 용도에 맞는 프로그래밍 언어로 독립적으로 개발하고 입력과 출력만 HTTP 등의 네트워킹 기술로 주고받으면 된다는 아이디어로 구현된 기술을 의미합니다. 이 방법은 C++ 혹은 Python 등의 TensorFlow가 지원하는 언어를 하나 이상 다룰 수 있는 경우에 적용하길 바라며, 주로 서버 쪽이 방법으로 권상합니다.

넷째 방법은 이미 제공되는 서비스를 이용하는 방법입니다. TensorFlow가 지원하는 기능이 필요하지만, 프로그래밍이 굳이 필요하지 않은 경우 사용할 수 있습니다. 이런 경우 추천할 수 있는 구글의 서비스로 Firebase가 있습니다.

Firebase **사이트** : https://firebase.google.com/

스마트폰 등의 디바이스에 올라가는 소프트웨어는 직접 개발할 의사가 있으나 굳이 서버를 직접 개발하고 운영할 필요가 없는 경우 구글이 제공하는 Firebase를 사용하여 개발을 간략화할 수 있습니다. 구글은 Firebase에 대부분의 서버가 많이 사용하는 기능을 미리 구현해 놓아 스마트폰 앱을 만드는 사람이 서버를 직접 개발하는 대신 이 기능들을 사용하도록 유도하였습니다. 물론 이에 대한 대가는 사용한 데이터 혹은 처리 용량에 따른 비용입니다. 하지만 어차피 서버를 개발하고 운영하는 것도 비용이 들어가는 일이니 어느 방향이 맞는지는 서비스를 만드는 입장에서 따져보아야 합니다. 그런데 이 시점에서 Firebase를 언급하는 이유가 있습니다. Firebase에는 ML Kit가 있기 때문입니다. ML은 Machine Learning의 약자로 현재 인공지능에서 가장 인기가 있는 기술을 의미합니다.

Flutter로 스마트폰 앱을 만들고 Firebase로 서버 기능을 구성하기 위한 노력 속에서 등장한 기술 중 최근 가장 인지도가 높은 기술은 FlutterFire입니다.

FlutterFire 사이트 : https://firebaseopensource.com/projects/firebaseextended/flutterfire/
FlutterFire 플러그인 소개 사이트 : https://firebase.flutter.dev/

FlutterFire는 Firebase와 관련한 오픈소스를 개발하는 Firebase Open Source에 등록되어 나름 많은 사람들이 사용하면서 만족하고 있습니다.

굳이 Firebase가 아니더라도 구글, 아마존, 네이버 등의 인터넷 사업자들은 자체 서버를 구축할 필요 없이 간편하게 본인들이 만들어 놓은 서버에게 입력을 주면 결과를 제공하고 그 대가로 비용을 지불하는 서비스를 많이 제공합니다. 당장 개발자나 전문가가 없는 상황에서 이런 서비스를 쓰다가 나중에 자체 인력으로 대체하는 등의 방법도 가능하니 고려해 보기 바랍니다.

챕터의 제목을 TensorFlow로 지어서 인공지능 이야기를 했지만 이렇게 이론도 충분히 알아야 하고 실제로 개발하여 구현도 할 수 있어야 하는 분야들은 여럿 있고, 계속 나오고 있습니다. 새로운 신기술이 이론과 개발 모든 면에서 필요한 경우에 공통적으로 활용될 만한 방법론을 이야기했다고 이해해 주시기 바랍니다.

핵심 요약

TensorFlow와 Firebase 모두 구글의 서비스입니다. 결국 Dart와 Flutter를 사용하는 개발자가 점점 많아지고, 이를 이용한 상용 서비스가 증가하면, 당연히 모두 구글의 기술인 이상 서로 연결되지 않을 수 없을 겁니다. 따라서 지금 당장에 안되는게 있다고 해서 기술 전체를 부정하기보다는 당장은 아쉽더라도 앞서 설명한 것과 같은 방법을 찾아서 부족한 점을 메우고 기다리고 있다 보면 시간이 흘러 제대로 된 솔루션이 나오게 됩니다. 그리고 이런 어려움과 부족함을 마주하였을 때 개발자의 능력은 더욱 빛을 발하게 되어 있습니다.

CHAPTER. 14

Flutter 클라우드 개발 환경 활용하기 도구

대상 독자

언제 어디서나 활용 가능한 클라우드 기반 개발 환경에 관심이 있는 독자

DartPad 기반 웹 개발 환경은 편리하지만 기능적인 제약이 있었습니다. 그래서 깊이 있는 개발을 하기 위해 개발용 컴퓨터에 Flutter SDK 등 flutter doctor가 문제 없다고 인정할 정도의 프로그램을 설치하고 환경을 설정했습니다. 하지만 DartPad를 넘어서 개발용 컴퓨터에 설치하는 수준의 웹 브라우저 기반 개발 환경을 제공하려는 기관들이 있습니다. 대개 인터넷의 어딘가에 있는 컴퓨터에 Dart와 Flutter 개발 환경을 준비해 두고 개발자가 웹 브라우저 등의 방법으로 개발 환경에 접속하는 형태입니다. 따라서 언제 어디서든 접속해서 동일한 개발 환경을 사용할 수 있다는 장점을 제공합니다. 장단점이 있는 만큼 개발자의 취향에 따라 사용해 보거나 혹은 앞으로의 발전 가능성을 고려하여 관심을 기울여 보기 바랍니다.

자세히 알아보기

이 책을 작성하는 단계에서 클라우드 기반의 Dart/Flutter 개발 환경 중 나름 인지도를 쌓고 있는 것은 다음의 총 3가지입니다.

FlutLab : https://flutlab.io/

FlutterFlow : https://flutterflow.io/

nowa : https://www.nowa.dev/

1. FlutLab 이해하기

FlutLab은 개발용 컴퓨터에 설치한 Microsoft Visual Code, Xcode, Android Studio, 그리고 스마트폰 에뮬레이터의 기능을 합친 개발 환경을 웹 브라우저에서 제공하는 것을 목표로 하고 있습니다. 일단 웹 브라우저로 접속하면 그림 1과 같은 메인 화면이 나옵니다.

[그림 1] FlutLab 홈페이지 메인 화면(출처: https://flutlab.io/)

메인 화면에서 “Get Started” 단추를 클릭해 보겠습니다.

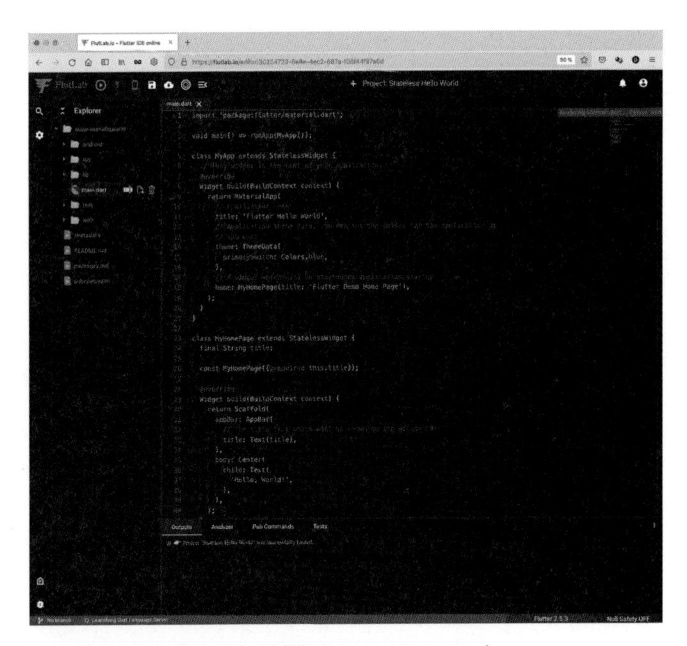

[그림 2] FlutLab 개발 환경 화면(출처: https://flutlab.io/)

흥미롭게도 Microsoft Visual Code와 매우 흡사한 에디터 환경을 웹 브라우저에서 보여줍니다. 왼쪽에는 flutter create 명령으로 만드는 경우와 동일하게 자동 생성된 프로젝트 파일들이 있고, 오른쪽에는 lib/main.dart 소스 코드가 열려 있습니다.

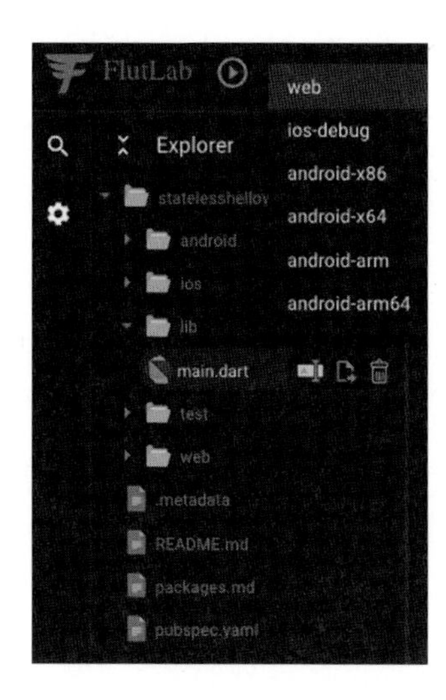

[그림 3] FlutLab에서 Build 가능한 결과물 선택 화면(출처: https://flutlab.io/)

프로젝트를 통해서 만들 수 있는 결과물의 형태도 선택할 수 있습니다. 시험 삼아 Android-arm64를 선택해 보겠습니다. ARM 프로세서 64비트 계열을 사용하는 하드웨어에서 안드로이드 운영체제를 위한 프로그램으로 만들겠다는 의미입니다. 그리고 그림에 나타난 '파란색 삼각형이 포함된 원' 모양을 클릭합니다.

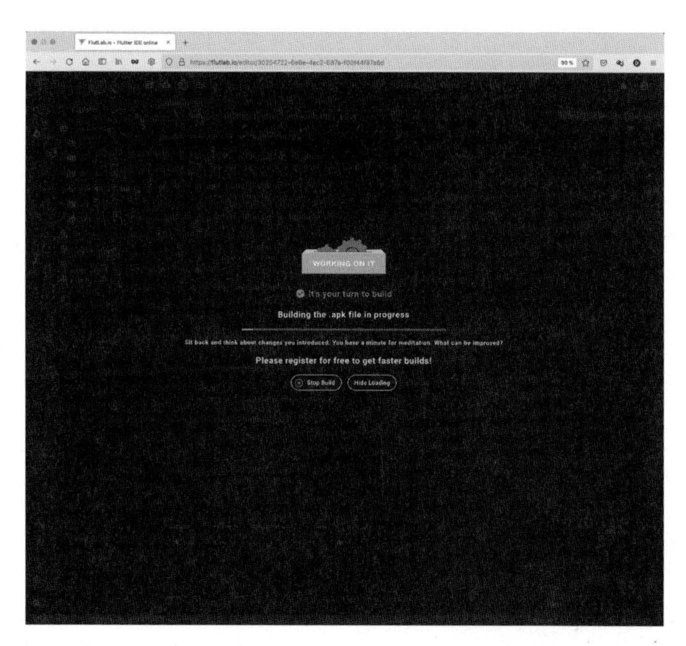

[그림 4] FlutLab에서 Arndoid-arm64 실행 파일 생성 화면(출처: https://flutlab.io/)

클릭하면 진행 상황 알림 화면이 나타납니다. 가운데에 표시된 문구를 보면 놀랍게도 안드로이드 기기에서 실행 가능한 파일인 APK 파일을 만들고 있습니다.

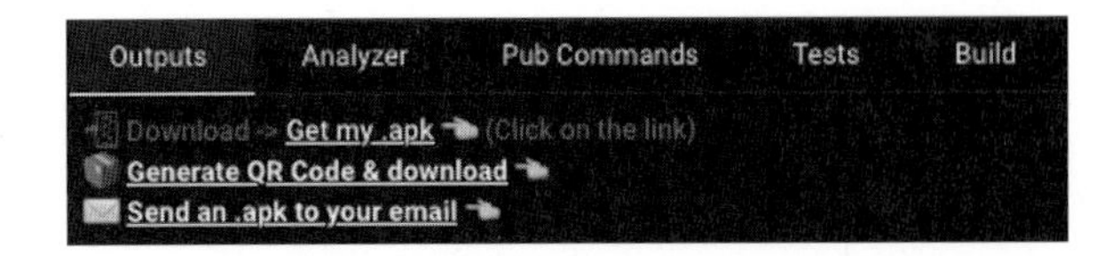

[그림 5] FlutLab에서 Arndoid-arm64 실행 파일 생성 완료 및 다운로드 안내 화면(출처: https://flutlab.io/)

생성을 마치고 나면 그림 5와 같이, 만들어진 APK 실행 파일을 본인의 컴퓨터로 다운로드 받을 수 있도록 제공합니다.

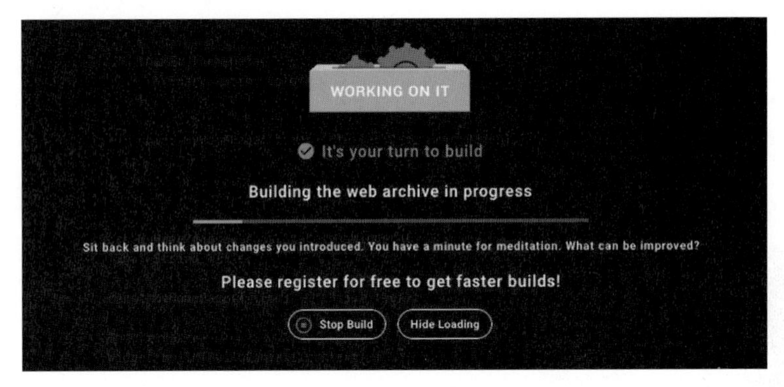

[그림 6] FlutLab에서 Web 실행 대기 화면(출처: https://flutlab.io/)

만일 그림 3의 화면에서 Web을 선택하면 빌드 상태를 알려줍니다.

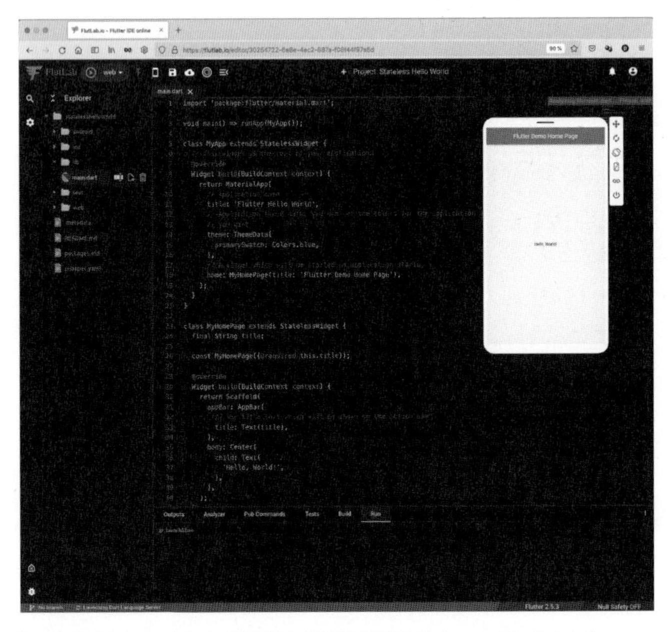

[그림 7] FlutLab의 Web 에뮬레이터 실행 화면(출처: https://flutlab.io/)

그리고 빌드가 완료되면 마치 개발용 컴퓨터에서 스마트폰 에뮬레이터를 실행한 것과 같이 깜찍하게 생긴 스마트폰 모양의 결과 화면이 나타납니다. 실제로도 스마트폰 에뮬레이터와 유사하게 동작합니다.

2. FlutterFlow와 nowa 이해하기

FlutLab과 다르게 FlutterFlow와 nowa는 Adobe XD와 같은 기능을 통한 프로그램 개발을 지원합니다. 해당 기능을 사용하면 소스 코드를 타이핑할 필요 없이 위젯들을 마우스로 클릭하여 레고 블록을 맞추듯이 조립하는 방식으로 프로그램을 개발할 수 있습니다. 이 부분은 두 회사의 메인 홈페이지 대표 화면을 보더라도 이 점을 강하게 부각하고 있습니다. 아직까지 다양한 기능을 제공하지는 못하지만, 분명 재미있는 도구라고 볼 수 있습니다.

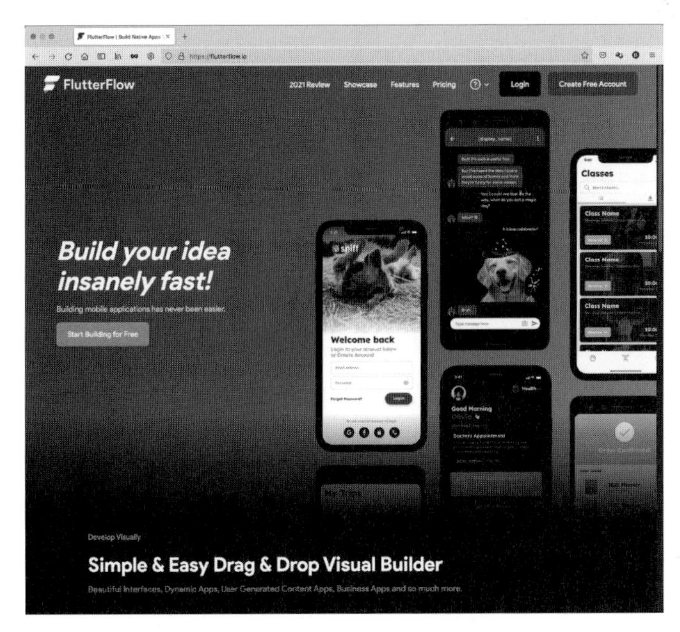

[그림 8] FlutterFlow 메인 홈페이지(출처: https://flutterflow.io/)

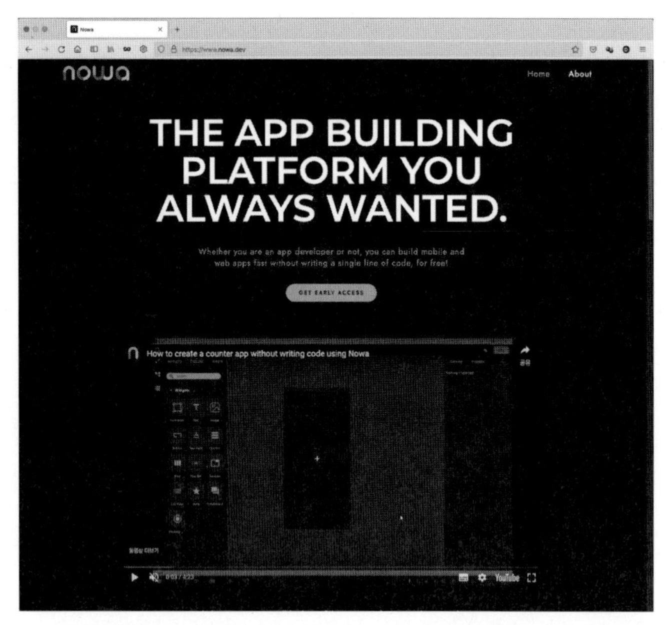

[그림 9] nowa 메인 홈페이지(출처: https://www.nowa.dev/)

개발 도구라는 것이 만능일 필요도 없으며, 개발자의 요구와 목적에 부합하면 충분히 잘 사용할 수 있습니다. 대부분의 새로운 개발 도구들은 시험 사용해 볼 수 있는 방법을 제공하니 한번 사용해 보고 본인에게 의미가 있다고 판단이 되면 유료로 사용해 보기 바랍니다.

핵심 요약

화려한 화면에 끌려서 환상을 가질 수 있는데, 분명 초기 단계의 개발 환경인지라 기능적인 부분이나 성능적인 부분에서 제약이 있는 것도 사실입니다. 하지만 개발자들이 클라우드 개발 환경에서 장점을 찾는 것도 사실인 만큼 구경만 하지 말고 꼭 한 번씩 사용해 보고 경험해 보기를 권장합니다.

풀스택 개발이 쉬워지는

다트&플러터

1판 1쇄 발행 2023년 05월 15일

저 자 | 이성원
발 행 인 | 김길수
발 행 처 | (주)영진닷컴
주 소 | (우)08507 서울특별시 금천구 가산디지털1로 128 STX-V 타워 4층 401호
등 록 | 2007. 4. 27. 제16-4189호

ISBN | 978-89-314-6797-0

YoungJin.com Y.
영진닷컴